FORUM RECHTSWISSENSCHAFTEN 37

Kee-Hong Kang

Normenprüfungs- und Verwerfungskompetenz der Verwaltung

unter dem Grundgesetz, Europäischen Gemeinschafts- und südkoreanischen Verfassungsrecht

m press »

Martin Meidenbauer Verlagsbuchhandlung

Die vorliegende Arbeit wurde 2006 von der Universität Münster als Dissertation angenommen.

Die Deutsche Bibliothek verzeichnet diese Publikation in der Deutschen Nationalbibliografie; detaillierte bibliografische Daten sind im Internet über http://dnb.ddb.de abrufbar.

Printed in Germany

Gedruckt auf
chlorfrei gebleichtem, säurefreiem und
alterungsbeständigem Papier (ISO 9706)

ISBN 978-3-89975-625-8

Verlagsverzeichnis schickt gern:
Martin Meidenbauer Verlagsbuchhandlung
Erhardtstr. 8
D-80469 München

www.m-verlag.net

„Die Liebe ist geduldig und gütig."
(1 Kor 13, 4)

„Ein einzelner Mensch kann
leicht überwältigt werden,
aber zwei wehren den Überfall ab.
Noch besser sind drei; es heißt ja:
»Ein Seil aus drei Schnüren
reißt nicht so schnell«"
(Koh/Pred 4, 12
Gute Nachricht Bibel)

Demut, Leidenschaft und Reinheit

Meinem Vater, meiner Familie

Meiner Mutter und

meinen Schwiegereltern im Andenken

Vorwort

Das Europäische Gemeinschaftsrecht stellt nicht mehr einen eigenen Forschungsbereich nur für seine Mitgliedstaaten dar, sondern wird bereits auch von einigen asiatischen Ländern aktiv erforscht. Es ist schon das zukünftige Vorbild des *Asiatischen Gemeinschaftsrechts* geworden, indem in Asien ein gemeinsames Interesse in den Bereichen von Wirtschaft, Gesellschaft, Kultur und Politik usw. gewachsen ist. Ich wünsche mir, dass dieses Buch zur *Asiatisierung* der Rechte der asiatischen Länder beitragen werde, unter der Voraussetzung des Entstehens einer *Asiatischen Gemeinschaft* entstehen würde.

Die vorliegende Arbeit wurde im Sommersemester 2006 von der Rechtswissenschaftlichen Fakultät der Westfälischen Wilhelms-Universität zu Münster als Dissertation angenommen. Rechtsprechung und Literatur konnten meistens bis zum Ende April 2006, teilweise bis Mitte Oktober 2006 berücksichtigt werden.

An dieser Stelle möchte ich von Herzen meinem Doktorvater, Herrn Prof. Dr. Dirk Ehlers danken. Er hat mir dieses wertvolle Promotionsthema vorgeschlagen, und war stets bereit seine Zeit für Anregungen, Diskussionen und Antworten gegenüber meinen Fragen zu opfern. Bei ihm habe ich nicht nur wissenschaftlich gelernt, sondern auch seine Leidenschaft an Wissenschaft und menschlicher Toleranz. Seine Leidenschaft und Toleranz sind mein Vorbild. Herzlich danken möchte ich auch Herrn Prof. Dr. Bernd Holznagel für die rasche Erstellung des Zweitgutachtens. Während meiner Magister-Studiumszeit habe ich durch seine kenntnisreichen Vorlesungen über das IT-, Polizei- und Ordnungsrecht und durch sein rechtsmedizinisches Seminar viele neue Bereiche kennengelernt.

Auch möchte ich meinem koreanischen Lehrer, Herrn Prof. Si-Jo Ryu danken. Er hat mich zum wissenschaftlichen Weg geleitet und mich während meiner Studiumszeit in Deutschland mit Liebe und unverändertem Vertrauen angeregt.

Vom Sprachkurs bis zur Promotion in Münster habe ich zahlreiche Menschen kennengelernt, die mir jederzeit gern geholfen haben und die nun Freunde geworden sind. Hierzu zählen Timo Bauer, Dr. Stephan Degen, Martin Dülmann, Jochen Elting, Moritz Grunow, Ursula und Dr. Horst-Dietrich Helb, Dirk Hohmeier, Frank Kortüm, Jens D. Kotnik, Pastor Michael Lefherz, Jan Schröder, Damaris und Dr. Dirk Korella, Stephanie und Dr. Egmont Kulosa und Holger Schurian. Während meiner Magister-Studiumszeit haben Jochen Elting, Frank Kortüm und Holger Schurian mir und meiner Familie viel geholfen. Dr. Dirk Korella, Jens D. Kotnik und Jan Schröder haben mich mit ihren Fachwissen in Deutschen- bzw. Europarecht sehr unterstützt und in das Korrekturlesen meiner Promotionsarbeit viel Mühe investiert. Als Gemeindemitglied haben Familie Helb, Korella und Kulosa vom Anfang bis zum Ende meines Studiums mir und meiner Familie mit der Liebe Gottes sehr geholfen. Auch danke ich meinen koreanischen Freunden, Moon-Seok Kang, Pastoren Seoung-Kyu Park und Hyung-Gon Son für ihre Hilfe und Freundschaft.

Schließlich danke ich meinem Gott! Und ich möchte meinem Vater, und den mit mir verwandten Familien Lee, Kim, Chung und Jang danken und mich während meines Studiums finanziell und mit Gebet unterstützt haben. Ganz besonders danke ich meiner Frau und meiner Familie, der ich diese Arbeit widme. Ich danke ihr für ihr Vertrauen an mich, aufopfernde Geduld und viele Rücksichten, ohne die ich diese Arbeit nicht schaffen könnte.

Münster, im Dezember 2006 Kee-Hong Kang

Inhaltsübersicht

Inhaltsverzeichnis

Einleitung

Dritter Teil

Normprüfungs- und Verwerfungskompetenz der Verwaltung unter dem südkoreanischen Verfassungsrecht

Vierter Teil

Rechtsvergleich sowie rechtspolitischer Ausblick

Fünfter Teil

Zusammenfassung

Abkürzungsverzeichnis

a. A.	Anderer Ansicht
aaO	am angeführten (angegebenen) Ort
Abl.	Amtsblatt
a. F.	Alte Fassung
AHfGa	Der Ausschuss zur Herbeiführung fairer (ehrlicher) Geschäftsabschlüsse
allg.	allgemein
AllgVerwR	Allgemeines Verwaltungsrecht
Anm.	Anmerkung
AöR	Archiv des öffentlichen Rechts (Zeitschrift)
APB	Ausschuss zur Prüfung der Bitten
Art.	Artikel
AtomG	Atomgesetz
Aufl.	Auflage
AVwWV	Ausschüsse für das Verwaltungswidspruchsverfahren
AzA	Ausschuss zum Arbeiten
B.	Beschluß
BAföG	
BayVBl	Bayerische Verwaltungsblätter (Zeitschrift)
BB	Der Betriebs-Berater
Bd.	Band
BFH	Bundesfinanzhof
BFHE	Entscheidungen des Bundesfinanzhofs
BGB	Bürgerliches Gesetzbuch
BGBl	Bundesgesetzblatt
BGH	Bundesgerichtshof
BImSchG	Bundes-Immissionsschutzgesetz
BK	Kommentar zum Bonner Grundgesetz
BMWI.	Der Bundesminister für Wirtschaft, Sicherheitstechnische Rechtsvorschriften im deutschen und europäischen Recht
BVerfG	Bundesverfassungsgericht
BVerfGE	Entscheidungen des Bundesverfassungsgerichts
BVerfGG	Gesetz über das Bundesverfassungsgericht
BVerfG-K	Bundesverfassungsgericht, Entscheidung durch Kammer bzw. Vorprüfungsausschuß
BVerwG	Bundesverwaltungsgericht
BVerwGE	Entscheidungen des Bundesverwaltungsgerichts
BW	Baden-Württemberg
bzw.	beziehungsweise
ders.	derselbe
d. h.	das heißt
dies.	dieselbe
Diss.	Dissertation
DÖV	Die Öffentliche Verwaltung (Zeitschrift)
DV	Die Verwaltung (Zeitschrift)
DVBl	Deutsches Verwaltungsblatt (Zeitschrift)

E	Entscheidungen (des Bundesverfassungsgerichts)
ebd.	ebenda
EAGV	Vertrag zur Gründung der Europäischen Atomgemeinschaft
EG	Europäische Gemeinschaft
EGKS	Europäische Gemeinschaft für Kohle und Stahl
EGMR	Europäischer Gerichtshof für Menschenrechte
EGV	Vertrag zur Gründung der Europäischen Gemeinschaft
EkVwG	Entscheidungskompetenz über die Verfassungswidrigkeit des Gesetzes
etc.	et cetera
EuGH	Europäischer Gerichtshof
EuGHE	Entscheidungen des Europäischen Gerichtshofs
EuR	Europarecht
EuGRZ	Europäische Grundrechte-Zeitschrift
EUV	Vertrag zur Gründung der Europäischen Union
EuVerwR	Europäisches Verwaltungsrecht
f.	folgende (Seite etc.)
FAZ	Frankfurt Allgemeine Zeitung
ff.	folgende (Seiten etc.)
FG	Festgabe
Fn.	Fußnote
FS	Festschrift
GBl	Gesetzblatt
gem.	gemäß
GewArch	Gewerbearchiv (Zeitschrift)
GG	Grundgesetz
ggf.	gegebenenfalls
GGO II	Gemeinsame Geschäftsordnung der Bundesministerien, Besonderer Teil i. D. Bek. v. 15. 10. 1976 (GMBl. S. 550)
GO BT	Geschäftsordnung des Bundestages
GO KP	Geschäftsordnung des Koreanischen Parlaments
GO NW	Gemeindeordnung Nordrhein-Westfalen
GS	Gedächtnisschrift
h. A (M).	herrschende Auffassung (Meinung)
HdStR	Handbuch des Staatsrechts
Hrsg.	Herausgeber
Hs.	Halbsatz
idF	in der Fassung
idR	in der Regel
idS	in diesem Sinne
insb.	insbesondere
iVm	in Verbindung mit
JgA	Juristinen/Juristen zur gerichtlichen Angelegenheiten
JöR	Jahrbuch des öffentlichen Rechts der Gegenwart (Zeitschrift)
Jura	Juristische Ausbildung (Zeitschrift)
JuS	Juristische Schulung (Zeitschrift)
JZ	Juristenzeitung (Zeitschrift)

KAhG	Koreanisches Außenhandelsgesetz
KApG	Koreanisches Apothekengesetz
KBekG	Koreanisches Beaufsichtigungskammersgesetz
KBG	Koreanisches Beamtengesetz
KGAzA	Koreanisches Gesetz über den Ausschuss zum Arbeiten
KGEa	Koreanisches Gesetz über die Einwohnerabstimmung
KGEG	Koreanisches Gesetz über die Einrichtung usw. der Geldwesensaufsichtsorgane
KGGO	Koreanisches Gesetz über die Gerichtsorganisation
KGköU	Koreanisches Gesetz über die kommunalen öffentlichen Unternehmen
KGMbfG	Koreanisches Gesetz über die Monopolsbeschränkung sowie faire Geschäftsabschlüsse
KGVa	Koreanisches Gesetz über die Volksabstimmung
KGPNL	Koreanisches Gesetz über die Planung sowie Nutzung des Landes
KGV	Koreanisches Gesetz über die Volksabstimmung
KGWFA	Koreanisches Gesetz über den Wahlführungsausschuss
KGWP	Koreanisches Gesetz über den Wahlkampf zur öffentlichen Ämter sowie die Prävention zur Wahlkorruption
KGWParl	Koreanisches Gesetz über die Wahl der Parlamentsabgeordneten
KJgAG	Koreanisches Gesetz über die Juristinen/Juristen zur gerichtlichen Angelegenheiten
KJgAGVV	(Durchführungs-)Verwaltungsvorschrift zum koreanischen Gesetz über die Juristinen/Juristen zur gerichtlichen Angelegenheiten
KKBG	Koreanisches Kommunenbeamtengesetz
KKSAG	Koreanisches Kommunalselbstausbildungsgesetz
KKSG	Koreanisches Kommunalselbstverwaltungsgesetz
KKStG	Koreanisches Kommunensteuergesetz
KöRfuG	Koreanisches öffentliches Rundfunkunternehmengesetz
KOG	Koreanische Oberste Gericht
KOGE	Entscheidungen des koreanischen obersten Gerichts
KPetG	Koreanisches Petitionsrechtsgesetz
KPG	Koreanisches Parlamentsgesetz
KRoG	Koreanisches Regierungsorganisationsgesetz
KrW-/AbfG	Kreislaufwirtschafts- und Abfallgesetz
KV	Koreanisches Verfassungsrecht
KVerfG	Koreanisches Verfassungsgericht
KVerfGE	Entscheidungen des koreanischen Verfassungsgerichts
KVerfGG	Koreanisches Verfassungsgerichtsgesetz
KVwWG	Koreanisches Verwaltungswiderspruchsverfahrensgesetz
KVwGO	Koreanische Verwaltungsgerichtsordnung
lit	Litera, literae
LuftG	Luftverkehrsgesetz
MpaAVwWV	Dem Ministerpräsidenten angegliederten Ausschuss für das Verwaltungswidspruchsverfahren
m. E.	meines Erachtens
OVG	Oberverwaltungsgericht
Rn.	Randnummer

Rspr.	Rechtsprechung
RzB	Rechtsprechung zum Bauplanungsrecht
S	Siehe
S.	Satz, Seite
SächsVBl	Sächsische Verwaltungsblätter (Zeitschrift)
sog.	sogenannt
StaR	Staatsrecht
StGB	Strafgesetzbuch
St. Rspr	Ständige Rechtsprechung(en)
U.	Urteil
u. a.	und andere
Uabs	Unterabsatz, Unterabsätze
u. ä.	Und ähnlich
UPR	Umwelt- und Planungsrecht (Zeitschrift)
usw.	und so weiter
u. U.	Unter Umständen
v.	vom
VBlBW	Verwaltungsblätter für Baden-Württemberg
Verb. Rs.	Verbundene Rechtssachen
VerfGH	Verfassungsgerichtshof
VerfPR	Verfassungsprozeßrecht
VerfGeAbh.	Verfassungsrechtliche Gesammelte Abhandlungen
VG	Verwaltungsgericht
VGH	Verwaltungsgerichtshof
vgl.	vergleiche
VO	Verordnung
VR	Verwaltungsrundschau
VVDStRL	Veröffentlichungen der Vereinigung der Deutschen Staatsrechtslehrer
VwGO	Verwaltungsgerichtsordnung
VwVfG	Verwaltungsverfahrensgesetz des Bundes
WahlG	Wahlgesetz
Worlgangoshi	Koreanische monatliche juristische Zeitschrift
ZAfW	Der zentrale Ausschuss für die Wahlführung
z. B.	zum Beispiel
ZBR	Zeitschrift für Beamtenrecht
ZRP	Zeitschrift für Rechtspolitik

Einleitung

I. Problemstellung

Die Normenpyramide des nationalen Rechts besteht aus der Verfassung, den Parlamentsgesetzen, den Rechtsverordnungen und den Satzungen. Auf gemeinschaftsrechtlicher Ebene ist das Primärrecht höherrangig als das Sekundärrecht.[1] Im Verhältnis der beiden genannten Rechtsordnungen zueinander genießt das Europäische Gemeinschaftsrecht Anwendungsvorrang vor dem nationalen Recht. In dieser öffentlich-rechtlichen Hierarchie, die auf nationaler Ebene auf den Rechtsstaatsprinzipien, Gewaltenteilung, Demokratie, Gesetzmäßigkeit der Verwaltung und Rechtssicherheit basiert und auf EG-Ebene auf den europarechtlichen Grundprinzipien der rechtsstaatlichen Garantie des Verwaltungsverfahrens und der Rechtssetzung (z. B. die Verfahrensgrundrechte der Gewährung rechtlichen Gehörs, der Grundsatz eines fairen Verwaltungsverfahrens allgemein, der Grundsatz der Gesetzmäßigkeit der Verwaltung, das Prinzip der Rechtssicherheit und Verhältnismäßigkeit etc.)[2] sowie auf europäischen Grundrechten (z. B. Menschenwürde, Achtung der Privatsphäre, der Wohnung und des Briefverkehrs, Gleichheitsgrundsatz, Religionsfreiheit, Vereinigungsfreiheit usw.)[3]. Es kann zu *Kollisionen* sowohl zwischen den Normen der verschiedenen Ebenen als auch zwischen Normen der gleichen Ebene kommen. So kann z. B. eine nationale Gesetzesbestimmung gegen Verfassungsprinzipien oder gemeinschaftsrechtliche Vorschriften verstoßen. In einem solchen Fall stellt sich die *Frage*, ob die mit der Rechtsanwendung betraute Verwaltung eine fehlerhafte Vorschrift *prüfen* darf oder ob sie die Befugnis zur *Verwerfung* der Norm hat.[4]

---

[1] Das Europäische Gemeinschaftsrecht besteht aus dem Primärrecht und dem Sekundärrecht. Das Primärrecht stellt die die Gemeinschaft begründenden Verträge sowie die die Gründungsverträge ergänzenden und abrundenden Vereinbarungen zwischen den Mitgliedstaaten dar. Dazu gehören der EGV, der EAGV, Protokolle zu den Verträgen, Allgemeine Rechtsgrundsätze des Gemeinschaftsrechts. Das Sekundärrecht stellt die Rechtsakte der Gemeinschaftsorgane dar, die auf Grund der Gemeinschaftsverträge oder auf Grund einer Ermächtigung durch einen anderen Rechtsakt erlassen worden sind. Dazu gehören die Verordnungen („Grundverordnungen" –Rat, Durchführungsverordnungen –Kommission), Richtlinien, Entscheidungen und Empfehlungen und Stellungnahme. Dazu *Bleckmann*, EuR, Rn. 525 ff.; *Herdegen*, EuR, § 9 Rn. 1 ff., 33 ff.; *Lecheler*, Einführung, S. 112 ff.; auch *Streinz*, EuR, Rn. 2 ff. Nach Art. 230 EGV geht das Primärrecht dem Sekundärrecht vor, *Lecheler*, Einführung, S. 137; vgl. *Bleckmann*, EuR, Rn. 527.

[2] *Bleckmann*, EuR, Rn. 579 ff.; *Streinz*, EuR, Rn. 412; vgl. *Herdegen*, EuR, § 9 Rn. 18 ff. Demgegenüber wird das *Effektivitätsprinzip*, das auf eine effektive Durchsetzung des Gemeinschaftsrechts durch die Gerichte und Behörden der Mitgliedstaaten gerichtet ist, als ein Grundsatz des *Europäischen Verwaltungsrechts* verstanden (*Bleckmann*, EuR, Rn. 1318). Das *BVerfG* hat jedoch das Effektivitätsprinzip in seinem Maastricht-Urteil als dem Demokratieprinzip der deutschen Verfassung widersprechend verworfen (*BVerfGE* 89, 155/210).

[3] Ausführlich *Ehlers* (Hrsg.), Europäische Grundrechte und Grundfreiheiten, 2. Aufl. (2005); *Jarass*, EU-Grundrechte, 2005. Auch *Bleckmann*, EuR, Rn. 587 f.; *Streinz*, EuR, Rn. 416; *Herdegen*, EuR, § 9 Rn. 24 f.

[4] Siehe über die historische Entwicklung der Normprüfungs- und Verwerfungskompetenz der Verwaltung, *Hall*,

Grundsätzlich stehen solche Kompetenzen der Rechtsprechung, in anderer Form auch dem Gesetzgeber zu. Hat die Verwaltung Zweifel daran, ob eine Norm mit höherrangigem Recht - z. B. mit dem Verfassungsrecht oder dem europäischen Gemeinschaftsrecht - übereinstimmt, stellt sich die Frage, ob sie die Gültigkeit der Norm überprüfen darf oder überprüfen muss und ob sie im Falle eines Konflikts verpflichtet ist, eine niederrangige Norm außer Betracht zu lassen. Dieser Fragestellung soll sowohl für das deutsche Recht und das europäische Gemeinschaftsrecht, als auch für das koreanische Recht nachgegangen werden.

Im deutschen Recht ist es sehr umstritten, ob eine Normprüfungs- und Verwerfungskompetenz für die Verwaltung besteht.[5] Hierzu werden folgende Auffassungen vertreten: Erstens, der Amtswalter[6] darf ein nach seiner Auffassung ungültiges Gesetz nicht anwenden. Zweitens, der Amtswalter hat das Verfahren auszusetzen und die Frage seinem Vorgesetzten vorzulegen, der die Sache in gleicher Weise zu behandeln hat, wenn er das Gesetz für ungültig hält, bis die Sache zur Regierung gelangt. Diese kann ihrerseits ein abstraktes Normenkontrollverfahren vor dem *BVerfG* gemäß Art. 93 I Nr. 2 GG anstreben. Drittens, der Amtswalter hat das Gesetz anzuwenden, obwohl er es für ungültig hält.

Ein *Remonstrationsverfahren*, in dessen Rahmen der Beamte gemäß § 56 II 1, 2 BBG, § 38 II 1, 2 BRRG seine Bedenken gegen die Rechtmäßigkeit dienstlicher Anordnungen unverzüglich auf dem Dienstweg gelten machen kann[7], führt nicht weiter, wenn z. B. die Festnahme einer Person, die Zulässigkeit einer Versammlung oder die Genehmigung einer Verkaufsausstellung sofort und kurzfristig zu entscheiden ist.[8]

Neben der verwaltungsinternen Kontrolle kommen auch das verfassungsgerichtliche (Art. 93 I Nr. 2 GG) und das verwaltungsgerichtliche (§ 47 VwGO) abstrakte Normenkontrollverfahren in Betracht. Art. 93 I Nr. 2 GG iVm § 13 Nr. 6 BVerfGG räumt der Bundesregierung (das Kollegium von Bundeskanzler und Bundesministern gem. Art. 62 GG[9], sie wird als Verwaltungsspitze verstanden) und den Landesregierungen die Antragsbefugnis zum *BVerfG* ein. Als

---

DVBl. 1965, S. 556 ff.; *ders*, Die Prüfung von Gesetzen auf ihre Verfassungsmäßigkeit durch die Verwaltung – Historische Grundlagen und geltendes Recht, 1963, Diss. Tübingen.

5 *Ehlers*, in: Erichsen/ders. (Hrsg.), AllgVerwR, § 3 Rn. 58; *Maurer*, AllgVerwR, § 4 Rn. 52.

6 Amtswalter bedeutet hier Beamte oder andere Organwalter, dazu *Ossenbühl*, Verwaltungsvorschriften, S. 294 Fn. 46.

7 *Felix*, Das Remonstrationsrecht, S. 15; *Kunig*, in: Schmidt-Aßmann (Hrsg.), BesVerwR, 6. Kap Rn. 130; *Battis*, in: Achterberg/Püttner/Würtenberger (Hrsg.), BesVerwR II, § 32 Rn. 41.

8 Vgl. *Maurer*, AllgVerwR, § 4 Rn. 58.

9 *Pieroth*, in: Jarass/ders., GG, Art. 93 Rn. 19.

eine Möglichkeit kann erwogen werden, dass die für verfassungswidrig gehaltenen Parlamentsgesetze durch das BVerfG (vgl. Art. 100 I GG) verworfen werden, wenn eine solche Ansicht über Parlamentsgesetze nach dem hierarchischen Aufbau der Verwaltung (vgl. Art. 83 ff GG) von einzelnen Verwaltungsbehörden zur Regierung gelangt ist. Und im Hinblick auf die untergesetzlichen Normen steht die verwaltungsgerichtliche Normenkontrolle nach § 47 VwGO den Behörden offen[10] (wie sich aus Abs. 2 Satz 1 der Vorschrift ergibt), soweit ein Antrag (§ 47 I VwGO) die Voraussetzungen des § 40 I 1 VwGO erfüllt, das kommt aber nur im Hinblick auf baurechtliche Vorschriften[11] i. S. d. § 47 I Nr. 1 VwGO sowie sonstige „im Rang unter dem Landesrecht stehende Rechtsvorschriften, sofern das Landesrecht dies bestimmt", in Betracht[12].

Die Frage nach der Normprüfungs- und Verwerfungskompetenz der Verwaltung stellt sich auch im Hinblick auf das *europäische Gemeinschaftsrecht*. Nach der Rechtsprechung des EuGH sind alle Verwaltungsbehörden der Mitgliedstaaten verpflichtet, nationale Rechtsvorschriften, die den unmittelbar wirkenden Richtlinien widersprechen, nicht anzuwenden.[13] Dies gilt auch für den Fall einer Kollision zwischen dem Recht eines Mitgliedstaates und dem sonstigen, unmittelbar geltenden Gemeinschaftsrecht.[14] Da dem europäischen Gemeinschaftsrecht Anwendungsvorrang zukommt, bleibt das widersprechende deutsche Recht zwar in Kraft, darf aber in den Fällen nicht angewendet werden, in denen es mit vorrangigem Gemeinschaftsrecht kollidiert.[15] Nach Auffassung des EuGH betrifft der Anwendungsvorrang des europäischen Gemeinschaftsrechts auch das Verhältnis des Gemeinschaftsrechts zum nationalen Verfassungsrecht.[16] Somit sind die nationalen Behörden im Falle einer Unvereinbarkeit von nationalem Recht und europäischem Gemeinschaftsrecht nicht nur zur Nichtanwendung des nationalen Rechts berechtigt, sondern sogar verpflichtet. Dies wirft vielfältige Fragen auf, denen in der Dissertation nachzugehen ist. Insbesondere stellt sich die

---

[10] *Ehlers*, Jura 2005, S. 172; vgl. *ders.*, Die Befugnis, in: FS Hoppe, S. 1048 ff. Über die Befugnis natürlicher und juristischer Personen zur Beantragung einer verwaltungsrechtlichen Normenkontrolle hinsichtlich des Bebauungsplanes.
[11] Die Rechtsetzung der baurechtlichen Vorschriften gehört zur Planungshoheit der Gemeinden nach Art. 28 II GG. Dazu *Oebbecke*, Planungshoheit, in: FS Hoppe, S. 239 ff.
[12] *Ossenbühl*, in: Isensee/Kirchhof (Hrsg.), HdStR III, § 64 Rn. 76.
[13] *EuGH*,1989, 1839/1870 f. Rn. 30-33 (*Fratelli Costanzo*); 1991, 3757/3789 Rn. 15 f. (*Verholen*). Vgl. Für Gerichte 1978, 629/644 f. Rn. 17-18 (*Staatliche Finanzverwaltung/Simmenthal*).
[14] Dazu andere Auffassungen, vgl. *Jarass*, Ggrundfragen, S. 104 f.; *Langenfeld*, in: Siedentopf (Hrsg.), Europäische Integration, S. 180 ff.; *Weber*, Rechtsfragen, S. 103 ff.
[15] *BVerfGE* 73, 339/375; *EuGH*, NJW 1999, S. 2355 f; JuS 1999, S. 1222 f.; *Oppermann*, EuR, § 6 Rn. 633 f.; vgl. *Kadelbach*, AllgVerwR, S. 23 ff.: Über den Begriff und die Typologie der Kollisionen zwischen nationalem und Gemeinschaftsrecht.
[16] Vgl. *EuGH*, NJW 2000, S. 497 ff.

Frage, wie eine Rechtsunsicherheit vermieden werden kann. Anders als die Gerichte, die bei Auslegungs- und Gültigkeitszweifeln von Vorschriften des europäischen Gemeinschaftsrechts den Europäischen Gerichtshof nach Maßgabe des Art. 234 EGV anrufen können bzw. u. U. müssen[17], haben die Verwaltungsbehörden eine solche Möglichkeit nicht.

In Südkorea werden die Fragen der Normprüfungs- und Normverwerfungskompetenz der Verwaltung bisher kaum diskutiert. Daher soll erörtert werden, inwieweit die verschiedenen Lösungen des europäischen Gemeinschaftsrechts und des deutschen Rechts sich auf Korea übertragen lassen und ob eine eigenständige Lösung in Korea zu suchen ist.

II. Ziel der Untersuchung

Das Ziel der Arbeit kann wie folgt zusammengefasst werden:

Erster Teil: Deutsche Ebene

(1) Als Grundlage der Untersuchung sind Bedeutungen und Inhalte der Gesetzmäßigkeit der Verwaltung sowie Rechtssicherheit auf der verfassungsrechtlichen Basis zu untersuchen. Der gegenwärtige Meinungsstand zur Normprüfungs- und Verwerfungskompetenz der Verwaltung wird hier dargestellt.
(2) Unter dem Gesichtspunkt der Gesetzmäßigkeit der Verwaltung und der Rechtssicherheit sind die Begründungen, Möglichkeiten und Grenzen der Normprüfungskompetenz der Verwaltung bezüglich vorkonstitutioneller Gesetze, nachkonstitutioneller Parlamentsgesetze und untergesetzlicher Normen festzustellen.
(3) Der Hauptteil der Arbeit hat die Normverwerfungskompetenz der Verwaltung, insbesondere im Zusammenhang mit nachkonstitutionellen Parlamentsgesetzen zum Gegenstand. Eingegangen wird auf die konkrete Normenkontrolle (Art. 100 I GG) und abstrakte Normenkontrolle (Art. 93 I Nr. 2 GG). Auf dieser Basis wird die Normverwerfungskompetenz der Verwaltung gegenüber nachkonstitutionellen Parlamentsgesetzen untersucht. Dabei werden die verfassungsrechtlichen Prinzipien und das Verhältnis des Amtswalters zu den Rechten und Pflichten berücksichtigt.

[17] *Schwarze*, NJW 1992, S. 1066.

(4) Aus der Systematik des Grundgesetzes (Art. 80 I) und der VwGO (§ 47 I) ist das Wesen der Rechtsverordnung zu verstehen. Hierzu werden die Möglichkeiten der Verwaltung hinsichtlich der Normverwerfungskompetenz dargestellt.
(5) Im Zusammenhang mit der Planungshoheit der Gemeinden (Art. 28 II GG) werden die Möglichkeiten und Grenzen der Normprüfungs- und Verwerfungskompetenz der Verwaltung hinsichtlich gemeindlicher Satzungen überprüft.

Zweiter Teil: Europarechtliche Ebene

(1) Auf der europarechtlichen Ebene werden die Grundstrukturen des EG-Rechts, das Verhältnis von EG-Recht zu nationalem Recht und die Grundsätze sowie Typen des Verwaltungsvollzugs des EG-Rechts dargestellt.
(2) Bei der Anwendung des EG-Rechts durch die deutsche Verwaltung werden die gesetzlichen Grundlagen der Normprüfungskompetenz hinsichtlich des EG-Rechts, sowie Maßstäbe und Umfang der Normprüfungskompetenz erörtert. Weiter werden die Möglichkeiten und Grenzen der Normverwerfungskompetenz der deutschen Verwaltung bezüglich des EG-Rechts (z. B. Art. 234 EGV) untersucht. Die Begründungen für das Entscheidungsmonopol des EuGH zur Normverwerfung werden besprochen.
(3) Weiterhin sind folgende Fragen zu erörtern: Welche gemeinschaftsrechtlichen Vorgaben bzw. Prinzipien gibt es für die Durchführung des EG-Rechts? Welche Voraussetzungen und Grundlagen gelten dabei hinsichtlich der Normprüfungskompetenz für die deutsche Verwaltung?
(4) Die Normverwerfungskompetenz der deutschen Verwaltung bei der Durchführung des EG-Rechts in den Mitgliedstaaten, insbesondere bei Kollisionen zwischen dem EG-Recht und deutschen Parlamentsgesetzen wird erörtert.

Dritter Teil: Koreanische Ebene

Entsprechend obigen Fragestellungen werden die Möglichkeiten der koreanischen Verwaltung dargestellt, Normen zu prüfen bzw. zu verwerfen.

Vierter Teil: Rechtsvergleich

(1) Zu Beginn des Rechtsvergleichs werden die jeweiligen Grundsätze des Verwaltungs-, Verfassungsrechts im deutschen, europäischen und koreanischen Recht miteinander verglichen.

(2) Hinsichtlich einer Normprüfung werden Prüfungskompetenzen der deutschen, europäischen und koreanischen Verwaltungsbehörden einander gegenüber gestellt.

(3) Ferner werden Kompetenzen zu einer Normverwerfung der deutschen, europäischen und koreanischen Verwaltungsbehörden verglichen.

(4) Am Ende folgt ein rechtspolitischer Verbesserungsvorschlag.

Fünfter Teil: Zusammenfassung

III. Gang der Untersuchung

Die Untersuchung beginnt mit der Darstellung der heutigen *deutschen Rechtssituation.* Auf der Basis dieser Untersuchung werden im zweiten Teil – Normprüfungs- und Verwerfungskompetenz der Verwaltung im *europäischen Gemeinschaftsrecht* - und sodann im dritten Teil – Normprüfungs- und Verwerfungskompetenz der Verwaltung im *koreanischen Recht* - dargestellt. Im vierten Teil werden die Ergebnisse der voranstehenden Teile miteinander verglichen. Im fünften Teil wird der Kerngehalt der Untersuchung zusammengefasst. In den einzelnen Teilen beginnt die Untersuchung bei der Grundlage für das einschlägige Thema, dann folgen der Meinungsstand, die Prüfungskompetenz, die Verwerfungskompetenz und am Ende das Ergebnis. Bei den Prüfungs- und Verwerfungskompetenzen der Verwaltung ist das erste Thema die Untersuchung der verfassungswidrig bzw. gemeinschaftsrechswidrig gehaltenen Parlamentsgesetze. Danach kommen die untergesetzlichen Normen (Rechtsverordnungen und Satzungen der Gemeinde).

IV. Begriffsbestimmungen

1. Nichtanwendungskompetenz

Da die Verwaltung nur gültige Rechtssätze anwenden darf, soll sie die anzuwendende Rechtsvorschrift überprüfen.[18] Der Amtswalter steht vor der Entscheidung, wenn er daran zweifelt, dass die anzuwendende Rechtsnorm rechtswidrig ist:
(1) ob er die Rechtsnorm anwenden soll, obwohl er die Rechtsnorm für rechtswidrig hält,
(2) ob er die Rechtsnorm nicht anwendet,
(3) ob er die Frage seinem Vorgesetzten vorlegt, der sich ebenso zu verhalten hat, wenn er die Rechtsnorm für rechtswidrig hält[19] oder
(4) ob er nach § 47 I, II VwGO ein Normenkontrollverfahren am Oberverwaltungsgericht beantragt, wenn die anzuwendende Rechtsnorm eine *untergesetzliche* Norm ist.

Die allgemein verbindliche Gültigkeit der betreffenden Rechtsnorm fällt jedoch nicht weg, obwohl die Verwaltung die Rechtsnorm, deren Rechtmäßigkeit zweifelhaft ist, nicht angewandt hat (bei den obigen (2)), da die Verwaltung noch eine ordnungsmäßige Sanktion, Ausfertigung, Verkündung oder eine *endgültige* Entscheidung über das Erlöschen der allgemeinverbindlichen Gültigkeit der Rechtsnorm, deren Rechtmäßigkeit abwarten soll[20], die nur einem zuständigen Organ zusteht. Doch soll die Verwaltung erst versuchen, die Norm verfassungsmäßig oder gemeinschaftsrechtsmäßig auszulegen. Danach steht der Verwaltung offen, die anzuwendende Rechtsnorm wegen ihrer Rechtswidrigkeit nicht anzuwenden, jedoch nur *unter Vorbehalt*. Diese Kompetenz kann als Nichtanwendungskompetenz definiert werden. Der Begriff der Nichtanwendungskompetenz beinhaltet nicht das Recht, über die allgemeine verbindliche Gültigkeit der Rechtsnorm zu entscheiden. Die Nichtanwendungskompetenz enthält vielmehr den Charakter einer *vorläufigen* Maßnahme gegenüber der Rechtsnorm.[21] In diesem Sinne meint die Nichtanwendungskompetenz *Suspensions*kompe-

---

[18] Die Prüfungspflicht über die Rechtsgeltung gilt nicht nur für die Verwaltungsorgane, sondern auch für die Gerichte. Dazu vgl. *BVerfGE* 1, 184/197; 31, 145/174 f.; *OLG Saarbrücken*, NJW 1998, S. 251; *Maunz*, in: Maunz-Dürig, GG, Art. 100 Rn. 2; *Wieland*, in: Dreier (Hrsg.), GG III, Art. 100 Rn. 5.
[19] Vgl. *Maurer*, AllgVerwR, § 4 Rn. 56. Die Möglichkeiten zur Auswahl des Verwaltungsbeamten gegenüber den Parlamentsgesetzen.
[20] *Wolff/Bachof/Stober*, VerwR Bd. 1, § 28 III 2 Rn. 23. Vgl. § 28 III 2 Rn. 27, die bestimmten Voraussetzungen für die Verfassungsgerichte auf eine Nichtigkeitserklärung ex nunc oder gar ex post oder auf eine bloße Feststellung der Verfassungswidrigkeit ohne Nichtigkeitsfolge.
[21] *Böckenförde*, Die sogenannte Nichtigkeit, S. 61 („ … eine Verwaltungsbehörde ein Gesez vorläufig außer

tenz[22] und *Inzident*kompetenz[23]. Zum Beispiel hat das Verwaltungsgericht aufgrund seiner Bindung an Gesetz und Recht (Art. 20 II, III GG) im Rahmen der Rechtmäßigkeitsprüfung der Anfechtungs- oder Verpflichtungsklage (§ 42 I VwGO) festzustellen, ob die Ermächtigungsgrundlage des Verwaltungsakts – die Satzung – dem materiellen und formellen Recht entspricht oder es verletzt. Ist das Recht verletzt, ist der darauf beruhende Verwaltungsakt aufzuheben. Die Satzung ist in diesem konkreten Fall wegen Nichtigkeit nicht anzuwenden. Die inzidente Feststellung wirkt rechtlich nur inter partes.[24] Eine allgemein verbindliche Feststellung der Nichtigkeit des Rechtssatzes erfolgt im Rahmen der Inzidentkontrolle nicht.[25] Auch auf der EG-Rechtsebene sind alle Verwaltungsbehörden der Mitgliedstaaten verpflichtet, nationale Rechtsvorschriften, die dem unmittelbar wirkenden Gemeinschaftsrecht widersprechen, nicht anzuwenden.[26] Eine Befolgungspflicht der Verwaltungsbehörden der Mitgliedstaaten gegenüber dem Prinzip des Anwendungsvorrangs[27] kann als eine Nichtanwendungskompetenz - vom Gesichtspunkt der europäischen Gemeinschaftsorgane (z. B. Kommission, Rat, Parlament und Europäischer Gerichtshof usw.) gesehen - verstanden werden, da die allgemeinverbindliche Gültigkeit der nationalen Rechtsnormen auch wie in diesem Kollisionsfall immer noch gültig ist, nur im konkreten Falle ohne Anwendung bleibt.[28] Das heißt, dass das EG-Recht *keinen Geltungsvorrang* gegenüber den Rechtsordnungen der Mitgliedstaaten hat. Dagegen formuliert Art. 31 GG eine Verfassungsregel für den Geltungsvorrang jedweden Bundesrechts in der Normenhierarchie des Bundesstaats.[29]

Anwendung lassen“).

22 *Wolff/Bachof/Stober*, VerwR I, § 27 I 2 Rn. 3; vgl. *Jarass*, in: ders./Pieroth, GG, Art. 20 Rn. 33; *Söhn*, Anwendungspflicht oder Aussetzungspflicht, S. 29.

23 *Wehr*, Inzidente Normverwerfung, S. 21; *Hederich*, NdsVBl. 1997, S. 269 (Anm. 6); *Pietzcker*, DVBl. 1986, S. 806; *ders.*, AöR 101(1976), S. 377; vgl. *Schmidt*, BayVBl. 1976, S. 1.

24 *Wolff/Bachof/Stober*, VerwR I, § 28 III 2 Rn. 24.

25 *BVerwGE*, 45, 309/329; *BVerwG*, DÖV 1995, S. 469 (Nichtigkeit einer Gebührensatzung in bezug auf § 113 I S. 1 VwGO); *Erichsen*, Kommunalrecht, § 8 D; *Wolff/Bachof/Stober*, VerwR I, § 28 III 2 Rn. 24.

26 Siehe oben Fn. 13.

27 Der Europäische Gerichtshof hat schon den generellen Vorrang des Gemeinschaftsrechts herausgestellt. Dazu *EuGH*, Slg. 1964, 1251/1269 ff. (*Costa/ENEL*); 1988, 4689/4722 Rn. 23 (*Moormann BV*). Und das Bundesverfassungsgericht hat den Vorrang des Gemeinschaftsrechts grundsätzlich akzeptiert. Dazu *BVerfGE* 31, 145/174 f.; 73, 339/375; 75, 223/244 f.

28 Vgl. *Herdegen*, EuR, § 11 Rn. 3; *Oppermann*, EuR, § 7 Rn. 12; *Lecheler*, EuR, S. 55.

29 *BVerfGE* 29, 11/17; vgl. aber unklar bei *BVerfGE* 36, 342/365 f.; *BFH*, NJW 2001, S. 1231; *Dreier*, in: ders. (Hrsg.), GG II, Art. 31 Rn. 43 f.; *Huber*, in: Sachs (Hrsg.), GG, Art. 31 Rn. 13; *März*, in: v. Mangoldt/Klein/Starck, GG 2, Art. 31 Rn. 43 ff.; *Maunz*, in: Maunz-Dürig, GG, Art. 31 Rn. 2; *Pieroth*, in: Jarass/ders., GG, Art. 31 Rn. 5; **a. A.** *Endter*, EuGRZ 1995, S. 228 f., insb. S. 230; *Poscher*, NJ 1996, S. 352 f.; insb. bei *Olshausen*, Landesverfassungsbeschwerde, S. 136, zwar, „Art. 31 GG bedeutet weder, daß einfaches Bundesrecht Landesverfassungsrecht schlechthin unwirksam machen könne, noch statuiert er einen *generellen* Anwendungsvorrang des Bundesrechts; denn auch bei der letzteren Auslegung hätte das Landesverfassungsrecht seine normative Relevanz verloren – eine Folge, die mit Art. 28, 142 GG gerade unvereinbar wäre“; *Sacksofsky*, NVwZ 1993, S. 239.

Die Nichtanwendungskompetenz ist begrifflich von der Aussetzungskompetenz[30] zu unterscheiden: Eine Verwaltungsbehörde legt entweder die anzuwendende Rechtsnorm ihrer Aufsichtsbehörde vor, oder sie kann einen Antrag auf ein Normenkontrollverfahren nach § 47 II 1 VwGO dem Oberverwaltungsgericht stellen, wenn sie eine Rechtsnorm für rechtswidrig hält. Dabei kommt es der Behörde zu, den betroffenen Gesetzesvollzug, z. B. den Verwaltungsakt auszusetzen, soweit das möglich und erforderlich ist, um einen nicht behebbaren Nachteil zu vermeiden.[31] Bei der Aussetzung der Vollziehung muss vor allem der Rechtsschutz der Beteiligten gewährleistet werden.[32] Nach § 47 IV VwGO kann das Oberverwaltungsgericht die Verhandlung bis zur Erledigung des Verfahrens vor dem Verfassungsgericht aussetzen[33], wenn ein Verfahren zur Überprüfung der Gültigkeit der Rechtsvorschrift bei einem Verfassungsgericht anhängig ist. Und nach Art. 100 I GG können *alle* vorlegenden Gerichte[34], einschließlich der Landesverfassungsgerichte, das Verfahren aussetzen, wenn die Gerichte ein Gesetz, auf dessen Gültigkeit es bei der Entscheidung ankommt, für verfassungswidrig halten. Die *Aussetzungskompetenz* des Verfahrens von den Gerichten muss daher durchweg von der Nichtanwendungskompetenz unterschieden werden.[35]

Unter dem koreanischen Verfassungsrecht sind die Begriffe Nichtanwendungskompetenz und Verwerfungskompetenz noch nicht klar getrennt. Soweit die Nichtanwendungskompetenz wie unter dem Grundgesetz und EG-Recht nicht die allgemein verbindliche Gültigkeit einer Rechtsnorm aufhebt, sondern nur bedeutet, dass die zweifelhafte Rechtsnorm im konkreten Falle ohne Anwendung bleibt, kann *Chek-Young-Bae-Chee-Kwon*[36] als ein synonymes Rechtswort für das koreanische Rechtssystem empfohlen werden.

---

[30] Vgl. *Sachs*, in: ders. (Hrsg.), GG, Art. 20 Rn. 98

[31] *BVerfGE* 12, 180/186 (in bezug auf Aussetzung der Beitreibung öffentlicher Abgaben); *Bull/Mehde*, AllgVerwR, § 4 Rn. 140; *Maurer*, AllgVerwR, § 4 Rn. 57; *Pestalozza*, Verfassungsprozeßrecht, § 13 II Rn. 5; *Wolff/Bachof/Stober*, VerwR I, § 28 III 1 Rn. 21.

[32] Vgl. *BFH*, NJW 2001, S. 1232; *Gril*, JuS 2000, S. 1083 f. die Haftung bei der Anwendung rechtswidriger Normen und der Rechtsschutz des Betroffenen. S auch § 4 II. 2. b) cc).

[33] Ausführlich *Söhn*, Anwendungspflicht oder Aussetzungspflicht, S. 82 ff.

[34] *BVerfGE* 6, 55/63; 30, 170/171 f.; 36, 342/356; 69, 112/117 f.; *Benda/Klein*, Verfassungsprozeßrecht, § 23 Rn. 778; *Heun*, AöR 122 (1997), S. 614; *Pestalozza*, Verfassungsprozeßrecht, § 13 II Rn. 3; *Pieroth*, in: Jarass/ders., GG, Art. 100 Rn. 5; *Schlaich/Korioth*, Bundesverfassungsgericht, Rn. 140; **a. A.** *Burmeister*, in: Starck/Stern (Hrsg.), Landesverfassungsgerichtsbarkeit II, S. 462 f., wegen der Nichtvereinbarkeit mit dem gleichzeitigen Bestehen eines vorlagegesicherten Verwerfungsmonopols des Bundesverfasssungsgerichts, und in den Fällen der prinzipalen Normenkontrolle durch die Landesverfassungsgerichte besteht kein Bedürfnis für Durchsetzung des bundesverfassungsgerichtlichen Verwerfungsmonopols qua landesverfassungsgerichtlicher Vorlagepflicht, weil den Landesverfassungsgerichten die Verwerfungsbefugnis hinsichtlich der in Rede stehenden Normen des Landesrecht zusteht, wenn diese nur am Maßstab des Landesverfassungsgerichts judizieren.

[35] Vgl. *Bachof*, AöR 87 (1962), insb. S. 11, „Die „Aussetzung" wäre, so verstanden, nur eine gefährliche Verschleierung einer (wenngleich dem Namen nach vorläufigen, so doch für eine längere Periode tatsächlich endgültigen und praktisch irreparablen) Verwerfung". Dieses Ergebnis ergibt sich schon daraus, dass die Nichtanwendung als die Verwerfung verstanden wird; *Ossenbühl*, DV 2 (1969), S. 397, Fn. 6 Nr. 4.

2. Verwerfungskompetenz

Der Begriff der Verwerfungskompetenz bezeichnet die Kompetenz zur Feststellung der *allgemein verbindlichen Gültigkeit* einer vorhandenen Rechtsnorm wegen ihrer Unvereinbarkeit mit höherrangigen Normen. Dies stellt eine Befugnis zur *Kassation* bzw. *Derogation* der Normen dar.[37] Der Unterschied zwischen der Nichtanwendungskompetenz und der Verwerfungskompetenz liegt in der Fähigkeit, ob die allgemein verbindliche Gültigkeit beseitigt werden kann, oder nicht.

Die Nichtanwendungskompetenz wirft zwei Fragen im Zusammenhang mit dem Unterschied zu der Verwerfungskompetenz auf: Erstens, soll bzw. muss die Verwaltung die anzuwendende Rechtsnorm trotz ihrer Zweifel an der Rechtswidrigkeit anwenden, um die Rechtssicherheit und den Vertrauensschutz zu gewährleisten? Zweitens, wie kann das Recht von Bürgern unter der Voraussetzung, dass die Verwaltung die anzuwendende Rechtsnorm angewendet hätte, geschützt werden, wenn die Bürger mit dem Vertrauen gegenüber der Bestandskraft der Rechtsnorm ihr Recht ausgeführt haben und nach Anwendung der Rechtsnorm rechtswidrig die allgemein verbindliche Gültigkeit von einem zuständigen Organ abgelehnt würde? Wie z. B. wird der Bauherr geschützt, der im Vertrauen auf den vorhandenen Normenbestandes sein Bauen begonnen hat, wenn eine Bauaufsichtsbehörde den Bebauungsplan der Gemeinde wegen seiner Zweifel an der Nichtigkeit verwerfen kann? [38] Wie gesagt ist der Begriff der Nichtanwendungskompetenz einerseits im Zusammenhang mit der vorläufigen Anwendung der Rechtsnorm, deren Rechtmäßigkeit angezweifelt wird, andererseits mit der Frage des Rechtsschutzes des Betroffenen zu sehen. Die Erforderlichkeit des Rechtsschutzes ergibt sich aus der Verwerfung der allgemeinverbindlichen Gültigkeit der Rechtsnorm, die dem Bürger genützt hätte, wenn die Verwaltung sie angewendet hätte. Bei der Benutzung des Begriffs der Nichtanwendungskompetenz sollen daher diese Fragen berücksichtigt werden. Demgegenüber hat der Begriff der Verwerfungskompetenz keinen Zusammenhang mit solchen Fragen, weil der Begriff der Verwerfungskompetenz die

[36] Ausführlich dazu § 11 I.

[37] *BVerfGE* 54, 47/51; 63, 131/141, „allgemein verbindliche Klärung"; *Ossenbühl*, Verwaltungsvorschriften, S. 301; *ders.*, DV 2 (1969), S. 404; *Jarass*, in: ders./Pieroth, GG, Art. 20 Rn. 33 u. 36, Verwerfung im Einzelfall (Nichtanwendung) und die *allgemein verbindliche Verwerfung* müssen unterschieden werden; *Schmidt-Aßmann*, in: FS Stern, S. 759 f., Unterschied in drei Kompetenzen: Normprüfung, Nichtanwendung und Normverwerfung; vgl. *März*, in: v. Mangoldt/Klein/Starck, GG, Art. 31 Rn. 41; auch *Löwer*, in: Isensee/Kirchhof (Hrsg.), HdStR III, § 70 Rn. 79; *Söhn*, Anwendungspflicht oder Aussetzungspflicht, S. 62 („kassatorische Entscheidung"); *Moench*, Verfassungswidriges Gesetz, S. 123 u. 125 („kassatorische Entscheidung").

[38] Vgl. dazu *Kopp*, DVBl 1983, S. 821 ff.

allgemeinverbindliche Gültigkeit der betroffenen Rechtsnorm wegen ihrer Rechtswidrigkeit auszuschließen vermag. Während die Nichtanwendungskompetenz der Behörden und Gerichte anerkannt werden könnte, könnte jedoch die Verwerfungskompetenz im Gegensatz dazu von den Verfassungsgerichten oder dem *EuGH* in Bezug auf das demokratische Rechtsstaatsprinzip[39] oder das Ziel der europäischen Integration im deutschen Recht, im EG- und koreanischen Recht *monopolisiert* werden. Ein zum koreanischen Rechtssystem analoger Rechtsbegriff für Verwerfungskompetenz ist *„Pye-Gi-Kwon"*.

[39] S unten § 4 II. 3.

Erster Teil

Normprüfungs- und Verwerfungskompetenz der Verwaltung unter dem Grundgesetz

§ 1 Gesetzmäßigkeit der Verwaltung und Rechtssicherheit

I. Vorbemerkung

Nach Art. 20 III GG und 1 III GG ist die Aufgabe der Verwaltung die Anwendung des Gesetzes. Bei der Anwendung des Gesetzes soll die Verwaltung rechtmäßig handeln. Ihre Tätigkeit soll den Regelungen des Gesetzgebers entsprechen und sich auch im Rahmen ihrer Zuständigkeit halten. Dies wird als *Definition* der Gesetzmäßigkeit der Verwaltung verstanden. *Elemente*[40] der Gesetzmäßigkeit der Verwaltung sind der Vorrang des Gesetzes und der Vorbehalt des Gesetzes. In Bezug auf den Rechtsstaat und die Demokratie ist das Prinzip der Gesetzmäßigkeit der Verwaltung nicht nur ein wesentliches Element des rechtsstaatlichen Prinzips[41], sondern auch des demokratischen Prinzips, vor allem hinsichtlich der Reichweite des Vorbehalts des Gesetzes[42]. Infolgedessen soll die Gesetzmäßigkeit der Verwaltung als Teil des Rechtsstaats und der Demokratie, darüber hinaus auch des Grundrechtsschutzes verstanden werden. Die Gesetzmäßigkeit der Verwaltung wird einerseits als ein Prinzip für rationale Steuerung der Verwaltungstätigkeit beurteilt, und sie ist andererseits bestimmt zur Gewährleistung von Freiheit und Eigentum, indem sie die Eingriffe der Verwaltung begrenzt. Sie trägt zudem Gewähr für die Rechtsgleichheit im sozialen Rechtsstaat (unten II.).[43]

Da das Grundgesetz den Grundsatz der Rechtssicherheit nicht ausdrücklich erwähnt, ist es schwer, die *Definition* der Rechtssicherheit festzustellen.[44] Man könnte jedoch einzelne

---

[40] Die Grundrechtsbindung der vollziehenden Gewalt wird als eine Komponente des Grundsatzes der Gesetzmäßigkeit der Verwaltung verstanden (*Kunig*, in: von Münch/ders. (Hrsg.), GG I, Art. 1 Rn. 61). Diese würde jedoch, richtig ausgedrückt, als eine Quelle oder eine Zielrichtung der Gesetzmäßigkeit der Verwaltung angesehen werden sollen (*Stern*, Staatsrecht III/1, § 74 II 1 (S. 1344). Vgl. *BVerfGE* 80, 137/161; *Bull/Mehde*, AllgVerwR, § 5 Rn. 162 ff.; *Maurer*, AllgVerwR, § 6 Rn. 4 ff.; *Ossenbühl*, in: Erichsen/Ehlers (Hrsg.), AllgVerwR, § 9 Rn. 7; *Wolff/Bachof/Stober*, VerwR I, § 9 Rn. 3.

[41] *Sobota*, Rechtsstaat, S. 111; *Stern*, Staatsrecht I, § 20 IV 4 (S. 805) u. auch § 20 III 3 (S. 784); *Sachs*, in: ders. (Hrsg.), GG, Art. 20 Rn. 77; *Kunig*, Rechtsstaatsprinzip, S. 176 f.; *Jarass*, ders./Pieroth, GG, Art. 20 Rn. 31; *Rupp*, Grundfragen, S. 113 ff.

[42] Vgl. *Stern*, Staatsrecht I, § 20 IV 4 (S. 811); *Ossenbühl*, in: Isensee/Kirchhof (Hrsg.), HdStR III, § 62 Rn. 18.

[43] *Götz*, AllgVerwR, S. 4.

[44] Über den Wortbegriff der Rechtssicherheit von *Scholz*, ders. , Die Rechtssicherheit, S. 4: "Rechtssicherheit ist das gewährleistete Vertrauen in das Bestehen des Rechts und in seine unparteiische und gerechte Handhabung".

Komponenten[45] des Grundsatzes der Rechtssicherheit näher beschreiben. Sie könnten aus verfassungsrechtlicher Sicht, insbesondere im Zusammenhang mit dem Grundrechtsschutz einerseits und der Verwirklichung des demokratischen Rechtsstaatsprinzips andererseits in drei *Elemente*[46], d. h. Beständigkeit, Bestimmtheit und Klarheit eingeteilt werden. Durch diese Elemente muss der Einzelne dem Gesetz entnehmen können, was Recht und was Unrecht ist, welche Rechte und Pflichten er hat und unter welchen Voraussetzungen die Exekutive bzw. die Gerichte in seinen Rechtskreis eingreifen dürfen.[47] Hierbei besteht die Frage nach der *Beziehung* zwischen der Gesetzmäßigkeit der Verwaltung und der Rechtssicherheit, wobei es insbesondere darum geht, ob die Rechtssicherheit vorrangig ist. Die Gesetzmäßigkeit der Verwaltung bedeutet grundsätzlich die Bindung der Verwaltungstätigkeiten an Gesetz und Recht (Art. 20 III GG). Dagegen stellt die Rechtssicherheit gerade den Vertrauensschutz für das Individuum sicher. In der praktischen Verwaltungstätigkeit könnten die Rechtsbindung der Verwaltung und der Vertrauensschutz zusammenstoßen. Ein Beispiel ist die Aufhebung eines Verwaltungsaktes (§§ 48, 49 VwVfG). Jedenfalls beim Zusammenstoß von Rechtsbindung und Anforderungen des Vertrauensschutzes sind die Interessen der Betroffenen und das Gemeinwohl richtig zu abwägen.[48] Das Prinzip der Rechtssicherheit ist, wie das Prinzip der Gesetzmäßigkeit der Verwaltung, Kerngehalt der Rechtsstaatlichkeit (unten III.)[49] und damit gemeinsames Schutzgut aller Grundrechte.[50]

Vor dem Hintergrund des Rechtsstaats- und des Demokratieprinzips soll die Frage der Normprüfungs- und Verwerfungskompetenz der Verwaltung untersucht werden. Denn die Befugnisse der Verwaltung, d. h. ob sie eine gewisse Norm prüfen bzw. und sie darüber

---

[45] Vgl. Verschiedene Elemente der Rechtssicherheit: *Münch*, in: FS Hahn, S. 674 f.; *Sommermann*, in: v. Mangoldt/Klein/Starck, GG II, Art. 20 Rn. 278 ff.; *Degenhart*, Staatsrecht I, Rn. 347 ff.; *Stern*, Staatsrecht I, § 20 IV 4 g) (S. 831); *Badura*, Staatsrecht, D 53 (S. 319 ff.); *Schmidt-Aßmann*, in: Isensee/Kirchhof (Hrsg.), HdStR II, § 26 Rn. 81 ff.

[46] *Sachs*, in: ders. (Hrsg.), GG, Art. 20 Rn. 122 ff.; ähnlich *Kunig*, Rechtsstaatsprinzip, S. 396; vgl. *Stern*, Staatsrecht I, § 20 IV 4 (S. 829). Neben Beständigkeit, Bestimmtheit und Klarheit läßt sich die Klärung strittiger Rechtsverhältnisse in angemessener Zeit durch eine solche Entscheidung als rechtsstaatliches Gebot der Herstellung von Rechtssicherheit zählen (*BVerfGE* 88, 118/124; 93, 99/107 ff.).

[47] *Badura*, Staatsrecht, D 53 (S. 319).

[48] Vgl. *Münch*, in: FS Hahn, S. 676; *Bull/Mehde*, AllgVerwR, § 20 Rn. 794; Welchem Grundsatz größeres Gewicht zukommt, solle das je nach konkretem Einzelfall entschieden werden, dazu *Maurer*, AllgVerwR, § 11 Rn. 22; **a. A.** Das schützenswerte Vertrauen haben Vorrang vor dem Gemeinwohl (*Schulze-Fielitz*, in: Dreier (Hrsg.) GG II, Art. 20 (Rechtsstaat) Rn. 168.

[49] *BVerfGE* 8, 155 f./172; 45, 142/167 f.; 60, 253/267. Auch vgl. *BVerfGE* 64, 158/174; 71, 1/11 f.; 88, 118/124; 93, 99/107 ff.; *BVerwGE* 41, 277/279; 74, 357/362; *Ehlers*, in: Erichsen/ders. (Hrsg.), AllgVerwR, § 4 Rn. 24; *Erichsen*, in: ders./Ehlers (Hrsg.), AllgVerwR, § 17 Rn. 3; *Scholz*, Die Rechtssicherheit, S. 5; *Kunig*, Rechtsstaatsprinzip, S. 193 f.; *Münch*, in: FS Hahn, S. 676; *Sachs*, in: ders. (Hrsg.), GG, Art. 20 Rn. 122; *Schmidt-Aßmann*, in: Isensee/Kirchhof (Hrsg.), HdStR II, § 26 Rn. 81; *Sobota*, Rechtsstaat, S. 154 ff.; *Stern*, Staatsrecht I, § 20 IV 4 u. § 20 IV 5 (S. 796 u. 849 f.).

[50] *Kunig*, Rechtsstaatprinzip, S. 390.

hinaus verwerfen darf/kann, gemäß Art. 20 III GG an Gesetz und Recht gebunden ist (Rechtsbindung der vollziehenden Gewalt)[51], und die Rechtsbindung der Verwaltung ergeben sich nicht nur aus dem Rechtsstaatsprinzip, sondern auch aus dem Demokratieprinzip. Es handelt sich hier darum, wie sich die Gesetzmäßigkeit der Verwaltung und Rechtssicherheit unter dem Prinzip des Rechtsstaates und der Demokratie auf die Normprüfungs- und Verwerfungskompetenz beziehen (unten IV.).

II. Gesetzmäßigkeit der Verwaltung

1. Vorrang des Gesetzes

Ursprünglich stammt der Begriff „Vorrang des Gesetzes" von *Otto Mayer*. In § 6, „Gesetzgebende und vollziehende Gewalt" seines Buches leitete er den Begriff so her:

„Wie das alte Gesetz über der Justiz, so steht die verfassungsmäßige gesetzliche Willensäußerung über der gesamten übrigen Staatstätigkeit als der höhere, der rechtlich stärkere Wille: das Gesetz ist unverbrüchlich. Das will sagen: der Staatswille, der auf diesem Wege zur Erscheinung gekommen ist, kann rechtlich auf keinem andern Wege aufgehoben, abgeändert oder unwirksam gemacht werden und hebt andererseits alle bereits vorhandenen staatlichen Willensäußerungen auf, welche mit anderem Inhalte ihm entgegenstehen. Wir nennen diese Kraft den Vorrang des Gesetzes".[52]

Alle Eingriffe in Freiheit und Eigentum sind der Verwaltung nur auf gesetzlicher Grundlage erlaubt. Für die *Reichweite* der Gesetzesbindung der vollziehenden Gewalt prägte *Otto Mayer* die Begriffe vom „Vorrang" und „Vorbehalt" des Gesetzes.[53] Vorrang des Gesetzes *bedeutet*, dass die vollziehende Gewalt nicht gegen Rechtssätze, insbesondere Verfassung, Gesetz und Rechtsverordnung verstoßen darf,[54] nicht vom Gesetz abweichen[55]

---

[51] *Niedobitek*, DÖV 2000, S. 762 f.; *Gril*, JuS 2000, S. 1080; *Schnapp*, JuS 1989, S. 4; *Herzog*, in: Maunz-Dürig, GG, Art. 20 VI. Rn. 1; *Schulze-Fielitz*, in: Dreier (Hrsg.) GG II, Art. 20 (Rechtsstaat) Rn. 92.

[52] *Mayer*, Deutsches Verwaltungsrecht, Erster Band, 1895, S. 72. Vgl. den gleichen Text im 2. (1914, S. 69) u. 3. Aufl. (1924, S. 68).

[53] *Stern*, Staatsrecht I, § 20 IV 4 b) (S. 802).

[54] *BVerfGE* 8, 155 /169 f.; 40, 237/247; 56, 216/241; 58, 45 /66; *BVerwGE* 42, 331/334 f.; 48, 166/168 f.; 50, 265/269; *Ossenbühl*, Verwaltungsvorschriften, S. 470; *Stern*, Staatsrecht I, § 20 IV 4 b α) (S. 803); *Schmalz*,

und darüber hinaus die parlamentarischen Gesetze anwenden muß[56]. Bei der Anwendung werden diese Gesetze als *rechtmäßig* vorausgesetzt.[57] Der Vorrang des Gesetzes *umfasst* Verwaltungsakte[58] bzw. die Aufhebung von Verwaltungsakten, Verträge und Realakte,[59] Verwaltungsvorschriften,[60] Satzungen der Gemeinden und alle unmittelbar anwendbaren Normen des Gemeinschaftsrechts, nicht jedoch deutsche Rechtssätze, die mit unmittelbar anwendbarem Gemeinschaftsrecht kollidieren und insoweit unanwendbar sind[61]. Auch ein „Unterlaufen" von Gesetzen[62] bzw. eine falsche Auskunft[63] durch die Verwaltung verstoßen gegen den Vorrang des Gesetzes. Das Vorrangprinzip des Gesetzes gilt daher uneingeschränkt und unbedingt für den gesamten Bereich der Verwaltung.[64] Dazu gilt die Ausnahme, dass § 55 VwVfG der Behörde in gewissen Umfang unter näher bestimmten Voraussetzungen eine begrenzte Lockerung der strikten Gesetzesbindung hinsichtlich der Vergleichsverträge zugesteht.[65]

Verstöße gegen den Vorrang des Gesetzes führen zu Rechtswidrigkeit oder Unwirksamkeit. Bei Unvereinbarkeit des Gesetzes mit dem Grundgesetz ist beispielsweise ein Gesetz nach dem *BVerfG*[66] und der Literaturmeinung[67] grundsätzlich von Anfang an unwirksam,

---

AllgVerwR, Rn. 90; *Peine*, AllgVerwR, Rn. 136; *Degenhart*, Staatsrecht I, Rn. 316; *Faber*, VerwR, § 13 III (S. 91); *Götz*, AllgVerwR, S. 2.

[55] *Ossenbühl*, in: Erichsen/Ehlers (Hrsg.), AllgVerwR, § 9 Rn. 7; *Götz*, AllgVerwR , S. 2; *Gusy*, JuS 1983, S. 191.

[56] *BVerfGE* 25, 216/228; 30, 292/332; *Gusy*, JuS 1983, S. 191; *Degenhart*, Staatsrecht I, Rn. 317; *Ossenbühl*, in: Isensee/Kirchhof (Hrsg.), HdStR III, § 62 Rn. 4; *ders.*, in: Erichsen/Ehlers (Hrsg.), AllgVerwR, § 9 Rn. 7 Vgl. *Ehlers*, in: Erichsen/ders. (Hrsg.), AllgVerwR, § 3 Rn. 60; *Jarass*, in: ders./Pieroth, GG, Art. 20 Rn. 41; *Götz*, a. a. O., S. 2; *Sommermann*, in: v. Mangoldt/Klein/Starck, GG 2, Art. 20 Rn. 247. Aber für *untergesetzliche Normen* gilt nicht: *BVerfGE* 12, 180/186; offengelassen *BVerwGE* 75, 142/146; *Jarass*, in: ders./Pieroth, GG, Art. 20 Rn. 40; *Stern*, Staatsrecht III/1, § 74 II 2 (S. 1347); **a. A.** für untergesetzliche Normen *Gril*, JuS 2000, S. 1084 f.; *Degenhart*, Staatsrecht I, Rn. 317; *BayVGH*, BayVBl. 1982, S. 654; *Schmidt*, BayVBl. 1976, S. 1 u. 6; *Sommermann*, in: v. Mangoldt/Klein/Starck, GG 2, Art. 20 Rn. 261; *Schulze-Fielitz*, in: Dreier (Hrsg.) GG II, Art. 20 (Rechtsstaat) Rn. 99.

[57] Vgl. *BVerfGE* 12, 180/185. Es ist sehr umstritten, ob die Verwaltung eine von ihr für rechtswidrig gehaltene Rechtsnorm anwenden soll. Unter der Abwägung der *Grundrechtsbindung* der Verwaltung und der *Rechtssicherheit* ist die Frage auszumachen. Ausführlich unten § 4 II.

[58] *Erichsen*, in: ders./Ehlers (Hrsg.), AllgVerwR, § 15 Rn. 14. Vgl. *Jarass*, a. a. O., Art. 20 Rn. 41; *Degenhart*, Staatsrecht I, Rn. 316.

[59] *Degenhart*, a. a. O., Rn. 316; *Jarass*, a. a. O., Art. 20 Rn. 41.

[60] *BVerfGE* 78, 214/227; *Jarass*, a. a. O., Art. 20 Rn. 39; *ders*, JuS 1999, S. 106 u. 110.

[61] *BVerwGE* 74, 241/248 f.; *Erichsen*, in: ders./Ehlers (Hrsg.), AllgVerwR, § 15 Rn. 14; *Jarass*, a. a. O., Art. 20 Rn. 38.

[62] Vgl. *BVerfGE* 56, 216/241; *Jarass*, a. a. O., Art. 20 Rn. 41.

[63] Vgl. *Jarass*, a. a. O., Art. 20 Rn. 41.

[64] *Maurer*, AllgVerwR, § 6 Rn. 2; *Wehr*, JuS 1997, S. 232; *Sommermann*, in: v. Mangoldt/Klein/Starck, GG 2, Art. 20 Rn. 261. Rn. 261.

[65] *BVerwGE* 14, 103/105; 49, 359/364; 84, 157/165; 98, 58/62 f.; *Kopp/Ramsauer*, VwVfG, § 55 Rn. 1; *Henneke*, in: Knack, VwVfG, § 55 Rn. 2 f.; *Bonk*, in: Stelkens/Bonk/Sachs, VwVfG, § 55 Rn. 3; *Erfmeyer*, DVBl. 1998, S. 754 f.; *Tiedemann*, DÖV 1996, S. 597; *Degenhart*, NVwZ 1982, S. 73; *OVG Münster*, DVBl. 1980, S. 767.

[66] Vgl. *BVerfGE* 84, 9/21 f.; 91, 1/27 u. 34 ff.; 92, 26/27; 93, 1/25; 93, 373/376.

[67] Vgl. *Jarass*, JuS 1999, S. 106; *Hartmann*, DVBl. 1997, S. 1264 u. 1269; *Menzel*, DVBl. 1997, S. 642 ff.; *Schuppert*, AöR 120 (1995), S. 93; *Schultze-Fielitz*, in: Dreier (Hrsg.) GG II, Art. 20 (Rechtsstaat) Rn. 84; *Battis*,

ausgenommen bei einer *bloßen Unvereinbarkeitserklärung*[68] oder einer *Appellentscheidung*[69] durch das *BVerfG*[70]. Rechtswidrige Verwaltungsakte sind dagegen nicht nichtig, sondern grundsätzlich nur anfechtbar und aufhebbar.[71] Die vollziehende Gewalt darf das gegen den Gesetzesvorrang verstoßende Gesetz nicht mehr als Gesetz anwenden.[72] Schließlich ist ein weiterer Sinn des Vorrangprinzips des Gesetzes, dass es durch Gesetzesbindung gegenüber der vollziehenden Gewalt „dem Interesse gegenseitiger Kontrolle und Hemmungen" der Gewalten (Gewaltenteilung) dient[73] und auch den Bereich der Gesetzgebung sichert[74]. Denn das Vorrangprinzip löst „das Konkurrenzverhältnis zwischen der legislativen und exekutiven Organisationsgewalt"[75]. Dadurch verwirklicht es letztlich das Prinzip des *Rechtsstaats* und der *Demokratie*.[76]

2. Vorbehalt des Gesetzes

Das Wort „Vorbehalt des Gesetzes" geht auch auf *Otto Mayer* zurück. In seinem Buch „Deutsches Verwaltungsrecht" von 1895 stellte er das Vorbehaltsprinzip so dar:

„Das Gesetz gibt der Justiz die unentbehrliche Grundlage ihrer Tätigkeit; kein Urteil anders als auf Grund eines Rechtssatzes, nulla poena sine lege. Die Verwaltungstätigkeit kann nicht

in: Isensee/Kirchhof (Hrsg.), HdStR VII, § 165 Rn. 30; *Ipsen*, Rechtsfolgen, S. 37, 72 u. 147 ff.; *Pietzcker*, AöR 101 (1976), S. 381; *ders.*, JuS 1979, S. 710.

[68] Beispiele dafür *BVerfGE* 57, 361/388; 61, 43/68; 65, 325/357 f.

[69] Beispiele dafür *BVerfGE* 54, 11/37; 62, 256/286.

[70] In spezifischer Weise wird der Grundsatz der Nichtigkeit verfassungswidriger Gesetze durchbrochen, wenn das *BVerfG* dieses Gesetz durch eine Appellentscheidung oder eine bloße Unvereinbarkeitserklärung ausdrücklich zuläßt. Dazu *Schlaich/Korioth*, Bundesverfassungsgericht, Rn. 378 ff.; *Schuppert*, AöR 120 (1995), S. 94 ff.; *Seer*, NJW 1996, S. 285 ff.; *Hartmann*, DVBl. 1997, S. 1265; *Schulze-Fielitz*, in: Dreier (Hrsg.) II, Art. 20 (Rechtsstaat) Rn. 89 ff.; *Jarass*, in: ders./Pieroth, GG, Art. 20 Rn. 35; *Pestalozza*, in: 1. Bd. Verfassungsgerichtsbarkeit, S. 523 ff.; *Hein*, Unvereinbarerklärung, S. 29 ff.; *Battis*, in: Isensee/Kirchhof (Hrsg.), HdStR VII, § 165 Rn. 34; *Sommermann*, in: v. Mangoldt/Klein/Starck, GG 2, Art. 20 Rn. 248.

[71] *Erichsen*, in: ders./Ehlers (Hrsg.), AllgVerwR, § 15 Rn. 23 ff.; *ders.*, Jura 1995, S. 551; *Ossenbühl*, in: Isensee/Kirchhof (Hrsg.), HdStR III, § 62 Rn. 6; *Maurer*, AllgVerwR, § 6 Rn. 2, und vgl. auch § 10 Rn. 14; *Sproll*, AllgVerwR I, § 5 Rn. 7; *Bull/Mehde*, AllgVerwR, § 5 Rn. 158.

[72] *Schulze-Fielitz*, a. a. O., Rn. 84; *Pietzcker*, a. a. O., 381; *Jarass*, ders./Pieroth, GG, Art. 20 Rn. 33 u. 40.

[73] *Schmitt*, Verfassungslehre, S. 127.

[74] Der Bereich der Gesetzgebung wird *nicht nur* durch den Vorrang des Gesetzes, *sondern auch* durch den Vorbehalt des Gesetzes, durch die Bestimmtheit von Verordnungsermächtigungen, durch die Unvereinbarkeit von Verwaltungsamt und Mandat und durch die parlamentarische Kontrolle der Exekutive gesichert (*Jarass*, in: ders./Pieroth, GG, Art. 20 Rn. 25). *Schulze-Fielitz*, in: Schultze-Fielitz, in: Dreier (Hrsg.) GG II, Art. 20 (Rechtsstaat) Rn. 72; vgl. *Achterberg*, Parlamentsrecht, S. 413.

[75] *Vogel*, VVDStRL 24 (1966), S. 147; *Ossenbühl*, Verwaltungsvorschriften, S. 262. Auch vgl. *Gusy*, JuS 1983, S. 192; *Sachs*, in: ders. (Hrsg.), GG, Art. 20 Rn. 112.

[76] *Erichsen*, in: ders./Ehlers (Hrsg.), AllgVerwR, § 15 Rn. 13; *Herzog*, in: Maunz-Dürig, GG, Art. 20 VI. Rn. 35; *Gusy*, JuS 1983, S. 190.

so abhängig gehalten werden. Das verfassungsmäßige Gesetz ist deshalb nur für gewisse besonders wichtige Gegenstände zur notwendigen Bedingung aller Staatstätigkeit gemacht worden. Für alle übrigen ist die vollziehende Gewalt an sich frei; sie wirkt aus eigner Kraft, nicht auf Grund des Gesetzes. Wir nennen den Ausschluß ihres selbständigen Vorgehens, der bezüglich jener besonders ausgezeichneten Gegenstände besteht, den Vorbehalt des Gesetzes“[77].

Auch für die *Reichweite* der Gesetzesbindung der vollziehenden Gewalt prägte *Otto Mayer* die Begriffe vom „Vorbehalt des Gesetzes“ sowie vom „Vorrangprinzip“.[78]

Die Begriffe „Vorbehalt des Gesetzes“ und „Gesetzesvorbehalt“ sind Synonyme.[79] Und der Gesetzesvorbehalt wird als *Parlamentsvorbehalt* verstanden.[80] Der Gesetzesvorbehalt *bedeutet* zum einen, dass Eingriffe der Exekutive in Freiheit und Eigentum des Einzelnen einer gesetzlichen Ermächtigung bedürfen[81] und andererseits, dass das legitimierende Gesetz ausreichend genau bzw. hinreichend bestimmt ist[82]. Der Gesetzesvorbehalt ist ursprünglich für die belastende Verwaltungstätigkeit (Eingriffsverwaltung) entwickelt worden. Es ist jedoch umstritten, ob der Gesetzesvorbehalt für belastende verwaltungsrechtliche Willenserklärungen, wie etwa den Verzicht und die Übernahme von Verpflichtungen in verwaltungsrechtlichen Verträgen gilt. Das Prinzip des Gesetzesvorbehaltes bezieht sich im Hinblick auf § 54 Satz 1 VwVfG nur auf die Handlungsform und nicht auf den Inhalt des Vertrages, da der (öffentlich-rechtliche) Vertrag eine einverständliche Mitwirkung der am Vertrag Beteiligten und eine Selbstbindung des Grundrechtsträgers voraussetzt, und diese einverständliche Mitwirkung und Selbstbindung des Grundrechtsträgers nicht zu Eingriffen führen.[83] Es ist

---

[77] *Mayer*, Deutsches Verwaltungsrecht, Erster Band, 1895, S. 74. Vgl. den gleichen Text im 2. (1914, S. 71) u. 3. Aufl. (1924, S. 69 f.).

[78] Vgl. *Ehlers*, Gesetzesvorbehalt, DÖV 1977, S. 737; vgl. auch Entwicklungsgeschichte des Vorbehalt des Gesetzes, *Ossenbühl*, in: Isensee/Kirchhof (Hrsg.), HdStR III, § 62 Rn. 13 f.

[79] Etwa *BVerfGE* 49, 89/126 f.; 95, 267/307; *Ossenbühl*, in: Isensee/Kirchhof (Hrsg.), HdStR III, § 62 Rn. 12; *Erichsen*, Jura 1995, S. 552; vgl. auch *Jesch*, Gesetz, S. 31 f.

[80] *Erichsen*, Jura 1995, S. 553; *Maurer*, AllgVerwR, § 6 Rn. 5.

[81] *BVerfGE* 98, 218/251; *Ibler*, in: FS Maurer, S. 154 ff.; *Maurer*, AllgVerwR, § 6 Rn. 3; vgl. *Ehlers*, in: Erichsen/ders. (Hrsg.), AllgVerwR, § 1 Rn. 47; *Wolff/Bachof/Stober*, VerwR I, § 30 Rn. 15. Das Prinzip vom Vorbehalt des Gesetzes gilt auch im Hinblick auf die Umsetzung des EG-Rechts und das Prinzip der enumerativen Einzelermächtigung bzw. der beschränkten Einzelkompetenz für eine gemeinschaftsrechtliche Dimension, dazu *Ehlers*, a. a. O., § 3 Rn. 49; *Erichsen*, in: ders./Ehlers (Hrsg.), AllgVerwR, § 15 Rn. 14; *Wolff/Bachof/Stober*, VerwR I, § 31 Rn. 22; *Brenner*, Gestaltungsauftrag, S. 244 ff.; *von Danwitz*, Verwaltungsrechtliches System, S. 96.

[82] *Jarass*, in: ders./Pieroth, GG, Art. 20 Rn. 44.

[83] *BVerwGE* 42, 331/335; *Erichsen*, in: ders./Ehlers § 26 Rn. 3 u. 10; *Schilling*, VerwArch 87 (1996), S. 203; *Klein*, ThürVBl. 1992, S. 234; *Bleckmann*, NVwZ 1990, S. 603; *Kopp/Ramsauer*, VwVfG, § 54 Rn. 41; *Scherzberg*, JuS 1992, S. 208. **A. A.** *Ehlers*, VerwArch 74 (1983), S. 126; *Menger*, in: FS Ernst, S. 314.

heute anerkannt, dass das Prinzip des Vorbehalts des Gesetzes in bestimmten Fällen auch für die begünstigende Verwaltungstätigkeit (Subvention[84], Sozialhilfe und Ausbildungsförderung durch das BAföG usw.) und das besondere Gewaltverhältnis (Schule, Strafanstalten, Beamtenverhältnisse, Wehrdienst usw.) gilt.[85] Der Gesetzesvorbehalt muss auch für die begünstigende Verwaltungstätigkeit Geltung beanspruchen, wenn sich Begünstigung und Belastung nicht trennen lassen.[86]

Der Haushaltsplan in Art. 110 I GG enthält die Subventionierung in bestimmten Bereichen. Der Haushaltsplan ist jedoch nicht konkret, sondern er bestimmt nur die Zweckbestimmungen.[87] Der Haushaltsplan wird im Hinblick auf die Verteilung der Subvention bei Fehlen detaillierter gesetzlicher Regelungen durch die Verwaltungsvorschriften konkretisiert.[88] Damit kann der Verwaltung praktisch ein ausreichender Ermessensspielraum zur Verteilung belassen werden. Ein Beispiel hierfür ist die *Formenwahlfreiheit*.[89] Aber auch die Feststellung des Haushaltsplans durch das Haushaltsgesetz (Art. 110 II 1 GG) ist für die Exekutive verbindlich und schafft die Grundlage für die parlamentarische Kontrolle.[90] Die Exekutive darf die im Haushaltsplan veranschlagten Ansätze nicht überschreiten[91] und hat die dort niedergelegten Zweckbestimmungen, Vermerke und Erläuterungen zu beachten.[92] Die Verteilung der Subventionen wird einerseits als ein Mittel zur Verwirklichung des sozialen Wohlfahrtsstaats (Art. 20 I GG), aber auch als ein Grundrecht, nämlich ein Teilhaberecht[93] des Bürgers an der öffentlichen Leistung andererseits verstanden.[94] Das

---

84 Dazu Ausführlich *Ehlers*, GewArch 1999, S. 305 ff.; *Stober*, GewArch 1993, S. 141 ff.; *Ipsen*, Öffentliche Subventionierung Privater, 1956.

85 *Maurer*, AllgVerwR, § 6 Rn. 9 und 13; *Erichsen*, in: ders./Ehlers, § 15 Rn. 18.

86 Vgl. *BVerwGE* 6, 282/288; 20, 101/102.

87 Vgl. *Stober*, GewArch 1993, S. 188.

88 *BVerwGE* 58, 45/48; *BVerwG*, DVBl. 1978, S. 212; *Rodi*, Die Subventionsrechtsordnung, S. 527 ff.; *Bull/Mehde*, AllgVerwR, § 6 Rn. 182; vgl. *Maurer*, AllgVerwR, § 6 Rn. 14; *Wolff/Bachof/Stober*, VerwR I, § 30 III 1 Rn. 14; vgl. *Ipsen*, Subventionierung, S. 15 f.; *Henke*, Das Recht der Wirtschaftssubventionen, S. 61 f. u. 69 ff.

89 *Ehlers*, in: Schoch/Schmidt-Aßmann/Pietzner (Hrsg.), VwGO, § 40 Rn. 268 ff.; *ders.*, GewArch 1999, S. 305.

90 *Bleckmann*, Ordnungsrahmen für das Recht, S. 66; vgl. *Heintzen*, in: von Münch/Kunig (Hrsg.), GG III, Art. 110 Rn. 29 f.; *Siekmann*, in: Sachs (Hrsg.), GG, Art. 110 Rn. 26; *Wehr*, JuS 1997, S. 421; *Stober*, GewArch 1993, S. 146.

91 So *BVerfGE* 45, 1/34.

92 *BVerfGE* 20, 56/91; *Rodi*, Die Subventionsrechtsordnung, S. 530; *Heun*, in: Dreier (Hrsg.), GG III, Art. 110 Rn. 29; *Siekmann*, in: Sachs (Hrsg.), GG, Art. 110 Rn. 26; *Jarass*, in: ders/Pieroth, GG, Art. 110 Rn. 15; vgl. *Heintzen*, in: von Münch/Kunig (Hrsg.), GG III, Art. 110 Rn. 32.

93 So *BVerfGE* 33, 303/329 ff.; 35, 79/115; 47, 46/79; 58, 257/268 f.; *Ossenbühl*, in: Isensee/Kirchhof (Hrsg.), HdStR III, § 62 Rn. 19.

94 *Häberle*, in: VVDStRL 30 (1972), S. 112; *Dreier*, in: ders. (Hrsg.), GG I, Vorb. Rn. 93; *Breuer*, in: FG BVerwG, S. 92; *Henke*, Das Recht der Wirtschaftssubventionen, S. 10; vgl. *Krebs*, Vorbehalt, S. 124. Allerdings sind Teilhaberechte nicht nur Rechte auf Gleichbehandlung, sondern verleihen darüber hinaus einen eigenständigen Anspruch auf Teilhabe an öffentlichen Leistungen oder Einichtungen. Aber sie (Teilhaberechte) gewähren nicht einen Leistungsanspruch gegen den Staat auf Schaffung neuer Ausbildungsplätze für

Angebot ist allgemein knapp gegenüber dem Subventionswilligen, so dass Konkurrenz zwischen den Bürgern entsteht.[95] Auch die gezielte Subvention könnte in die Grundrechte von nicht am Subventionsverhältnis beteiligten Dritten eingreifen. Beruhend auf dem Prinzip der Demokratie und des Rechtsstaats ist es die wichtigste Aufgabe der Exekutive, die *Grundrechte* zu verwirklichen. Die Bindung an die Grundrechte verpflichtet die *privatrechtsförmige Verwaltung* zugleich zum Schutz der Grundrechte und zur Beachtung der durch die Grundrechtsbestimmungen vermittelten Verfassungsprinzipien, sofern diese überhaupt für die privatrechtlich auftretende Verwaltung Bedeutung haben.[96] Schließlich darf die Exekutive die Subvention nach den von ihr erlassenen Subventions- bzw. Vergaberichtlinien verteilen, soweit die Richtlinien nicht den Zweckbestimmungen, Vermerken und Erläuterungen entgegenstehen und in die Grundrechte von *nicht* am Subventionsverhältnis beteiligten Dritten *nicht* eingreifen.[97]

Mittels der Rechtsfigur des traditionellen *besonderen Gewaltverhältnisses,* die auf die kaiserzeitliche Impermeabilitätstheorie zurückgeht, wurde die Geltung des Gesetzesvorbehalts relativiert. Nach der Rechtsprechung des *BVerfG* zum Strafvollzugsrecht[98] und zum Schulrecht[99] gelten jedoch der Gesetzesvorbehalt und die Grundrechte auch im besonderen Gewaltverhältnis.[100] Vor allem können die Grundrechte dort nur durch Gesetz oder aufgrund eines Gesetzes eingeschränkt werden. Eine pauschale gesetzliche Ermächtigung der Exekutive zum Erlaß von Einzelregelungen reicht nicht aus, soweit es um grundrechtsbedeutsame Regelungen von einigem Gewicht geht. Darin besteht die *Wesentlichkeitstheorie* des *BVerfG*; „der Gesetzgeber ist verpflichtet, - losgelöst vom Merkmal des „Eingriffs" – in grundlegenden normativen Bereichen, zumal im Bereich der Grundrechtsausübung, soweit diese staatlicher Regelung zugänglich ist, alle wesentlichen Entscheidungen selbst zu

akademische und sonstige Berufstätigkeiten (*Wieland*, in: Dreier (Hrsg.), GG I, Art. 12 Rn. 170 u. 40).

[95] Vgl. *Bleckmann*, Ordnungsrahmen für das Recht, S. 68; *Huber*, Konkurrenzschutz, S. 20 f. u. 37.

[96] *Ehlers*, Verwaltung, S. 222; vgl. *Stern*, Staatsrecht III/1, § 74 IV 1 ff (S. 1394 ff.).

[97] *BVerwGE* 6, 282/287 f.; 90, 112/126; *Wolff/Bachof/Stober*, VerwR I, § 18 III 4 Rn. 10; vgl. auch *Rupp*, Grundfragen, S. 138 ff.

[98] So *BVerfGE* 33, 1; 40, 237/249; 40, 276. Diese Sichtweise wurde auch auf andere Gebiete übertragen: *BVerfGE* 48, 210/221 (Steuererlaß); 49, 89/126 f. (gesetzliche Entscheidung auch in bezug auf einen bestimmten Reaktortyp, hier den „Schnellen Brüter"); 53, 30/56 f. (Bestätigung der vorigen Entscheidung); 57, 295/320 (Regelungsauftrag für die Rundfunkorganisation); 64, 261/268 (Hafturlaub); 76, 1/74 ff. (Aufenthaltserlaubnis für Ausländer); 76, 171 ff. (Standesrecht der Anwälte); 83, 130/152 (Bundesprüfstelle für jugendgefährdende Schriften).

[99] So *BVerfGE* 34, 165/192 f.; 41, 251/259 f.; 45, 400/417 f.; 58, 257/264 ff.; *BVerwGE* 47, 194/199 (Vorlagebeschluß zur Sexualkunde-Entscheidung des *BVerfG*); 57, 360/363; 64, 308/310 f. Im übrigen auch *BVerwGE* 51, 235/238 (Auswahlkriterien für die Ablehnung von Güterkraftverkehrsgenehmigungen); 64, 238/244 f. (Kraftdroschkengenehmigung); 65, 323/325 f. (Ausbildungsstoff und Bestehensvoraussetzungen).

[100] Vgl. *Kloepfer*, JZ 1984, S. 689 f.

treffen"[101]. Daher muß beispielsweise der Gesetzgeber im Schulwesen die wesentlichen Entscheidungen selbst treffen und darf sie nicht der Schulverwaltung überlassen.[102] Zu den „wesentlichen Entscheidungen", vor allem im Schulwesen, können z. B. die Bildungs- und Lernziele, die Grundstrukturen der Schulorganisation (Schularten, Mitbestimmung von Lehrern und Eltern) sowie die Rechtsstellung der Schüler (Schulaufnahme, Schulausschluß) gezählt werden.[103]

Die *Beziehung* zwischen dem Vorrang und Vorbehalt des Gesetzes ist, dass eine Vorbehaltswirkung mit dem Vorrang eines Gesetzes automatisch verbunden ist. Denn soweit eine gesetzliche Grundlage gilt, soweit darf die Exekutive keine abweichenden Regelungen ohne eine neue gesetzliche Ermächtigung erlassen. Der Bereich des Gesetzesvorbehalts wird daher vor allem durch den Vorrang der schon vorhandenen förmlichen Gesetze umschrieben.[104] Die *Folge* eines Verstoßes gegen den Gesetzesvorbehalt ist Rechtswidrigkeit; Verwaltungsmaßnahmen, die ohne die erforderliche gesetzliche Ermächtigung ergehen, sind rechtswidrig.[105] Eine *Ausnahme* besteht bei vom *BVerfG* geschaffenem Übergangsrecht, etwa wenn das *BVerfG* eine fehlende Gesetzesgrundlage aufgrund einer gewandelten Rechtsauffassung oder völlig veränderter tatsächlicher Umstände beanstandet, wenn also zunächst rechtmäßige Normen rechtswidrig geworden sind.[106]

---

[101] *BVerfGE* 49, 89/126. Vgl. auch 83, 130/152; 95, 267/307; 98, 218/251.

[102] Vgl. *BVerfGE* 98, 218/251; *Hemmrich*, in: von Münch/Kunig (Hrsg.), GG I, Art. 7 Rn. 9; *Hesse*, Grundzüge, Rn. 509.

[103] *Stern*, Staatsrecht I, § 20 IV 4 (S. 812 ff.); *Pieroth*, in: Jarass/ders., GG, Art. 7 Rn. 4 ff.; *Gröschner*, in: Dreier (Hrsg.), GG I, Art. 7 Rn. 54; *Maurer*, AllgVerwR, § 6 Rn. 20; *Sproll*, AllgVerwR I, Rn. 46. Dagegen sind keine wesentlichen Maßnahmen die Einführung der Rechtschreibreform (vgl. *Hofmann*, in: Schmidt-Bleibtreu/Klein, GG, Art. 20 Rn. 70; **a. A.** *Roth*, BayVBl. 1999, S. 263), die Einführung der 5-Tage-Woche (*BVerwGE* 47, 201), die Modalitäten des Prüfungsverfahrens, die auf die Prüfungsentscheidung selbst keinen unmittelbaren Einfluß haben, die Ermittlung der Versetzungsnote, Bewertungsgrundsätze für die Ausbildungsnote der Referendare (*BVerwGE* 57, 130/137).

[104] *Jesch*, Gesetz, S. 30; vgl. *Erichsen*, Jura 1995, S. 552; *Schulze-Fielitz*, in: Dreier (Hrsg.), GG II, Art. 20 (Rechtsstaat) Rn. 105.

[105] So *BVerfGE* 41, 251/266; 51, 268/287; *Jarass*, in: ders./Pieroth, GG, Art. 20 Rn. 60; vgl. *Schmalz*, AllgVerwR, Rn. 100.

[106] *BVerfGE* 33, 1/13; 51, 268/288; 53, 336/351; 58, 300/351; 71, 137/144; 79, 245/250 f.; *BVerwGE* 51, 235/242 f.; 64, 238/245 f.; 81, 49/55; *Schulze-Fielitz*, in: Dreier (Hrsg.), GG II, Art. 20 (Rechtsstaat) Rn. 90; *Jarass*, in: ders./Pieroth, GG, Art. 20 Rn. 60 u. 75; *ders.*, aaO., Art. 14 Rn. 39; *ders.*, NZS 1997, S. 548 f.; *Battis*, in: Isensee/Kirchhof (Hrsg.), HdStR VII, § 165 Rn. 38 (S. 249); vgl. auch *Baumeister*, Rechtswidrigwerden, S. 183; *Stern*, Staatsrecht I, § 20 IV 4 (S. 836 ff.).

III. Rechtssicherheit als Bestandteil des Rechtsstaatsprinzips

Wie vom *BVerfG*[107] erklärt, ist die Rechtssicherheit[108] ein wesentliches Element des rechtsstaatlichen Prinzips. Der *Begriff* spaltet sich in zwei hauptsächliche Bedeutungsinhalte auf: Zum einen die Sicherung der Lebensgüter durch das Recht und zum anderen die Sicherheit des Rechts selbst. [109] Die Rechtssicherheit stellt daher *Verläßlichkeit, Dauerhaftigkeit, Unverbrüchlichkeit* des Gesetzes und der von ihm ausgehenden rechtlichen Wirkung,[110] *Berechenbarkeit, Vorhersehbarkeit* und *Orientierungssicherheit*, darüber hinaus *Kontinuitätsgewähr*[111] dar. Sie konkurriert als Rechtswert von Verfassungsrang mit anderen Aspekten des Rechtsstaatsprinzips, nämlich Gesetzlichkeit und Gerechtigkeit. [112] Ihre wesentlichen Bestimmungsfaktoren ergeben sich aus den Grundrechten, insbesondere aus Art. 14 GG.[113] In dieser Untersuchung werden die Beständigkeit (unten 1.), Bestimmtheit (2.) und Klarheit (3.) als Elemente der Rechtssicherheit festgestellt.

1. Beständigkeit

Nach den bestehenden Regelungen sind die Staatsorgane mit ihren Hoheitsakten tätig, so dass der Bürger seine Rechtsverhältnisse einrichten und sich darauf verlassen kann. Durch die bestehenden Gesetze wird das Vertrauensverhältnis zwischen dem Staat und den Individuen gebildet. Wesentlicher Gehalt der Rechtssicherheit ist daher die Beständigkeit des Gesetzes.

---

[107] Etwa *BVerfGE* 2, 380/403: "Das Rechtsstaatsprinzip enthält als wesentlichen Bestandteil die Gewährleistung der Rechtssicherheit"; 59, 128/164; 60, 253/268 f.; 72, 200/242; 74, 129/152; 94, 241/258.

[108] Ausführlich *Scholz*, Die Rechtssicherheit, 1955; *Degenhart*, Staatsrecht I, Rn. 358 ff.; *Blanke*, Vertrauensschutz, S. 81 ff.; *Kunig*, Rechtsstaatsprinzip, S. 390 ff.; *Götz*, in: FG BVerfG II, S. 446 ff.; *Meyer-Ladewig*, in: FG BVerwG, S. 417 ff.; *Schmidt-Aßmann*, in: Isensee/Kirchhof (Hrsg.), HdStR II, § 26 Rn. 81 ff.; *Sommermann*, in: v. Mangoldt/Klein/Starck, GG 2, Art. 20 Rn. 288 ff.; *Schulze-Fielitz*, in: Dreier (Hrsg.), GG II, Art. 20 (Rechtsstaat) Rn. 146 ff.; *Kisker*, in: VVDStRL 32 (1974), S. 149 ff.; *Püttner*, in: VVDStRL 32 (1974), S. 200 ff.; *Münch*, in: FS Hahn, S. 673 ff.

[109] *Münch*, in: FS Hahn, S. 674.

[110] *Stern*, Staatsrecht I, § 20 IV 4 (S. 831); *Schulze-Fielitz*, in: Dreier (Hrsg.), GG II, Art. 20 (Rechtsstaat) Rn. 146.

[111] *Blanke*, Vertrauensschutz, S. 36; vgl. *Heckmann*, Geltungskraft, S. 241 ff; *Scholz*, Rechtssicherheit, S. 29 („Kontinuitäts- oder Stabilitätsinteresse"); *Peine*, Systemgerechtigkeit, S. 259 f.

[112] *Görisch*, JuS 1997, S. 989; *Sachs*, in: ders. (Hrsg.), GG, Art. 20 Rn. 122; vgl. *Stern*, Staatsrecht I, §20 IV 4 (S. 796).

[113] *BVerfGE* 31, 275/293; 58, 81/120 f.; 64, 87/104; *Schmidt-Aßmann*, in: Isensee/Kirchhof (Hrsg.), HdStR II, § 26 Rn. 81.

Diese stellt gerade den *Schutz des Vertrauens* gegenüber den Normadressaten dar.[114] Dies bestätigt das *BVerfG*[115] in seiner Rechtsprechung.[116]

In bezug auf die Beständigkeit stellt sich das Problem der Zulässigkeit *rückwirkender Gesetze*.[117] „Rückwirkung" des Gesetzes bedeutet, dass das Gesetz seine Geltung für eine Zeit vor seinem Inkrafttreten fingiert oder als Rückanknüpfung, dass seine Rechtsfolge an einen vor seinem Inkrafttreten liegenden Sachverhalt geknüpft wird, sei es, dass sie sich ausschließlich auf vergangene Sachverhalte bezieht, sei es, dass sie sich außer auf vergangene auch auf zukünftige Sachverhalte bezieht.[118] Das Grundgesetz verbietet eine Rückwirkung ausdrücklich in Art. 103 II GG für *Strafgesetze* und *Ordnungswidrigkeitentatbestände* i.S.d. § 3 OWiG.[119] Dies Verbot wird als absolutes Verbot der Rückwirkung von Rechtsfolgen verstanden.[120] Das ist sowohl die Anforderung gegenüber dem Vertrauensschutz als auch das Gebot des Rechtsstaats.[121] In der Rechtsprechung hat das BVerfG zwischen der echten Rückwirkung und der unechten Rückwirkung von Gesetzen unterschieden.[122] Der Zweite Senat des BVerfG hat die Fälle der echten Rückwirkung als *„Rückbewirkung von Rechtsfolgen"* und die Fälle der unechten Rückwirkung als *„tatbestandliche Rückanknüpfung"* bezeichnet.[123]

---

[114] *Menzel*, DVBl. 1997, S. 644 f.; *Bleckmann*, Staatsrecht I, Rn. 566; *Sommermann*, in: v. Mangoldt/Klein/Starck (Hrsg.), GG 2, Art. 20 Rn. 282; *Sachs*, in: ders. (Hrsg.), GG, Art. 20 Rn. 131; vgl. auch *Ehlers*, in: Erichsen/ders. (Hrsg.), AllgVerwR, § 5 Rn. 24; *Heckmann*, Geltungskraft, S. 238 f.

[115] So *BVerfGE* 18, 429/439; 23, 12/32; 24, 220/229; 30, 367/386; 50, 177/193: Die Rechtssicherheit bedeute für den Bürger in erster Linie Vertrauensschutz. Vgl. die neueren Tendenzen des *BVerfG* zum Vertrauensschutz *Wernsmann*, JuS 2000, S. 39 ff. ; *ders.*, JuS 1999, S. 1177 ff.; *Rensmann*, JZ 1999, S. 168 ff.; *Pieroth*, JZ 1990, S. 279 ff.; *ders.*, JZ 1984, S. 971 ff.

[116] Auf der EG-Rechtsebene, im Fall *Algera*, erkannte der *EuGH* (E 1957, 83 ff. (Algera u. a. /Gemeinsame Versammlung der EGKS)) den Grundsatz des Vertrauensschutzes in bezug auf den Widerruf der Verwaltungsakte als den ersten der allgemeinen Rechtsgrundsätze des Verwaltungsrechts an. Dazu Ausführlich *Streinz*, DV 23 (1990), S. 153 ff; vgl. auch *Triantafyllou*, NVwZ 1992, S. 436 ff.; *Bleckmann*, EuR, Rn. 598; *ders.*, Staatsrecht I, Rn. 580; *Herdegen*, EuR, § 9 Rn. 21; *Blanke*, Vertrauensschutz, S. 461 f.; *Wolff/Bachof/Stober*, VerwR I, § 17 Rn. 12.

[117] Ausführlich *Pieroth*, Rückwirkung, S. 25 ff.; *Maurer*, in: Isensee/Kirchhof (Hrsg.), HdStR III, § 60 Rn. 10 ff.; *Wolff/Bachof/Stober*, VerwR I, § 27 Rn. 6 ff.; *Degenhart*, in: FS Maurer, S. 600 ff.; *ders.*, Staatsrecht I, Rn. 358; *Muckel*, Kriterien, S. 67 ff.; *Vogel*, JZ 1988, S. 833 ff.; *Kunig*, Rechtsstaatsprinzip, S. 208 ff.

[118] Vgl. *BVerfGE* 63, 343/353; 72, 200/241; 97, 67/78 f.; *Muckel*, Kriterien, S. 68 ff.; *Wolff/Bachof/Stober*, VerwR I, § 27 Rn. 6; *Maurer*, in: Isensee/Kirchhof (Hrsg.), HdStR III, § 60, Rn. 11 ff.

[119] *Werle*, NJW 2001, S. 3002 f. Den Verfassungsgrundsatz des Art. 103 II GG stellt § 3 in Anlehnung an § 1 StGB (nullum crimen sine lege) und § 4 I in Anlehnung an § 2 II StGB (nulla poena sine lege) auch für das Recht der Owi heraus. Dies wäre auch ohne gesetzliche Regelung aus Art. 103 II GG abzuleiten, der unbestritten auch für das OwiRecht gilt (*Göhler*, in: OWiG, § 3 Rn. 1).

[120] Vgl. *BVerfGE* 30, 367/385; *Degenhart*, in: Sachs (Hrsg.), GG, Art. 103 Rn. 72; *Pieroth*, in: Jarass/ders., GG, Art. 103 Rn. 52.

[121] *BVerfGE* 7, 89/92; 47, 109/120; 95, 96/130; *Pieroth*, in: Jarass/ders., GG, Art. 103 Rn. 40; vgl. *Degenhart*, in: Sachs (Hrsg.), GG, Art. 103 Rn. 73 a.

[122] *BVerfGE* 11, 139/145 f. Dazu kritisch *Stern*, Staatsrecht I, § 20 IV 4 (S. 835 f.).

[123] Grundlegend *BVerfGE* 72, 200/242; 81, 228/239; 83, 89/110; vgl. *Bauer*, NVwZ 1984, S. 221 f.; *Fiedler*, NJW 1988, S. 1625; *Vogel*, JZ 1988, S. 838; dazu kritisch *Brüning*, NJW 1998, S. 1526 f.

E*chte (retroaktive) Rückwirkung* liegt vor, „wenn das Gesetz nachträglich ändernd in abgewickelte, der Vergangenheit angehörende Tatbestände eingreift“[124], wenn also der von der Rückwirkung betroffene Tatbestand in der Vergangenheit nicht nur begonnen hat, sondern bereits abgeschlossen war.[125] *Beispiele* dafür gibt es bei Steuergesetzänderungen[126], etwa durch nachträgliche Erhöhung des Steuersatzes für vergangene Jahre. Bei öffentlich-rechtlichen Anspruchsnormen liegt eine (echte) Rückwirkung vor, wenn im Zeitpunkt der Verkündung die Anspruchsvoraussetzungen bereits erfüllt sind, ohne dass es darauf ankäme, ob ein Bewilligungsbescheid vorliegt.[127] Nach den Prinzipien der Rechtssicherheit und des Vertrauensschutzes ist ein echt rückwirkendes Gesetz *grundsätzlich unzulässig*.[128] Aber das Verbot kann durchbrochen werden, wenn „zwingende Gründe des gemeinen Wohls oder ein nicht – oder nicht mehr – vorhandenes, schutzbedürftiges Vertrauen des einzelnen eine Durchbrechung“[129] gestatten.[130]

Demgegenüber liegt eine *unechte Rückwirkung* vor, wenn das Gesetz für noch andauernde Tatbestände - insbesondere Rechtsverhältnisse - mit Wirkung (nur) für die Zukunft erstmalige oder veränderte Rechtsfolgen vorsieht.[131] Beispiele dafür sind die Erhöhung der Zinsen für staatliche Darlehen für die Zukunft.[132] Auch kann die Beendigung von direkten oder indirekten Subventionen für die Zukunft nur ausnahmsweise als unechte Rückwirkung angesehen werden, wenn die alte Rechtsposition dadurch wesentlich entwertet würde.[133] Die unechte Rückwirkung von neuen gesetzlichen Regelungen ist unter dem Aspekt des

[124] *BVerfGE* 11, 139/145 f.; 57, 361/391; 68, 287/306; 72, 175/196; 88, 384/403 f.; 95, 64/86.
[125] *Degenhart*, Staatsrecht I, Rn. 369; *Jarass*, in: ders./Pieroth, GG, Art. 20 Rn. 68; *Pieroth*, JZ 1984, S. 972.
[126] *Degenhart*, Staatsrecht I, Rn. 370; *Schulze-Fielitz*, in: Dreier (Hrsg.), GG II, Art. 20 (Rechtsstaat) Rn. 157; kritisch *Stern*, Staatsrecht I, § 20 IV 4 (S. 835 f.).
[127] *Schulze-Fielitz*, in: Dreier (Hrsg.), GG II, Art. 20 (Rechtsstaat) Rn. 157; *Jarass*, in: ders./Pieroth, GG, Art. 20 Rn. 68.
[128] *BVerfGE* 13, 261/272; 30, 392/401; 45, 142/173; 88, 384/403; 95, 64/86; *BVerwGE* 99, 133/137; *Brüning*, NJW 1998, S. 1527; *Görisch*, JuS 1997, S. 990; *Salzwedel*, DV 5 (1972), S. 15; *Schulze-Fielitz*, in: Dreier (Hrsg.), GG II, Art. 20 (Rechtsstaat) Rn. 158; *Jarass*, in: ders./Pieroth, GG, Art. 20 Rn. 71; *Sachs*, in: ders. (Hrsg.), GG, Art. 20 Rn. 133.
[129] *BVerfGE* 72, 200/258; 97, 67/79 f.
[130] Vgl. *Pieroth*, JZ 1990, S. 284; *ders.*, Rückwirkung, S. 56 ff.; *Jarass*, in: ders./Pieroth, GG, Art. 20 RN. 72; *Maurer*, in: Isensee/Kirchhof (Hrsg.), HdStR III, § 60, Rn. 27 ff.; *Schulze-Fielitz*, in: Dreier (Hrsg.), GG II, Art. 20 (Rechtsstaat) Rn. 158 ff.; *Sommermann*, in: v. Mangoldt/Klein/Starck (Hrsg.), GG 2, Art. 20 Rn. 285; *Sachs*, in: ders. (Hrsg.), GG, Art. 20 Rn. 134 f.; *Stern*, Staatsrecht I, § 20 IV 4 (S. 834).
[131] *BVerfGE* 18, 135/144 f.; 55, 185/203 f.; 63, 152/175; 72, 175/196; 76, 256/348; 77, 370/377; 89, 48/66; **a. A.** *Stern*, Staatsrecht I, § 20 IV 4 (S. 836): die Lehre hat den Begriff der unechten Rückwirkung seit jeher abgelehnt (*Kisker*, in: VVDStRL 32 (1974), S. 178; *Leisner*, in: FS Berber, S. 289 f.; *ders.*, JZ 1977, 540; *Götz*, FG BVerfG II, S. 433; *Kopp*, BayVBl. 1980, S. 38 ff.; *Kloepfer*, Vorwirkung, S. 96 ff.), und auch nachgewiesen hat, dass der Begriff untauglich ist (*Götz*, FG BVerfG II, S. 435 ff.; *Hellmann/Pfeiffer*, in: FS Kaufmann, S. 199 ff.).
[132] So *BVerfGE* 72, 175/196 ff.; 88, 384/406 ff.
[133] Vgl. *BVerfGE* 30, 392/404; *Isensee*, in: FS Klein, S. 611 ff. (619 u. 624 f.); *Schulze-Fielitz*, in: Dreier (Hrsg.), GG II, Art. 20 (Rechtsstaat) Rn. 165.

rechtsstaatlichen Vertrauensschutzes *grundsätzlich zulässig.* [134] Aber die unechte Rückwirkung wird *ausnahmsweise* als unzulässig erachtet, wenn bei einer Abwägung im Einzelfall das *Vertrauen des einzelnen* auf den Fortbestand einer bestimmten Regelung gegenüber dem Gemeinwohl überwiegt.[135] Für das Gewicht des Vertrauensschutzes kommt es auf die betroffenen, in der Regel grundrechtsgeschützten Rechtsgüter und die Intensität der Nachteile an.[136] Danach anzunehmende Bedenken gegen unechte Rückwirkungen können *grundsätzlich* durch Übergangsregelungen ausgeräumt werden. [137] Denn durch die Übergangsregelungen wird dem Grundsatz der Verhältnismäßigkeit zur Wirkung verholfen.[138] Obwohl die Übergangsregelungen ein Aspekt des Rückwirkungsproblems sind, sollte der Gesetzgeber dabei stets erwägen, ob den Übergangsregelungen das *Rechtsstaatsprinzip und andere Verfassungsvorschriften, insbesondere Grundrechte* entgegenstehen.[139]

Für das Verwaltungshandeln wird die Rechtssicherheit je nach Handlungsformen (Verwaltungsakt, Zusicherung, Verwaltungsvertrag, Verwaltungsvorschriften, tatsächliche Maßnahmen usw.) durch besondere gesetzliche Regelungen geschützt. Die für Verwaltungsakte geltenden Aufhebungs- und Abweichungsverbote (§§ 48 ff. VwVfG und die materielle Bestandskraft) tragen den rechtsstaatlichen Anforderungen, nämlich nicht nur der Gesetzmäßigkeit der Verwaltung, sondern auch dem Vertrauensschutz, hinreichend Rechnung.[140] Der Vertrauensschutzgedanke kann auch zur *Selbstbindung der Verwaltung* führen.[141] Dies gilt z. B. bei veröffentlichten Verwaltungsvorschriften.[142] Sie entfalten als

---

[134] *BVerfGE* 30, 392/402; 63, 152/175; 72, 141/154; 92, 277/325; 95, 64/86; 97, 271/289; *Schulze-Fielitz*, in: Dreier (Hrsg.), GG II, Art. 20 (Rechtsstaat) Rn. 166; *Degenhart*, Staatsrecht I, Rn. 369; *Sachs*, in: ders. (Hrsg.), GG, Art. 20 Rn. 134 ff.; *Sommermann*, in: v. Mangoldt/Klein/Starck (Hrsg.), GG 2, Art. 20 Rn. 286; *Salzwedel*, DV 5 (1972), S. 15.

[135] *BVerfGE* 14, 288/300; 22, 241/249; 68, 287/307; 69, 272/310; 72, 141/154 f.; 88, 384/406 f.; 89, 48/66; *Degenhart*, Staatsrecht I, Rn. 375; *Schulze-Fielitz*, in: Dreier (Hrsg.), GG II, Art. 20 (Rechtsstaat) Rn. 168; *Sachs*, in: ders. (Hrsg.), GG, Art. 20 Rn. 137; *Sommermann*, in: v. Mangoldt/Klein/Starck (Hrsg.), GG 2, Art. 20 Rn. 287; *Maurer*, in: Isensee/Kirchhof (Hrsg.), HdStR III, § 60, Rn. 36; *Pieroth*, Rückwirkung, S. 64 f.; *Stern*, Staatsrecht I, § 20 IV 4 (S. 834 f.).

[136] *BVerfGE* 24, 220/230 f.; 67, 1/16; 69, 272/310; 72, 175/199; 76, 256/353 ff.

[137] *BVerfGE* 43, 242/288; 67, 1/14 f.; 76, 256/359 f.; 78, 249/285; vgl. auch *Muckel*, Kriterien, S. 119 ff.; *Kloepfer*, DÖV 1978, S. 227 ff.; *Stern*, Staatsrecht I, § 20 IV 4 (S. 836 f.); *Pieroth*, Rückwirkung, S. 71 ff.

[138] *BVerfGE* 43, 242/288 f.; 58, 300/351; 76, 256/359 f.; 95, 64/86 ff.; *BVerwGE* 81, 49/55; *Schulze-Fielitz*, DV 20 (1987), S. 323; *Jarass*, in: ders./Pieroth, GG, Art. 20 Rn. 75.

[139] *BVerfGE* 21, 173/183; 43, 242/288; 58, 300/351; 67, 1/15; *Stern*, Staatsrecht I, § 20 IV 5 (S. 836 f.); *ders.*, in: FS Maunz, S. 390 ff.; *Götz*, FG BVerfG II, S. 442 ff.; *Jarass*, in: ders./Pieroth, GG, Art. 20 Rn. 75

[140] *Sachs*, in: ders. (Hrsg.), GG, Art. 20 Rn. 140; *Kopp/Ramsauer*, VwVfG, § 48 Rn. 2; vgl. *Bleckmann*, Staatssrecht I, Rn. 581; *Maurer*, in: Isensee/Kirchhof (Hrsg.), HdStR III, § 60, Rn. 71; *Sommermann*, in: v. Mangoldt/Klein/Starck (Hrsg.), GG 2, Art. 20 Rn. 261.

[141] *BVerfGE* 49, 168/186; *BVerwGE* 35, 159/162; *Stern*, Staatsrecht III/1, § 74 II 5 (S. 1358 f.); *Sachs*, in: ders. (Hrsg.), GG, Art. 20 Rn. 141; *Schulze-Fielitz*, in: Dreier (Hrsg.), GG II, Art. 20 (Rechtsstaat) Rn. 161; vgl. *Burmeister*, DÖV 1981, S. 509 ff.; *Hoffmann-Riem*, in: VVDStRL 40 (1982), S. 187 ff.; auch *Jestaedt*, in: Erichsen/Ehlers (Hrsg.), AllgVerwR, § 10 Rn. 65. Siehe auch die Selbstbindung des Gesetzgebers, *Peine*, Systemgerechtigkeit, S. 105 ff.

Auslegungs- oder Ermessensrichtlinien zumindest mittelbar Außenwirkung dem Bürger gegenüber[143], auch wenn dem Einzelnen kein subjektives öffentliches Recht zusteht.[144] Auch bei nachteiligen *Planungsänderungen* kann das Prinzip des Rechtsstaats es gebieten, dass die Betroffenen Vertrauensschutz geltend machen können[145]: Werden die Grundlagen für die Planung der schulischen Entwicklung eines Kindes unvorhergesehen nachteilig geändert, so gebietet es das Rechtsstaatsprinzip, dass die Betroffenen Vertrauensschutz geltend machen und damit eine Abwägung der einander entgegenstehenden Allgemein- und Individualinteressen herbeiführen können. Der Vertrauensschutz kann es dabei erfordern, die Anwendung einer Härteklausel zu prüfen.[146]

2. Bestimmtheit

Rechtsnormen verfehlen ihr Ziel und führen zu *Rechtsunsicherheit*, wenn sie unklar, unverständlich, sprachlich unzulänglich und unbestimmt formuliert sind.[147] Denn solche Rechtsnormen würden mehr Eingriffe eröffnen, als zur Erreichung des Gesetzeszwecks notwendig sind.[148] In der ständigen Rechtsprechung des *BVerfG* steht daher die Bestimmtheit als Ausprägung des Gebots der *Rechtssicherheit* unter dem Rechtsstaatsprinzip im Vordergrund[149]:

“wenn die Fassung eines Gesetzes seinen wirklichen Gehalt nicht zum Ausdruck bringt, wenn sie mißverständlich oder irreführend ist, oder wenn das Gesetz in sich widerspruchsvoll ist, kann es wegen Widerspruchs mit den Grundsätzen des Rechtsstaates nichtig sein”[150].

Bei der Grundrechtseinschränkung gebietet das Grundgesetz dieses Gebot ausdrücklich. Für *Strafgesetze* enthält Art. 103 II GG besonders strenge Anforderungen an die Bestimmtheit

---

142 *Scheuing*, in: VVDStRL 40 (1982), S. 158 ff.; *Jestaedt*, in: Erichsen/Ehlers (Hrsg.), AllgVerwR, § 10 Rn. 59.
143 *BVerwGE* 19, 48/58; *Schulze-Fielitz*, in: Dreier (Hrsg.), GG II, Art. 20 (Rechtsstaat) Rn. 173.
144 *BVerwGE* 61, 15/19 ff.; 61, 40/44; *Schulze-Fielitz*, in: Dreier (Hrsg.), GG II, Art. 20 (Rechtsstaat) Rn. 173.
145 *Sachs*, in: ders. (Hrsg.), GG, Art. 20 Rn. 141; vgl. *Pieroth*, in: FS Hoppe, S. 198 ff.
146 *BVerfG* (1. Kammer des Ersten Senats), Beschl. V. 6. 8. 1996 – 1 BvR 1600/96: NVwZ 1997, S. 781 f.
147 *Stern*, Staatsrecht I, § 20 IV 4 (S. 829).
148 *Pieroth/Schlink*, Staatsrecht II, Rn. 312.
149 *BVerfGE* 1, 14/45; 14, 13/16; 17, 306/314; 49, 168/181; 59, 104/114; 62, 169/183; 80, 103/107 f.; *Jarass*, in: ders./Pieroth, GG, Art. 20 Rn. 61; *Kremser/Leisner*, VerfR III, § 6 Rn. 189; *Papier/Möller*, AöR 122 (1997), S. 181; vgl. *Hesse*, Grundzüge, Rn. 276; *Sachs*, in: ders. (Hrsg.), GG, Art. 20 Rn. 126; *Kunig*, Rechtsstaatsprinzip, S. 193; *Degenhart*, Staatsrecht I, Rn. 349; vgl. *Wolff/Bachof/Stober*, VerwR I, § 17 Rn. 12; *Wegge*, DVBl. 1997, S. 650.
150 *BVerfGE* 1, 14/16.

(nulla poena sine lege certa). Danach muß die Strafvorschrift umso präziser sein, je schwerer die angedrohte Strafe ist.[151] Bei Gesetzen, die Eingriffe in Freiheit und Eigentum vorsehen, ergeben sich die Kriterien für die erforderliche Bestimmtheit aus dem Grundsatz des Vorbehalts des Gesetzes. In diesem Sinne sind das Bestimmtheitsgebot und der Vorbehalt des Gesetzes untrennbar. Sie sollen gleichzeitig berücksichtigt werden.[152]

Als Forderung aus dem Rechtsstaatsgebot gilt das Bestimmtheitserfordernis auch für die *Verwaltung*. Die höchsten Gerichte bestätigen es: „der Bestimmtheitsgrundsatz gebietet, dass eine gesetzliche Ermächtigung der Exekutive zur Vornahme von Verwaltungsakten nach Inhalt, Zweck und Ausmaß hinreichend bestimmt und begrenzt ist, so dass das Handeln der Verwaltung meßbar und in gewissem Ausmaß für den Staatsbürger voraussehbar und berechenbar wird“[153]. Ein Beispiel ist das Erfordernis der Bestimmtheit bei Verwaltungsakten (§ 37 I VwVfG)[154].[155] Unbestimmte, auslegungsbedürftige Rechtsbegriffe sind jedoch regelmäßig zulässig,[156] ebenso Generalklauseln[157]. Denn die Interpretationsbedürftigkeit einer Norm ist nicht mit Unbestimmtheit gleichzusetzen.[158] Und die zu regelnden Sachverhalte weisen häufig eine hohe Komplexität und Dynamik auf. Sollen im Zeitpunkt des Normerlasses nicht im einzelnen absehbaren Sachverhalte erfaßt werden, sind diese Rechtsnormen nicht immer auf einfache Begriffe und Reaktionsmuster reduzierbar.[159] Vielmehr dient die Dynamik unbestimmter Rechtsbegriffe dem individuellen Grundrechtsschutz, soweit diese vor allem von den Gerichten durch Auslegung präzisiert werden können[160].

---

[151] *BVerfGE* 71, 108/114; 75, 329/342 f.; 92, 1/12; *Papier/Möller*, AöR 122 (1997), S. 187 f. u. 178; *Pieroth/Schlink*, Staatsrecht II, Rn. 1091; *Stern*, Staatsrecht I, § 20 IV 4 (S. 829); *Degenhart*, Staatsrecht I, Rn. 353.

[152] S oben II. 2.; *Kremser/Leisner*, VerfR III, § 6 Rn. 187; *Jarass*, in: ders./Pieroth, GG, Art. 20 Rn. 61; *Degenhart*, Staatsrecht I, Rn. 349; vgl. *Bleckmann*, Staatsrecht II, § 12 Rn. 60.

[153] *BVerfGE* 56, 1/12; 8, 274/276 u. 325; 9, 137/147; *BVerwGE* 100, 230/236 f.

[154] Vgl. *Jestaedt*, in: ders./Ehlers (Hrsg.), AllgVerwR, § 10 Rn. 22; *Degenhart*, Staatsrecht I, Rn. 355; *Bull/Mehde*, AllgVerwR, § 6 Rn. 218; *Schmalz*, AllgVerwR, Rn. 282; *Kopp/Ramsauer*, VwVfG, § 37 Rn. 5 ff.; *Henneke*, in: Knack, VwVfG, § 37 Rn. 4 ff.; *Janßen*, in: Obermayer, VwVfG, § 37 Rn. 2 ff.; *Maurer*, AllgVerwR, § 10 Rn. 18.

[155] Erfordernis der Bestimmtheit bei Verordnungsermächtigung (Art. 80 I 2 GG) hinsichtlich der *Gesetzgebung*, *Degenhart*, Staatsrecht I, Rn. 354; *Stern*, Staatsrecht I, § 20 IV 4 (S. 817 ff.); *Maurer*, AllgVerwR, § 13 Rn. 6 f.; *Ossenbühl*, in: Isensee/Kirchhof (Hrsg.), HdStR III, § 64, Rn. 17.

[156] *BVerfGE* 4, 352/357 f.; 78, 205/212; 78, 214/226; 80, 103/108; 87, 234/263 f.; *BVerwGE* 92, 196/206 f.; *Sachs*, in: ders. (Hrsg.), GG, Art. 20 Rn. 127; *Jarass*, in: ders./Pieroth, GG, Art. 20 Rn. 62; *Sommermann*, in: v. Mangoldt/Klein/Starck (Hrsg.), GG 2, Art. 20 Rn. 279; *Schulze-Fielitz*, in: Dreier (Hrsg.), GG II, Art. 20 (Rechtsstaat) Rn. 133.

[157] *BVerfGE* 8, 274/326; 13, 153/161; 56, 1/12; 78, 205/212; 83, 130/145; 89, 69/84 f.; 90, 1/16 f.; 92, 262/272; 94, 372/394; *BVerwG*, NJW 1987, S. 1435.

[158] *BVerfGE* 83, 130/145; 84, 133/149.

[159] *Sommermann*, in: v. Mangoldt/Klein/Starck (Hrsg.), GG 2, Art. 20 Rn. 279; *Wolff/Bachof/Stober*, VerwR I, § 31 Rn. 12 u. auch § 28 Rn. 15.

[160] *BVerfGE* 78, 205/212; 82, 6/11 f.; 82, 209/224 f.; 83, 130/145; 86, 288/311; 89, 69/84 f.; 90, 1/16 ff.; 92, 365/409 f.; *Bullinger*, in: FS Maurer, S. 565 ff.; *Sachs*, in: ders. (Hrsg.), GG, Art. 20 Rn. 127.

Zudem ermöglichen unbestimmte Rechtsbegriffe für die Interessenlage in besonderem Maße sachgerechte Lösungen, und sie sichern die Effektivität, Praktikabilität und Sachgerechtigkeit des Verwaltungshandelns[161] durch Flexibilität und Innovationsfähigkeit der Verwaltung[162]. Das gilt auch für die Vielzahl der *technischen Normen*, bei denen durch den raschen technischen Fortschritt ständig mit Neuerungen zu rechnen ist.[163] Aber auch dabei soll das Prinzip rechtsstaatlicher Gesetzesbestimmtheit grundsätzlich berücksichtigt werden. Darüber hinaus sollen ein möglichst kompletter *Rechtsschutz* und eine *gerichtliche Verwaltungskontrolle* garantiert werden.[164] Für die Verwaltung sind diese verfassungsrechtlichen Garantien die Grenze der Verwendung der unbestimmten Rechtsbegriffe.

Das BVerwG verneint grundsätzlich den behördlichen *Beurteilungsspielraum* hinsichtlich der unbestimmten Rechtsbegriffe; unbestimmte Rechtsbegriffe sind *gerichtlich* voll überprüfbar, die Verwaltung hat also keinen Beurteilungsspielraum.[165] Das BVerwG erkennt aber Fallgruppen mit Beurteilungsspielraum an. Das *BVerfG* verfolgt im Grundsatz die gleiche Linie, zieht aber bei Grundrechtseinschränkungen die Grenzen der Ausnahmen doch enger.[166] Bei folgenden Sachverhalten haben die Gerichte jedoch der Verwaltung den Beurteilungsspielraum zuerkannt: (1) Prüfungsentscheidungen (Abitur, Staatsexamen usw.)[167], (2) beamtenrechtliche Beurteilungen[168], (3) Wertentscheidungen durch unabhängige Sachverständige und Ausschüsse, (4) Prognosen als „Aussagen über künftige Tatsachen“, (5) Risikoentscheidungen in der Risikoverwaltung (Atomrecht, Immissionsschutzrecht, Gentechnikrecht, Arzneimittelrecht, Chemikalienrecht und Pflanzenschutzrecht), (6) Planungsentscheidungen

---

161 *Maurer*, in: VVDStRL 43 (1985), S. 160.

162 *Wolff/Bachof/Stober*, VerwR I, § 31 Rn. 12.

163 *BVerfGE* 49, 89/134; *BVerwGE* 81, 185/190; ausführlich *Marburger*, Die Regeln, S. 166 ff.; *Hoppe/Beckmann/Kauch*, UmweltR, § 4 Rn. 98, § 5 Rn. 1 ff.; „offene Gesetzgebung“ im Bereich des Umweltrechts, *Ossenbühl*, DVBl. 1999, S. 1 ff.; vgl. *Fabio*, Risikoentscheidungen, S. 85 ff.; *Asbeck-Schröder*, DÖV 1992, S. 253 ff.; *Kloepfer*, UmweltR, § 3 Rn. 68 ff.; *Breuer*, AöR 101 (1976), S. 46 ff.; *Kremser*, DÖV 1995, S. 275 ff.; *Peine*, AllgVerwR, Rn. 76; *Papier*, in: Götz/Klein/Starck (Hrsg.), Die öffentlche Verwaltung, S. 63 ff.

164 *Scholz*, in: BMWI, Reihe 53, S. 125 ff.; vgl. *Denninger*, Verfassungsrechtliche Anforderungen, S. 156; *Hoppe/Beckmann/Kauch*, UmweltR, § 4 Rn. 96; ähnlich *Roßnagel*, in: UTR 27 (1994), S. 450 ff.; vgl. auf der Europäischen Gemeinschaftsrechtsebene, *Marburger/Enders*, in: UTR 27 (1994), S. 333 ff.

165 So z. B. *BVerwGE* 15, 207/208; 24, 60/63 f.; 45, 162/164 ff.; 56, 71/75; 59, 1/2; 62, 86/101 f.; 65, 19/21 f.; 68, 267/271; 81, 12/17; 88, 35/37 ff.; 94, 307; 100, 221; 107, 245/253 f.

166 So z. B. *BVerfGE* 11, 168/191 f.; 15, 275/282; 61, 82/111; 64, 261/279; 83, 130/148.

167 *Ausnahmen* dazu sind, (1) ob das Prüfungsverfahren rechtmäßig war, (2) ob Tatsachen verkannt oder übersehen wurden, (3) ob die Grenzen des Beurteilungsspielraums eingehalten wurden, (4) ob allgemeine Bewertungsgrundsätze beachtet worden sind oder (5) etwa sachfremde Erwägungen bestimmend waren. Dazu *Bull/Mehde*, AllgVerwR, § 16 Rn. 576; *Jestaedt*, in: Erichsen/Ehlers (Hrsg.), AllgVerwR, § 10 Rn. 47; *Maurer*, AllgVerwR, § 7 Rn. 43; **a. A.** der Bewertungsspielraum zum Prüfungsrecht gehöre auch zur gerichtlichen Kontrolle, dazu *Ibler*, Rechtspflegender, S. 359 ff. u. 371 f.; *v. Muttius/Sperlich*, DÖV 1993, S. 50 ff.; *Redeker*, NVwZ 1992, S. 305 ff.; *Seebass*, NVwZ 1992, S. 613 ff.; *Nieheus*, NJW 1991, S. 3003 ff.

168 Vgl. auch unten § 4 II. 2. a).

(kommunale Bebauungsplänen)[169], (7) Entscheidungen als Faktoren rechtlicher Beurteilung.[170] Aber der überwiegende Teil der Literatur schließt sich jedoch dagegen der Lehre vom Beurteilungsspielraum der Verwaltungsbehörde *wegen der Natur der zu treffenden Entscheidung* an.[171]

3. Klarheit

Die Klarheit von Gesetzen betrifft die förmliche und inhaltliche Klarheit. Wie in Art. 82 GG stellt die *förmliche* Klarheit eine Eindeutigkeit des gesetzgebenden Verfahrens hinsichtlich der Verkündung und der Ausfertigung dar. Auch die Klarheit des räumlichen und zeitlichen Geltungsbereichs eines Gesetzes gehört dazu.[172] Daher ist ein sogenanntes Verlängerungsgesetz grundsätzlich zulässig, wenn es für den Rechtsunterworfenen klar erkennen lässt, welche Bestimmungen Gesetzeskraft haben sollen. Daher ist eine erneute Verkündung eines befristeten Gesetzes nicht erforderlich.[173] Demgegenüber bedeutet die *inhaltliche* Klarheit, dass eine Norm in sich widerspruchsfrei ist und ihre Kompetenz, Verweisung und ihr Regelungsgehalt klar sind. Damit ein Gesetz wirksam in Kraft treten kann, bedarf es der Ausfertigung und Verkündung. Die Eindeutigkeit des gesetzgebenden Verfahrens garantiert, dass der Gesetzesadressat ohne unzumutbare Schwierigkeiten zuverlässige Kenntnis vom Inhalt der Bestimmung erlangen kann.[174] Dadurch können Gesetze verständlich, widerspruchsfrei und praktikabel sein. In diesem Sinne stellt die förmliche Klarheit eine Geltungsbedingung von Gesetzen dar.[175]

---

[169] Vgl. auch unten § 4 IV. 2. a).

[170] *Jestaedt*, in: Erichsen/Ehlers (Hrsg.), AllgVerwR, § 10 Rn. 47 ff.; vgl. *Ossenbühl*, DVBl. 1999, S. 1 ff.; *Wolff/Bachof/Stober*, VerwR I, § 31 Rn. 19 ff.; *Schulze-Fielitz*, JZ 1993, S. 772 f.; *Maurer*, AllgVerwR, § 7 Rn. 37 ff.; *Bull/Mehde*, AllgVerwR, § 16 Rn. 574 ff.; *Peine*, AllgVerwR, Rn. 75.

[171] *Bachof*, in: Götz/Klein/Starck (Hrsg.), Die öffentliche Verwaltung, S. 179 f.; *ders.*, Wege zum Rechtsstaat, S. 154 ff.; *ders.*, JZ 1972, 641 ff.; *Ule*, in: Gedächtnisschrift f. Jellinek, S. 309 ff.; *ders.*, VerwArch 76 (1985), S. 15 ff.; *Wolff/Bachof/Stober*, VerwR I, § 31 Rn. 14 ff.; *Sommermann*, in: v. Mangoldt/Klein/Starck (Hrsg.), GG 2, Art. 20 Rn. 179 u. 279; *Maurer*, AllgVerwR, § 7 Rn. 55 ff.; *Wahl*, NVwZ 1991, S. 412; *Ossenbühl*, DÖV 1970, S. 84 ff.; *Schmidt-Aßmann*, AllgVerwR als Ordnungsidee, 4. Kapitel Nr. 65 f.; **a. A.** *Rupp*, Grundfragen, S. 212 ff.; *ders.*, in: FS Zeidler, S. 463 ff.; *Lohmann*, Die Zweckmäßigkeit, S. 80 ff.

[172] Vgl. *Schulze-Fielitz*, in: Dreier (Hrsg.), GG II, Art. 20 (Rechtsstaat) Rn. 145.

[173] *BVerfGE* 8, 274/302 ff.; *Schulze-Fielitz*, in: Dreier (Hrsg.), GG II, Art. 20 (Rechtsstaat) Rn. 145; *Stern*, Staatsrecht II, § 37 III 10 g) (S. 636 f.).

[174] *BVerfGE* 16, 6/16 ff.; 65, 283/291; *BVerwGE* 26, 129/130; *Jarass*, in: ders./Pieroth, GG, Art. 20 Rn. 66; *Stern*, Staatsrecht II, § 37 III 9 ff (S. 631 ff.).; *Sachs*, in: ders. (Hrsg.), GG, Art. 20 Rn. 123; *Schulze-Fielitz*, in: Dreier (Hrsg.), GG II, Art. 20 (Rechtsstaat) Rn. 141; vgl. *Peine*, Systemgerechtigkeit, S. 260.

Die inhaltliche Klarheit verlangt *Widerspruchsfreiheit.* Dieses Gebot der Widerspruchsfreiheit gilt zuerst für die Gesetze, darüber hinaus auch für die gesamte Rechtsordnung.[176] Im weiteren Sinne wird sie mit der Systemgerechtigkeit, Systemkonformität und Systemtreue synonym verwandt.[177] Beispielsweise geht es um den Bereich des Steuer-[178] und Sozialrechts[179] sowie des Umweltstrafrechts und des Umweltverwaltungsrechts[180]. Die Widerspruchsfreiheit ist als rechtsstaatliches Gebot der *Normenklarheit* anerkannt.[181] Eine gesetzliche *Verweisung* auf andere Vorschriften ist *zulässig,* wenn das Verweisungsobjekt nach Gegenstand und Datum genau bezeichnet und die Verlautbarung für die Betroffenen ohne Zuhilfenahme spezieller Kenntnisse zugänglich ist (sogenannte *statische Verweisung*).[182] Fragen ergeben sich bei den sogennanten *dynamischen Verweisungen.* Das *BVerfG* hält diese Form der Verweisung im Rahmen der Prinzipien der Rechtsstaatlichkeit, Demokratie und Bundesstaatlichkeit für grundsätzlich zulässig.[183] Unter dem Gesichtpunkt der *Normklarheit* ist die dynamische Verweisung unbedenklich, wenn die verweisende Norm Inhalt und Reichweite der Verweisung klar begrenzt.[184] Und unter dem Gesichspunkt des *Parlamentsvorbehalts* ist sie zulässig, wenn eine dynamische Verweisung den Wesentlichkeitsvorbehalt

---

175 *BVerfGE* 65, 283/291; *Sommermann,* in: v. Mangoldt/Klein/Starck (Hrsg.), GG 2, Art. 20 Rn. 292.

176 *BVerfGE* 25, 216/227; 98, 83/97; 98, 106/118 f.; 98, 265/301; *BVerfG,* NJW 1998, S. 2342 u. 2347; vor allem *Felix,* Einheit, S. 241 f.; *Jarass,* AöR 126 (2001), S. 588 ff.; *ders.,* in: ders./Pieroth, GG, Art. 20 Rn. 63 a.; *Kibele,* NVwZ 2001, S. 43; *Haverkate,* in: Isensee/Kirchhof (Hrsg.), HdStR IX, § 209 Rn. 31; *Degenhart,* Staatsrecht I, Rn. 155 u. 356 f.; vgl. *Kirchhof,* Unterschiedliche Rechtswidrigkeiten, S. 8; *Peine,* Das Recht als System, S. 98 ff.; Die Widerspruchsfreiheit wird unabhängig von Klarheit als ein Element der Rechtssicherhier verstanden, dazu *Sommermann,* in: v. Mangoldt/Klein/Starck (Hrsg.), GG 2, Art. 20 Rn. 288 f.

177 *Sendler,* NJW 1998, S. 2875 f.; vgl. *Schröder,* in: VVDStRL 50 (1991), S. 206 f.; vgl. *Peine,* Das Recht als System, S. 99 ff (*logische, axiologische und teleologische* Widerspruchsfreiheit).

178 *Jarass,* AöR 126 (2001), S. 589 f.; *BVerwG,* NVwZ 2000, S. 932; *BVerfGE* 98, 106/118 f. (Das BVerfG sah nach dem *Gebot der Widerspruchsfreiheit der Rechtsordnung* die landesrechtliche Regelung über die Verpackungssteuer, obwohl an sich von der Landeskompetenz für die örtlichen Verbrauchs- und Aufwandssteuern (Art. 105 IIa GG) umfaßt, im Widerspruch zu Zielsetzung und Systematik des Abfallrechts des Bundes - Verpackungssteuerurteil); *Meyer,* NVwZ 2000, S. 1002.

179 So z. B. *BVerfGE* 98, 265/301 (Abtreibungsurteil); *Jarass,* AöR 126 (2001), S. 590 f.

180 *BVerwG,* NVwZ 2000, S. 76; *Fabio,* NVwZ 1999, S. 1157; *Hallwaß,* NuR 1987, S. 299 ff.; *Ossenbühl,* DVBl. 1990, S. 967 u. 972; *Schröder,* in: VVDStRL 50 (1991), S. 210 ff.; vgl. *Jarass,* in: VVDStRL 50 (1991), S. 243 f.

181 *Felix,* Einheit, S. 242; vgl. *Lenz,* NJW 1999, S. 35; Das *Gebot der Widerspruchsfreiheit der Rechtsordnung* gilt für die Lösung der Kollision zwischen dem Recht der europäischen Gemeinschaft und der Mitgliedstaaten, dazu *Zuleeg,* NJW 2000, S. 2849.

182 *BVerfGE* 5, 25/31 f.; 8, 274/302; 22, 330/346; 26, 338/366 f.; 29, 198/210; 40, 237/253; 44, 322/350 f.; 47, 285/311 ff.; 64, 208/214; 67, 348/362 f.; vgl. 92, 191/197; *BVerwGE* 17, 192/195; *BVerwG,* DVBl. 1996, S. 1324 f.; *Karpen,* Die Verweisung, S. 162 f.; *Schenke,* in: FS Fröhler, S. 96; *Ossenbühl,* DVBl. 1967, S. 402; *Jarass,* in: ders./Pieroth, GG, Art. 20 Rn. 64; *Sommermann,* in: v. Mangoldt/Klein/Starck (Hrsg.), GG 2, Art. 20 Rn. 280; *Stern,* Staatsrecht II, § 37 III 10 d) (S. 635); *Schulze-Fielitz,* in: Dreier (Hrsg.), GG II, Art. 20 (Rechtsstaat) Rn. 143.

183 So *BVerfGE* 26, 338/365 ff.; 47, 285/312 ff.; 60, 135/155; 64, 208/215; 73, 261/272 f.; 78, 32/35 f.

184 *Wegge,* DVBl. 1997, S. 649 f.; *Kutscheidt,* NJW 1997, S. 2486; vgl. *Waechter,* NVwZ 1997, S. 730; *Dolde/Menke,* NJW 1999, S. 1078; *Ossenbühl,* DVBl. 1967, S. 405 ff.; *Karpen,* DV S. 115 ff.; *Sommermann,* in: v. Mangoldt/Klein/Starck (Hrsg.), GG 2, Art. 20 Rn. 280; *Schulze-Fielitz,* in: Dreier (Hrsg.), GG II, Art. 20 (Rechtsstaat) Rn. 144.

zugunsten des parlamentarischen Gesetzgebers *nicht* antastet.[185] Ein Beispiel dazu ist vor allem die dynamische Verweisung der *Todesdefinition* in §§ 3 I Nr. 2 i. V. m. 16 I 1 Nr. 1 TPG.[186] Denn diese Regelungen des parlamentarischen Gesetzgebers können durch die dynamische Verweisung in ihrer wesentlichen Bedeutung und Tragweite verändert werden. Dabei wird die Norm, auf die verwiesen wird, nach Rang und Geltungskraft Bestandteil der verweisenden Norm.[187]

IV. Zusammenhänge mit Normprüfungs- und Verwerfungskompetenzen der Verwaltung

1. Zusammenhang mit der Gesetzmäßigkeit der Verwaltung

Nach dem Prinzip des *Vorrangs des Gesetzes* muß die Verwaltung die von ihr für rechtswidrig gehaltene Norm anwenden.[188] Wendet die Verwaltung sie nicht an, dann wird es so gesehen, dass die Verwaltung die Ausübung ihrer Aufgaben vernachlässigt und den Vorrang des Gesetzes verletzt, darüber hinaus wird es so gesehen, dass sie den Willen des Gesetzgebers verachte. Schließlich verstoße es gegen das Prinzip des Rechtsstaats und der Demokratie, wenn die Verwaltung eine von ihr für rechtswidrig gehaltene Norm nicht anwendet. Der Vorrang des Gesetzes gilt für alle Handlungsformen der öffentlichen Verwaltung, also auch für exekutive Rechtsetzung.[189]

In der Literatur wird versucht, anhand der Frage nach der wesentlichen Aufgabe der Verwaltung zu klären, wie weit die Normprüfungs- und Verwerfungskompetenz reicht.[190] Denn die Normprüfungs- und Verwerfungskompetenz ist rechtlich komplex. Diese Frage kann nicht nur innerhalb der Aufgaben der Verwaltung, nämlich der Anwendung von Gesetzen, ausgemacht werden. Soll die Verwaltung nur Gesetze ausführen, dann läßt dies die

[185] *BVerfGE* 64, 208/214 f.; 78, 32/36; vgl. *BFH*, NVwZ 2001, S. 357; *Lesch*, NJW 2000, S. 3036 f.; *Jarass*, in: ders./Pieroth, GG, Art. 20 Rn. 65; *Sommermann*, in: v. Mangoldt/Klein/Starck (Hrsg.), GG 2, Art. 20 Rn. 280.

[186] Dazu *Rixen*, NJW 1999, S. 3390.

[187] *BVerfGE* 47, 285/309 f.; *Schulze-Fielitz*, in: Dreier (Hrsg.), GG II, Art. 20 (Rechtsstaat) Rn. 144; **a. A.** *BayVerfGH*, NVwZ 1997, S. 57.

[188] S oben § 1 II. 1.

[189] S oben § 1 II. 1.

[190] *Bachof*, AöR 87 (1962), S. 40 („Es bleibt deshalb nur der Rückgriff, auf die *allgemeine Funktionsverteilung* zwischen Legislative, Exekutive und Gerichtsbarkeit übrig"); *OVG Saarlouis*, NVwZ 1990, S. 172 („Den Ausschlag müssen vielmehr – jedenfalls in der hier gegebenen Fallgestaltung – die Kompetenzverteilung innerhalb der Gemeinde, der Grundsatz der Einheit der Gemeindeverwaltung und der Gesichtspunkt der

Verwaltung wie eine Maschine funktionieren, so dass das Gebot der Effizienz sowie Effektivität der Verwaltung und die Möglichkeiten der Innovation in der Verwaltung im heutigen sozialen Rechtsstaat beschränkt ist.[191] Daher muß die Frage nach der Normprüfungs- und Verwerfungskompetenz der Verwaltung nicht nur unter dem Gesichtspunkt der Anwendung von Gesetzen durch die Verwaltung (Ansicht der wesentlichen Aufgabe der Verwaltung), sondern auch dem Prinzip der Effizienz der Verwaltung berücksichtigt werden (Ansicht der Effizienz und Flexibilität der Verwaltung), weil die vollziehende Gewalt sich „nicht allein auf den Vollzug von Gesetzen beschränkt"[192]. Die Frage nach der Normprüfungs- und Verwerfungskompetenz der Verwaltung hat einen *speziellen* Charakter. Denn sie gehört zur Aufgabe der Anwendung von Gesetzen einerseits, und zur Kompetenz der Gesetzgebung und Gerichtsbarkeit andererseits.[193] Im allgemeinen wird anerkannt, dass die Verwaltung zur Ausübung ihrer Aufgaben Rechtsverordnungen, Satzungen etc., sogenannte untergesetzliche Normen erlassen kann. In diesem Sinne kann die Verwaltung in bestimmtem Rahmen *exekutives Rechtsetzungshandeln,* nämlich einen kreatorischen Akt, der dem Gesetz nachgeordnet wird, ausüben.[194]

Jede Normanwendung setzt grundsätzlich eine Norminterpretation voraus.[195] Doch bei der Norminterpretation ist die Verwaltung verpflichtet, die von ihr anzuwendende Rechtsnorm zu prüfen: Sie ist nämlich auch zur verfassungskonformen Auslegung verpflichtet. Die Frage, ob die Verwaltung eine rechtswidrige Norm verwerfen darf oder muß, kann so verstanden werden, dass in der rechtsstaatlichen und demokratischen Rechtsordnung der Verwaltung eine Befugnis zum *richterlichen* Handeln erteilt wird. Die Normprüfungs- und Verwerfungskompetenz der Verwaltung stellt sich als *exekutive Justiz* dar. Hierbei gilt das Prinzip des Vorrangs des Gesetzes, da dieses Prinzip ebenfalls für die exekutive Rechtssetzung und für die vor dem Gesetzesvollzug durchzuführende Prüfung der Rechtmäßigkeit der anzuwendenden Norm gilt.

Rechtssicherheit und –klarheit geben").

[191] Vor allem *Schmidt-Aßmann*, in: Hoffmann-Riem/ders. (Hrsg.), Innovation und Flexibilität, S. 415 („Der Verwaltungsrechtswissenschaft erwachsen daraus neue Aufgabe: Zum einen muß sie ihre Dogmatik der einzelnen administrativen Rechtsformen um die *Perspektive flexiblen Handelns* erweitern"); vgl. *Hoffmann-Riem*, in: Hoffmann-Riem/ders. (Hrsg.), Innovation und Flexibilität, S. 13 ff.

[192] *Stern*, Staatsrecht III/1, § 74 II 1 a) (S. 1344).

[193] In diesem Sinne sieht *Maurer* sie als „eine *verfahrensrechtliche* Frage" an (*ders.*, AllgVerwR, § 4 Rn. 52); vgl. auch *Pietzcker*, AöR 101 (1976), S. 390 f.

[194] *Ossenbühl*, ZG 1997, S. 305 ff.; *Möstl*, in: Erichsen/Ehlers (Hrsg.), AllgVerwR, § 18 Rn. 8; *Sommermann*, JZ 1997, S. 435 f. u. 440; *Forsthof*, Lehrbuch VerwR I, S. 480 u. 126 ff.; *Pünder*, Exekutive Normsetzung, S. 59 ff. u. vgl. auch 140 ff.; *Wolff/Bachof/Stober*, VerwR I, § 24 Rn. 14 ff.; *Stern*, Staatsrecht III/1, § 74 I 4 c) (S. 1327 ff.); *Papier*, in: Götz/Klein/Starck (Hrsg.), Die öffentliche Verwaltung, S. 45.

[195] *Bachof*, AöR 87 (1962), S. 41 u. 16; *Kopp*, DVBl. 1983, S. 822; vgl. *Ossenbühl*, Verwaltungsvorschriften, S. 290 f.

Die Kontrolle der exekutiven Rechtsetzung und die Prüfung der Norm wird aus der *Bindung* aller staatlichen Gewalten an Gesetz und Recht (Art. 20 III GG) abgeleitet. Daher gilt für die Lösung der Frage nach der *Normverwerfung* durch die vollziehende Gewalt grundsätzlich die Bindung an Gesetz und Recht.[196] Denn die Frage der Normverwerfung muß jedenfalls, egal ob von der Legislative, Judikative oder Exekutive, von einer oder mehreren staatlichen Gewalt(en) ausgeübt werden. In diesem Sinne besteht bei der Frage nach der Normprüfungs- und Verwerfungskompetenz ein Zusammenhang mit dem *Vorrang*[197] *und Vorbehalt des Gesetzes*. Für die Beurteilung der Normprüfungs- und Verwerfungskompetenz der Verwaltung ist der Grundsatz der Gesetzmäßigkeit der Verwaltung bedeutsam, weil die Rechte der Bürger durch die Normprüfung und Verwerfung verletzt werden können.

2. Zusammenhang mit der Rechtssicherheit

Die Kompetenz der Normprüfung und Verwerfung hat Auswirkung auf den *Vertrauensschutz* des Bürgers. Vor allem im Zusammenhang mit den Folgen bzw. Wirkungen der Normprüfungs- und Verwerfungskompetenz der Verwaltung stellt sich die Frage nach dem Vertrauensschutz der Betroffenen. Handelt beispielsweise die Verwaltung nach Art. 93 I Nr. 2 GG bzw. Art. 100 I GG oder § 47 I VwGO, dann stellen sich folgende Fragen: (1) Wie kann Vertrauensschutz gewährt werden? (2) Hat der Betroffene während des Verwaltungs- oder des gerichtlichen Verfahrens *vorläufigen* Rechtsschutz? (3) Wie gestaltet sich der Rechtsschutz *nach* der Verwerfungsentscheidung des zuständigen Organs? Hierbei steht letztlich die Abwägung zwischen dem Vertrauensschutz des Bürgers und der Normprüfungs- und Verwerfungskompetenz der Verwaltung im Vordergrund.

Die Frage nach der Normprüfungs- und Verwerfungskompetenz der Verwaltung knüpft an *Bedenken* gegenüber der *Bestimmtheit* der Rechtsnorm an. Die Bestimmteit der Rechtsvorschriften bleibt ein Problem, da der unbestimmte Rechtsbegriff und Generalklauseln etc. im Allgemeinen anerkannt sind und benutzt werden. Die Frage nach der Normprüfungs- und Verwerfungskompetenz der Verwaltung wird so lange bestehen, wie unbestimmte

---

[196] Es gibt keine Ausnahmen von der Gesetzesbindung für bestimmte Staaatsakte (*Schulze-Fielitz*, in: Dreier (Hrsg.), GG II, Art. 20 (Rechtsstaat) Rn. 95. Vgl. Die allgemeine Bedeutung der Bindungsklausel *Sachs*, in: ders. (Hrsg.), GG, Art. 20 Rn. 104 u. 110 ff.; *Ossenbühl*, in: Isensee/Kirchhof (Hrsg.), HdStR III, § 61, Rn. 28.

[197] Vor allem *Sproll*, AllgVerwR I, § 5 Rn. 5 ff., behandelt die Frage der Normprüfungs- und Verwerfungskompetenz der Verwaltung unter dem Printip des Vorrangs des Gesetzes; vgl. *Sachs*, in: ders. (Hrsg.), GG, Art. 20 Rn. 97.

Rechtsbegriffe und gesetzliche Verweisungen etc. anerkannt werden. Schließlich ergibt sich die Diskussion über die Normprüfungs- und Verwerfungskompetenz der Verwaltung aus dem *Erfordernis* der Bestimmtheit der Rechtsvorschriften[198], wenn man annimmt, dass diese Kompetenz wegen der Unbestimmtheit der jeweiligen Rechtsvorschriften zusteht, wodurch die Verwaltung die Bestimmtheit der Rechtsvorschriften verwirklicht.

Die Frage nach der Normprüfungs- und Verwerfungskompetenz der Verwaltung stellt sich auch bei *Bedenken* hinsichtlich der *Klarheit* der Rechtsnorm. Bedenken ergeben sich auch aus der Kollision der Rechtsnormen. Vor allem bei der dynamischen Verweisung geht es um ihre wesentlichen Ziele, Inhalte und Tragweite. Darüber hinaus geht es um den Widerspruch zu anderen Rechtsnormen oder der Rechtsordnung. Dies ist eine Grenze der Gesetzgebungsgewalt einerseits, aber diese Normsetzungsform kann vielmehr dem Gericht und der Behörde Auslegungs- sowie Beurteilungsspielräume für die besten Maßnahmen erteilen und der Betroffene kann andererseits *flexibel* geschützt werden[199]. Aus dem Gebot der Allgemeinheit des Gesetzes folgt sogar eine gewisse Notwendigkeit, der Verwaltung flexibele Handlungsmöglichkeiten zu lassen.

V. Fazit

Die Beurteilung der Normprüfungs- und Verwerfungskompetenz ist nach dem Rechtsstaats- und Demokratieprinzip vorzunehmen. Die Gesetzmäßigkeit der Verwaltung und die Rechtssicherheit sind die aus dem Rechtsstaats- und Demokratieprinzip abzuleitenden grundlegenden Kriterien zur Lösung der Frage der Normprüfungs- und Verwerfungskompetenz. Vorrang und Vorbehalt des Gesetzes wirken hierbei als *Basis* für die Normprüfungs- und Verwerfungskompetenz der Verwaltung. Auch der Vertrauensschutzgrundsatz und der Grundsatz der Rechtssicherheit bewirken eine solche Kontrolle.

---

[198] Vgl. *Papier*, in: Götz/Klein/Starck (Hrsg.), Die öffentliche Verwaltung, S. 44 f.; *Sachs*, in: ders. (Hrsg.), GG, Art. 20 Rn. 127 („Im Verhältnis zu Judikative und Exekutive ist die Gesetzesbindung nur bei hinreichender *Bestimmtheit* effektiv").

[199] Vgl. auch *BVerfGE* 3, 225/243; 13, 153/161 f.; 31, 255/264; 48, 210/222; 80, 103/108; *Sachs*, in: ders. (Hrsg.), GG, Art. 20 Rn. 127 u. 115.

§ 2 Meinungsstand zu der Normprüfungs- und Verwerfungskompetenz

Da die innerstaatliche Rangordnung der Rechtsquellen keinen Anwendungsvorrang des höherrangigen Rechts, sondern einen Geltungsvorrang[200] begründet, hat die Verwaltung eine einschlägige rangniedrigere Rechtsnorm anzuwenden. Dabei stellt sich die Frage, ob neben der Normprüfungskompetenz darüber hinaus der Verwaltung eine Verwerfungskompetenz zukommt. In einem bestimmten Sinne gibt es keinen Unterschied zwischen der Normprüfungs- und Verwerfungskompetenz der *Verwaltung* und der Verwaltungs*beamten*.[201] Zur Normprüfungs- und Verwerfungskompetenz der Verwaltung werden im wesentlichen drei Theorien vertreten[202]: Nach der ersten Auffassung hat die Verwaltung weder eine Normprüfungskompetenz noch eine Verwerfungskompetenz. Daher hat die Verwaltung die von ihr anzuwendende Rechtsnorm trotz ihrer Rechtswidrigkeit ausnahmslos anzuwenden (I.). Die zweite Auffassung erteilt der Verwaltung Normprüfungskompetenz ohne Verwerfungskompetenz. Deswegen soll der einzelne Beamte nach der Normprüfung das Verfahren aussetzen und die anzuwendende Rechtsnorm seinem Vorgesetzten vorlegen, wenn er sie für rechtswidrig hält. Und der Vorgesetzte soll, wenn er seinerseits die Norm für rechtswidrig hält, diese seiner übergeordneten Behörde vorlegen (II.). Nach der dritten Theorie hat die Verwaltung sowohl Normprüfungskompetenz als auch Verwerfungskompetenz. Daher darf die Verwaltung die anzuwendende Rechtsnorm wegen Nichtvereinbarkeit mit höherrangigen Rechtsnormen verwerfen (III.). In bezug auf die Bestimmungen von Art. 93 I Nr. 2, 100 I GG und § 47 I Nr. 1 VwGO ist es erforderlich, zwischen parlamentarischen Gesetzen und untergesetzlichen Normen (Rechtsverordnungen, Satzungen) zu unterscheiden.[203]

---

[200] *Schmidt*, Staats- u. VerwR, Rn. 20; vgl. *Ipsen*, AllgVerwR, § 2 Rn. 101.

[201] Tätigkeiten des Beamten gehören zum Aufgabenbereich der Verwaltung, wenn man die Verwaltung im weiteren Sinn versteht.

[202] *Maurer*, AllgVerwR, § 4 Rn. 56 f.; *Menger*, VerwArch 52 (1961), S. 305; *Ossenbühl*, DV 2 (1969), S. 397; *Kopp*, DVBl. 1983, S. 822 f.; *Mayer/Kopp*, AllgVerwR, § 7 I. 1. (S. 119).

[203] Vgl. unten § 4.

I. Ablehnung der Normprüfungs- und Verwerfungskompetenz

Nach dieser Auffassung sind alle förmlichen Gesetze jeder Normprüfungs- und Verwerfungskompetenz durch einzelne Organwalter oder Behörden entzogen. Daher muß der Amtswalter die von ihm anzuwendende Rechtsnorm - auch untergesetzliche Normen - bis zur allgemein verbindlichen Feststellung ihrer Ungültigkeit entweder durch das Verfassungsgericht oder durch ein Gericht für den konkreten Fall *anwenden*[204], obwohl er diese für rechtswidrig bzw. verfassungswidrig hält.[205]

Die Auffassung wird mit verschiedenen Argumenten begründet. *Zum einen* wird gesagt, dass „ein ordnungsmäßig erlassenes und verkündetes Gesetz die *Vermutung der Verfassungsmäßigkeit* für sich" habe.[206] Die Vermutung der Verfassungsmäßigkeit[207] von Gesetzen bestehe deshalb, weil „im parlamentarisch-demokratischen Rechtsstaat die gesetzgebenden Organe die verfassungsmäßigen Grundrechte der Bürger zu achten gewillt sind"[208]. *Zum anderen* wird gesagt, dass das „Prüfungsmonopol", hinsichtlich der Verfassungsmäßigkeit eines Gesetzes gemäß Art. 100 GG dem Bundesverfassungsgericht zustehe.[209] Eine Normprüfungskompetenz der Verwaltung könne daher den Gesetzgeber entmachten und die Gefahr einer schwerwiegenden „Lähmung der Verwaltung" heraufbeschwören.[210] Weiter wird argumentiert, dass eine Normprüfungskompetenz der Verwaltung „gegen Sinn und Zweck der Gewaltenteilung verstoßen" würde[211], und die Rechtssicherheit beeinträchtige[212].

---

[204] Anwendungsgebot *Hall*, DÖV 1965, S. 263 erkennt aber die Normprüfungskompetenz an (S. 258 ff.); *Ossenbühl*, DV 2 (1969), S. 410. *Ossenbühl* erkennt jedoch die Norm*prüfungskompetenz* der Verwaltung an (DV 2 (1969), S. 396), demgegenüber verneint er die *Verwerfungskompetenz* der Verwaltung (DV 2 (1969), S. 404). Vgl. *Ehlers*, in: Erichsen/ders. (Hrsg.), AllgVerwR, § 2 Rn. 116, Anwendungsgebot bei *nachkonstitutionellen formellen Gesetze*, aber keine Verneinung der Prüfungskompetenz; *von Münch*, Staatsrecht I, Rn. 344, aber es ist bei ihm unklar, ob der Verwaltung die Norm*prüfungskompetenz* auch nicht erteilt wird.

[205] *BFHE* 6, 497/505; 68, 361/364; *Rönitz*, NJW 1960, S. 228 („Art. 20 Abs. 3 GG enthält ... keine Ermächtigung für die Verwaltung, Gesetze auf ihre Verfassungsmäßigkeit zu überprüfen").

[206] *BFHE* 68, 361/364.

[207] *BVerfGE* 2, 266/282; 9, 338/350; *BFHE* 68, 361/364; *Bachof*, AöR 87 (1962), S. 18, 20 u. 42; *Böckenförde*, Die sogenannte Nichtigkeit, S. 111 ff.; *Ossenbühl*, DV 2 (1969), S. 402; **a. A.** *Rupp*, Grundfragen, S. 58, Fn. 120 („Jede Annahme der Vermutung der Verfassungsmäßigkeit der Gesetze führt insoweit nur in die Irre"); *Kopp*, DVBl. 1983, S. 825; *Michel*, JuS 1961, S. 274, 276.

[208] *BFHE* 66, 497/505; 68, 361/364.

[209] *BFHE* 68, 361/365; vgl. *Peine*, Der Staat 22 (1983), S. 530 („der Exekutive steht auch heute noch nicht das materielle Prüfungsrecht zu"); **a. A.** *BVerfGE* 12, 180/186.

[210] *BFHE* 68, 451/454; vgl. *Rönitz*, NJW 1960, S. 229.

[211] *Rönitz*, NJW 1960, S. 227; **a. A.** *Gril*, JuS 2000, S. 1082; *Bachof*, AöR 87 (1962), S. 14.

[212] *BFHE* 66, 497/506.

II. Normprüfungskompetenz ohne Verwerfungskompetenz

Die heute herrschende Auffassung[213] erteilt der Verwaltung die Normprüfungskompetenz, verneint jedoch die Normverwerfungskompetenz. Die Normprüfungskompetenz kommt der Verwaltung nicht nur für untergesetzliche Rechtsnormen, sondern auch für nachkonstitutionelle parlamentarische Gesetze zu.[214] Die Auffassung verneint auch die Normverwerfungskompetenz der Verwaltung für die *untergesetzlichen Rechtsnormen*.[215]

Diese Auffassung geht von Art. 1 III, 20 III, 93 I Nr. 2, Art. 100 I GG, § 76 BVerfGG, § 38 I BRRG und § 56 I BBG aus. Die *erste Begründung* im Hinblick auf die *Normprüfungskompetenz* ist, dass die Verwaltung zum Vollzug der anzuwendenden Rechtsnorm die Vereinbarkeit mit den höherrangigen Rechtsvorschriften prüfen müsse.[216] Nach Art. 1 III und 20 III GG ist die vollziehende Gewalt unmittelbar an die Grundrechte und an Gesetz und Recht gebunden. Wegen dieser Bindung muss das Handeln der Verwaltung rechtmäßig sein. Wegen der sich somit ergebenden *Gewährleistung der materiellen Rechtmäßigkeit* ihres Handelns ist die Verwaltung zur Überprüfung der von ihr anzuwendenden Rechtsnorm verpflichtet.[217] Die Vorschriften über die persönliche Verantwortung für die Rechtmäßigkeit dienstlicher Handlungen von Beamten nach § 38 I BRRG und § 56 I BBG,

---

[213] *Ehlers*, DÖV 2001, S. 413; im Hinblick auf Art. 100 I GG *ders.*, in: Schoch/Schmidt-Aßmann/Pietzner (Hrsg.), VwGO, Anh § 40 Art. 100 Abs. 1 GG Rn. 6; *Jarass*, in: ders./Pieroth, GG, Art. 20 Rn. 36; *Pieroth*, Jarass/ders., GG, Art. 100 Rn. 2; *Starck*, in: v. Mangoldt/Klein/Starck (Hrsg.), GG 1, Art. 1 Rn. 201; *Kunig*, in: von Münch/ders. (Hrsg.), GG 1, Art. 1 Rn. 61, 64; *Geiger*, in: Eyermann, VwGO, § 1 Rn. 10; *Horn*, Die grundrechtsunmittelbare Verwaltung, S. 195; *Kisker/Höfling*, Fälle, S. 124 ff.; *Wollweber*, DÖV 1999, S. 413; *Zierlein*, in: FS Benda, S. 462; *Heun*, AöR 122 (1997), S. 611; *Stern*, Staatsrecht III/1, § 74 II 2 c (S. 1347 f.); *ders.*, AöR 91 (1966), S. 223 ff.; *Löwer*, in: Isensee/Kirchhof (Hrsg.), HdStR III, § 70 Rn. 59; *Battis*, in: Isensee/Kirchhof (Hrsg.), HdStR VII, § 165 Rn. 46; *Streinz*, Bundesverfassungsgerichtlicher Grundrechtsschutz, S. 193 f.; *Klein*, AöR 108 (1983), S. 576 f.; *König*, BayVBl. 1983, S. 167 f.; *Erichsen*, Jura 1982, S. 88; *ders.*, Staatsrecht und Verfassungsgerichtsbarkeit I, S. 34; *ders.*, Staatsrecht und Verfassungsgerichtsbarkeit II, S. 46; *Ossenbühl*, DV 1969, S. 393 ff.; *Hall*, DÖV 1965, S. 258 ff.; *Bachof*, AöR 87 (1962), S. 14; *Menger*, VerwArch 52 (1961), S. 306; *Schnorr*, AöR 85 (1960), S. 141.

[214] *Jarass*, in: ders./Pieroth, GG, Art. 20 Rn. 36; *Wolff/Bachof/Stober*, VerwR I, § 28 Rn. 20; *Schmidt*, BayVBl. 1976, S. 1 f.; *Hall*, DÖV 1965, S. 259.

[215] Offen gelassen aber ähnlich *BVerwG*, DVBl. 2001, S. 934 f.; *BVerwGE* 75, 142/146; *BGH*, ZfBR 1991, S. 77; *Ehlers*, DÖV 2001, S. 413; *Jarass*, in: ders./Pieroth, GG, Art. 20 Rn. 40; *Stern*, Staatsrecht III/1, § 74 II 2 (S. 1347); *Gril*, JuS 2000, S. 1084 f.; *Schulze-Fielitz*, in: Dreier (Hrsg.), GG II, Art. 20 (Rechtsstaat), Rn. 99; *Wehr*, JuS 1997, S. 234; *Hufen*, VerwProzR, § 7 Rn. 17; *Degenhart*, Staatsrecht I, Rn. 317. *Bebauungsplan* der Gemeinde könne nur im *förmlichen Verfahren* mit allgemeiner Wirkung aufgehoben werden, *Bracher*, in: Gelzer/Bracher/Reidt, Bauplanungsrecht, Rn. 1038; *Becker*, SächsVBl. 1998, S. 276 ff.; *Engel*, NVwZ 2000, S. 1259 f.; *Schrödter*, in: ders., BauGB, § 10 Rn. 10; *Löhr*, in: Battis/Krautzberger/Löhr, BauGB, § 10 Rn. 10 ff.; *Pietzner/Ronellenfitsch*, Assessorexamen, § 39 Rn. 14; *Stüer*, Bau- und Fachplanungsrecht, Rn. 1101 f.; *Schmiemann*, in: FS Weyreuther, 1993, S. 243 f.; *Pietzcker*, DVBl. 1986, S. 809; *Jung*, NVwZ 1985, S. 794 f.; *Weyreuther*, DÖV 1983, S. 580; *Lenz*, BauR 1982, 546 f.; *Dolde*, BauR 1978, S. 154 ff.

[216] Im Hinblick auf ihre Aufgabe der Anwendung von Gesetzen und Rechten. Vgl. dazu oben § 1 IV. 1.

[217] *Gril*, JuS 2000, S. 1081; *Hutka*, Gemeinschaftsrechtsbezogene Prüfungs- und Verwerfungskompetenz, S. 131 f.; *Kopp*, DVBl. 1983, S. 823 f.; *Schmidt*, BayVBl. 1976, S. 1 f.

§ 76 BVerfGG und insbesondere auch die abstrakte Normenkontrolle nach Art. 93 I Nr. 2 GG setze bereits die Pflicht der Verwaltung zur Normprüfung voraus.[218] Nach dem hierarchischen Aufbau der Verwaltung habe die untere Behörde die anzuwendende Rechtsnorm ihrer vorgesetzten Behörde vorzulegen, wenn sie diese Norm für rechtswidrig hält. Die mittlere Behörde lege dann noch ihren Vorgesetzten diese Rechtsnorm vor, und letztlich könne die Bundes- oder eine Landesregierung (Ministerium) dem Bundesverfassungsgericht diese Rechtsnorm im Rahmen der abstrakten Normenkontrolle vorlegen.[219] Im Hinblick auf die Normprüfungskompetenz der Verwaltung entsteht parallel die Frage, ob sie die von ihr für verfassungswidrig gehaltene Rechtsnorm bis zur Entscheidung der Verwerfung durch das zuständige Organ nicht anwenden kann[220], oder ob sie diese Rechtsnorm trotz ihrer Nichtkeit jedenfalls anwenden muß[221]. Es geht um die Frage, ob sie berechtigt ist, das betroffene Verfahren (den Gesetzesvollzug) auszusetzen (sog. *Aussetzungsrecht* des Gesetzesvollzuges).[222]

Die *zweite Begründung* im Hinblick auf die *Normverwerfungskompetenz* ist, dass der Verwaltung die Verwerfungskompetenz bezüglich Art. 93 I Nr. 2 GG und § 76 BVerfGG nicht zustehe, weil Art. 93 I Nr. 2 GG und § 76 BVerfGG ein eigenes Verfahren für die Normverwerfung bereits durch das BVerfG vorsähen und damit eine eigene Entscheidung der Verwerfung durch die Verwaltungsspitzen (die Bundes- und eine Landesregierung) darüber hinaus ausschlössen.[223] Diese Vorschriften räumten den Verwaltungsspitzen nämlich nur den Zugangsweg ein[224]; Art. 100 I GG regele den Zugang zur verfassungsgerichtlichen Normenkontrolle für den gesamten Judikativbereich, demgegenüber eröffne Art. 93 I Nr. 2

---

[218] Vor allem *Hall*, DÖV 1965, S. 259; vgl.auch *Maurer*, in: Badura/Dreier (Hrsg.), FS 50 Jahre BVerfG II, S. 480 („Art. 93 I Nr. 2 GG beschränkt sich verfassungsprozessual auf den staatsinternen Bereich"); *Michel*, NJW 1960, S. 842.

[219] Vgl. *Ehlers*, in: Erichsen/ders. (Hrsg.), AllgVerwR, § 2 Rn. 115 ff.; *Hutka*, Gemeinschaftsrechtsbezogene Prüfungs- und Verwerfungskompetenz, S. 148; *Sachs*, in: ders. (Hrsg.), GG, Art. 20 Rn. 97; *Menger*, VerwArch 52 (1961), S. 306.

[220] Z. B. *BVerfGE* 12, 180/186; *Sachs*, in: ders. (Hrsg.), GG, Art. 20 Rn. 97 u. 108. Dazu ausführlich unten § 4 II. 2. b).

[221] Z. B. *Hederich*, NdsVBl. 1997, S. 269 f.; *Ossenbühl*, DV 2 (1969), S. 410; *von Münch*, Staatsrecht I, Rn. 344; *Jarass*, in: ders./Pieroth, GG, Art. 20 Rn. 36.

[222] Dafür *Hoffmann*, JZ 1961, S. 201 f.; *Menger*, VerwArchiv 52 (1961), S. 306 f.; vgl. *Scheuner*, BB 1960, S. 1256; *Pünder*, in: Erichsen/Ehlers (Hrsg.), AllgVerwR, § 13 Rn. 48; *Stern*, Staatsrecht III/1, § 74 II 2 (S. 1348 f.: „in Fällen evidenter oder höchstwahrscheinlicher Verfassungswidrigkeit"); *Wolff/Bachof/Stober*, VerwR I, § 28 Rn. 21; *Abelein*, BayVBl. 1967, S. 150; **a. A.** nicht zuletzt *Bachof*, AöR 87 (1962), S. 7 ff.; *Hall*, DÖV 1965, S. 263; *Ossenbühl*, DV 2 (1969), S. 397 u. 408; neutral *Söhn*, Anwendungspflicht oder Aussetzungspflicht, S. 58 ff. Vgl. auch *Sachs*, in: ders. (Hrsg.), GG, Art. 20 Rn. 98. Dazu ausführlich unten § 4 II. 2. b).

[223] *Pietzcker*, AöR 101 (1976), S. 384; *Schmidt*, BayVBl. 1976, S. 3 u. 5.

[224] *Kabisch*, Prüfung formeller Gesetze, S. 162.

GG für den Legislativbereich und auch den Exekutivbereich den Zugang zur verfassungsgerichtlichen Normenkontrolle.[225]

Die *dritte Begründung* zur Normverwerfungskompetenz stützt sich auf das Verwerfungsmonopol des Bundesverfassungsgerichts nach Art. 100 I GG.[226] Art. 100 I GG sehe eine Vorlage an das BVerfG durch die Gerichte vor, wenn sie von der Rechtswidrigkeit eines nachkonstitutionellen formellen Gesetzes überzeugt sind, weil die richterlichen Entscheidungen ansonsten hingenommen und auch weitere ähnliche Entscheidungen wegen der richterlichen Unabhängigkeit befürchtet werden müssten. Art. 100 I GG gestehe daher allein dem BVerfG die richterliche Entscheidungsbefugnis zu.[227] Eine damit vergleichbare Unabhängigkeit werde *erst recht* der Verwaltung verwehrt.[228] Dieses Monopol zur Normverwerfung schütze den parlamentarischen Gesetzgeber.[229] Die Konzentration der Normverwerfungskompetenz diene auch gleichzeitig der Vermeidung von Rechtsunsicherheit und Rechtszersplitterung.[230] Daher dürfe die Normverwerfungskompetenz nicht auf die Exekutive übertragen werden.[231]

III. Normprüfungs- und Verwerfungskompetenz

Nach dieser Auffassung steht der Verwaltung die volle Normprüfungs- und Verwerfungskompetenz zu.[232] Alle Behörden können nämlich die von ihnen für rechtswidrig

---

[225] *Kabisch*, Prüfung formeller Gesetze, S. 165 ff.

[226] *Ehlers*, in: Schoch/Schmidt-Aßmann/Pietzner (Hrsg.), VwGO, Anh § 40 Art. 100 Abs. 1 GG Rn. 6; *ders.*, in: Erichsen/ders. (Hrsg.), AllgVerwR, § 2 Rn. 123; *Pieroth*, Jarass/ders., GG, Art. 100 Rn. 2; *Kunig*, in: Badura/Dreier (Hrsg.), FS 50 Jahre BVerfG II, S. 434 f.; *Starck*, in: v. Mangoldt/Klein/Starck (Hrsg.), GG 1, Art. 1 Rn. 201; *Sachs*, in: ders. (Hrsg.), GG, Art. 20 Rn. 96; *Wollweber*, DÖV 1999, S. 413; *Zierlein*, in: FS Benda, S. 462; *Heun*, AöR 122 (1997), S. 611; *Hederich*, NdsVBl. 1997, S. 271; *Schlaich/Korioth*, Bundesverfassungsgericht, Rn. 135; *Stern*, Staatsrecht III/1, § 74 II 2 c (S. 1347 f.); *Löwer*, in: Isensee/Kirchhof (Hrsg.), HdStR III, § 70 Rn. 59; *Klein*, in: Benda/Klein, Verfassungsprozeßrecht, Rn. 767; *ders.*, AöR 108 (1983), S. 576 f.; *Klein*, in: Umbach/Clemens (Hrsg.), BVerfGG, Vor §§ 80 ff. Rn. 10 u. 12; *Erichsen*, Jura 1982, S. 88; *ders.*, Staatsrecht und Verfassungsgerichtsbarkeit I, S. 34; *ders.*, Staatsrecht und Verfassungsgerichtsbarkeit II, S. 46; *Menger*, VerwArchiv 52 (1961), S. 306.

[227] Vgl. *Maurer*, in: Badura/Dreier (Hrsg.), FS 50 Jahre BVerfG II, S. 480.

[228] *Herzog*, in: Maunz-Dürig, GG, Art. 20 VI. Rn. 30; *Hederich*, NdsVBl. 1997, S. 271; vgl. *Götz*, NJW 1960, S. 1178. Der Erst-recht-Schluss bedeutet, dass was den Gerichten verwehrt ist, erst recht der Verwaltung verwehrt sein muß (*Gril*, JuS 2000, S. 1082; *Bachof*, AöR 87 (1962), S. 26 ff.).

[229] *BVerfGE* 1, 184/197 f.; 3, 225/230 f.; 6, 55/63; 42; 10, 124/127; 22, 373/378; 68, 337/344 f.; 86, 71/77; 97, 117/122; *BVerwG*, DÖV 2001, S. 473. Kritisch *Hesse*, Grundzüge, Rn. 686; *Schlaich/Korioth*, Bundesverfassungsgericht, Rn. 136.

[230] *BVerfGE* 1, 184/199 f.; 42, 42/49 f.; 54, 47/51; 63, 131/141.

[231] Vgl. *Kunig*, in: Badura/Dreier (Hrsg.), FS 50 Jahre BVerfG II, S. 437; *Ehlers*, in: Erichsen/ders. (Hrsg.), AllgVerwR, § 2 Rn. 123; **a. A.** *Bachof*, AöR 87 (1962), S. 27.

[232] Im Hinblick auf die untergesetzlichen Normen, nicht zuletzt Bebauungsplan der Gemeinde *OVG Lüneburg*,

gehaltenen Rechtsnormen nicht nur nicht anwenden, sondern auch verwerfen. Dieser Auffassung legt folgende Argumentation zugrunde:

Erstes Argument ist die ex tunc eintretende Nichtigkeit verfassungswidriger Gesetze. Nach Art. 1 III und 20 III GG sei die Verwaltung verpflichtet, die anzuwendende Rechtsnorm zu prüfen und danach als rechtswidrig erkannte Rechtsnorm nicht anzuwenden, weil diese Norm für die Behörden und die Bürger ihre Rechtsbeständigkeit bereits von Anfang an verloren habe.[233] Eine rechtswidrige Rechtsnorm habe nämlich ex tunc keine Wirkung. Die Nichtigkeit werde vom Bundesverfassungsgericht nur deklaratorisch festgestellt.[234] *Zweites Argument* ist der Umkehrschluss; die Verwaltung dürfe uneingeschränkt die von ihr für rechtswidrig gehaltene Rechtsnorm auch verwerfen, weil es an einer einschränkenden gesetzlichen Regelung für die Normverwerfung wie dem Art. 100 I GG mangele.[235] Und aus der Gleichstellung der vollziehenden Gewalt mit der rechtsprechenden Gewalt in § 76 Ziff. 2 BVerfGG ergebe sich, dass nicht nur der rechtsprechenden Gewalt, sondern auch der vollziehenden Gewalt die Normverwerfungskompetenz zustehe.[236] *Drittes Argument* ist, dass die Verwaltung die von ihr für rechtswidrig erkannte Rechtsnorm verwerfen könne, weil die Verwaltungsentscheidung durch die verwaltungsgerichtliche Klage korrigierbar sei.[237] *Viertes Argument* für die untergesetzlichen Rechtsnormen im Hinblick auf den Bebauungsplan der Gemeinde ist, dass man eine Rechtfertigung für das Verwerfungsmonopol der Oberverwaltungsgerichte für den Bebauungsplan aus § 47 VwGO nicht entnehmen könne[238], und dass die Normverwerfungskompetenz der höherrangigen Behörden auch nicht der verfassungsrechtlich gewährleisteten Planungshoheit der Gemeinde entgegenstehe[239].

NVwZ 2000, 1061 ff.; *Gaentzsch*, in: Schlichter/Stich (Hrsg.), BerlKomm. BauGB, § 10 Rn. 19; *Gierke*, in: Brügelmann, BauGB 1, § 10 Rn. 336 ff., 345 ff.; *Volhard*, NVwZ 1986, S. 107; *Menzel*, JuS 1985, S. 979; *Renck*, BayVBl. 1983, S. 86; vgl. *Krautzberger/Schliepkorte*, in: Ernst/Zinkahn/Bielenberg/Krautzberger, BauGB I, § 10 Rn. 304; *Kopp*, DVBl. 1983, S. 823 ff.; *Abelein*, BayVBl. 1967, S. 150; eingeschränkte Normverwerfungskompetenz *Bachof*, AöR 87 (1962), S. 42; *Michel*, JuS 1961, 274 ff.; *ders.*, NJW 1960, S. 841 ff.; *Arndt*, DÖV 1959, S. 84. Zur Aufhebung bei der *Rechtsverordnung* ist nur die erlassende Behörde befugt *Forsthof*, Lehrbuch VerwR I, S. 138.

233 So *Schlaich/Korioth*, Bundesverfassungsgericht, Rn. 379; *Renck*, BayVBl. 1983, S. 87; *Arndt*, DÖV 1959, S. 81 und 84; **a. A.** *Bachof*, AöR 87 (1962), S. 31 ff. und 41.

234 Die Gegenansicht gibt dem Urteil das *BVerfG* (vgl. dazu *Schlaich/Korioth*, Bundesverfassungsgericht, Rn. 379 ff.) konstitutive Wirkung: Die Nichtigkeit des Gesetzes tritt ex nunc ein. Die Entscheidung ist Gestaltungsurteil, nicht Feststellungsurteil. Dafür spricht die ansonsten überflüssige Anordnung der Gesetzeswirkung für die gerichtliche Entscheidung über die Nichtigkeit (vgl. § 31 BVerfGG).

235 *Michel*, NJW 1960, S. 843; **a. A.** *Bachof*, AöR 87 (1962), S. 31.

236 *Michel*, NJW 1960, S. 842.

237 *Menzel*, JuS 1985, S. 980; *Kopp*, DVBl. 1983, S. 827.

238 So *OVG Lüneburg*, NVwZ 2000, S. 1062; *Gaentzsch*, in: Schlichter/Stich (Hrsg.), BerlKomm. BauGB, § 10 Rn. 19.

239 So *Gierke*, in: Brügelmann, BauGB 1, § 10 Rn. 353; **a. A.** *Schmiemann*, in: FS Weyreuther, S. 243; *Schrödter*, in: ders., BauGB, § 2 Rn. 64.

IV. Fazit

Die Ablehnung von Normprüfungs- und Verwerfungskompetenz entspricht den Prinzipien des Vorrangs des Gesetzes und der Rechtssicherheit, insbesondere des Vertrauensschutzes. Aber die Kompetenz der Verwaltung könnte vernachlässigt werden, wenn man dieser Theorie folgt, weil sie die Normprüfungskompetenz, die zum Vollzug der Verwaltungsaufgaben nach Art. 1 III und 20 III GG grundsätzlich notwendig ist, verneint. Die Annahme einer Normprüfungskompetenz ohne Verwerfungskompetenz leidet daran, dass solche Fälle, in denen kurzfristiger Entscheidungsbedarf besteht, z. B. die Festnahme einer Person, die Zulässigkeit einer Versammlung[240] oder die Genehmigung einer Verkaufsausstellung usw.[241], nach Art. 93 I Nr. 2 und Art. 100 I GG nicht geklärt werden können. In diesen Eilfällen besteht das Problem, dass eine gewisse Kompetenz zur Verwerfung der Verwaltung eingeräumt werden muss,[242] sofern nicht das *BVerfG* im Wege der einstweiligen Anordnungen nach § 32 BVerfGG abhelfen kann. Das Problem der eine Normprüfungs- und Verwerfungskompetenz bejahenden Auffassung ist, dass die Rechtssicherheit durch die Normverwerfungskompetenz der Verwaltung bedroht und darüber hinaus vor allem der Wille des Gesetzgebers mißachtet werden kann.

---

[240] Es handelt sich darum, ob der Verwaltungsbeamte bei einer *Spontan*versammlung oder *Eil*versammlung das von ihm anzuwendende Gesetz auf Grund Überzeugung von der Rechtswidrigkeit entweder anwenden oder verwerfen soll. Dazu ausführlich § 4 II. 2. b) cc) (3). Vgl. auch *Geis*, NVwZ 1992, S. 1025 ff.; *Werner*, NVwZ 2000, S. 369 ff.

[241] *Maurer*, AllgVerwR, § 4 Rn. 55.

[242] Z. B. *Ehlers*, DÖV 2001, S. 413.

§ 3 Normprüfungskompetenz der Verwaltung

Bei der Anwendung von Rechtsnormen ist es für die Verwaltung erforderlich, die von ihr anzuwendende Norm zu prüfen. Dabei bedeutet die Normprüfungskompetenz die Befugnis der Verwaltung, die Vereinbarkeit oder Gültigkeit der von ihr anzuwendenden Rechtsnorm mit höherrangigen Rechtsvorschriften zu prüfen. Normprüfung der Verwaltung wird in Prüfung im formellen und materiellen Sinne unterschieden (I.). Grundsätzlich leitet sich eine rechtliche Grundlage der Normprüfungskompetenz der Verwaltung aus der Bindung der Verwaltung an Gesetz und Recht nach Art. 20 III und 1 III GG ab.[243] Es stellt sich die Frage, welche konkreten Begründungen sich dafür ergeben, und ob andere Rechtsgrundlagen dafür bestehen (II.), welche Rechtsnormen die Verwaltung prüfen kann (III.), und inwieweit sie die anzuwendenden Rechtsnormen prüfen darf (IV.), wenn die Normprüfung der Verwaltung die sich aus Art. 20 III und 1 III GG ergebende Pflicht und Befugnis ist.

I. Begriff der Prüfungskompetenz

1. Formelle Prüfungskompetenz

Die Normprüfungskompetenz der Verwaltung wird in formelle und materielle Prüfungskompetenz unterschieden.[244] Die formelle Prüfungskompetenz bedeutet eine Befugnis, mit der die Verwaltung prüft, ob eine von der Verwaltung anzuwendende Rechtsnorm den formellen Mindestanforderungen genügt ist und nicht zuletzt ordnungsmäßig in einem dafür vorgeschriebenen amtlichen Blatt, z. B. im Bundesgesetzblatt, Gesetz- und Verordnungsblatt, Amtsblatt etc., verkündet worden ist. Da das Gesetz mit der Verkündung rechtlich existent

---

[243] *Stern*, Staatsrecht III/1, § 74 II 2 (S. 1345); im Hinblick auf Bebauungsplan der Gemeinde *Gierke*, in: Brügelmann, BauGB 1, § 10 Rn. 342; vgl. auch *Forsthoff*, DÖV 1959, S. 41 ff.

[244] *Hall*, DVBl. 1965, S. 558 (Anm. 22); *Kopp*, DVBl. 1983, S. 821 f. Im Hinblick auf die Ausfertigung und Verkündung der Bundesgesetze nach Art. 82 I 1 GG i. V. m. Art. 54 und 78 GG wird die Prüfungskompetenz des *Bundespräsidenten* auch von formellen und materiellen Prüfungskompetenz unterschieden. Im Allgemeinen wird die formelle Prüfungskompetenz anerkannt, dagegen ist die materielle Prüfungskompetenz sehr umstritten. H. M. sprechen sich entweder für eine formelle Prüfungskompetenz oder gar für die, insbesondere die Grundrechte einbeziehende materielle Prüfungskompetenz aus. Dazu *Nierhaus*, in: Sachs (Hrsg.), GG, Art. 54 Rn. 9; *ders.*, in: FS Friauf, S. 235 ff.; *Stern*, Staatsrecht II, § 30 III 4 (S. 234). **A. A.** die materielle Prüfungskompetenz ist nur für Fälle schwerer und offensichtlicher materieller Verfassungsverstöße anzuerkennen *Bryde*, in: von Münch/Kunig (Hrsg.), GG 3, Art. 82 Rn. 5 f.; *Pieroth*, in: Jarass/ders., GG, Art. 82 Rn. 3.

ist[245], muss die Verwaltung sich vergewissern, dass eine Rechtsnorm, die sie anzuwenden hat, formell wirksam erlassen wurde[246]. Die Überprüfung der *Verkündung* und *Ausfertigung* von Gesetzen und Rechtsverordnungen ist daher maßgeblicher Gegenstand der formellen Prüfungskompetenz. Da sie bei Bundesgesetzen vom Bundesminister der Justiz gem. § 62 I GGO II[247] oder bei Rechtsverordnungen des Bundes von den Bundesorganen[248] erfolgt, kann die formelle Prüfungskompetenz auch als eine Befugnis zur *Selbstkontrolle* der Verwaltung verstanden werden. Die formelle Prüfungskompetenz spielt vor allem eine große Rolle bezüglich der Bekanntgabe der Genehmigung der Aufsichtbehörde zum Bebauungsplan der Gemeinde.[249]

2. Materielle Prüfungskompetenz

Im Gegensatz zur formellen Prüfungskompetenz ist die materielle Prüfungskompetenz der Verwaltung eine Befugnis der Überprüfung des Inhalts einer Regelung, nämlich auf ihre *Vereinbarkeit* mit höherrangigen Gesetzen und der Verfassung sowie auf ihre *Widerspruchfreiheit* in Hinblick auf die gesamte Rechtsordnung.[250] Der letzte *Maßstab* der materiellen Prüfungskompetenz ist zweifellos das Grundgesetz. Daher spielen u. a. die Rechtsvorschriften aus Art. 1 III, 20 III, 93 I Nr. 2 und 100 I GG eine große Rolle in der materiellen Normprüfung. Zu der materiellen Prüfungskompetenz werden im Rahmen der Diskussion um Verwerfungskompetenzen drei Auffassungen vertreten (s. § 2).

[245] *BVerfGE* 42, 263/283; *Pieroth*, in: Jarass/ders., GG, Art. 82 Rn. 5; *Lücke*, in: Sachs (Hrsg.), GG, Art. 82 Rn. 12.
[246] *Kopp*, DVBl. 1983, S. 822.
[247] *Pieroth*, in: Jarass/ders., GG, Art. 82 Rn. 5; *Lücke*, in: Sachs (Hrsg.), GG, Art. 82 Rn. 11.
[248] *Pieroth*, a. a. O., Art. 82 Rn. 8; *Lücke*, a. a. O., Art. 82 Rn. 14.
[249] Vgl. *Kopp*, DVBl. 1983, S. 822.
[250] Etwa die Unzulässigkeit kommunaler Verpackungsteuern. Dazu *BVerfG*, NJW 1998, S. 2342; vgl. *Degenhart*, in: Sachs (Hrsg.), GG, Art. 70 Rn. 58 a.

II. Grund der Prüfungskompetenz

1. Der Vorrang des Gesetzes

Der Vorrang des Gesetzes gebietet der Verwaltung, dass alle staatlichen Maßnahmen nicht gegen bestehende Gesetze verstoßen dürfen, weil alle Handlungsformen der öffentlichen Verwaltung nach Art. 20 III GG an Gesetz und Recht gebunden sind. Auch für die *Gesetzesanwendung* durch die Verwaltung gilt dieses Prinzip. Da die Verfassung gegenüber der Verwaltung - wie gegenüber jeder anderen Instanz - *„Leitbild und Schranke“*[251] ist, erfordert die Gesetzesanwendung durch die Verwaltung Kenntnis der von ihr anzuwendenden Rechtsnormen sowie der gesamten Rechtsordnung, darüber hinaus insbesondere des Verfassungsrechts[252]. Das Verfassungsverständnis der Verwaltung wird durch den Vorrang der Verfassung, vor allem als *Vorrang der Grundrechte* geprägt.[253] Ohne Verständnis der Verfassung kann die Verwaltung tatsächlich nicht das Gesetz vollziehen. Das Verständnis der Verfassung bedeutet in Hinblick auf die Normprüfung Kenntnis des Maßstabs der Handlungsformen der Verwaltung. Dieser Maßstab ist für die Verwaltung das Prinzip des Vorrangs des Gesetzes nach Art. 20 III GG. Schließlich, da die Verwaltung bei der Erfüllung ihrer Aufgaben den Vorrrang des Gesetzes stets beachten muss, ist die Normprüfungskompetenz der Verwaltung grundsätzlich erforderlich.

2. Die Gewaltenteilung

a) Grundaufgabe der Verwaltung: Gesetzesanwendung

Durch das in Art. 1 III und 20 II 2 GG verankerte Prinzip der Gewaltenteilung werden der Legislative, der Judikative und der Exekutive eigene Aufgaben zugewiesen (institutionelle und funktionelle demokratische Legitimation)[254]. Nach diesem Prinzip kontrollieren sie sich

---

[251] *Ossenbühl*, Verwaltungsvorschriften, S. 290; vgl. auch *Jestaedt*, in: Erichsen/Ehlers (Hrsg.), AllgVerwR, § 10 Rn. 5 f.

[252] *Ossenbühl*, DV 2 (1969), S. 397: „ ... weil sie das Gesetz nicht als isolierte Norm betrachtet, sondern in seiner Verfassungsbezogenheit sieht und sehen muß“; *Hall*, DÖV 1965, S. 258 f.

[253] Vgl. *Horn*, Die grundrechtsunmittelbare Verwaltung, S. 199 ff.; auch *Stern*, Staatsrecht III/1, § 74 II 3 (S. 1349 f.); *Maske*, NVwZ 2001, S. 1248.

[254] *BVerfGE* 49, 89/125; 68, 1/88; *Ehlers*, Jura 1997, S. 184.

wechselseitig. Die Erhaltung der Balance durch diese wechselseitige Gewaltenkontrolle setzt die Unabhängigkeit aller drei Gewalten voraus. Als wesentliches Aufgabengebiet übt die Verwaltung *Gesetzesanwendung* aus.[255] Die Rechtsanwendung analysiert *Maurer*[256] in vier Vorgängen: „Ermittlung und Feststellung des Sachverhalts"; „Heranziehung, Auslegung und Feststellung des Inhalts des gesetzlichen Tatbestandes"; „Subsumtion"; „Feststellung der Rechtsfolge". Da der zweite Vorgang der Kern der Rechtsanwendung ist, müssen die Gesetzesinterpretation und die Gesetzesprüfung gleichzeitig erfolgen.[257] Dazu erwähnt *Bachof:* „Jede Normanwendung setzt Norminterpretation voraus; deshalb muß auch die Verwaltung die anzuwendende Norm interpretieren"[258]. Schließlich ist die Normprüfungskompetenz eine typische Befugnis der Verwaltung im Rahmen des verfassungsrechtlichen Auftrags zum Gesetzesvollzug.[259]

b) Selbstkontrolle der Verwaltung

Die Verwaltung ist nach Art. 1 III und Art. 20 III GG an die Grundrechte und die Gesetze gebunden.[260] Wegen dieser doppelten Bindung der Verwaltung berücksichtigt die Verwaltung bei ihrer praktizierten oder publizierten Verwaltungspraxis die *Konsequenzen* ihres Handelns.[261] Dafür muss sie die Befugnis zur Selbstkontrolle ihres Handelns auf Verfassungskonformität[262] erhalten. *Selbstkontrolle* ist daher ein verfassungsrechtliches Gebot der Verwaltung. Dieses Prinzip ergibt sich aus Art. 3 I GG.[263] Durch das hierarchische System kontrolliert sich die Verwaltung, und dadurch erhält sie ihre *Einheitlichkeit*[264].

---

255 *P. Stelkens/Schmitz*, in: Stelkens/Bonk/Sachs, VwVfG, § 9 Rn. 65; *Maurer*, AllgVerwR, § 7 Rn. 1; *Stern*, Staatsrecht II, § 41 I 1 (S. 732); *Schulze-Fielitz*, in: Dreier (Hrsg.), GG II, Art. 20 (Rechtsstaat), Rn. 170; *Hall*, Die Prüfung von Gesetzen, S. 120; vgl. auch *Mayer/Kopp*, AllgVerwR, § 6 1. (S. 113). Gesetzesanwendung gilt nicht nur auf dem Verwaltungsgebiet, sondern auch dem richterlichen Gebiet. Die Judikative wendet jedoch auch das Gesetz zur Entscheidung von Rechtsstreitigkeiten oder zur Rechtsschutzgewährung an (*Bettermann*, in: VVDStRL 17 (1959), S. 138 f.).

256 AllgVerwR, § 7 Rn. 3; vgl. auch *Hall*, DÖV 1965, S. 258.

257 *Hall*, DÖV 1965, S. 259; *Bettermann*, in: VVDStRL 17 (1959), S. 138.

258 *Bachof*, AöR 87 (1962), S. 41.

259 *Ossenbühl*, DV 2 (1969), S. 396; vgl. auch *Herzog*, in: Maunz-Dürig, GG, Art. 20 VI. Rn. 27.

260 *Horn*, Die grundrechtsunmittelbare Verwaltung, S. 93; vgl. auch *Scherzberg*, in: Erichsen/Ehlers (Hrsg.), AllgVerwR, § 11 Rn. 12 f.

261 Vgl. *Scheuing*, in: VVDStRL 40 (1982), S. 164; *Ehlers*, Erichsen/ders. (Hrsg.), AllgVerwR, § 5 Rn. 24; *Möstl*, in: Erichsen/Ehlers (Hrsg.), AllgVerwR, § 18 Rn. 4; *Kirchhof*, in: Isensee/Kirchhof (Hrsg.), HdStR V, § 124 Rn. 17; *Maurer*, AllgVerwR, § 11 Rn. 65.

262 Vgl. *Abelein*, BayVBl. 1967, S. 149.

263 *Möstl*, in: Erichsen/Ehlers (Hrsg.), AllgVerwR, § 18 Rn. 4; *Kirchhof*, in: Isensee/Kirchhof (Hrsg.), HdStR V, § 124 Rn. 25.

264 Vgl. *Loschelder*, in: Isensee/Kirchhof (Hrsg.), HdStR III, § 68 Rn. 27; *Oldiges*, NVwZ 1987, S. 740; *Wendt*, NWVBl. 1987, S. 37.

Behördliche Aufsichten, Weisungen und Unterrichtungen[265] sind die materiellen Handlungsformen innerhalb der Hierarchie.[266] Daraus wird die Weisungsgebundenheit (Folgepflicht) des Beamten (§§ 55 BBG, 37 BRRG) abgeleitet. Einzelne Beamte sind in das hierarchische Verwaltungssystem eingebunden. Behördenhierarchie fordert von den Beamten die volle persönliche Verantwortung für dienstliche Handlungen, weil die persönliche Verantwortung der Beamten eng im Zusammenhang mit parlamentarischer Verantwortlichkeit des Ministers steht.[267] Im Hinblick auf die dienstlichen Handlungen von Beamten regeln § 56 I BBG und § 38 I BRRG die volle persönliche Verantwortung. Nach seiner dienstlichen Verantwortung muss ein einzelner Beamter die von ihm anzuwendende Rechtsnorm grundsätzlich prüfen.[268] In diesem Sinne sind § 56 I BBG und § 38 I BRRG für die einzelnen Beamten die Rechtsvorschriften *sekundärer* Selbstkontrolle der Verwaltung, und der hierarchische Aufbau der Verwaltung ist ein System *strukureller* Selbstkontrolle der Verfassung.

3. Art. 93 I Nr. 2 GG, § 47 I, II VwGO

Art. 93 I Nr. 2 GG i. V. m. § 76 BVerfGG regelt, dass die Bundesregierung beim *BVerfG* die abstrakte Normenkontrolle beantragen kann. Die Voraussetzung des Antrages ist eine Meinungsverschiedenheit oder ein Zweifel über die förmliche und die sachliche Vereinbarkeit von Rechtsnormen mit der Verfassung. Meistens entstehen diese Meinungsverschiedenheiten oder Zweifel bereits auf der Ebene der Unterbehörden oder der Mittelbehörden. Das bedeutet, dass diese Behörden die von ihnen anzuwendenden Rechtsnormen bereits überprüft haben müssen, bevor die Bundesregierung die abstrakte Normenkontrolle beantragt.[269] Daher kann aus Art. 93 I Nr. 2 GG die Prüfungskompetenz der Verwaltung nicht nur gegenüber vor- oder *nachkonstitutionellen Gesetzen*[270], sondern auch gegenüber Rechtsverordnungen[271] und Satzungen[272] entnommen werden.

[265] Ausführlich zur Bedeutung von Weisung und Unterrichtung *Oebbecke*, Weisungs- und unterrichtungsfreie Räume, S. 10 ff.; vgl. auch *Maurer*, AllgVerwR, § 9 Rn. 27 f.
[266] *Battis*, in: Achterberg/Püttner/Würtenberger (Hrsg.), BesVerwR II, § 31 Rn. 116; vgl. *Ehlers*, Jura 1997, S. 184; *Dreier*, Hierarchische Verwaltung, S. 142; *Kunig*, in: Schmidt-Aßmann (Hrsg.), BesVerwR, 6. Kap Rn. 129.
[267] *Battis*, in: Achterberg/Püttner/Würtenberger (Hrsg.), BesVerwR II, § 31 Rn. 116; *Oldiges*, NVwZ 1987, S. 739; vgl. auch *Oebbecke*, Weisungs- und unterrichtungsfreie Räume, S. 96.
[268] *Bachof*, AöR 87 (1962), S. 16; auch *Hall*, Die Prüfung von Gesetzen, S. 123.
[269] *Hall*, DÖV 1965, S. 259.
[270] Vgl. *BVerfGE* 2, 124/131; 24, 174/179 f.; *Heun*, in: Badura/Dreier (Hrsg.), FS 50 Jahre BVerfG I, S. 619; *Pieroth*, in: Jarass/ders., GG, Art. 93 Rn. 18; *Kisker/Höfling*, Fälle, S. 124; *Hall*, DÖV 1965, S. 259
[271] Vgl. *BVerfGE* 1, 184/196; 2, 307/312 f.; *Pieroth*, in: Jarass/ders., GG, Art. 93 Rn. 19; *Heun*, in: Badura/Dreier (Hrsg.), FS 50 Jahre BVerfG I, S. 620.
[272] Vgl. *BVerfGE* 10, 20/54; *Pieroth*, in: Jarass/ders., GG, Art. 93 Rn. 19; *Heun*, in: Badura/Dreier (Hrsg.), FS 50

§ 47 II Nr. 1 VwGO i. V. m. § 61 VwGO erteilt auch jeder natürlichen oder juristischen Person und jeder *Behörde* die Antragsbefugnis zur Normenkontrolle beim Oberverwaltungsgericht auf der *untergesetzlichen* Normenebene. Dabei meint „jede Behörde" alle Stellen, die Aufgaben der öffentlichen Verwaltung wahrnehmen.[273] Die antragstellende Behörde muss sich selber für die Erfüllung ihrer Aufgabe mit der Anwendung der von ihr beanstandeten Norm befassen.[274] Sie kann nach § 47 I, II VwGO beim Oberverwaltungsgericht das Normkontrollverfahren beantragen, wenn sie im Rahmen der Anwendung der Norm von ihrer Rechtswidrigkeit überzeugt ist.

III. Gegenstand der Prüfungskompetenz

1. Vorkonstitutionelle Gesetze

Vorkonstitutionelle Gesetze sind Rechtsvorschriften, die aus der Zeit vor Erlass des Grundgesetzes, also vor dem 24. 5. 1949, 0 Uhr[275] stammen.[276] Solche Gesetze wurden nämlich nicht durch den parlamentarischen Gesetzgeber des *Grundgesetzes* erlassen. Nach Art. 123 I GG gilt das vorkonstitutionelle Gesetz nur fort, wenn es materiell bzw. seinem Inhalt nach mit den Bestimmungen oder Prinzipien des Grundgesetzes vereinbar ist.[277] Die Normprüfungkompetenz der Verwaltung erfasst das vorkonstitutionelle Gesetz, weil diese Kompetenz mit der *Grundgesetzgebundenheit* der Verwaltung vereinbar ist und sie das Prinzip der Gesetzmäßigkeit der Verwaltung des Grundgesetzes nicht berührt. Und Art. 93 I Nr. 2 GG bezieht vorkonstitutionelle Gesetze als Prüfungsgegenstand[278] in die abstrakte

---

Jahre BVerfG I, S. 620; *Sturm*, in: Sachs (Hrsg.), GG, Art. 93 Rn. 45.

[273] *Gerhardt/Bier*, in: Schoch/Schmidt-Aßmann/Pietzner (Hrsg.), VwGO, § 47 Rn. 82; *Redeker/von Oertzen*, VwGO, § 47 Rn. 33.

[274] *BVerwGE* 81, 307/310; *Kintz*, JuS 2000, S. 1101; *Gerhardt/Bier*, in: Schoch/Schmidt-Aßmann/Pietzner (Hrsg.), VwGO, § 47 Rn. 78; *Redeker/von Oertzen*, VwGO, § 47 Rn. 34; *Schmidt*, in: Eyermann, VwGO, § 47 Rn. 81.

[275] *Campenhausen*, in: v. Mangoldt/Klein/Starck (Hrsg.), GG 3, Art. 145 Rn. 6; *Jarass*, in: ders./Pieroth, GG, Art. 145 Rn. 2.

[276] *Stern*, Staatsrecht III/1, § 74 II 2 b) (S. 1346); *Jesch*, Gesetz, S. 112, Fn. 43.

[277] *BVerfGE* 10, 354/361; *Jarass*, in: ders./Pieroth, GG, Art. 123 Rn. 6; *Wolff*, in: v. Mangoldt/Klein/Starck (Hrsg.), GG 3, Art. 123 Rn. 29; *Erichsen*, Verwaltungsrecht und Verwaltungsgerichtsbarkeit I, S. 73; vgl. auch *Stern*, Staatsrecht III/1, § 74 II 2 b) (S. 1346).

[278] Vgl. *BVerfGE* 2, 124/131; 24, 174/179 f.; *Meyer*, in: von Münch/Kunig (Hrsg.), GG 3, Art. 93 Rn. 37; *Pieroth*, in: Jarass/ders., GG, Art. 93 Rn. 18; *Sturm*, in: Sachs (Hrsg.), GG, Art. 93 Rn. 45; *Ossenbühl*, Verwaltungsvorschriften, S. 293 Fn. 44, I. 1. a).

Normenkontrolle ein. Das bedeutet, dass die Verwaltung vorkonstitutionelle Gesetze prüfen kann, da Bundes- und Landesregierung antragsberechtigt sind.

2. Nachkonstitutionelle Parlamentsgesetze

Im Gegensatz zum vorkonstitutionellen Gesetz sind nachkonstitutionelle Gesetze die nach Inkrafttreten des Grundgesetzes erlassenen Gesetze. Nachkonstitutionelle Gesetze sind solche, die nach dem 23. 5. 1949 (Art. 145 II GG) und nicht erst nach der ersten Sitzung des Bundestages (7. 9. 1949) verkündet worden sind.[279] Auch die Gesetze aus der Zeit zwischen dem 23. 5 und dem 7. 9. 1949, die nicht nur der Vorlagegegenstand[280] durch das Gericht nach Art. 100 I GG, sondern auch Prüfungsgegenstand durch die Verwaltung nach Art. 93 I Nr. 2 GG waren, sind nachkonstitutionelle Gesetze. Wie bereits erwähnt (vgl. § 3 II. 2. b) und 3.) kann die Verwaltung nach Art. 20 III, 1 III GG, § 56 I BBG, § 38 I BRRG, insbesondere nach Art. 93 I Nr. 2 GG alle *nachkostitutionellen Gesetze* prüfen. Der Regierung (dem Ministerium) ist die verbindliche Befugnis zur Prüfung wegen der Verantwortung vor dem Parlament[281] vorbehalten, wenn es zwischen der unteren Behörde und der höheren Behörde oder gleichstufigen Behörden Meinungsverschiedenheiten über die Normprüfung gibt.

Es stellt sich die Frage, ob die Verwaltung das Verfassungsrecht, also die *Bestimmungen des Grundgesetzes* prüfen darf. Die Verwaltung darf die Bestimmungen des Grundgesetzes prüfen, weil das Grundgesetz auch *selbst ein „Gesetz"*[282] ist, und weil die Verwaltungsspitze die Bestimmungen des Grundgesetzes gem. Art. 93 I Nr. 2 GG iVm §§ 13 Nr. 6, 76 I BVerfGG beim *BVerfG* vorlegen kann[283]. Bevor sie sie beim *BVerfG* vorlegt, sind jedoch zuerst die Bestimmungen zu prüfen. Da die Verwaltung prüfen muss, ob (rangniedere[284])

---

279 *BVerfGE* 4, 214/218; 4, 331/339 f.; 18, 216/219 f.; *Kirn*, in: von Münch/Kunig (Hrsg.), GG 3, Art. 122 Rn. 5; *Pieroth*, in: Jarass/ders., GG, Art. 100 Rn. 8.

280 *BVerfGE* 4, 331/339.

281 *Pieroth*, Jarass/ders., GG, Art. 65 Rn. 1. Vgl. auch die Kontrolle der Verwaltung durch den Parlament, in: *BVerfGE* 49, 70/85; 67, 100/130; 77, 1/43.

282 *BVerfGE* 3, 225/230 („Da jedenfalls auch die zu prüfende Norm des Grundgesetzes selbst ein „Gesetz" ist, schließt es der Wortlaut des Art. 100 Abs. 1 GG nicht aus, das Normenkontrollverfahren auch in einem solchen Fall anzuwenden").

283 *Graßhof*, in: Umbach/Clemens/Dollinger (Hrsg.), BVerfGG, § 76 Rn. 15.

284 *Stern*, in: Dolzer/Vogel/Graßhof (Hrsg.), BK, Art. 93 Rn. 222; Im Hinblick auf die Vorlagefrage beim BVerfG gem. Art. 100 I GG einer verfassungswidriger Verfassungsvorschrift *Ulsamer*, in: Maunz/Schmidt-Bleibtreu/Klein/Bethge, BVerfGG 2, § 80 Rn. 45. **A. A.** *BVerfGE* 3, 225/231 („Das Grundgesetz kann nur als Einheit begriffen werden. Daraus folgt, daß auf der Ebene der Verfassung selbst ranghöhere und rangniedere Normen in dem Sinne, dass sie aneinander gemessen werden könnten, grundsätzlich nicht denkbar sind").

Vorschriften des Grundgesetzes mit den verfassungsgestaltenden Grundentscheidungen, z. B. Art. 1 I, 3 I, 20 I, III und 79 III GG (ranghöheren Vorschriften) des Grundgesetzes vereinbar sind, wenn sich die von ihr anzuwendende Rechtsnorm auf die rangniedrigen Bestimmungen des Grundgesetzes bezieht. Bestehen keine Bestimmungen mehr im Grundgesetz wie z. B. Art. 1, 2, 20, 28, 79, 100 GG – *H. J. Wolff*[285] hält diese Vorschriften für „Rechtsgrundsätze und verfassunggestaltende Grundentscheidungen“ -, kann man nicht sagen, dass das Grundgesetz richtig funktionieren könne. Im Gegensatz dazu kann die Verfassung noch weiter funktionieren, obwohl beispielsweise nicht mehr die organisatorischen Bestimmungen[286], wie z. B. Art. 43, 53, 57 GG bestehen. Es gibt jedoch – wie erwähnt - einige Bestimmungen, ohne die die Verfassung ihr Leben nicht mehr weiter führen kann (daher dürfen sie nicht *verworfen* werden). Dagegen gibt es einige Bestimmungen, ohne die die Verfassung ihre wesentliche Funktion erfüllen kann, obwohl ihre Abwesenheit in der Funktion der Verfassung etwas Unbequemlichkeit bringt.

Da sich im Allgemeinen die untergesetzlichen Normen aus Parlamentsgesetzen ergeben, und die Parlamentsgesetze wieder auf dem Verfassungsrecht basieren, wird die Prüfung der höchsten Norm von der Verwaltung gefordert, wenn sie untergesetzliche Normen oder Parlamentsgesetze für verfassungswidrig hält. Diese Prüfungskompetenz für das Verfassungsrecht ist jedoch auf die obersten Bundesbehörden, d. h. das Kollegium von Bundeskanzler und Bundesministern (= Kabinett) (vgl. Art. 62 GG) begrenzt, da nach dem hierarchischen Aufbau der Verwaltung die verbindliche Normprüfung materiell auf die *oberste vollziehende Gewalt*[287] konzentriert wird.

3. Untergesetzliche Normen

In der Normenpyramide des Grundgesetzes werden *Rechtsverordnungen* und *Satzungen* als die geschriebenen untergesetzlichen Normen[288] verstanden. Rechtsverordnungen sind Rechtsnormen, die von Exekutivorganen wie z. B. der Bundesregierung, einem Bundesminis-

[285] In: Gedächtnisschrift Jellinek, S. 37 ff., 47 ff.

[286] *Nawiasky*, JZ 1954, S. 717 f. (Nrn. 3., 5.), kategorisiert die Verfassungsnormen in drei verschiedene Kategorien, zwar „materielle Rechtssätze“, „Verfassungssätze, die bestimmen, wie die Verfassung geändert werden kann“ und „die organisatorischen Vorschriften“.

[287] Nach Art. 20 II 2 GG repräsentiert die Bundesregierung die vollziehende Gewalt. So *BVerfGE* 9, 268/282; *Oldiges*, in: Sachs (Hrsg.), GG, Art. 62 Rn. 18; *Pieroth*, in: Jarass/ders., GG, Art. 62 Rn. 1.

[288] *Ipsen*, AllgVerwR, § 2 Rn. 105 und 108.

ter oder den Landesregierungen (Art. 80 I 1 GG) aufgrund einer gesetzlichen Ermächtigung zur Regelung *staatlicher* Angelegenheiten erlassen werden. Art. 80 I 2 GG verlangt, dass Inhalt, Zweck und Ausmaß der erteilten Ermächtigung im Gesetz bestimmt sein müssen. Der Existenzsinn der Rechtsverordnungen ist, die Parlamente von technischen Detailregelungen zu entlasten, regionalen Besonderheiten Rechnung zu tragen und eine elastischere Anpassung des Rechts an veränderte Gegebenheiten zu ermöglichen.[289] Demgegenüber sind Satzungen Rechtsnormen, die von einer juristisch *autonomen* Körperschaft des öffentlichen Rechts durch *eigene* Rechtsetzung zur Regelung ihrer eigenen Angelegenheiten erlassen werden. Gemeinden, Landkreise, die Universitäten, Industrie- und Handelskammern, Ärztekammern, Sozialversicherungsträger, Rundfunkanstalten und die Deutsche Bundesbank sind juristisch autonome Körperschaften.[290] Satzungen bedürfen anders als Rechtsverordnungen grundsätzlich keiner gesetzlichen Ermächtigungsgrundlage.[291] Aber auch nach herrschender Lehre und Rechtsprechung ist für Satzungen eine gesetzliche Grundlage erforderlich, *soweit* sie in Freiheit und Eigentum eingreift.[292]

Bei *Rechtsverordnungen* muss die Verwaltung prüfen, ob die von ihr erlassenen Rechtsverordnungen nach Art. 80 I GG mit der Ermächtigungsgrundlage vereinbar sind. Da Rechtsverordnungen, die gegen die Grundlage der gesetzlichen Ermächtigung verstoßen, in der Tat nicht mehr über eine abgeleitete parlamentarische Legitimation verfügen, muss und kann die Verwaltung sie prüfen. Diese Prüfungskompetenz beruht auf dem Gebot des *Vorrangs des Gesetzes* und der Beachtung der *parlamentarischen Legitimation.* Da eine solche Prüfung das Wesentlichkeits- und Bestimmtheitsgebot des Art. 80 I 2 GG verwirklicht, kann hierdurch Verletzungen der Grundrechte der Bürger vorgebeugt werden.[293] Daher darf die Prüfungskompetenz für Rechtsverordnungen nicht beschränkt werden. Da der Vorrang des Gesetzes und die Beachtung der parlamentarischen Legitimation für *Satzungen* gleichzeitig gelten, muss die Prüfungskompetenz der Verwaltung für Satzungen richtig gewährleistet werden, soweit sie in Freiheit und Eigentum eingreifen. Da der Erlaß der Rechtsverordnungen auch zu den Handlungsformen der Verwaltung gehört, ist dafür die Prüfung erforderlich, um sie zu kontrollieren. Der Grund der Prüfungskompetenz ergibt sich aus der *Selbstontrolle der*

---

[289] *Hendler*, AllgVerwR, Rn. 376; auch vgl. *Möstl*, in: Erichsen/Ehlers (Hrsg.), AllgVerwR, § 19 Rn. 1; *Maurer*, AllgVerwR, § 4 Rn. 18.

[290] *Maurer*, AllgVerwR, § 4 Rn. 20; *Möstl*, in: Erichsen/Ehlers (Hrsg.), AllgVerwR, § 19 Rn. 11.

[291] *Maurer*, AllgVerwR, § 13 Rn. 2; *Ipsen*, AllgVerwR, § 2 Rn. 110; **a. A.** *Heintzen*, DV 29 (1996), S. 17.

[292] Vgl. *BVerfGE* 33, 125/156 ff.; 45, 393/399; 49, 343/362; 76, 171/184 f.; *BVerwGE* 6, 247/250 f.; 90, 359/362 f.; *Bull/Mehde*, AllgVerwR, § 6 Rn. 221; *Möstl*, in: Erichsen/Ehlers (Hrsg.), AllgVerwR, § 19 Rn. 11; **a. A.** *Maurer*, DÖV 1993, S. 188 f.

Verwaltung.[294] Rechtsverordnungen[295] und Satzungen[296] gehören zum Prüfungsgegenstand der abstrakten Normenkontrolle in *Art. 93 I Nr. 2 GG.* Art. 93 I Nr. 2 GG setzt für die Verwaltung die Prüfungskompetenz für Rechtsverordnungen und Satzungen voraus, weil die Bundesregierung und die Landesregierungen zum Antrag der abstrakten Normenkontrolle berechtigt sind. In diesem Sinne ist *§ 47 I Nr. 1, II 1(„jede Behörde") VwGO* auch ein Grund zur Prüfung für untergesetzliche Normen. Das endgültige Urteil im Rahmen der *Prüfung* von Rechtsverordnungen und Satzungen steht der Bundesregierung oder den Landesregierungen nach dem hierarchischen Aufbau der Verwaltung und Art. 93 I Nr. 2 GG zu, wenn die Prüfungsergebnisse der Behörden miteinander nicht übereinstimmen.

IV. Dichte der Prüfungskompetenz

1. Summarische Prüfung

Nach *Scheuner*[297] und *Bachof*[298] ist die *allgemeine* Prüfung bzw. die *„summarische* Prüfung" als Prüfung mit eingeschränktem Prüfungsumfang bzw. verringerter Prüfungsdichte[299] anerkannt.[300] Summarische Prüfung bedeutet, dass die Behörden nicht allen anzuwendenden Rechtsnormen von vornherein mit Zweifeln begegnen sollen und nicht in jedem Fall prüfen sollen, ob sie mit der höherrangigen Norm vereinbar sind.[301] Daher können sie nur ausnahmsweise eine Prüfung vornehmen, wenn bei der Gesetzesanwendung ein besonderer Anlaß besteht. Eine summarische Prüfung ist unter der Berücksichtigung der *Vermutung der Verfassungsmäßigkeit* einer ordnungsgemäß verkündeten und erlassenen

---

293 Vgl. *Maurer*, AllgVerwR, § 6 Rn. 11.

294 *Abelein*, BayVBl. 1967, S. 149; vgl. auch *Möstl*, in: Erichsen/Ehlers (Hrsg.), AllgVerwR, § 19 Rn. 21.

295 *BVerfGE* 1, 184/196; 2, 307/312 f.; *Pieroth*, in: Jarass/des., GG, Art. 93 Rn. 19; *Voßkuhle*, in: v. Mangoldt/Klein/Starck (Hrsg.), GG 3, Art. 93 Rn. 121; *Stern*, Staatsrecht II, § 44 IV 5 a) (S. 987).

296 *BVerfGE* 10, 20/54; *Pieroth*, in: Jarass/ders., GG, Art. 93 Rn. 19; *Voßkuhle*, in: v. Mangoldt/Klein/Starck (Hrsg.), GG 3, Art. 93 Rn. 121; *Stern*, Staatsrecht II, § 44 IV 5 a) (S. 987).

297 BB 1960, S. 1254: „Die Behörde darf sich mit einer allgemeinen Prüfung auf offenkundige oder leichter erkennbare Mängel begnügen".

298 AöR 87 (1962), S. 41 („Dieser Pflicht wird freilich in aller Regel durch eine summarische Prüfung genügt"), 17 und 22.

299 Vgl. *BVerfGE* 12, 180/186; *Hall*, DÖV 1965, S. 260; *Bachof*, AöR 87 (1962), S. 41; *Abelein*, BayVBl. 1967, S. 149.

300 *Stern*, Staatsrecht III/1, § 74 II 2 c) (S. 1348); *Kopp*, DVBl. 1983, S. 828; *Abelein*, BayVBl. 1967, S. 149; *Hall*, DÖV 1965, S. 259; vgl. auch *Gril*, JuS 2000, S. 1081.

301 *Kopp*, DVBl. 1983, S. 828; *Hall*, DÖV 1965, S. 259.

Rechtsnorm[302] und vor dem Hintergrund der *Effizienz der Verwaltung* richtig, da eine spezielle Prüfung bei der Gesetzesanwendung unpraktikabel ist[303]. Die summarische Prüfung gilt jedoch in der Behördenhierarchie nur bis zu den *mittleren* Behörden, nicht für die Verwaltungsspitze, d. h. das Kollegium aus Bundeskanzler und Bundesministern (Kabinett) und nicht für die Landesregierungen. Für die Verwaltungsspitze ist eine *qualifizierte und vertiefte* Prüfung[304] erfordlich. Das ergibt sich aus folgenden drei Erwägungen:

(1) Nach dem hierarchischen Aufbau der Verwaltung treffen die obersten Behörden die letzte Entscheidung über die Normprüfung und müssen dafür die Verantwortung tragen.
(2) Die Antragsbefugnis für die abstrakte Normenkontrolle beim BVerfG nach Art. 93 I Nr. 2 GG ist auf Bundesregierung und Landesregierungen beschränkt.
(3) Der Sachverstand zur Meinungsbildung über die Verfassungsmäßigkeit einer Norm ist in der Verwaltungsspitze am größten.

2. Verhältnis zur Verwerfungskompetenz

Die Gründe für die summarische Prüfung sind die Vermutung der Verfassungsmäßigkeit der Rechtsnorm und die Effizienz der Verwaltung. Die Prüfungskompetenz kann nicht mit dem Argument abgelehnt werden, dass die Prüfungskompetenz der Verwaltung die Vermutung der Verfassungsmäßigkeit einer Rechtsnorm verletzt. Vielmehr kann die Vermutung der Verfassungsmäßigkeit einer Rechtsnorm durch die Prüfung bestätigt werden. Deshalb kann die Vermutung der Verfassungsmäßigkeit einer Rechtsnorm nicht Grund dafür sein, die sachkundige Prüfungskompetenz der Verwaltungsspitzen zu beschränken. Im Schrifttum wird zur Beschränkung der Prüfungskompetenz angeführt, dass die tiefere oder schärfere Prüfungkompetenz die Wirkung einer *Verwerfung* für die anzuwendende Rechtsvorschrift bringen kann.[305] Das Schrifttum geht davon aus, dass eine Aussetzung der Anwendung einer Norm die Nichtanwendung der Rechtsnormen bedeutet. Damit könnte die Verwaltung die Rechtspositionen des Bürgers verletzen.[306] Eine untere Behörde oder obere Behörde muss die Gesetzesanwendung bis zur Norm*prüfung* der Verwaltungsspitzen aussetzen, wenn sie eine

---

[302] *BVerfGE* 2, 266/282; *Kopp*, DVBl. 1983, S. 828; *Hall*, DÖV 1965, S. 259 f.; *Bachof*, AöR 87 (1962), S. 18; vgl. auch *Hederich*, NdsVBl. 1997, S. 273.
[303] *Gril*, JuS 2000, S. 1081; *Abelein*, BayVBl. 1967, S. 149; *Bachof*, AöR 87 (1962), S. 17.
[304] Vgl. *Hederich*, NdsVBl. 1997, S. 273; auch *Jarass*, in: ders./Pieroth, GG, Art. 20 Rn. 36.
[305] Nicht zuletzt bei *Bachof*, AöR 87 (1962), S. 19: „die „Aussetzung" läuft praktisch in nicht wenigen Fällen auf eine endgültige Nichtanwendung des Gesetzes hinaus und täuscht insoweit die angebliche Vorläufigkeit bloß vor". Vgl. auch *Stern*, Staatsrecht III/1, § 74 II 2 c) (S. 1348).

Rechtsnorm für verfassungswidrig hält, weil die Verwaltung die von ihr für verfassungswidrig gehaltene Rechtsnorm nicht anwenden darf und allein die Verwaltungsspitze Meinungsverschiedenheiten zwischen der unteren und oberen Behörde oder über Zweifel an der anzuwendenden Rechtsnorm letztlich entscheiden kann. Daher ist die Prüfungskompetenz mit der Aussetzungsbefugnis in Hinblick auf Art. 93 I Nr. 2 GG untrennbar verbunden.[307] Aber die Aussetzungskompetenz unterscheidet sich dadurch deutlich von der Verwerfungskompetenz, dass die Aussetzung der Gesetzesanwendung von Verwaltung nur *vorläufig*[308] und nach der Literaturmeinung [309] die Verwerfungskompetenz für formelle nachkonstitutionelle Rechtsnormen nur bestimmten Organe zusteht. Würde die schärfere Prüfung durch die Verwaltungsspitze eine Verwerfungswirksamkeit gegenüber der anzuwendenden Rechtsnorm bringen, wäre sie deutlich eine Überschreitung der Prüfungskompetenz. Schließlich darf die Normprüfung der Verwaltung nur in dem nicht die *Verwerfungs*-kompetenz der zuständigen Organe verletzenden Rahmen ausgeübt werden.

V. Fazit

Die Verwaltung muss die formellen Mindestforderungen zum Erlass der Rechtsnormen prüfen. Bevor sie die materielle Prüfung durchführt, hat sie zu prüfen, ob die Rechtsnormen ordnungsgemäß verkündigt und ausfertigt wurden. Die Verwaltung muss die anzuwendenden Rechtsnormen auch dahingehend prüfen, ob sie mit den höherrangigen Normen vereinbar sind und ob sie der gesamten Rechtshierarchie nicht widersprechen.

Da alle Maßnahme der Verwaltung nach Art. 20 III GG mit dem Prinzip des Vorrangs des Gesetzes übereinstimmen müssen, ist die Verwaltung verpflichtet, die von ihr anzuwendenden Rechtsnormen zu prüfen. Nach Art. 20 II 2, 1 III GG ist es Aufgabe der Verwaltung, Rechtsnormen anzuwenden. Im Rahmen der Anwendung des Gesetzes muss die Verwaltung

---

306 Vgl. *Stern*, Staatsrecht III/1, § 74 II 2 c) (S. 1349).

307 Vgl. *BVerfGE* 12, 180/186; *Starck*, in: v. Mangoldt/Klein/Starck (Hrsg.), GG 1, Art. 1 Rn. 201; *Sachs*, in: ders. (Hrsg.), GG, Art. 20 Rn. 98; *Wolff/Bachof/Stober*, VerwR. Bd. 1, § 28 III 1 Rn. 21; *Kopp*, VwVfG, Vor § 9 Rn. 22; zurückhaltend bejaht *Stern*, Staatsrecht III/1, § 74 II 2 c) (S. 1349); *Steiner*, DVBl. 1987, S. 486; vgl. **a. A.** unter § 4 II. 2.

308 So *Stern*, Staatsrecht III/1, § 74 II 2 c) (S. 1348); vgl. auch *Ipsen*, NJW 1978, S. 2571.

309 Vgl. dazu *Ehlers*, in: Schoch/Schmidt-Aßmann/Pietzner (Hrsg.), VwGO, Anh § 40 Art. 100 Abs. 1 GG Rn. 6; *Herzog*, in: Maunz-Dürig, GG, Art. 20 VI. Rn. 12; *Heun*, in: Badura/Dreier (Hrsg.), FS 50 Jahre BVerfG I, S. 622; *Sachs*, in: Stelken/Bonk/Sachs (Hrsg.), VwVfG, § 44 Rn. 85; *Pieroth*, Jarass/ders., GG, Art. 100 Rn. 2; *Starck*, in: v. Mangoldt/Klein/Starck (Hrsg.), GG 1, Art. 1 Rn. 201; *Dollinger*, in: Umbach/Clemens/Dollinger (Hrsg.), BVerfGG, § 80 Rn. 17; *Wieland*, in: Dreier (Hrsg.), GG III, Art. 100 Rn. 5; *Schnapp*, DVBl. 1987, S.

es grundsätzlich prüfen. Aus der Bindung der Verwaltung an Grundrechte (Art. 1 III GG) und an die Gesetzmäßigkeit (Art. 20 III GG) wird die Selbstkontrollpflicht der Verwaltung abgeleitet. Konkret wird sie nach dem hierarchischen System der Verwaltung ausgeübt. Die Weisungsgebundenheit (§ 55 BBG, § 37 BRRG) und die volle persönliche Verantwortung des Beamten (§ 56 I BBG und § 38 I BRRG) sind ihr konkreter Inhalt. Danach muss die Verwaltung die von ihr anzuwendenden Rechtsnormen prüfen. Art. 93 I Nr. 2 und § 47 I, II VwGO regeln, dass die Regierungen des Bundes und der Länder als Verwaltungsspitze die abstrakte Normenkontrolle beantragen können. Daher erteilt Art. 93 I Nr. 2 GG für die vor- und nachkonstitutionellen Gesetze, die Rechtsverordnungen und Satzungen der Verwaltung Prüfungskompetenz. § 47 I, II VwGO setzt die Prüfungskompetenz der Verwaltung für untergesetzliche Rechtsnormen voraus.

Die summarische Prüfung gilt nur für die unteren bzw. mittleren (oberen) Behörden. Für die oberste Behörde wird eine vertiefte Prüfung gefordert, weil sie gegenüber dem Parlament die letzte Verantwortung übernehmen muss. Sie allein kann die letzte Entscheidung treffen, wenn es Meinungsverschiedenheiten und Zweifel zwischen den Verwaltungsinstanzen gibt. Die vertiefte Prüfung der Verwaltungsspitze darf nicht die Verwerfungskompetenz, die nur den Gerichten und dem BVerfG zusteht, verletzen.

1178.

§ 4 Normverwerfungskompetenz der Verwaltung

Rechtsnormen werden in Verfassung, vor- und nachkonstitutionelle Parlamentsgesetze, Rechtsverordnungen und Satzungen eingestuft.[310] Für die vollziehende Gewalt sind Rechtsnormen einerseits Bindungsmaßstab der Verwaltung, andererseits Bindungsgegenstand. Es stellt sich die Frage, ob sie wirklich nach dem Grundgesetz Gegenstand der Verwerfung der Verwaltung sein können. Die Verwaltung hat eine größere Möglichkeit zur Verwerfung von vorkonstitutionellen Gesetzen als von nachkonstitutionellen Gesetzen, weil letztere vor dem Erlass des Grundgesetzes erlassen wurden[311]. Fraglich ist hierbei, ob die Verwaltung an vorkonstitutionelle Gesetze gebunden ist (I.). Durch Art. 20 III GG könnte die Möglichkeit zur Verwerfung der Verwaltung gegenüber nachkonstitutionellen Gesetzen anders als gegenüber vorkonstitutionellen Gesetzen beschränkt sein. Welche Möglichkeiten und Grenzen der Verwerfung bestehen für die Verwaltung bei nachkonstitutionellen Parlamentsgesetzen unter Berücksichtigung der Regelungen der Verfassung in Art. 93 I Nr. 2, 100 I GG (II.)? Darf die Verwaltung Rechtsverordnungen verwerfen, wenn sie sie selber erlassen hat (III.)? Art. 28 II GG garantiert den Gemeinden und den Gemeindeverbänden kommunale Selbstverwaltung. Er schützt die sog. Gemeindehoheiten, nämlich die Gebietshoheit, die Organisationshoheit, die Personalhoheit, die Planungshoheit und die Finanzhoheit. Vor allem in Bezug auf die Planungs- und Finanzhoheit ist zu fragen, ob die Gemeinden selbst oder ihre Aufsichtsbehörden ihre Bebauungspläne in Form von Satzungen und ihre Beitrags- sowie Gebührensatzungen verwerfen können, wenn sie von deren Verfassungswidrigkeit überzeugt sind (IV.).

[310] Vgl. *Peine*, Das Recht als System, S. 106 f.
[311] Dazu der Begriff oben § 3 III. 1.

I. Vorkonstitutionelle Gesetze

In den vorkonstitutionellen Gesetzen ist kein Wille des Gesetzgebers des Grundgesetzes enthalten, da sie vor dem Erlass des Grundgesetzes (am 23. 5. 1949) erlassen wurden. Die vorkonstitutionellen Gesetze werden jedoch nachkonstitutionelle Gesetze, soweit der Parlamentsgesetzgeber des Grundgesetzes sie in seinen Willen aufgenommen hat.[312] Die Gesetze, die der Gesetzgeber des Grundgesetzes akzeptiert hat, dürfen gem. Art. 123 I i.V.m. Art. 124 und Art. 125 GG nicht gegen Grundrechte und Grundprinzipien des Grundgesetzes verstoßen.[313] Da weder Art. 100 I GG noch eine sonstige Grundrechtsbestimmung den Gerichten gegenüber vorkonstitutionellen Gesetzen eine weitergehende Normverwerfungskompetenz verbietet[314] und die Autorität des Gesetzgebers des Grundgesetzes durch die Verwerfung der vorkonstitutionellen Gesetze nicht berührt wird[315], können alle Gerichte[316] vorkonstitutionelle Gesetze verwerfen.

Bezogen auf die Verwaltung können die vorkonstitutionellen Gesetze die sich unter der Herrschaft des Grundgesetzes bewegende vollziehende Gewalt nicht binden; für die vorkonstitutionellen Gesetze gilt, soweit sie nicht als ein Gesetz des Grundgesetzes übernommen wurden, nicht die *Bindung an Gesetz und Recht* nach Art. 20 III des Grundgesetzes[317], weil diese Gesetze nach dem Satz „lex posterior derogat legi priori“ keine Geltungskraft mehr besitzen und der Rechtsordnung nicht mehr angehören[318]. Dies bedeutet,

---

[312] *BVerfGE* 6, 55/65; 66, 248/254 f.; 70, 126/129; 97, 117/122 f.; *Ehlers*, in: Schoch/Schmidt-Aßmann/Pietzner (Hrsg.), VwGO, Anh § 40 Art. 100 Abs. 1 GG Rn. 23; *Erichsen*, Jura 1982, S. 91; *Ulsamer*, in: Maunz/Schmidt-Bleibtreu/Klein/ders., BVerfGG 2, § 80 Rn. 74, 79; *Pieroth*, in: Jarass/ders., GG, Art. 100 Rn. 8; *Sieckmann*, in: v. Mangoldt/Klein/Starck (Hrsg.), GG 3, Art. 100 Rn. 28; *Sturm*, in: Sachs (Hrsg.), GG, Art. 100 Rn. 11.

[313] Vgl. *BVerwGE* 2, 114/117; *Erichsen*, Verwaltungsrecht und Verwaltungsgerichtsbarkeit I, S. 73; *Jarass*, in: ders./Pieroth, GG, Art. 123 Rn. 6; *Stettner*, in: Dreier (Hrsg.), GG III, Art. 123 Rn. 20.

[314] Vgl. *Ehlers*, in: Schoch/Schmidt-Aßmann/Pietzner (Hrsg.), VwGO, Anh § 40 Art. 100 Abs. 1 GG Rn. 19, vgl. auch Rn. 22; *Ulsamer*, in: Maunz/Schmidt-Bleibtreu/Klein/Bethge, BVerfGG 2, § 80 Rn. 70; *Maunz*, in: Maunz-Dürig, GG, Art. 100 Rn. 12; **a. A.** *Bettermann*, in: Starck (Hrsg.), FG BVerfG I, S. 327.

[315] *BVerfGE* 10, 124/127 f.; 97, 117/122 f.; vgl. auch 22, 373/378; 24, 170/173; *Wieland*, in: Dreier (Hrsg.), GG III, Art. 100 Rn. 6; *Erichsen*, Jura 1982, S. 90; vgl. *Maunz*, in: Maunz-Dürig, GG, Art. 100 Rn. 12.

[316] *BVerfGE* 1, 184/201; 2, 124/128; 4, 178/188 f.; 10, 124/127; *Ehlers*, in: Schoch/Schmidt-Aßmann/Pietzner (Hrsg.), VwGO, Anh § 40 Art. 100 Abs. 1 GG Rn. 19 – Landesverfassungsgerichte; *Ulsamer*, in: Maunz/Schmidt-Bleibtreu/Klein/Bethge, BVerfGG 2, § 80 Rn. 70a.; *Wieland*, in: Dreier (Hrsg.), GG III, Art. 100 Rn. 6; vgl. *Sieckmann*, in: v. Mangoldt/Klein/Starck (Hrsg.), GG 3, Art. 100 Rn. 27; *Gril*, JuS 2000, S. 1082. Auch das BVerfG kann vorkonstitutionelle Gesetze verwerfen.

[317] *Menger*, VerwArchiv 52 (1961), S. 306. Die Verwaltung steht unter dem Gesetz. Dabei bedeutet das *Gesetz* bezüglich Art. 20 III GG nur *positives* nachkonstitutionelles Gesetz. Deswegen gilt das Prinzip der Bindung der vollziehenden Gewalt an Gesetz und Recht nicht für vorkonstitutionelle Gesetze, soweit sie nicht vom Gesetzgeber des GG aufgenommen wurden (vgl. *Sommermann*, in: v. Mangoldt/Klein/Starck (Hrsg.), GG 2, Art. 20 Rn. 256).

[318] *Heun*, in: Badura/Dreier (Hrsg.), FS BVerfG I, S. 624; *Erichsen*, Jura 1982, S. 91; *Kunig*, in: von Münch/ders. (Hrsg.), GG 1, Art. 1 Rn. 61; *Hoffmann*, JZ 1961, S. 193; vgl. auch aber **a. A.** *Sieckmann*, in: v. Mangoldt/Klein/Starck (Hrsg.), GG 3, Art. 100 Rn. 27; *Bettermann*, in: Starck (Hrsg.), FG BVerfG I, S. 331.

dass die Verwaltung auch selbst vorkonstitutionelle Gesetze verwerfen darf, soweit sie nicht als Teil des Grundgesetzes aufgenommen wurden, weil weder *Art. 100 I GG*[319] eine *Grundrechtsbestimmung,* noch die *Autorität des Gesetzgebers*[320] des Grundgesetzes die Verwerfungskompetenz der Verwaltung hinsichtlich vorkonstitutioneller Gesetze verbieten. Daher kommt die Verwerfungskompetenz gegenüber den vorkonstitutionellen Gesetzen nicht nur allen Gerichten, sondern auch der Verwaltung zu. Die Normverwerfungskompetenz gegenüber den vorkonstitutionellen Gesetzen kann nicht allein bei den Gerichten konzentriert werden. Es stellt sich jedoch die Frage, welcher Verwaltungsinstanz diese Kompetenz erteilt werden kann. Im hierarchischen Aufbau der Verwaltung gehört die letzte Verwerfungskompetenz in bezug auf vorkonstitutionelle Gesetze nur der Verwaltungsspitze der Regierung, da diese Kompetenz nicht zum Weisungsfreiraum[321] gehört und das letzte Urteil die Regierung nach Art. 93 I Nr. 2 GG treffen muss, wenn es in den unteren oder mittleren (oberen) Behörden Meinungsverschiedenheiten und Zweifel hinsichtlich der Verwerfung gibt. Zum Beispiel kann sich eine Gemeinde an ihre Aufsichtsbehörde (den Landrat oder die Bezirkregierung), darüber hinaus das Innenministerium (vgl. § 120 GO NW) wenden, wenn sie die für verfassungswidrig gehaltenen vorkonstitutionellen Gesetze anwenden soll. Eine Landesregierung kann solche Gesetze verwerfen, wenn sie sich im Rahmen ihrer Anwendung von der Verfassungswidrigkeit überzeugt. Darüber hinaus kann sie auch gem. Art. 93 I Nr. 2 GG das abstrakte Normenkontrollverfahren beim *BVerfG* erheben.[322] Schließlich ist die Normverwerfungskompetenz in bezug auf vorkonstitutionelle Gesetze im Rahmen der vollziehenden Gewalt allein bei der Regierung monopolisiert.

II. Nachkonstitutionelle Parlamentsgesetze

1. Vorbemerkung

Anders als vorkonstitutionelle Gesetze sind nachkonstitutionelle Parlamentsgesetze vom Gesetzgeber des Grundgesetzes erlassen worden. Im Hinblick auf nachkostitutionelle Parlamentsgesetze kann über eine Aufgliederung der Verwerfungskompetenz der Verwaltung

---

[319] Vgl. *Ossenbühl*, DV 2 (1969), S. 400 Anm. 16; *Bachof*, AöR 87 (1962), S. 26.
[320] Vgl. *Maurer*, Staatsrecht I, § 20 Rn. 104.
[321] In diesem Sinne wird die Weisung als ein Mittel der Aufsicht angesehen, wie z. B. Organaufsicht oder Amtsaufsicht. Dazu *Oebbecke*, Weisungs- und unterrichtungsfreie Räume, S. 9; vgl. auch *Dreier*, Hierarchische Verwaltung, S. 136.
[322] *BVerfGE* 2, 124/131; 24, 174/179 f.

in zwei Kategorien nachgedacht werden, nämlich durch die abstrakte Normenkontrolle (2.) und die konkrete Normenkontrolle (3.).

Zunächst regelt Art. 93 I Nr. 2 GG, dass die Bundesregierung oder eine Landesregierung beim *BVerfG* die *abstrakte Normenkontrolle* beantragen können. Im Hinblick auf den Pyramidenaufbau der Verwaltung wird die Antragsberechtigung der Regierung in Art. 93 I Nr. 2 GG als Möglichkeit der Verwaltung zur Normverwerfung verstanden. Bis zum Antrag der Regierung an das *BVerfG* sind etwa das Remonstrationsverfahren und das Aussetzungsrecht der Behörden Möglichkeiten der Verwaltung zur Verwerfung. Ist ein Beamter von der Verfassungswidrigkeit der von ihm anzuwendenden Rechtsnorm überzeugt, kann er sie seinem Vorgesetzten vorlegen, weil er die für verfassungswidrig gehaltene Rechtsnorm nicht anwenden darf und er zur Anwendung dieser Norm nicht gezwungen[323] wird. Es stellt sich die Frage, wonach kann die Verwaltung die Anwendung des nachkonstitutionellen *Parlamentsgesetzes vorläufig* (nicht „endgültige Nichtanwendung“[324]), nämlich bis zur Entscheidung ihrer Vorgesetzten oder letztlich des *BVerfG* bei der abstrakten Normenkontrolle auf Antrag der Regierung, aussetzen.[325] Ist auch der Vorgesetzte von der Verfassungswidrigkeit der vorgelegten Rechtsnorm überzeugt, muss er sich nach der Gültigkeit dieses Gesetzes bei der nächst höheren Verwaltungsinstanz weiter erkundigen. Schließlich soll als letzte Instanz der Exekutive die Regierung eine Entscheidung über diese Frage treffen. Da die Regierung selbst nach Art. 93 I Nr. 2 und Art. 100 I GG keine Verwerfungskompetenz besitzt, soll sie die abstrakte Normenkontrolle beim *BVerfG* beantragen. Als Berechtigter zum Remonstrationsverfahren und zur Aussetzung der Anwendung des Gesetzes steht der Organwalter unter dem BRRG und BBG, worin seine Rechten und Pflichten geregelt sind. Das Beamtenverhältnis bezieht sich in diesem Sinne auf die abstrakte Normenkontrolle. Die Frage ist hierbei, wer aus der Verwaltung, d. h. welcher einzelne Beamte bzw. Vorgesetzte bzw. letztlich das Kollegium von Bundeskanzler und Bundesministern (vgl. Art. 62 GG) die für verfassungswidrig gehaltene Rechtsnorm verwerfen darf. Die Frage soll unter der Berücksichtigung der Rechtssicherheit hinsichtlich des Art. 93 I Nr. 2 GG diskutiert werden.

---

323 *BVerfGE* 12, 180/186. Dagegen werde das Anwendungsgebot des Gesetzes aus dem Vorrang des Gesetzes abgeleitet. Dazu vgl. *Ehlers*, in: Erichsen/ders. (Hrsg.), AllgVerwR, § 2 Rn. 115 ff.; *Ossenbühl*, DV 2 (1969), S. 410.

324 *Bachof*, AöR 87 (1962), S, 13 und vgl. *Hall*, DÖV 1965, S. 263 verstehen den Begriff, „vorläufige Nichtanwendung" als Verwerfung des Gesetzes.

325 Dazu unten § 4 II. 2. b). Vgl. auch oben § 3 IV. 2.

Demgegenüber regelt Art. 100 I GG i. V. m. § 13 Nr. 11, §§ 80-82 BVerfGG die konkrete Normenkontrolle. Nach dieser Bestimmung hat ein Gericht ein nachkonstitutionelles Gesetz dem *BVerfG* vorzulegen (sog. Richtervorlage[326]), wenn es von dessen Verfassungswidrigkeit überzeugt ist. Das Gericht darf das Parlamentsgesetz trotz seiner Überzeugung von der Verfassungswidrigkeit nicht verwerfen, um die Rechtssicherheit und den Willen des Gesetzgebers zu schützen. Einige Autoren[327] argumentieren, dass man in Art. 100 I GG keinen Grund für die Verwerfungskompetenz der Verwaltung finden kann. Obwohl man keinen eindeutigen Beweisgrund daraus herleiten könnte, kann die Normverwerfungskompetenz der Verwaltung nicht von Art. 100 I GG getrennt betrachtet werden. Die Normverwerfungskompetenz der Verwaltung für nachkonstitutionelle Gesetze soll jedenfalls mit der Rechtssicherheit und dem Autoritätschutz des Gesetzgebers abgewogen werden, weil Art. 100 I GG auf die Demokratie und Rechtsstaatlichkeit abzielt, indem er die Normverwerfungskompetenz dem *BVerfG* zuordnet. In diesem Sinne überzeugt der *Erst-recht-Schluss* von *Götz*[328] und *Hoffmann*[329] im Hinblick auf das Verwerfungsmonopol des *BVerfG* (Art. 100 I GG)[330]: „Wenn schon die Gerichte, die das GG mit einem bis ans Äußerste gehenden Rechtsstatus ausgestattet hat, die Verfassungswidrigkeit eines Gesetzes nicht von sich aus feststellen dürfen, kommt eine solche Verwerfungskompetenz bei der Exekutive um so weniger in Betracht“[331]. Schließlich kann man sagen, dass Art. 100 I GG hinsichtlich Art. 93 I Nr. 2 GG eine erhebliche *Maßstabsbestimmung* für die Normverwerfungskompetenz der Verwaltung ist. Gleiches gilt für Art. 20 III GG, weil er eine konkrete Vorschrift zur Verwirklichung der Bindung der Verwaltung an Gesetz und Recht, Rechtssicherheit und Autoritätschutz des Gesetzgebers ist.

---

[326] Dazu ausführlich *Heun*, AöR 122 (1997), S. 610 (618 ff.). Vgl. auch *BVerfG*, NJW 2000, S. 1554; *dessen*, NVwZ 2000, S. 1022 f.; *dessen*, NVwZ 2000, S. 1036 ff.; *dessen*, NJW 1997, S. 791 f.

[327] Z. B. *Schmidt*, BayVBl. 1976, S. 3; *Bachof*, AöR 87 (1962), S. 26 f., 41; vgl. *Maunz*, BayVBl. 1980, S. 515.

[328] NJW 1960, S. 1180.

[329] JZ 1961, S. 199 rechts.

[330] Vgl. *Ossenbühl*, DV 2 (1969), S. 401 f.; auch *Ehlers*, in: Schoch/Schmidt-Aßmann/Pietzner (Hrsg.), VwGO, Anh § 40 Art. 100 Abs. 1 GG Rn. 10, 48 f., 59. Nach der Gewaltenteilung in Art. 20 II 2 GG stehe die Norm*prüfungskompetenz* der Verwaltung nicht zu. Nach dem Art. 100 I GG werde die *Verwerfungskompetenz* der Verwaltung beschränkt, *Rönitz*, NJW 1960, S. 227.

2. Möglichkeiten der Verwaltung zur Einleitung eines abstrakten Normenkontrollverfahrens (Art. 93 I Nr. 2 GG)

a) Behandlung des als verfassungswidrig angesehenen Gesetzes durch die Beamten

aa) Hierarchischer Aufbau der Verwaltung

Der organisatorische Aufbau der Verwaltung ist drei- oder vierstufig. Auf Bundesebene gibt es Unter-, Mittel sowie Ober- sowie die Obersten Behörden (vgl. Art. 83 ff. GG).[332] Nach dem Aufbau der Verwaltung soll ein Beamte *einer Unterbehörde* seinem Vorgesetzten die Rechtswidrigkeit der anzuwendenden Rechtsnorm vorlegen, wenn er von ihrer Rechtswidrigkeit überzeugt ist. Ist der Vorgesetze auch von der Rechtswidrigkeit überzeugt, wird er sich mit seinen Zweifeln an der Geltung dieser anzuwendenden Rechtsnorm weiter an *die Mittel-* sowie *Oberbehörde* wenden. Letztlich wird die Regierung als die Oberste Behörde gem. Art. 93 I Nr. 2 GG eine Normenkontrolle am *BVerfG* beantragen, soweit die Mittel- bzw. Oberbehörde schon von der Rechtswidrigkeit überzeugt sind und die Regierung dieselbe Auffassung vertritt. Diese Vorlagepflicht zum höheren Vorgesetzen des einzelnen Beamten wird nicht nur bereits aus Art. 93 I Nr. 2 GG[333], sondern auch aus der vollen persönlichen dienstlichen Verantwortung (§ 38 I BRRG, § 56 I BBG) und aus der Befreiung von der eigenen Verantwortung (§ 38 II 2 BRRG, § 56 II 3 BBG)[334] abgeleitet. Die Vorlagepflicht des einzelnen Beamten ist im *hierarchischen* Aufbau der Verwaltung unumgänglich, weil der Aufbau der Verwaltung im Grundgesetz bereits den obersten Behörden Weisungsbefugnisse einräumt[335] und das Prinzip hierarchischer Subordination bedeutet[336], dass die *Einheit der Verwaltung* erhalten werden[337] und die Spitze der Verwaltung für ihren Geschäftsbereich die *parlamentarische Verantwortung* (vgl. Art. 65 GG) übernehmen muss[338]. Um diese beiden Ziele zu verwirklichen, braucht die Verwaltung praktisch die Handlungsformen des

---

331 *Herzog*, in: Maunz-Dürig, GG, Art. 20 VI. Rn. 30.

332 Vgl. *Becker*, Öffentliche Verwaltung, S. 189 ff.; *Hendler*, Staatsorganisationsrecht, Bild 33 (S. 74); *Stern*, Staatsrecht II, § 41 IV 10 (S. 793 Anm. 295).

333 Art. 93 I Nr. 2 GG regelt, dass die Regierung die abstrakte Normenkontrolle beim *BVerfG* beantragen kann. Das meint, dass sich der einzelne Beamte der Unter- oder Mittel- sowie Oberbehörde bei Zweifel an der Geltung der anzuwendenden Rechtsnorm letztlich an die oberste Behörde wenden muss.

334 Dazu vor allem *Depenheuer*, DVBl. 1992, S. 404 ff.

335 *Stern*, Staatsrecht II, § 36 V 3 (S. 554).

336 *Bethge*, DVBl. 1980, S. 313 f.

337 Vgl. *Pitschas*, Verwaltungsverantwortung, S. 622; *Bethge*, DVBl. 1980, S. 314; *Loschelder*, in: Isensee/Kirchhof (Hrsg.), HdStR III, § 68 Rn. 27; *Becker*, Öffentliche Verwaltung, S. 181 ff.

338 Vgl. *Stern*, Staatsrecht II, § 31 IV c) ff (S. 310 ff.).; *Schröder*, in: Isensee/Kirchhof (Hrsg.), HdStR III, § 65 Rn. 51 ff.; *ders.*, Jura 1982, S. 450; *Badura*, ZParl. 11 (1980), 573 ff.

Innenrechts bzw. die innerorganisatorischen Lenkungsinstrumente, nämlich Verwaltungsvorschriften, Richtlinien, Verfügungen, Anordnungen und Dienstanweisungen.[339]

Für Unter- und Mittelbehörden wird die Verwerfungskompetenz hinsichtlich nachkonstitutioneller Gesetze daher beschränkt, soweit der hierarchische Aufbau der Verwaltung als *demokratische rechtsstaatliche Legitimation* anerkannt wird.[340] Es stellt sich nun die Frage, ob der obersten Behörde, die Weisungen, Anordnungen und Verfügungen erlassen kann, die Verwerfungskompetenz für nachkonstitutionelle Gesetze zustehen darf. Art. 100 I GG spricht dafür, dass bei nachkonstitutionellen Gesetzen auch der obersten Behörde eine Verwerfungskompetenz nicht zusteht.[341] Deswegen darf die Verwerfungskompetenz der Verwaltung für nachkonstitutionelle Gesetze wegen des hierarchischen Aufbaus der Verwaltung nicht zu den Bereichen der *weisungsfreien bzw. ministerialfreien Räumen*[342] (z. B. der Bundesrechnungshof und die Rechnungshöfe der Länder, die Bundesprüfstelle für jugendgefährdende Schriften und die Prüfungsausschüsse für Kriegsdienstverweigerer) gezählt werden, weil in diesen Räume eine gegenüber dem Parlament *reduzierte* Verantwortlichkeit der zuständigen Behörden - aber nicht auf Null reduziert[343] - besteht.[344]

In der Literatur wird die Auffassung vertreten, der hierarchische Aufbau der Verwaltung stehe in Widerspruch zu der client/server-Architektur, und er werde durch die Anforderungen des *Electronic Government* bedroht.[345] Eine Frage ist also, ob die Behörden unter der elektronischen Verwaltungsstruktur die von ihnen anzuwendenden Rechtsnormen aufgrund ihrer Rechtswidrigkeit verwerfen dürfen. Tatsächlich bringt die IuK (Information und Kommunikation)-Technologie der hierarchischen Verwaltung große Veränderungen. Gerade

---

[339] *Pitschas*, Verwaltungsverantwortung, S. 622 f.; *Stern*, Staatsrecht II, § 41 IV ff (S. 793, 803 ff., 812 ff.).

[340] Vgl. *Dreier*, Hierarchische Verwaltung, S. 138 f.; *Loschelder*, in: Isensee/Kirchhof (Hrsg.), HdStR III, § 68 Rn. 19 f., 47; *Stern*, Staatsrecht II, § 31 IV 5 (S. 313).

[341] Dazu ausführlich unten § 4 II. 3.

[342] *Maunz*, in: Maunz-Dürig, GG, Art. 100 Rn. 28.

[343] So *Jestaedt*, Demokratieprinzip, S. 110 f.; *Oebbecke*, Weisungs- und unterrichtsfreie Räume, S. 102 ff.; *Dreier*, Hierarchische Verwaltung, S. 134 ff.; *Krebs*, in: Isensee/Kirchhof (Hrsg.), HdStR III, § 69 Rn. 82.

[344] Vgl. *Ehlers*, in: Erichsen/ders. (Hrsg.), AllgVerwR, § 5 Rn. 7; *Mayen*, NVwZ 1997, S. 217; *Möllers*, NVwZ 1997, S. 859; *Böckenförde*, in: Isensee/Kirchhof (Hrsg.), HdStR II, § 24 Rn. 24; auch *Wolff/Bachof/Stober*, VerwR 1, § 2 Rn. 5; *Müller*, JuS 1985, S. 498. Als allgemeine ministerialfreie Räume sind staatliche Prüfungsämter und –ausschüsse, Bundeskartellamt, Bundesaufsichtsamt für das Versicherungs- und Bausparwesen, Widerspruchsausschüsse nach § 73 II VwGO, Verwaltungen von Sondervermögen (Bundesbahn, Bundespost) usw. anerkannt (*Mayen*, NVwZ 1997, S. 218; *Jestaedt*, Demokratieprinzip, S. 114 f.; *Oebbecke*, Weisungs- und unterrichtsfreie Räume, S. 54 ff.; *Müller*, JuS 1985, S. 500 ff.).

[345] *Boehme-Neßler*, NVwZ 2001, S. 379 f.; *Catrein*, NWVBl. 2001, S. 50 ff.; *Killian/Wind*, VerwArchiv 88 (1997), 512 ff.; *Reinermann*, DÖV 1999, S. 20 ff.; vgl. auch *Schmidt*, VerwArchiv 91 (2000), S. 160; *Fangmann*, VerwArchiv 91 (2000), S. 121 f.; *Zittel*, Zparl. 31 (2000), 903 ff.; *Schoch* sowie *Trute*, in: VVDStRL 57 (1998), S. 158 ff., 216 ff.

sie können die Weisungs- bzw. Verfügungsbefugnis der höheren Behörde entbehrlich machen. Ein Beispiel dafür ist, dass eine Richtlinie, Weisung oder Verfügung für einen Beamten bei der Steuererklärung (die elektronische Steuererklärung: ELSTER)[346] eines Bürgers dringend erforderlich ist. Es ist mit dem Ziel und Vorteil von Electronic Government unvereinbar, dass der Beamte auf eine solche Richtlinie, Weisung oder Verfügung der höheren Behörde wartet.[347] In allen Fällen darf die demokratisch-rechtsstaatliche Legitimation, die das Wesen hierarchischer Verwaltung konstruiert, nicht verletzt werden. Und die elektronische Verwaltungsstruktur muss dieser unveränderbaren Legitimation entsprechen. Daher ist die Verwerfungskompetenz der Verwaltung für nachkonstitutionelle Gesetze auch unter der elektronischen Verwaltungsstruktur abzulehnen.

bb) Gehorsamspflicht

Das Grundgesetz regelt in Art. 33 V die hergebrachten Grundsätze des *Berufsbeamtentums*. Daraus ergeben sich Rechte[348] und Pflichten des Beamten. Die Gehorsamspflicht ist eine von ihnen.[349] Sie gehört zu den Amtspflichten oder Amtsführungspflichten neben anderen Pflichten wie Dienstleistungspflicht, Unparteilichkeit, Amtsverschwiegenheit etc.[350] In § 55 BBG und § 37 BRRG wird die Gehorsamspflicht konkret geregelt.[351] Nach den verfassungs- und beamtenrechtlichen Grundlagen hat jeder einzelne Beamte seine Vorgesetzten zu beraten und zu unterstützen, und er hat den von seinen Vorgesetzten getroffenen Anordnungen und ihren allgemeinen Richtlinien zu folgen, wenn nicht aufgrund eines Gesetzes Weisungsfreiheit besteht.[352]

---

[346] *Boehme-Neßler*, NVwZ 2001, S. 376.

[347] Vgl. *Reinermann*, DÖV 1999, S. 20; *Groß*, DÖV 2001, S. 163 f.; *Roßnagel*, DÖV 2001, S. 228; *Catrein*, NWVBl. 2001, S. 52 f.

[348] Vgl. zu Grundrechtsbeschränkungen des Beamten in der Praxis, *Schnellenbach*, Beamtenrecht, Rn. 209 ff.

[349] *BVerfGE* 9, 268/286; *Battis*, in: Sachs (Hrsg.), GG, Art. 33 Rn. 71; *Pieroth*, in: Jarass/ders., GG, Art. 33 Rn. 37; *Jachmann*, in: v. Mangoldt/Klein/Starck (Hrsg.), GG 2, Art. 33 Rn. 46.

[350] *Behrens*, Beamtenrecht, § 5 Rn. 9 ff.; *Battis*, in: Achterberg/Püttner/Würtenberger (Hrsg.), BesVerwR II, § 31 Rn. 115 ff.

[351] *Battis*, in: Achterberg/Püttner/Würtenberger (Hrsg.), BesVerwR II, § 31 Rn. 112; *Kunig*, in: Schmidt-Aßmann (Hrsg.), BesVerwR, 6. Kap Rn. 129.

[352] *Jachmann*, ZBR 2000, S. 181; *Kunig*, in: Schmidt-Aßmann (Hrsg.), BesVerwR, 6. Kap Rn. 130; *Köhler/Ratz*, BDO, B. II. 7 Rn. 1 ff (S. 226 ff.).; *Claussen/Janzen*, Bundesdisziplinarordnung, Einl. C Rn. 31a ff (S. 49 ff.).; vgl. *Battis*, in: Achterberg/Püttner/Würtenberger (Hrsg.), BesVerwR II, § 31 Rn. 120; *Loschelder*, in: Isensee/Kirchhof (Hrsg.), HdStR III, § 68 Rn. 49.

Im Hinblick auf die Normverwerfungskompetenz der Verwaltung muss der Beamte einerseits nach der *Gehorsamspflicht* (§§ 55 S. 1, 2 BBG, 37 S. 1, 2 BRRG) seinen unmittelbaren Vorgesetzten über die Anwendung des Gesetzes beraten, wenn er von der Rechtswidrigkeit des von ihm anzuwendenden Gesetzes überzeugt ist.[353] Im hierarchischen Aufbau der Verwaltung ist der Vorgesetzte beispielsweise der Arbeits- oder Sachgruppenleiter, der Abteilungsleiter, der Amtsleiter, der Dezernent oder der Leiter der Behörde (vgl. § 3 II 2 BBG).[354] Außerdem hat er sich auch nach dem Prinzip *voller persönlicher Verantwortung* (§§ 56 I BBG, 38 I BRRG)[355] von seinem Vorgesetzen beraten zu lassen. Überzeugt sein Vorgesetzter sich auch von der Rechtswidrigkeit des von seinem untergeordneten Beamten anzuwendenden Gesetzes, muss er nach diesen Vorschriften des Beamtenrechts wiederum seinen Vorgesetzten befragen. Im weiteren wird dieses Gesetz dem Kabinett zur Beschlussfassung über seine Verfassungswidrigkeit unterbreitet. Letztlich wird es von der Bundes- oder einer Landesregierung dem *BVerfG* gem. Art. 93 I Nr. 2 GG zur abstrakten Normenkontrolle vorgelegt, wenn das Kabinett ebenfalls Zweifel an der Verfassungsmäßigkeit hegt.[356] Ist ein Vorgesetzter jedoch nicht von der Rechtswidrigkeit des Gesetzes überzeugt, dann muss es zunächst gem. §§ 55 S. 2 BBG, 37 S. 2 BRRG und auch nach dem Vorrang des Gesetzes angewendet werden. Die Vorlagepflicht des Beamten geht von der Weisungsgebundenheit des Beamten aus, und die Weisungsgebundenheit stammt aus dem hierarchischen Aufbau der Verwaltung bzw. der parlamentarischen Verantwortlichkeit des Ministers für sein Ressort (Art. 65 S. 2 GG).[357] Die Vorschriften des Beamtenrechts können nur *im Rahmen des Innenverhältnisses* der hierarchischen Verwaltung als ein Ausweg für den betroffenen Beamten verstanden werden. Aber sie spielen keine einzige Rolle zur Lösung der Normverwerfungskompetenz der Verwaltung, weil die Maßstäbe der Lösung nicht nur im hierarchischen Aufbau der Verwaltung[358], sondern auch im demokratischen Rechtsstaatsprinzip im Hinblick auf Art. 20 III, 100 I, 1 III GG liegen.

---

[353] Vgl. *Schnorr*, AöR 85 (1960), S. 141. Aber nicht nach den Vorschriften des Beamtenrechts, sondern gem. Art. 93 I Nr. 2 und 100 I GG, *Hoffmann*, JZ 1961, S. 201; vgl. auch *Maurer*, AllgVerwR, § 4 Rn. 55.

[354] *Gunkel/Pilz*, Beamtenrecht in NW, S. 338; vgl. *Behrens*, Beamtenrecht, § 1 Rn. 9; *Monheminus*, Beamtenrecht, Rn. 52, 56 und 227.

[355] Dazu ausführlich *Summer*, ZBR 1999, S. 181 ff.; *Depenheuer*, DVBl. 1992, S. 404 ff.; vgl. auch *Pitschas*, Verwaltungsverantwortung, S. 394 ff.

[356] So *Hoffmann*, JZ 1961, S. 201.

[357] *Battis*, in: Achterberg/Püttner/Würtenberger (Hrsg.), BesVerwR II, § 31 Rn. 116; *Monhemius*, Beamtenrecht, Rn. 229; *Felix*, Das Remonstrationsrecht, S. 11.

[358] Vgl. *Kopp*, DVBl. 1983, S. 828; *Schmidt*, BayVBl. 1976, S. 2 f.

cc) Remonstrationsverfahren

Entgegen seiner Gehorsamspflicht ist der Beamte dazu verpflichtet, die von ihm für rechtswidrig gehaltenen Anordnungen durch seinen Vorgesetzten bestätigen und darüber hinaus beseitigen zu lassen, wenn er von ihrer Rechtswidrigkeit überzeugt ist. Der Beamte hat Bedenken gegen die Rechtmäßigkeit seiner dienstlichen Anordnungen unverzüglich bei seinem unmittelbaren Vorgesetzten geltend zu machen (sog. *Remonstrationspflicht*: §§ 56 II 2 BBG, 38 II 2 BRRG).[359]

Hinsichtlich der Normverwerfungskompetenz der Verwaltung für nachkonstitutionelle Gesetze würde der Beamte im Rahmen des *Beamtenrechts* einfach das von ihm anzuwendende Gesetz nicht anwenden, weil er in erster Linie „die volle persönliche Verantwortung" (§§ 56 I BBG, 38 I BRRG), nämlich die strafrechtliche, die disziplinarrechtliche und die persönliche haftungsrechtliche Verantwortung[360] übernehmen soll und weil er in zweiter Linie das von ihm für rechtswidrig gehaltene Gesetz nach dem Grundsatz der *Bindung* der Verwaltung an die Verfassung (Art. 20 III GG) nicht anwenden darf[361]. In dieser Lage hat der Beamte eine Anordnung seines Vorgesetzten einzuholen. Hat er Zweifel an der Rechtswidrigkeit der Anordnung, muss er den Weg der Remonstration beschreiten. Der Beamte kann sich nicht ohne Erschöpfung des Remonstrationsverfahrens seiner dienstlichen Verantwortung entziehen[362], indem er entweder das für rechtswidrig gehaltene Gesetz anwendet oder nicht ausführt. Wird die Anordnung nach dem Remonstrationsverfahren weiter aufrechterhalten und bestehen seine Bedenken gegen ihre Rechtmäßigkeit weiter fort, hat der Beamte sich an den nächsthöheren Vorgesetzten zu wenden (§§ 56 II 2 BBG, 38 II 2 BRRG). Der Beamte kann mithin von seiner dienstlichen Verpflichtung zwischen Anwendung und vorläufiger Nichtanwendung des von ihm für rechtswidrig gehaltenen Gesetzes durch die Bestätigung der Verfassungswidrigkeit durch den höheren Vorgesetzten befreit wird.[363] Ist der

---

[359] Dazu ausführlich *Felix*, Das Remonstrationsrecht, S. 15 f.; *ders.*, ZBR 1994, S. 18 ff.; *Köhler/Ratz*, BDO, B. II. 7 Rn. 5 ff (S. 228 ff.).; *Claussen/Janzen*, Bundesdisziplinarordnung, Einl. C Rn. 36 (S. 53); *Rux*, DÖV 2002, S. 990 f. Vgl. auch *Weiß*, ZBR 1994, S. 325 ff.; *Depenheuer*, DVBl. 1992, S. 407 f.; *Summer*, ZBR 1999, S. 186 f.; *Sachs*, in: Stelkens/Bonk/Sachs, VwVfG, § 44 Rn. 83.

[360] *Summer*, ZBG 1999, S. 181 ff.; *Kunig*, in: Schmidt-Aßmann (Hrsg.), BesVerwR, 6. Kap Rn. 130; *Battis*, in: Achterberg/Püttner/Würtenberger (Hrsg.), BesVerwR II, § 31 Rn. 117; vgl. auch *Peine/Heinlein*, Beamtenrecht, S. 81.

[361] *Hoffmann*, JZ 1961, S. 201 links; *Stern*, Staatsrecht III/1, § 74 II 2 c) (S. 1347 f.); vgl. *Claussen/Janzen*, Bundesdisziplinarordnung, Einl. C Rn. 31b (S. 49). In diesem Sinne wird die Gesetzmäßigkeit der Verwaltung als *Anwendungsgebot* einerseits, als *vorläufiges Nichtanwendungsgebot* des für rechtswidrig gehaltenen Gesetzes andererseits verstanden. Dazu unten § 4 II. 2. b) aa).

[362] *Stern*, Staatsrecht III/2, § 90 III 2 a) (S. 1170).

[363] In jedem Fall kann er aber nicht das von ihm für rechtswidrig gehaltene Gesetz verwerfen.

unmittelbare oder der höhere Vorgesetzte auch von der Rechtswidrigkeit dieses Gesetzes überzeugt, hat einer der beiden nach den Grundsätzen der Verantwortung und der Bindung an Gesetz und Recht (Art. 20 III GG) wiederum seinem Vorgesetzten vorzutragen. Das Remonstrationsverfahren kann auf ein *Motiv* zur abstrakten Normenkontrolle (Art. 93 I Nr. 2 GG) durch den Antrag der Bundes- oder einer Landesregierung einwirken, aber nur soweit die Regierung mit der Rechtswidrigkeit des Gesetzes letztlich einverstanden ist. Und der *Konflikt* zwischen dem Zweifel des Beamten an der Rechtswidrigkeit des anzuwendenden Gesetzes und der Anordnung des Vorgesetzten kann durch die Remonstrationspflicht gelöst werden.[364] Im Hinblick auf die Anordnungen des Vorgesetzten dient sie der Rechtmäßigkeitkontrolle „von unten"[365]. Durch das Remonstrationsverfahren dürfen sich keine rechtlichen Nachteile des Bürgers und keine Lähmung der Verwaltung wegen der ständigen Binnendiskussion ergeben.[366]

b) Aussetzungsrecht im demokratischen Verwaltungssystem

aa) Januskköpfige Auslegung des Art. 20 III GG

Mit welchem Beweisgrund kann die Verwaltung bzw. ein einzelner Beamter, wenn sie bzw. er von der Rechtswidrigkeit des anzuwendenden Gesetzes überzeugt ist, den Gesetzesvollzug bis zu einer Weisung oder bis zu einer allgemeinverbindlichen Erklärung eines Verfassungsgerichts aussetzen, wenn es geht[367]. Die Beantwortung der Frage hängt davon ab (in diesem Sinne bezieht sich das Aussetzungsrecht nicht nur auf Art. 20 III GG, sondern auch auf Art. 93 I Nr. 2 und 100 I GG), wie die *Bindung der Verwaltung an Gesetz und Recht* in Art. 20 III GG[368] ausgelegt werden soll. Im Hinblick auf das Aussetzungsrecht[369] verlangt die Bindung der Verwaltung an Gesetz und Recht den Vorrang des Gesetzes für alle

---

364 Vgl. *Felix*, Das Remonstrationsrecht, S. 15 f.; *Loschelder*, in: Isensee/Kirchhof (Hrsg.), HdStR III, § 68 Rn. 98; *Battis*, in: Isensee/Kirchhof (Hrsg.), HdStR VII, § 165 Rn. 47.
365 *Kunig*, in: Schmidt-Aßmann (Hrsg.), BesVerwR, 6. Kap Rn. 130; vgl. *Stern*, Staatsrecht III/2, § 90 III 2 a) (S. 1170), das Remonstrationsverfahren ist „ein Filter, der der behördlichen Entscheidung vorgeschaltet ist".
366 *Kunig*, in: Schmidt-Aßmann (Hrsg.), BesVerwR, 6. Kap Rn. 130.
367 S § 3 IV. 2.
368 Vgl. *Schnorr*, AöR 85 (1960), S. 123 ff., Abhängigkeit der Auslegung des Art. 20 III GG von Art. 1 - 3 GG.
369 Dazu *BVerfGE* 12, 180/186; *Herzog*, in: Maunz-Dürig, GG, Art. 20 VI. Rn. 31; *Wolff/Bachof/Stober*, VerwR 1, § 28 Rn. 21; *Wehr*, Inzidente Normverwerfung, S. 111; *Kopp*, VwVfG, Vor § 9 Rn. 22, 25; *Stern*, Staatsrecht III/1, § 74 II 2 (S. 1348 f.); *Söhn*, Anwendungspflicht oder Aussetzungspflicht, S. 58 ff.; *Ossenbühl*, DV 2 (1969), S. 408 ff.; *Abelein*, BayVBl. 1967, S. 150; *Hall*, DÖV 1965, S. 262 ff.; *Bachof*, AöR 87 (1962), S. 7 ff.; *Hoffmann*, JZ 1961, S. 201 f.; *Menger*, VerwArch 52 (1961), S. 306 f.

Verwaltungshandlungen.[370] Demgegenüber verbietet sie auch die Anwendung der von der Verwaltung für rechtswidrig gehaltenen Rechtsnorm[371], weil die Gewaltenteilung von der Verwaltung nicht strangulierend die Anwendung des Gesetzes verlangt[372] und die vollziehende Gewalt nicht zum Vollzug eines Gesetzes gezwungen ist, das wahrscheinlich für nichtig erklärt werden muss[373].

Folgt die Verwaltung dem Vorrang des Gesetzes, entsteht das Aussetzungsproblem hier nicht mehr wegen des Anwendungsgebots des Gesetzes trotz der Zweifel an der Rechtswidrigkeit. In den weisungsfreien Bereichen, z. B. Anstalten, Körperschaften und Stiftungen ist auch die Aussetzungsfrage unproblematisch, weil sie nicht an Anordnungen der höheren Behörden gebunden sind.[374] Trotz ihres fehlenden Vorgesetztenverhältnisses darf ihnen keine Verwerfungskompetenz für die von ihnen anzuwendenden Rechtsnormen erteilt werden. Folgten sie dagegen dem *vorläufigen* Nichtanwendungsgebot, gäbe es für die vollziehende Gewalt zwei Verhaltensmöglichkeiten: Sie müsste nämlich entweder die Weisung des Vorgesetzten (vgl. §§ 38 I, II BRRG, 56 I, II BBG) einholen oder durch die Regierung (vgl. Art. 93 I Nr. 2 GG) eine allgemeinverbindliche Entscheidung des *BVerfG* herbeiführen. Die Wartezeit für die Weisung oder Entscheidung kann hierbei stark variieren, weshalb die Gesetzesanwendung von der Verwaltung tatsächlich *vorläufig* bis zu einer Weisung oder bis zu einer verfassungsgerichtlichen Entscheidung verzögert wird.[375] Schließlich wird Art. 20 III GG im Hinblick auf die Normverwerfungskompetenz der Verwaltung *janusköpfig* ausgelegt: Im Hinblick auf die vermutlich *verfassungsmäßigen* Gesetze gebietet Art. 20 III GG der Verwaltung, diese Gesetze unverzüglich anzuwenden. Aber im Hinblick auf die Gesetze, deren V*erfassungsmäßigkeit* zweifelhaft ist, gebietet Art. 20 III GG der Verwaltung nicht, diese Gesetze vor einer Weisung oder vor einer verfassungsgerichtlichen Entscheidung anzuwenden.

---

370 Siehe o. § 1 II.

371 *Hoffmann*, JZ 1961, S. 201; vgl. *Herzog*, in: Maunz-Dürig, GG, Art. 20 VI. Rn. 6; **a. A.** *Ehlers*, in: Erichsen (Hrsg.), AllgVerwR, § 2 Rn. 115 ff.; *Ossenbühl*, in: Isensee/Kirchhof (Hrsg.), HdStR III, § 62 Rn. 4.

372 Vgl. *Stern*, Staatsrecht III/1, § 74 II 3 (S. 1349).

373 *BVerfGE* 12, 180/186.

374 Vgl. *Hall*, DÖV 1965, S. 263; *Bachof*, AöR 87 (1962), S. 11 f.

375 *Kisker/Höfling*, Fälle, S. 127; *Stern*, Staatsrecht III/1, § 74 II 2 (S. 1348); *Clausen*, in: Knack, VwVfG, § 9 Rn. 23; *Wolff/Bachof/Stober*, VerwR 1, § 28 Rn. 21; *Abelein*, BayVBl. 1967, 150; *Menger*, VerwArch 52 (1961), S. 306; vgl. auch *Steiner*, DVBl. 1987, S. 486 im Hinblick auf den für rechtswidrig gehaltenen Bebauungsplan der Gemeinde.

bb) Kollision zwischen Art. 20 III und 93 I Nr. 2 GG?

Im Rahmen der Aussetzung des Gesetzesvollzuges würde die gegenüberstehende Auslegung der Bindung der Verwaltung an Gesetz und Recht (Art. 20 III GG) zur *Normkollision im GG* führen[376]; nämlich zur Kollision zwischen dem sich aus dem Vorrang des Gesetzes ergebenden *Anwendungsgebot* und dem sich aus dem einheitlich verantwortlichen Hierarchiesystem der Verwaltung für das Parlament ergebenden *Nichtanwendungsgebot* des für rechtswidrig gehaltenen Gesetzes.

Das *Nichtanwendungsgebot* des für rechtswidrig gehaltenen Gesetzes ist mit Art. 93 I Nr. 2 GG vereinbar. Nach den demokratischen und rechtsstaatlichen Merkmalen[377] der Gehorsamspflicht und des Remonstrationsverfahrens hat der Beamte von seinem Vorgesetzten eine Weisung über die Rechtmäßigkeit der anzuwendenden Rechtsnorm einzuholen. Stimmt der Vorgesetzte auch der Rechtswidrigkeit zu, ist weiter die Weisung der höheren Behörde einzuholen (vgl. §§ 38 II BRRG, 56 II BBG). Schließlich wird die für rechtswidrig gehaltene Rechtsnorm entweder bis zur Weisung der Regierung oder bis zur Entscheidung des BVerfG nach Art. 93 I Nr. 2 GG in ihrer Anwendung ausgesetzt. In diesem Sinne setzt Art. 93 I Nr. 2 GG nicht nur die Normprüfungskompetnez, sondern auch das Aussetzungsrecht der Verwaltung voraus. Dagegen kollidiert das Anwendungsgebot des für rechtswidrig gehaltenen Gesetzes mit der in Art. 93 I Nr. 2 GG angedeuteten Hierarchie der Verwaltung, weil es nach dem Argument des Anwendungsgebots der für rechtswidrig gehaltenen Rechtsnorm bereits eine *Sistierung* der Gesetzesanwendung bedeutet, dass der Beamte von seinem Vorgesetzten oder einer höhereren Behörde die Weisung zur Anwendung der für rechtswidrig gehaltenen Rechtsnorm einholt oder dass für eine von ihm anzuwendende Rechtsnorm durch die Regierung beim *BVerfG* eine allgemeinverbindliche Entscheidung beantragt wird.

Der Grund für das Anwendungsgebot des für rechtswidrig gehaltenen Gesetzes trotz der Zweifel an seiner Rechtmäßigkeit liegt darin, dass die Nichtanwendung des für rechtswidrig gehaltenen Gesetzes zunächst *Rechtsunsicherheit* bringt und zu dem Ergebnis führt, dass der Wille des Gesetzgebers missachtet wird.[378] Dagegen ergibt sich die Aussetzung des für

---

[376] Vgl. *Forsthoff*, DÖV 1959, S. 42 f.

[377] *Battis*, in: Isensee/Kirchhof (Hrsg.), HdStR VII, § 165 Rn. 47; vgl. *Summer*, ZBR 1999, S. 187, die Bejahung des Prinzips Verantwortung bedingt eine Remonstrationspflicht des Beamten. Es dient der Verwirklichung der Rechtsstaatlichkeit und Demokratie.

[378] Z. B. vor allem *Ossenbühl*, in: Isensee/Kirchhof (Hrsg.), HdStR III, § 62 Rn. 4; vgl. *Jarass*, ders./Pieroth, GG, Art. 20 Rn. 36; *Sommermann*, in: v. Mangoldt/Klein/Starck, GG 2, Art. 20 Rn. 261 f.

rechtswidrig gehaltenen Gesetzes aus der *hierarchischen Struktur* der Verwaltung, und Art. 93 I Nr. 2 GG, §§ 37 f. BRRG, 55 f. BBG[379] sind dafür positivrechtliche Bestimmungen. Da die Verwaltung Verantwortung gegenüber dem Parlament durch die hierarchische Struktur übernimmt, wird sie auch ausdrücklich als demokratische rechtsstaatliche Legitimation verstanden.[380] Die Frage hinsichtlich des Aussetzungsrechts ist, ob das in Art. 93 I Nr. 2 GG sichtbare hierarchische Bauprinzip der Verwaltung mit dem zwingenen Anwendungsgebot des für rechtswidrig gehaltenen Gesetzes in Konflikt kommt.[381]

Da die Bestimmungen der Art. 1 und 20 GG hinsichtlich Art. 79 III GG im Grundgesetz einen höheren Rang haben[382], ist es klar, dass der die Bindung der Verwaltung an Gesetz und Recht niederlegende Art. 20 III GG dem Art. 93 I Nr. 2 GG vorrangig ist. Aber Art. 20 III und 93 I Nr. 2 GG beugen *einheitlich* der Rechtsunsicherheit durch die Bindung der Verwaltung an Gesetz und Recht und das Monopol der Normenkontrolle des BVerfG gegenüber den nachkonstitutionellen[383] Gesetzen vor. Darüber hinaus verwirklichen sie unmittelbar oder mittelbar die demokratische Rechtsstaatlichkeit durch den Schutz des Parlamentsgesetzgebers.[384] In den einem gleichem Zweck dienenden Rechtsvorschriften kann ein Wertkonflikt nicht gesehen werden. Und im Hinblick auf Art. 93 I Nr. 2 GG ist die Aussetzung des für rechtswidrig gehaltenen Gesetzes im Hierarchiesystem der Verwaltung keine Sistierung der Entscheidungsfindung - sondern ihre Verzörung[385] - und keine Suspendierung der Gesetzesbindung[386]. Deswegen widersprechen sich die beiden Vorschriften (Art. 20 III, 93 I Nr. 2 GG) nicht.

---

379 Vgl. *Schnorr*, AöR 85 (1960), S. 130 (Anm. 26): § 56 BBG sei „die klassische Vollzugsnorm des Art. 20 Abs. 3 GG auf dem Gebiet der Exekutive".

380 *Rinken*, KritV 79 (1996), S. 293; *Loschelder*, in: Isensee/Kirchhof (Hrsg.), HdStR III, § 68 Rn. 20; *Dreier*, Hierarchische Verwaltung, S. 138 ff.

381 Vgl. dazu *Bachof*, Verfassungswidrige Verfassungsnormen, S. 36 ff.

382 *Pieroth*, in: Jarass/ders., GG, Art. 79 Rn. 6; *Isensee*, in: ders./Kirchhof (Hrsg.), HdStR IX, § 202 Rn. 17; *Lücke*, in: Sachs (Hrsg.), GG, Art. 79 Rn. 22; *Hain*, in: v. Mangoldt/Klein/Starck, GG 2, Art. 79 Rn. 31.

383 Art. 93 I Nr. 2 GG gilt freilich für alle vor- sowie nachkonstitutionellen Gesetze und für untergesetzliche Normen (dazu *Pieroth*, in: Jarass/ders., GG, Art. 93 Rn. 21; *Heun*, in: Badura/Dreier (Hrsg.), FS 50 Jahre BVerfG I, S. 619 f.; *Sturm*, in: Sachs (Hrsg.), GG, Art. 93 Rn. 45). In diesem Satz bedeutet *nachkonstitutionelle* Gesetze eine Hervorhebung bezüglich des Aussetzungsrechts des *Parlamentsgesetzes*.

384 Vgl. *Pieroth*, in: Jarass/ders., GG, Art. 93 Rn. 1, 3; *Sturm*, in: Sachs (Hrsg.), GG, Art. 93 Rn. 4 ff.; *Voßkuhle*, in: v. Mangoldt/Klein/Starck (Hrsg.), GG 3, Art. 93 Rn. 17 f.

385 Vgl. *Schmidt*, BayVBl. 1976, S. 2 (Anm. 32).

386 Vgl. *Schmidt*, BayVBl. 1976, S. 5 (Anm. 62).

cc) Voraussetzungen des Aussetzungsrechts

Unter welchen Voraussetzungen darf bzw. kann die Verwaltung das von ihr für rechtswidrig gehaltene Gesetz aussetzen, wenn im Hinblick auf die Normverwerfungskompetenz der Verwaltung Art. 20 III und 93 I Nr. 2 GG dem gleichen Zweck dienen? Die Auslegung des Begriffs der Bindung der vollziehenden Gewalt an *Gesetz und Recht* (Art. 20 III GG)[387] oder an die *Verfassung* hängt von Art. 1 III GG ab[388], da seine Bedeutung nur in Zusammenhang mit Art. 1 III (und 79 III) GG verstanden werden kann[389]. Was die Bestimmungen der Art. 1 III, 20 III und 79 III GG verfolgen wollen, ist schwierig mit wenigen Worten zu erörtern. Der *Grundrechtsschutz* des Gesetzgebers könnte jedoch als ihr Hauptinhalt verstanden werden.[390] Im Hinblick auf das Aussetzungsrecht der Verwaltung stellen sich die Fragen, ob ihr das Aussetzungsrecht *im Allgemeinen* eingeräumt werden kann oder ob dies lediglich bei der *offenkundigen Rechtswidrigkeit* möglich ist, wenn die Grundrechte des Gesetzgebers geschützt werden können. Ist die offenkundige Rechtswidrigkeit ernste Voraussetzung für das Aussetzungsrecht (unter (1))? Können Grundrechte bei den als *Grenze*[391] des Aussetzungsrechts erwähnten Eilfällen hinsichtlich § 32 BVerfGG genügend geschützt werden? Und welche Bedeutung hat § 32 BVerfGG in Zusammenhang mit dem Aussetzungsrecht (unter (2))? Ist die Dringlichkeit bei Eilfällen wirklich bedeutsam, d. h. ist sie Grenze für das Aussetzungsrecht (unter (3))? Wann beginnt die Aussetzung des Gesetzesvollzuges, und bis wohin kann der Beamte eine Weisung einholen? Und wie soll sich die Verwaltung in den weisungsfreien Räumen hinsichtlich des Aussetzungsrechts verhalten (unter (4))? Wofür braucht man eine Normprüfungskompetenz der Verwaltung, wenn der Beamte sich trotz der Überzeugung von der Rechtswidrigkeit nach der Normprüfung entweder für die absolute *Anwendung* (trotz der drohenden Amtshaftung - vgl. § 839, Art. 34

---

[387] Die Formel „*Gesetz und Recht*" richtet sich gegenseitig auf eine ergänzende Einheit, und die Bindung der vollziehenden Gewalt an Gesetz und Recht stellt eine Wertentscheidung des Grundgesetzes dar. Vgl. dazu *Herzog*, in: Maunz-Dürig, GG, Art. 20 VI. Rn. 53 f.; *Ossenbühl*, in: Isensee/Kirchhof (Hrsg.), HdStR III, § 61 Rn. 18; *Forsthoff*, DÖV 1959, S. 42 f.; *Sachs*, in: ders (Hrsg.), GG, Art. 20 Rn. 106; *Schmidt-Aßmann*, in: FS Stern, S. 745 ff.

[388] *Schnorr*, AöR 85 (1960), S. 130; vgl. *Sommermann*, in: v. Mangoldt/Klein/Starck , GG 2, Art. 20 Rn. 240 ff., 258 f.; *Stern*, Staatsrecht III/1, § 74 I 3 (S. 1321 ff.); *Schmidt-Aßmann*, in: Isensee/Kirchhof (Hrsg.), HdStR II, § 26 Rn. 45.

[389] *Schnorr*, AöR 85 (1960), S. 138; vgl. *Herzog*, in: Maunz-Dürig, GG, Art. 20 VI. Rn. 54; *Sommermann*, in: v. Mangoldt/Klein/Starck, GG 2, Art. 20 Rn. 256, 258 f.

[390] Im Hinblick auf das Aussetzungsrecht kann der Grundrechtsschutz des Gesetzgebers vor allem durch die Rechtssicherheit und den Vertrauensschutz gewährleistet werden. Dazu *Hederich*, NdsVBl. 1997, S. 275; *Schmidt*, BayVBl. 1976, S. 1; vgl. auch *Ossenbühl*, in: Isensee/Kirchhof (Hrsg.), HdStR III, § 61, Rn. 27; Grundrechtsschutz im Verwaltungsverfahren, *Clausen*, in: Knack, VwVfG, Vor § 9 Rn. 14 ff.

[391] Etwa *Ehlers*, DÖV 2001, S. 413 im Hinblick auf die untergesetzlichen Normen; *Bull/Mehde*, AllgVerwR, § 22 Rn. 894; *Hederich*, NdsVBl. 1997, S. 275 (Anm. 67); *Schmidt-Aßmann*, in: FS Stern, S. 759; *Hall*, DÖV 1965,

GG) oder für die endgültige *Verwerfung* des für rechtswidrig gehaltenen Gesetzes entscheiden muss[392] (unter (5)).

(1) Offenkundige Rechtswidrigkeit

Nach einer anderen Ansicht[393] darf der Beamte[394] das anzuwendende Gesetz nur insoweit aussetzen, wie die Rechtswidrigkeit des Gesetzes *offenkundig* sei. Hierzu stellen sich zwei Fragen. Erstens: Wer[395] kann ein Urteil über die offenkundige Rechtswidrigkeit treffen? Zweitens: Kann ein von einem Parlament verabschiedetes Gesetz wirklich offenkundig rechtswidrig sein? Nach Ansicht von *Götz*[396] und *Bachof*[397] könnte ein solches Gesetz nie durch das Parlament unter dem Grundgesetz verabschiedet werden. Das Urteil über die offenkundige Rechtswidrigkeit des Gesetzes hat auch das BVerfG letztlich zu treffen.

Die Auffassung von der offenkundigen Rechtswidrigkeit stimmt mit der Normprüfungskompetenz ohne Verwerfungskompetenz[398] überein.[399] Nach dieser Auffassung sollen alle Parlamentsgesetze trotz ihrer Verfassungswidrigkeit in jedem Fall von der Verwaltung angewendet werden. Grundlage hierfür ist, dass die Befugnis für die allgemeinverbindliche

---

S. 264; *Bachof*, AöR 87 (1962), S. 11, 13.

392 Etwa *Bachof*, AöR 87 (1962), S. 42 f., unter der umfangreichen Abwägung auf Schadensausgleich habe die Verwaltung das für rechtswidrig gehaltene Gesetz anzuwenden oder zu verwerfen.

393 So *Jarass*, in: ders./Pieroth, GG, Art. 20 Rn. 36; *Wolff/Bachof/Stober*, VerwR 1, § 28 Rn. 21; *Stern*, Staatsrecht III/1, § 74 II 2 (S. 1348); *Starck*, in: v. Mangoldt/Klein/ders., GG 1, Art. 1 Rn. 201; *Ossenbühl*, DV 2 (1969), S. 408; kritisch *Bachof*, AöR 87 (1962), S. 24 f. Vgl. auch die Offenkundigkeit der Verfassungswidrigkeit, namentlich „Unmöglichkeit einer verfassungskonformen Auslegung" (*BVerfGE* 78, 104/117) sowie „lediglich Zweifel an der Verfassungsmäßigkeit einer Norm" (*BVerfGE* 80, 54/59) als Maßstab des Aussetzungsbefugnis der *Gerichte*, *BVerfGE* 1, 184/189; 86, 52/57; 93, 121/131; *Ehlers*, in: Schoch/Schmidt-Aßmann/Pietzner (Hrsg.), VwGO, Anh § 40 Art. 100 Abs. 1 GG Rn. 25 ff.; *Heun*, in: Badura/Dreier (Hrsg.), FS 50 Jahre BVerfG I, S. 625 f.; *Stern*, AöR 91 (1966), S. 230 ff.; *Bachof*, AöR 87 (1962), S. 21.

394 Die offenkundige Rechtswidrigkeit des anzuwendenden Gesetzes wird auch damit als Grenze des Amtsgehorsams des *Beamten* anerkannt, dass ein Gesetz ein strafbares oder die Menschenwürde verletzendes Verhalten des Beamten erfordern würde. Dazu *Depenheuer*, DVBl. 1992, S. 411 ff.; *Pietzcker*, AöR 101 (1976), S. 397.

395 Wie in den obigen Entscheidungen des *BVerfG* (E 1, 184/189; 78, 104/117; 80, 54/59; 86, 52/57; 93, 121/131) gesehen, ist es klar, dass die Fachgerichte nicht selbst die offenkundige Rechtswidrigkeit der anzuwendenden Rechtsnorm richtig beurteilen können. Für die *Verwaltung*, insbesonders bei den unteren bzw. oberen Behörden könnte diese Unterscheidung noch schwieriger sein.

396 NJW 1960, S. 1179 (Anm. 22); vgl. auch *Hederich*, NdsVBl. 1997, S. 273 (Anm. 56).

397 AöR 87 (1962), S. 24.

398 Siehe oben § 2 II.

399 Beispiele dafür sind *Stern* (Staatsrecht III/1, § 74 II 2, S. 1347 f.), *Stober* (in: Wolff/Bachof/ders., VerwR 1, § 28 Rn. 21), *Jarass* (ders./Pieroth, GG, Art. 20 Rn. 36 u. 40), *Starck* (in: v. Mangoldt/Klein/ders., GG 1, Art. 1 Rn. 201) und *Sommermann* (in: v. Mangoldt/Klein/Starck, GG 2, Art. 20 Rn. 247). Grundsätzlich erkennen sie eine sog. *beschränkte Verwerfungskompetenz* (siehe *Stober*, in: Wolff/Bachof/ders., VerwR 1, § 28 Rn. 21) an, indem sie das aus dem Vorrang des Gesetzes folgende Anwendungsgebot bestätigen.

Entscheidung über das von der Verwaltung und von den Gerichten für rechtswidrig gehaltene Gesetz nur dem BVerfG zustehe. Bis dahin soll ein solches Gesetz von ihnen wie andere gültige Gesetze behandelt werden.[400] Dagegen kommt diese Auffassung aber zu widersprüchlichen Ergebnissen hinsichtlich der Frage der vorläufigen Nichtanwendung und des Aussetzungsrechts bei offenkundiger Rechtswidrigkeit. Dies könnte ein immanenter Widerspruch sein, weil das eine offenkundige Rechtswidrigkeit tragende Gesetz auch trotz seiner Verfassungswidrigkeit bis zur Entscheidung des BVerfG wie andere gültige Gesetze angewendet werden soll, wenn man ihr Anwendungsgebot richtig verstanden hat.

Nach dieser Auffassung liegt auch dann ein Fall der offenkundigen Rechtswidrigkeit vor, wenn das *BVerfG* bereits Parallelnormen oder ähnlich gelagerte Rechtssätze für verfassungswidrig erklärt hat[401], und wenn „ursprünglich verfassungsmäßige Gesetze wegen Änderung der tatsächlichen Verhältnisse verfassungswidrig“[402] geworden sind. Wenn man exakt ist, kann diese Konstellation aber nicht als Maßstab der offenkundigen Rechtswidrigkeit angesehen werden, weil die Verwaltung gar nicht von der offenkundigen Rechtswidrigkeit überzeugt sein kann, wenn es dazu keine *vorangehende Entscheidung* des *BVerfG* geben würde. Daher ist das Anwendungsgebot des von der Verwaltung für rechtswidrig gehaltenen Gesetzes nicht verfassungsmäßig, und die offenkundige Rechtswidrigkeit kann keine Ausnahme des Anwendungsgebotes und keine Voraussetzung des Aussetzungsrechts sein.

(2) Einstweilige Anordnungen (§ 32 BVerfGG)

Im Hinblick auf die vorläufige Nichtanwendung eines Parlamentsgesetzes kann der in seinem Recht verletzte Betroffene zwei Wege zur Rechtshilfe beschreiten. Zum einen kann er die Behörde die getroffene Entscheidung umfassend überprüfen lassen.[403] Zum zweiten hat der Betroffene die Möglichkeit, *hinsichtlich* der Rechtswidrigkeit[404] des Gesetzes unmittelbar

---

[400] *Ossenbühl*, in: Isensee/Kirchhof (Hrsg.), HdStR III, § 62 Rn. 4; *Sommermann*, in: v. Mangoldt/Klein/Starck, GG 2, Art. 20 Rn. 247, 261; *Wolff/Bachof/Stober*, VerwR 1, § 28 Rn. 20.

[401] *BVerfGE* 12, 180/186 f.; *Stern*, Staatsrecht III/1, § 74 II 2 (S. 1348: Anm. 129); *Wolff/Bachof/Stober*, VerwR 1, § 28 Rn. 21; *Bull/Mehde*, AllgVerwR, § 22 Rn. 894; *Ipsen*, NJW 1978, S. 2571 f.; *Hoffmann-Riem*, DVBl. 1971, S. 845 f.; *Bachof*, AöR 87 (1962), S. 25; *Ossenbühl*, DV 2 (1969), S. 409. Siehe auch *Gril*, JuS 2000, S. 1081 f., „offensichtliche Verfassungswidrigkeit“ als Voraussetzung der Verwerfungskompetenz der Verwaltung.

[402] *Ipsen*, NJW 1978, S. 2571 (Anm. 41).

[403] *Stern*, Staatsrecht III/1, § 74 II 2 (S. 1349).

[404] Dazu vgl. *Fleury*, Verfassungsprozessrecht, Rn. 286 ff.; *Benda/Klein*, Verfassungsprozeßrecht, Rn. 519 f.

gem. Art. 93 I Nr. 4a GG i. V. m. §§ 13 Nr. 8a, 90 ff. BVerfGG eine Rechtssatz-Verfassungsbeschwerde zu erheben.

Dabei könnte das *BVerfG* gem. § 32 BVerfGG eine einstweilige Anordnung erlassen, wenn es von der Notwendigkeit zur Abwehr schwerer Nachteile überzeugt ist. Problematisch ist aber hinsichtlich des Aussetzungsrechts, dass diese Rechtswege im Eilfalle, z. B. einem Antrag auf Versammlungsgenehmigung für den Betroffenen keine Hilfe mehr sein können, da sie im Eilfalle als eine *endgültige Verwerfung*[405] des Gesetzesvollzuges verstanden werden könnten.

(3) Bedeutung der Dringlichkeit

Muss der Beamte wegen der Dringlichkeit des Gesetzesvollzuges (etwa bei der Festnahme einer Person oder der Genehmigung einer Verkaufsausstellung [406]) ein von ihm anzuwendendes Gesetz trotz Überzeugung von der Verfassungswidrigkeit anwenden oder kann er es verwerfen? Ist die *Dringlichkeit* des Gesetzesvollzuges eine Grenze[407] des Aussetzungsrechts? In erster Linie stellt sich diese Frage, wenn der Beamte sowohl von der Unvereinbarkeit der Anmeldungspflicht bzw. der Verbotsvorschrift (vgl. §§ 14 I, 15 I VersG) mit der Versammlungsfreiheit (Art. 8 GG) als auch von der Unvereinbarkeit der Generalklauseln[408] der Polizei- und Ordnungsgesetze der Länder mit den Grundrechten überzeugt ist.[409] Der Beamte steht vor der Alternative der Anwendung oder der Verwerfung des Gesetzes, weil er bzw. die zuständige Behörde innerhalb von Stunden nach der Anmeldung dem Antragsteller eine Entscheidung mitteilen muss. Im drei[410] oder vier[411] stufigen (Gemeinde-/Stadtinstanz bzw. Kreisinstanz, Bezirksregierungsinstanz und

---

[405] Etwa *Bachof*, AöR 87 (1962), S. 10 f.; *Hall*, DÖV 1965, S. 263; *Pietzcker*, AöR 101 (1976), S. 394 f.; vgl. auch *Ossenbühl*, DV 2 (1969), S. 397 (Anm. 6 Nr. 4).

[406] *Maurer*, AllgVerwR, § 4 Rn. 55 f.

[407] Andere Beispiele der Grenze des Aussetzungsrechts sind, dass „wo ein verfassungsrechtlich bedenkliches Gesetz ein früheres Gesetz aufhebt oder ändert" (*Bachof*, AöR 87 (1962), S. 10), und „wo kein Vorgesetztenverhältnis besteht" (*ders.*, AöR 87 (1962), S. 12).

[408] Dazu ausführlich *Schoch*, JuS 1994, S. 485 f., 570 ff., 667 ff.

[409] Vgl. *Maurer*, AllgVerwR, § 4 Rn. 56; *Bachof*, AöR 87 (1962), S. 10; vgl. auch *Ossenbühl*, Der Staat 10 (1971), S. 70 ff.

[410] Beispielsweise in NRW: *Polizei* – 3 Stufen: 1. Polizeipräsident in kreisfreien Städten oder Kreis (der Landrat als Kreispolizeibehörde) 2. Bezirksregierung 3. Innenministerium.

[411] Beispielsweise in NRW: *Ordnungsbehörden* – 4 Stufen: 1. Stadt/Gemeinde 2. Kreis (der Landrat als untere staatliche Verwaltungsbehörde) 3. Bezirksregierung 4. Innenministerium.

Ministerialinstanz[412]) hierarchischen Aufbau der Polizei- und Ordnungsverwaltung, darüber hinaus wenn die Überprüfung solcher Rechtsnormen beim BVerfG durch die Regierung (vgl. Art. 93 I Nr. 2 GG) beantragt worden ist, ist es dem Beamten tatsächlich unmöglich, innerhalb von 48 Stunden eine Entscheidung zu treffen. Bei den *Spontan- und Eildemonstrationen* nach §§ 14 I, 15 II VersG wird diese Schwierigkeit besonders deutlich.[413] Gemäß §§ 38 BRRG, 56 BBG muss der Beamte insbesondere, wenn „die Entscheidung eines höheren (des nächsthöheren) Vorgesetzten nicht rechtzeitig herbeigeführt werden kann" (§§ 38 III BRRG, 56 III BBG), entsprechend der Anordnung des unmittelbaren Vorgesetzten das anzuwendende Gesetz entweder anwenden oder verwerfen, soweit „nicht das ihm aufgetragene Verhalten strafbar oder ordnungswidrig und die Strafbarkeit oder Ordnungswidrigkeit für ihn erkennbar ist oder das ihm aufgetragene Verhalten die Würde des Menschen verletzt" (§ 56 II 3 BBG, vgl. auch § 38 II 2 BRRG). Dies stellt den auf die Remonstrationsbefugnis (-pflicht) des Beamten beschränkten Fall dar. Die obigen Eilfälle (Festnahme einer Person, Genehmigung einer Verkaufsausstellung und Spontan- und Eilversammlung) betreffen die *§§ 38 III BRRG, 56 III BBG* („die Entscheidung eines höheren (des nächsthöheren) Vorgesetzten nicht rechtzeitig herbeigeführt werden kann").[414] Daher wird das Aussetzungsrecht dort grundsätzlich verneint, wo das Remonstrationsverfahren nicht funktionieren kann, weil in dieser Situation die Aussetzung zur Verletzung der Grundrechte, des Gemeinwohls und zur endgültigen Verwerfungswirkung[415] des anzuwendenden Gesetzes führen kann. Aber *nur* mit der Dringlichkeit des Gesetzesvollzuges kann das Aussetzungsrecht der Verwaltung nicht *im Allgemeinen* verneint werden, da das Gesetz nicht immer einer dringlichen Anwendung bedarf und die allgemeine Verneinung des Aussetzungsrechts gegen die Einheit der Verwaltung verstößt, indem sie dem hierarchischen Aufbau der Verwaltung widerspricht. Daher ist es so zu verstehen, dass das Aussetzungsrecht der Verwaltung im Eilfall nur *ausnahmsweise* beschränkt wird. Die Verwaltung kann selbst entscheiden, ob das Gesetz eines dringenden Vollzuges bedarf oder nicht.

---

[412] *Hilse*, in: Lisken/Denninger (Hrsg.), Handbuch des Polizeirechts, B Rn. 17; vgl. *Gusy*, Polizeirecht, Rn. 58 ff.; vgl. *Schoch*, JuS 1994, S. 395 f.

[413] *Pietzcker*, AöR 101 (1976), S. 394 f. Nach der verfassungskonformen Auslegung sind die Spontan- und Eildemonstrationen allgemein zulässig (*BVerfGE* 69, 315/350 ff.; 85, 69/74 f.; *BVerwGE* 26, 135/138; *Höfling*, in: Sachs (Hrsg.), GG, Art. 8 Rn. 19; *Schulze-Fielitz*, in: Dreier (Hrsg.), GG I, Art. 8 Rn. 29, 81; **a. A.** *Geis*, NVwZ 1992, S. 1029; *Schenke*, JZ 1986, S. 35 f.).

[414] Freilich kann sich der Beamte trotz der Dringlichkeit im Eilfall nach den §§ 38 III BRRG, 56 III BBG an den *unmittelbaren Vorgesetzten* wenden (dazu *Hederich*, NdsVBl. 1997, S. 272, Anm. 43). Möchte der Beamte von seiner vollen persönlichen dienstlichen Verantwortung (vgl. §§ 38 I BRRG, 56 I BBG) befreit werden (vgl. *Rux*, DÖV 2002, S. 990 f.), muss er jedenfalls nach der Weisung der unmittelbaren Vorgesetzten entweder das anzuwendende Gesetz anwenden oder verwerfen.

[415] So *Hederich*, NdsVBl. 1997, S. 272 (Anm. 43); *Pietzcker*, AöR 101 (1976), S. 394 f.; *Bachof*, AöR 87 (1962), S. 10 f.; vgl. auch *Hall*, DÖV 1965, S. 263.

Sofern die Aussetzung des Gesetzesvollzuges ausnahmsweise unmöglich ist, stellt sich die *Frage*, welches Verhalten der Verwaltung verfassungsmäßiger ist - die Gesetzesanwendung oder die Verwerfung. Dazu gibt es drei Auffassungen: Erstens, dass die Verwaltung das anzuwendende Gesetz verwerfen darf bzw. kann (*Verwerfungstheorie* im Eilfall).[416] Zweitens, dass die Verwaltung wegen der Vermutung der Verfassungsmäßigkeit oder der Gesetzesbindung der Verwaltung (Art. 20 III GG) das anzuwendende Gesetz vollziehen muss (*Anwendungsgebotstheorie*). [417] Drittens, dass die Verwaltung nach Abwägung der Interessen[418] der Allgemeinheit und der Beteiligten entscheiden soll (*Interessenabwägungstheorie*).[419]

Die Verwerfungstheorie kann den Willen des Gesetzgebers durch die Verwerfung eines Parlamentsgesetzes missachten, und sie verletzt die Rechtssicherheit, wenn das *BVerfG* letztlich das von der Verwaltung bereits verworfene Gesetz als verfassungs*mäßig* (es wäre dann unproblematisch, wenn das *BVerfG* das Gesetz auch für verfassungs*widrig* erklärt hätte) erklären würde. Würde das *BVerfG* nach der Verwerfung des Gesetzes durch die Verwaltung das Gesetz für verfassungsmäßig erklären, könnte die Verwaltung nicht die sich aus der Verwerfung des Gesetzes ergebende *Amtshaftung* vermeiden, weil die Verwaltung davon ausging, dass der Verwerfung ein größeres Interesse zukomme als der Anwendung des Gesetzes. Dies kann insofern gegen die *Eigenverantwortung* aller Staatsorgane verstoßen, als die Verwaltung für den Gesetzgebungsfehler der Legislative die Verantwortung übernehmen muss. Schließlich könnte es für die Verwaltung richtig sein, im *alternativen Fall* (entweder Verwerfung oder Anwendung) wegen der Dringlichkeit das für verfasssungswidrig gehaltene Gesetz anzuwenden[420], weil die Verwerfung des Gesetzes durch die Verwaltung nicht mit Art. 100 I GG vereinbar ist und die Verwaltung von der Amtspflichtverletzung befreit werden kann,

---

[416] Etwa *Bull/Mehde*, AllgVerwR, § 22 Rn. 894 (Es ist nur zulässig, „Solange den Gerichten keine Befugnisse vorenthalten und den Betroffenen keine Rechte genommen oder beeinträchtigt werden"); *Maurer* neigt auch zur Verwerfung („unangewendet zu lassen"), AllgVerwR, § 4 Rn. 56 (S. 90); *Hederich*, NdsVBl. 1997, S. 272. Für untergesetzliche Normen *Ehlers*, DÖV 2001, S. 413; vgl. auch *Sachs*, in: Stelkens/Bonk/Sachs, VwVfG, § 44 Rn. 86.

[417] Etwa *Hall*, DÖV 1965, S. 264; vgl. *Ossenbühl*, DV 2 (1969), S. 405 f.; *ders.*, in: Isensee/Kirchhof (Hrsg.), HdStR III, § 62 Rn. 4; *Schulze-Fielitz*, in: Dreier (Hrsg.), GG II, Art. 20 (Rechtsstaat) Rn. 98.

[418] Siehe dazu *Hubmann*, AcP 155 (1956), S. 85 ff.; vgl. auch *Wendt*, in: Isensee/Kirchhof (Hrsg.), HdStR IV, § 104 Rn. 57 f.

[419] Etwa *Kopp*, DVBl. 1983, S. 829. Interessenabwägung zwischen der Anwendung des eine *begünstigende Rechtslage* beinhaltenden Gesetzes und der Aussetzung des eine *belastende Rechtslage* beinhaltenden Gesetzes, dazu *Hoffmann-Riem*, DVBl. 1971, S. 846 ff.; *Groß*, Inzidente Normenkontrolle, S. 194 ff.

[420] Vgl. *Loschelder*, in: Isensee/Kirchhof (Hrsg.), HdStR III, § 68 Rn. 100; **a. A.** vgl. *Sachs*, in: Stelkens/Bonk/Sachs, VwVfG, § 44 Rn. 86. Im Hinblick auf untergesetzliche Normen habe die Verwaltungsbehörde bzw. der Verwaltungsbeamte jedenfalls eine Amtspflichtverletzung begangen bei Anwendung trotz erkannter Nichtigkeit.

ohne dass das *BVerfG* das Gesetz für verfassungsmäßig oder -widrig erklärt hat, weil sie es bereits angewendet hat.

(4) Startpunkt der Aussetzung

Es stellt sich zunächst die *Frage*, wann bzw. zu welchem Zeitpunkt, die Aussetzung des Gesetzesvollzuges beginnt; startet die Aussetzung unverzüglich, indem der Beamte eine Weisung seines unmittelbaren Vorgesetzten oder dieser eine seines nächsthöheren Vorgesetzten innerhalb derselben Behörde bzw. eines darüber hinaus höherstufigen Vorgesetzten (in der Aufsichtsbehörde) einholt? Es stellt sich die Frage, bis zu welcher Stufe der Beamte Weisungen im hierarchischen Aufbau der Verwaltung einholen kann, um seine Bedenken auszuräumen. Wie lange kann diese Verzögerung[421] im Hinblick auf §§ 38 BRRG, 56 BBG und Art. 93 I Nr. 2 GG nicht als Aussetzung des Gesetzesvollzuges, sondern als zulässige Prüfung verfassungsrechtlicher Bedenken innerhalb der Verwaltung gesehen werden? Die zweite Frage ist, ob der Beamte in den weisungsfreien Räumen - wie etwa im Eilfall - das von ihm für verfassungswidrig gehaltene Gesetz unbedingt anwenden muss.

Zur ersten Frage argumentiert *Bachof*[422], dass Weisungen nur bis „zum Verwaltungschef“ eingeholt werden dürfen; teile dieser die Bedenken, so sei „das Problem lediglich auf eine höhere Ebene“ verlagert. Daher könne eine Weisung über den Vollzug des für verfassungswidrig gehaltenen Gesetzes hinsichtlich Art. 93 I Nr. 2 GG nicht bis zu einem Ministerium durchlaufen. Demgegenüber ist *Pietzcker*[423] der Ansicht, dass eine Weisung bis zu einem Ministerium eingeholt werden kann, weil „die mit der Anfrage verbundene Verzögerung“ bis zum „Abwarten der Richtlinien zu neuen Gesetzen oder der Klärung zweifelhafter Rechtsfragen durch Rückfrage bei Vorgesetzten“ zulässig sei.

Die Bestimmungen des Remonstrationsverfahrens (§§ 38 II BRRG, 56 II BBG) werden in zwei Vorgängen, nämlich zuerst gegenüber dem unmittelbaren Vorgesetzten und dann gegenüber dem nächsthöheren Vorgesetzten wiederholt angewandt. Sie (vgl. nicht zuletzt § 56

---

421 Für den Eilfall gilt aber diese Verzögerung nicht. Dabei muss der Beamte das von ihm für verfassungswidrig gehaltene Gesetz wegen der Dringlichkeit des Gesetzesvollzuges anwenden. Siehe gerade oben (3).

422 AöR 87 (1962), S. 12; vgl. auch *Hall*, DÖV 1965, S. 263.

423 Hinsichtlich der Inzidentverwerfung gegenüber den *untergesetzlichen* Rechtsnormen. Vgl. AöR 101 (1976), S. 395.

II 3 BBG) regeln aber nicht den Fall, in dem der nächsthöhere Vorgesetzte auch die Bedenken des rangniedrigeren Beamten teilt. Sie setzen nur voraus, dass der nächsthöhere Vorgesetzte mit der Ansicht des unmittelbaren Vorgesetzten einverstanden ist. Ist der nächsthöhere Vorgesetzte auch mit den Bedenken des rangniedrigeren Beamten einverstanden, muss er sich nach §§ 38 II BRRG, 56 II BBG mit seinen Bedenken an seinen unmittelbaren Vorgesetzten wenden. Und bestehen seine Bedenken gegen die Anordnung fort, so hat er sich weiter an seinen nächsthöheren Vorgesetzten (einen höheren Vorgesetzten) zu wenden. Dadurch erreichen die Bedenken des rangniedrigeren Beamten nach dem hierarchischen Aufbau, den §§ 38 II BRRG, 56 II BBG und Art. 93 I Nr. 2 GG entfalten, endlich ein Ministerium.[424] Daher müssen die Bestimmungen über das Remonstrationsverfahren so verstanden werden, dass sie von dem nächsthöheren Vorgesetzten oder von einem höheren Vorgesetzten (§ 38 II 2 BRRG) *wieder neu* wie von dem rangniedrigeren Beamten angewandt werden, *sofern* er die Bedenken teilt.[425] Können die dienstlichen Anordnungen lediglich bis zu einer höheren Ebene eingeholt werden, wie *Bachof* und *Hall* meinen, verstößt dies gegen die *Erhaltung der Einheit*, die der Kern des hierarchischen Aufbaus der Verwaltung ist, und gegen das Prinzip der *Verantwortung* der Verwaltungsspitze gegenüber dem Parlament. §§ 38 II BRRG, 56 II BBG und Art. 93 I Nr. 2 GG dienen in diesem Sinne der Einheit der Verwaltung und der demokratischen Rechtsstaatlichkeit. Schließlich sind die Vorgänge sowohl bis zur letzten endgültigen verbindlichen Anordnung des Vorgesetzten[426] innerhalb des Remonstrationsverfahrens als auch bis zur abstrakten Normenkontrolle durch das *BVerfG* auf Antrag der Regierung (vgl. Art. 93 I Nr. 2 GG) lediglich eine *Verzögerung* des Gesetzesvollzuges, aber keine Aussetzung. Daher beginnt die Aussetzung des Gesetzesvollzuges eines nachkonstitutionellen Parlamentsgesetzes *in derselben Zeit*, in der die abstrakte Normenkontrolle erfolgreich beim *BVerfG* beantragt wird.[427]

Zur zweiten Frage ist anzumerken, dass der das Gesetz anzuwendenden Behörde in den *weisungsfreien Räumen*[428] wie z. B. bei dem Bundesrechnungshof und den Prüfungsausschüs-

---

[424] Vgl. *Hoffmann*, JZ 1961, S. 201 f.
[425] Dagegen sind *Bachof* (AöR 87 (1962), S. 12) und *Hall* der Ansicht (vgl. DÖV 1965, S. 263), dass die Bestimmungen (§§ 38 II BRRG, 56 II BBG) nur *einmalig* angewandt werden können; obwohl der nächsthöhere Vorgesetzte (ein höherer Vorgesetzter) die Bedenken des untergeordneten Beamten teilt, ist die Anordnung des nächsthöheren Vorgesetzten die Letzte. Daher können §§ 38 II BRRG, 56 II BBG trotz *gleicher* Bedenken des nächsthöheren Vorgesetzten von diesem *nicht wieder* wie von dem untergeordneten Beamten *neu* angewandt werden.
[426] Ist der nächsthöhere Vorgesetzte oder ein höherer Vorgesetzte mit dem Bedenken des untergeordneten Beamten nicht einverstanden, wird seine Anordnung endgültig.
[427] Insoweit stimmt *Pietzcker*, AöR 101 (1976), S. 395 zu.
[428] *Maunz*, in: Maunz-Dürig, GG, Art. 100 Rn. 28.

sen für Kriegsdienstverweigerer kein Aussetzungsrecht erteilt wird.[429] Diese Organe müssen das von ihnen für verfassungswidrig gehaltene Gesetz entweder anwenden oder nicht. Sie müssen sich entscheiden, weil sie weder eine Weisung ihres Vorgesetzten einholen können, noch eine Antragsberechtigung für eine abstrakte Normenkontrolle beim *BVerfG* (vgl. Art. 93 I Nr. 2 GG) besitzen. Sie müssen jedenfalls wegen des sich aus Art. 100 I GG ergebenden Verwerfungsmonopols[430] des *BVerfG* das Gesetz anwenden.

(5) Aussetzungsrecht als Verfahrensermessen

Nach herrschender Auffassung[431] wird die Prüfungskompetenz der Verwaltung hinsichtlich eines Parlamentsgesetzes anerkannt. Der Beamte kann sich wegen des für verfassungswidrig gehaltenen Gesetzes gem. §§ 38 BRRG, 56 BBG an seinen Vorgesetzten wenden. Darüber hinaus kann die Verwaltungsspitze beim BVerfG gem. Art. 93 I Nr. 2 GG eine abstrakte Normenkontrolle beantragen, soweit oberste Vorgesetzte bzw. die Regierung auch mit den Bedenken einverstanden sind. Muss der Beamte trotz seiner Überzeugung von der Verfassungswidrigkeit oder trotz des Remonstrationsverfahrens das für verfassungswidrig gehaltene Gesetz blindlings anwenden, ist die Normprüfungskompetenz der Verwaltung nicht mehr bedeutsam. Es gibt keinen Unterschied zwischen der blinden Anwendung nach der Prüfung und der Anwendung ohne Prüfung wegen der Vermutung der Verfassungsmäßigkeit. Daher ist das Aussetzungsrecht eine sich aus der *Prüfungskompetenz* der Verwaltung ergebende Befugnis.[432] Und es ist ein aus dem hierarchischen Aufbau der Verwaltung abgeleitetes *Verfahrensermessen* des Beamten bzw. der Behörde[433] und auch eine *Gesetzesvollziehungstätigkeit*[434] hinsichtlich des Begriffes der Gesetzesanwendung der Verwaltung.

---

[429] Siehe *Bachof*, AöR 87 (1962), S. 11 f.
[430] Vgl. dazu § 2 II Normprüfungskompetenz ohne Verwerfungskompetnez.
[431] S § 2 II.
[432] *Hoffmann*, JZ 1961, S. 204 („Prüfungspflicht wird durch eine Aussetzungs- und Vorlagepflicht ergänzt, wenn ein in diesem Sinne einschlägiges Gesetz (zumindest möglicherweise) ursprünglich verfassungswidrig ist"). **A. A.** *Pietzcker*, AöR 101 (1976), S. 399 d).
[433] Dies folge aus dem Grundsatz der Nichtförmlichkeit des Verfahrens (*Clausen*, in: Knack, VwVfG, § 9 Rn. 23) sowie aus der einfachen und zweckmäßigen Verfahrensgestaltung nach § 10 II VwVfG (*Riedl*, in: Obermayer, VwVfG, § 9 Rn. 57).
[434] *Kabisch*, Prüfung formeller Gesetze, S. 96.

c) Ergebnis zu 2.

Zusammenfassend ist festzustellen, dass der Verwaltung nach §§ 37 f. BRRG, 55 f. BBG, Art. 93 I Nr. 2 GG und § 32 BVerfGG grundsätzlich das Aussetzungsrecht im Rahmen des Gesetzesvollzuges zukommt. Es verstößt nicht gegen Art. 20 III GG und ist mit dem Prinzip der Verantwortung der Verwaltungsspitze gegenüber dem Parlament und der Einheit der hierarchischen Verwaltung vereinbar. Ausnahmsweise muss die Verwaltung das von ihr für rechtswidrig gehaltene Gesetz anwenden, wenn ein Eilfall vorliegt oder wenn sie in einem weisungsfreien Raum entscheidet.

3. Konkrete Normenkontrolle (Art. 100 I GG) und Grenze der Verwaltung

a) Verwerfungsmonopol des BVerfG

Zur Wahrung der Autorität des Gesetzgebers[435] dürfen Gerichte nicht Parlamentsgesetze selbst verwerfen, sondern müssen sie beim *BVerfG* vorlegen (Vorlagepflicht aus Art. 100 I GG), da jedes einzelne Gericht sich „über den Willen des Gesetzgebers hinwegsetzt, indem es die von ihm erlassenen (beschlossenen) Gesetze nicht anwendet“ [436], „und dadurch Rechtsunsicherheit und Rechtszersplitterung eintreten“[437]. Somit ist die Verwerfungskompetenz für Parlamentsgesetze beim *BVerfG* monopolisiert.[438]

Fraglich ist, ob Art. 100 I GG auch für die vollziehende Gewalt gilt. Dazu werden zwei Auffassungen vertreten. Nach der *Umkehrschluss-Theorie*[439] könne zuerst die Verwaltung das von ihr für rechtswidrig gehaltene Gesetz von sich aus verwerfen, wenn es an einer dem Art. 100 I GG entsprechenden Vorschrift für die vollziehende Gewalt fehlt. Das Verbot einer Verwerfungskompetenz folgt nicht aus Art. 100 I GG, weil Art. 100 I GG nicht für die

---

[435] *BVerfGE* 22, 373/378; 68, 337/344 f.; 86, 71/77; 97, 117/122; *Ehlers*, in: Schoch/Schmidt-Aßmann/Pietzner (Hrsg.), VwGO, Anh § 40 Art. 100 Abs. 1 GG Rn. 5; *Sturm*, in: Sachs (Hrsg.), GG, Art. 100 Rn. 5; *Pieroth*, in: Jarass/ders., GG, Art. 100 Rn. 1.

[436] *BVerfGE* 22, 373/378; 68, 337/344 f.; vgl. auch 63, 131/141.

[437] *BVerfGE* 22, 373/378; vgl. auch 54, 47/51; 63, 131/141.

[438] *Ehlers*, in: Schoch/Schmidt-Aßmann/Pietzner (Hrsg.), VwGO, Anh § 40 Art. 100 Abs. 1 GG Rn. 6; *Sturm*, in: Sachs (Hrsg.), GG, Art. 100 Rn. 2; auch *ders.*, JuS 1999, S. 1018; *Storr*, ThürVBl. 1997, S. 123; *Hillgruber*, JZ 1996, S. 119; *Roellecke*, in: Isensee/Kirchhof (Hrsg.), HdStR III, § 68 Rn. 20.

[439] Siehe das zweite Argument in § 2 III.

Verwaltung gilt.[440] Nach der *Erst-recht-Schluss-Theorie*[441] sei den Gerichten keine Verwerfungskomeptenz für Parlamentsgesetze gegeben, so dass eine solche Verwerfungskompetenz für die Verwaltung erst recht abgelehnt werden müsse. Daher werde eine Verwerfungskompetenz für das Parlamentsgesetz der Verwaltung verneint, weil Art. 100 I GG nicht nur für die Gerichte, sondern auch für die Verwaltung gilt.[442] Wegen ungenügender Begründungen beider Theorien verneinen einige Schriftsteller[443] die Erst-recht- und Umkehrschlüsse. Sie versuchen eine Lösung unter Rückgriff auf die allgemeine Funktions- und Kompetenzverteilung zwischen den Gewalten.[444]

b) Demokratisch-rechtsstaatliche Grenze der Verwaltung gegenüber Parlamentsgesetzen

Unter dem Grundgesetz muss die Verwerfungskompetenz der Verwaltung für die Parlamentsgesetze nach dem *Verhältnis* zwischen der *Aufgabe der Verwaltung* und der *Verwaltung gegenüber Judikative* bestimmt werden. Aus Art. 20 II 2, III, 1 III GG, die die Aufgaben der Verwaltung regeln, kann nicht die Verwerfungskompetenz der Verwaltung abgeleitet werden, weil sie nach diesen Vorschriften an das Legitimationsgebot, Gesetz und Recht und die Grundrechte gebunden ist[445] und die Verwerfungskompetenz für die Parlamentsgesetze, die diese Gebundenheit beeinträchtigt, der Verwaltung nicht erteilt werden darf. Daher steht es der Verwaltung hinsichtlich ihrer *Aufgabe* zu, gem. Art. 93 I Nr. 2 GG beim *BVerfG* die abstrakte Normenkontrolle zu beantragen. Die Verwerfungskompetenz der Verwaltung wird nämlich für die Parlamentsgesetze gem. Art. 20 II 2, III, 1 III und 93 I Nr. 2 GG abgelehnt. In diesem Sinne kann die Umkehrschluss-Theorie nicht bejaht werden, nach der die Verwaltung die Parlamentsgesetze selbst verwerfen darf, weil es keine entgegenstehende Regelung für die Verwaltung gibt.

Die Verwerfungskompetenz für die Parlamentsgesetze muss auch in Bezug auf das Verhältnis der Verwaltung gegenüber *Judikative* betrachtet werden. Nach der Gewaltenteilung in Art. 20 II 2, III, 1 III GG wird die Eigenständigkeit als ein Kernbereich der Verwaltung

---

440 So *Bachof*, AöR 87 (1962), S. 31 ff., deutlich 41; sowohl auch *Kopp*, DVBl. 1983, S. 825.

441 Siehe die dritte Begründung in § 2 II.

442 Nicht zuletzt *Herzog*, in: Maunz-Dürig, GG, Art. 20 VI. Rn. 30; sowohl auch *Ossenbühl*, DV 2 (1969), S. 401 f.; **a. A.** *Gril*, JuS 2000, S. 1083.

443 So *Bachof*, AöR 87 (1962), S. 29, 31; *Gril*, JuS 2000, S. 1082 f.

444 *Bachof*, AöR 87 (1962), S. 40 ff.; *Gril*, JuS 2000, S. 1084; vgl. *Wehr*, Inzidente Normverwerfung, S. 181 ff.

445 Die drei wichtigsten Bindungsklauseln für die vollziehende Gewalt, *Schmidt-Aßmann*, in: Ehlers/Krebs (Hrsg.), Grundfragen des VerwR, S. 2.

verbrieft[446]. Sie steht jedoch ebenso nach demselbem Prinzip und auch i. V. m. Art. 19 IV GG unter der Kontrolle der Judikative[447]. Art. 100 I GG bedeutet eine *Unterordnung* der Verwaltungstätigkeiten gegenüber der Judikative hinsichtlich der Verwerfungskompetenz für die Parlamentsgesetze. Art. 100 I GG hat die Verwerfungskompetenz für die Parlamentsgesetze beim *BVerfG* monopolisiert, indem er die Entscheidung über die Gültigkeit der nachkonstitutionellen Gesetze nicht den Fachgerichten überlässt (Vorlagepflicht). Daher wird die Verwerfungskompetenz für die Parlamentsgesetze hinsichtlich der *Aufgabe* der vollziehenden Gewalt beim *BVerfG* monopolisiert, weil dies erstens aus Art. 20 II 2, III, 1 III und 93 I Nr. 2 GG folgt und es sich zweitens aus der Unterordnung der Verwaltung gegenüber *Judikative* in Art. 100 I GG ergibt. In diesem Sinne entspricht die *Erst-recht-Schluss-Theorie* den verfassungsrechtlichen Vorgaben. Aber sie ist teilweise auch problematisch[448], weil sie nur Art. 100 I GG als den die Verwerfungskompetenz der Verwaltung entgegenstehenden Rechtsgrund versteht. Die Verwerfungskompetenz der Verwaltung muss nämlich, wie dargestellt, im Zusammenhang mit der Gewaltenteilung aus Art. 20 II 2 GG, der Bindung der Verwaltung an die Verfassung und Grundrechte aus Art. 20 III, 1 III GG, der verfassungsprozessualen Grenze der Verwaltung aus Art. 93 I Nr. 2 GG und mit der Kontrolle der Verwaltung durch die Judikative aus Art. 100 I GG abgewogen werden. Damit wird die Verwerfungskompetenz der Verwaltung für Parlamentsgesetze aufgrund der auf Art. 20 II 2, 20 III, 1 III, 93 I Nr. 2 und 100 I GG basierenden *demokratischen Rechtsstaatlichkeit* beim *BVerfG* monopolisiert.

4. Ergebnis zu II.

Die Verwaltung ist zur Verwerfung nachkonstitutioneller Parlamentsgesetze nicht befugt, weil diese Kompetenz nach dem Grundgesetz beim *BVerfG* monopolisiert ist. Das Monopol ist nicht nur in Art. 100 I GG, sondern auch in Art. 20 II 2, III, 1 III i. V. m. 79 III GG begründet; die Verwaltung darf wegen der sich aus Parlamentsgesetzen ergebenden demokratischen Rechtsstaatlichkeit keine nachkonstitutionellen Parlamentsgesetze verwerfen.

---

[446] *BVerfGE* 9, 268/280; 30, 1/27 f.; 34, 52/59; 68, 1/87; 95, 1/16; *Jarass*, ders./Pieroth, GG, Art. 20 Rn. 24; *Schmidt-Aßmann*, in: Isensee/Kirchhof (Hrsg.), HdStR II, § 26 Rn. 52, 54 und 56.

[447] Zuerst von der Verwaltungsgerichtsbarkeit und letztlich vom BVerfG werden die Verwaltungstätigkeiten überprüft. Vgl. dazu *Schmidt-Aßmann*, in: Isensee/Kirchhof (Hrsg.), HdStR II, § 26 Rn. 59.

[448] Dazu *Bachof*, AöR 87 (1962), S. 27 ff.; *Ossenbühl*, DV 2 (1969), S. 401 f.

III. Rechtsverordnungen

Die Verwaltung, deren wesentliche Aufgabe die Anwendung des Gesetzes ist, darf Rechtsvorschriften auf Grund der schnellen und komplizierten, fachbezogenen gesellschaftlichen Veränderungen im Rahmen des Gesetzes und aufgrund des Gesetzes erlassen, zumal in Form des parlamentarischen Gesetzes nicht effizient[449] Regelungen getroffen werden können. Das Grundgesetz regelt in Art. 80 I, dass die Verwaltungsspitze im Rahmen der erteilten Ermächtigung Rechtsverordnungen erlassen darf. Wie wird die Verordnungsgebung durch die Verwaltung im verfassungsrechtlichen System mit dem Parlamentsvorbehalt harmonisiert? Was ist die Begründung dafür, dass sie im Allgemeinen anerkannt ist? (unten 1.)

Die Frage, ob der Verwaltung eine Verwerfungskompetenz in Bezug auf Rechtsverordnungen zukommt, bezieht sich einerseits auf die Gestaltungsfreiheit des Verordnungsgebers; dabei geht es darum, ob die Reichweite der Gestaltungsfreiheit des Verordnungsgebers die Verwerfungskompetenz umfassen kann. Andererseits stellt sich die Frage, ob eine Verwerfungskompetenz bestehen kann, obwohl es eine Mitwirkung des Parlaments bei Rechtsverordnungen und die Möglichkeit abstrakter Normenkontrollen (vgl. Art. 93 I GG, § 47 I, II VwGO) gibt. Kann der Verordnungsgeber selber die Verwerfungskompetenz ergreifen? (unten 2.)

1. Rechtsetzung durch die Verwaltung

a) Wesentlichkeitslehre und Art. 80 I GG

In der Eingriffs- bzw. Leistungsverwaltung hat das *BVerfG* bezüglich des Schutzes der Grundrechte die Entscheidung getroffen, dass der Gesetzgeber „alle wesentlichen Entscheidungen“[450] nicht an die Verwaltung delegieren darf, sondern solche selbst treffen muss. Ferner bestätigt das *BVerfG*, dass „die Rechtsetzung grundsätzlich Sache der Legislative“ ist, indem die Rechtsetzung durch die Exekutive „die Ausnahme“ in der

---

[449] So *Brenner*, in: v. Mangoldt/Klein/Starck, GG 3, Art. 80 Rn. 8; *Lücke*, in: Sachs (Hrsg.), GG, Art. 80 Rn. 3; *Maurer*, Staatsrecht I, § 17 Rn. 141; vgl. auch *von Danwitz*, Die Gestaltungsfreiheit, S. 51; *von Münch*, Staatsrecht I, Rn. 854.

[450] *E* 49, 89/126; 61, 260/275; 88, 103/116.

rechtsstaatlich-demokratischen Verfassungsordnung des Grundgesetzes ist.[451] Der Verfassungsgeber räumt dagegen der Exekutive in Art. 80 I GG das Verordnungsrecht ein. Daher taucht eine Frage auf, ob ein *echter* Widerspruch zwischen der Wesentlichkeitslehre und der Rechtsetzung durch die Verwaltung vorliegt.[452] Der äußerliche Widerspruch wird in Rechtsprechung[453] und im Schrifttum[454] konsequent geleugnet; Art. 80 I GG wird als eine unentbehrliche Vorschrift zur Verwirklichung des Rechtsstaats- und Demokratieprinzips begriffen.

Art. 80 I 2 GG verlangt vom Gesetzgeber, dass er den „Inhalt, Zweck und Ausmaß der erteilten Ermächtigung" durch Gesetz bestimmt (sog. Bestimmtheitsgebot), um alle wesentlichen Entscheidungen, die nur dem Parlament vorbehalten sind, nicht auf die Exekutive zu delegieren. Das bedeutet, dass „Art. 80 I GG keine Grundlage für eine originäre Rechtsetzung der Exekutive bildet, sondern nur Annex-Regelungen zur Konkretisierung und Ergänzung von Gesetzen zuläßt"[455]. Mithin ist die Gestaltungsfreiheit des Verordnungsgebers in Art. 80 I GG grundsätzlich nur unter dem *parlamentarischen Demokratieprinzip* garantiert. Demgegenüber kann auch die Wesentlichkeitslehre hinsichtlich der Eingriffs- bzw. Leistungsverwaltungstätigkeiten als ein Versuch betrachtet werden, mit dem *parlamentarischen Demokratieprinzip* die Grundrechte zu schützen. Da beide gemeinsam die Bindung an der parlamentarischen Demokratie voraussetzen, kann man Art. 80 I GG nicht für widersprüchlich zum Parlamentsvorbehalt erachten.[456]

---

[451] *E* 24, 184/197. Vgl. im Schrifttum *Schmidt*, AllgVerwR, Rn. 131, „eine Durchbrechung des Gewaltenteilungsprinzips"; *Ossenbühl*, in: Isensee/Kirchhof (Hrsg.), HdStR III, § 64 Rn. 15.

[452] Vgl. *Busch*, Das Verhältnis Art. 80 Abs. 1 S. 2 GG, S. 133; *Stern*, Staatsrecht II, § 38 I 5 (S. 660). Ausführlich über das Grundverhältnis zwischen der Wesentlichkeitslehre und der Rechtsetzung durch die Verwaltung, *Busch*, S. 25 ff.

[453] *BVerfGE* 18, 52/59; 34, 52/58 ff.; 41, 251/265 f.; 55, 207/225 f.; 58, 257/277; 73, 388/400.

[454] So *Schmidt-Aßmann*, in: FS Vogel, S. 484; *Bauer*, in: Dreier (Hrsg.), GG II, Art. 80 Rn. 13; *Brenner*, in: v. Mangoldt/Klein/Starck, GG 3, Art. 80 Rn. 11; *Maurer*, in: FS Leisner, S. 586; *ders.*, Staatsrecht I, § 17 Rn. 143; *Ossenbühl*, in: Isensee/Kirchhof (Hrsg.), HdStR III, § 64 Rn. 17, 13; *Pieroth*, in: Jarass/ders., GG, Art. 80 Rn. 1; *Stern*, Staatsrecht II, § 38 II 3 (S. 664); vgl. auch *von Danwitz*, Jura 2002, S. 99.

[455] Vgl. *BVerfGE* 78, 249/272; *Maurer*, Staatsrecht I, § 17 Rn. 140; auch *ders.*, AllgVerwR, § 4 Rn. 17; *Bryde*, in: von Münch/Kunig (Hrsg.), GG 3, Art. 80 Rn. 2, „eine eingeschränkte Normsetzung"; *Busch*, Das Verhältnis Art. 80 Abs. 1 S. 2 GG, S. 131 f.; *Ossenbühl*, in: Isensee/Kirchhof (Hrsg.), HdStR III, § 64 Rn. 14, „konservierende Delegation"; *Seiler*, Der einheitliche Parlamentsvorbehalt, S. 199.

[456] Vgl. *Horn*, Die grundrechtsunmittelbare Verwaltung, S. 64 ff.; *von Bogdandy*, Gubernative Rechtsetzung, S. 339; *Studenroth*, DÖV 1995, S. 526; *Möstl*, in: Erichsen/Ehlers (Hrsg.), AllgVerwR, § 19 Rn. 4; *Seiler*, Der

b) Rechtsverordnungen als materielle Gesetze

Die verfassungssystematische Stellung des Art. 80 I GG im Grundgesetz liegt in der Funktion der Rechtsverordnungen. Im Allgemeinen ist die Funktion bzw. der Sinn der Rechtsverordnungen Konkretisierung, Ausführung und Ergänzung des förmlichen Gesetzes.[457] Wie man an der Überzahl der Rechtsverordnungen im Verhältnis zu den Gesetzen[458] sehen kann, gibt es viele Fälle, in denen Gesetze ohne Rechtsverordnungen keinen Sinn mehr haben. Beispiele dafür sind u. a. das Bundesimmissionschutzgesetz, das Telekommunikationsgesetz und das Gentechnikgesetz, welche „ohne den Kreis der sie umlagernden Rechtsverordnungen überhaupt nicht lebensfähig" wären[459]. Die Rechtsverordnungen sind als *materielle Gesetze*[460] anzusehen, die das Parlament entlasten.

2. Bindung des Verordnungsgebers an den Gewaltenteilungsgrundsatz

a) Reichweite der Gestaltungsfreiheit des Verordnungsgebers

Die Behauptung *von Danwitzs* ist es, dass die Reichweite der Gestaltungsfreiheit des Verordnungsgebers nicht allgemeingültig umschrieben wird, weil sie erst unter der Abwägung von v*ier Elementen* entschieden werden kann. Diese vier Elemente sind die Organstellung des Ermächtigungsadressaten, die Unterscheidung zwischen allgemeinen und Einzelfall-Verordnungen, Zustimmungsakte des Parlamentsplenums und seiner Ausschüsse und die Besonderheiten der einzelnen Regelungsmaterien.[461] Wenn der Verordnungsgeber nicht allein entscheiden kann, soll die Entscheidung der Reichweite der Gestaltungsfreiheit schließlich den Gerichten überlassen werden.[462] Sowohl das Entschließungsermessen als auch das Aufhebungsermessen sieht *von Danwitz* von der Gestaltungsfreiheit des Verordnungsgebers umfasst[463]; das Aufhebungsermessen wird der Verordnungsgeber verlieren, wenn der

einheitliche Parlamentsvorbehalt, S. 185 ff.

[457] *Stern*, Staatsrecht III/1, § 74 I 4 (S. 1328); *Schmidt-Aßmann*, in: FS Vogel, S. 477; *Wolff/Bachof/Stober*, VerwR 1, § 25 Rn. 30.

[458] *Brenner*, in: v. Mangoldt/Klein/Starck, GG 3, Art. 80 Rn. 12; *Maurer*, Staatsrecht I, § 17 Rn. 142; *Ossenbühl*, in: Isensee/Kirchhof (Hrsg.), HdStR III, § 64 Rn. 4; *Sommermann*, JZ 1997, S. 436.

[459] *Schmidt-Aßmann*, in: FS Vogel, S. 477.

[460] *Stern*, Staatsrecht III/1, § 74 I 4 (S. 1328); *von Münch*, Staatsrecht I, Rn. 855; vgl. *Hesse*, Grundzüge, Rn. 506.

[461] Die Gestaltungsfreiheit des Verordnungsgebers, S. 198.

[462] Ebd., S. 198 ff.

[463] Ebd., S. 182 ff.

Ermächtigungstatbestand fortgefallen ist, z. B. beim Abschluß einer Veränderung der Sachlage, die deutlich erkennbar ist[464]. Nach *von Danwitz* kann der Verordnungsgeber das Aufhebungsermessen ausüben, wenn die Voraussetzungen zur Aufhebung offensichtlich sind. Dabei ist die *Frage*, wie der Verordnungsgeber sich benehmen soll, wenn die Voraussetzungen für eine Aufhebung *undeutlich* sind oder *Zweifel* an der Rechtmäßigkeit der Rechtsverordnung bestehen, z. B. beim Verstoß gegen die Ermächtigungsnorm oder gegen Parlamentsgesetze bzw. darüber hinaus beim Verstoß gegen das Grundgesetz.

Es ist sehr umstritten, ob der Verordnungsgeber die Rechtsverordnungen verwerfen darf. Einige Autoren wie u. a. *Brenner*[465], *Heckmann*[466], *Ossenbühl*[467] und *Stober*[468] lassen die Gestaltungsfreiheit des Verordnungsgebers die Verwerfungskompetenz der Rechtsverordnungen einschließen. Demgegenüber erkennt *Achterberg*[469] dies nur für *belastende* Rechtsverordnungen für die Verwerfungskompetenz an. Mithin wird die Verwerfungskompetenz der Rechtsverordnungen als die Kehrseite (*contrarius actus*) zum Erlass der Rechtsverordnungen begriffen. Demgegenüber verneint *App*[470] die Verwerfungskompetenz des Verordnungsgebers grundsätzlich, weil die Änderungsbefugnis der Rechtsverordnungen nicht der Exekutive, sondern dem Parlament zukommt. Nach *Hendler*[471] tritt auch eine Rechtsverordnung dann nicht außer Kraft, „weil der Ermächtigungstatbestand nachträglich fortgefallen ist". *Jarass*[472] und *Schultz-Fielitz*[473] verneinen die Verwerfungskompetenz der Rechtsverordnungen nach Maßgabe des Prozessrechts. *Ehlers*[474] stellt als neutrale, jedoch die Gestaltungsfreiheit des Verordnungsgebers respektierende Auffassung vor, dass der Verordnungsgeber die für verfassungswidrig gehaltenen Rechtsverordnungen durch das Aufhebungsverfahren (statt einer Verwerfung) kontrolliere.

---

464 Ebd., S. 184.
465 In: v. Mangoldt/Klein/Starck, GG 3, Art. 80 Rn. 69.
466 Geltungskraft und Geltungsverlust, S. 357 („Die Ermächtigung bestimmer Organe der Exekutive (Bundesminister, Bundes- bzw. Landesregierungen) zum Erlass von Rechtsverordnungen (insbesondere durch Art. 80 Abs. 1 S. 1 GG) beinhaltet aber ohne Zweifel auch die Ermächtigung zu deren späteren Änderung bzw. Aufhebung").
467 In: Isensee/Kirchhof (Hrsg.), HdStR III, § 64 Rn. 74.
468 In: Wolff/Bachof/ders., Verwaltungsrecht 1, § 25 Rn. 34 („Die Ermächtigung zum Erlass von Rechtsverordnungen enthält idR auch die zu ihrer Änderung oder Aufhebung").
469 AllgVerwR, § 23 Rn. 32.
470 DVP 1998, S. 152 f.
471 DÖV 1998, S. 486.
472 In: ders./Pieroth, GG, Art. 20 Rn. 40.
473 In: Dreier (Hrsg.), GG II, Art. 20 (Rechtsstaat) Rn. 99.
474 DÖV 2001, S. 413, die Verwaltung wirkt auf eine Aufhebung der Vorschriften hin und nur in Eilfällen ist eine Verwerfungskompetenz der Rechtsverordnungen anerkannt.

b) Entschließungsermessen und Verwerfungskompetenz

Das Entschließungsermessen gehört zum Zentrum der Gestaltungsfreiheit des Verordnungsgebers.[475] Es unterscheidet sich danach, ob der Erlass der Rechtsverordnung *verpflichtend* oder *freiwillig* ist. Es geht hierbei darum, ob in den beiden Fällen die Verwerfungskompetenz der Rechtsverordnung dem Verordnungsgeber zukommt und ob die Mitwirkung des Bundesrates zum Erlass der Rechtsverordnung auf die Verwerfungskompetenz Einfluss hat.

aa) Reduzierung des Entschließungsermessens auf Null

Ein Entschließungsermessen ist bei der Verpflichtung [476] zum Erlass von Rechtsverordnungen nicht vorhanden. Insbesondere fordert *von Danwitz*[477] hinsichtlich der Entscheidungen des BVerwG in den folgenden Fällen einen *verpflichtenden Erlass* von Rechtsverordnungen: Erstens, wenn die Ermächtigungsnorm den Erlass verpflichtend vorschreibt; zweitens, in denjenigen Fällen, „in denen die Auslegung der Verordnungsermächtigung selbst eine Verpflichtung der Ermächtigten zum Erlass der Verordnung nicht ergibt, aber das Regelungsvorhaben insgesamt ohne die zu erlassende Verordnung nicht praktikabel wäre“[478]; drittens, wenn der Erlass aus einer Verfassungsverpflichtung folgt. Auch das *BVerfG*[479] bestätigt, dass der Erlass von Rechtsverordnungen verpflichtend ist, wenn ohne den Erlass der Rechtsverordnungen eine entsprechende Pflicht oder die gesetzliche Regelung, die die Ermächtigungsnorm statuiert, nicht praktiziert werden kann oder das Untätigbleiben des Verordnungsgebers einen Verstoß gegen Art. 3 I GG darstellt.

---

475 Vgl. *von Danwitz*, Die Gestaltungsfreiheit, S. 166, 179 f.
476 *Lücke*, in: Sachs (Hrsg.), GG, Art. 80 Rn. 4; vgl. *Pieroth*, in: Jarass/ders., GG, Art. 80 Rn. 22.
477 Die Gestaltungsfreiheit, S. 180 f. Vgl. auch *Ossenbühl*, in: Isensee/Kirchhof (Hrsg.), HdStR III, § 64 Rn. 43.
478 Die Gestaltungsfreiheit, S. 181.
479 *E* 13, 248/254; 16, 332/338; 78, 249/272; 79, 174/194. Vgl. *Pieroth*, in: Jarass/ders., GG, Art. 80 Rn. 22.

bb) Reduzierung der Verwerfungskompetenz auf Null

(1) Bei zwingendem Erlass

Die Verwerfung von Rechtsverordnungen durch den Verordnungsgeber ist beschränkt, solange der Erlass der Rechtsverordnung zwingend ist, weil die Verwerfung der Rechtsverordnungen in diesem Fall gegen die *Ermächtigungsnorm* und die *grundrechtlichen Aufgaben*, z. B. Verwirklichung des Art. 3 I und 20 a GG durch die Rechtsverordnungen[480], verstößt. Wenn das *Gesetz* zu seiner praktikablen Verwirklichung auf die Rechtsverordnung angewiesen ist, bedeutet eine Verwerfung der Rechtsverordnung, dass zugleich das Gesetz verworfen wird. Mithin ist das Ermessen des Verordnungsgebers auf Null reduziert[481], wenn der Erlass von Rechtsverordnungen für den Verordnungsgeber verpflichtend ist. Und der Verordnungsgeber darf nicht die Rechtsverordnung wegen des *Zwangs* zum Erlass der Rechtsverordnung bzw. der Unumgänglichkeit zum Fortbestehen der Rechtsverordnung selbst verwerfen[482], obwohl er die Lage so beurteilt, dass das Ziel der Rechtsverordnung schon erreicht ist[483], weil er zum Erlass der Rechtsverordnung verpflichtet war bzw. der Fortbestand der Rechtsverordnung unumgänglich ist. Aber dies gilt nicht für den Fall, dass das Ende der Geltungskraft der Rechtsverordnung bereits in der gesetzlichen Ermächtigungsnorm vom Parlament festgelegt ist.[484]

Beim zwingenden Erlass kann der Verordnungsgeber die Rechtsverordnungen auf der fehlerhaften Basis wie Rechtsirrtum oder unzulässige Erwägungen[485] erlassen. Ein Beispiel[486] dafür ist, dass die in Art. 14 I GG angesprochenen erforderlichen kompensatorischen Maßnahmen für den betroffenen Eigentümer mangelhaft sind, wenn die höhere Naturschutzbehörde durch die Rechtsverordnungen das Naturschutzgebiet festsetzt. Nach der Verkündung der Rechtsverordnung ist nicht nur ihre Änderung, sondern auch ihre Verwerfung dem Verordnungsgeber verboten, obwohl er von ihrer Rechtswidrigkeit überzeugt ist. Denn in

---

480 Ausführlich *Unruh/Strohmeyer*, NuR 1998, S. 229 ff.

481 Vgl. *BVerwGE* 11, 95/96 f. – Ermessensreduzierung auf Null; *Hain/Schlette/Schmitz*, AöR 122 (1997), S. 37 ff.

482 Auch durch Gesetz kann der *Gesetzgeber* die Rechtsverordnungen nicht aufheben, wenn ein Zwang zum Erlass der Rechtsverordnung besteht (*Lücke*, in: Sachs (Hrsg.), GG, Art. 80 Rn. 7 Fn. 19). **A. A.** vgl. *Ossenbühl*, in: Isensee/Kirchhof (Hrsg.), HdStR III, § 64 Rn. 44; *von Danwitz*, Die Gestaltungsfreiheit, S. 183 f.

483 S. unten c) aa).

484 Vgl. *Studenroth*, DÖV 1995, S. 535; *Brenner*, in: v. Mangoldt/Klein/Starck, GG 3, Art. 80 Rn. 69.

485 *Zuleeg*, DVBl. 1970, S. 162 f.

486 Vgl. dazu *BVerwG*, U. v. 31. 1. 2001 – 6 CN 2.00 -, DVBl. 2001, S. 931 ff.; *Hermanns*, JA 2002, S. 26 ff.; *ders./Hönig*, NuR 2001, S. 27 ff.

diesem Fall kommt die Kompetenz zur Änderung und Verwerfung der Rechtsverordnungen nach dem *Gewaltenteilungsprinzip* dem Parlament oder den Gerichten zu. Der Verordnungsgeber muss deren Entscheidung abwarten, weil für ihn der Erlass der Rechtsverordnung verpflichtend ist.

(2) Bei freiwilligem Erlass

Nach dem Entschließungsermessen kann auch der Verordnungsgeber aufgrund der Ermächtigung *freiwillig*, nämlich ohne Zwang[487] die Rechtsverordnungen erlassen. Auch beim freiwilligen Erlass der Rechtsverordnungen wird die Verwerfungskompetenz des Verordnungsgebers abgelehnt, weil das Gewaltenteilungsprinzip grundsätzlich für diesen Fall gilt und die Betroffenen wegen des Vertrauensschutzgrundsatzes auf den Fortbestand der Rechtsverordnung vertrauen können dürfen. Daher erstreckt sich das Gewaltenteilungsprinzip nicht nur auf den Erlass[488], sondern auch auf die Verwerfung. Diese Beschränkung für die Verwerfungskompetenz der Verwaltung geht davon aus, dass ein Gesetz des Parlaments nicht verworfen werden darf.

(3) Bei Mitwirkung des Bundesrates

Die Anzahl der zustimmungspflichtigen Rechtsverordnungen ist sehr groß. Im Allgemeinen ist die Zustimmungpflicht des Bundesrates enumerativ im Gesetz deutlich ausgedrückt. Die Verkehrsverordnungen und Föderativ-Verordnungen des Art. 80 II GG[489] bedürfen beispielsweise bei ihrem Erlass der Zustimmung des Bundesrates.[490] Gleiches sehen auch Art. 84 II, 85 II und 108 VII GG für die Verwaltungsvorschriften vor. Da die Zustimmung des Bundesrates beim Erlass der Rechtsverordnungen eine *Wirksamkeitsvoraus-*

---

[487] Vgl. *Brenner*, in: v. Mangoldt/Klein/Starck, GG 3, Art. 80 Rn. 64; *Lücke*, in: Sachs (Hrsg.), GG, Art. 80 Rn. 4.

[488] *Stern*, Staatsrecht III/1, § 74 I 4 (S. 1328); vgl. auch *Maunz*, in: Maunz-Dürig, GG, Art. 80 Rn. 2; *Schmidt-Aßmann*, in: FS Vogel, S. 484; *Hendler*, DÖV 1998, S. 484.

[489] *Brenner*, in: v. Mangoldt/Klein/Starck, GG 3, Art. 80 Rn. 77 ff.; *Bryde*, in: von Münch/Kunig (Hrsg.), Art. 80 Rn. 26.

[490] Fast die Hälfte (von 1949 bis 1997) der auf der Grundlage eines Bundesgesetzes erlassenen Rechtsverordnungen werden als zustimmungsbedürftig qualifiziert, *Lücke*, in: Sachs (Hrsg.), GG, Art. 80 Rn. 36; *von Danwitz*, Jura 2002, S. 97.

setzung[491] darstellt, darf der Verordnungsgeber aufgrund seiner Gestaltungsfreiheit diese Rechtsverordnungen nicht verwerfen.

c) Ursachen der Aufhebung und Verwerfungskompetenz

Fraglich ist, ob der Verordnungsgeber seine Rechtsverordnungen selbst verwerfen darf, wenn die Voraussetzungen der Verwerfung *offensichtlich* sind? Wie soll sich der Verordnungsgeber dagegen verhalten, wenn die Voraussetzungen der Verwerfung nicht deutlich sind und *Zweifel* an Rechtmäßigkeit der Rechtsverordnungen vorliegen?

aa) Evidenzvoraussetzungen der Aufhebung

Als Beispiele für die Evidenzvoraussetzungen zur Aufhebung von Rechtsverordnungen können das in der Ermächtigungsnorm geregelte Eintreten der Abschlussfrist, Vollendung des Zwecks[492] bzw. Entfall der tatsächlichen Umstände[493] erwähnt werden, die nach der Ermächtigungsnorm zum Erlass einer Rechtsverordnung vorliegen müssen. Nach der Rechtsprechung[494] und einigen Autoren[495] kann der Verordnungsgeber seine Rechtsverordnungen selbst aufheben, wenn die tatsächlichen Umstände, die nach der Ermächtigungsnorm zum Erlass einer Rechtsverordnung vorliegen müssen, *langfristig offensichtlich* sind. Die Frage ist, ob der Verordnungsgeber die Offensichtlichkeit für eine Aufhebung exakt beurteilen kann. Die Einschätzung über die Offensichtlichkeit kann widerlegbar sein, darüber hinaus kann sie vom Verordnungsgeber mißbraucht werden.[496] Da der Verordnungsgeber künftige[497] Verläufe bzw. Entwicklungen der Umstände beachten

---

[491] *Lücke*, in: Sachs (Hrsg.), GG, Art. 80 Rn. 37; *von Danwitz*, Jura 2002, S. 97.

[492] Durch die *Gegenstandlosigkeit* bzw. *Funktionslosigkeit* kann das ersetzt werden, *Hendler*, DÖV 1998, S. 486.

[493] *Ossenbühl*, in: Isensee/Kirchhof (Hrsg.), HdStR III, § 64 Rn. 44.

[494] *BVerfGE* 42, 374/395 f.; *BVerwGE* 59, 195/197 f.; *BayVGH*, BayVBl. 1987, S. 557/559.

[495] Beispielsweise *Ossenbühl*, in: Isensee/Kirchhof (Hrsg.), HdStR III, § 64 Rn. 44; *von Danwitz*, Die Gestaltungsfreiheit, S. 182 f.; auch *ders.*, Jura 2002, S. 101 f.

[496] Kritik von *von Danwitz* an der Rechtsprechung des BVerwG und BayVGH, *ders.*, Die Gestaltungsfreiheit, S. 183 f.

[497] Der Verordnungsgeber darf nicht die Rechtsverordnungen einfach aufheben, obwohl die tatsächliche Umstände schon abgeschlossen sind, weil der Abschluss der tatsächlichen Umstände auch nur unter der Kontrolle des Gerichtes beurteilen werden kann. **A. A.** *BVerfGE* 42, 374/395 f.; *BVerwGE* 59, 195/197 f.; *BayVGH*, BayVBl. 1987, S. 557 ff.; *Hendler*, DÖV 1998, S. 486; *Ossenbühl*, in: Isensee/Kirchhof (Hrsg.), HdStR III, § 64 Rn. 44; vgl. auch *von Danwitz*, Jura 2002, S. 101 f.

muss[498], kann die Einschätzungsprärogative des Verordnungsgebers in vielen Fällen widerlegt werden. In der Praxis kann die Einschätzung der Offensichtlichkeit nicht vom Verordnungsgeber erwartet werden, weil das Gericht auch diese Entscheidung durch mehrere Kriterien unabhängig voneinander treffen soll.[499] Mithin muss die letzte Einschätzung über die für die Aufhebung einer Rechtsverordnung erforderliche Offensichtlichkeit dem Gericht vorbehalten bleiben. Somit ist die Verwerfungskompetenz des Verordnungsgebers für Rechtsverordnungen damit abzulehnen, dass die Einschätzung über die Offensichtlichkeit letztlich dem Gericht zukommt. Dies gilt auch für den zwingenden Erlass einer Rechtsverordnung.

Eine andere *Frage* ist, ob der Verordnungsgeber die Rechtsverordnungen verwerfen kann, wenn die Ermächtigungsnorm weggefallen ist. Schon über die Fortgeltung von Rechtsverordnungen nach Wegfall ihrer Ermächtigungsnorm existieren drei Auffassungen: *Erstens*, der Wegfall hat keinen Einfluß auf den Rechtsbestand der Rechtsverordnung (h. M.)[500]; *zweitens*, die Rechtsverordnung tritt unter *bestimmten Bedingungen* außer Kraft, und zwar wenn die Rechtsverordnung wegen ihres Inhaltes trotz des Erlöschens der Ermächtigungsnorm isoliert vollziehungsfähig bleibt und sie mit der nunmehr geltenden Gesetzeslage nicht im Einklang steht[501]; *drittens*, die Rechtsverordnung tritt auf jeden Fall, d. h. bedingungslos, außer Kraft wegen der Funktionseinheit zwischen der Ermächtigungsnorm und der Rechtsverordnung[502]. In diesem Fall wird auch eine über den Wegfall der Ermächtigungsnorm hinausgehende Wirksamkeit der Rechtsverordnung wegen der Bindung der Rechtsverordnung an das Prinzip der *Rechtssicherheit*, d. h. zum Schutz rechtlicher Interessen, die von der Rechtsverordnung bereits an anderer Stelle geschützt werden sowie wegen der Bindung an *Grundrechte* angenommen. Die erste Auffassung ist richtig, da das Bewahren der Rechtssicherheit bezüglich des Fortbestandes der Rechtsverordnung und der Schutz der Grundrechte wichtiger als der Fortbestand der Ermächtigungsnorm für die

---

[498] *Badura*, in: Gedächtnisschrift Martens, S. 33

[499] Vgl. *von Danwitz*, Die Gestaltungsfreiheit, S. 202 ff.; *ders.*, Jura 2002, S. 102.

[500] *BVerfGE* 9, 3/12 („Es ist allgemein anerkannt, dass eine im Zeitpunkt ihres Erlasses auf gesetzlicher Grundlage ergangene Rechtsverordnung nicht durch den Fortfall der Ermächtigungsvorschrift in ihrer Gültigkeit berührt wird"); 12, 341/347; 14, 245/249; 22, 1/12; 28, 119/143; 31, 357/362 f.; 44, 216/226; 52, 1/17; 78, 179/198; *BVerwGE* 59, 195/197; *Brenner*, in: v. Mangoldt/Klein/Starck, GG 3, Art. 80 Rn. 70; *Lepa*, AöR 105 (1980), S. 368; *Maunz*, in: Maunz-Dürig, GG, Art. 80 Rn. 24, auch 53; *Pieroth*, in: Jarass/ders., GG, Art. 80 Rn. 15; *Stern*, Staatsrecht II, § 38 III 5 (S. 672); *Wilke*, AöR 98 (1973), S. 234 f.; *Ramsauer*, in: AK 2, Art. 80 Rn. 77.

[501] *BVerwG*, NJW 1990, S. 849; *Bryde*, in: von Münch/Kunig (Hrsg.), GG 3, Art. 80 Rn. 5 a; *Leitzke*, UPR 1996, S. 179 f.; *Lücke*, in: Sachs (Hrsg.), GG, Art. 80 Rn. 7 (Fn. 18); *Maurer*, AllgVerwR, § 13 Rn. 7; *Ossenbühl*, in: Isensee/Kirchhof (Hrsg.), HdStR III, § 64 Rn. 71; *Wolff/Bachof/Stober*, VerwR 1, § 27 Rn. 5.

[502] Vgl. *BVerwGE* 5, 220/223; *Kotulla*, NVwZ 2000, S. 1264 f.; *Leitzke*, UPR 1996, S. 180 f.; *Lepa*, AöR 105 (1980), S. 347; *Wilke*, AöR 98 (1973), S. 235.

Rechtsverordnung ist. Schließlich kommt die Verwerfungskompetenz für Rechtsverordnungen nicht dem Verordnungsgeber zu[503], soweit die Fortgeltung der Rechtsverordnung bejaht wird.

bb) Zweifel an der Rechtmäßigkeit

Wie soll der Verordnungsgeber vorgehen, wenn zwar keine Evidenz der Rechtswidrigkeit besteht, er aber in Bezug auf die Vereinbarkeit der Rechtsverordnungen (des Bundes oder Landes) mit der Ermächtigungsnorm, den einfachen Gesetzen und dem Grundgesetz Zweifel an der *materiellen*[504] Rechtmäßigkeit der Rechtsverordnung hat?

Für diesen Fall kann man die Verwerfungskompetenz der Ermächtigungsnorm nicht eindeutig entnehmen. Wird die Aufhebung der Rechtsverordnungen für einen actus contrarius[505] des Erlasses einer Rechtsverordnung gehalten, können die Rechtsverordnungen vom Verordnungsgeber wegen des Zweifels an der materiellen Rechtmäßigkeit aufgehoben werden.[506] Können die Rechtsverordnungen wegen dieses Zweifels aufgehoben werden, führt dies zuerst zur Unterbrechung der Gesetzesanwendung, weil die meisten Gesetze durch Rechtsverordnungen konkretisiert werden müssen. Und hierdurch kann die Rechtssicherheit, die durch sie gewährleistet ist, verletzt werden. Darüber hinaus kann dies gegen die *Gewaltenteilung* verstoßen, denn das Aufhebungsermessen des Verordnungsgebers ist grundsätzlich an die Gestaltungsfreiheit des *Gesetz*gebers gebunden und außerdem dem Gewaltenteilungsprinzip verpflichtet; es bindet den Verordnungsgeber nicht nur beim Erlass der Rechtsverordnungen, sondern auch bei allen Aufhebungen. Erst recht beim Zweifel an der materiellen Rechtmäßigkeit der Rechtsverordnungen wird also eine Verwerfungskompetenz des Verordnungsgebers abgelehnt.[507]

---

503 Bei Fortgeltung der erlassenen Rechtsverordnung kann der Verordnungsgeber keine Änderung oder Aufhebung der Verordnung mehr vornehmen, weil die gesetzliche Befugnis ihm mit Außerkrafttreten der Ermächtigungsnorm fehlt (*Leitzke*, UPR 1996, S. 181).

504 Dazu *Detterbeck*, AllgVerwR, Rn. 841; *Maurer*, AllgVerwR, § 13 Rn. 14; *von Danwitz*, Jura 2002, S. 101 f. Vgl. auch Formelle Rechtmäßigkeit, dieselbe, Rn. 840, § 13 Rn. 9 ff. und S. 99 ff.

505 *Achterberg*, AllgVerwR, § 23 Rn. 29.

506 Z. B. *Heckmann*, Geltungskraft und Geltungsverlust, S. 357; *Wolff/Bachof/Stober*, VerwR 1, § 25 Rn. 29.

507 Vgl. *Jarass*, in: ders./Pieroth, GG, Art. 20 Rn. 40; *Schulze-Fielitz*, in: Dreier (Hrsg.) GG II, Art. 20 (Rechtsstaat) Rn. 99. Das Ergebnis gilt auch in dem Falle, dass die nationale Exekutive das EG-Recht ausführt. Da die Exekutive (auf der nationalen Ebene Bundesregierung) der Mitgliedstaaten die EG-Richtlinien in der Form von *Rechtsverordnungen* umsetzen kann (*Streinz*, in: Isensee/Kirchhof (Hrsg.), HdStR VII, § 182 Rn. 54; *Ehlers*, in: Erichsen/ders. (Hrsg.), AllgVerwR, § 4 Rn. 11; *Lücke*, in: Sachs (Hrsg.), GG, Art. 80 Rn. 4; *Müller-Terpitz*, DVBl. 2000, S. 239 f.; vgl. auch das Bestimmtheitsgebot nach Art. 80 I 2 GG und die Umsetzungspflicht

d) Wege zur Aufhebung

Unter dem Grundgesetz gibt es verschiedene Wege zur Aufhebung einer Rechtsverordnung.

aa) Gerichtliche Möglichkeiten

Zuerst kann das *Oberverwaltungsgericht* nach § 47 I Nr. 2 VwGO rechtswidrige landesrechtliche Rechtsverordnungen verwerfen.[508] Innerhalb von zwei Jahren nach Bekanntmachung der Rechtsverordnungen kann jede Behörde den Antrag für eine Normenkontrolle stellen. Nach der allgemein verbindlichen Entscheidung des Gerichts muss der Bundes- und Landesverordnungsgeber ein Aufhebungsverfahren hinsichtlich der Rechtsverordnungen durchführen.[509] In diesem Sinne hat das Aufhebungsverfahren durch den Verordnungsgeber nur deklaratorische Bedeutung.[510] Bis zur Entscheidung des Gerichts ist die Behörde nicht zur Ausführung einer von ihr angezweifelten Rechtsverordnung gezwungen. Sie darf ihre Anwendung bis zur Entscheidung des Gerichts aussetzen.[511] Neben § 47 I Nr. 2 VwGO kann das OVG durch die Feststellungsklage in § 43 I VwGO die Rechtsverordnungen verwerfen.[512]

Die Rechtsverordnungen können auch vom *BVerfG* nach Art. 93 I Nr. 2 GG i. V. m. §§ 13 Nr. 6, 76 ff. BVerfGG (abstrakte Normenkontrolle) allgemein-verbindlich verworfen werden.[513] Dafür beschränkt sich die Antragsbefugnis nur auf die Bundesregierung, eine Landesregierung oder ein Drittel der Mitglieder des Bundestages.

von EG-Recht, *Calliess*, NVwZ 1998, S. 8 ff.; *von Danwitz*, Jura 2002, S. 98 f.), führt dies schließlich zur Verwerfung des EG-Rechts, wenn bei den Evidenzvoraussetzungen der Aufhebung, z. B. bei Eintritt der Frist der Gültigkeit und Erledigung des Ziels einer Rechtsverordnung, und beim Zweifel an materieller Rechtmäßigkeit der Rechtsverordnungen die Exekutive der Mitgliedstaaten die Rechtsverordnungen verwerfen darf.

[508] Vgl. *Maurer*, AllgVerwR, § 13 Rn. 18; *Schmidt*, BesVerwR II, Rn. 873; *Wilke*, AöR 98 (1973), S. 237; vgl. auch *Zuleeg*, DVBl. 1970, S. 162; *von Danwitz*, Die Gestaltungsfreiheit, S. 199.

[509] *Schulze-Fielitz*, in: Dreier (Hrsg.) GG II, Art. 20 (Rechtsstaat) Rn. 99.

[510] *Ehlers*, in: FS Hoppe, S. 1052; *Achterberg*, AllgVerwR, § 23 Rn. 34.

[511] *Maurer*, AllgVerwR, § 4 Rn. 57; vor allem hinsichtlich des rechtswidrigen Bebauungsplans *Hufen*, VerwProzR, § 7 Rn. 17.

[512] *Pietzcker*, in: Schoch/Schmidt-Aßmann/Pietzner (Hrsg.), VwGO, § 43 Rn. 25, 52; **a. A.** *Kopp/Schenke*, VwGO, § 43 Rn. 8.

[513] Vgl. *Nierhaus*, in: Dolzer/Vogel/Graßhof (Hrsg.), BK, Art. 80 Rn. 444; *Schmidt*, AllgVerwR, Rn. 852 ff. (vor allem Fn. 799); *Tillmanns*, DÖV 2001, S. 728 ff.; *Wieland*, in: Dreier (Hrsg.) GG III, Art. 93 Rn. 57. Aber die konkrete Normenkontrolle (Art. 100 I GG) gilt nicht für die Rechtsverordnungen.

bb) Legislative Möglichkeiten

Im Hinblick auf den Art. 109 IV Satz 4 GG können die Rechtsverordnungen, die der Zustimmung des Bundesrates bedürfen, aufgehoben werden, soweit der Bundestag es verlangt.[514] Auch die rechtswidrigen Rechtsverordnungen können vom Parlament durch formelles Gesetz, d. h. nach dem Prinzip vom *Vorrang des Gesetzes,* verworfen werden.[515] Aber diese Verwerfungskompetenz gilt nicht, wenn die für rechtswidrig gehaltene Rechtsverordnung aufgrund einer Verpflichtung durch ein Gesetzes oder eine Vorschrift des Grundgesetzes erlassen oder wenn sie von einer weisungsfreien Behörde als ihre Geschäftsordnung erlassen worden ist. Es stellt sich die Frage, ob die Verwerfung der Rechtsverordnungen durch formelles Gesetz mit dem eigentlich durch Art. 80 GG vorgesehenden *Effizienzprinzip* vereinbar sein kann.[516]

cc) Exekutive Möglichkeiten

Nach dem *Vorrang der lex posterior*[517], d. h. einer neuen Rechtsverordnung, könnte die Rechtsverordnung vom Verordnungsgeber verworfen werden. Dies ist effizienter als eine Aufhebung durch formelles Parlamentsgesetz. Aber soweit Rechtsverordnungen, die die Verwaltung wegen ihrer Verfassungs- bzw. Gesetzwidrigkeit verwerfen will, aufgrund einer Verpflichtung durch Verfassungsrecht bzw. Parlamentsgesetz erlassen worden sind und ihre Geltungsfrist nicht im Ermächtigungsgesetz deutlich angesprochen worden ist, ist die Verwerfung auch durch neue Rechtsverordnungen unmöglich. Schließlich dürfen Rechtsverordnungen von der Verwaltung verworfen werden, wenn sie keine formalgesetzliche

---

514 Dazu ausführlich *Klotz*, Das Aufhebungsverlangen des Bundestages gegenüber Rechtsverordnungen, Diss. München 1977, S. 97 ff.; *Heckmann*, Geltungskraft und Geltungsverlust, S. 366 ff.

515 *BVerfGE* 15, 167/172; 22, 1/11; *App*, DVP 1998, S. 152; *Heckmann*, Gestaltungskraft und Gestaltungsverlust, S. 363 ff.; *Lücke*, in: Sachs (Hrsg.), GG, Art. 80 Rn. 7; *Maurer*, AllgVerwR, § 4 Rn. 17; *Stern*, Staatsrecht II, § 38 II 4 (S. 665).

516 Vgl. *Brenner*, in: v. Mangoldt/Klein/Starck, GG 3, Art. 80 Rn. 8 f; *Lücke*, in: Sachs (Hrsg.), GG, Art. 80 Rn. 3; *Pieroth*, Jarass/ders., GG, Art. 80 Rn. 1.

517 *Achterberg*, AllgVerwR, § 23 Rn. 30; *Ramsauer*, in: AK, Art. 80 Rn. 78 (Fn. 172). Für die *Änderung* der Rechtsverordnungen gelten der Vorrang des Gesetzes und Vorrang der lex posterior (vgl. dazu *Studenroth*, DÖV 1995, S. 532 ff.; *Uhle*, DÖV 2001, S. 241 ff.). Das Parlament kann die Rechtsverordnungen durch Gesetz oder durch einen in der Ermächtigungsnorm vorbehaltenen Beschluss ändern (*Studenroth*, DÖV 1995, S. 532; unter dem Gebot der Rechtssicherheit und der Garantie des gerichtlichen Rechtsschutzes möglich, *Brenner*, in: v. Mangoldt/Klein/Starck, GG 3, Art. 80 Rn. 26. Die durch ein Gesetz und eine neue Rechtsverordnung geänderte Rechtsverordnung soll als untergesetzliches Recht fortgelten (*Studenroth*, a. a. O., S. 532 f.; **a. A.** *App*, DVP 1998, S. 153 – Die vom Gesetzgeber geänderten Rechtsverordnungen seien formelle Gesetze). Vgl. Änderungsvorbehalt beim Erlass der Rechtsverordnungen, *Konzak*, DVBl. 1994, S. 1107; *Maurer*, Staatsrecht I,

Ermächtigungsgrundlage haben, und wenn die tatbestandlichen Voraussetzungen der Ermächtigung durch Eintritt bestimmter Umstände zwischenzeitlich entfallen sind wie z. B. beim Vorliegen eines „erhöhten Wohnbedarfs" nach § 5a WoBindG[518].

3. Ergebnis zu III.

Rechtsverordnungen dürfen in keinem Fall vom Verordnungsgeber verworfen werden, weil das Gewaltenteilungsprinzip vom Erlass bis zur Verwerfung der Rechtsverordnung bindet. Die Verwerfungskompetenz kommt wegen des Verhältnisses des Verordnungsgebers zu der nach Art. 80 I GG erforderlichen Ermächtigungsnorm und wegen ihrer Merkmale als materielles Recht zur Ausführung des Parlamentsgesetzes nicht dem Verordnungsgeber zu, zumal auch der Gesetzgeber sein eigenes Gesetz nicht einfach verwerfen kann. Rechtsverordnungen können nur vom OVG (§ 47 I, II VwGO) und vom *BVerfG* (Art. 93 I Nr. 2 GG) verworfen werden.

IV. Satzungen

Nach der Definition des *BVerfG* sind Satzungen Rechtsvorschriften, „die von einer dem Staat eingeordneten juristischen Person des öffentlichen Rechts im Rahmen der ihr gesetzlich verliehenen Autonomie mit Wirksamkeit für die ihr angehörigen und unterworfenen Personen erlassen werden"[519]. Den Gemeinden, Gemeindeverbänden, Handwerkerverbänden, Rundfunkanstalten, Landkreisen und Universitäten etc. kommt das Satzungsrecht zu. Nach Art. 28 II GG wird die Planungshoheit den Gemeinde gewährleistet. Danach erlässt die Gemeinde den *Bebauungsplan*[520] in Form der Satzung. Die folgende Untersuchung beschränkt sich auf den Bebauungsplan als Beispiel. Als Grundlage wird zuerst die Ursache zur Nichtigkeit sowohl des Bebauungsplanes, als auch der Satzungen dargestellt. Im Anschluß daran wird der Meinungsstand über die Verwerfungskompetenz bei dem Bebauungsplan angesprochen (unten 1.). Unter dem Gesichtpunkt der Planungshoheit, des Aufsichtsrechts und der Rechtssicherheit wird versucht, eine eigene Lösung zu finden (unten 2.).

§ 17 Rn. 155 ff.; *Sommermann*, JZ 1997, S. 434 ff.; *Thomsen*, DÖV 1995, S. 989 ff.

[518] *Nierhaus*, in: Dolzer/Vogel/Graßhof (Hrsg.), BK, Art. 80 Rn. 352.

[519] *BVerfGE* 10, 20/49 f.; 33, 125/156.

[520] Nach herrschender Auffassung bedürfen sowohl der Bebauungsplan als auch die Beitrags- und Gebührensatzungen gesetzlicher Ermächtigung. Dazu *Bull/Mehde*, AllgVerwR, Rn. 221; *Bryde*, in: von Münch/Kunig (Hrsg.), GG 3, Art. 80 Rn. 10; *Gierke*, in: Brügelmann, BauGB 1, § 10 Rn. 27 ff.; vgl. *Maurer*, AllgVerwR, § 4 Rn. 20, 22.

1. Der für rechtswidrig gehaltene Bebauungsplan

Nach § 10 I BauGB beschließt die Gemeinde den Bebauungsplan als Satzung. Der Bebauungsplan wird in folgenden Fällen nichtig sein[521]: *Erstens,* bei Verstoß gegen sonstiges Verfassungsrecht. *Zweitens,* bei Eintritt eines Widerspruchs zum höherrangigen Recht, d. h. Verstoß gegen die Vorschriften des Bauplanungsrechts, insbesondere gegen §§ 1-10, 29-36 BauGB und gegen Vorschriften des Bauordnungsrechts[522] des Landes. *Drittens*, bei *Funktionslosigkeit*[523] des Bebauungsplans hinsichtlich des Nichtwirksamwerdens von Flächennutzungsplänen[524] und bei Verstoß gegen das *Befangenheitsverbot*[525].

Es handelt sich darum, ob die Verwaltung den Bebauungsplan verwerfen darf, wenn sie ihn aus einem solchen Grund für rechtswidrig gehalten hat. Die Auffassungen dazu sind äußerst umstritten[526]: Die Auffassung[527], die der Verwaltung, vor allem der Aufsichtsbehörde, die Verwerfungskompetenz des Bebauungsplans erteilt, geht davon aus, dass die Verwaltung nach Art. 20 III GG eine rechtswidrige Satzung nicht anwenden darf, das Verwerfungsmonopol des Oberverwaltungsgerichts gegenüber dem Bebauungsplan nicht aus § 47 VwGO abgeleitet werden kann und die Verwerfungskompetenz durch die Verwaltung nicht in die Planungshoheit der Gemeinde eingreifen darf. Dagegen geht die herrschende Meinung[528]

[521] Vgl. Gründe für Nichtigkeit des Bebauungsplans, *Gierke*, in: Brügelmann, BauGB 1, § 10 Rn. 312; *Heckmann*, Geltungskraft und Geltungsverlust, S. 359.

[522] Das Bauordnungsrecht besteht aus dem Parlamentsgesetz und den daraus abgeleiteten Rechtsverordnungen. Ein Beispiel für die Rechtsverordnung ist bei NRW § 85 BauO NW (vgl. *Hoppe/Bönker/Grotefels*, Öffentliches Baurecht, § 1 Rn. 22).

[523] BVerwG hat in seinem Urteil (*BVerwGE* 54, 5) die Rechtsfigur der Funktionslosigkeit angenommen. Die Funktionslosigkeit des Bebauungsplans stellt mittlerweile einen anerkannten Grund für das Unwirksamwerden bauplanerischer Festsetzungen dar (*Tysper*, BauR 2001, S. 350; *Heckmann*, Geltungskraft und Geltungsverlust, S. 359; *Schmidt-Aßmann*, in: FS Schlichter, S. 16). Vgl. auch dazu *Hermanns/Hönig*, NuR 2001, S. 31; *Selmer*, JuS 1994, S. 1080, JuS 1998, S. 467 f., JuS 1999, S. 1028 f., JuS 2000, S. 1128 f.; *Schröder*, JuS 2000, S. 727 f.; *Baumeister*, GewArch 1996, S. 318 ff., 325 f.; *ders.*, Rechtswidrigwerden, S. 368 ff.; *Steiner*, in: FS Schlichter, 1995, S. 313 ff.; *Degenhart*, BayVBl. 1990, S. 71 ff.

[524] Vgl. *BVerwG*, NJW 1977, S. 405 ff.; *Tysper*, BauR 2001, 352.

[525] Der wichtigste beachtliche Verfahrensfehler ist Befangenheit von Gemeinderatsmitgliedern. Ein Gemeinderatsmitglied ist befangen, wenn der Gemeinderatsbeschluss ihm oder einer ihm familiär oder wirtschaftlich nahestehenden Person einen unmittelbaren Vorteil oder Nachteil bringen kann. Bei Erheblichkeit des Fehlers ist die Rechtsfolge grundsätzlich die endgültige Nichtigkeit des Bebauungsplanes (*Wirth*, BWGZ 2000, S. 60, 62; *Brohm*, Öffentliches Baurecht, § 15 Rn. 8).

[526] Zum Meinungsstand *Engel*, NVwZ 2000, S. 1258 f.; *Gierke*, in: Brügelmann, BauGB 1, § 10 Rn. 336 ff.; *ders.*, ZfBR 1985, S. 15 f.; *Jung*, NVwZ 1985, S. 791.

[527] *OVG Lüneburg*, NVwZ 2000, S. 1061 ff.; *VGH Kassel*, NVwZ 1990, S. 885 f (beim offensichtlich unwirksamen Bebauungsplan); *Bachof*, AöR 87 (1962), S. 46; *Diedrich*, BauR 2000, S. 819 ff.; *Gaentzsch*, in: Schlichter/Stich (Hrsg.), BerlKomm. BauGB, § 10 Rn. 19; *Gierke*, ZfBR 1985, S. 18 ff.; *Heckmann*, Geltungskraft und Geltungsverlust, S. 358 ff.; *Pietzcker*, DVBl. 1986, S. 808; *Reck*, BayVBl. 1983, S. 87; *Volhard*, NVwZ 1986, S. 107; *Jäde*, BayVBl. 1988, S. 5 ff.

[528] *BVerwGE* 75, 142/143 f.; vgl. auch 85, 289/292; *BayVGH München*, BayVBl. 1993, S. 626 f., BayVBl. 1982, S. 654 ff.; *OVG Münster*, NWVBl. 1998, S. 62; *dass.*, BauR 1982, S. 346 f.; *OVG Saarlouis*, NVwZ 1990, S.

davon aus, dass der Verwaltung unter dem Aspekt der Rechtssicherheit und der Wahrung der Planungshoheit der Gemeinde nicht die Verwerfungskompetenz für den Bebauungsplan zuerkannt werden darf. Während das *BVerwG*[529] für den Fall einer vorangegangenen gerichtlichen Inzidentprüfung die Verwerfungskompetenz der Verwaltung anerkannt hat, hat es jedoch offen gelassen, ob die Baurechtsbehörde die Normverwerfungskompetenz besitzt.

2. Sinngehalt und Reichweite der Planungshoheit, des Aufsichtsrechts und der Rechtssicherheit

Da die Verwerfungskompetenz für den rechtswidrigen Bebauungsplan nicht aus den Vorschriften des BauGB wie z. B. § 13 I abgeleitet wird, ist es schwierig, festzustellen, ob die Verwaltung die Verwerfungskompetenz des Bebauungsplans besitzt oder nicht. Daher soll die Disskusion unter den drei Punkten, Planungshoheit der Gemeinde (unten a)), Rechtsnatur des Aufsichtsrechts der Baugenehmigungsbehörde hinsichtlich des demokratischen Rechtsstaatsprinzips (b)) sowie Grundrechtssschutz von Betroffenen hinsichtlich der Rechtssicherheit (c)) abgewogen werden.

a) Verfassungsrechtliche Garantie der Planungshoheit

aa) Bedeutung der Planungshoheit

Art. 28 II 1 GG garantiert den Gemeinden und Gemeindeverbänden das kommunale Selbstverwaltungsrecht. Im Allgemeinen sind Gebietshoheit, Organisationshoheit, Personalhoheit, Planungshoheit, Finanzhoheit, Steuerhoheit und Satzungshoheit die kommunalen Hoheitsrechte.[530] Die Planungshoheit ist eine Befugnis, für das eigene Gebiet der Gemeinde

172 ff.; *Löhr*, in: Battis/Krautzberger/Löhr, BauGB, § 10 Rn. 10; *Ehlers*, in: Erichsen/ders. (Hrsg.), AllgVerwR, § 2 Rn. 123; auch *ders.*, DÖV 2001, S. 413; *Engel*, VBlBW 2002, S. 195; *ders.*, NVwZ 2000, S. 1258 ff.; *Hoppe/Stüer*, RzB, Rn. 1296, 1299; *Stüer*, Der Bebauungsplan, Rn. 1294 f.; *Tysper*, BauR 2001, S. 357; *Bracher*, in: Gelzer/ders./Reidt, Bauplanungsrecht, Rn. 1038; *Schmidt-Aßmann*, in: FS Stern, S. 759 f.; *Löhr*, in: Battis/Krautzberger/Döhr, BauGB, § 10 Rn. 10; *Schmiemann*, in: FS Weyreuther, 1993, S. 243 ff.; *Jung*, NVwZ 1985, S. 790 ff.; *Weyreuther*, DÖV 1983, S. 580; *Lenz*, BauR 1982, S. 546 ff.; *Geimer*, BlGBW 1979, S. 221 ff.; *Große-Hündfeld*, BauR 1979, S. 15 ff.; *Pagenkopf*, BauR 1979, S. 10 ff.; *Dolde*, BauR 1978, S. 153 ff.; *Schmidt*, BayVBl. 1976, S. 1 ff.; vgl. *Oebbecke*, in: FS Hoppe, S. 249.

529 *BVerwG*, U. v. 31. 1. 2001 – 6 CN 2.00 -, DVBl. 2001, S. 931 ff.; NVwZ 2001, S. 1035 ff.

530 *Stüer*, Kommunalrecht NW, S. 120; *Nierhaus*, in: Sachs, GG, Art. 28 Rn. 44; vgl. auch *Erichsen*, Kommunalrecht, § 16 B 2 d.

die bauliche und sonstige Nutzung von Grund und Boden festzulegen.[531] Vor allem enthält sie mit anderen Hoheitsrechten die Bedeutung der *institutionellen Rechtssubjektsgarantie, objektiven Rechtsinstitutionsgarantie und subjektiven Rechtsstellungsgarantie.*[532]

bb) Schutzbereich der Planungshoheit

(1) Befugnis zur Bauleitplanung

Die *Bauleitplanung* erkennt das *BVerfG*[533] als wesentliches Element der Planungshoheit der Gemeinden an. Da der *Bebauungsplan* als Instrument zur parzellenscharfen und unmittelbar verbindlichen Regelung der Bodennutzung eine zentrale örtliche Bedeutung einnimmt, ist er wesentlicher Inhalt der Bauleitplanung.[534] Die Bauleitplanung stellt eine *planerische Gestaltungsfreiheit* dar, weil sie einen Spielraum zur Verwendung bzw. Nutzung von Grund und Boden im Gemeindegebiet voraussetzt.[535] Sie eröffnet *Beteiligungsrechte* für Gemeinde, soweit sie mit den Bauleitplänen benachbarter Gemeinden (§ 2 II BauGB) im konkurrierenden Verhältnis steht.[536] Die Vorschriften aus § 7 V ROG, §§ 4 iVm 2 II, 36 BauGB sind Beispiele für die Beteiligungsrechte.[537] Auch die Bauleitplanung funktioniert als *wehrfähiges Recht*, weil sie nicht durch die fremden Planungen verletzt werden darf und die betreffende Gemeinde durch eine Anfechtungs- sowie Verpflichtungsklage (§ 42 I VwGO) und ein Normenkontrollverfahren (§ 47 I, II VwGO) ihr Recht geltend machen kann, wenn die Bauleitplanung durch einen rechtswidrigen Planfeststellungsbeschluss eines Fachplanungsträgers, durch eine ohne das erforderliche gemeindliche Einvernehmen (vgl. § 36 BauGB)

---

[531] *Pieroth*, in: Jarass/ders., GG, Art. 28 Rn. 13; *Stüer*, Kommunalrecht NW, S. 119.

[532] *Ehlers*, in: ders./Krebs (Hrsg.), Grundfragen, S. 64; *Erichsen*, Kommunalrecht, § 16 B 1 ff.; *Hoppe/Bönker/Grotefels*, Öffentliches Baurecht, § 2 Rn. 18; *Schröder*, in: Achterberg/Püttner/Würtenberger (Hrsg.), BesVerwR Bd. II, § 16 Rn. 12; *Stern*, Staatsrecht I, § 12 II 4 (S. 408f.).

[533] *E* 56, 298/312 f. Auch im Schrifttum *Dreier*, in: ders (Hrsg.), GG II, Art. 28 Rn. 130; *Hoppe/Bönker/Grotefels*, Öffentliches Baurecht, § 2 Rn. 26; *Hoppe*, in: Isensee/Kirchhof (Hrsg.), HdStR III, § 71 Rn. 25; *Tettinger*, in: v. Mangoldt/Klein/Starck, GG 2, Art. 28 Rn. 181.

[534] Da der Flächennutzungsplan die Rechtsnatur des vorbereitenden Bauleitplans hat, und er sich auf das ganze Gemeindegebiet erstreckt, gehört er auch zur Bauleitplanung (vgl. § 1 BauGB), dazu *Hoppe/Bönker/Grotefels,* Öffentliches Baurecht, § 2 Rn. 35, 29; *Fickert*, Die Bauleitplanung, Rn. 40.

[535] *BVerwGE* 34, 301/304; 48, 56/59; *Fickert*, Die Bauleitplanung, Rn. 6; *Hoppe/Bönker/Grotefels,* Öffentliches Baurecht, § 2 Rn. 30.

[536] Vgl. *Hoppe/Bönker/Grotefels,* Öffentliches Baurecht, § 2 Rn. 31, 37.

[537] Auch werden die Vorschriften der Fachplanungsgesetze, z. B. § 14 I Nr. 2 PBefG, § 14 II WaStrG, § 10 II LuftVG, § 10 Nr. 2a FlurbG, § 7 IV AtomG als Beteiligungsrechte der Kommunen gezählt (*Hoppe/Bönker/Grotefels,* Öffentliches Baurecht, § 2 Rn. 38).

erteilte Baugenehmigung oder durch eine sie beeinträchtigende Baugenehmigung in der Nachbargemeinde verletzt wird.[538]

(2) Befugnis zur Nichtanwendung des für nichtig gehaltenen Bebauungsplans

§ 2 I BauGB konkretisiert die Bauleitplanung (vgl. § 1 BauGB). Die Regelungen über die Aufstellung der Bauleitplanung gelten auch gem. § 2 I BauGB für ihre Änderung und Ergänzung. Hierbei bedeutet „Änderung“ und „Ergänzung“ anders als Verwerfung ein bestimmtes förmliches Verfahren. Es kommt nicht Betracht, dass der Bebauungsplan gem. §§ 13 I, 214 IV BauGB von der erlassenden Gemeinde geändert und ergänzt wird, wenn die Gemeinde ihn *vor* seiner Bekanntmachung für rechtswidrig gehalten hätte, weil er noch keine Rechtswirkung nach Außen besitzt. Es stellt sich die Frage, ob die erlassende Gemeinde den Bebauungsplan aufgrund seiner Rechtswidrigkeit *nach* ordnungsmäßiger Bekanntmachung verwerfen darf. Zur Planungshoheit der Gemeinde gehört die Verwerfungskompetenz gegenüber dem Bebauungsplan nicht, weil zuerst in der Planungshoheit der Gemeinde hinsichtlich § 2 I, 13 I und 214 IV BauGB nur die Änderungs-, Ergänzungs- und neue[539] Aufstellungskompetenzen vorbehalten sind, da die Verwerfung gegen §§ 2 I, 3, 4, 10 ff., 13 I, 214 IV BauGB verstößt und auch der Rechtssicherheit entgegensteht[540].

Ein Bebauungsplan kann nach der Bekanntmachung durch die Gemeinde aufgrund von der Gemeinde bei der Planung nicht erkennbaren Gründe für rechtswidrig gehalten werden. Ein Beispiel[541] dafür ist, dass eine Gemeinde ein großflächiges Waldgebiet in einem genehmigten bisher nicht verwirklichten Bebauungsplan als Wohngebiet ausgewiesen hat. Aber nunmehr bemüht sie sich, die damalige Planung zu ändern und beschließt, da sie einen gravierenden Verfahrensfehler festgestellt hat, den Bebauungsplan nicht mehr zu beachten. Den bauwilligen Bürgen, die sich auf die Festsetzungen des Planes stützen, teilt sie dies mit. Darf in einem solchen Fall die Gemeinde *aufgrund ihrer Planungshoheit* den Bebauungsplan bis zur allgemein verbindlichen Entscheidung des OVG nicht anwenden? Die Planung der

---

[538] *Hoppe/Bönker/Grotefels,* Öffentliches Baurecht, § 2 Rn. 39.

[539] Vgl. *Löhr*, in: Battis/Krautzberger/Löhr, BauGB, § 2 Rn. 6; *Gierke*, in: Brügelmann, BauGB 1, § 10 Rn. 378; *Schmiemann*, in: FS Weyreuther, 1993, S. 244.

[540] S oben Fn. 528 (§ 4 IV. 1.).

[541] *Pagenkopf*, BauR 1979, S. 11 (3. Sachverhalt). Vgl. Ein anderes Beispiel hinsichtlich der Funktionslosigkeit des Bebauungsplanes, *BVerwG*, B. v. 7. 2. 1997 – 4 B 6/97 (Hamburg), NVwZ-RR 1997, S. 513 f.

Gemeinde stellt als weisungsfreie Pflichtselbstverwaltungsaufgabe[542] ein verfassungsrechtliches Rechtsstaatsgebot dar. Der Bebauungsplan ist nicht eine behördliche Allgemeinverfügung oder ein dinglicher Verwaltungsakt, sondern eine Rechtsnorm in Form einer Satzung einer autonomen Körperschaft.[543]

Erstens steht dem entgegen, dass die Gemeinde gegen Art. 20 III, 1 III GG verstoßen könnte, wenn sie den für rechtswidrig gehaltenen Bebauungsplan anwenden muss. Zweitens wird der Gemeinde die Normprüfungskompetenz[544] verweigert, wenn sie ihn unbedingt anwenden muss, obwohl sie ihn für rechtswidrig gehalten hat. Drittens, das Änderungs- und Ergänzungsverfahren in §§ 13 I, 214 IV BauGB bezieht sich einerseits auf die Wahrung der Rechtssicherheit, aber es hat andererseits auch eine förmliche Bedeutung. Es setzt voraus, dass der Gemeinde die *vorläufige Nichtanwendungskompetenz* gegenüber dem von ihr für rechtswidrig gehaltenen Bebauungsplan zukommt, weil die Gemeinde grundsätzlich die Anwendung des fehlerhaften Bebauungsplanes nach seiner Bekanntmachung aussetzen muss, um ihn zu ändern, zu ergänzen oder aufzuheben. Viertens: es ist bedenklich, dass die Gemeinde für den Vertrauenschutz die von ihr für rechtswidrig gehaltenen Satzungen jedenfalls anwenden muss, da eine Anwendungspflicht der Verwaltung und der Körperschaften sowohl für Gesetze als auch für untergesetzliche Rechtsnormen nicht gilt[545], soweit die anwendende Stelle davon überzeugt ist, dass sie rechtswidrig sind. Daher kommt die vorläufige Nichtanwendungskompetenz für den von ihr für rechtswidrig gehaltenen Bebauungsplan bis zur allgemein verbindlichen Entscheidung des OVG gem. § 47 VwGO der Gemeinde zu (*Aussetzungskompetenz* der Gemeinde).[546] Bei der Aussetzung der Anwendung des Bebauungsplanes kann die Gemeinde die Entschädigungspflicht jedoch nicht vermeiden, wenn der Bebauungsplan später *nicht* für rechtswidrig erklärt wird.[547]

---

[542] Vgl. *BVerfGE* 56, 298/312; *Battis*, in: ders./Krautzberger/Löhr, BauGB, § 2 Rn. 21; *Fickert*, Die Bauleitplanung, Rn. 4; *Hoppe/Bönker/Grotefels*, Öffentliches Baurecht, § 2 Rn. 32; *Gaentzsch*, in: Schlichter/Stich (Hrsg.), BerlKomm. BauGB, § 1 Rn. 15.

[543] *Gierke*, in: Brügelmann, BauGB 1, § 10 Rn. 14.

[544] Nicht nur der behördichen Verwaltung, sondern auch den Körperschaften wie der Gemeinde wird die Normprüfungskompetenz eingeräumt.

[545] Die Vollzugspflicht sowohl für Gesetze als auch für untergesetzliche Normen kann aus der Vermutung der Verfassungsmäßikeit eines Gesetzes und aus dem Grundsatz der Gewaltenteilung hinsichtlich Art. 20 III, 1 III GG nicht abgeleitet werden. Vgl. dazu *BVerfGE* 12, 180/186; *Engel*, NVwZ 2000, S. 1260; *Hendler*, DÖV 1998, S. 487 f.; *Kopp*, DVBl. 1983, S. 824; *Lübbe*, in: Schmidt (Hrsg.), S. 255 (in Bezug auf Rechtsverordnungen).

[546] Vgl. *Stern*, Staatsrecht III/1, § 74 II 2 (S. 1347); *Jarass*, in: ders./Pieroth, GG, Art. 20 Rn. 40; *Bachof*, AöR 87 (1962), S. 13. **A. A.** *Pietzcker*, AöR 101 (1976), S. 395; *Löhr*, in: Battis/Krautzberger/ders., BauGB, § 10 Rn. 10; *Gaentzsch*, in: Schlichter/Stich (Hrsg.), BerlKomm. BauGB, § 10 Rn. 19.

[547] Vgl. *Jäde*, BayVBl. 1988, S. 6; *Pagenkopf*, BauR 1979, S. 14.

Die Gemeinde soll das vereinfachte Verfahren gem. § 13 BauGB durchführen, um den von ihr für rechtswidrig gehaltenen Bebauungsplan aufzuheben. Dieses Verfahren besteht aus der vorgezogenen Bürgerbeteiligung (§ 3 BauGB), der Beteiligung der Behörden (§§ 4 BauGB), umweltbezogener erneuter Auslegung (§ 3 II BauGB), Satzungsbeschluss (§ 10 I BauGB), Anzeigeverfahren (§ 246 Ia BauGB), Genehmigungsverfahren (§§ 10 II, 8 II 2, III 2, IV BauGB) und öffentlicher Bekanntmachung (§ 10 III BauGB) sowie der Aufstellung.[548] Hierbei müssen insbesondere §§ 3, 4, 4a und 10 BauGB beachtet werden, weil dieses Verfahren der Rechtssicherheit dient.[549] So erfordert es viele zeitliche und finanzielle Opfer. Dabei darf die Gemeinde lediglich den Rechtsschein aus dem Bebauungsplan beseitigen, wenn er an beachtlichen Fehlern leidet, die nicht gem. § 214 IV BauGB behoben werden können.[550] Es gibt eine Auffassung[551], dass dem Gemeinderat die Befugnis unter der Voraussetzung zur Wahrung der Rechtssicherheit zusteht, dass er durch den Feststellungsbeschluss über die Unwirksamkeit des Bebauungsplanes den Anschein der Rechtsgeltung des Bebauungsplanes beseitigen kann, um die Schwierigkeiten des Aufhebungsverfahrens zu überwinden.

Dabei taucht die Frage auf, ob die Gemeinde wegen der Rechtssicherheit für den Bauherrn das Risiko der Entschädigung übernehmen muss, wenn der Rat den von der Gemeinde für rechtswidrig gehaltenen Bebauungsplan durch Feststellungsbeschluss aufhebt. Hinsichtlich der Entschädigungspflicht des Rates wird man nach der Entscheidung des OVG zu unterschiedlichen Ergebnissen gelangen: Einerseits muss die Gemeinde den Bebauungsplan unverzüglich anwenden, wenn das OVG den für rechtswidrig gehaltenen Bebauungsplan nach dem Feststellungsbeschluss des Rates als gültig erkannt hat. Die Betroffenen können gegen die Gemeinde gem. § 839 BGB iVm Art. 34 GG einen Anspruch auf Entschädigung erheben[552], soweit durch den Beschluss des Rates ihre Rechte verletzt wurden. Andererseits ist die Gemeinde von der Entschädigungspflicht frei, wenn das OVG eine übereinstimmende Entscheidung mit dem Rat getroffen hat und das OVG auch den Bebauungsplan für rechtswidrig gehalten hat. Daher hat der Feststellungsbeschluss des Rates lediglich

---

548 Siehe das Verfahren zum Erlass der Bebauungspläne, *Wirth*, BWGZ 2000, S. 56 ff.; *Ronellenfitsch*, S. 55; vgl. *Gaentzsch*, in: Schlichter/Stich (Hrsg.), BerlKomm. BauGB, § 2 Rn. 18.

549 *Pagenkopf*, BauR 1979, S. 12; vgl. *Gierke*, in: Brügelmann, BauGB 1, § 10 Rn. 343.

550 *BVerwGE* 75, 142/145; *Gierke*, in: Brügelmann, BauGB 1, § 10 Rn. 347; *Gaentzsch*, in: Schlichter/Stich (Hrsg.), BerlKomm. BauGB, § 2 Rn. 18.

551 Etwa *Dolde*, BauR 1978, S. 156; *Pagenkopf*, BauR 1979, S. 14; **a. A.** *OVG Nordrhein-Westfalen*, B. v. 24. 03. 1982 – 10a NE 18/80 -, BauR 1982, S. 346 f.

552 Vgl. *Ehlers*, DÖV 2001, S. 414. Hier jedoch Amtshaftung der Kommunen hinsichtlich der Anwendung des gemeinschaftsrechtswidrigen nationalen Rechts.

deklaratorische Wirkung.[553] Die Feststellung der Nichtigkeit des Bebauungsplanes durch den Rat stellt eine Vereinfachung der Aufhebung des Bebauungsplanes in § 3 I Nr. 1 BauGB dar. Schließlich wird die allgemein verbindliche Entscheidung über die Nichtigkeit des Bebauungsplanes gem. § 47 VwGO tatsächlich bei dem Oberverwaltungsgericht monopolisiert.[554] Der Gemeinde steht die Befugnis zu, das Aufhebungsverfahren gem. § 3 I Nr. 2 BauGB durchzuführen, soweit die Fehler des Bebauungsplanes mit Bezug auf § 214 IV BauGB nicht behoben werden können.[555] Die Aufhebung des für rechtswidrig gehaltenen Bebauungsplanes durch den Gemeinderat kann empfohlen werden, soweit sie nicht das Aufsichtsrecht der höheren Kommunal- sowie Genehmigungsbehörde entkräftet und sie darüber hinaus auch vor allem nicht die Rechtssicherheit der Betroffenen verletzt.

b) Demokratisch-rechtsstaatliche Garantie des Aufsichtsrechts im hierarchischen Verwaltungsaufbau

Der hierarschische Aufbau der Verwaltung kann mit dem *Aufsichtsaufbau der Verwaltung* umschrieben werden. Durch die Rechtsaufsicht verwirklicht das Grundgesetz das demokratische rechtsstaatliche Prinzip im Bereich der Tätigkeiten der Verwaltung.[556] In Bezug auf den Bebauungsplan der Gemeinde üben die Genehmigungsbehörde bzw. die kommunale Aufsichtsbehörde ihre Aufsichtsrechte aus: Zum einen leistet die Genehmigungsbehörde Sonderaufsicht (Fachaufsicht) gem. §§ 10 II, 246 Ia (Anzeigepflicht) BauGB in Bezug auf den Bebauungsplan. Zu anderen leistet die kommunale Aufsichtsbehörde auch nach dem Verfassungsrecht der Länder allgemeine Kommunalaufsicht. Es stellt sich die Frage, ob die Genehmigungsbehörde auf der Basis ihrer Sonderaufsicht den von ihr für rechtswidrig gehaltenen Bebauungsplan der Gemeinde verwerfen darf. Insbesondere ist problematisch, ob die kommunale Aufsichtsbehörde vor allem auf Grund ihres Kommunalaufsichtsrechts den von ihr für rechtswidrig gehaltenen Bebauungsplan der Gemeinde verwerfen darf, da mit der

---

553 *Geimer*, BlGBW 1979, S. 224; vgl. auch *Peine*, Öffentliches Baurecht, Rn. 498.

554 *Jarass*, in: ders./Pieroth, GG, Art. 20 Rn. 40; *Schmiemann*, in: FS Weyreuther, 1993, S. 247; vgl. auch *Hendler*, DÖV 1998, S. 487; *Hoppe/Bönker/Grotefels*, Öffentliches Baurecht, § 3 Rn. 267; *Löhr*, in: Battis/Krautzberger/ders., BauGB, § 10 Rn. 12; **a. A.** *Diedrich*, BauR 2000, S. 824 („Von einem Verwerfungsmonopol der Oberverwaltungsgerichte könne aber keine Rede sein"); *Gaentzsch*, in: Schlichter/Stich (Hrsg.), BerlKomm. BauGB, § 10 Rn. 19 („Für Bebauungspläne hat das OVG zwar eine Verwerfungskompetenz, aber kein Verwerfungsmonopol").

555 *Ehlers*, DÖV 2001, S. 413; *Hendler*, DÖV 1998, S. 487; *Hufen*, VerwProzR, § 7 Rn. 17; *Schulze-Fielitz*, in: Dreier (Hrsg.) GG II, Art. 20 (Rechtsstaat) Rn. 99.

556 Vgl. *Oebbecke*, DÖV 2001, S. 407.

Sonderaufsicht aufgrund § 10 II BauGB nicht *nach Abschluss* des Genehmigungsverfahrens ein in Kraft gesetzter Bebauungsplan beanstandet werden kann.[557]

aa) Grenze des Aufsichtsrechts gegenüber der Planungshoheit und Rechtssicherheit

(1) Allgemeine Kommunalaufsicht bei der Bebauungsplanung

Nach den Gemeindeordnungen der Länder steht der Bebauungsplan unter der Aufsicht, soweit die *allgemeine Kommunalaufsicht*[558] nicht durch die Sonderaufsicht nach dem BauGB verdrängt wird.[559] Es gibt verschiedene Arten der Kommunalaufsicht: Das Informationsrecht, die Anzeige oder Mitteilung, die Beanstandung, das Aufhebungs- bzw. Anordnungsrecht bzw. das Recht zur Ersatzvornahme.[560] Die Beanstandung spielt hier eine große Rolle hinsichtlich der Rechtswidrigkeit des Bebauungsplanes. Aber die Verwerfungskompetenz gegenüber dem von der Kommunalaufsichtsbehörde als rechtswidrig beanstandeten Bebauungsplan kann nicht aus der Beanstandung abgeleitet werden, da die Aufsichtsbehörde lediglich die Gemeinde dazu anweisen kann, dass sie entweder per Aufhebungsverfahren (vgl. § 3 I Nr. 1 BauGB) den beanstandeten Bebauungsplan aufhebt oder gem. § 214 IV BauGB das ergänzende Verfahren zur Behebung des Fehlers durchführt.[561] Nimmt die Gemeinde nicht die angeordnete Aufhebung des Bebauungsplans vor, kann die Kommunalaufsichtsbehörde das Aufhebungsverfahren (vgl. § 3 I Nr. 1 BauGB) im Wege der Ersatzvornahme durchführen.[562] Es verstößt gegen die der Gemeinde institutionell garantierte Planungshoheit und darüber hinaus gegen die Rechtssicherheit, wenn die Kommunalaufsichtsbehörde auf Grund der Beanstandung den von ihr für rechtswidrig gehaltenen Bebauungsplan verwerfen will.[563]

---

[557] *Gierke*, in: Brügelmann, BauGB 1, § 10 Rn. 101.

[558] Diese zielt darauf ab, die Ausführung rechtswidriger Satzungen oder sonstiger Maßnahmen zu verhindern, *Gierke*, in: Brügelmann, BauGB 1, § 10 Rn. 102.

[559] *BayVGH*, BayVBl. 1993, S. 626 f.; *Gierke*, in: Brügelmann, BauGB 1, § 10 Rn. 99, 143; vgl. *Schrödter*, in: ders., BauGB, § 10 Rn. 56.

[560] *Oebbecke*, DÖV 2001, S. 409 ff.; *Erichsen*, Kommunalrecht, § 15 B 2 b, 3; *Gierke*, in: Brügelmann, BauGB 1, § 10 Rn. 154 ff.; *Gern*, Kommunalrecht, Rn. 305.

[561] *Gierke*, in: Brügelmann, BauGB 1, § 10 Rn. 96; vgl. *Gaentzsch*, in: Schlichter/Stich (Hrsg.), BerlKomm. BauGB, § 10 Rn. 17.

[562] *Gierke*, in: Brügelmann, BauGB 1, § 10 Rn. 155.

[563] Vgl. *BVerwGE* 75, 142/143 f.; *Löhr*, in: Battis/Krautzberger/ders., BauGB, § 10 Rn. 10; *Schmiemann*, in: FS Weyreuther, S. 243 ff.; *Schrödter*, in: ders., BauGB, § 10 Rn. 55; *Bracher*, in: Gelzer/Bracher/Reidt, Bauplanungsrecht, Rn. 1038.

(2) Sonderaufsicht bei der Bebauungsplanung

Neben der allgemeinen Kommunalaufsicht führt die Genehmigungsbehörde die Sonderaufsicht durch. Nach §§ 10 II, 246 Ia BauGB übt die Genehmigungsbehörde die folgenden Prüfungen aus, nämlich ob der Bebauungsplan nicht ordnungsgemäß zustande gekommen ist, ob er dem Bundesbaugesetzbuch oder den aufgrund von ihm erlassenen Vorschriften widerspricht und ob er sonstigen Rechtsvorschriften widerspricht.[564] Da die Sonderaufsicht auf die Rechtsaufsicht beschränkt ist, darf die Genehmigungsbehörde nicht die die Rechtmäßigkeit überschreitende Zweckmäßigkeit des Bebauungsplanes prüfen.[565] Daher ist die Sonderaufsicht gem. §§ 10 II, 246 Ia BauGB auf das *Genehmigungsverfahren* bzw. das *Anzeigeverfahren* beschränkt. Insbesondere stellt die Sonderaufsicht das Genehmigungsverfahren *vor* der Bekanntmachung des Bebauungsplanes dar. Und die Sonderaufsicht ist ein Verfahren zur Aufstellung des Bebauungsplanes. Aber die Frage der Verwerfungskompetenz gegenüber dem Bebauungsplan setzt seine ordnungsgemäße Bekanntmachung voraus. Die Genehmigungsbehörde darf aufgrund § 10 II BauGB die Genehmigung des Bebauungsplanes ablehnen, wenn sie ihn für rechtswidrig hält. Aber sie darf ihn nicht aufgrund der Überzeugung von der Rechtswidrigkeit des Bebauungsplanes verwerfen.[566] Verwirft die Genehmigungsbehörde aufgrund ihrer Aufsichtsrechts den von ihr für rechtswidrig gehaltenen Bebauungsplan der Gemeinde, dann verletzt dies die Planungshoheit der Gemeinde sowie die Rechtssicherheit als auch §§ 10 II, 246 Ia BauGB.

bb) Vertretung des Aufsichtsrechts durch die Normenkontrolle

(1) Bebauungsplan als Gegenstand der Normenkontrolle

Wie können die Aufsichtsbehörden ihre Aufsichtsrechte gegenüber dem von ihnen für rechtswidrig gehaltenen Bebauungsplan der Gemeinde verwirklichen, wenn die Verwerfungs-

---

[564] *Gierke*, in: Brügelmann, BauGB 1, § 10 Rn. 119; vgl. *Krautzberger/Schliepkorte*, in: Ernst/Zinkahn/Bielenberg/Krautzberger, BauGB I, § 10 Rn. 70. Neben dem Genehmigungsvorbehalt gehört die Anzeige- bzw. Vorlagepflichten mit Sperrwirkung zur Sonderaufsicht (*Gierke*, in: Brügelmann, BauGB 1, § 10 Rn. 100, 142).

[565] *Gierke*, in: Brügelmann, BauGB 1, § 10 Rn. 119; *Schrödter*, in: ders., BauGB, § 6 Rn. 5.

[566] Nach § 2 IV BauGB kann die Genehmigungsbehörde aufgrund ihrer Sonderaufsicht den von ihr für rechtswidrig gehaltenen Bebauungsplan der Gemeinde ändern, ergänzen und aufheben, soweit die eine Genehmigungspflicht begründenden Tatbestandsmerkmale gem. § 10 II BauGB vorliegen (*Gierke*, in: Brügelmann, BauGB 1, § 10 Rn. 103). Und sie kann gem. § 47 VwGO das Normenkontrollverfahren beantragen.

kompetenz der Kommunalaufsichts- und Genehmigungsbehörde abgelehnt wird? Kann die Kommunalaufsichtsbehörde der Gemeinde entweder die Aufhebungsverfahren in Bezug auf den von ihr für rechtswidrig gehaltenen Bebauungsplan oder gem. § 214 IV BauGB das Verfahren zur Behebung des Fehlers durchführen lassen?[567] Demgegenüber kann die Genehmigungsbehörde gem. § 10 II i. V. m. § 6 II BauGB entweder die Genehmigung des Bebauungsplanes ablehnen[568] oder den von ihr für rechtswidrig gehaltenen Bebauungsplan ändern und ergänzen lassen (sog. Genehmigung mit Maßgaben[569]). Neben diesen Befugnissen können die beiden Aufsichtsbehörden gem. § 47 II 1 VwGO das Normenkontrollverfahren beantragen, weil der von den Aufsichtsbehörden für rechtswidrig gehaltene Bebauungsplan Gegenstand der Normenkontrolle in Form der Satzungen ist.[570] Die Normenkontrolle in § 47 VwGO gilt sowohl für die Beurteilung der Rechtswidrigkeit des Bebauungsplanes als auch für die Feststellung seiner Funktionslosigkeit, da die Funktionslosigkeit des Bebauungsplanes gegenüber der förmlichen Abänderung und Aufhebung (vgl. § 3 I Nr. 1 BauGB) kein gleichartiger, aber wohl ein gleichwertiger Beendigungsgrund ist.[571]

(2) Antragsbefugnis von Aufsichtsbehörden

Jede Behörde kann nach § 47 II 1 VwGO innerhalb von zwei Jahren nach Bekanntmachung des Bebauungsplans aufgrund seiner Rechtswidrigkeit beim Oberverwaltungsgericht ein Normenkontrollverfahren beantragen. Die Antragsbefugnisse der Behörde dienen dazu, Zweifel über die Wirksamkeit des Bebauungsplanes in Form der Satzung zu

Die Möglichkeiten gilt für sie jedoch *vor* der Bekanntmachung des Bebauungsplanes.

567 Vgl. *Gierke*, in: Brügelmann, BauGB 1, § 10 Rn. 154 f.; *Gaentzsch*, in: Schlichter/Stich (Hrsg.), BerlKomm. BauGB, § 10 Rn. 17

568 Vgl. dazu *Gierke*, in: Brügelmann, BauGB 1, § 10 Rn. 119; *Krautzberger/Schliepkorte*, in: Ernst/Zinkahn/Bielenberg/Krautzberger, BauGB I, § 10 Rn. 70 f. Für die Gemeinde ist die Versagung der Genehmigung ein belastender Verwaltungsakt (*BVerwGE* 34, 301/303), damit kann die Gemeinde Verpflichtungsklage nach § 42 VwGO gegen die Genehmigungsbehörde erheben, wenn sie glaubt, durch die Versagung der Genehmigung in ihrem Recht auf Selbstverwaltung verletzt zu sein (*Schrödter*, in: ders., BauGB, § 6 Rn. 6).

569 Vgl. *BVerwGE* 75, 262/263 ff.; *Krautzberger/Schliepkorte*, in: Ernst/Zinkahn/Bielenberg/Krautzberger, BauGB I, § 10 Rn. 88. Planungsgenehmigungen, sowohl für den Flächennutzungsplan (vgl. § 6 I BauGB) als auch den Bebauungsplan der Gemeinde (vgl. § 10 II BauGB) können mit Bestimmungen versehen werden, die darauf abzielen, dass die Pläne erst nach einer inhaltlichen Änderung oder Ergänzung wirksam werden sollen (*Gierke*, in: Brügelmann, BauGB 1, § 6 Rn. 76).

570 *Hoppe/Bönker/Grotefels*, Öffentliches Baurecht, § 17 Rn. 11; *Stüer*, Jura 2002, S. 54 ff.; *Krautzberger/Schliepkorte*, in: Ernst/Zinkahn/Bielenberg/Krautzberger, BauGB I, § 10 Rn. 200; Gierke, in: Brügelmann, BauGB 1, § 10 Rn. 367 ff., 382 f.

571 *Tysper*, BauR 2001, S. 358; vgl. *Hoppe/Bönker/Grotefels*, Öffentliches Baurecht, § 17 Rn. 12; *Gierke*, in: Brügelmann, BauGB 1, § 10 Rn. 382 f., 404 f.; vgl. auch *Gern*, Kommunalrecht, Rn. 306.

beseitigen, eine einheitliche Verwaltungspraxis zu gewährleisten[572] und darüber hinaus die auf dem demokratischen Rechtsstaatsprinzip basierenden Aufsichtsrechte zu *ergänzen* und zu *vertreten*. Im hierarchischen Aufbau sind die Aufsichtsrechte jedoch durch die Antragsbefugnisse zur Normenkontrolle in § 47 II 1 VwGO gewährleistet.

c) Rechtssicherheit als Bindung der Verwaltung an Grundrechte

aa) Vorrang der Rechtssicherheit vor der Planungshoheit

Verwirft die Gemeinde ihren von ihr nach der Bekanntmachung für rechtswidrig gehaltenen Bebauungsplan, wird dies durch ihre Planungshoheit nach Art. 28 II GG nicht gerechtfertigt. Die Gemeinde kann entweder das Aufhebungsverfahren (vgl. § 3 I Nr. 1 BauGB) oder das ändernde bzw. ergänzende Verfahren zur Behebung des Fehlers (§§ 13 I, 214 IV BauGB) durchführen, wenn sie sich von der Rechtswidrigkeit des Bebauungsplanes überzeugt. Die Verwerfung des für rechtswidrig gehaltenen Bebauungsplanes der Gemeinde widerspricht sowohl der Planungshoheit, als auch der Rechtssicherheit. Der Betroffene kann entweder eine Anfechtungsklage erheben (§ 42 I VwGO) oder ein Normenkontrollverfahren (§ 47 II 1 VwGO) beantragen, wenn er wegen des Bebauungsplanes in seinen Rechten verletzt ist oder Gefahr läuft, verletzt zu werden. Für die vorläufige Anwendungsaussetzung des Bebauungsplanes kann er aufgrund der Rechtssicherheit nach § 47 VI VwGO eine einstweilige Anordnung beantragen.[573]

bb) Vorrang der Rechtssicherheit vor dem Aufsichtsrecht

Die Verwerfung des für rechtswidrig gehaltenen Bebauungsplanes der Gemeinde kann auch nicht aus dem allgemeinen Kommunal- und Sonderaufsichtsrecht abgeleitet werden. Die Aufsichtsrechte beschränken sich auf die Durchführung des Aufhebungsverfahrens (vgl. § 3 I Nr. 1 BauGB), des ändernden oder ergänzenden Verfahrens (§§ 13 I, 214 IV BauGB), im Rahmen des Genehmigungsverfahrens auf das Ablehnen, Ändern und Ergänzen der Genehmigung (§ 10 II BauGB i. V. m. § 6 II BauGB). Die Verwerfung des von den

---

572 *Gierke*, in: Brügelmann, BauGB 1, § 10 Rn. 367 ff.
573 *Peine*, Öffentliches Baurecht, Rn. 661; vgl. *Schrödter*, in: ders., BauGB, § 10 Rn. 32 ff.

Aufsichtbehörden für rechtswidrig gehaltenen Bebauungsplanes wird vor allem wegen der Rechtssicherheit i.V.m. Art. 14 GG abgelehnt. Die Verwerfungskompetenz der Aufsichtbehörden gegenüber dem Bebauungsplan kann Grundrechte des Eigentümers eines im Plangebiet liegenden Grundstücks - wie bei der Verwerfung durch die Gemeinde - verletzen.[574] Der Eigentümer kann aufgrund seiner Grundrechte gegenüber der Verwerfung des Bebauungsplanes durch die Aufsichtsbehörden die Normenkontrolle nach § 47 II 1 VwGO beantragen.

3. Ergebnis zu IV.

In Art. 28 II GG ist die Planungshoheit der Gemeinde mit ihren anderen Hoheiten institutionell garantiert. Der *Gemeinderat* darf trotz dieser Garantie aufgrund ihrer Planungshoheit nicht seinen für rechtswidrig gehaltenen Bebauungsplan verwerfen, soweit die Rechtssicherheit des Eigentümers und Dritter durch den Beschluss zur Verwerfung (vgl. § 41 I f) GO NW) verletzt werden können. Er kann den Bebauungsplan *durch* das förmliche Verfahren gem. §§ 13 I, 214 IV BauGB ändern oder ergänzen. Die Gemeinde (Bürgermeister) kann den für rechtswidrig gehaltenen Bebauungsplan vorläufig nicht anwenden, weil § 13 I BauGB die vorläufige Nichtanwendungskompetenz gegenüber dem für rechtswidrig gehaltenen Bebauungsplan voraussetzt und die Gemeinde (Bürgermeister) zur Anwendung einer für rechtswidrig gehaltenen Satzung nach Art. 20 III, 1 III GG nicht gezwungen ist. Dabei kommt gegen die Gemeinde (Bürgermeister) ein Amtshaftungsanspruch in Betracht.

Die *Kommunalaufsichtsbehörde* führt ihre Aufsicht gegenüber dem Bebauungsplan der Gemeinde aufgrund ihres sich aus dem demokratischen Rechtsstaatsprinzip ergebenden Aufsichtsrechts durch. Sie darf auch ihn jedoch nicht wegen seiner Rechtswidrigkeit verwerfen. Die Kommunalaufsichtsbehörde kann entweder das Änderungsverfahren gem. § 13 I BauGB oder das ergänzende Verfahren zur Behebung des Fehlers gem. § 214 IV BauGB durchführen lassen. Der Verwerfung des für rechtswidrig gehaltenen Bebauungsplanes durch die Kommunalaufsichtsbehörde steht zunächt die Planungshoheit der Gemeinde und die Rechtssicherheit entgegen. Der *Genehmigungsbehörde* wird auch die Verwerfungskompetenz aberkannt, da sich ihre Sonderaufsicht auf das Genehmigungsverfahren gem. §§ 10 II iVm 6 II, 246 Ia BauGB beschränkt, die Sonderaufsicht ein vor der Bekanntmachung des

[574] Vgl. *Schrödter*, in: ders., BauGB, § 10 Rn. 16.

Bebauungsplanes durchführendes Verfahren für die Aufstellung ist und die Verwerfung des Bebauungsplanes auch gegen die Planungshoheit und die Rechtssicherheit verstößt. Im Zusammenhang mit der Verwerfung des für rechtswidrig gehaltenen Bebauungsplanes sind die Planungshoheit der Gemeinde und das Aufsichtsrecht der Kommunal- bzw. Sonderaufsichtsbehörde an die Rechtssicherheit und die Grundrechte (vgl. Art. 14 I GG)[575] angebunden. Für die Verwerfung des Bebauungsplanes sind die Aufsichtsrechte begrenzt, aber diese Rechte werden durch das objektive Beanstandungsverfahren der Normenkontrolle (§ 47 VwGO) vertreten.

Dies Ergebnis gilt auch zugleich für die Beitrags- und Gebührensatzungen[576], da sie als kommunale Satzungen wesentlich gleiche Merkmale wie der Bebauungsplan besitzen.

V. Fazit

Die Verwerfungskompetenz für die vorkonstitutionellen Gesetze kommt nicht nur allen Gerichten, sondern auch der Verwaltung, aber nur allein der Regierung des Bundes oder der Länder zu, weil das Ziel von Art. 100 I GG und die Autorität des Gesetzgebers des Grundgesetzes durch diese Verwerfungskomeptenz der Verwaltung nicht berührt werden. Die Bindung der Verwaltung an Gesetz und Recht in Art. 20 III, 1 III GG gilt nicht nach dem Satz der lex posterior derogat legi priori für die vorkonstitutionellen Gesetze, soweit sie nicht vom Gesetzgeber des Grundgesetzes als nachkonstitutionelle Gesetze übernommen worden sind.

Die Verwerfungskompetenz für das nachkonstitutionelle Parlamentsgesetz wird für die Verwaltung abgelehnt. Sie wird wegen der sich aus Art. 20 II 2, III, 1 III i.V.m. Art. 79 III, 100 I GG ergebenden demokratischen Rechtsstaatlichkeit des Parlamentsgesetzes beim *BVerfG* monopolisiert. Das Aussetzungsrecht gegenüber dem für verfassungswidrig gehaltenen Parlamentsgesetz kommt der Verwaltung gem. §§ 38 BRRG, 56 BBG und Art. 93 I.

---

[575] Dritte und Eigentümer können eine Anfechtungs- und Verpflichtungsklage gem. § 42 I VwGO erheben, wenn ihre Rechte wegen der Verwerfung des für rechtswidrig gehaltenen Bebauungsplanes verletzt sind oder drohen, verletzt zu werden. Und sie können auch das Normenkontrollverfahren gem. § 47 II 1 VwGO beantragen. Darüber hinaus können sie gegen die Verletzung ihrer Grundrechte die Verfassungsbeschwerde gem. Art. 93 I Nr. 4a GG, § 90 BVerfGG erheben. Dazu *Krautzberger/Schliepkorte*, in: Ernst/Zinkahn/Bielenberg/Krautzberger, BauGB I, § 10 Rn. 295 ff.; *Schrödter*, in: ders., BauGB, § 10 Rn. 40.

[576] *Oebbecke*, NVwZ 2003, S. 1315; *Becker*, SächsVBl. 1998, S. 276 ff.

Nr. 2 GG zu. Aber sie muss ausnahmsweise das für verfassungswidrig gehaltene Gesetz anwenden, wenn seine Anwendung eilig ist und wenn der Betroffene der Gesetzanwendung eine weisungsfreie Behörde ist.

Die Verwerfungskompetenz gegenüber den entweder für verfassungswidrig oder für gesetzwidrig gehaltenen Rechtsverordnungen kommt wegen ihrer Abhängigkeit von der Ermächtigungsgrundlage und ihres Merkmals als materielles Recht zur Ausführung von Parlamentsgesetzen dem Verordnungsgeber zu, wenn (1) die Rechtsverordnungen keine formalgesetzliche Ermächtigungsgrundlage besitzen, und wenn (2) die tatbestandlichen Voraussetzungen der Ermächtigungsgrundlage durch Eintritt bestimmter Umstände entfallen sind.

Die Verwerfungskompetenz gegenüber den Bebauungsplänen wird für die Kommunalaufsichtsbehörde wegen der Planungshoheit der Gemeinden und der Rechtssicherheit abgelehnt. Die Kommunalaufsichtsbehörde kann den Gemeinderat entweder das Änderungsverfahren gem. § 3 I BauGB oder das ergänzende Verfahren zur Behebung des Fehlers gem. § 214 IV BauGB durchführen lassen. Und sie kann auch gem. § 47 II 1 VwGO den Antrag zum Normenkontrollverfahren stellen. Dem Bürgermeister kommt nur die Antragsbefugnis zum Normenkontrollverfahren gegenüber den für rechtswidrig gehaltenen Bebauungsplänen zu. Soweit der Gemeinderat gegen die Rechtssicherheit von Eigentümern und Dritten durch die Aufhebung des Bebauungsplanes verstoßen kann, kommt die Verwerfungskompetenz zum Bebauungsplan auch nicht dem Rat zu. Der Rat kann nur den für rechtswidrig gehaltenen Bebauungsplan gem. §§ 13 I, 214 IV BauGB durch formelles Verfahren ändern oder ergänzen.

Zweiter Teil

Normprüfungs- und Verwerfungskompetenz der Verwaltung unter dem Europäischen Gemeinschaftsrecht

Bei der Anwendung des Europäischen Gemeinschaftsrechts muss die Verwaltung der Mitgliedstaaten prüfen, ob die von ihr anzuwendende nationale Norm mit den Vertragsbestimmungen des Gemeinschaftsrechts vereinbar ist, dem sekundären Gemeinschaftsrecht nicht widerspricht und darüber hinaus das sekundäre Gemeinschaftsrecht nicht gegen das primäre Gemeinschaftsrecht verstößt, da die Gesetzmäßigkeit der Verwaltung nicht nur für die Anwendung des nationalen Rechts, sondern auch für die Anwendung des Europäischen Gemeinschaftsrechts gilt. Das primäre Gemeinschaftsrecht wird durch das sekundäre Gemeinschaftsrecht konkretisiert, das sekundäre Recht wird weiter durch die Rechtsordnung der Mitgliedstaaten verwirklicht. Daher kann es zu Konflikten zwischen der Europäischen Gemeinschaft und den Mitgliedstaaten kommen[577], insbesondere wegen der zahlreichen EG-Richtlinien.

Unter dieser Problemstellung wird zunächst dargestellt, auf welcher Grundlage der Vollzug des Europäischen Gemeinschaftsrechts durch die Mitgliedstaaten beruht, welche Formen von Normkollisionen es zwischen dem Europäischen Gemeinschaftsrecht und nationalem Recht und dem primären und sekundären Gemeinschaftsrecht gibt (§ 5). Bevor die eigene Meinung geäußert wird, wird der aktuelle Meinungsstand dargestellt (§ 6). Es wird untersucht, ob der Verwaltung der Mitgliedstaaten die Normprüfungskompetenz beim Vollzug des Gemeinschaftsrechts im Verhältnisse zwischen EG- und nationalem Recht sowie primärem und sekundärem Gemeinschaftsrecht zukommen kann (§ 7). Schließlich wird untersucht, ob die Verwaltung der Mitgliedstaaten die von ihr anzuwendende nationale Norm

[577] Das Problem der Normprüfungs- und Verwerfungskompetenz der Verwaltung bezüglich des Vollzugs des Europäischen Gemeinschaftsrechts mit anderen Problemkreisen, z. B. Verwaltungsorganisation und –verfahren, Aufsichtsprobleme und die Verteilung von Finanzlasten im Bund-Länder-Verhältnis. Dazu *Scheuing*, EuR 1985, S. 248; vgl. auch *Ehlers*, in: Erichsen/ders. (Hrsg.), AllgVerwR, § 4 Rn. 43 ff. Das *Europäische Verwaltungsrecht* stellt das allgemeine Verwaltungsrecht dar, das sich durch die Europäische Gemeinschaft auf den Vollzug des Gemeinschaftsrechts bezieht. Seine Rechtsquellen sind weitgehend mit den allgemeinen Rechtsquellen des Europäischen Gemeinschaftsrechts identisch, *Bleckmann*, EuR, Rn. 1316; vgl. *Ehlers*, in: Erichsen/ders. (Hrsg.), AllgVerwR , § 4 Rn. 1 ff.

verwerfen[578] darf und muss, wenn sie sich beim Vollzug des Gemeinschaftsrechts von ihrer Gemeinschaftsrechtswidrigkeit überzeugt. Eine weitere Frage ist, ob sie das sekundäre Gemeinschaftsrecht wegen seiner Primärrechtswidrigkeit verwerfen darf (§ 8).

---

[578] Der Ausdruck „Verwerfung" bedeutet hier auch „Nichtanwendung von Rechtssätzen" wie in der deutschen Rechtsordnung. Dazu *Scheuing*, EuR 1985, S. 252. S auch Einleitung, IV.

§ 5 Verhältnis von Gemeinschaftsrecht zu nationalem Recht sowie von europäischem Primär- zu Sekundärrecht

Während deutsche Legislative, Judikative und Exekutive unter dem Grundgesetz gem. Art. 20 III, 1 III GG eigenständige Systeme bilden und damit ihre eigenen Aufgaben deutlich voneinander getrennt sind, findet man bei der Europäischen Gemeinschaft ein unvollkommenes System, das von Abhängigkeit der EG zur nationalen Rechtsordnung geprägt ist, insbesondere, was die die Rechtsetzung und Vollziehung des Rechts betrifft.[579] Beim indirekten Vollzug des Gemeinschaftsrechts ist daher die Europäische Gemeinschaft abhängig von nationalem Recht, um ihre systematische Unvollkommenheit zu ergänzen.

Wie wirkt das nationale Recht bei dem Vollzug des Gemeinschaftsrechts zusammen? Welches Verhältnis hat es zum Europäischen Gemeinschaftsrecht und welche Rolle spielen der Anwendungsvorrang und das Effektivitätsgebot des Gemeinschaftsrechts in diesem Verhältnis (I.). Wie bezieht sich das primäre und sekundäre Gemeinschaftsrecht auf die nationale Rechtsordnung? Und welche Bedeutung bzw. welchen Einfluß haben sie auf die nationale Rechtsordnung (II.)? Welche Normen- bzw. Vollzugskollisionen treten beim Vollzug des Gemeinschaftsrechts durch das nationale Recht auf? Können diese Kollisionen auch innerhalb der Gemeinschaftsrechtsordnung entstehen? (III.). Nach Erörterung dieser Fragen werden am Ende dieses Abschnittes die einzelnen Ergebnisse in einem Fazit zusammengefasst (IV.).

I. Gemeinschaftsrecht und nationales Recht

1. Zusammenwirken im Vollzug des Gemeinschaftsrechts

Es gibt zwei exekutive Vollzugsformen des Gemeinschaftsrechts[580]: Den direkten Vollzug und den indirekten Vollzug. Bei direktem Vollzug wird auch von *gemeinschaftseigenem*[581] Vollzug gesprochen. Er bezieht sich auf interne und externe Angelegenheiten, wie z. B.

---

[579] Vgl. *Ehlers*, in: Erichsen/ders. (Hrsg.), AllgVerwR, § 4 Rn. 1 ff., 43 ff.; auch *Schwarze*, EuVerwR I, S. 33 f.

[580] Ausführlich *Ehlers*, in: Erichsen/ders. (Hrsg.), AllgVerwR, § 4 Rn. 31 f.; *Kadelbach*, AllgVerwR unter europäischem Einfluß, S. 18 f.; *Rengeling*, VVDStRL 53 (1994), S. 205 f.; *Schwarze*, EuVerwR, S. 25 ff.

[581] *Ehlers*, in: Erichsen/ders. (Hrsg.), AllgVerwR, § 4 Rn. 32.

Personal- und Haushaltsverwaltung und die Maßnahmen des Gemeinschaftsorgans (Kommission) zum einzelnen Gemeinschaftsbürger im Wettbewerbsrecht und Beihilferecht. Bei indirektem Vollzug spricht man von *mitgliedstaatlichem*[582] Vollzug, da dieser Vollzug von den nationalen Organen vollzogen werden kann. Er bezieht sich wieder auf mittelbaren und unmittelbaren Vollzug: Als der mittelbare Vollzug wird die Umsetzung der EG-Richtlinien durch den Gesetzgeber als ein Beispiel vorgestellt; ein Beispiel für den unmittelbaren Vollzug ist die unmittelbare Anwendung der EG-Verordnungen durch die nationale Behörde, insbesondere in den Gebieten des Zoll- und Agrarrechts.

Die Integrationsziele in den Vertragsbestimmungen werden ständig durch die Rechtssetzungsorgane (hauptsächlich beim Rat gem. Art. 202 EGV, dem Parlament gem. Art. 192 II, 272 III-IX EGV und der Kommission[583] gem. Art. 202, 3. Spiegelstich, 211, 4. Spiegelstich, Art. 86 III EGV) im sekundären Gemeinschaftsrecht konkretisiert. Der praktische Vollzug des Gemeinschaftsrechts wird jedoch durch die Organe der Mitgliedstaaten ausgeübt. Das Zusammenwirken mit den Mitgliedstaaten ist daher unumgänglich (unten a)). Trotz dieses Zusammenwirkens bleiben die EG-Rechtsordnung und die mitgliedstaatlichen Rechtsordnungen selbständig (unten b)).

a) Verzahnung des Gemeinschaftsrechts mit dem nationalen Recht

Die Verzahnung von Gemeinschaftsrecht und nationalem Recht [584] bezieht sich grundsätzlich auf den *indirekten* Vollzug des Gemeinschaftsrechts. Ihre Reichweite erstreckt sich von der Beeinflussung der Grundsätze der nationalen allgemeinen Verwaltungsrechte bis zum Zusammenwirken beider Rechtsordnungen. Beide Rechtsordnungen werden zunächst durch gegenseitige Beeinflussung[585] verknüpft: Das nationale Verwaltungsrecht beeinflusst die allgemeinen Rechtsgrundsätze des Europäischen Verwaltungsrechts. Und umgekehrt beeinflusst das Europäische Gemeinschaftsrecht das nationale Verwaltungsrecht und Verwaltungsprozessrecht. Beide Rechtssysteme werden auch durch das Zusammenwirken

[582] *Ehlers*, in: Erichsen/ders. (Hrsg.), AllgVerwR, § 4 Rn. 32.
[583] *Streinz*, EuR, Rn. 287.
[584] Vgl. *Pescatore*, EuR 1970, S. 307 ff., die Kooperation der Gemeinschaftsrechtsordnung mit den nationalen Rechtsordnungen, insbesonderes im Bereich von Landwirtschaft, Wettbewerb und Energie. Auch auf der Ebene deutscher Rechtsordnung wird die Verzahnung gefunden. Ein Beispiel dafür ist die Verknüpfung des § 3 I BImSchG („Schädliche Unwelteinwirkungen") mit dem § 2 III BBodSchG („Schädliche Bodenveränderungen"). Dazu *Schlotterbeck*, in: Bergmann/Kenntner (Hrsg.), Deutsches Verwaltungsrecht, Kap. 14 Rn. 174.

beider Rechtsordnungen und der durch sie geschaffenen Organe verknüpft[586]: EG-Richtlinien werden durch den nationalen Gesetzgeber und das Vorlagerecht und die Vorlagepflicht der nationalen Gerichte gem. Art. 234 EGV über die Rechtsstreitigkeien an *EuGH* zur Wahrung des Gemeinschaftsrechts im nationalen Vollzug umgesetzt.

b) Selbständigkeit des nationalen Rechts

Obwohl die beiden Rechtsordnungen in einem engen Verzahnungsverhältnis stehen, stehen sich die mitgliedstaatliche Rechtsordnung und die Gemeinschaftsrechtsordnung jeweils eigenständig und selbständig gegenüber, jedoch nicht unvermittelt und isoliert nebeneinander.[587] Die Gründe der Selbständigkeit liegen in der Ratifizierung der EG-Verträge und im Art. 23 I GG.[588]

2. Grundprinzipien im Vollzug des Gemeinschaftsrechts

Die Verzahnung von Europäischem Gemeinschaftsrecht und nationalem Recht hat in beiden Rechtsordnungen die Vorrangfrage der Normen veranlasst, und die Normkollision beider Rechtsordnungen ist unumgänglich geworden. Als Lösungsgrundsätze [589] der Normkollision haben sich der Anwendungsvorrang (a)) und das Effektivitätsgebot (b)) des Gemeinschaftsrechts entwickelt.

a) Anwendungsvorrang des Gemeinschaftsrechts

Das Prinzip des Anwendungsvorrangs des EG-Rechts wurde zunächst vom *EuGH*[590] entwickelt und dann durch das BVerfG [591] bestätigt. Der Anwendungsvorrang des Gemeinschaftsrechts bedeutet, dass das nationale Recht nicht beim Vollzug des EG-Rechts in

585 *Streinz*, EuR, Rn. 200.
586 *Streinz*, EuR, Rn. 199.
587 *BVerfGE* 52, 187/200; vgl. auch 22, 293/296.
588 Vgl. *BVerfGE* 31, 145/173 f.
589 So *Ipsen*, Europäisches Gemeinschaftsrecht, § 10 Rn. 51 (S. 285).
590 *EuGHE* 1964, 1251/1269 ff. (Costa/E.N.E.L.).
591 *BVerfGE* 22, 293/295.

den Mitgliedstaaten im Einzelfall angewendet werden darf, wenn es mit dem Gemeinschaftsrecht unvereinbar ist. Er führt jedoch nicht zur Nichtigkeit des nationalen Rechts; daher wirkt er nicht als *Geltungs*vorrang, sondern als *Anwendungs*vorrang.[592] Daher bleibt das gemeinschaftsrechtswidrige nationale Recht noch anwendbar, wenn die Fallgestaltung keinen europäischen Bezug hat.[593]

Die *Begründung* des Anwendungsvorrangs richtet sich einerseits im Hinblick auf Art. 23 I GG auf die Gewährleistung des Vorrangs der Gemeinschaftsrechtsordnung.[594] Andererseits besteht die Verpflichtung der Mitgliedstaaten gem. Art. 10 I EGV, alle Maßnahmen zu unterlassen, die der Verwirklichung der Gemeinschaftsziele entgegenstehen könnten.[595] Zudem besteht eine Garantie der Einheitlichkeit der Rechtsanwendung, die für die Funktionsfähigkeit der Gemeinschaften Voraussetzung ist.[596]

Rechtsfolge des Anwendungsvorrangs bedeutet, dass das Gemeinschaftsrecht in den Mitgliedstaaten das nationale Recht „entweder nur verdrängen oder verdrängen und zusätzlich ersetzen“ kann, soweit subsumtionsfähiges Gemeinschaftsrecht vorhanden ist.[597] Im Verhältnis zum nationalen Recht wird der Anwendungsvorrang des Gemeinschaftsrechts als „Ersetzungswirkung und Ausschlusswirkung“[598] bezeichnet.

Um den Anwendungsvorrang richtig zu verwirklichen, ist eine *Voraussetzung* erforderlich: Das Gemeinschaftsrecht muss in den Mitgliedstaaten „unmittelbare Geltung, Wirkung bzw. Anwendung“ annehmen.[599] Dies stellt die „Eignung“ des Gemeinschaftsrechts zur unmittelbaren Geltung, Wirkung bzw. Anwendung in den Mitgliedstaaten dar.[600]

---

592 *EuGHE* 1998, I-6307/6312 Rn. 18 ff. (IN.CO.GE'90 U.A.). Im diesen Sinne wird er nicht als Rechtsetzungsvorrang, sondern als *Rechtsanwendungsvorrang* für den Prozessrichter und die Verwaltung verstanden, *Ipsen*, Europäisches Gemeinschaftsrecht, § 10 Rn. 56 (S. 288).
593 Vgl. *EuGHE* 1998, I-4695/4725 Rn. 34 (ICI).
594 Vgl. *EuGHE* 1964, 1251/1269 (Costa/E.N.E.L.); *BVerfGE* 22, 293/296; 31, 145/173 f.; auch 75, 223/244.
595 *EuGHE* 1964, 1251/1269 f. (Costa/E.N.E.L.).
596 *EuGHE* 1964, 1251/1269 f. (Costa/E.N.E.L.); *Ipsen*, Europäisches Gemeinschaftsrecht, § 10 Rn. 51 (S. 285).
597 Vgl. Schlussanträge des Generalanwalts A. *Saggio* (*EuGHE* 2000, I-4941/4960 f. Nr. 37 f. (Océano Grupo Editorial und Salvat Editores) beschreibt dies „Ersetzungswirkung und Ausschlusswirkung“.
598 *EuGHE* 2000, I-4941/4961 Nr. 38 (Océano Grupo Editorial und Salvat Editores), die Wirkung ergebe sich unmittelbar aus der Pflicht zur Zusammenarbeit nach Art. 5 EGV.
599 *Jarass/Beljin*, NVwZ 2004, S. 3; vgl. auch *dies.*, JZ 2003, S. 769 f.; *Beljin*, EuR 2002, S. 354.
600 *Beljin*, EuR 2002, S. 354, auch 370.

Die *Ausnahme* ist jedoch im Rahmen einer einstweiligen Anordnung gem. Art. 243 EGV anerkannt.[601] Die Organe der Mitgliedstaaten sind verpflichtet, die Geltung eines Gesetzes bis zu einem endgültigen Urteil des *EuGH* über seine Gemeinschaftsrechtswidrigkeit auszusetzen, um zu hindern, dass ein irreparabler Schaden durch die Anwendung der Rechtsnorm bis zum Erlass des Urteils entsteht.

Die *Reichweite* des Anwendungsvorrangs ist vom *EuGH* nicht nur auf das einfache nationale Recht[602], sondern auch auf das nationale Verfassungsrecht, einschließlich der Grundrechte[603], bezogen worden. Das BVerfG[604] hat auch bereits bestätigt, dass der Anwendungsvorrang für das einfache nationale Recht gilt. Es hat aber in seiner *Solange I*-Entscheidung[605] festgehalten, dass der Anwendungsvorrang nicht für die Grundstrukturen der Verfassung, die ihre Identität ausmachen, und grundlegende Rechtsprinzipien, die sich aus den Grundrechten des Grundgesetzes ergeben - wie für das einfache nationale Recht - gilt, weil das Gemeinschaftsrecht noch keine Grundrechtekategorie enthält, die im Grundgesetz bereits gewährleistet sind, und damit die Grundrechte des Gemeinschaftsbürgers durch die Durchsetzung des Anwendungsvorrangs nicht vollständig gesichert werden. Diese Entscheidung ist von seiten der Gemeinschaften und der Literatur überwiegend abgelehnt worden.[606] Später hat der *EuGH* in den Gemeinschaften die Entscheidungen zum Grundrechtsschutz entwickelt. Nach dieser Situation hat auch das BVerfG seine Solange I-Entscheidung durch die *Solange II*-Entscheidung[607] ersetzt. Dadurch ist der Anwendungsvorrang des Gemeinschaftsrechts auch gegenüber den Grundstrukturen und den Grundrechten des nationalen Verfassungsrechts angenommen worden, solange der *EuGH* einen wirksamen Schutz der Grundrechte generell gewährleistet.

Der Anwendungsvorrang des Gemeinschaftsrechts hat einen engen *Zusammenhang* mit dem Thema Normprüfungs- und Verwerfungskompetenz der Verwaltung, da sowohl die

---

601 Vgl. *EuGHE* 1990, I-2433/2473 Rn. 17 (Factortame U. A.); 1991, I-415/540 Rn. 15 (Zuckerfabrik Süderdithmarschen und Zuckerfabrik Soest). Ausführlich dazu *Ehlers*, Europäisierung, S. 125 ff.; *Streinz*, in: FS Söllner, S. 1153; *Kadelbach*, AllgVerwR unter europäischem Einfluß, S. 138 ff.

602 *EuGHE* 1964, 1251/1269 Rn. (Costa/E.N.E.L.).

603 *EuGHE* 2000, I-69/91 f. Nr. 33 ff. (Kreil), Verstoß des Art. 12a I, IV GG gegen EG-Richtlinie 76/207/EWG Art. 2, 9.

604 *BVerfGE* 73, 339/375, nicht ganz deutlich, jedoch Anwendungsvorrang „gegenüber innerstaatlichem Recht“.

605 *BVerfGE* 37, 271/280.

606 *BVerfGE* 37, 271/291 ff.; *BVerwGE* 85, 24/29 f.; 108, 289/296; *Classen*, in: v. Mangoldt/Klein/Starck, GG 2, Art. 23 Rn. 54 ff.; *Hilf*, EuGRZ 1987, S. 1 ff.; *Rupp*, JZ 1987, S. 242; vgl. auch *Zuleeg*, DÖV 1992, S. 941.

607 *BVerfGE* 73, 339 ff.

mitgliedstaatlichen Gerichte als auch die Verwaltung[608] an die Folge des Anwendungsvorrangs gebunden sind. Die Verwaltung hat sich primär nach dem Anwendungsvorrang zu richten, wenn sie sich von der Gemeinschaftsrechtswidrigkeit des nationalen Rechts überzeugt. Der Anwendungsvorrang wird daher als grundlegende *„Kollisionsregel“* [609] und als ein *„Schlüsselinstitut“*[610] zur Konfliklösung zwischen dem Gemeinschaftsrecht und nationalem Recht verstanden.

b) Effektivitätsgebot des Gemeinschaftsrechts

Das Effektivitätsgebot im Europäischen Verwaltungsrecht bedeutet, dass die Gerichte und Behörde der Mitgliedstaaten bei der Auslegung des Gemeinschaftsrechts seinen Bestimmungen eine optimale reale Wirksamkeit zukommen zu lassen haben. Dadurch haben sie die Wahrscheinlichkeit zu minimieren, dass ein gemeinschaftsrechtswidriger Zustand entsteht oder fortbesteht.[611] Dieser Grundsatz des *„effet utile“* wird ursprünglich vom *EuGH*[612] aus dem Prinzip der Gemeinschaftstreue in Art. 10 EGV im Hinblick auf die *Umsetzung* von Richtlinien hergeleitet, um unmittelbare Wirkungen von Richtlinien in den Mitgliedstaaten für den einzelnen Gemeinschaftsbürger entfalten zu lassen. Diese Gemeinschaftstreue stammt von ihrem Oberbegriff „Pflicht zu loyaler Zusammenarbeit“.[613] Diese *Loyalitätspflicht* [614] verpflichtet nicht nur die Mitgliedstaaten gegenüber der Gemeinschaft, sondern sie legt auch den Gemeinschaftsorganen entsprechende Pflichten zur loyalen Zusammenarbeit mit den Mitgliedstaaten auf.

Der Grundsatz des effet utile ist ein wichtiges *Auslegungsprinzip* des Gemeinschaftsrechts als verfassungsrechtliche Norm des Gemeinschaftsverwaltungsrechts.[615] Er hat vor allem für die Handhabung der Kompetenzvorschriften der Gründungsverträge Bedeutung als

---

[608] Vgl. *Jarass*, in: ders./Pieroth, GG, Art. 23 Rn. 40; *Kadelbach*, AllgVerwR unter europäischem Einfluß, S. 157; *Streinz*, in: Isensee/Kirchhof (Hrsg.), HdStR VII, § 182 Rn. 64.

[609] *Kadelbach*, AllgVerwR unter europäischem Einfluß, S. 24; *Lecheler*, Einführung, S. 53. Vgl. *Niedobitek*, VerwArch 92 (2001), S. 61 f.; *Zuleeg*, in: VVDStRL 53 (1994), S. 162 ff.

[610] *Schmidt-Aßmann*, DVBl. 1993, S. 930.

[611] Vgl. *EuGHE* 1991, I-415/540 Rn. 14 ff. (Zuckerfabrik Süderdithmarschen und Zuckerfabrik Soest).

[612] *EuGHE* 1970, 825/838 Rn. 5 (Grad/Finanzamt Traunstein); 1979, 1629/1642 Rn. 20 ff. (Ratti); 1990, I-2433/2473 Rn. 18 (Factortame U. A.); 1991, I-825/868 Rn. 8 (Kommission/Deutschland); 1999, I-579/611 f. Rn. 25 f. (Dilexport).

[613] Dazu *BVerfG*, EuGRZ 1993, S. 443.

[614] Die Loyalitätspflicht zeigt manche Ähnlichkeit mit dem aus dem deutschen Verfassungsrecht bekannten Grundsatz der Bundestreue bzw. des bundesfreundlichen Verhaltens, *Jarass*, Grundfragen, S. 6.

[615] *Schmidt-Aßmann*, DVBl. 1993, S. 931.

Instrument einer interpretatorischen Erweiterung der begrenzten Einzelermächtigungen der EG-Organe.[616] Dieser Grundsatz hat in der letzten Zeit mit seiner Auswirkung auf das mitgliedstaatliche Verwaltungsverfahrens- und Verwaltungsprozessrecht weit reichende Auswirkung gehabt; Beispiele dafür sind die behördliche Rücknahme begünstigender gemeinschaftsrechtswidriger Verwaltungsakte[617] und der verwaltungsgerichtliche einstweilige Rechtsschutz gegen gemeinschaftsverwaltungsrechtlich determinierte Verwaltungsakte[618].

Das Effektivitätsgebot stellt insofern ein zentrales Charakteristikum des Europäischen Verwaltungsrechts dar, als es mit dem Anwendungsvorrang auf die einheitliche gleichmäßige Geltung des Gemeinschaftsrechts abzielt. Die beiden Prinzipien haben jedoch unterschiedliche *Funktionen*: Der Anwendungsvorrang funktioniert nur als eine Grundlage zur Lösung der Kollision zwischen dem EG-Recht und nationalem Recht. Demgegenüber spielt das Effektivitätsgebot eine Rolle für die vertragsmäßige Umsetzung der Richtlinien, zur Prüfung der Vereinbarkeit des nationalen Rechts mit dem EG-Recht durch nicht nur nationale Gerichte, sondern auch Behörden und auch hinsichtlich der Informationspflicht über die Ausführung und Durchführung von EG-Recht.[619] In dieser Funktion ist daher das Effektivitätsgebot bedeutsamer als der Anwendungsvorrang.

Bei dem *Charakter* beider Prinzipien gibt es auch einen Unterschied: Beim Widerspruch zwischen nationalem Recht und EG-Recht verhindert der Anwendungsvorrang als Reflexmaßnahme zum Schutz des EG-Rechts die Anwendung des eigenen Rechts durch die nationalen Organen. Dies spielt keine Rolle mehr, soweit das nationale Recht nicht gegen EG-Recht verstößen würde. Im Verhätnis zwischen dem EG-Recht und nationalem Recht wird daher der Anwendungsvorrang als grundlegendes und *passives* Prinzip zum Schutz des Gemeinschaftsrechts verstanden. Da demgegenüber das Effektivitätsgebot das Gemeinschaftsrecht nicht nur vor dem Angriff des nationalen Rechts schützt, sondern es auch in oben erwähnten Bereichen die Wirksamkeit des Gemeinschaftsrechts maximieren lässt, wird es als ein *positives* Prinzip zum Schutz des Gemeinschaftsrechts verstanden. Daher kann allein von dem Anwendungsvorrang nicht die beste effektive Verwirklichung und Ausführung des

---

616 *Schmidt-Aßmann*, DVBl. 1993, S. 931; *Lecheler*, Einführung, S. 142. Kritisch *BVerfG* (E 89, 155/210).

617 *EuGHE* 1989, 175/191 Rn. 6 ff. (Kommission/Deutschland); 1990, I-3437/3456 Rn. 9 ff. (Kommission/Deutschland).

618 Vgl. *EuGHE* 1990, I-2879/2905 Rn. 25 (Kommission/Deutschland); 1991, I-415/540 Rn. 15 (Zuckerfabrik Süderdithmarschen und Zuckerfabrik Soest); 1990, I-2433/2473 Rn. 17 (Factortame U. A.). Dazu ausführlich *Ehlers*, Europäisierung, S. 125 ff.; *Ehlers/Pünder*, EuR 1997, S. 74 ff.

619 Vgl. *Lecheler*, Der Grundsatz der Effektivität, S. 11 ff.

Gemeinschaftsrechts erwartet werden. Unter diesem Punkt beinhaltet das Effektivitätsgebot bereits den Charakter, den der Anwendungsvorrang besitzt, und es ergänzt den Anwendungsvorrang.

Die beiden Prinzipien werfen aber folgende *Problematik* auf: Sie verwirklichen einerseits das Gemeinschaftsrecht durch vorrangige und effektive Ausführung des EG-Rechts, andererseits bewirken sie jedoch, dass Unsicherheit in der nationalen Rechtsordnung bis zur höchstrichterlichen Klärung droht[620]. Darüber hinaus fordert das Effektivitätsgebot von den Mitgliedstaaten Treue bzw. Loyalität zu der Gemeinschaft, obwohl ihre Bereiche und Formen äußerst unbestimmt sind. Damit kann es von den Mitgliedstaaten missbraucht werden.[621]

Trotz dieser Probleme sind die Prinzipien Gründe für die Prüfungskompetenz der Verwaltung[622]; da die Organe der Mitgliedstaaten die Vereinbarkeit des nationalen Rechts mit dem EG-Recht überprüfen müssen, um den Gemeinschaftsrechtsvorrang anzuwenden, oder um es regelmäßig auszuführen und durchzuführen. Es ist nicht zweifelhaft, dass der Anwendungsvorrang ein wichtiges Kriterium für die Verwerfungskompetenz der Verwaltung bei der Kollision zwischen dem EG-Recht und nationalem Recht ist. Aber es ist unklar, ob man aus dem Effektivitätsgebot in Art. 10 EGV die Verwerfungskompetenz gegenüber dem für gemeinschaftsrechtswidrig gehaltenen nationalen Recht der Verwaltung ableiten kann. Man kann argumentieren, dass die Verwerfungskompetenz der Verwaltung aus diesem Prinzip hergeleitet werden kann, da es bereits den Charakter des Anwendungsvorrangs immanent besitzt, ihn ergänzt und ihn verwirklicht. Da es wie oben erwähnt eine Möglichkeit zum Missbrauch gibt und man aus dem Art. 10 EGV noch nicht sicher eine unmittelbare Wirkung auf Mitgliedstaaten ableiten kann[623], muss man vorsichtig sein, aus diesem Prinzip die Verwerfungskompetenz der Verwaltung abzuleiten.

---

[620] *Pietzcker*, in: FS Everling, S. 1106; vgl. im Hinblick auf die Richtlinienwirkungen *Schmidt-Aßmann*, in: FS Lerche, S. 526 f.

[621] *Jarass*, Grundfragen: „mit zahlreichen Zweifelfragen“ (S. 6), „außerordentliche Weite“ (S. 7); *Schmidt-Aßmann*, DVBl. 1993, S. 931; vgl. auch *Lecheler*, Der Grundsatz der Effektivität, S. 6 f., 29 f.

[622] Dazu unten § 7 I. 1.

[623] Vgl. *Jarass*, Grundfragen, S. 9. Der *EuGH* hat bereits in seiner Entscheidung dem Art. 10 EGV eine unmittelbare Wirkung abgesprochen. Vgl. dazu *EuGHE* 1973, 1135/1160 Rn. 39 (Schlüter/Hauptzollamt Lörrach); 1973, 1175/1193 f. Rn. 26 (Rewe-Zentral/Hauptzollamt Kehl).

II. EG-Primärrecht und -Sekundärrecht

Als eine eigenständige Rechtsordnung besteht das Gemeinschaftsrecht aus Primär- und Sekundärrecht. Das Primärrecht hat drei Säulen: Gründungsverträge (EGV, EAGV)[624], Protokolle zu den Verträgen, Satzungen der Organe der Gemeinschaft, Anlagen und Anhänge (vgl. Art. 311 EGV; Art. 207 EAGV) und Allgemeine Rechtsgrundsätze des Gemeinschaftsrechts. Da es die Verträge sowie die Vereinbarungen zwischen den Mitgliedstaaten bezeichnet, sind die Normsetzer des primären Gemeinschaftsrechts die Mitgliedstaaten der Gemeinschaft selbst. Das *Sekundärrecht*, das sich aus dem Primärrecht ergibt, besteht aus Verordnungen, Richtlinien, Entscheidungen und Empfehlungen sowie Stellungnahmen (vgl. Art. 249 EGV). Die Normsetzer des Sekundärrechts sind der Rat und das Europäische Parlament gemeinsam oder der Rat und die Kommission.

Es handelt sich um folgende Punkte bezüglich der Rechtsquellen des Gemeinschaftsrechts: Im Hinblick auf die Norm*prüfungs*kompetenz stellt sich die Frage, ob die Verwaltung der Mitgliedstaaten das Gemeinschaftsrecht prüfen darf und kann, da die Mitgliedstaaten die Festsetzungskompetenz für das primäre Gemeinschaftsrecht besitzt, oder die Prüfungskompetenz nur bei dem *EuGH* monopolisiert wird. Eine weitere Frage lautet, ob die Prüfungskompetenz der Verwaltung der Mitgliedstaaten zukommen darf, wenn sie überzeugt ist, dass das sekundäre Gemeinschaftsrecht gegen das primäre Gemeinschaftsrecht verstößt. Bei der Normprüfungskompetenz der Verwaltung liegt der Kernpunkt darin, ob die Verwaltung der Mitgliedstaaten das das Gemeinschaftsrecht konkret vollziehende nationale Recht prüfen kann, wenn sie es vollziehen muss.[625] Wie weit darf diese Normprüfungskompetenz der Verwaltung eingeräumt werden? Darf die Verwaltung das sekundäre Gemeinschaftsrecht nicht prüfen, da es als Kriterium für das nationale Recht verstanden wird?[626]

Im Hinblick auf die Norm*verwerfungs*kompetenz stellt sich die Frage, ob die Verwaltung der Mitgliedstaaten aufgrund ihrer Prüfungskompetenz das nationale Recht im Verhältnis zwischen dem Vertrauensschutz auf der Ebene der nationalen Rechtsordnung und dem

[624] Der Vertrag über die Europäische Union (EUV), z. B. die EU-Grundrechte gehen als Teil des EU-Rechts gem. Art. 6 II EUV allem nationalen Recht einschließlich des Verfassungsrecht vor. Dazu *Jarass*, EU-Grundrechte, § 3 Rn. 9; vgl. *Walter*, in: Ehlers (Hrsg.), Grundfreiheiten, § 1 Rn. 27.

[625] S unten § 7 I.

[626] S unten § 7 II.

Anwendungsvorrang und *effet utile* auf der Ebene der europäischen Integration verwerfen darf und muss; sie werden von offenkundigen Kollisionen[627] und sonstigen Zweifelsfällen[628] unterschieden. Eine weitere Frage ist, ob die nationale Verwaltung das für primärrechtswidrig gehaltene sekundäre EG-Recht verwerfen darf.[629]

III. Normen- bzw. Vollzugskollisionen

Das Bundesverfassungsgericht[630] hat den Begriff der Normenkollision bezüglich des Konflikts in Art. 31 GG zwischen dem Bundes- und Landesrecht[631] dahingehend definiert, dass zwei Normen auf ein und denselben Sachverhalt anwendbar sind und bei ihrer Anwendung zu verschiedenen Ergebnissen führen. Auch bei der Verwirklichung des Gemeinschaftsrechts sind diese Normenwidersprüche erfolgt. *Rechtslogisch* werden sie von direkter und indirekter Kollision unterschieden.[632] Die *direkte (unmittelbare)* Kollision bedeutet, dass ein EG-Rechtsakt und ein nationaler Rechtsakt für dieselbe oder teilweise identische Frage eines Sachverhalts oder den Sachverhalt im Ganzen unterschiedliche Rechtsfolgen anordnen, mit der Folge, dass die gleichzeitige Anwendung beider Bestimmungen logisch unmöglich ist.[633] Die *indirekte (mittelbare)* Kollision bedeutet, dass ein EG-Rechtsakt und ein nationaler Rechtsakt *nicht* auf ein und derselben Ebene der Rechtsanwendung miteinander in Konflik geraten, sondern auf unterschiedlichen Ebenen. Der Konflikt tritt jedoch nicht bei der Frage der Rechtsgewährung auf, sondern im Verhältnis zwischen gemeinschaftsrechtlicher Rechtsgewährung und mitgliedstaatlicher Rechtsrealisierung.[634] Nach den *Rechtsformen* der Europäischen Gemeinschaft werden Normenwidersprüche hinsichtlich Kollision des Gemeinschaftsrechts mit dem nationalen Recht (unten 1.) und hinsichtlich Kollision des EG-Primärrechts mit dem EG-Sekundärrecht (unten 2.) unterschieden. Im Allgemeinen zielt das Interesse auf die Kollision zwischen dem Gemeinschaftsrecht und nationalem Recht.

---

627 S unten § 8 I. 1.
628 S unten § 8 I. 2.
629 S unten § 8 II.
630 *BVerfGE* 36, 342/363.
631 Vgl. dazu *Giegerich*, DÖV 1989, S. 379 ff.
632 Dazu ausführlich *Kadelbach*, AllgVerwR unter europäischem Einfluß, S. 28 ff.; *Jarass/Beljin*, NVwZ 2004, S. 3 f.; *Niedobitek*, VerwArch 92 (2001), S. 73 ff.; *Mückl*, Jura 2000, S. 406 ff.; *Schwarze*, EuVerwR, S. 444 ff.; *Hatje*, DVBl. 1985, S. 1298 f. S auch unten § 8 I. 1. a), 2. a).
633 *Jarass/Beljin*, NVwZ 2004, S. 3; vgl. *Niedobitek*, VerwArch 92 (2001), S. 73; *Hatje*, DVBl. 1985, S. 1298.

1. Kollision des Gemeinschaftsrechts mit dem nationalen Recht

Die Kollision zwischen dem Gemeinschaftsrecht und dem nationalen Recht nennt man *reine Vollzugskollision*[635]. Die Kollisionsfrage hat eine wichtige Bedeutung, da sie den Mitgliedstaaten der Gemeinschaft einen Grund für die Staatshaftung anbieten kann; teilweise wird die schadensersatzauslösende Handlung bei Verstößen der Mitgliedstaaten gegen das EG-Primärrecht in der Verletzung einer Kollisionsregel durch die Verwaltung gesehen.[636]

a) Primärrechtswidriges nationales Recht

Primärrechtswidrig ist nationales Recht, wenn es gegen die Bestimmungen oder die Grundprinzipien des primären Gemeinschaftsrechts verstößt. Als Kollisionsformen können folgende Fälle genannt werden: Die primärrechtswidrigen Bestimmungen des Verfassungsrechts, die primärrechtswidrigen nationalen Parlamentsgesetze, die primärrechtswidrigen nationalen Rechtsverordnungen und die primärrechtswidrigen nationalen Satzungen der Gemeinde (da die Gemeinde zweifellos auch unter dem Gemeinschaftsrecht steht[637]). Davon sind die primärrechtswidrigen nationalen Parlamentsgesetze ein Kernpunkt. Beispiele dafür sind die Art. 28 EWG (ex 30 EWG), EG-Vertragswidrige §§ 14, 15[638] und die Art. 28 (ex 30 EWG) EG-Vertragswidrigen §§ 9, 10 Biersteuergesetz iVm §§ 2, 11 Lebensmittel- und Bedarfsgegenständegesetz[639].

b) Sekundärrechtswidriges nationales Recht

Das als abgeleitetes Recht[640] bezeichnete Sekundärrecht steht öfter als das Primärrecht mit dem nationalen Recht in Konflikt. Es werden Kollisionen von EG-verordnungswidrig nationalem Recht (unten aa)) und EG-richtlinienwidrig nationalem Recht unterschieden (unten bb)).

---

634 *Niedobitek*, VerwArch 92 (2001), S. 74; vgl. *Jarass/Beljin*, NVwZ 2004, S. 4; *Hatje*, DVBl. 1985, S. 1298.
635 *Hatje*, DVBl. 1985, S. 1298.
636 *Böhm*, JZ 1997, S. 55; vgl. auch *Ehlers*, JZ 1996, S. 778 f; *Schoch*, DV 34 (2001), S. 283, Haftung bei rechtswidrigem Unterlassen durch die Verwaltung z. B. bei einer nicht (oder zeitlich verzögert) erteilten Baugenehmigung.
637 Dazu *Ehlers*, DÖV 2001, 412 ff.
638 *EuGH*, Urt. v. 23. 9. 2003 – Rs. C-192/02 (Kommission/Königreich Dänemark) (=EuZW 2004, S. 30 ff.).
639 Dazu *EuGHE* 1987, 1227/1270 Rn. 29 ff. (Kommission/Deutschland).
640 *Schroeder*, in: Streinz, EUV/EGV, Art. 249 EGV Rn. 20.

aa) EG-verordnungswidriges nationales Recht

Verordnungen haben allgemeine, unmittelbare und gleiche Geltung in allen Mitgliedstaaten (vgl. Art. 249 II EGV, Art. 161 II EAGV). Dabei bedeutet die „allgemeine" Geltung, dass Verordnungen *Rechtssatzqualität* haben und dass sie einerseits damit die Bedingungen eines Gesetzes im materiellen Sinn erfüllen und dass andererseits Verordnungen für die gesammte Europäische Gemeinschaft gelten.[641] Daher werden sie auch als „europäisches Gesetz" bezeichnet. [642] „Unmittelbare" Geltung bedeutet, dass Verordnungen *Durchgriffswirkung*[643] in den Mitgliedstaaten haben. Dies bedeutet, dass Verordnungen mit Inkrafttreten in den Mitgliedstaaten Rechtssubjekte berechtigen und verpflichten, „ohne dass es irgendwelcher Maßnahmen zur Umwandlung in nationales Recht bedarf" [644]. Da alle nationalen Behörden, Gerichte und sonstigen Einrichtungen der Mitgliedstaaten an die Beachtung der sich aus den Verordnungen ergebenden Rechte und Pflichten gebunden sind, dürfen die nationalen Organe nicht das verordnungswidrige nationale Gesetz anwenden. Ein Beispiel dafür ist das mit Art. 12 der Verordnung 1612/68 über die Arbeitnehmerfreizügigkeit nicht vereinbare Bundesausbildungsförderungsgesetz (BAföG.).[645]

bb) EG-richtlinienwidriges nationales Recht

Die in Art. 249 III EGV, Art. 161 III EAGV geregelte Richtlinie ist ein klassisches Instrument, um die nationalen Rechtsvorschriften durch inhaltliche Angleichung mit dem Gemeinschaftsrecht zu harmonisieren.[646] Anders als Verordnungen wird sie zweistufig[647] erlassen; sie wird zunächst durch die Gemeinschaftsorgane erlassen, jedoch durch die natio-

---

[641] *Schweitzer*, in: FS Klein, S. 91; vgl. *Biervert*, in: Schwarze (Hrsg.), EU-Kommentar, Art. 249 EGV Rn. 18; *Schroeder*, in: Streinz, EUV/EGV, Art. 249 EGV Rn. 54; *Herdegen*, EuR, § 9 Rn. 34.

[642] *Biervert*, in: Schwarze (Hrsg.), EU-Kommentar, Art. 249 EGV Rn. 18 i. V. m. *EuGHE* 1955/1956, II-199/227 (Fédération Charbonnière de Belgique/Hohe Behörde).

[643] *Schweitzer*, in: FS Klein, S. 91; *Biervert*, in: Schwarze (Hrsg.), EU-Kommentar, Art. 249 EGV Rn. 21; *Schroeder*, in: Streinz, EUV/EGV, Art. 249 EGV Rn. 58.

[644] *EuGHE* 1978, 99/115, Rn. 22/27 (Zerbone/Amministrazione delle Finanze delle Stato).

[645] *EuGHE* 1990, I-4185/4207, Rn. 8 ff (di Leo).

[646] *Herdegen*, EuR, § Rn. 36; vgl. *Schweitzer*, in: FS Klein, S. 93; *Biervert*, in: Schwarze (Hrsg.), EU-Kommentar, Art. 249 EGV Rn. 23.

[647] Drei Gründe gibt es für das zweistufige Rechtssetzungsverfahren, erstens, dass die Souveränität der Mitgliedstaaten und ihrer Parlamente geschützt werden sollte, zweitens, für diese Regelung sprach, dass der Gedanke der Supranationaltität bei der Abfassung des EGV schon verlasst war und drittens, dass den Mitgliedstaaten mit der Richtlinie ein Spielraum für eigene Entscheidungen belassen werden sollte. Dazu *Bleckmann*, EuR, Rn. 417. Ausführlich *Wölk*, Die Umsetzung von Richtlinien, S. 19 ff.

nalen Organe der Mitgliedstaaten konkret umgesetzt. Diese Umsetzungspflicht ergibt sich unmittelbar aus Art. 249 III, mittelbar aus Art. 10 EGV. Auch durch die Umsetzungspflicht unterscheidet sich die Richtlinie von den Verordnungen, da sie keine unmittelbare Wirkung im innerstaatlichen Recht hat und nicht unmittelbar Rechte oder Pflichten Einzelner begründen kann.[648] Nach herrschender Auffassung[649] kann sie unter bestimmten Voraussetzungen eine *unmittelbare Wirkung* in den Mitgliedstaaten entfalten, um ihre praktische Wirksamkeit (effet utile) zu gewährleisten, wenn die Umsetzungsfrist abgelaufen ist, ohne dass der Mitgliedstaat sie einerseits umgesetzt hat, die Richtlinie den Einzelnen andererseits begünstigt und die Richtlinie von ihrem Inhalt her unbedingt und hinreichend bestimmt ist, um im Einzelfall angewendet zu werden. Aus den Merkmalen dieses zweistufigen Rechtsetzungsverfahrens hinsichtlich der Richtlinien ergeben sich für die Mitgliedstaaten einige Pflichten wie das Gebot effektiver Umsetzung, richtlinienkonforme Auslegung des nationalen Rechts und die Entfaltung von unmittelbarer Wirkung unter gewissen Umständen.

Im Hinblick auf diese Merkmale kann es zu Kollisionen zwischen Richtlinie und nationalem Recht kommen. Bei Kollisionen werden solche *vor* der Umsetzung (oder vor Ablauf der Umsetzungsfrist) von solchen *nach* der Umsetzung einer Richtlinie unterschieden. Der erste Fall beschäftigt sich damit, wie sich eine Behörde oder die Verwaltung verhalten soll, wenn sie sich davon überzeugt, dass eine nationale Norm gegen die vor der Umsetzung Richtlinie verstößt.[650] Ein weiterer Fall befasst sich mit Kollisionen *nach* dem Ablauf der Umsetzung der Richtlinie. Dazu kann man zwei Möglichkeiten erwägen; erstens gibt es den Fall, dass nationale Durchführungsbestimmungen wegen der fehlenden oder verspäteten Umsetzung[651] gegen die *originale* (oder ursprüngliche) Richtlinie verstoßen. Zweitens gibt es den Fall, dass nationale Durchführungsbestimmungen gegen das Grundgesetz oder anderes nationales Recht verstoßen. Dabei gibt es die Besonderheit, dass die nationale Verwaltung

---

[648] Die Verordnung wird als Instrument zur Rechtsvereinheitlichung und die Richtlinie als Rechtsangleichungsinstrument verstanden. Diese ursprünglich im Vertrag (z. B. in Art. 94 EGV) angelegte Unterscheidung löst jedoch offensichtlich auf, *Schroeder*, in: EUV/EGV, Art. 249 EGV Rn. 69. *Herdegen*, EuR, § 9 Rn. 44; *Scherzberg*, Jura 1993, S. 225; vgl. *Schweizer*, in: FS Klein, S. 94.

[649] So st. Rspr. *EuGHE* 1970, 1213/1223 f. Rn. 14 ff. (S.A.C.E./Finanzministerium Italiens); 1974, 1337/1348 Rn. 12 (van Duyn/Home Office); 1979, 1629/1641 f. Rn. 18 ff. (Ratti); 1982, 53/70 f. Rn. 21 ff. (Becker/Finanzamt Münster-Innenstadt); *Herdegen*, EuR, § 9 Rn. 44; *Schweizer*, in: FS Klein, S. 94 f.; *Scherzberg*, Jura 1993, S. 225 f.; *Lecheler*, Einführung, S. 131; *Ruffert*, in: Calliess/ders. (Hrsg.), EUV u. EGV, Art. 249 EGV Rn. 69 ff.; *Biervert*, in: Schwarze (Hrsg.), EU-Kommentar, Art. 249 EGV Rn. 29; *Schroeder*, in: Streinz, EUV/EGV, Art. 249 EGV Rn. 101 ff.

[650] Diese Unterscheidung vor der Umsetzung und nach der Umsetzung von Richtlinie setzt voraus, dass die Vorwirkung vor ihrer Umsetzung im innerstaatlichen Recht anerkannt ist. Dazu *Lecheler*, Einführung, S. 129; *Schroeder*, in: Streinz, EUV/EGV, Art. 249 EGV Rn. 83 f.; *Herdegen*, EuR, § 9 Rn. 37; *Ruffert*, in: Calliess/ders. (Hrsg.), EUV u. EGV, Art. 249 Rn. 44.

[651] Dazu *Biervert*, in: Schwarze (Hrsg.), EU-Kommentar, Art. 249 EGV Rn. 27; *Lecheler*, Einführung, S. 131.

nicht einfach nach Art. 93 I Nr. 2, 100 I GG und § 47 VwGO die nationale höherrangige rechtswidrige Durchführungsbestimmung behandeln kann, da die Durchführungsbestimmung in der europäischen Richtlinie wurzelt. Daher ist für diese Kollision bedeutsam, welche Rechtsnatur die nationalen Durchführungsbestimmungen besitzen.

2. Kollision des EG-Primärrechts mit dem EG-Sekundärrecht

Da sich aus Art. 7 I 2, 192 I, 202, 211, 230 und 249 EGV der Vorrang des Primärrechts vor dem Sekundärrecht ergibt[652], ist die Verwaltung der Mitgliedstaaten der Gemeinschaft verpflichtet, das von ihr anzuwendende Sekundärrecht *primärrechtskonform* auszulegen[653], soweit sie es in nationaler Rechtsordnung anwenden muss. Das Sekundärrecht, das gegen das Primärrecht verstößt, kann nach Art. 230 II, 231, 234 I lit. b) und 241 EGV für nichtig, ungültig oder unanwendbar erklärt werden[654], und eine Normenkollision zwischen Primärrecht und Sekundärrecht ist unvermeidlich, wenn die primärrechtskonforme Auslegung nicht möglich ist. Man unterscheidet zwischen primärrechtswidriger Verordnung (unten a)) und Richtlinie (b)).

a) Primärrechtswidrige Verordnungen

Primärrechtswidrige Verordnungen liegen vor, wenn Verordnungen gegen die Vorschriften der gemeinschaftsrechtlichen Verträge und ihre allgemeinen Rechtsgrundsätze[655] wie z. B. das Subsidiaritätsprinzip (Art. 5 EGV), das Verhältnismäßigkeitsprinzip (Art. 30 S. 2, 34 II, 39 III, 46 I, 58 I lit. b und III, 59, 60, 82 lit. a, 86 II und III, 134 Uabs. 2 und 3 EGV[656]), den

---

[652] In der Gemeinschaftsrechtsordnung erhält das Primärrecht Verfassungscharakter. Vgl. dazu *EuGHE* 1978, 1771/1778 Rn. 9/14 (INAMI/Viola); 1986, 1339/1365 Rn. 23 (Les Verts/Parlament); *Schroeder*, Gemeinschaftsrechtssystem, S. 364; vgl. auch *Bleckmann*, NVwZ 1993, S. 825; *Lecheler*, Einführung, S. 137.

[653] Diese primärrechtskonforme Auslegung gilt nicht nur für das Verhältnis zwischen EG-Primärrecht und –Sekundärrecht, sondern auch für das Verhältnis zwischen völkerrechtlichen Verträgen der Gemeinschaft und sonstigem Sekundärrecht und das Verhältnis zwischen Sekundärrecht und den auf dieses gestützten Durchführungsrechtsakten, *Lecheler*, Einführung, S. 143; vgl. *Ehlers*, in: Erichsen/ders., AllgVerwR, § 2 Rn. 122.

[654] Vgl. *Ehlers*, in: Erichsen/ders., AllgVerwR, § 2 Rn. 122; *Schroeder*, in: Streinz, EUV/EGV, Art. 249 EGV Rn. 17.

[655] Diese Rechtsgrundsätze genießen Primärrechtsrang und binden die Gemeinschaften, ihre Organe und die Mitgliedstaaten, sofern sie Gemeinschaftsrecht umsetzen oder administrativ vollziehen müssen, *Zacker/Wernicke*, Examinatorium EuR, S. 82.

[656] *Zacker/Wernicke*, Examinatorium EuR, S. 121 f.

Vertrauensschutz und die Rechtssicherheit verstoßen. Neben der primärrechtswidrigen Verordnung ist auch eine verordnungswidrige Verordnung[657] als weitere Kollisionsform denkbar.

b) Primärrechtswidrige Richtlinien

Primärrechtswidrige Richtlinien liegen vor, wenn Richtlinien gegen die Vorschriften der gemeinschaftsrechtlichen Verträge und ihre Grundsätze verstoßen. Neben primärrechtswidrigen Richtlinien sind auch primärrechtswidriges Primärrecht[658], verordnungswidrige Richtlinien und richtliniewidrige Richtlinien als weitere Kollisionsformen im Gemeinschaftsrecht denkbar.

IV. Fazit

Die Gemeinschaftsrechtsordnung ist wegen der zweistufigen Rechtsetzung des sekundären Gemeinschaftsrechts mit der nationalen Rechtsordnung verzahnt. Der Anwendungsvorrang des Gemeinschaftsrechts spielt eine grosse Rolle als wesentliches Prinzip dafür, dass der Verwaltung der Mitgliedstaaten die Normprüfungskompetenz und Verwerfungskompetenz für das gemeinschaftsrechtswidrige nationale Recht gegeben werden dürfen. In Bezug auf die Umsetzung der EG-Richtlinie wird das EG-richtlinienwidrige nationale Recht als der Hauptforschungsgegenstand für die Prüfungskompetenz und Verwerfungskompetenz der Verwaltung des gemeinschaftsrechtswidrigen nationalen Rechts verstanden. Wegen des Fehlens von Kompetenzverteilungsvorschriften zwischen Gemeinschaft und Mitgliedstaaten[659], der begrenzten

[657] Da im Sekundärrecht das Rangverhältnis der Normen nicht anerkannt wird (*Lecheler*, Einführung, S. 137), ergibt sich die Ursache dieser Kollision nicht aus Rangverhältnis, sondern aus unterschiedlicher Rechtsfolge.
[658] Es ist umstritten bezüglich der ungeschribenen inhaltlichen Schranken der Vertragsänderungen, ob Hierarchie auch im Primärrecht besteht (vergleichbar Art. 79 III GG). Dazu *Lecheler*, Einführung, S. 138. Vgl. auch *Schroeder*, Gemeinschaftsrechtssystem, S. 236 ff.
[659] *Jarass*, AöR 121 (1996), S. 185, im EG-Vertrag fehlen die Kompetenzverteilungsvorschriften, die „im Grundgesetz klar als ausschließliche, konkurrierende oder Rahmenkompetenzen ausgewiesen sind …". Vielmehr können die Vorschriften in Art. 70 ff. GG als eine *Kategorisierung* verstanden werden.

Einzelermächtigung und des unvollkommenen Charakters von Rechtsetzung und Vollziehung des Gemeinschaftsrechts werden die Konflikte zwischen dem Gemeinschaftsrecht und dem nationalen Recht *Kompetenz*kollision genannt. Die Verwaltung der Mitgliedstaaten hat das Sekundärrecht primärrechtskonform auszulegen. Normenkonflikte können auch innerhalb der Gemeinschaftsrechtsordnung entstehen, wenn diese Auslegung unmöglich ist.

§ 6 Meinungsstand zur Normprüfungs- und Verwerfungskompetenz der Verwaltung

Angesichts des Anwendungsvorrangs des Gemeinschaftsrechts und in Anbetracht des Prinzips effet utile stellt sich die Frage, ob die nationale Behörde eine anzuwendende Norm prüfen kann und muss (I.). Darüber hinaus ist zu fragen, ob sie die Norm verwerfen kann und muss (II.). Diese Probleme werden im folgenden anhand der Rechtsprechung des *EuGH* und der in der Literatur vertretenen Meinungen untersucht.

I. Normprüfungskompetenz der nationalen Verwaltung

Zur Prüfungskompetenz der Verwaltung finden sich kaum Stellungnahmen in Literatur und Rechtsprechung. Allerdings kann man von der Annahme oder Ablehnung einer Verwerfungskompetenz *mittelbar* auf die Annahme oder Ablehnung einer der Verwaltung zustehenden Prüfungskompetenz schließen.

1. Vereinbarkeit des nationalen Rechts mit dem Gemeinschaftsrecht

Für die Verwirklichung des Gemeinschaftsrechts kommt der nationalen Verwaltung eine Kompetenz zur Prüfung der Gemeinschaftsrechtmäßigkeit des nationalen Rechts zu.[660] Die Kompetenz zur Prüfung richtet sich nach dem Prinzip der Rechtsbindung (vg. Art. 20 III iVm 1 III GG) und dem hierarchischen Aufbau (vgl. Art. 83 ff. GG) der Verwaltung. Es kommt also grundsätzlich auf die Dienstpflicht im Beamtenrecht an, soweit der Beamte nationales Recht gemeinschaftsrechtsmäßig bzw. verfassungsmäßig anwenden soll. Dass eine Pflicht zur Prüfung besteht, wird unter anderem in der Literatur mit dem Hinweis angenommen, dass zumindest im Falle klarer Gemeinschaftsrechtswidrigkeit eine Nichtprüfung einen zur gemeinschaftsrechtlichen Amtshaftung führenden qualifizierten Rechtsverstoß darstellt.[661]

---

[660] Vgl. *Jarass/Beljin*, NVwZ 2004, S. 4; *Kahl*, in: Calliess/Ziekow (Hrsg.), EUV u. EGV, Art. 10 EGV Rn. 43; *Streinz*, in: Schweitzer (Hrsg.), EuroVerwR, S. 282 ff.; *Schmidt-Aßmann*, in: Ehlers/Krebs (Hrsg.), Grundfragen des VerwR, S. 17 f.; *ders.*, in: FS Stern, S. 756, 761; *Weber*, S. 73 ff. Vgl. auch *Ehlers*, DÖV 2001, S. 414; *Kadelbach*, AllgVerwR unter europäischem Einfluß, S. 160; *Jarass*, Grundfragen, S. 102; *Scherzberg*, Jura 1993, S. 229.

[661] Vgl. *Ehlers*, in: Erichsen/ders. (Hrsg.), AllgVerwR, § 2 Rn. 122; *ders.*, DÖV 2001, S. 414; *ders.*, JZ 1996, S. 778 f.; *Kadelbach*, AllgVerwR unter europäischem Einfluß, S. 160; *Schoch*, DV 34 (2001), S. 283; *Böhm*, JZ

Kadelbach[662] ist der Ansicht, dass bei nicht so klaren Fällen zwar auch eine Prüfungs- und Remonstrationspflicht bestehe. In letzter Instanz haben daher die Verwaltungsspitze und das betroffene Rechtsetzungsorgan zu entscheiden. Aber ein Amtshaftungsanspruch entsteht bei Verletzung dieser Prüfungspflicht nicht. Nach *Scherzberg*[663] müsse die Verwaltung das nationale Recht auch am Maßstab von nicht unmittelbar geltenden Richtlinien prüfen.

So wird vertreten, dass die Gemeinden ihr kommunales Recht, also insbesondere Satzungen, am Gemeinschaftsrecht messen und bei Unvereinbarkeit entweder das kommunale Recht ändern oder verwerfen müssen. Auch diese Ansicht setzt eine Normprüfungskompetenz der Gemeinde und ihrer Organe voraus.[664]

2. Vereinbarkeit des Sekundärrechts mit dem Primärrecht

Nach der Literaturmeinung[665] hat der *EuGH* für die Auslegung des Gemeinschaftsrechts in Streitfällen ein Monopol (vgl. Art. 220 I EGV). Das zeigt sich am Vorabentscheidungsverfahren des Art. 234 iVm 249 EGV. Fraglich ist, ob die nationale Behörde vor diesem Hintergrund die Primärrechtswidrigkeit von sekundärem Gemeinschaftsrecht prüfen kann oder sogar muss[666]; d. h. die Frage ist, ob sie Widsprüche *innerhalb* des Europäischen Gemeinschaftsrechts prüfen und auflösen darf. Auch hier gilt, dass derjenige Autor, der eine Normverwerfungskompetenz für das Sekundärrecht für möglich hält, eine Normprüfungskompetenz voraussetzt[667]; dieses Argument kann also so verstanden werden, dass der *EuGH* kein Auslegungsmonopol für das Gemeinschaftsrecht habe.

1997, S. 56 f.; *Schmidt-Aßmann*, in: Ehlers/Krebs (Hrsg.), Grundfragen des VerwR, S. 18 f.

662 AllgVerwR unter europäischem Einfluß, S. 160; vgl. auch *Schmidt-Aßmann*, in: Ehlers/Krebs (Hrsg.), Grundfragen des VerwR, S. 18 f.

663 Vgl. Jura 1993, S. 229.

664 Vgl. *EuGHE* 1989, 1839/1871 Rn. 32 (Fratelli Costanzo/Stadt Mailand); *Ehlers*, DÖV 2001, S. 414, bezüglich der kommunalen Haftung zwischen der Gemeinde und Aufsichtbehörde; *Knemeyer*, BayVBl. 2000, S. 452, um die europäische Charta der kommunalen Selbstverwaltung vom 1985 umzusetzen und zu kontrollieren, hat die Gemeinde die von ihr anzuwendende kommunale Satzungen zu prüfen.

665 Vgl. *Oppermann*, EuR, § 5 Rn. 113; *Schroeder*, in: Streinz, EUV/EGV, Art. 249 EGV Rn. 131. Auch im Hinblick auf die sprachlichen Auslegungsprobleme *Weber*, in: von der Groeben/Schwarze (Hrsg.), EU-/EG-Vertrag, Art. 314 EGV Rn. 18.

666 *Streinz*, in: Isensee/Kirchhof (Hrsg.), HdStR VII, § 182 Rn. 66; *ders.*, in: Schweitzer (Hrsg.), EuroVerwR, S. 284 f., Prüfungspflicht; vgl. *Klein*, Der Staat 33 (1994), S. 46; *Weber*, S. 70 ff.; *Scheuing*, in: Hoffmann-Riem/Schmidt-Aßmann (Hrsg.), Innovation, S. 318 f.; *ders.*, EuR 1985, S. 251 ff., als Voraussetzung der Verwerfungskompetenz gegenüber primärrechtswidrigem sekundärem Gemeinschaftsrecht.

667 Vor allem deutlich *Scheuing*, in: Hoffmann-Riem/Schmidt-Aßmann (Hrsg.), Innovation, S. 318 f.; *ders.*, EuR

II. Normverwerfungskompetenz der nationalen Verwaltung

Jetzt stellt sich die Frage, ob die nationale Behörde bei der Durchführung von Gemeinschaftsrecht das gemeinschaftsrechtswidrige nationale Recht verwerfen kann oder sogar muss (1.). Zu prüfen ist auch, ob die Verwaltung primärrechtswidriges Sekundärrecht verwerfen kann oder muss (2.).

1. Gemeinschaftsrechtswidriges nationales Recht

a) Keine Verwerfungskompetenz

Nach einer Ansicht hat die nationale Verwaltung nicht die Kompetenz, gemeinschaftsrechtswidriges nationales Recht zu verwerfen. Denn die Verwerfungskompetenz für nationales Recht liege bei den nationalen Gerichten.[668] Dies ergebe sich daraus, dass die Verwaltung gem. Art. 1 III, 20 III GG an Gesetz und Recht gebunden sei, so dass ihr eine Verwerfung von Gesetz und Recht verwehrt sei. Innerhalb dieser Ansicht werden zwei Positionen vertreten: Einerseits soll das *BVerfG* ausschließlich für die Verwerfung gemeinschaftsrechtswidriger Parlamentsgesetze zuständig sein.[669] Andererseits liegt die Verwerfungskompetenz auch für Parlamentsgesetze bei *jedem* nationalen Gericht. Für die erste Position spricht der Schutzzweck des Art. 100 I GG: Der parlamentarische Gesetzgeber muss vor einer uneinheitlichen Verwaltungs- und Gerichtspraxis der Gesetzesgeltung geschützt werden. v*on Danwitz* ist für das Verwerfungsmonopol des BVerfG, der Rechtsgedanke des Art. 100 I GG finde hier auch Anwendung. [670] Eine Normverwerfungskompetenz der Verwaltung ginge über das Integrationsprogramm der Gründungsverträge hinaus und sei nicht erforderlich. Außerdem läge darin ein Verstoß gegen die Bindung der Verwaltung an Gesetz und Recht.[671] Doch auch nach dieser Auffassung hat die nationale Verwaltung eine Verwerfungskompetenz, *wenn* das nationale Recht *offensichtlich* gegen Gemeinschaftsrecht verstößt.[672] Dies entspricht der

---

1985, S. 254. Vgl. auch *Zuleeg*, Das Recht., S. 215 ff.; *Rengeling*, Rechtsgrundsätze, S. 21 ff.

[668] Vgl. *BVerfGE* 31, 145/174 f.; vgl. 85, 191/205 (zuständige nationale Gerichte); *Jarass*, Grundfragen, S. 100 ff.; *ders.*, DVBl. 1995, S. 960; *Jarass/Beljin*, NVwZ 2004, S. 4; ähnlich *Streinz*, in: FS Söllner, S. 1153 f.; *Papier*, DVBl. 1993, S. 813 f.; *Pietzcker*, in: FS Everling, S. 1109, 1114.

[669] *Pagenkopf*, NVwZ 1993, S. 223; *von Danwitz*, Verwaltungsrechtliches System, S. 219; vgl. *Weber*, EuR 1986, S. 25 f.

[670] Verwaltungsrechtliches System und Europäische Integration, 1996, S. 219.

[671] AaO., S. 220.

[672] *Streinz*, in: FS Söllner, S. 1154; *Jarass*, Grundfragen, S. 103; *Kahl*, in: Calliess/Ruffert (Hrsg.), EUV u. EGV,

Ansicht, nach der der Verwaltung bei offensichtlicher Verfassungswidrigkeit eines Gesetzes ausnahmsweise eine Verwerfungskompetenz zusteht. Bei offenkundiger Gemeinschaftsrechtswidrigkeit des nationalen Rechts ergibt sich die Verwerfungs*pflicht* der Verwaltung aus der Vermeidung der Amtshaftung[673] und der Gemeinschaftsrechtsbindung (vgl. Art. 20 III iVm 1 III GG) der Verwaltung. Jedoch muss der Rechtsakt „offenkundig mit einem derart schweren Fehler behaftet" sein, dass „die Gemeinschaftsrechtsordnung ihn nicht tolerieren kann".[674] Diese Voraussetzung ist enger zu verstehen als die im deutschen Recht bekannte Nichtigkeit.[675] In diesem Fall ist anzunehmen, dass die Behörde sogar zur Verwerfung verpflichtet ist.

b) Verwerfungskompetenz bei der Verwaltungsspitze

Schmidt-Aßmann vertritt, dass nur die Verwaltungsspitze, in der Regel nur die Ministerien, insbesondere die richtlinienwidrigen nationalen Normen verwerfen darf.[676] Die Beschränkung der Verwerfungskompetenz auf die Spitze der Verwaltung ergebe sich aus dem Haftungsrisiko: Die unteren Behörden seien an die Weisungen der höheren Behörden gebunden. Die Verwerfung müsse als weisungsbedürftiger Fall von der höchsten Behörde entschieden werden. Die Weisungsgebundenheit ergebe sich aus Rechtsgebundenheit der Verwaltung in Art. 20 III iVm 1 III GG. Die Rechtsgebundenheit der Verwaltung ziele auf die *Rechtssicherheit* ab. Die Rechtssicherheit müsse nicht nur in der EG-Rechtsordnung, sondern auch in den nationalen Rechtsordnungen erhalten werden. Schließlich sei die nationale Verwaltung an Gesetz und Recht in Art. 20 III iVm 1 III GG gebunden, obwohl das Gemeinschaftsrecht unmittelbare Anwendung[677] in den Mitgliedstaaten fordert.

Art. 10 EGV Rn. 43, beachtet wird, dass Kahl in seiner Schrift Umweltprinzip und Gemeinschaftsrecht, 1993, S. 152 die Verwerfungskompetenz der Verwaltung für den Fall der richtlinienwidrigen nationalen Gesetz bejaht; *Pietzcker*, in: FS Everling, S. 1109; *Böhm*, JZ 1997, S. 56. Vgl. auch Verwerfungskompetenz aber auch bei Verwaltung bzw. bei Behördenleitung *Scheuing*, EuR 1985, S. 253; *Winter*, NuR 1991, S. 454; *ders.*, DVBl. 1991, S. 666; *Everling*, DVBl. 1985, S. 1202.

673 *Kahl*, in: Calliess/Ruffert (Hrsg.), EUV u. EGV, Art. 10 EGV Rn. 43; *Weber*, EuR 1986, S. 26; *Böhm*, JZ 1997, S. 56 f.

674 *EuGHE* 1994, I-2555/2647, Rn. 49 (Kommission/BASF U. A.).

675 *Jarass*, DVBl. 1995, S. 961.

676 In: Ehlers/Krebs (Hrsg.), Grundfragen des VerwR, S. 18; ZÖR 55 (2000), S. 169; in: FS Stern, S. 758 ff.; in: FS Lerche, S. 526 f.; DVBl. 1993, S. 932 f.

677 Die EG-Richtlinie entfaltet unmittelbare Wirkung in den Mitgliedstaaten, wenn sie *hinreichend klar, vollständig und unbedingt abgefasst* ist. Dazu *EuGHE* 1963, 1/15 f. (Gend & Loos) - Sie ergebe sich grundsätzlich aus dem Art. 12 EWGV (neu Art. 25 EGV). Vgl. auch 1964, 1251/1270 (Costa/E.N.E.L.); 1969, 1/13 f. Rn. 4 ff. (Walt Wilhelm).

Winter vertritt mit geringfügigem Unterschied zu *Schmidt-Aßmann*, dass die Verwerfungskompetenz nicht allen öffentlich Bediensteten, sondern nur der *Behördenleitung* bezüglich der richtlinienwidrigen nationalen Normen zusteht, soweit die Richtlinien klar und unbedingt sind.[678] Er betont auch, dass das Vorabentscheidungsverfahren gem. Art. 234 EGV ausgebaut wird und nach dem Muster von Art. 93 I Nr. 2 GG für die Mitgiedstaaten geöffnet wird. Dabei muss die Antragsbefugnis nicht nur den Mitgliedstaaten, sondern auch Bund, Länder (Regionen) und Gemeinden gegeben sein, soweit ihnen Verwaltung als eigene Angelegenheit zukommt.

c) Verwerfungskompetenz bei der Legislative

Wenn die Verwaltung der Mitgliedsstaaten das Gemeinschaftsrecht vollzieht und dabei feststellt, dass das nationale Recht gegen das Gemeinschaftsrecht verstößt, kann dieses Problem nach der Auffassung *Kadelbachs*[679] dadurch gelöst werden, dass das nationale Parlament geeignetes neues Recht erlässt, weil der Verwaltung keine Verwerfungskompetenz zukommt. Daher verneint diese Auffassung eine Verwerfungskompetenz durch die Verwaltung sowie auch durch die Gerichte.

Nach *Kadelbach* steht die Verwaltung im Falle des Verstoßes von nationalem Recht gegen Gemeinschaftsrecht vor dem Dilemma, dass sie ein zweifaches Haftungsrisiko eingeht: „Verwirft sie zu Unrecht eine nationale Norm, ist sie für deren Verletzung verantwortlich, übergeht sie fälschlich eine Richtlinienbestimmung, kann sie wegen rechtswidriger Nichtanwendung von Gemeinschaftsrecht haften".[680] Obwohl sich die Verwaltung also in einer schwierigen Situation befindet, darf man ihr nicht die Verwerfungskompetenz zugestehen, weil erstens diese Kompetenz die Gefahr der Rechtsunsicherheit durch divergierende Praxis mit sich bringt und weil zweitens diese Erlaubnis mit der Weisungsgebundenheit der Verwaltung, die auch auf der Gemeinschaftsrechtsebene gilt, mit der Rechtssicherheit und der Bestandskraft der Hoheitsrechte unvereinbar ist und weil sie drittens gegen die einheitliche Wirkung des Gemeinschaftsrechts in den Mitgliedsstaaten verstößt.[681]

---

[678] DVBl. 1991, S. 666; vgl. auch NuR 1991, S. 453 ff.
[679] AllgVerwR unter europäischem Einfluß, S. 157 ff.
[680] *Kadelbach*, AllgVerwR unter europäischem Einfluß, S. 159. Zustimmend *Ehlers*, in: Erichsen/ders. (Hrsg.), AllgVerwR, § 2 Rn. 122; *Schmidt-Aßmann*, ZÖR 55 (2000), S. 168 f.; *ders.*, in: Ehlers/Krebs (Hrsg.), S. 18.

Wegen dieser Grenzen kann die Verwaltung das gemeinschaftsrechtswidrige nationale Recht nur verwerfen, indem sie das nationale Parlament beauftragt, neues gemeinschaftsrechtskonformes Recht zu erlassen. Dieser Gedanke ist nicht nur mit der *lex-posterior*-Regel vereinbar, sondern auch mit Art. 100 I GG.[682] Aber fraglich ist für dieses Argument, ob die Verwaltung befugt ist, dem Parlament Aufträge zu erteilen.

d) Verwerfungskompetenz bei allen Behörden

Nach einer anderen Auffassung kann die Verwefungskompetenz nicht nur den nationalen Gerichten und der Verwaltung zukommen, wenn das nationale Recht gegen Gemeinschaftsrecht verstößt.[683] Diese Auffassung ist ursprünglich durch die Fratelli *Costanzo / Stadt Mailand* Rechtsprechung des *EuGH* entwickelt worden.[684] Die Gründe der Verwerfungskompetenz sind einerseits ein in europarechtlicher Sicht aus Art. 10 II und 249 II EGV und andererseits in staatsrechtlicher Sicht aus Art. 24 I bzw. 23 I GG resultierender Anwendungsvorrang des Gemeinschaftsrechts und die Durchsetzung des *effet utile* des Gemeinschaftsrechts.[685]

Inbesondere unterstützen *Ehlers*[686] und *Mögele*[687] diese Theorie mit folgenden Argumenten: Erstens, ein Verstoß gegen den *effet utile* des Gemeinschaftsrechts liegt vor, wenn man der nationalen Verwaltung keine Verwerfungskompetenz für nationales Recht, das vor dem Hintergrund des europäischen Gemeinschaftsrechts rechtswidrig ist, zugesteht. Hätte folglich die nationale Verwaltung keine solche Verwerfungskompetenz, stünde das Gemeinschaftsrecht nicht an erster, sondern an zweiter Stelle. Die nationale Verwaltung muss zweitens nationales Recht, das gegen das Gemeinschaftsrecht verstößt, nach dem Prinzip des *effet utile* verwerfen, weil die Vorlage einer mit dem Gemeinschaftsrecht zusammenhängen-

[681] *Kadelbach*, AllgVerwR unter europäischem Einfluß, S. 159.
[682] *Kadelbach*, AllgVerwR unter europäischem Einfluß, S. 159.
[683] So *Ehlers*, in: Erichsen/ders. (Hrsg.), AllgVerwR, § 2 Rn. 122; *ders.*, in: ders. (Hrsg.), Grundfreiheiten, § 7 Rn. 9; *von Bogdandy*, in: Grabitz/Hilf (Hrsg.), Das Recht der Euriopäischen Union Bd. I, Art. 10 EGV Rn. 50; *Lecheler*, Einführung, S. 52; *Scheuing*, NVwZ 1999, S. 480; *Mögele*, BayVBl. 1993, S. 554 f.
[684] *EuGHE* 1989, 1839/1870 f. Rn. 28 ff. (Fratelli Costanzo/Stadt Mailand); vgl. auch 1978, 629/644 Rn. 17/18 (Staatliche Finanzverwaltung/Simmenthal); 1981, 1805/1837 f. Rn. 41 (Rewe/Hauptzollamt Kiel).
[685] Vgl. *EuGHE* 1978, 629/644 Rn. 17/18 (Staatliche Finanzverwaltung/Simmenthal); *Pernice*, NVwZ 1993, S. 202.
[686] In: Erichsen/ders. (Hrsg.), AllgVerwR, § 2 Rn. 122; *ders.* (Hrsg.), Grundfreiheiten, § 7 Rn. 9; *ders.*, DÖV 2001, S. 414. Vgl. auch *ders.*, in: Schmidt-Aßmann/Pitzcker/Scholz (Hrsg.), Anh § 40 Art. 177 EGV Rn. 8 f. – hinsichtlich der Verwerfungskompetenz der nationalen Gerichte gegenüber dem für gemeinschaftsrechtswidrig gehaltenen nationalen Recht; auch *ders.*, Europäisierung, S. 111.
[687] BayVBl. 1993, S. 554 f.

den Streitigkeit durch die nationale Verwaltung an den *EuGH* nicht möglich ist. Dagegen ist jedoch eine solche Vorlage durch nationale Gerichte gem. Art. 234 EGV möglich. Konzentriert man die alleinige Verwerfungskompetenz für gegen Gemeinschaftsrecht verstoßendes nationales Recht auf das BVerfG, wird die Entscheidung der Verwaltung in Bezug auf die streitige Angelegenheit bis zur Klärung durch das BVerfG ausgesetzt. Dies jedoch ist mit einer effektiven Durchsetzung des Gemeinschaftsrechts in den Mitgliedsstaaten nicht vereinbar. Hierdurch würde man das nationale Recht über das Gemeinschaftsrecht stellen, was dem *EuGH* seine Befugnisse aus Art. 234 EGV in Bezug auf ein endgültiges verbindliches Urteil nimmt.

Bei allen hier aufgeführten Meinungen ist jedoch noch umstritten, ob die EG-Richtlinie für die Verwerfungskompetenz der Verwaltung unmittelbare Wirkung haben muss[688] oder nicht[689]; obwohl die EG-Richtlinie nicht unmittelbar anwendbar ist, soll die Verwaltung das für richtlinienwidrig gehaltene nationale Recht verwerfen?

2. Primärrechtswidriges Sekundärrecht

Nach der herrschenden Meinung kann die nationale Verwaltung primärrechtswidriges Sekundärrecht nicht verwerfen, auch wenn sie von der Rechtswidrigkeit überzeugt ist. Sie müsse rechtswidriges Sekundärrecht anwenden, weil die Verwerfungskompetenz für das Sekundärrecht nach Art. 234 EGV beim *EuGH* monopolisiert ist.[690] Demgegenüber gibt es die andere Auffassung, dass die nationale Verwaltung auch primärrechtswidriges Sekundärrecht verwerfen könne, wenn sie von seiner Rechtswidrigkeit überzeugt ist. Dies gilt jedoch nur für den Fall der *offenkundigen* Rechtswidrigkeit des sekundären Gemeinschaftsrechts.[691]

---

[688] Die h. M., z. B. *EuGHE* 1989, 1839/1870 f. Rn. 28 ff. (Fratelli Costanzo/Stadt Mailand); *Ehlers*, in: Erichsen/ders. (Hrsg.), AllgVerwR, § 2 Rn. 122; *Jarass*, Grundfragen, S. 105; *ders.*, AöR 121 (1996), S. 197; *Ipsen*, Europäisches Gemeinschaftsrecht, § 10 Rn. 41 (S. 280); *Schroeder*, in: Streinz, EUV/EGV, Art. 249 EGV Rn. 38.

[689] Vgl. *Kahl*, in: Calliess/Ruffert (Hrsg.), EUV u. EGV, Art. 10 EGV Rn. 43; *Langenfeld*, in: Siedentopf (Hrsg.), Europäische Integration, S. 181.

[690] Anwendungsgebot für die *Gerichte*. Dazu *EuGHE* 1987, 4199/4230 f. Rn. 14 f. (FotoFrost/Hauptzollamtz Lübeck-Ost); *Jarass*, AöR 121 (1996), S. 198; *ders.*, Grundfragen, S. 22; *Kadelbach*, AllgVerwR unter europäischem Einfluß, S. 139; *Streinz*, in: Isensee/Kirchhof (Hrsg.), HdStR VII, § 182 Rn. 66; *ders.*, in: ders., EUV/EGV, Art. 10 EGV Rn. 34; *Winter*, NuR 1991, S. 454 (Anm. 13); vgl. *Ehlers*, in: Erichsen/ders. (Hrsg.), AllgVerwR, § 2 Rn. 122; auch *Hirsch*, NJW 1996, S. 2461.

[691] *Jarass*, AöR 121 (1996), S. 198; *ders.*, Grundfragen, S. 22; *Scheuing*, EuR 1985, S. 253; *ders.*, in: Hoffmann-Riem/Schmidt-Aßmann (Hrsg.), Innovation, S. 318 f.; *Rengeling*, Rechtsgrundsätze, S. 22; *Zuleeg*, Das Recht, S. 215 ff.

Darüber hinaus gibt es auch die Meinung, dass die nationale Verwaltung Sekundärrecht verwerfen könne, wenn sie von seiner Rechtswidrigkeit überzeugt ist, da der *EuGH* gem. Art. 226, 234 EGV (ex Art. 169, 177 EWGV) die von einer nationalen Verwaltung vorgenommene fehlerhafte Verwerfung des Sekundärrechts korrigieren könne.[692]

III. Fazit

Im Allgemeinen wird die *Prüfungs*kompetenz der Verwaltung gegenüber dem nationalen Recht anerkannt. Die Literatur verschweigt jedoch dazu, ob die nationale Verwaltung auch das Europäische Gemeinschaftsrecht prüfen darf. Der *EuGH* fordert von den Organen der Mitgliederstaaten, das gemeinschaftsrechtswidrige nationale Recht zu verwerfen. Demgegenüber fordert das BVerfG von den nationalen Gerichten, dass sie gemeinschaftsrechtswidriges nationales Recht verwerfen. Neben den unterschiedlichen Auffassungen des *EuGH* und des BVerfG gibt es im Zusammenhang mit den Urteilen dieser Gerichte weitere Streitigkeiten innerhalb der Literatur: Einerseits komme für gemeinschaftsrechtswidriges nationales Recht die Verwerfungskompetenz nur den nationalen *Gerichten*, andererseits allen nationalen *Behörden* zu. Hierbei bestehen des Weiteren insofern noch Untermeinungen, als die Verwerfungskompetenz beim BVerfG bezüglich des Verwerfungsmonopols (vgl. Art. 100 I GG)[693] bzw. bei der *Verwaltungsspitze* bezüglich der Rechtsbindung (vgl. Art. 20 III iVm 1 III GG) [694] monopolisiert ist. Daneben bestehe die Möglichkeit, den beschriebenen Zuständigkeitskonflikt für die Verwerfung durch ein neues Gesetz durch die nationalen *Parlamente* aufzulösen. Aus Gründen der innerstaatlichen Rechtssicherheit und der einheitlichen Verwirklichung des Gemeinschaftsrechts durch die nationale Verwaltung bzw. die nationalen Gerichte kann die Verwerfungskompetenz für gemeinschaftsrechtswidriges nationales Recht den nationalen Verwaltungen nicht zuerkannt werden.

---

[692] *Scheuing*, EuR 1985, S. 254; *ders.*, in: Hoffmann-Riem/Schmidt-Aßmann (Hrsg.), Innovation, S. 319.
[693] S oben § 6 II. 1. a), das Argument *von Danwitzs*.
[694] S oben § 6 II. 1. b), das Argument *Schmidt-Aßmanns*.

§ 7 Normprüfungskompetenz der Verwaltung beim Vollzug des Gemeinschaftsrechts

Art. 20 III GG ist für die Verwaltung ein Maßstab für ihre Tätigkeiten auch i.S.v. Bindungsmechanismen. Nach dem Gebot der Rechtmäßigkeit der Verwaltung kann sie nur nach Recht und Gesetzen tätig sein, und sie ist immer an sie gebunden.[695] Das Europarecht muss auf jeden Fall in den Mitgliedstaaten angewendet werden, soweit es innerstaatlich beachtlich ist.[696] Das Verfahren der Verwirklichung des Gemeinschaftsrechts in den Mitgliedstaaten geschieht, wie in der nationalen Rechtsordnung, nach den folgenden drei Schritten: Auslegung, Tatsachenfeststellung und Subsumtion. Bezüglich dieses Verfahrens gibt es für die nationale Verwaltung drei Möglichkeiten, wenn sie sich davon überzeugt, dass das von ihr anzuwendende nationale Recht entweder gegen das Grundgesetz oder gegen Gemeinschaftsrecht verstößt: Erstens, die Verwaltung hat auch gemeinschaftsrechtswidriges Recht anzuwenden. Zweitens, der Verwaltungbeamte kann die Anwendung des gemeinschaftsrechtswidrigen nationalen Rechts aussetzen und die Weisung des Vorgesetzten oder der Aufsichtsbehörde einholen. Drittens, die Verwaltung kann das anzuwendende nationale Recht wegen der Rechtswidrigkeit verwerfen.[697]

Der Frage nach der Verwerfungskompetenz der Verwaltung geht grundsätzlich die Frage nach der *Prüfungs*kompetenz der Verwaltung voraus. In der deutschen Literatur gibt es jedoch wenigen Untersuchungen über die Prüfungskompetenz der nationalen Verwaltung als über die Verwerfungskompetenz. Bei der Prüfungskompetenz der Verwaltung für das anzuwendende Recht in der Gemeinschaftsrechtsordnung kann nach folgenden Merkmalen unterschieden werden: Erstens, nationales Recht ist mit Gemeinschaftsrecht vereinbar (unten I.). Zweitens, niederrangiges Gemeinschaftsrecht ist mit höherrangigem Gemeinschaftsrecht vereinbar (II.).

---

695 *Schmidt-Aßmann*, in: FS Stern, S. 750 ff.

696 *Jarass*, Grundfragen, S. 67 ff.

697 Diese drei Möglichkeiten beziehen sich grundsätzlich auf die Verwerfungskompetenz der Verwaltung in der deutschen Rechtsordnung. Diese Möglichkeiten können auch gleichzeitig im Falle einer Kollision zwischen Gemeinschafts- und nationalem Recht angewendet werden. Dazu *Maurer*, AllgVerwR, § 4 Rn. 56.

I. Normprüfungskompetenz bei möglicherweise gemeinschaftsrechtswidrigem nationalem Recht

Anders als das nationale Recht der Mitgliedstaaten vollzieht sich die Rechtssetzung der Europäischen Gemeinschaft. Für die Aufstellung und Änderung bzw. Neuregelung des Primärrechts (vgl. Art. 48 EUV) sind die Mitgliedstaaten zuständig, da es durch den völkerrechtlichen Vertrag erfüllt wird.[698] Hingegen wird das Sekundärrecht allein durch die Organe der Europäischen Gemeinschaft aufgestellt und geändert.[699] Darüber hinaus wird das nationale Recht der Mitgliedstaaten durch das eigene Parlament aufgestellt und geändert. Diese Rechtsordnungen müssen miteinander eng zusammenwirken, um die einheitliche Verwirklichung des Gemeinschaftsrechts in den Mitgliedstaaten zu erfüllen, obwohl ihre Rechtssetzungsverfahren so unterschiedlich geregelt sind. In diesem Sinne wird das Gemeinschaftsrecht durch die nationalen Rechtsordnungen ergänzt und durchgeführt.

Der (exekutive) Vollzug des Gemeinschaftsrechts in den Mitgliedstaaten wird von den nationalen Verwaltungen ausgeführt. Dabei ist ihre erste wichtige Aufgabe die Prüfung des von ihr anzuwendenden nationalen Rechts. Dies betrifft die Frage der Prüfungskompetenz der nationalen Verwaltung hinsichtlich des nationalen Rechts im Verhältnis zwischen EG-Recht und mitgliedstaatlichen Recht. Vor diesem Hintergrund stellen sich folgende Fragen: Erstens, was ist der Prüfungsgrund für die nationale Verwaltung bei der Verwirklichung des EG-Rechts (unten 1.)? Zweitens, was ist dabei Prüfungsgegenstand, insbesondere ob die Verwaltung das höchste nationale Recht - das Grundgesetz - prüfen kann, bzw. ob sie das rangniedrige EG-Recht gegenüber dem ranghöheren EG-Recht auch prüfen darf (2.)? Drittens, was ist dabei der Maßstab der Prüfungskompetenz (3.)?

---

[698] Vgl. *EuGHE* 1964, 1251/1269 (Costa/E.N.E.L.). In diesem Sinne drückt *Oppermann*, EuR, § 6 Rn. 52, die Mitgliedstaaten als die „Herren der Verträge“ oder die „verfassungsgebende Gewalt“ aus; *Borchardt*, Europäische Union, § 3 Rn 65.

[699] Selbstverständlich üben einige Lobbying-Vereine wie z. B. der Deutsche Städtetag in Deutschland Einfluss auf die Initiative der Richtlinie von der Kommission aus, wie z. B. bei der umweltfreundlichen Fahrzeuge Richtlinie.

1. Grund der Prüfungskompetenz

a) Rechtsbindung der Verwaltung

Gem. Art. 20 III iVm 1 III GG ist die (deutsche) Verwaltung an Gesetz und Recht gebunden. Zu Gesetz und Recht gehören sowohl Art. 23 I, 59 II, 79 III GG als auch das Gemeinschaftsrecht. Art. 23 I 2, 3 GG regelt, dass Deutschland an der Gestaltung der Europäischen Union teilnehmen kann. Der (deutsche) Bund wirkt mit anderen Mitgliedstaaten durch die völkerrechtlichen Verträge an der Rechtssetzung des Primärrechts mit. Art. 23 I 2, 3 GG gibt den EG-Rechtssetzungsorganen, z. B. der Kommission, dem Rat und dem EG-Parlament den Auftrag, dass sie gem. Primärrecht die Vorschriften des Sekundärrechts bestimmen. Das so aufgestellte Gemeinschaftsrecht[700] bindet die nationale Verwaltung konkret durch das Prinzip des *Anwendungsvorrangs*. Zur nationalen Verwaltung gehören alle exekutiven Organe, nämlich von den obersten Bundesbehörden bis zu kommunalen Behörden. Dabei ist die unmittelbare Wirkung (oder Anwendung, Geltung) erforderlich.[701]

b) Vorrang von Gemeinschaftsrecht

aa) Vorliegen des Anwendungsvorrangs

Der Anwendungsvorrang des Gemeinschaftsrechts fordert von der nationalen Verwaltung, dass sie das gemeinschaftsrechtswidrige nationale Recht (vorläufig) nicht anwendet, und damit gegebenenfalls das Gemeinschaftsrecht unmittelbar anwendet, wenn sie das von ihr anzuwendende nationale Recht für gemeinschaftsrechtswidrig gehalten hat. Sie hat erst zu entscheiden, ob das von ihr anzuwendende nationale Recht mit den Vorschriften und Prinzipien des Gemeinschaftsrechts vereinbar ist, um den Anwendungsvorrang zu praktizieren. Dieses Beurteilen kann man mit einem anderen Wort als eine *Prüfung* gegenüber dem anzuwendenden nationalen Recht verstehen. Im Verhältnis zum Gemeinschaftsrecht wird die Normprüfung der nationalen Verwaltung prinzipiell aus dem Subsidiaritätsprinzip (vgl. Art. 5

---

[700] Vgl. *Schmidt-Aßmann*, in: FS Stern, S. 762; *Hain*, DVBl. 2002, S. 154; *Krämer*, WiVerw 1990, S. 155.

[701] Vgl. *BVerwGE* 74, 241/248 f.; *Ehlers*, in: Erichsen/ders. (Hrsg.), AllgVerwR, § 2 Rn. 122; *ders.*, DÖV 2001, S. 412 f.; *Jarass*, in: ders./Pieroth, GG, Art. 20 Rn. 38; *Pernice*, in: Isensee/Kirchhof (Hrsg.), HdStR VIII, § 191 Rn. 26.

II EGV) abgeleitet.[702] In diesem Sinne stellt die Normprüfung der nationalen Verwaltung gegenüber dem von ihr anzuwendenden nationalen Recht eine *Pflicht* dar. Daher beinhaltet das Anwendungsvorrangsprinzip bereits, dass die nationale Verwaltung im Verhältnis zum Gemeinschaftsrecht das von ihr anzuwendende nationale Recht obligatorisch prüfen muss.

bb) Prüfungskompetenz und unmittelbare Wirkung von Gemeinschaftsrecht

Es handelt sich hierbei um die Frage der Normprüfungskompetenz der nationalen Verwaltung; d. h. kann die nationale Verwaltung ohne Rücksicht auf die unmittelbare Wirkung des Gemeinschaftsrechts immer diese Kompetenz haben? Um das Gemeinschaftsrecht vorrangig anzuwenden, wird die unmittelbare *Anwendbarkeit* in den Mitgliedstaaten vorausgesetzt, da die Pflicht zur unmittelbaren Anwendung des Gemeinschaftsrechts nicht exklusive Rechtsfolge des Anwendungsvorrangs ist, sondern auch aus den mitgliedstaatlichen Durchführungspflichten resultiert[703]. Da die Normprüfung der Verwaltung auf die (vorläufige) *Verwerfung* des gemeinschaftsrechtswidrigen nationalen Rechts abzielt, besteht keine Prüfungskompetenz, soweit das Gemeinschaftsrecht keine unmittelbare Wirkung in den Mitgliedstaaten hat, da in diesem Fall nicht ohne weiteres die Normenkollision zwischen dem EG-Recht und nationalem Recht entstehen wird.

Die weitere Frage ist, ob die Normprüfungskompetenz der nationalen Verwaltung auch aus dem Prinzip *gemeinschaftsrechtskonformer Auslegung*[704] (vgl. Art. 10 EGV) abgeleitet werden kann. Das Institut der gemeinschaftsrechtskonformen Auslegung ist Ausfluss des Vorrangs des EG-Rechts.[705] Da dieses Institut nur so zum Einsatz kommen kann, wie die nationalen Auslegungsregeln das gestatten, ersetzt die EG-rechtskonforme Auslegung nicht die Rechtswirkungen des Anwendungsvorrangs.[706] Daher kann die unmittelbare Anwendung des Gemeinschaftsrechts nicht aus diesem Auslegungsprinzip abgeleitet werden.[707] Schließlich kann auch die Normprüfungskompetenz der nationalen Verwaltung aus der gemein-

[702] *Jarass/Beljin*, NVwZ 2004, S. 4; *Beljin*, EuR 2002, S. 353. Vgl. *Oppermann*, EuR, § 7 Rn. 12, "Der Anwendungsvorrang entspricht auch grundsätzlich dem Subsidiaritätsprinzip".
[703] *Jarass/Beljin*, NVwZ 2004, S. 2, auch 5.
[704] Ausführlich dazu *Jarass/Beljin*, JZ 2003, S. 768 ff.
[705] *Beljin*, EuR 2002, S. 358 f.
[706] So *EuGHE* 1984, 1891/1909 Rn. 28 (von Colson und Kamann/Land Nordrhein-Westfalen); 1984, 1921/1942 f. Rn. 28 (Harz/Deutsche Tradax); *Jarass/Beljin*, NVwZ 2004, S. 2; *dies.*, JZ 2003, S. 775.
[707] So *Jarass/Beljin*, NVwZ 2004, S. 2 f.; *Beljin*, EuR 2002, S. 359.

schaftsrechtskonformen Auslegungspflicht hergeleitet werden, soweit das Gemeinschaftsrecht in den Mitgliedstaaten *keine* unmittelbare Wirkung entfalten kann.[708]

c) Gebot des effet utile

Nach dem Gebot des effet utile des Gemeinschaftsrechts, wie bereits erwähnt,[709] haben alle nationalen Organe in den Mitgliedstaaten bei der Auslegung von EG-Richtlinien ihnen (RLen) eine optimale reale Wirksamkeit zukommen zu lassen. Dafür haben sie beim Vollzug des Gemeinschaftsrechts das von ihnen anzuwendende nationale Recht dahingehend zu prüfen, ob es mit den Richtlinien vereinbar ist. Daher wird es festgestellt, dass das Gebot des effet utile des Gemeinschaftsrechts von der nationalen Verwaltung verlangt, die Vereinbarkeit des von ihr anzuwendenden nationalen Rechts mit den Richtlinien zu prüfen[710], damit die Verwaltung im Verwaltungsverfahren die einheitliche, gleichmäßige Geltung des Gemeinschaftsrechts sicherstellen kann.

d) Umsetzungsgebot der EG-Richtlinien

Gem. Art. 249 Satz 3 EGV sind die nationalen Organe der Mitgliedstaaten verpflichtet, die EG-Richtlinien umzusetzen.[711] Das Umsetzungsgebot gilt nicht nur für den nationalen Gesetzgeber, sondern auch für die nationale Verwaltung und ihre Untergliederungen, etwa Bundesregierung, Bundesministerien, Länder, Kommunen und ihre jeweiligen Organe.[712] Für die Umsetzung der „innerstaatlichen Stellen" in Art. 249 Satz 3 EGV ist ihre „Wahl der Form und der Mittel" ungebunden. Die nationale *Verwaltung* kann gem. Art. 80 I, 28 II GG in Form von Rechtsverordnungen und Gemeindesatzungen die vom nationalen Gesetzgeber umgesetzten EG-Richtlinien konkret umsetzen, oder sie kann direkt Richtlinien in Form von

[708] Vgl. *von Bogdandy*, in: Grabitz/Hilf (Hrsg.), Das Recht der Europäischen Union Bd. I, Art. 10 EGV Rn. 27, im Zusammenhang mit der Frage, ob aus dem Art. 10 EGV die unmittelbare Wirksamkeit des Gemeinschaftsrechts herausgenommen werden kann.
[709] Dazu oben § 5 I. 2. b).
[710] Vgl. *von Bogdandy*, in: Grabitz/Hilf (Hrsg.), Das Recht der Europäischen Union Bd. I, Art. 10 EGV Rn. 50.
[711] So *EuGHE* 1991, I-791/813 Rn. 1 (Kommission/Italien).
[712] *EuGHE* 1988, 4635/4662 Rn. 39 (Beetjes/Niederländischer Staat); 1984, 1891/1909 Rn. 26 (von Colson und Kamann/Land Nordrhein-Westfalen); vgl. *Schmidt*, in: von der Groeben/Schwarze (Hrsg.), EU-/EG-Vertrag, Art. 249 EGV Rn. 41. Bei einer gemeinschaftsrechtsunmittelbaren Bindung von Untergliederungen der nationalen Verwaltung kann ihre innerstaatliche Autonomie zur Rechtssetzung verletzt werden. Dazu *Kössinger*, Die Durchführung, S. 36 f.

Rechtsverordnungen und Satzungen umsetzen.[713] Demgegenüber kann jedoch der nationale Gesetzgeber die Verwaltung ermächtigen, die Richtlinien durch Verwaltungsvorschriften zu konkretisieren.[714] Die nationale Verwaltung hat mit den Richtlinien optimal übereinstimmende Durchführungsakte zu erlassen, um diese Umsetzungsaufgabe auf der *exekutiven* Ebene auszuführen. Für diese Tätigkeit ist bei der Verwaltung Kenntnis des von ihr anzuwendenden nationalen Rechts erforderlich, weil sie auch an „die Wahl der Form und der Mittel" zur Umsetzung der Richtlinien gebunden ist. Diese Bindung bringt der nationalen Verwaltung die Prüfungskompetenz gegenüber nationalem Recht.

Die Normprüfungskompetenz der nationalen Verwaltung ergibt sich schließlich *synthetisch* aus der Rechtsbindung der Verwaltung, dem Anwendungsvorrang, dem Gebot des effet utile und dem Umsetzungsgebot des Gemeinschaftsrechts. Diese gemeinschaftsrechtlichen Prinzipien müssen *simultan* beim Vollzug des Gemeinschaftsrechts durch die nationale Verwaltung angewandt werden.

2. Gegenstand der Prüfungskompetenz

Die Normprüfung der Verwaltung wird nach den Arten der mit dem nationalen Recht kollidierenden Normen unterteilt. Es gibt die Prüfung des nationalen Rechts (unten a)) sowie die Prüfung des Gemeinschaftsrechts (b)); das Gemeinschaftsrecht, das von der mitgliedstaatlichen Verwaltung konkret vollgezogen wird, kann grundsätzlich mit nationalem Recht (Kollision entweder zwischen dem Primärrecht und nationalem Recht oder dem Sekundärrecht und nationalem Recht) kollidieren. Es kann jedoch auch im Verhältnis von Primärrecht-Sekundärrecht-Nationales Recht (d. h. Zustimmungsgesetz) zur Kollision kommen.

---

[713] So *EuGHE* 1997, I-1653/1679 Rn. 35 (Kommission/Deutschland); 1990, I-851/880 Rn. 6 (Kommission/Niederlande); 1989, 143/165 Rn. 6 (Kommission/Italien); *Schmidt*, in: von der Groeben/Schwarze (Hrsg.), EU-/EG-Vertrag, Art. 249 EGV Rn. 40; vgl. *Nettesheim*, in: Grabitz/Hilf (Hrsg.), Das Recht der Europäischen Union Bd. III, Art. 249 EGV Rn. 152; auch *Oppermann*, EuR, § 6 Rn. 89; *Scherzberg*, Jura 1992, S. 576.

[714] Vgl. *BVerfGE* 49, 89/126 ff., 133 ff.; 78, 214/226; *BVerwGE* 59, 213/216; 61, 92/98. In diesem Sinn dürfen die EG-Richtlinien nicht direkt in Form von Verwaltungsvorschriften umgesetzt werden, sondern sie können *mittelbar* nach der Umsetzung vom Gesetz- (das Parlament) oder Rechtsverordnungsgeber (die Ministerien des Bundes oder der Länder) durch die Verwaltung in Form von Verwaltungsvorschriften umgesetzt werden.

a) Das nationale Recht

aa) Das Verfassungsrecht

Darf die nationale Verwaltung das höchste nationale Recht, das Verfassungsrecht (bzw. das Grundgesetz), im Verhältnis zum Gemeinschaftsrecht prüfen? Sie muss jedenfalls das Verfassungsrecht prüfen, wenn sie sich den Geboten des Anwendungsvorrangs und der optimalen Durchführung[715] des Gemeinschaftsrechts des *EuGH* unterwirft. Dagegen wird jedoch ihre Prüfungskompetenz beschränkt, wenn sie bezüglich des Art. 100 I GG die absolute Befugnis des BVerfG und die Rechtssicherheit der nationalen Rechtsordnung berücksichtigt. Diese unangenehme Lage für die nationale Verwaltung tritt nicht nur bei der Frage der Normverwerfungskompetenz, sondern auch bei der Normprüfungskompetenz ein.[716]

Beim Vollzug des Gemeinschaftsrechts durch das nationale Recht steht die nationale Verwaltung in einer besonderen Situation. Unter der gemeinschaftsrechtlichen Rechtsordnung gelten der Vorrang des Gesetzes und Vorbehalt des Gesetzes in Art. 20 III GG für die grundgesetzliche Ordnung. Aber diese Grundprinzipien für die nationale (deutsche) Verwaltung müssen grundsätzlich mit dem Vorrang des Gemeinschaftsrechts vereinbar sein. Danach ist die Verwaltung verpflichtet, das höchste nationale Recht dahingehend zu prüfen, ob es mit vorrangigem Gemeinschaftsrecht übereinstimmt, da das nationale Verfassungsrecht auch unter dem Prinzip des Anwendungsvorrangs des Gemeinschaftsrechts für die nationale Verwaltung als ein normaler Prüfungsgegenstand wie ein nationales Parlamentsgesetz oder eine untergesetzlich Norm verstanden wird. Nach dem hierarchischen Verwaltungsaufbau gilt jedoch die Prüfungskompetenz nicht für alle Behörden, auch nicht für die obersten Landesbehörden, sondern nur für die oberste *Bundes*behörde[717], da es für alle Behörden schwer ist, das Verfassungsrecht im Verhältnis zum Gemeinschaftsrecht gemeinschaftsrechtskonform, insbesondere EG-richtlinienkonforn fehlerfrei zu prüfen. Die Erteilung der Prüfungskompetenz der nationalen Verwaltung gegenüber dem Verfassungsrecht verstößt nicht gegen den Zweck des Art. 100 I GG; sie steht nicht dem Normverwerfungsmonopol des

---

[715] Vgl. *EuGHE* 1978, 629/644 f. Rn. 21/23 (Staatliche Finanzverwaltung/Simmenthal).

[716] Diese Lage entsteht bei der Normverwerfungskompetenz der nationalen Verwaltung. Vgl. dazu *Kadelbach*, AllgVerwR unter europäischem Einfluß, S. 159; *Ehlers*, DÖV 2001, S. 414.

[717] Vgl. *BVerfGE* 9, 268/282. S bereits oben § 3 III. 2).

BVerfG entgegen.[718] Darüber hinaus trägt sie zur einheitlichen und vorrangigen Anwendung des Gemeinschaftsrechts in den Mitgliedstaaten bei. Ein Beispiel dafür ist die Änderung des Art. 12a IV 2 GG wegen des Verstoßes gegen die EG-Richtlinie 76/207 des Rates, Art. 2 Abs. 2 und 3.[719] Daher kann das *Kreil*-Urteil des *EuGH* als ein Ergebnis einer *falschen Prüfung* durch die zuständige deutsche Wehrdienstbehörde für das Grundgesetz (das Verfassungsrecht) bezüglich der EG-Richtlinie verstanden werden.

Im Hinblick auf den Vollzug des Gemeinschaftsrechts durch das nationale Recht kommt die Prüfungskompetenz für Parlamentsgesetze, Rechtsverordnungen und Gemeindesatzungen *allen* nationalen Verwaltungen zu, da sie, wie oben erwähnt, auch die nationale Verfassung (das Grundgesetz) prüfen dürfen.

bb) Die aus EG-Richtlinien umgesetzten Rechte

Die aus den EG-Richtlinien umgesetzten Rechte, d. h. Durchführungsrechte, besitzen grundsätzlich national rechtliche Merkmale. Aber sie haben auch einen Zusammenhang mit ihren EG-Richtlinien. Es stellt sich die Frage, ob die nationale Verwaltung nicht nur die nationalen, sondern auch die gemeinschaftsrechtlichen Rechte prüfen darf. In solchen Fällen darf die Prüfungskompetenz der nationalen Verwaltung nicht verneint werden, soweit die umgesetzten Rechte nicht ihren nationalen Charakter verlieren[720]; die Prüfungskompetenz der nationalen Verwaltung kann nicht entzogen werden, obwohl sie weiter unter Kontrolle der EG-Richtlinien steht. Gründe hierfür sind erstens, dass diese Kontrolle nicht als eine exekutive, sondern eine legislative Kontrolle bezüglich der Umsetzung der EG-Richtlinien verstanden wird. Zweitens ist der *EuGH* nach Art. 234 EGV nicht zur Auslegung und

---

[718] Dazu oben § 4 II. 3.

[719] *EuGHE* 2000, I-69/107 Rn. 32 (Kreil). Durch diese Entscheidung des *EuGH* wurde Art. 12a IV 2 GG von „Sie dürfen auf keinen Fall Dienst mit der Waffe leisten" zu „Sie dürfen auf keinen Fall zum Dienst mit der Waffe verpflichtet werden" geändert. Es gab bereits darüber Streit, ob ein freiwilliger Dienst von Frauen in den Streitkräften mit der Waffe möglich ist. Dagegen *BVerwGE* 103, 301/303 f.; dafür *Jarass*, in: ders./Pieroth, GG, Art. 12a Rn. 3a; *Sachs*, NWVBl. 2000, S. 405 ff.

[720] Da solche Fälle, in denen nationale Rechte oder bloße Vertragsbestimmungen zur Regelung rein innerstaatlicher Sachverhalte auf die gemeinschaftsrechtliche Vorschriften Bezug nehmen oder inhaltsgleiche Regelungen treffen (So *EuGHE* 1997, I-4161/4202 Rn. 34 (Leur-Bloem); vgl. auch 1997, I-4291/4304 Rn. 28 (Giloy); 1998, I-3603/3648 Rn. 32 f. (Hermès), dem *EuGH* bezüglich des Vorabentscheidungsverfahrens vorgelegt werden können, kann der *EuGH* in solchen Fällen Kompetenz zur Auslegung nationalen Rechts haben. Aber durch diese Kompetenz wird die Kompetenz zur Prüfung und Anwendung nationalen Rechts der Mitgliedstaaten nicht weggenommen (*Gaitanides*, in: von der Groeben/Schwarze (Hrsg.), EU-/EG-Vertrag, Art. 234 EGV Rn. 29).

Anwendung nationalen Rechts[721] oder bilateraler, zwischen den Mitgliedstaaten abgeschlossener Verträge[722] befugt, selbst wenn deren Gegenstände später in den Geltungsbereich des Gemeinschaftsrechts einbezogen werden.[723]

Eine weitere Frage ist, ob die nationale Verwaltung bezüglich der richtlinienkonformen Auslegung des nationalen Rechts die EG-Richtlinien prüfen darf, die für Stammvorschriften (die Quelle der Durchführungsrechte) gegenüber Durchführungsrechten gehalten werden. Dies kann nicht verneint werden, da der Verneinungsgrund der Prüfungskompetenz für die EG-Richtlinien durch die nationale Verwaltung sich nicht aus Art. 234 b) EGV ergibt. Das schadet auch nicht dem *Verwerfungsmonopol* des *EuGH* für alle Gemeinschaftsrechte[724], da die Prüfungskompetenz sich deutlich von der Verwerfungskompetenz unterscheidet. Schließlich kann das wegen des raschen Zunehmens der Anzahl von EG-Richtlinien Vorteile für die richtige Durchführung der EG-Richtlinien in den Mitgliedstaaten bringen. In diesem Sinne setzt die Prüfung der nationalen Verwaltung für die EG-Richtlinien die richtlinienkonforme Auslegung voraus, damit kann man den Nachweis für diese Prüfungskompetenz aus Art. 249 EGV ableiten; sie kann für die richtlinienkonforme Auslegung nützlich sein.

b) Das Gemeinschaftsrecht

Um die Vereinbarkeit des nationalen Rechts mit dem Gemeinschaftsrecht zu verstehen, ist nicht nur die Kenntnis der Prüfungsgegenstände (nationale Rechte), sondern auch der Prüfungsmaßstäbe (Gemeinschaftsrecht) erforderlich, da die Verwaltung ohne Kenntnis der Maßstäbe die von ihr anzuwendenden nationalen Rechte nicht richtig anwenden kann. Die Erkenntnis des Rechts setzt grundsätzlich Auslegung des Rechts voraus. Dabei bedeutet die Auslegung die Ermittlung des Inhalts und der Tragweite einer bestimmten Rechtsnorm oder eines bestimmten Rechtsgrundsatzes.[725] Im Hinblick auf das Vorabentscheidungsverfahren (Art. 234 EGV) hat der *EuGH* entschieden, dass die Auslegungskompetenz für das

[721] *EuGHE* 1997, I-7493/7510 Rn. 13 (Annibaldi); 1984, 2539/2546 Rn. 7 (Moser/Land Baden-Württemberg); 1979, 1129/1135 Rn. 11 (Sauders)

[722] *EuGHE* 1973, 1329/1333 Rn. 2 (Vandeweghe/Berufsgenossenschaft chemische Industrie).

[723] Auch der *EuGH* ist nicht befugt, die Vereinbarkeit nationalen Rechts mit dem vorrangigen Gemeinschaftsrecht durch das Vorabentscheidungsverfahren zu prüfen. Dazu *EuGHE* 1993, I-6787/6820 Rn. 8 (Hünermund U.A.); 1964, 1251/1268 (Costa/E.N.E.L.); *Gaitanides*, in: von der Groeben/Schwarze (Hrsg.), EU-/EG-Vertrag, Art. 234 EGV Rn. 27; *Wohlfahrt*, in: Grabitz/Hilf (Hrsg.), Das Recht der Europäischen Union AltBd. II, Art. 177 EWGV Rn. 24.

[724] Vgl. *Weiß*, in: Streinz, EUV/EGV, Art. 68 EGV Rn. 4.

[725] *EuGHE* 1980, 1205/1223 Rn. 16 (Amministrazione delle Finanze dello Stato/Denkavit italiana). Vgl. Zu den Methoden zur Auslegung des Gemeinschaftsrechts, *Gaitanides*, in: von der Groeben/Schwarze (Hrsg.), EU-/EG-

Gemeinschaftsrecht nicht den nationalen Gerichten zukommt, da sich eine nationale Rechtsprechung herausbilden kann, die mit den Normen des Gemeinschaftsrechts nicht in Einklang steht.[726]

Es ist jedoch problematisch, dass die Prüfungskompetenz der nationalen Verwaltung in der Verknüpfung mit der sog. (deutschen) *Erst-recht-Schluss-Theorie*[727] abgelehnt wird, indem der EG-Vertragsgeber die Auslegungskompetenz auf das Gemeinschaftsrecht in Bezug auf die nationalen Gerichte beim *EuGH* monopolisiert[728]; dass der Art. 234 EGV den nationalen Gerichten die Kompetenz zur Auslegung des Gemeinschaftsrechts nicht einräumt, bedeutet, dass der EG-Vertragsgeber die einheitliche Anwendung des Gemeinschaftsrechts in den Mitgliedstaaten dadurch verwirklichen wollte, dass er in den Mitgliedstaaten Gemeinschaftsrechtszersplitterung vorbeugt, die dadurch entsteht, dass jedes einzelne nationale Gericht sich über den Integrationswillen des EG-Vertragsgebers hinwegsetzt.[729] Im Allgemeinen spielt die Auslegung durch das Gericht eine größere Rolle für die Rechtseinheit und -Sicherheit als die Auslegung durch die Verwaltung. Für die Rechtsanwendung kann umgekehrt erwähnt werden, dass eine falsche Auslegung durch ein Gericht der Rechtseinheit und - Sicherheit viel stärker schaden kann. Die Rechtsanwendung durch das Gericht und durch die Verwaltung ist deutlich von der Rechtsbindungskraft unterschieden.[730] In diesem Sinne lehnt der EG-Vertragsgeber die Auslegung des Gemeinschaftsrechts durch das nationale Gericht ab. Dagegen zielt die Prüfung des Gemeinschaftsrechts durch die nationale Verwaltung auf die gemeinschaftsrechtskonforme Anwendung nationalen Rechts ab, indem sie zu tiefer Erkenntnis über das Gemeinschaftsrecht führt. Und die Prüfung des Gemeinschaftsrechts durch die nationale Verwaltung schadet nicht der Einheit und Rechtssicherheit des Gemeinschaftsrechts durch die Gemeinschaftsrechtszerplitterung, obwohl sie möglicherweise das Gemeinschaftsrecht falsch geprüft hat, da ihre falsche Prüfung zuerst durch das nationale Gericht (auf der nationalen Ebene) und auch zuletzt durch den *EuGH* (auf der EG-Ebene) wieder korrigiert werden kann. Während die falsche Auslegung des Gemein-

---

Vertrag, Art. 220 EGV Rn. 52 ff.

[726] Vgl. *EuGHE* 1977, 957/972 Rn. 5 (Hoffmann-La Roche/Centrafarm); 1974, 33/38 Rn. 2 (Rheinmühlen/Einfuhr- und Vorratsstelle Getreide).

[727] Dazu *Herzog*, in: Maunz-Dürig, GG, Art. 20 VI. Rn. 30; vgl. *Streinz*, Bundesverfassungsgerichtlicher Grundrechtsschutz, S. 193. S auch oben § 4 II. 3. a).

[728] Vgl. 1974, 33/38 Rn. 2 (Rheinmühlen/Einfuhr- und Vorratsstelle Getreide).

[729] Vgl. *EuGHE* 1977, 957/972 Rn. 5 (Hoffmann-La Roche/Centrafarm); 1974, 33/38 Rn. 2 (Rheinmühlen/Einfuhr- und Vorratsstelle Getreide). Das ist eine ähnliche Lage bezüglich des Verwerfungsmonopols des BVerfG gegenüber dem nationalen Recht in Art. 100 I GG. Dazu *Wieland*, in: Dreier (Hrsg.), GG III, Art. 100 Rn. 5 f.

[730] Vgl. *Zuleeg*, Das Recht, S. 216.

schaftsrechts durch das nationale Gericht dem *EuGH* vorgelegt werden kann (vgl. Art. 234 Abs. 2 und 3 EGV), ist dieser Weg jedoch nicht für die nationale Verwaltung[731] gewährleistet. Dies könnte gegen das Prinzip der gemeinschaftsrechtskonformen Auslegung in Art. 10 Abs. 1 EGV verstoßen. Es ist daher besser für die optimale Anwendung des Gemeinschaftsrechts in den Mitgliedstaaten, dass der Weg zur Prüfung des *Gemeinschaftsrechts* der nationalen Verwaltung möglicherweise eröffnet würde. Aber diese Prüfungskompetenz darf nicht allen nationalen Behörden, sondern nur den *Spitzen*behörden des Bundes und Landes erlaubt werden.[732] Eine weitere Voraussetzung dafür ist, dass sie nur gewährleistet wird, wenn sich die Spitzenbehörden der Mitgliedstaaten davon überzeugt haben, dass bei Anwendung des nationalen Rechts zum Vollzug des Gemeinschaftsrechts das nationale Recht mit dem Gemeinschaftsrecht kollidiert, d. h. soweit das Gemeinschaftsrecht in den Mitgliedstaaten unmittelbare Anwendungswirkung entfaltet. Die Prüfungskompetenz der nationalen Verwaltung für das Gemeinschaftsrecht ist daher vom Sekundärrecht bis zum Primärrecht zu garantieren.

3. Kriterium der Prüfungskompetenz

a) Alle EG-Rechtsakte für die nationalen Rechte

Soweit die Prüfung und Anwendung des nationalen Rechts unter der unmittelbaren Wirkung des Gemeinschaftsrechts stehen, sind grundsätzlich alle EG-Rechtsakte Maßstab der Prüfung für das nationale Recht. Dazu gibt es aber eine Ausnahme: Im Hinblick auf die *Solange II*-Entscheidung des BVerfG[733] kann das Gemeinschaftsrecht keinen *Maßstabsvorrang* gegenüber den Verfassungsprinzipien und den Grundrechten der Mitgliedstaaten einnehmen, soweit die Verfassungsprinzipien bzw. die Grundrechte der Mitgliedstaaten nicht durch das Gemeinschaftsrecht effektiv gewährleistet werden können; die Grundrechte, die sich aus Gemeinschaftsrecht und seinen Prinzipien ergeben, sind nicht nur für die Verfassungsprinzipien, sondern auch für die Grundrechte der Mitgliedstaaten unmittelbar[734] und vorrangig[735], und sie sind auch vor den nationalen Grundrechten anzuwenden[736].

---

731 *EuGHE* 1995, I-3361/3387 Rn. 11 (Job Centre); 1993, I-1277/1304 Rn. 16 (Corbiau).
732 Zutreffend *Zuleeg*, Das Recht, S. 214; *Rengeling*, Rechtsgrundsätze, S. 21 f.
733 *BVerfGE* 73, 339/378 ff.; vgl. auch *Streinz*, in: Sachs (Hrsg.), GG, Art. 23 Rn. 41 ff.
734 *EuGHE* 1963, 1/15 (Van Gend & Loos).
735 Grundlegend *EuGHE* 1964, 1251/1270 (Costa/E.N.E.L.).
736 *EuGHE* 1970, 1125/1134 Rn. 2 (Internationale Handelsgesellschaft/Einfuhr- und Vorratsstelle Getreide);

Prüfungsmaßstab für das nationale Recht kann das nationale *Verfassungsrecht* (das Grundgesetz) sein, wenn sich das durch die Verwaltung anzuwendende nationale Recht auf die Verfassungsprinzipien bzw. Gewährleistung von Grundrechten der Mitgliedstaaten bezieht, es unter der unmittelbaren Wirkung des Gemeinschaftsrechts steht, und wenn aber das Gewährleistungsniveau von Grundrechten (des Gemeinschaftsrechts) niedriger als das von Grundrechten des Verfassungsrechts (Grundgesetzes) der Mitgliedstaaten ist.[737]

In der Charta der Grundrechte der Europäischen Union[738] sind die Verfassungsprinzipien und die Grundrechtsvorschriften, die im Grundgesetz gewährleistet sind, aber deutlich geregelt worden. Darüber hinaus hat der *EuGH* in seinen Entscheidungen die Basisvorschriften der Grundrechte, wie der Menschenwürde[739] und der allgemeinen Handlungsfreiheit[740], bis zu einzelnen Grundrechten, wie dem Schutz der Familie[741], der Meinungsäußerungsfreiheit[742] berücksichtigt. Das BVerfG[743] und das BVerwG[744] haben in ihren Entscheidungen ausgeführt, dass das Gemeinschaftsrecht bereits einen vergleichbaren Grundrechtsschutz im Vergleich zum (deutschen) Grundgesetz generell vorsieht.

b) Insbes. Richtlinie (ggf. das Primärrecht) für die Durchführungsakte

Bei der Prüfung der aus den EG-Richtlinien umgesetzten Durchführungsakte ist wegen ihrer nationalrechtlichen Natur[745] das Verfassungsrecht für sie Prüfungsmaßstab. Aber sie stehen in einem *dreifachen Verhältnis*, d. h. zu *Verfassungsrecht* (das Grundgesetz) – *Richtlinie* (die originale Quelle der Durchführungsakte) – und *Primärrecht* (die originale

---

BVerfGE 73, 339/375.

737 Vgl. *Jarass*, in: ders./Pieroth, GG, Art. 23 Rn. 39.

738 Am 07. 12. 2000 wurde die vom Grundrechte-Konvent erstellte Charta vom Europäischen Parlament, vom Rat und der Kommission erlassen (Abl. EG 2000, Nr. C 364, S. 1). Der vom Konvent erarbeitete Verfassungsvertrag enthält als Teil II eine „Charta der Grundrechte der Union". Am 29. 10. 2004 wurde der Vertrag über eine Verfassung von den Mitgliedstaaten unterzeichnet. Die beiden Chartas sind inhaltlich fast vollständig ähnlich. Ausführlich dazu *Beutler*, in: von der Groeben/Schwarze (Hrsg.), EU-/EG-Vertrag, Art. 6 EUV Rn. 39 ff.; *Jarass*, EU-Grundrechte, § 1 Rn. 24 ff.

739 *EuGHE* 2001, I-7079/7168 Rn. 70 (Niederlande/Parlament und Rat); 1996, I-2143/2165 Rn. 22 (P./S.).

740 *EuGHE* 1987, 2289/2339 Rn. 19 (Rau/Balm).

741 *EuGHE* 1989, 1263/1290 f. Rn. 11 ff. (Kommission/Deutschland).

742 *EuGHE* 1997, I-3689/3715 Rn. 18 (Familiapress); 1991, I-4069/4097 Rn. 30 f. (Kommission/Niederlande); 1984, 19/62 Rn. 33 f. (VBVB und VBBB/Kommission).

743 *BVerfGE* 73, 339/378, 387, jedoch noch 37, 271/280 f.

744 *BVerwGE* 85, 24/29 f.

745 Vgl. *Bleckmann*, EuR, Rn. 444; *Kadelbach*, AllgVerwR, S. 162; *Schweitzer*, in: FS Klein, S. 91 f.; *Herdegen*, EuR, § 9 Rn. 35. Man kann argumentieren, da eine EG-Richtlinie vom *nationalen Parlament* umgesetzt werde, habe das Umsetzungsrecht die Natur des nationalen Rechts.

Quelle der Richtlinie), damit haben sie mit anderen Gemeinschaftsrechten ein komplexes Verhältnis. In diesem Verhältnis spielt die Richtlinie, d. h. die originale Quelle der Durchführungsakte, wegen des *direkten* Verhältnisses zu den Durchführungsakten und wegen des *Anwendungsvorrangs* der Richtlinie gegenüber dem Verfassungsrecht eine besondere Rolle. Zwar ist die Richtlinie unmittelbarer Prüfungsmaßstab für die Durchführungsakte. In vielen Fällen stehen die EG-Richtlinien auch unter dem EG-Primärrecht. Das EG-Primärrecht könnte auch für die Durchführungsakten Prüfungsmaßstab sein, soweit ihre (originale) Richtlinie bezüglich der Prüfung der Durchführungsakte keine Rolle mehr für die Prüfung der Durchführungsakte spielen würde.

c) Das nationale Verfassungsrecht (das Grundgesetz)

Das nationale Verfassungsrecht ist ein Kriterium für die nationalen Parlamentgesetze und ihre untergesetzlichen Normen. Im Prüfungsverhältnis zwischen dem Gemeinschaftsrecht und nationalem Recht ist das Gemeinschaftsrecht nicht der einzige Maßstab. Die Prüfung kann auch im Dreier-Verhältnis, d. h. das Gemeinschaftsrecht – das Verfassungsrecht – das für gemeinschaftsrechtswidrig gehaltene nationale Parlamentgesetz bzw. untergesetzliche Normen, ausgeführt werden, wenn sich die nationale Verwaltung davon überzeugt, dass ein nationales Recht gegen das Gemeinschaftsrecht verstößt, da das Verfassungsrecht nicht mit Gemeinschaftsrecht unvereinbar sein darf. In diesem Sinne ist das *Verfassungsrecht* das Kriterium für die Vereinbarkeitsprüfung der einzelnen nationalen Rechte mit dem Gemeinschaftsrecht. Daher hat in der Verwaltungspraxis ein Beamter zuerst die Vereinbarkeit mit dem Verfassungsrecht des von ihm anzuwendenden Rechts zu prüfen.

Im Hinblick auf die Verwerfungskompetenz für nationales Recht spielt das Verfassungsrecht eine besonders große Rolle. Hierbei gibt es zwei Konstellationen: Einerseits das nationale Recht, das mit dem Verfassungsrecht (dem Grundgesetz) vereinbar ist, jedoch nicht mit Gemeinschaftsrecht; andererseits das nationale Recht, das bereits mit dem Verfassungsrecht und auch gleichzeitig mit dem Gemeinschaftsrecht unvereinbar ist. In diesen Konstellationen muss die Verwerfungskompetenz der nationalen Verwaltung die Rechtssicherheit in der nationalen Rechtsordnung, aber auch die optimale Durchführung des Gemeinschaftsrechts in den Mitgliedstaaten berücksichtigen. Nicht nur für die Prüfungskompetenz, sondern auch die Verwerfungskompetenz der nationalen Verwaltung ist das Verfassungsrecht (das Grundgesetz) für die Vereinbarkeitsprüfung grundsätzlich zu berücksichtigen. In diesem Sinne wird das Verfassungsrecht als Rechtfertigungsgrund für das gemeinschaftsrechtswidrige nationale Recht verstanden.

II. Normprüfungskompetenz bei möglicherweise primärrechtswidrigem Sekundärrecht

Es stellt sich die Frage, ob die nationale Verwaltung beim Vollzug des Gemeinschaftsrechts durch das nationale Recht auch das mit nationalem Recht zusammenhängende Gemeinschaftsrecht prüfen darf. Für die Untersuchung wird der Grund der Prüfungskompetenz (unten 1.) und der Gegenstand der Prüfungskompetenz unterschieden (2.).

1. Grund der Prüfungskompetenz

Im Hinblick auf den Art. 234 EGV könnte es sein, dass die Prüfungskompetenz zur Auslegung des Sekundärrechts der nationalen Verwaltung abgelehnt wird. Aber diese Kompetenz des *EuGH* gegenüber dem Gemeinschaftsrecht wird als eine Kompetenz zur Verwerfung des primärrechtswidrigen Sekundärrechts verstanden[746], da er es verwerfen kann, wenn er das Sekundärrecht für primärrechtswidrig hält. Demgegenüber hat jedoch die Prüfungskompetenz, die der nationalen Verwaltung erteilt werden kann, keine Verwerfungswirkung für das Gemeinschaftsrecht. Und sie verstößt nicht gegen Art. 23 I GG und auch nicht gegen die in Art. 234 EGV geregelte Kompetenz des *EuGH* zur Auslegung des Gemeinschaftsrechts.[747] Die Erteilung der Prüfungskompetenz für die nationale Verwaltung unterstützt vielmehr die effektive Anwendung des Gemeinschaftsrechts in den Mitgliedstaaten. Aber wie erwähnt, darf sie nur den Verwaltungsspitzen des Bundes und Landes erteilt werden. Und auch allein das von ihnen anzuwendende nationale Recht steht unter der *unmittelbaren Wirkung* des Gemeinschaftsrechts.

Die Prüfungskompetenz für das Sekundärrecht kann sowohl hinsichtlich des *Zustimmungsgesetzes* der Mitgliedstaaten zur Gründung der Europäischen Union als auch hinsichtlich der Rechtsbindung der Verwaltung der nationalen Verwaltung eingeräumt werden.

---

[746] S dazu unten § 8 II. 2.

[747] Dazu bereits oben § 7 I. 2. b).

Zunächst kann die Verwaltung gem. Art. 23 iVm 20 III, 1 III GG das Sekundärrecht am Maßstab des primären EG-Rechts prüfen, wenn sie sich davon überzeugt, dass das Sekundärrecht den Rahmen der Hoheitsrechte überschreitet, der durch das Zustimmungsgesetz dem primären EG-Recht erteilt wird. Dabei beschränkt sich der Umfang der Prüfungskompetenz der Verwaltung jedoch darauf, ob das Zustimmungsgesetz Verfassungsrecht verletzt, indem das Sekundärecht den den Gemeinschaftsorgane erteilten Rahmen der Hoheitsrechte überschreitet. Aber es wird unmittelbar mit dem Verstoß des Sekundärrechts zum primären EG-Recht verbunden, dass das Sekundärrecht gegen das Zustimmungsgesetz verstößt. In diesem Sinne ist es auch der Verwaltung erlaubt, dass sie das primäre EG-Recht hinsichtlich des Zustimmungsgesetzes prüfen darf, da ihre Prüfungskompetenz gem. Art. 100 I GG nicht bei dem BVerfG monopolisiert wird[748] und sie sich grundlegend von der Prüfungskompetenz des BVerfG unterscheidet, die allein auf die *Verwerfung* des gegen das Zustimmungsgesetz verstoßenden Sekundärrechts abzielt.

Und die Verwaltung kann auch *unabhängig* vom Zustimmungsgesetz prüfen, ob das Sekundärrecht mit dem primären EG-Recht vereinbar ist, da zu „Gesetz und Recht" in Art. 20 III GG ohne weiteres das Gemeinschaftsrecht gehört, und die Prüfung der Verwaltung nötig ist, ob nicht nur das nationale Recht mit dem Gemeinschaftsrecht vereinbar ist, sondern auch das rangniedrige Gemeinschaftsrecht mit dem ranghöhere Gemeinschaftsrecht harmonisiert, um das primärrechtsmäßig sekundäre EG-Recht in den Mitgliedstaaten durchzuführen.

2. Gegenstand der Prüfungskompetenz

Soweit das von der nationalen Verwaltung anzuwendende nationale Recht unter der unmittelbaren Wirkung des Sekundärrechts steht und die Verwaltung sich davon überzeugt, dass das Sekundärrecht den vom Zustimmungsgesetz erteilten Rahmen der Hoheitsrechte überschreitet[749] oder dass ohne Zusammenhang mit dem Zustimmungsgesetz nach der Rechtsbindung der Verwaltung (vgl. Art. 20 III GG) das Sekundärrecht gegen das Primärrecht

[748] Überzeugen Gerichte sich davon, dass das Sekunrärrecht gegen das primäre EG-Recht verstößt, dann können sie es gem. Art. 100 I GG dem BVerfG zur konkreten Normenkontrolle vorlegen (vgl. Meinungsstand über die Vorlage des primärrechtswidrigen Sekundärrechts an BVerfG durch nationale Gerichte *Jarass*, AöR 121 (1996), S. 198). Das BVerfG kann dadurch prüfen, ob das Sekundärrecht mit dem primären EG-Recht vereinbar ist, dass das Zustimmungsgesetz zur Gründung der Europäischen Union mit dem nationalen Verfassungsrecht vereinbar ist. Dazu ausführlich unten § 8 II. 2. c).

[749] Da das Sekundärrecht sich aus dem Primärrecht der Gemeinschaft ergibt und das Primärrecht wieder auf dem

verstößt, kann die Prüfungskompetenz der Verwaltung gegenüber dem Sekundärrecht anerkannt werden[750].

Darüber hinaus darf sie auch[751] das Primärrecht der Gemeinschaft prüfen, da bei der Prüfung des Sekundäreechts für die Verwaltung die Erkenntnis über das Primärrecht als das Prüfungskriterium erforderlich ist. Selbstverständlich verstößt diese Prüfungskompetenz der Verwaltung nicht gegen die Verwerfungskompetenz von zuständigen Organen.

III. Fazit

Die Prüfungskompetenz durch die nationale Verwaltung wird struktuell in Vereinbarkeitsprüfung des nationalen Rechts mit dem Gemeinschaftsrecht und in Vereinbarkeitsprüfung des EG-Sekundärrechts mit dem EG-Primärrecht eingeteilt.

Der nationalen Verwaltung kommt die Prüfungskompetenz darüber zu, ob das nationale Recht mit dem Gemeinschaftsrecht vereinbar ist. Gegenstand der Prüfung sind alle nationalen Rechte einschließlich des Verfassungsrechts. Da sie national rechtliche Natur besitzen, gehören die aus EG-Richtlinien umgesetzten Durchführungsakte auch dazu. Die Verwaltung darf auch das Sekundärrecht (insbesondere EG-Richtlinien) prüfen, da sie das Sekundärrecht im Hinblick auf die Rechtsbindung der Verwaltung (Art. 20 III iVm 1III GG) primärrechtsmäßig durchführen muss, soweit es in den Mitgliedstaaten unmittelbare Wirkung entfaltet (vgl. Art. 249 III EGV). Da das Sekundärrecht sich aus Primärrecht ergibt und unter Wirkung (oder Kontrolle) des Primärrechts steht, kann die Prüfungskompetenz der nationalen Verwaltung sich auch auf das Primärrecht erstrecken, um das Sekundärrecht effektiv in den Mitgliedstaaten durchzuführen. Das gesamte Gemeinschaftsrecht ist Prüfungsmaßstab, soweit es die im nationalen Verfassungsrecht gewährleisteten Grundrechte und Verfassungsprinzipien in gleichem Niveau garantiert. Der Maßstab für die aus den EG-Richtlinien umgesetzten Durchführungsakte ist direkt ihre originale Richtlinie. Die Prüfungskompetenz für das nationale Verfassungsrecht und das EG-Recht kommt jedoch allein den Verwaltungsspitzen des Bundes und Landes zu.

Zustimmungsgesetz der Mitgliedstaaten basiert, stehen die drei Normen miteinander in untrennbarem Verhältnis.

[750] Vgl. *Hirsch*, NJW 1996, S. 2462, aber unter der Voraussetzung, dass „wenn zwar bereits eine einschlägige Entscheidung des *EuGH* vorliegt, die Rechtsfrage jedoch nach wie vor in Zweifel gezogen wird". *Den Gerichten* ist die Prüfungskompetenz von EG-Recht dadurch bereits anerkannt, als das *BVerfG* (in: EuZW 1995, S. 413) bezüglich einer Verfassungsbeschwerde gegen EG-Bananenverordnung den Fachgerichten die Prüfungskompetenz zusprach, „soweit die Nichtanwendbarkeit von EG-Recht in Deutschland behauptet wird".

[751] Wie in der deutschen Rechtsordnung kommt die Prüfungskompetenz gegenüber dem *Verfassungsrecht* (dem

§ 8 Normverwerfungskompetenz der Verwaltung beim Vollzug des Gemeinschaftsrechts

Bei der Normverwerfungskompetenz der Verwaltung beim Vollzug des Gemeinschaftsrechts geht es darum, dass die nationale Verwaltung das von ihr anzuwendende nationale Recht wegen des Anwendungsvorrangs des Gemeinschaftsrechts verwerfen darf, wenn sie sich davon überzeugt, dass das nationale Recht gegen das Gemeinschaftsrecht verstößt. Nach den Konstellationen der Normenkonflikte wird die Verwerfungskompetenz der Verwaltung grundlegend in zwei Teile geteilt: Die Verwerfungskompetenz der Verwaltung beim gemeinschaftsrechtswidrigen nationalen Recht (unten I.) und beim primärrechtswidrigen Sekundärrecht (unten II.). Der erste Teil ist Mittelpunkt der Untersuchung.

I. Normverwerfungskompetenz bei möglicherweise gemeinschaftsrechtswidrigem nationalem Recht

Beim Vollzug des Gemeinschaftsrechts durch nationales Recht kann es sein, dass Unvereinbarkeit zwischen dem nationalen Recht und Gemeinschaftsrecht besteht. Es gibt unter den zwei Möglichkeiten einerseits den Fall, dass das nationale Recht gegen das Gemeinschaftsrecht *offenkundig* verstößt, andererseits den Fall, dass die Verwaltung daran *zweifelt*, dass das von ihr anzuwendende nationale Recht gegen Gemeinschaftsrecht verstößt. Die *Costanzo*-Rechtsprechung[752] des *EuGH* erwähnt noch nicht die konkreten *Voraussetzungen* zur Durchführung des Anwendungsvorrangs des Gemeinschaftsrechts, d. h. die Reichweite des Anwendungsvorrangs. Seit der *Costanzo*-Rechtsprechung des *EuGH* bringt der Anwendungsvorrang des Gemeinschaftsrechts die nationale Rechtssicherheit in Gefahr, indem er ihn als einen *unus pro multis* für alle Normenkollisionen zwischen Gemeinschaftsrecht und nationalem Recht verwendet. Die Frage ist, ob alle Verwaltungsbehörden auch bei den Zweifelsfällen dazu gezwungen sind, dass sie ohne Rücksicht auf den Effektivitätsgrundsatz, Äquivalenzgrundsatz und das Verfahrens- sowie Prozessrecht der Mitgliedstaaten allein mit dem Anwendungsvorrang die nationalen Rechte verwerfen. Daher hat man die Verwerfungskompetenz der Verwaltung für die nationalen Rechte geteilt, d. h. in Fälle von offenkundiger Kollision (unten 1.) und sonstige Zweifelsfälle (unten 2.).

Grundgesetz) der Verwaltung zu. Dazu § 3 III. 2.

[752] *EuGHE* 1989, 1839 ff. (Fratelli Costanzo/Stadt Mailand).

1. Offenkundige Kollision

a) Begriff

Nach einigen Literaturmeinungen[753] kann die Verwaltung das von ihr anzuwendende nationale Recht verwerfen, wenn sie sich davon überzeugt, dass das nationale Recht *offenkundig* gegen das Gemeinschaftsrecht verstößt. Sonst darf die Verwerfungskompetenz für das gemeinschaftsrechtswidrige nationale Recht nicht der Verwaltung zukommen, sondern den nationalen *Gerichten.*[754] Bei dieser Auffassung ist aber unklar, was eigentlich offenkundige Kollision ist. Eine offenkundige Kollision liegt vor, wenn einer der folgenden Fälle gegeben ist: Erstens, der *EuGH*[755] hat bereits dasselbe nationale Recht für gemeinschaftsrechtswidrig erklärt.[756] Zweitens, das Gemeinschaftsrecht und das nationale Recht regeln einen Sachverhalt eindeutig entgegengesetzt. Ein Beispiel für den zweiten Fall ist ein nationales Recht, welches regelt, dass Abgaben gleicher Wirkung zwischen den Mitgliedstaaten erlaubt werden (vgl. Art. 25 EGV).

Es gibt einen Begriff der *direkten Kollision*, den man von offenkundiger Kollision unterscheiden sollte. Es liegt eine direkte Kollision vor, wenn das Gemeinschaftsrecht und das nationale Recht (die unterschiedlichen Rechtsquellen) für denselben Gegenstand, dieselbe Rechtsfrage widersprüchliche Ergebnisse geregelt haben[757]; eine direkte Kollision entsteht, wenn das Gemeinschaftsrecht und das nationale Recht für *einen* Sachverhalt *unterschiedliche* Rechtsfolgenbestimmen[758]. Demgegenüber braucht eine offenkundige Kollision nicht genau denselben Gegenstand zu haben, sondern die Kollision hat sachlich eindeutig zu sein; die Voraussetzung der offenkundigen Kollision ist nicht die Identität des Regelungsgegenstands, sondern die Stärke der Normenkollision. Daher kann die offenkundige Kollision zwischen

[753] So *Jarass*, Grundfragen, S. 103; *Kahl*, in: Calliess/Ruffert (Hrsg.), EUV u. EGV, Art. 10 EGV Rn. 43; *Pietzcker*, in: FS Everling, S. 1109; *Böhm*, JZ 1997, S. 56. Vgl. auch Verwerfungskompetenz, aber auch bei der Verwaltung bzw. bei der Behördenleitung *Scheuing*, EuR 1985, S. 253; *Winter*, NuR 1991, S. 454; *ders.*, DVBl. 1991, S. 666; *Everling*, DVBl. 1985, S. 1202; *Zuleeg*, Das Recht, S. 217; *Rengeling*, Rechtsgrundsätze, 23.

[754] S § 6 II. 1. a).

[755] Vgl. *EuGHE* 1982, 3415/3429 Rn. 14 (C.I.L.F.I.T./Ministero della sanità).

[756] *Everling*, DVBl. 1985, S. 1202 („aufgrund vorliegender Gerichtsurteile"). Im Hinblick auf die Vorlagepflicht der nationalen Gerichte an den *EuGH* (Art. 234 EGV) *Ehlers*, in: Schoch/Schmidt-Aßmann/Pietzner (Hrsg.), VwGO, Anh § 40 Art. 177 EGV, Rn. 40; *Streinz*, in: FS Söllner, S. 1154; *Schwarze*, JZ 1998, S. 1083.

[757] Vgl. *BVerfGE* 26, 116/135; 36, 342/363; *Schroeder*, in: Streinz, EUV/EGV, Art. 249 Rn. 42; *Komendera*, Normenkonflikte, S. 3; *Huthmacher*, Der Vorrang, S. 142.

[758] *BVerfGE* 36, 342/363; *Jarass/Beljin*, Casebook EG-Recht, S. 36; *Kadelbach*, AllgVerwR unter europäischem Einfluß, S. 25; *von Danwitz*, Verwaltungsrechtliches System, S. 115 („„Echte" Kollisionen"); vgl. *Huthmacher*, Der Vorrang, S. 134; *Schroeder*, in: Streinz, EUV/EGV, Art. 249 Rn. 42; *Niedobitek*, VerwArch 92 (2001), S. 73.

Gemeinschaftsrecht und nationalem Recht meistens bei direkten Kollisionen entstehen. Aber die Möglichkeit ist nicht ausgeschlossen, dass eine offenkundige Kollision bei den *in*direkten Normenkollisionen entstehen kann. Schließlich kann nicht davon gesprochen werden, dass die offenkundige Kollision immer eine direkte Kollision ist.

b) Kollisionsregel: Anwendungsvorrang

aa) Unmittelbare Anwendbarkeit als Voraussetzung

Soweit das nationale Recht offenkundig gegen das Gemeinschaftsrecht verstößt, bleibt für die Verwaltung nichts anderes übrig, als es nach dem Anwendungsvorrang zu verwerfen. Diese Verwerfungskompetenz der Verwaltung setzt unmittelbare Anwendbarkeit des Gemeinschaftsrechts in den Mitgliedstaaten voraus[759]; das Gemeinschaftsrecht muss inhaltlich unbedingt, hinreichend bestimmt sein, und es soll gegebenenfalls seine Frist zur Umsetzung abgelaufen sein[760].

Die inhaltliche Unbedingtheit des Gemeinschaftsrechts bedeutet, dass es „ohne weitere konkretisierende Maßnahmen auf Gemeinschafts- oder mitgliedstaatlicher Ebene auf den Einzelfall angewendet werden kann“[761]. Das Gemeinschaftsrecht (eine Richtlinienbestimmung) ist hinreichend bestimmt, wenn sein (ihr) „Regelungsgehalt „allgemein und unzweideutig“ den sachlichen Regelungsbereich und den erfassten Personenkreis erkennen lässt“[762]. Solange unbestimmte Rechtsbegriffe auslegungsfähig für den nationalen Richter oder Verwaltungsbeamten sind, steht ihre Verwendung der hinreichenden Bestimmtheit nicht entgegen.[763] Vor allem im Hinblick auf Richtlinienbestimmungen kann die unmittelbare

[759] *Ehlers*, in: Erichsen/ders. (Hrsg.), AllgVerwR, § 2 Rn. 83 f., 122; *Jarass*, Grundfragen, S. 104 f.; *Winter*, DVBl. 1991, S. 666; vgl. auch *Schroeder*, in: Streinz, EUV/EGV, Art. 249 Rn. 120; *Di Fabio*, NJW 1990, S. 952 f.; *Everling*, DVBl. 1985, S. 1201.

[760] Vgl. *EuGHE* 1982, 53 / 71 Rn. 25 (Becker/ Finanzamt Münster Innenstadt) zur Richtlinie. Auch *Jarass/Beljin*, Casebook EG-Recht, S. 58 ff.; *Schroeder*, in: Streinz, EUV/EGV, Art. 249 Rn. 106; *Kadelbach*, AllgVerwR unter europäischem Einfluß, S. 77 ff.

[761] *Kadelbach*, AllgVerwR unter europäischem Einfluß, S. 77. Vgl. auch *Jarass/Beljin*, Casebook EG-Recht, S. 58; *Schroeder*, in: Streinz, EUV/EGV, Art. 249 Rn. 48.

[762] *Kadelbach*, AllgVerwR unter europäischem Einfluß, S. 78. Vgl. auch *Jarass/Beljin*, Casebook EG-Recht, S. 59.

[763] *Jarass/Beljin*, Casebook EG-Recht, S. 59. *Kadelbach*, AllgVerwR unter europäischem Einfluß, S. 77, lässt sich jedoch die Verwendung der unbestimmter Rechtsbegriffe auf die inhaltliche Unbedingtheit beziehen.

Anwendbarkeit erst nach Ablauf der Frist einsetzen, wenn das Gemeinschaftsrecht eine Frist setzt, innerhalb der es einzuhalten ist.[764]

bb) Verwerfung durch alle Verwaltungsbehörden

Alle Träger der Verwaltung einschließlich der Gemeinden und der sonstigen Gebietskörperschaften sind verpflichtet, das betroffene nationale Recht zu verwerfen (*Costanzo*-Rechtsprechung)[765], wenn das nationale Recht gegen das Gemeinschaftsrecht verstößt. Die *Simmenthal*-Rechtsprechung[766] fordert dazu, dass „jede entgegenstehende Bestimmung des geltenden staatlichen Rechts ohne weiteres unanwendbar wird". Aber es fehlen konkrete Voraussetzungen zur Verwerfung von nationalem Recht, was diese *bedingungslose* Verwerfungspflicht der Verwaltung betrifft. Jedenfalls besteht die bedingungslose Verwerfungspflicht, wenn das Gemeinschaftsrecht unmittelbare Anwendbarkeit in den Mitgliedstaaten entfaltet und das nationale Recht gegen das Gemeinschaftsrecht sachlich eindeutig verstößt. Sie gilt für alle Rechtsvorschriften, ob das nationale Recht Verfassungsrecht, Parlamentsgesetz oder eine untergesetzliche Norm ist, soweit der Verstoß eindeutig ist.[767] Wegen der Offenkundigkeit des Verstoßes darf die Verwaltung, insbesondere untergeordnete Behörden, nicht auf Grund der Rechtsunsicherheit der nationalen Rechtsordnung, Rechtsbindung der Verwaltung (Art. 20 III iVm 1 III GG) sowie Weisungsgebundenheit, abstrakter Normkontrolle (Art. 93 I Nr. 2 GG) und des Verwerfungsmonopols des BVerfG für Parlamentsgesetze (Art. 100 I GG) zögern, das betroffene nationale Recht zu verwerfen. Daher kommt die Verwerfungskompetenz für Rechtsnormen aller Rangstufen der Mitgliedstaaten *allen Verwaltungsbehörden* zu, soweit das

---

764 *Jarass/Beljin*, Casebook EG-Recht, S. 60. Vgl. *Schroeder*, in: Streinz, EUV/EGV, Art. 249 Rn. 109.

765 *EuGHE* 1989, 1839 / 1871 Rn. 31 (Fratelli Costanzo/Stadt Mailand).

766 *EuGHE* 1978, 629 / 644 Rn. 17/18 (Staatliche Finanzverwaltung/Simmenthal).

767 Vgl. *Ehlers*, in: Erichsen/ders. (Hrsg.), AllgVerwR, § 2 Rn. 122; *ders.*, in: ders. (Hrsg.), Grundfreiheiten, § 7 Rn. 9; *Ruffert*, in: Calliess/ders. (Hrsg.), EUV u. EGV, Art. 249 EGV Rn. 69; *von Bogdandy*, in: Grabitz/Hilf (Hrsg.), Das Recht der Euriopäischen Union Bd. I, Art. 10 EGV Rn. 50; *Lecheler*, Einführung, S. 52; *Mögele*, BayVBl. 1993, S. 554 f.

Gemeinschaftsrecht in den Mitgliedstaaten unmittelbar anwendbar ist, ein offenkundiger Verstoß des nationalen Rechts gegen Gemeinschaftsrecht besteht und das Gemeinschaftsrecht zur Verwerfungskompetenz aller Behörden nicht etwas anderes bestimmt.

c) Entstehungswahrscheinlichkeit offenkundiger Kollision

Im Hinblick auf die offenkundige Kollision sind jedoch zwei Punkte fraglich, erstens, ob es wirklich offenkundige Kollision gibt[768]; da die Parlamente der Mitgliedstaaten bei der Gesetzgebung in ihren Rechtsordnungen verpflichtet sind, gemeinschaftsrechtsmäßige nationale Rechte zu produzieren (vgl. Art. 10, 249 EGV), ist es wenig wahrscheinlich, dass sie offenkundige gemeinschaftsrechtswidrige nationale Rechte erlassen. Zweitens, es ist gefährlich, dass *jede Behörde* aufgrund offenkundiger Gemeinschaftsrechtswidrigkeit das nationale Recht verwerfen kann, weil die Leistungsfähigkeit zur Auslegung hinsichtlich der Vereinbarkeit des nationalen Rechts mit Gemeinschaftsrecht wegen des hierarchischen Aufbaues der Verwaltung je nach Behörden unterschiedlich ist. Darüber hinaus ist es auch wegen Art. 100 I, 20 III und 1 III GG problematisch, dass die Verwerfungskompetenz aufgrund der offenkundigen Gemeinschaftsrechtswidrigkeit des nationalen Rechts der Verwaltungsspitze zukommt, da es dann sein kann, dass sie aufgrund des Anwendungsvorrangs des Gemeinschaftsrechts das *Verfassungsrecht* verwerfen kann, wenn sie sich davon überzeugt, dass das Verfassungsrecht gegen das Gemeinschaftsrecht verstößt.

2. Sonstige Zweifelsfälle

Es handelt sich darum, welche Kollisionen eigentlich „sonstige Zweifelsfälle" sind. Erklärungen über ihren Begriff bzw. die dazu treffenden Fälle und den verwandten Begriff, d. h. die indirekte Kollision sind erforderlich (unten a)). Unter den Erklärungen werden die Normenkollisionen zwischen Gemeinschaftsrecht und nationalem Recht in drei Konstellationen unterschieden (unten b)).

---

[768] Vgl. *Pietzcker*, in: FS Everling, S. 1109. Auch *Schwarze*, in: Badura/Dreier (Hrsg.), FS 50 Jahre BVerfG I, S. 241, hier aber hinsichtlich der offensichtlichen Kompetenzüberschreitungen der Gemeinschaftsinstanzen.

a) Begriff

In einigen Literaturauffassungen[769] lassen sich die sonstigen Zweifelsfälle von offenkundiger Kollision unterscheiden. Die sonstigen Zweifelsfälle liegen vor, wenn die Verwaltung daran zweifelt, dass das nationale Recht gegen das Gemeinschaftsrecht verstößt, aber sie noch darüber unsicher ist, ob das Gemeinschaftsrecht die Voraussetzungen zur unmittelbaren Anwendbarkeit erfüllt hat, und wenn unmittelbare Anwendbarkeit des Gemeinschaftsrechts und eine dadurch entstehende Gemeinschaftsrechtswidrigkeit des nationalen Rechts nämlich nur durch Auslegung der Gerichtsurteile bestätigt werden können.[770]

Es gibt einen Begriff, d. h. indirekte Kollision[771], der von sonstigen Zweisfelsfällen unterschieden werden soll. Die „indirekten Kollisionen" bedeuten, dass das Gemeinschaftsrecht und das nationale Recht für verschiedene Sachbereiche in Form mittelbarer Beeinträchtigungen durch die jeweiligen Folgewirkungen kollidieren. [772] Ein dafür klassisches Beispiel ist eine gegen Art. 88 Abs. 3 EGV verstoßende, aber mit §§ 48 ff. VwVfG vereinbare Subventionierung der Aluminiumhütte *Alcan*.[773] Bei indirekter Kollision widerspricht das Gemeinschaftsrecht dem nationalen Recht im Lichte einer teleologischen Betrachtung.[774] Da die verschiedenen Normen teleologisch widersprüchlich sind, ist eine komplexe Untersuchung in den beiden Rechtsordnungen der Gemeinschaft und Mitgliedstaaten unumgänglich, um die Gemeinschaftsrechtswidrigkeit nationalen Rechts zu beurteilen. Die sonstigen Zweifelsfälle liegen wie erwähnt darin, dass die Überzeugung über den Verstoß des nationalen Rechts gegen das Gemeinschaftsrecht ungewiß und unklar ist.[775] Es gibt die Möglichkeit, dass *eine* nationale Rechtsvorschrift gegen *eine* Vorschrift des Gemeinschaftsrechts verstößt, aber diese Kollision kann auch sachlich ungewiß und unklar sein. Demgegenüber ist es bei indirekter Kollision grundlegend, dass ein oder mehrere Gemeinschafts-

---

[769] Z. B. *Ehlers*, in: Erichsen/ders. (Hrsg.), AllgVerwR, § 2 Rn. 122: „Anderes als die nationalen Gerichte (Art. 234 EGV) haben sie nicht die Möglichkeit, bei Zweifeln über die Auslegung des Gemeinschaftsrechts den EuGH anzureufen". Im Hinblick auf die Verwerfungskompetenz der *Gerichte* für das nationale Recht *Streinz*, in: Isensee/Kirchhof (Hrsg.), HdStR VII, § 182 Rn. 72; *Böhm*, JZ 1997, S. 56.

[770] Vgl. *Streinz*, in: Isensee/Kirchhof (Hrsg.), HdStR VII, § 182 Rn. 72 („In Zweifelsfällen ist eine Vorlage an den EuGH geboten ...").

[771] Dazu allgemein *Huthmacher*, Der Vorrang, S. 135 ff.; *Jarass/Beljin*, Casebook EG-Recht, S. 37 f.; *Schroeder*, in: Streinz, EUV/EGV, Art. 249 Rn. 43; *Kadelbach*, AllgVerwR unter europäischem Einfluß, S. 26; *Schwarze*, EuVerwR, S. 446; *Niedobitek*, VerwArch 92 (2001), S. 74 ff.

[772] *Komendera*, Normenkonflikte, S. 3, auch 141; *von Danwitz*, Verwaltungsrechtliches System, S. 115 („„Unechte" Kollisionen"); vgl. auch *Huthmacher*, Der Vorrang, S. 142 f.

[773] *EuGHE* 1997, I-1591 ff. (Alcan Deutschland).

[774] *Schroeder*, in: Streinz, EUV/EGV, Art. 249 Rn. 43.

[775] Vgl. *Pietzcker*, in: FS Everling, S. 1109.

rechte teleologisch mit *mehreren* nationalen Rechtsvorschriften kollidiert oder kollidieren. Schließlich kann der sonstige Zweifelsfall ein Beispiel von indirekter Kollision sein.

b) Konstellationen von Normenkollisionen

Es handelt sich darum, ob die Verwerfungskompetenz durch alle Verwaltungsbehörden für Normen aller Rangstufen für die Zweifelsfälle auch angewandt wird. Das Verfassungsrecht wirkt durch Art. 23 I GG als Basis zur Gründung des primären Gemeinschaftsrechts und ist Quelle für alle nationalen Rechtsnormen, da bei ihm Änderungen schwieriger sind als bei Parlamentsgesetzen (vgl. Art. 79 GG). Und bei Parlamentsgesetzen ist es allgemein anerkannt, dass die Verwerfungskompetenz für sie gem. Art. 100 I GG beim BVerfG monopolisiert ist. Im Hinblick auf Art. 80 I, 28 II GG werden die Gestaltungsfreiheit von Rechtsverordnungen und Satzungshoheit der Verwaltungsspitze und dem Gemeinderat gewährleistet. Die Frage ist, ob diese Merkmale der nationalen Normen bei Zweifelsfällen über die Normenkollisionen mit dem Gemeinschaftsrecht ohne weiteres nicht berücksichtigt werden können. *Schroeder*[776] hält es für positiv, dass die Modalitäten des nationalen Organisations- und Verfahrensrechts die einheitliche Wirkung des Gemeinschaftsrechts beeinträchtigen können, sofern die Durchführung des Gemeinschaftsrechts den Mitgliedstaaten obliegt. Aber dagegen bleibt die Skepsis, ob bei Verwerfung des nationalen Rechts eigene Merkmale der Normen, die Verwaltungsorganisation sowie ihr Aufbau und die der Verwaltungsspitze (Art. 93 I Nr. 2 GG) und jeden Behörden (§ 47 II VwGO) gewährleisteten Antragsbefugnisse zu den abstrakten Normenkontrollverfahren usw. absolut ignoriert werden müssen. Im Folgenden werden die Möglichkeiten und Grenzen der Verwerfungskompetenz der Verwaltung bei nationalem Recht für das gemeinschaftsrechtswidrig gehaltene Verfassungsrecht (unten aa)), das Parlamentsgesetz (bb)) und die für gemeinschaftsrechtswidrig gehaltenen untergesetzlichen Normen (cc)) getrennt untersucht.

[776] *Schroeder*, in: Streinz, EUV/EGV, Art. 249 Rn. 43, hält es für positiv, dass die Modalitäten des nationalen Organisations- und Verfahrensrechts die einheitliche Wirkung des Gemeinschaftsrechts beeinträchtigen können, sofern die Durchführung des Gemeinschaftsrechts den Mitgliedstaaten obliegt.

aa) Das für gemeinschaftsrechtswidrig gehaltene Verfassungsrecht

Da die Europäische Union[777] die Verpflichtung auf demokratische, rechtsstaatliche, soziale, föderative und Subsidiaritätsgrundsätze wahrnimmt und einen dem Grundgesetz im wesentlichen vergleichbaren Grundrechtsschutz gewährleistet (Art. 23 I 1 GG) [778], ist die Möglichkeit für die Verwaltung bei Durchführung des Gemeinschaftsrechts nicht so groß, gemeinschaftsrechtswidrigem Verfassungsrecht (Verfassungsvorschriften) zu begegnen. Aber die Kollisionsmöglichkeit des Verfassungsrechts mit dem Gemeinschaftsrecht besteht immer noch potenziell. Ein Beispiel dafür ist die *Kreil*-Rechtsprechung des *EuGH*[779].

(1) Kreil-Rechtsprechung

Eine deutsche Elektronikerin *Tanja Kreil* wollte bei der Bundeswehr im Bereich der Instandsetzung tätig werden. Ihre Bewerbung wies die Verwaltung mit Rücksicht auf § 1 II des Soldatengesetzes (SG) vom 15. 12. 1995 und § 3a der Soldatenlaufbahnverordnung (SLV) vom 28. 1. 1998 ab. Nach beiden Gesetzeslagen kommen Frauen in der Bundeswehr nur für Verwendungen im Sanitäts- und Militärmusikdienst in Frage. Sie erhob dagegen Klage beim VG Hannover. Es rief gem. Art. 234 EGV den *EuGH*, ob die Gleichbehandlungsrichtlinie des Rates[780] der Anwendung der obigen deutschen Bestimmungen entgegensteht. Der *EuGH*[781] entschieden dazu, dass § 1 II des Soldatengesetzes und seine Verordnung gegen die Gleichbehandlungsrichtlinie verstoßen.

---

[777] Das Europarecht hat zwei Säulen, d. h. die Europäische Menschenrechtskonvention (EMRK) und das Europäische Gemeinschaftsrecht.

[778] Vgl. *Kadelbach*, in: FS Zuleeg, S. 228. Vgl. auch allgemein *Kingreen*, in: Ehlers (Hrsg.), Grundfreiheiten, § 18 Rn. 1; *von Bogdandy*, in: ders. (Hrsg.), Europäischen Verfassungsrecht, S. 149 (163) ff.; *Häberle*, Europäische Verfassungslehre, S. 132 ff.; *Schwarze*, in: ders. (Hrsg.), Die Entstehung, S. 109 ff.

[779] *EuGHE* 2000, I-69 ff. (Kreil). Ausführlich *Laubinger/Repkewitz*, VerwArch 91 (2000), S. 297 ff.; *Mückl*, Jura 2000, S. 406 ff.; *Sachs*, NWVBl. 2000, S: 405 ff.

[780] Richtlinie 76/207 EWG vom 9. 2. 1976 zur Verwirklichung des Grundsatzes der Gleichbehandlung von Männern und Frauen hinsichtlich des Zugangs zur Beschäftigung, zur Berufsbildung und zum beruftlichen Aufstieg sowie in Bezug auf die Arbeitsbedingungen (ABlEG Nr. L 39, S. 40).

[781] *EuGHE* 2000, I-69/107 Rn. 32 (Kreil); vgl. auch *Sachs*, NWVBl. 2000, S. 405 ff. *Kingreen*, in: Ehlers (Hrsg.), Grundfreiheiten, § 18 Rn. 32; *Kokott*, in: Sachs (Hrsg.), GG, Art. 12a Rn. 5; *Schröder/Köster*, JuS 2000, S. 542 ff.; *Laubinger/Repkewitz*, VerwArch 91 (2000), S. 297 ff.; *Streinz*, DVBl. 2000, S. 585 ff.

(2) Gemeinschaftsrechtskonforme Auslegung betroffener Behörde

Die *Kreil*-Rechtsprechung des *EuGH* stellt die Gemeinschaftsrechtswidrigkeit von § 1 II SG und § 3a SLV dar. Zugleich zeigt sie die Unvereinbarkeit des Art. 12a IV 2 a. F. GG mit dem Art. 2 II der Richtlinie 76/207 EWG.[782] Darüber hinaus stellt Art. 12a IV 2 a. F. GG auch bezüglich Art. 23/83 Grundrechte-Charta von 2000/2004 eine EG-primärrechtswidrige nationale Verfassungsbestimmung dar.[783] Wenn die *Kreil*-Rechtsprechung missverstanden würde, könnte man sie so verstehen, dass die Verwerfungskompetenz für das Verfassungsrecht dem *Gericht* (VG Hannover) oder dem *EuGH* zukommt, da dies so angesehen werden könnte, dass das *Gericht* nach der Auslegung des Art. 2 II der Richtlinie 76/207 EWG - (Art. 234 EGV) durch den *EuGH* Art. 12a IV 2 a. F. GG verworfen hat, und da sich die Verwerfungskompetenz des Gerichts gegenüber Art. 12a IV 2 a. F. GG wesentlich aus der Auslegung des *EuGH* für den Art. 2 II der Richtlinie 76/207 EWG ergibt. In diesem Sinne würde das Argument[784] oberflächlich für die richtige Lösung gehalten, dass bei den *Zweifelsfällen* über Normenkollisionen die Verwerfungskompetenz für das Verfassungsrecht (sowie alle nationalen Rechte) nicht der Verwaltung, sondern dem Gericht zukommt. Um die Verwerfung des Verfassungsrechts durch das Gericht zu ermöglichen, hat die Verwaltung jedoch *verfahrensweise bereits* über das Verfassungsrecht entweder eine gemeinschaftsrechtskonforme oder gemeinschaftsrechtswidrige Entscheidung zu treffen. Die *Kreil*-Rechtsprechung betrifft den Fall, dass die Bundesverwaltungsbehörde[785], d. h. das Zentrum für Nachwuchsgewinnung und danach das Personalamt der Bundeswehr[786] Art. 12a IV 2 a. F. GG für gemeinschaftsrechtskonform (Art. 2 II der Richtlinie 76/207 EWG) gehalten hat. Auch die Bundesregierung hatte die gleiche Meinung mit dem Argument, dass das Gemeinschaftsrecht nicht für Fragen der Verteidigung gilt, und dass die nationalen Bestimmungen über die Beschränkung des Zugangs von Frauen auf bestimmte Verwendungen

---

[782] Vgl. *Sachs*, NWVBl. 2000, S. 406; *Hofmann*, in: Schmidt-Bleibtreu/Klein, GG, Art. 12a Rn. 24.
[783] Vgl. *Jarass*, EU-Grundrechte, § 26 Rn. 1.
[784] *BVerfGE* 31, 145/174 f.; vgl. 85, 191/205 (zuständige nationale Gerichte); *Jarass*, Grundfragen, S. 100 ff.; *ders.*, DVBl. 1995, S. 960; *Jarass/Beljin*, NVwZ 2004, S. 4; ähnlich *Streinz*, in: FS Söllner, S. 1153 f.; *Papier*, DVBl. 1993, S. 813 f.; *Pietzcker*, in: FS Everling, S. 1109, 1114.
[785] *Streinz*, DVBl. 2000, S. 588.
[786] Das Zentrum für Nachwuchsgewinnung ist die zentrale Prüfstelle für Bewerber für den Dienst als Soldat auf Zeit in den Unteroffizierslaufbahnen. Das Personalamt der Bundeswehr ist die zentrale Personalstelle für Offiziere bis zum Dienstgrad eines Fregattenkapitän bzw. Oberstleutnant. Außerdem werden hier die Bewerber für eine Offizierslaufbahn geprüft (http://www.marine.de/01DB070000000001/CurrentBaseLink/W26DMP7957 3INFODE).

in der Bundeswehr nach Art. 2 II der Richtlinie gerechtfertigt werden können, wenn man davon ausgeht, dass die Richtlinie im Bereich der Streitkräfte Anwendung findet.[787]

Hat die Verwaltung abweichend von der *Kreil*-Rechtsprechung die Entscheidung getroffen, dass sie das Verfassungsrecht nicht gemeinschaftsrechtskonform auslegen kann, muss nach gleicher Logik wie bei dem Fall des für gemeinschaftsrechtswidrig gehaltenen Parlamentsgesetzes entschieden werden, ob die Verwerfungskompetenz für das betroffene Verfassungsrecht der Verwaltung zukommen kann (unten bb)).

(3) Wirkung der Gemeinschaftsrechtswidrigkeit auf andere nationale Normen

Im System des Grundgesetzes haben alle Gesetze und Rechte im Scheitelpunkt des Verfassungsrechts eine Wechselbeziehung. Wenn ein Gesetz oder Recht für gemeinschaftsrechtswidrig gehalten wird, kann dies wegen der Wechselbeziehung von Rechtsnormen zur Gemeinschaftsrechtswidrigkeit der anderen nationalen Rechtsnormen führen. Im Hinblick auf die *Kreil*-Rechtsprechung des *EuGH* hat die Richtlinienwidrigkeit eines Parlamentsgesetzes (§ 1 II SG) zur Gemeinschaftsrechtswidrigkeit einer Verfassungsvorschrift (Art. 12a IV 2 a. F. GG) geführt; nach der Auslegung des Art. 2 II, III der Richtlinie 76/207 EWG durch den *EuGH* ist Art 12a IV 2 a. F. GG von „Sie dürfen auf keinen Fall Dienst mit der Waffe leisten." zu „Sie dürfen auf keinen Fall zum Dienst mit der Waffe verpflichtet werden."[788] geändert worden. Und dies hat zugleich für eine untergesetzliche Norm (§ 3a SLV) zur Gemeinschaftsrechtswidrigkeit geführt. In diesem Sinn kann sich die Verwerfung eines nationalen Rechts zugleich auf die höheren und unteren Rechtsnormen beziehen.[789]

bb) Das für gemeinschaftsrechtswidrig gehaltene Parlamentsgesetz

Die Frage der Verwerfungskompetenz der Verwaltung für das gemeinschaftsrechtswidrige nationale Recht bezieht sich vor allem auf die Parlamentsgesetze, das Verfassungsrecht oder die untergesetzlichen Normen. Dabei ist die Frage, ob das Verfassungsrecht auf die Entscheidung über die Verwerfungskompetenz der Verwaltung gegenüber den Parlamentsge-

[787] *EuGHE* 2000, I-69/107 Rn. 29 f. (Kreil); *Streinz*, DVBl. 2000, S. 588.
[788] BGBl. 2000 Teil I Nr. 56, S. 1755, vom 19. 12. 2000.

setzen Einfluß ausübt. Es handelt sich konkret darum, wie im Hinblick auf den Vorrang des Gemeinschaftsrechts das Verwerfungsmonopol des BVerfG in Art. 100 I GG für das Parlamentsgesetz wirkt (unten (1)), und inwieweit die Verwaltungsorganisation und Verfahrensautonomie der Mitgliedstaaten bei *Zweifelsfällen* der Normenkollisionen bei der Entscheidung über die Verwerfungskompetenz der Verwaltung berücksichtigt werden, wenn nur bei offenkundiger Kollision die Verwerfungskompetenz für das nationale Recht allen Verwaltungsbehörden zukommt (unten (2)).

(1) Vorrang des Gemeinschaftsrechts

(a) Verfassungsrecht als Hebel zur Verwerfung?

Art. 23 I GG stellt einen „Integrationshebel"[790] zur Gründung der Europäischen Gemeinschaft dar. Die Mechanik zur Integration ist der in Art. 10 I iVm 249 I EGV niedergelegte *Vorrang* des Gemeinschaftsrechts. Er wird bei Normenkollisionen zwischen Gemeinschaftsrecht und Parlamentsgesetz (dem nationalen Recht) zum Anwendungsvorrang konkretisiert, soweit das Gemeinschaftsrecht in den Mitgliedstaaten unmittelbar anwendbar ist.[791] Der Anwendungsvorrang lässt einerseits eine effektive Durchführung des Gemeinschaftsrechts in den Mitgliedstaaten zu, andererseits bedroht er die Sicherheit der mitgliedstaatlichen Rechtsordnung, beispielsweise bei Verwerfung einer Vorschrift des Verfassungsrechts oder eines Parlamentsgesetzes durch die Verwaltung (vgl. Art. 79, 100 I GG). Die beiden Probleme könnten aber gelöst werden, wenn die Verwaltung bei Kollision zwischen Parlamentsgesetz und Gemeinschaftsrecht bezüglich des Art. 23 I GG das Verfassungsrecht für das *Kriterium* zur Verwerfung des betroffenen Parlamentsgesetzes halten würde.[792] Daher könnte erwogen werden, dass die Verwaltung das Verfassungsrecht als Hebel zur Verwerfung des für gemeinschaftsrechtswidrig gehaltenen Parlamentsgesetzes nutzt. Dadurch könnte die Rechtssicherheit der Mitgliedstaaten nicht gefährdet werden, und auch die effektive Durchführung des Gemeinschaftsrechts könnte verwirklicht werden, da die Vereinbarkeit des

[789] S unten I. 2. b) bb) (2) (a) (bb) (ddd) (γ).
[790] *Ipsen*, Europäisches Gemeinschaftsrecht, § 2 Rn. 20 (S. 58); vgl. auch *Gellermann*, in: Rengeling/Middeke/Gellermann (Hrsg.), Handbuch des Rechtsschutzes, § 33 Rn. 11; *Hain*, DVBl. 2002, S. 150; *Schwarze*, JZ 1999, S. 637.
[791] Vgl. *Ehlers*, DÖV 2001, S. 413; *Jarass*, Grundfragen, S. 3; *ders.*, DVBl. 1995, S. 958 f.; *Streinz*, in: Isensee/Kirchhof (Hrsg.), HdStR VII, § 182 Rn. 64.
[792] Vgl. allgemein *Gorny*, Verbindlichkeit, S. 81 ff.; *Bleckmann*, EuR, Rn. 1084.

Parlamentsgesetzes mit dem Verfassungsrecht nämlich Vereinbarkeit mit dem Gemeinschaftsrecht darstellt. Daher müsste die Entscheidung über die Verwerfungskompetenz der Verwaltung für das Parlamentsgesetz im *Dreiecksverhältnis*, Gemeinschaftsrecht -Verfassungsrecht (Art. 23 I GG) - Parlamentsgesetz getroffen werden; die Verwaltung findet mit dem Gemeinschaftsrecht *und* dem Verfassungsrecht die Gemeinschaftsrechtswidrigkeit des Parlamentsgesetzes, da das Verfassungsrecht grundsätzlich mit der gesamten Rechtsordnung der Gemeinschaft vereinbar sein muss und die im Verfassungsecht geregelten Prinzipien und Grundrechte (vgl. Charta der Grundrechte der Europäischen Union) bereits auch meistens im EG-Primärrecht vorgeschrieben worden sind[793]. In diesem Sinne könnte das Gemeinschaftsrecht nur als ein Kriterium zur *Prüfung* des Parlamentsgesetzes verstanden werden. Demgegenüber würde das Verfassungsrecht ein Kriterium nicht nur zur Prüfung, sondern auch zur *Verwerfung* des gemeinschaftsrechtswidrigen Parlamentsgesetzes darstellen. Daher könnten die Verwaltungsbehörden bei Verfassungswidrigkeit des Parlamentsgesetzes seine Verwerfung erreichen. Da das verfassungswidrige Parlamentsgesetz zugleich für gemeinschaftsrechtswidrig gehalten werden könnte, könnten die Behörden nach dem Verfassungsrecht das gemeinschaftsrechtswidrige Parlamentsgesetz verwerfen.

Aber die Verwerfung des Parlamentsgesetzes durch die Verwaltung auf Grund dieses Gedankens bringt die Autonomie[794] der Gemeinschaftsrechtsordnung gegenüber nationalem Verfassungsrecht und den Vorrang des Gemeinschaftsrechts (Art. 10 I iVm 249[795] EGV) in Gefahr.[796] Dieses Risiko kann realisiert werden, wenn die Verwaltung vor allem auf Grund einer *Wahrscheinlichkeit* der Vereinbarkeit mit dem Verfassungsrecht das für gemeinschaftsrechtswidrig gehaltene Parlamentsgesetz ohne gemeinschaftsrechtliche Legitimation entweder nicht verwirft oder seine Nichtanwendung verzögert. Schließlich kann das Verfassungsrecht nicht als Maßstab zur Verleihung der Verwerfungskompetenz der Verwaltung für das gemeinschaftsrechtswidrige Parlamentsgesetz wirken, soweit das Gemeinschaftsrecht nicht die durch Art. 23 I iVm 59 II GG verliehene Ermächtigungsgrenze überschreitet.

---

[793] Vgl. dazu *Giegerich*, JuS 1997, S. 41 f.; *von Bogdandy*, in: ders. (Hrsg.), Europäischen Verfassungsrecht, S. 149 (163) ff.; *Häberle*, Europäische Verfassungslehre, S. 132 ff.; *Schwarze*, in: ders. (Hrsg.), Die Entstehung, S. 109 ff.

[794] Dazu *EuGHE* 1964, 1251/1269 (Costa/E.N.E.L); *Bleckmann*, EuR, Rn. 1087; *Oppermann*, EuR, § 6 Rn. 5; *Hain*, DVBl. 2002, S. 155.

[795] Vgl. *Bleckmann*, EuR, Rn. 1086 (S. 378); *Schroeder*, in: Streinz, EUV/EGV, Art. 249 EGV Rn. 44.

[796] Vgl. *Gorny*, Verbindlichkeit, S. 83. In diesem Sinne kann das Verfassungsrecht kein Hindernis zur

(b) Zurücktreten des Verwerfungsmonopols des BVerfG (Art. 100 I GG)

In der Grundgesetzordnung wird die Verwerfungskompetenz gem. Art. 100 I GG beim BVerfG monopolisiert, wenn das Parlamentsgesetz gegen das Verfassungsrecht verstößt.[797] Das Verwerfungsmonopol des BVerfG wird jedoch im Verhältnis mit dem Gemeinschaftsrecht anders geregelt. Der *EuGH*[798] gebietet den nationalen Rechtsanwendern, dass sie nicht nach Verfahrens- und Prozessrecht der Mitgliedstaaten das nationale Recht den höheren Organen oder den Verfassungsgerichten vorlegen, wenn sie es für gemeinschaftsrechtswidrig halten; die Gerichte dürfen nicht das Parlamentsgesetz trotz Art. 100 I GG beim BVerfG vorlegen, sondern sollen es selbst verwerfen oder gem. Art. 234 EGV den *EuGH* anrufen[799].

Das BVerfG[800] akzeptiert auch solche Entscheidungen:
„Zur Entscheidung der Frage, ob eine innerstaatliche Norm des einfachen Rechts mit einer vorrangigen Bestimmung des Europäischen Gemeinschaftsrechts unvereinbar ist und ob ihr deshalb die Geltung versagt werden muß, ist das Bundesverfassungsgericht nicht zuständig; die Lösung dieses Normenkonflikts ist daher der umfassenden Prüfungs- und Verwerfungskompetenz der zuständigen Gerichte überlassen"[801].

Das Verwerfungsmonopol des BVerfG ist wegen des sich aus Art. 10 I, 249 EGV ergebenden Gebots effektiver und einheitlicher Durchführung des Gemeinschaftsrechts beschränkt[802]; der Schutz des parlamentarischen Gesetzgebers ist gegenüber der effektiven und einheitlichen Durchführung des Gemeinschaftsrechts zurückgetreten. Der Verfassungsgeber lässt auch das gemeinschaftsrechtswidrige Parlamentsgesetz bezüglich Art. 23 I, 24 GG durch den *EuGH* (vgl. Art. 234 EGV) einheitlich kontrollieren. [803] Soweit das Parlamentsgesetz gegen das *Gemeinschaftsrecht* verstößt, spielt das Verwerfungsmonopol des BVerfG in Art. 100 I GG keine Rolle.[804] Die Verwerfungskompetenz gegenüber dem für

---

Europäischen Integration sein, dazu *Schwarze*, JZ 1999, S. 640 ff.; auch *Hain*, DVBl. 2002, S. 155.

[797] S § 4 II. 3. a).

[798] *EuGHE* 1974, 33/38 f. Rn. 4 (Rheinmühlern/Einfuhr- und Vorratsstelle Getrreide); vgl. 1978, 629/644 f. Rn. 21/23 (Staatliche Finanzverwaltung/Simmenthal).

[799] Vgl. *Schwarze*, in: Badura/Dreier (Hrsg.), FS 50 Jahre BVerfG I, S. 237.

[800] *BVerfGE* 31, 145/174 f.; 82, 159/191; vgl. 85, 191/205. Auch Literatur *Ehlers*, in: Schoch/Schmidt-Aßmann/Pietzner (Hrsg.), VwGO, Anh § 40 Art. 177 EGV Rn. 8.

[801] *BVerfGE* 31, 145/174 f.

[802] Vgl. *Streinz*, in: ders., EUV/EGV, Art. 10 EGV Rn. 32; *Scheuing*, EuR 1985, S. 252.

[803] Vgl. *Hirsch*, NJW 1996, S. 2463.

[804] Vgl. *Hirsch*, NJW 1996, S. 2463; *Jarass*, DVBl. 1995, S. 960; *Büdenbender*, Das Verhältnis, S. 257 ff.; **a. A.** *von Danwitz*, Verwaltungsrechtliches System, S. 219 f.

gemeinschaftsrechtswidrig gehaltenen Parlamentsgesetz darf nicht als *Kampf*[805] zur Kompetenzverteilung zwischen dem *EuGH* und BVerfG, sondern als eine Frage der Vorasusetzungen zur effektiven und einheitlichen Durchführung des Gemeinschaftsrechts verstanden werden.

(2) Nationale Verfahrensautonomie unter dem Vorrang des Gemeinschaftsrechts

Nach der *Costanzo*-Entscheidung sind alle Verwaltungsbehörden, d. h. kommunale Gebietskörperschaften und andere Verwaltungsträger[806], einschließlich der ausgegliederten öffentlichen Unternehmen[807] bei Kollision zwischen Gemeinschaftsrecht und nationalem Recht verpflichtet, das nationale Recht zu verwerfen. Dies kann so verstanden werden, dass Verwaltungsbehörden auf Grund der nationalen Verfahrensregelungen nicht die Verwerfung des Parlamentsgesetzes verzögern dürfen, wenn sie es für gemeinschaftsrechtswidrig halten; „denn eine volle Wirksamkeit lässt sich sensu stricto eben nur erreichen, wenn nichts, aber auch gar nichts von eigenständigen nationalen Verfahrensregelungen als hinderliches Relikt verbleibt."[808]. Aber es ist zweifelhaft, ob Mitgliedstaaten wegen einer vollen Wirksamkeit des Gemeinschaftsrechts bis dahin keine Verfahrensautonomie eingeräumt werden darf, damit z. B. eine untergeordnete Behörde über die Gemeinschaftsrechtswidrigkeit eines Parlamentsgesetzes entscheidet.[809]

Der *EuGH* verlangt in seinen Entscheidungen[810], dass das nationale Verfahrensrecht die Grundsätze, z. B. das Vertrauensschutzprinzip, die Rechtssicherheit (Art. 14 GG, §§ 48, 49 VwVfG; Art. 23 KV, § 4 II KVwVfG; vgl. Art. 5 iVm 249 EGV[811]) usw., die das Gemeinschaftsrecht auch wahrnimmt, beinhaltet, um die Verfahrensautonomie eingeräumt zu

---

805 *Zuleeg*, Das Recht, S. 215, hält diese Kompetenzverteilung dafür, dass die Verwerfungskompetenz für die gemeinschaftsrechtswidrigen nationalen Rechte weder dem *EuGH* noch dem BVerfG zukomme. Vgl. auch *Streinz*, Bundesverfassungsgerichtlicher Grundrechtsschutz, S. 87 ff.

806 *EuGHE* 1986, 1651/1691 Rn. 56 (Johnston/Chief Constable of the Royal Ulster Constabulary); 1989, 1839/1870 f. Rn. 30 ff. (Fratelli Costanzo/Stadt Mailand); 2001, I-6915/6951 Rn. 31 (Jiménez/Melgar).

807 Vgl. *EuGHE* 1990, I-3313/ 3346 Rn. 11 (Foster u. a.); 1997, I-6907/6939 Rn. 46 (Kampelmann u. a.); 2000, I-6659/6700 Rn. 23 (Collino und Chiappero).

808 *Schmidt-Assmann*, in: FG BVerwG, S. 490.

809 Vgl. *Schroeder*, in: Streinz, EUV/EGV, Art. 249 Rn. 43, meint, dass die Modalitäten des nationalen Organisations- und Verfahrensrechts die einheitliche Wirkung des Gemeinschaftsrechts beeinträchtigen könne, sofern die Durchführung des Gemeinschaftsrechts den Mitgliedstaaten obliegt.

810 Vgl. *EuGHE* 1976, 1989/1998 Rn. 5 (Rewe/Landwirtschaftskammer Saarland); 1990, I-3437/3456 f. (Kommission/Deutschland).

811 Als ein Prüfungsprinzip versteht der *EuGH* die Rechtssicherheit. Dazu *Schroeder*, in: Streinz, EUV/EGV, Art. 249 EGV Rn. 10.

bekommen.[812] Daher kann die Verfahrensautonomie eingeräumt werden, soweit das nationale Organisations- und Verfahrensrecht nicht die Wirksamkeit des Gemeinschaftsrechts beeinträchtigen. Dazu gehört der Fall, dass das nationale Organisations- und Verfahrensrecht die Elemente der allgemeinen Grundsätze des Gemeinschaftsrechts widerspiegelt.

Der hierarchische Aufbau der Verwaltung stellt eine grundlegende Verwaltungsstruktur dar, die Art. 83 ff. GG ausgestalten. Er beinhaltet, dass er sich durch die Weisungsgebundenheit auf die Einheitlichkeit der Verwaltung richtet, und die Verwaltungsspitze gegenüber dem Parlament die Verantwortung trägt (vgl. Art. 65 GG). Daher ist er bereits im Grundgesetz als eine demokratisch rechtsstaatliche Legitimation wahrgenommen worden.[813]

Indirekter Vollzug des Gemeinschaftsrechts wird grundsätzlich durch das staatliche Verwaltungsrecht ausgeübt. Soweit das nationale Recht nicht europarechtlich bedingt ist, unterliegt auch das Verfahrensrecht nicht dem Gemeinschaftsrecht.[814] Grundsätzlich können die nationalen Verfahrensvorschriften bei administrativer Durchführung des Gemeinschaftsrechts nach ihren verfassungsrechtlichen Vorschriften, z. B. Art. 83 ff., 93 I Nr. 2[815] GG angewandt werden.[816] Das nationale Organisations- und Verfahrensrecht setzt den hierarchischen Aufbau der Verwaltung voraus. Schließlich wird der hierarchische Aufbau der Verwaltung so verstanden, dass er die Durchführung des Gemeinschaftsrechts „nicht praktisch unmöglich machen oder übermäßig erschweren (Effektivitätsprinzip)“[817] darf.

Bei offenkundigen Kollisionen brauchen untergeordnete Behörden wegen der eindeutigen Erkennbarkeit der Gemeinschaftsrechtswidrigkeit des Parlamentsgesetzes nicht Weisungen der übergeordneten Behörde einzuholen. Aber bei sonstigen Zweifelsfällen sind die untergeordneten Behörden wegen der Weisungsgebundenheit, Einheitlichkeit und Verantwortung (vgl. Art. 65 GG) der Verwaltung verpflichtet, bei ihren Vorgesetzten sowie

---

812 *Jarass/Beljin*, NVwZ 2004, S. 10; *Koenig*, DVBl. 1997, S. 584; *Schroeder*, in: Streinz, EUV/EGV, Art. 249 Rn. 43; *Potacs*, in: FS Ress, S. 730 f. *Kadelbach*, AllgVerwR unter europäischem Einfluß, S. 115 ff., beschreibt Effektivitätsgebot, Diskriminierungsverbot, sonstige gemeinschaftsrechtliche und auch nationale Rechtsprinzipien (z. B. Rechtmäßigkeit der Verwaltung, Europäische Grundrechte, Rechtssicherheit, Vertrauensschutz und Verhältnismäßigkeit), der Grundsatz effektiven Rechtsschutzes, Demokratieprinzip, Sozialprinzip, Wettbewerbsprinzip und der Grundsatz bestmöglichen Umweltschutzes als „Autonomiebegrenzende Prinzipien“.

813 S § 4 II. 2. a) aa).

814 *Sydow*, JuS 2005, S. 100.

815 Art. 93 I Nr. 2 GG stellt mit §§ 37 f. BRRG, 55 f. BBG für den hierarchischen Struktur der Verwaltung positivrechtliche Bestimmungen dar (vgl. *Schnorr*, AöR 85 (1960), S. 130 (Anm. 26); S auch § 4 II. 2. b) bb)).

816 Der *EuGH* (E 2004, I-723/767 f. Rn. 65, 67 (Wells)) spricht in seiner Rechtsprechung vom "Grundsatz der Verfahrensautonomie“ der Mitgliedstaaten; *Koenig*, DVBl. 1997, S. 584 f.; vgl. auch *Potacs*, in: FS Ress, S. 730; *Sydow*, JuS 2005, S. 100; *Ehlers*, DVBl. 2004, S. 1442; *Schmidt-Assmann*, in: FG BVerwG, S. 489.

817 *EuGHE* 2004, I-723/768 Rn. 67 (Wells).

übergeordneten Behörden anzufragen. Da das Gemeinschaftsrecht auch wie erwähnt die hierarchische Struktur bejaht, muss die Verwerfungskompetenz der Verwaltung gegenüber dem für gemeinschaftsrechtswidrig gehaltenen Parlamentsgesetz unter Berücksichtigung des hierarchischen Aufbaus der Verwaltung (vgl. Art. 83 ff., 93 I Nr. 2 GG) beurteilt werden. Die Untersuchung wird für Behörden, die unter dem hierarchischen Aufbau stehen (unten (a)), und weisungsfreie Behörden ((b)) getrennt durchgeführt.

(a) Behandlung unter dem hierarchischen Aufbau der Verwaltung

(aa) Aussetzungsrecht der untergeordneten Behörde

Soweit die untergeordnete Behörde sich von der offenkundigen Gemeinschaftsrechtswidrigkeit des von ihr anzuwendenden Parlamentsgesetzes überzeugt, muss sie es verwerfen. Soweit sie dagegen nicht von Gemeinschaftsrechtswidrigkeit überzeugt ist, sondern nur Zweifel hat, ist es für sie problematisch, das Parlamentsgesetz auf Grund des *Zweifels* über die Gemeinschaftsrechtswidrigkeit zu verwerfen.

Im Allgemeinen erbittet die untergeordnete Behörde von Vorgesetzten oder der übergeordneten Behörde eine Weisung sowie Entscheidung[818]. Soweit sie nicht die Gemeinschaftsrechtswidrigkeit des von ihnen anzuwendenden Parlamentsgesetzes für offenkundig hält, ist über die Verwerfung des Parlamentsgesetzes schließlich nach der Weisung oder Entscheidung der Verwaltungsspitze zu entscheiden. Bis zum Erhalten einer Weisung oder Entscheidung der Verwaltungsspitze ist die untergeordnete Behörde dafür nicht verpflichtet, das für gemeinschaftsrechtswidrig gehaltene Parlamentsgesetz zu verwerfen. Daher kann die Maßnahme zugunsten der Verwerfung des Parlamentsgesetzes auf Grund § 10 VwVfG[819] ausgesetzt werden; „Grundsätzlich gilt auch für Verfahren zum Vollzug des Europarechts das VwVfG, in aller Regel das VwVfG des zuständigen Bundeslands“[820]. In diesem Sinne wird die Auffassung vertreten, dass die Verwerfungskompetenz gegenüber dem für gemeinschaftsrechtswidrig gehaltenen nationalen Recht (hier Parlamentsgesetz) *allen* Verwaltungsbehörden zukommt, dass alle Beamten nicht nur die hierarchische Struktur, die Einheitlichkeit,

---

[818] Vgl. § 4 II. 2. a) bb); auch *Riedl*, in: Obermayer, VwVfG, § 9 Rn. 61; *Schoch*, in: FG BVerwG, S. 511; *P. Stelkens/Schmitz*, in: Stelkens/Bonk/Sachs, VwVfG, § 9 Rn. 192; *Clausen*, in: Knack, VwVfG, § 9 Rn. 23.
[819] *Riedl*, in: Obermayer, VwVfG, § 10 Rn. 2, § 9 Rn. 57; *P. Stelkens/Schmitz*, in: Stelkens/Bonk/Sachs, VwVfG, § 10 Rn. 5, 16, § 9 Rn. 192; *Clausen*, in: Knack, VwVfG, § 10 Rn. 8.
[820] *Sydow*, JuS 2005, S. 100.

Weisungsgebundenheit und Verantwortung der Verwaltung, sondern auch das Aussetzungsrecht der Rechtsnormenanwendung, die Gehorsamspflicht (vgl. Art. 33 V GG, §§ 55 BBG, 37 BRRG) und das Remonstrationsrecht (vgl. §§ 56 II BBG, 38 II BRRG) berücksichtigen dürfen[821], soweit sie es für *zweifelhaft* halten, dass das nationale Recht gegen das Gemeinschaftsrecht verstößt. Im Hinblick auf die Rechtssicherheit der Mitgliedstaaten geht dies jedoch sicherlich zu weit für die Verwaltung. Daher handelt es sich darum, inwieweit die Verfahrensautonomie der Mitgliedsverwaltung bei Zweifelsfällen der Normenkollisionen anerkannt werden kann. Durch eine Entscheidung des *EuGH*[822] kann die Lösung dafür mittelbar gefunden werden; die Verfahrensautonomie der Mitgliedsverwaltung ist dort eingeschränkt, wo sie den Effektivitäts- und Äquivalenzgrundsatz beeinträchtigt. Danach wird das Aussetzungsrecht der Verwaltung bei Durchführung des Gemeinschaftsrechts abgelehnt, z. B. wenn „die Aussetzung einer bereits erteilten Genehmigung zu dem Zweck, eine Umweltverträglichkeitsprüfung … im Sinne der Richtlinie 85/337 durchzuführen“[823] ist.

(aaa) Verantwortlichkeit, Gehorsamspflicht, Remonstrationsrecht und Rechtsbindung des Beamten

Im Verwaltungsverfahren bezieht sich das Aussetzungsrecht auf eine Voraussetzung der zweckmäßigen Umsetzung des materiellen Rechts und die Gesetzesanwendung.[824] Und es hat auch vor allem einen Zusammenhang mit der dienstlichen Verantwortung und Gehorsamspflicht des Beamten. Nach §§ 55 Satz 2 BBG, 37 Satz 2 BRRG ist der Beamte verpflichtet, die von den Vorgesetzten erlassenen Anordnungen auszuführen und ihre allgemeinen Richtlinien zu befolgen. Er trägt gem. §§ 56 I BBG, 38 I BRRG für die Rechtmäßigkeit seiner dienstlichen Handlungen die volle persönliche Verantwortung.[825] Um von der eigenen Verantwortung befreit zu werden, und da es noch die Möglichkeit gibt, dass das nationale Gericht oder der *EuGH* bezüglich des Vorabentscheidungsverfahrens (Art. 234 EGV) das Parlamentsgesetz für gemeinschaftsrechtsmäßig halten, möchte er nicht das für gemeinschaftsrechtswidrig gehaltene Parlamentsgesetz sich aus verwerfen. Daher würde für ihn der

[821] Umstritten: Dafür *Schoch*, JZ 1995, S. 111 (Fn. 29); *Zuleeg*, in: VVDStRL 53 (1994), S. 189; dagegen *Vogel*, Diskussionsbeitrag, in: VVDStRL 53 (1994), S. 242; auch *Jarass*, Grundfragen, S. 103 f.; *Koenig*, DVBl. 1997, S. 587.
[822] Vgl. *EuGHE* 2004, I-73/768 Rn. 67 (Wells).
[823] *EuGHE* 2004, I-723/768 Rn. 65 (Wells).
[824] *P. Stelkens/Schmitz*, in: Stelkens/Bonk/Sachs, VwVfG, § 10 Rn. 16; vgl. auch *Riedl*, in: Obermayer, VwVfG, § 9 Rn. 59.

ideale Weg sein, dass er seine Verwerfung bezüglich § 10 VwVfG aussetzt, indem er gem. §§ 55 Satz 1 BBG, 37 Satz 1 BRRG darüber seine Vorgesetzten berät und gem. §§ 56 II 1 BBG, 38 II 1 BRRG die Weisung oder Entscheidung über die Verwerfung des Parlamentsgesetzes bei seinem Vorgesetzten oder der übergeordneten Behörde einholt.[826]

Der Beamte kann sich jedoch nicht ohne Erschöpfung des Remonstrationsverfahrens (§§ 56 II 2 BBG, 38 II 2 BRRG) seiner dienstlichen Verantwortung entziehen[827], wenn er nach der Anordnung das Parlamentsgesetz verwirft.

Der Beamte ist auch gem. Art. 20 III iVm 1 III GG an Gesetz und Recht gebunden. Zum „Gesetz" gehört ohne weiteres Art. 23 I GG.[828] Nach dieser Rechtsbindung steht der Beamte unter der Herrschaft der hierarchischen Struktur (Art. 83 ff. GG), der Einheitlichkeit (Art. 85 II 2 GG), Weisungsgebundenheit (Art. 85 III GG), Verantwortung (Art. 65 GG) der Verwaltung, des Aussetzungsrechts bei der Rechtsnormenanwendung (§ 10 VwVfG iVm 93 I Nr. 2 GG), der Gehorsamspflicht (Art. 33 V GG, §§ 55 BBG, 37 BRRG) und des Remonstrationsrechts (56 II BBG, 38 II BRRG).[829] Schließlich darf der Beamte das für gemeinschaftsrechtswidrig gehaltene Parlamentsgesetz wegen der Rechts- und Gesetzesbindung nicht anwenden. Bei alledem bringt es die Gefahr der Rechtsunsicherheit[830] für die Mitgliedstaaten und führt auch das Risikos von Amtshaftung[831] herbei, dass einzelne Beamte sowie Verwaltungsbehörden das Parlamentsgesetz, wenn seine Gemeinschaftsrechtswidrigkeit noch nicht offenkundig ist, ohne Rücksicht auf die Rechts- und Gesetzesbindung (Art. 20 III iVm 1 III GG)[832] verwerfen sollen.

825 S § 4 II. 2. a) bb).
826 Vgl. *Jarass*, Grundfragen, S. 103 f.; *Koenig*, DVBl. 1997, S. 586.
827 S § 4 II. 2. a) cc).
828 S § 7 I. 1. a).
829 Vgl. nicht zuletzt *Schmidt-Assmann*, in: FS Lerche, S. 527; *ders.*, DVBl. 1993, S. 932 f.; auch *ders.*, in: FS Stern, S. 745 ff.; *ders.*, ZÖR 55 (2000), S. 168.
830 *Schmidt-Aßmann*, in: Ehlers/Krebs (Hrsg.), Grundfragen des VerwR, S. 18; *ders.*, ZÖR 55 (2000), S. 168 f.; *ders.*, in: FS Stern, S. 761 f.; *Kadelbach*, AllgVerwR unter europäischem Einfluß, S. 159; *von Danwitz*, Verwaltungsrechtliches System, S. 218 f.
831 *Kadelbach*, AllgVerwR unter europäischem Einfluß, S. 159; auch *Ehlers*, in: Erichsen/ders. (Hrsg.), AllgVerwR, § 2 Rn. 122; *Schmidt-Aßmann*, in: Ehlers/Krebs (Hrsg.), Grundfragen des VerwR, S. 18; *Schröder*, DVBl. 2002, S. 158.
832 *Schmidt-Aßmann* beschreibt zutreffend, dass „Die Rechts- und Gesetzesbindung der Exekutive ... nicht nur ein zentraler Verfassungsgrundsatz des nationalen Rechts" ist, „sie ... auch Ausdruck gemeineuropäischer Verwaltungskultur" ist (in: FS Stern, S. 762). Vgl. auch *Hain*, DVBl. 2002, S. 152 ff.; *Krämer*, WiVerw 1990, S. 155.

(bbb) Kompliziertheit der Normenkollisionen

Der Grund, weshalb die untergeordneten Verwaltungsbehörden sowie einzelnen Verwaltungsbeamten nicht das für gemeinschaftsrechtswidrig gehaltene Parlamentsgesetz verwerfen dürfen, liegt auch darin, dass die Zahl der von ihnen zu beachtenden sekundären Gemeinschaftsrechte erheblich gewachsen ist[833]. Bei Durchführung des Gemeinschaftsrechts ist es schwierig, wahrzunehmen, „was das Gemeinschaftsrecht verlangt, wie auch bei der Ermittlung, inwieweit das nationale Recht überhaupt auslegungsfähig ist“[834]. Im Hinblick auf vor allem die EG-Richtlinien ist es für sie bereits unmöglich geworden, dass sie selbst erkennen und beurteilen, ob die EG-Richtlinien durch die normsetzenden Instanzen der Mitgliedstaaten richtig in nationale Rechtssätze umgesetzt sind, damit sie unmittelbar anwendbar sind, und wie sie sich trotz der Rechtsprechung des *EuGH*[835] für die Voraussetzungen (inhatlich unbedingt und hinreichend genau bestimmt) zur unmittelbaren Wirkung verhalten sollen, wenn die EG-Richtlinien nicht richtig umgesetzt sind.[836]

Auch bei Kollisionen zwischen Gemeinschaftsrecht und nationalem Recht sind die sonstigen Zweifelsfälle häufiger als die Fälle offenkundiger Kollisionen. Im Verzahnungsmechanismus von Rechtsordnungen der Gemeinschaft und Mitgliedstaaten ist es für die untergeordneten Verwaltungsbehörden sowie die einzelnen Verwaltungsbeamten ohne *fachliche Hilfe* der übergeordneten Behörden schwer zu erkennen, ob, wie und warum das nationale Recht gegen das Gemeinschaftsrecht verstößt.[837] Ein Beispiel dafür ist, dass sie ohne Erklärung des Umweltministeriums nicht den unterschiedlichen Inhalt von Abfall- und Anlagenbegriff[838] gut verstehen können.

---

[833] *Schmidt-Aßmann*, DVBl. 1993, S. 932; vgl. auch *Koenig*, DVBl. 1997, S. 587.

[834] *Hansmann*, NVwZ 1995, S. 324; vgl. auch *Koenig*, DVBl. 1997, S. 587.

[835] *EuGHE* 1974, 1337/1349 Rn. 13/14 (van Duyn/Home Office); 1982, 53/71 Rn. 25 (Becker/ Finanzamt Münster Innenstadt); 1987, 3969/3985 Rn. 9 (Kolpinghuis Nijmegen).

[836] Ausführlich dazu *Schmidt-Aßmann*, ZÖR 55 (2000), S. 168 f.; vgl. *ders.*, in: Ehlers/Krebs (Hrsg.), Grundfragen des VerwR, S. 18; *ders.*, in: FS Stern, S. 755; auch *Ehlers*, in: Erichsen/ders. (Hrsg.), AllgVerwR, § 2 Rn. 122; *Hansmann*, NVwZ 1995, S. 324.

[837] Vgl. *Hansmann*, NVwZ 1995, S. 324.

[838] *Hansmann*, NVwZ 1995, S. 323.

(bb) Konzentration der Verwerfungskompetenz auf die Verwaltungsspitze

Der hierarchische Aufbau der Verwaltung verstößt nicht gegen den Vorrangsgedanken des Gemeinschaftsrechts, da er wie erwähnt ein eigenständiges Rechtsinstitut des Grundgesetzes darstellt, und mit der Rechtsbindung der Verwaltung (Art. 20 III iVm 1 III GG) untrennbar verbunden ist. Daher sind die aus dem hierarchischen Aufbau folgende dienstliche Verantwortung, und Gehorsamspflicht, das Remonstrationsrecht und das Aussetzungsrecht des Beamten bei Durchführung des Gemeinschaftsrechts zu beachten. Der EG-Rechtsgeber hat auch wahrzunehmen, dass es für die untergeordneten Behörden und einzelnen Beamten schwierig ist, das für gemeinschaftsrechtswidrig gehaltene Parlamentsgesetz allein zu verwerfen, da die Normenkollisionen sowie gemeinschaftsrechtlichen Vollzugskonstellationen kompliziert sind. Dies bedeutet, dass nichts anderes übrig bleibt, als bei Zweifelsfällen der Normenkollisionen die Verwerfungskompetenz gegenüber dem Parlamentsgesetz schließlich auf die *Verwaltungsspitze* zu konzentrieren.[839] Ein Beispiel dafür ist, dass bei der *Kreil*-Rechtsprechung die Bundesregierung eine Darstellung gegenüber § 1 II SG und § 3a SLV äußerte – Art. 12a IV 2 a. F. GG verstoße nicht gegen das Gemeinschaftsrecht, indem § 1 II SG und § 3a SLV nicht dem Art. 2 II der Richtlinie 76/207 EWG entgegenstehe.

Konzentriert man die Verwerfungskompetenz gegenüber dem Parlamentsgesetz auf die Verwaltungsspitze, ergeben sich folgende Fragen: Erstens, ob die gemeinschaftsrechtskonforme Auslegungspflicht gewissen Einfluß auf die Entscheidung ausübt, durch die die Verwerfungskompetenz auf die Verwaltungspitze konzentriert wird (unten (aaa)). Zweitens, ob das abstrakte Normkontrollverfahren (Art. 93 I Nr. 2 GG) für die Verwaltungsspitze, die ihre Rechtsbindung (Art. 20 III iVm 1 III GG) und das Verwerfungsmonopol des BVerfG (Art. 100 I GG) gegenüber dem Parlamentsgesetz wahrnimmt, eine Rolle als Ausweg spielen kann ((bbb)). Drittens, ob die Verwaltungsspitze bei Verwerfung des Parlamentgesetzes das Risiko der Amtshaftung tragen muss ((ccc)). Viertens, ob die Verwerfungskompetenz der Verwaltungsspitze mit dem EG-rechtlichen Konzept (Art. 234 EGV) für die wirkvoll einheitliche Durchführung vereinbar ist ((ddd)).

(aaa) Reichweite der gemeinschaftsrechtskonformen Auslegung im Normenkonflikt

Die Verwaltungsspitze würde zunächst bestätigen, ob das Parlamentsgesetz gemeinschaftsrechtskonform ausgelegt (vgl. Art. 10 iVm 249 Abs. 3 EGV)[840] werden kann, um auf die Anfrage einer untergeordneten Verwaltungsbehörde zu antworten. Wie anfangs erwähnt[841], die Frage der Verwerfungskompetenz der Verwaltung gegenüber dem Parlamentsgesetz setzt voraus, dass ein unmittelbare Wirkung entfaltendes Gemeinschaftsrecht gegen das Parlamentsgesetz verstößt[842]. Dagegen setzt die gemeinschaftsrechtskonforme Auslegungspflicht nicht die unmittelbare Anwendbarkeit des Gemeinschaftsrechts voraus. [843] Daher kann die Verwaltungsspitze durch diese Auslegungspflicht keine Verwerfungskompetenz bzw. Verwerfungspflicht geltend machen, obwohl sie sich als Ergebnis der Auslegung davon überzeugt, dass das Parlamentsgesetz gegen das Gemeinschaftsrecht verstößt.[844]

Darüber hinaus kann die gemeinschaftsrechtskonforme Auslegungspflicht nur insoweit in Betracht kommen, als das Grundgesetz dem Gesetzesanwender einen Spielraum einräumt.[845] Aber Art. 20 III iVm 1 III, 100 I GG können der Verwaltungsspitze keinen Beurteilungsspielraum zur Verwerfung des für gemeinschaftsrechtswidrig gehaltenen Parlamentsgesetzes einräumen; da die Verwerfung der Verwaltungsspitze gegenüber dem Parlamentsgesetz eine *unabweisbar einzige* Wahl für die effektive und einheitliche Durchführung des Gemeinschaftsrechts in den Mitgliedstaaten darstellt[846]. Schließlich, da sich die gemeinschaftsrechtskonforme Auslegungspflicht darauf richtet, die Anwendung des nationalen Rechts gemeinschaftlich zu steuern, wirkt sie nur bis zur *Wahrnehmung der Kollision* zwischen dem

---

[839] Vgl. *Koenig*, DVBl. 1997, S. 586.

[840] Dazu allgemein *EuGHE* 1984, 1891/1909 Rn. 26 (von Colson und Kamann/Land Nordrhein-Westfalen); 1994, I-3325/3357 Rn. 26 (Faccini Dori); Versuch auf die richtlinienkonforme Auslegung vom Gericht 1996, I-1281/1300 Rn. 8 (El Corte Inglés); 1996, I-4705/4730 Rn. 41 (Arcaro); 1999, I-1103/1134 Rn. 48 (Carbonari u. a.); 2000, I-4941/4975 Rn. 30 (Océano Grupo Editorial und Salvat Editore). Im Grundgesetz ergibt sich die gemeinschaftsrechtskonforme Auslegungspflicht aus Art. 23 I GG, dazu *Jarass/Beljin*, JZ 2003, S. 774.

[841] S § 8 I. 1. b) aa).

[842] *Ehlers*, in: ders. (Hrsg.), AllgVerwR, § 2 Rn. 83 f., 122; *Jarass*, Grundfragen, S. 104 f.; vgl. auch *Schroeder*, in: Streinz, EUV/EGV, Art. 249 Rn. 120; *Di Fabio*, NJW 1990, S. 952 f.; *Everling*, DVBl. 1985, S. 1201.

[843] Vgl. *EuGHE* 1984, 1921/1942 f. Rn. 26 ff. (Harz/Deutsche Tradax); 1987, 3969/3986 f. Rn. 12 ff. (Kolpinghuis Nijmegen); *Jarass*, Grundfragen, S. 90; *Jarass/Beljin*, Casebook EG-Recht, S. 65 f.; *dies.*, JZ 2003, S. 774; *Schroeder*, in: Streinz, EUV/EGV, Art. 249 Rn. 127; *Haltern*, EuR, S. 303, 306.

[844] Vgl. *EuGHE* 1996, I-4705/4730 f. Rn. 39 f., 43 (Arcaro); *Jarass/Beljin*, Casebook EG-Recht, S. 67; *Beljin*, EuR 2002, S. 366; *Schroeder*, in: Streinz, EUV/EGV, Art. 249 Rn. 129. **A. A.** *Middendorf*, Amtshaftung, S. 102: „Dennoch erscheint auch hier die gemeinschaftsrechtskonforme Auslegung als geeignetes Mittel, um eine durch die Anwendung des nationalen Rechts erzeugte Funktionsstörung zu beseitigen".

[845] *EuGHE* 1984, 1891/1909 Rn. 28 (von Colson und Kamann/Land Nordrhein-Westfalen); 1984, 1921/1942 f. Rn. 28 (Harz/Deutsche Tradax); *Jarass*, Grundfragen, S. 93; *ders.*, EuR 1991, S. 217; *Jarass/Beljin*, Casebook EG-Recht, S. 67; *Haltern*, EuR, S. 303.

[846] Dazu unten (ddd) (β).

Gemeinschaftsrecht und dem Parlamentsgesetz, d. h. *vor* der Entstehung der Verwerfungsfrage des Parlamentsgesetzes.

(bbb) Eine Hoffnung auf abstrakte Normkontrolle (Art. 93 I Nr. 2 GG)?

Im Grundgesetz ist es nicht umstritten, dass die Verwaltungsspitze („Bundesregierung", „Landesregierung"), d. h. der zuständige Ressortminister[847] auf Grund des Zweifelns an der Verfassungsmäßigkeit des Parlamentsgesetzes gem. Art. 93 I Nr. 2 GG beim BVerfG einen Antrag zur abstrakten Normenkontrolle stellen kann. Die Frage ist, ob sie auch bei Kollision zwischen *Gemeinschaftsrecht* und Parlamentsgesetz einen solchen Antrag stellen kann. Damit handelt es sich darum, ob das abstrakte Normenkontrollverfahren (Art. 93 I Nr. 2 GG) für die Verwaltungsspitze, die vor der Verwerfungsfrage des Parlamentsgesetzes steht, ein *Ausweg* sein kann.[848]

Das Verwaltungsgericht Frankfurt am Mainz hat bezüglich der *Bananenmarktordnung* und der Zollkontingentregelung für die Einfuhr von Bananen im Verfahren der konkreten Normenkontrolle gem. Art. 100 I GG dem BVerfG vorgelegt. Das Gericht wollte wissen, „ob a) es mit dem Grundgesetz und insbesondere mit dessen Art. 23 Abs. 1, Art. 14 Abs. 1, Art. 12 Abs. 1 und Art. 3 Abs. 1 vereinbar ist, dass die Art. 17 bis 19 und Art. 21 Abs. 2 der VO (EWG) Nr. 404/93 ... in Deutschland angewendet werden, b) falls die Vorlage zu a) unzulässig sein oder bejaht werden sollte: ob die deutschen Zustimmungsgesetze zum EG-Vertrag mit dem Grundgesetz vereinbar sind, soweit diese dem Gemeinschaftsgesetzgeber die Befugnis übertragen haben sollten, die in a) bezeichneten gemeinschaftsrechtlichen Vorschriften in Deutschland in Geltung zu setzen ..."[849] [850].

Im Hinblick auf die sog. Bananenmarktordnung der Europäischen Gemeinschaft könnte die *Vewaltungsspitze* mit dem folgenden Argument den Antrag zur abstrakten Normenkontrolle beim BVerfG erheben, wenn beispielsweise für sie daran zweifelhaft ist, dass ein

[847] Im abstrakten Normkontrollverfahren wird die Bundesregierung gem. § 35 GGO der Bundesministerien durch den zuständigen Ressortminister vertreten. Dazu *Graßhof*, in: Umbach/Clemens/Dollinger (Hrsg.), BVerfGG, § 76 Rn. 8.
[848] Vgl. dazu *Schmidt-Assmann*, in: FS Stern, S. 760.
[849] *BVerfGE* 102, 147.
[850] Vgl. dazu *Büdenbender*, Das Verhältnis, S. 4; *Brenner/Huber*, DVBl. 2001, S. 1020 f.; kritisch zur Entscheidung des BVerfG *Schmid*, NVwZ 2001, S. 251 ff.; *Caspar*, DÖV 2000, S. 352.

Parlamentsgesetz gegen das sekundäre Gemeinschaftsrecht (vor allem eine EG-Richtlinie) verstößt. Die Verwaltungsspitze meint, dass die EG-Richtlinie gegen das Zustimmungsgesetz verstößt, indem die EG-Richtlinie den Rahmen der Ermächtigung überschreitet, die das Zustimmungsgesetz der Europäischen Gemeinschaft erteilt hat. Das Zustimmungsgesetz ergibt sich aus Art. 23 I, 59 II GG. Synthetisch ist das Argument der Verwaltungsspitze, dass die Gemeinschaftsrechtswidrigkeit des Parlamentsgesetzes unter Einbeziehung des Verhältnisses zu dem Zustimmungsgesetz und Art. 23 I, 59 II GG beurteilt werden muss[851].

Das Argument der Verwaltungsspitze zum Antrag wird im Zusammenhang mit folgenden Fragen abgelehnt. Erstens, der Maßstab dieser Normenkollision ist das Gemeinschaftsrecht; der Maßstab einer Normenkollision zwischen Gemeinschaftsrecht und nationalem Recht ist weder das Zustimmungsgesetz noch das nationale Verfassungsrecht, sondern das Gemeinschaftsrecht allein.[852] Nach Art. 234 EGV kann der *EuGH* allein das Gemeinschaftsrecht auslegen, damit ist die Auslegungskompetenz bei ihm monopolisiert.[853] Der *EuGH*[854] erteilt auch nicht den nationalen Gerichten diese Auslegungskompetenz für das Gemeinschaftsrecht, da ihre Rechtsprechung Grundsätze herausbilden kann, die mit der einheitlichen Wirkung des Gemeinschaftsrechts nicht in Einklang stehen. Und das Gemeinschaftsrecht kann auch iSd Art. 93 I Nr. 2 GG kein Prüfungsmaßstab für die abstrakte Normenkontrolle sein.[855] Zweitens, für die Verwaltung(sspitze) wird es ausgeschlossen, dass sie bei Zweifeln an der Gemeinschaftsrechtskonformität des Parlamentsgesetzes in Bezug auf Art. 234 EGV mittelbar[856], d. h. durch Einschaltung der Gerichte, oder unmittelbar eine Entscheidung durch den *EuGH* erreichen kann. Wahrscheinlich dürfte das BVerfG prüfen, ob das Parlamentsgesetz mit dem Zustimmungsgesetz und Art. 23 I, 59 II GG vereinbar ist. Aber es ist nur durch die Auslegung der EG-Richtlinine möglich festzustellen, ob es mit der EG-Richtlinie vereinbar ist. Für die Auslegung hat das BVerfG auch den Sachverhalt beim *EuGH* zu vorlegen. Drittens, da es für die Gerichte nur eingeschränkt möglich ist, dass sie nach Art. 100 I GG eine Entscheidung des BVerfG erreichen, kann die Verwaltungsspitze gem. Art. 93 I Nr. 2 GG erst recht nicht eine

---

[851] Vgl. *Hain*, DVBl. 2002, S. 155 f.

[852] Das Gemeinschaftsrecht, d. h. das primäre Gemeinschaftsrecht wird als „Verfassung“ im Verhältnis zwischen Gemeinschaftsrecht und nationalem Recht angesehen. Vgl. dazu *Heintzen*, EuR 1994, S. 40; *Kadelbach*, in: FS Zuleeg, S. 221 ff.

[853] Vgl. *EuGHE* 1974, 33/38 Rn. 2 (Rheinmühlen/Einfuhr- und Vorratsstelle Getreide).

[854] Vgl. *EuGHE* 1977, 957/972 Rn. 5 (Hoffmann-La Roche/Centrafarm); 1974, 33/38 Rn. 2 (Rheinmühlen/ Einfuhr- und Vorratsstelle Getreide).

[855] *Cremer*, BayVBl. 1999, S. 267.

[856] S unten (ddd) (α).

solche Entscheidung des BVerfG erreichen.[857] Viertens, das Annehmen des Antrags vom BVerfG wird nicht als „geeignete Maßnahme" in Art. 10 I EGV angesehen, da das abstrakte Normenkontrollverfahren die effektive Durchführung des Gemeinschaftsrechts verzögern kann. Als Ergebnis wird festgestellt, dass die Verwaltungsspitze durch Art. 93 I Nr. 2 GG nicht bei dem BVerfG ein Verfahren zur Prüfung von Gesetzen auf Gemeinschaftsrechtswidrigkeit einleiten kann[858]; das BVerfG kann gem. Art. 93 I Nr. 2 GG keine Zulässigkeit eines Verfahrens für die Prüfung gemeinschaftsrechtswidriger Parlamentsgesetze feststellen.[859]

(ccc) Ein „zweifaches Haftungsrisiko"?

Im Hinblick auf die Situation, in der die Verwaltung(sspitze) das Parlamentsgesetz zu verwerfen hat, gibt es eine Auffassung[860], dass sie ein „zweifaches Haftungsrisiko" tragen muss: „Verwirft sie zu Unrecht eine nationale Norm, ist sie für deren Verletzung verantwortlich, übergeht sie fälschlich eine Richtlinienbestimmung, kann sie wegen rechtswidriger Nichtanwendung von Gemeinschaftsrecht haften"[861]. Eine Haftung kann die Missachtung des Vorrangs des Gemeinschaftsrechts nach sich ziehen, wenn die Verwaltungsspitze das *Parlamentsgesetz* trotz Zweifels über die Gemeinschaftsrechtswidrigkeit vorrangig angewandt hätte.[862] Es handelt sich dagegen darum, ob die Verwaltungsspitze wirklich nach § 839 BGB iVm Art. 34 GG das Haftungsrisiko trägt, wenn sie das für gemeinschaftsrechtswidrig gehaltene Parlamentsgesetz verwirft.

Im Hinblick auf Art. 288 II EGV und § 839 BGB iVm Art. 34 GG ist es Voraussetzung für die Amtshaftung der Verwaltungsspitze, dass ihr Rechtsverstoß hinreichend qualifiziert war[863].

---

[857] S oben I. 2. b) bb) (1) (b). In diesem Sinne gilt die Theorie „Erst-recht-Schluss" für den Kollisionsfall zwischen Gemeinschaftsrecht und nationalem Recht. Vgl. dazu *Herzog*, in: Maunz-Dürig, GG, Art. 20 VI. Rn. 30; *Hederich*, NdsVBl. 1997, S. 271; vgl. *Götz*, NJW 1960, S. 1178.

[858] Vgl. *Büdenbender*, Das Verhältnis, S. 261; *von Danwitz*, Verwaltungsrechtliches System, S. 217; *Ruffert*, in: Callies/Ruffert (Hg.), Art. 249 Rn. 96; *Rengeling*, Rechtsgrundsätze, S. 22; *Zuleeg*, Das Recht, S. 216.

[859] *Büdenbender*, Das Verhältnis, S. 262; vgl. *Pernice*, in: Isensee/Kirchhof (Hrsg.), HdStR VIII, § 191 Rn. 59 (Fn. 278); *Streinz*, Bundesverfassungsgerichtlicher Grundrechtsschutz, S. 141 f., hier aber abstrakte Normenkontrolle für das Gemeinschaftsrecht.

[860] Vgl. *Ehlers*, in: Erichsen/ders. (Hrsg.), AllgVerwR, § 2 Rn. 122; *ders.*, DÖV 2001, S. 414; *Schmidt-Aßmann*, ZÖR 55 (2000), S. 168 f.; *ders.*, in: Ehlers/Krebs (Hrsg.), Grundfragen des VerwR, S. 18; *Schröder*, DVBl. 2002, S. 158.

[861] *Kadelbach*, AllgVerwR unter europäischem Einfluß, S. 159.

[862] *Ehlers*, DÖV 2001, S. 414; vgl. *Schröder*, DVBl. 2002, S. 158.

[863] Vgl. *EuGHE* 1991, I-5357/5415 Rn. 38 ff. (Francovich u. a.); 1996, I-5063/5101 f. Rn. 50 (Denkavit u. a.); 1998, I-5255/5281 Rn. 26 (Brinkmann); *Ehlers*, in: Erichsen/ders. (Hrsg.), AllgVerwR, § 2 Rn. 122; *ders.*, DÖV

Als eine hinreichend qualifizierte Verletzung wird es angesehen, wenn die Verwaltungsspitze im Rahmen des Vollzugs des Gemeinschaftsrechts den ihr zukommenden Ermessensspielraum *offenkundig und erheblich* überschreitet.[864] Unter den Umständen, in denen die gemeinschaftsrechtskonforme Auslegung des Parlamentsgesetzes unmöglich ist und der Antrag zum abstrakten Normenkontrollverfahren ausgeschlossen ist, kann es nicht als Überschreitung des Ermessensspielraumes[865] angesehen werden, dass die Verwaltungsspitze dasselbe Parlamentsgesetz verwirft. Im Hinblick auf das Erfordernis der Gesetzmäßigkeit der Verwaltung (Art. 20 III iVm 1 III GG) tut die Verwaltungsspitze bei der Rechtsanwendung ihr Bestes für die Beachtungspflicht. Soweit sie unter dieser Wahrnehmung das Parlamentsgesetz als gemeinschaftsrechtswidrig beurteilt und es verwirft, darf man sie nicht die Amtshaftung tragen lassen,[866] obwohl ihre Verwerfung des Parlamensgesetzes später durch die zuständigen Gerichte (z. B. BVerfG und *EuGH*) als falsche Maßnahme (d. h. gemeinschaftsrechtsmäßige Entscheidung des Parlamentsgesetzes) beurteilt würde.

Das Haftungsrisiko bezüglich der Verwerfung des Parlamentsgesetzes ist auch für die untergeordnete Verwaltungsbehörde nicht problematisch, da wie erwähnt[867], unter dem hierarchischen Aufbau der Verwaltung ihr Wege wie das Remonstrationsrecht, Aussetzungsrecht und die Möglichkeit zur Einholung von Weisungen, eröffnet sind. Wenn sie aber trotz der Weisung eine widersprechende Maßnahme getroffen hätte, und ihre Maßnahme später durch die zuständigen Gerichten als falsch beurteilt würden, kann sie wegen des Verstoßes gegen die Weisungsgebundenheit nicht von einer Amtshaftung befreit werden.

Da darüber hinaus das Rechtsschutzverfahren durch Fachgerichte (vgl. §§ 40 I 1, 42 f. VwGO) oder das BVerfG (Verfassungsbeschwerde nach Art. 93 I Nr. 4a GG iVm Art. 19 IV GG, §§ 13 Nr. 8a, 90 I BVerfGG)[868] dem Betroffenen, der durch die Verwerfung des Parlamentsgesetzes in seinen Rechten verletzt ist, gewährleistet ist, kann ein zweifaches Haftungsrisiko nicht entstehen.[869] Schließlich ist das Haftungsrisiko der Verwaltungsspitze

---

2001, S. 414; *ders.*, JZ 1996, S. 779; *Gellermann*, in: Streinz (Hrsg.), EUV/EGV, Art. 288 EGV Rn. 45; *Beljin*, Staatshaftung, S. 54 ff.; *Middendorf*, Amtshaftung, S. 99.

864 Vgl. *EuGHE* 1996, I-4845/4879 f. Rn. 25 (Dillenkofer u. a.); 1998, I-1531/1599 f. Rn. 109 (Norbrook Laboratories); *Ehlers*, JZ 1996, S. 779; *Gellermann*, in: Streinz (Hrsg.), EUV/EGV, Art. 288 EGV Rn. 46; *Beljin*, Staatshaftung, S. 54; auch *Pietzcker*, in: FS Everling, S. 1109.

865 Vgl. *Di Fabio*, VerwArch 86 (1995), S. 227 f. Im Hinblick auf den Umsetzungsspielraum der Verwaltung für die EG-Richtlinie, *Winter*, DVBl. 1991, S. 658 ff.

866 Vgl. *Ehlers*, JZ 1996, S. 779.

867 S oben I. 2. b) bb) (2) (a) (aa).

868 *Ehlers*, JZ 1996, S. 780 ff.; vgl. *Pietzcker*, in: FS Everling, S. 1109.

869 S unten (ddd) (α).

im Hinblick auf die Verwerfung des für gemeinschaftsrechtswidrig gehaltenen Parlamentsgesetzes auf den Fall beschränkt, dass sie es vorsätzlich oder grob fahrlässig verworfen hat (vgl. § 839 I BGB, Art. 34 Satz 2 GG).

(ddd) EG-rechtliches Konzept für Verwerfungskompetenz (Art. 234 EGV)

(α) Kontinuitätsmangel zum Vorabentscheidungsverfahren

Anders als Gerichte sowie Verfassungsgerichte kann die Verwaltungsspitze das Parlamentsgesetz aufgrund von Gemeinschaftsrechtswidrigkeit gem. Art. 234 EGV dem *EuGH* nicht vorlegen[870]; Art. 234 EGV räumt nicht der Verwaltungsspitze[871] der Mitgliedstaaten die Antragsbefugnis zum Vorabentscheidungsverfahren ein. Da sie wie bereits angesprochen[872], auch durch das abstrakte Normenkontrollverfahren (Art. 93 I Nr. 2 GG) nicht eine Prüfung beim BVerfG erreichen kann, kann sie auch *mittelbar*[873] nicht eine Entscheidung durch den *EuGH* erreichen[874]; würde die Antragsbefugnis zum abstrakten Normenkontrollverfahren der Verwaltungsspitze eingeräumt, und hätte das BVerfG auch Zweifel, dass dasselbe Parlamentsgesetz gemeinschaftsrechtskonform ist, müsste das BVerfG als letztinstanzliches Gericht[875] die Entscheidung über die Gemeinschaftsrechtswidrigkeit des Parlamentsgesetzes gem. Art. 234 EGV beim *EuGH* herbeiführen; denn das BVerfG könnte erst auf der Grundlage der Auslegung des *EuGH* für das einschlägige Gemeinschaftsrecht entscheiden, ob das Parlamentsgesetz wirklich gegen das Gemeinschaftsrecht verstößt. Wäre dies geschehen, könnte die Verwaltungsspitze durch das BVerfG mittelbar eine Klärung durch den *EuGH* erreichen. Aber die *Verwaltungsspitze* hat das für gemeinschaftsrechtswidrig gehaltene Parlamentsgesetz zu verwerfen, da sie nicht nur im Hinblick auf Art. 93 I Nr. 2 GG nicht eine Entscheidung des BVerfG erreichen kann[876], sondern auch der *Kontinuitäts-*

---

[870] *EuGHE* 1993, I-1277/1289 Rn. 16 (Corbiau); 1995, I-3361/3387 Rn. 11 f. (Job Centre).
[871] *Ehricke*, in: Streinz, EUV/EGV, Art. 234 EGV Rn. 26; *Wegener*, in: Calliess/Ruffert (Hrsg.), EUV u. EGV, Art. 234 EGV Rn. 12.
[872] S oben (bbb).
[873] S oben (bbb).
[874] Vgl. *Cremer*, BayVBl. 1999, S. 268 ff.
[875] Vgl *BVerfGE* 52, 187/201; *Ehricke*, in: Streinz, EUV/EGV, Art. 234 EGV Rn. 41; *Wegener*, in: Calliess/Ruffert (Hrsg.), EUV u. EGV, Art. 234 EGV Rn. 13.
[876] Dies bezieht sich auch auf Uneinheitlichkeit der abstrakten Normenkontrollverfahren (Art. 93 I Nr. 2 GG, § 47 VwGO) des Grundgesetzes unter dem Einfluß des Gemeinschaftsrechts. Dazu unten cc) (2) (b). Im Hinblick auf den rechtspolitische Vorschlag, S auch § 14 II. 1.

mangel[877] zwischen dem abstrakten Normenkontrollverfahren (Art. 93 I Nr. 2 GG) und dem Vorabentscheidungsverfahren (Art. 234 EGV) besteht; bei alledem darf man der Verwaltungsspitze nicht einräumen, trotz Zweifels an der Gemeinschaftsrechtskonformität des Parlamentsgesetzes das Parlamentsgesetz anzuwenden: Die Verwerfung durch die Verwaltungsspitze ist *unumgänglich* [878].

In diesem Sinne wird die Auffassung[879] abgelehnt, dass bei Zweifelsfällen der Normenkollisionen die Verwerfungskompetenz gegenüber dem nationalen Recht (hier dem Parlamentsgesetz) nicht der Verwaltung einschließlich Verwaltungsspitze, sondern nur den *Gerichten* zukommt. Man hat diese Auffassung so zu verstehen, dass bei Zweifelsfällen die Verwaltung(sspitze) das Parlamentsgesetz vorrangig gegenüber dem Gemeinschaftsrecht anwenden muss; der Betroffene, der geltend macht, dass seine Rechte durch den Anwendungsvorrang des Parlamentsgesetzes von der Verwaltung(sspitze) verletzt seien, würde die Anfechtungsklage (§ 42 I VwGO) beim Verwaltungsgericht erheben. Für das Gericht gibt es zwei Möglichkeiten zur Entscheidung. Erstens kann es den Anwendungsvorrang des Parlamentsgesetzes der Verwaltung(sspitze) bejahen. Dies stellt die Entscheidung dar, in der das Parlamentsgesetz mit dem einschlägigen Gemeinschaftsrecht vereinbar ist. Zugleich könnte dies auch die Verwerfung des Gemeinschaftsrechts durch das Gericht sein, wenn durch Revision der *EuGH* das Parlamentsgesetz später für gemeinschaftsrechtswidrig halten würde. Zum anderen kann das Gericht den Anwendungsvo-
rrang des Parlamentsgesetzes der Verwaltung(sspitze) verneinen. Dies stellt die Entscheidung dar, in der das Parlamentsgesetz mit dem einschlägigen Gemeinschaftsrecht unvereinbar ist. Zugleich ist dies die Verwerfung des Parlamentsgesetzes durch das *Gericht*. Schließlich muss es vorausgesetzt werden, dass die Verwaltung(sspitze) das Parlamentsgesetz vorrangig anwendet, wenn man die Verwerfungskompetenz nur dem Gericht zukommen lassen will. Obwohl man darauf Gewicht legen will, dass nur durch das Gericht die fälschliche Rechtsanwendung der Verwaltung(sspitze) kontrolliert werden könne, muss es bei diesem Fall so vorgegangen sein, dass die Verwaltung(sspitze) das Parlamentsgesetz vorrangig angewandt

[877] Dieser Mangel kann auch als Mangel des *Kooperationsverhältnisses* für die Verwaltungsspitze angesehen werden, der inzwischen Art. 93 I Nr. 2 GG und Art. 234 EGV liegt. Vgl. im Hinblick auf Durchführung des europäischen Umweltrechts, *Hansmann*, NVwZ 1995, S. 324 f.
[878] Zutreffend *Schmidt-Aßmann*, in: Ehlers/Krebs (Hrsg.), Grundfragen des VerwR, S. 18; *ders.*, ZÖR 55 (2000), S. 169; *ders.*, in: FS Stern, S. 758 ff.; *ders.*, in: FS Lerche, S. 526 f.; *ders.*, DVBl. 1993, S. 932 f. Aber es fehlt bei *Schmidt-Aßmann* der Frage, „wie im Fall verselbständigter Verwaltungsträger verfahren werden soll" (*Ehlers*, DÖV 2001, S. 414 (Fn. 26)). *Winter*, DVBl. 1991, S. 666; vgl. auch *ders.*, NuR 1991, S. 453 ff.
[879] *Jarass*, Grundfragen, S. 100 ff.; *ders.*, DVBl. 1995, S. 960; *Jarass/Beljin*, NVwZ 2004, S. 4; ähnlich *Streinz*, in: FS Söllner, S. 1153 f.; *Papier*, DVBl. 1993, S. 813 f.; *Pietzcker*, in: FS Everling, S. 1109, 1114.

hat. Aber die Verwaltung(sspitze) darf nicht das niedrige Recht (hier das nationale Parlamentsgesetz), bei dem zweifelhaft ist, ob es gegen das höhere Recht (hier das Gemeinschaftsrecht) verstößt, wegen des Anwendungsvorrangs des Gemeinschaftsrechts (Art. 10 I EGV iVm 23 I GG), der Rechtsbindung der Verwaltung (Art. 20 III iVm 1 III, 23 I GG) vorrangig anwenden. Daher gibt es bei Zweifelsfällen der Normenkollisionen keine Möglichkeit, dass die Verwerfungskompetenz nur bei Gerichten konzentriert wird.

Auch die Auffassung[880], dass durch den *Gesetzgeber* dieses Problem gelöst werden könne, wird wegen der *Unumgänglichkeit der Verwerfung* durch die Verwaltungsspitze abgelehnt. Die Verwerfungskompetenz (in diesem Fall bedeutet diese Aufhebungskompetenz) kann dann dem Gesetzgeber zukommen, wenn die Verwaltungsspitze zunächst bereits das Parlamentsgesetz für gemeinschaftsrechtswidrig hält, und danach Gerichte, insbesondere der *EuGH* (vgl. *Kreil*-Rechtsprechung)[881] es als gemeinschaftsrechtswidrig beurteilt hätte.

(β) Zweistufiger Verwerfungsmechanismus

Wie oben gesprochen, die Verwerfungskompetenz für das gemeinschaftsrechtswidrig gehaltene Parlamentsgesetz kommt wegen der Unumgänglichkeit der Verwerfung[882] ohne weiteres der Verwaltungsspitze zu. Der *EuGH* gebietet in der *Costanzo*[883]- und *Simmenthal II*[884]-Rechtsprechung, dass die Verwerfungskompetenz/ –pflicht nicht nur der Verwaltung, sondern auch den Gerichten zukommt.[885] Daher ist die Frage, welches *Verwerfungskonzept* im Hinblick auf Art. 234 EGV das Gemeinschaftsrecht gegenüber dem für gemeinschaftsrechtswidrig gehaltenen nationalen Recht (Parlamentsgesetz) hat.

Für den Betroffenen, in dessen Rechte durch die Verwerfung des Parlamentsgesetzes von der Verwaltungsspitze eingegriffen wird, ist der Weg zum Rechtsschutz durch das *Gericht*

---

[880] *Kadelbach*, AllgVerwR unter europäischem Einfluß, S. 159.

[881] *EuGHE* 2000, I-69/107 Rn. 32 (Kreil). Die Änderung des Art. 12a IV 2 a. F. GG ist als Ergebnis der Entscheidung des *EuGH* entstanden.

[882] S oben (α).

[883] *EuGHE* 1989, 1839/1870 f. Rn. 28 ff. (Fratelli Costanzo/Stadt Mailand).

[884] *EuGHE* 1978, 629/644 f. Rn. 21/23 (Staatliche Finanzverwaltung/Simmenthal). Vgl. auch 1974, 33/38 f. Rn. 4 (Rheinmühlen/Einfuhr- und Vorratsstelle Getreide).

[885] *Kahl*, in: Calliess/Ruffert (Hrsg.), EUV u. EGV, Art. 10 EGV Rn. 31; *Streinz*, in: ders., EUV/EGV, Art. 10 EGV Rn. 33.

(vgl. § 40 VwGO) und das BVerfG (vgl. Art. 93 I Nr. 4a GG) gewährleistet.[886] In diesem Verfahren *schützen* sie die Rechte der Betroffenen, und zugleich *kontrollieren* sie die Rechtsanwendung der Verwaltungsspitze, d. h. die Verwerfung des Parlamentsgesetzes. Darüber hinaus müssen sie auch das für gemeinschaftsrechtswidrig gehaltene Parlamentsgesetz als Maßnahme für den Rechtsschutz und die Verwaltungskontrolle *verwerfen*, wenn sie es nicht gemeinschaftsrechtskonform auslegen können.[887] Sie können auch ihr Bedenken durch die Hilfe des *EuGH* lösen, wenn sie sich davon überzeugen, dass die Entscheidung über die Gemeinschaftsrechtswidrigkeit des Parlamentsgesetzes nur durch die Auslegung des *EuGH* gegenüber dem einschlägigen Gemeinschaftsrecht getroffen werden kann; Fachgerichte sind zur Vorlage an den *EuGH* nicht verpflichtet, dagegen ist das BVerfG als das letztinstanzliche Gericht dazu verpflichtet. Fachgerichte sind dazu auch verpflichtet, wenn sie die Ungültigkeit des sekundären Gemeinschaftsrechts annehmen wollen[888]. In diesem Sinne ist ein „*Joker*" bezüglich des Vorabentscheidungsverfahrens (Art. 234 EGV) dem Gericht und dem BVerfG anders als der Verwaltungsspitze vorbehalten. Schließlich erteilt das Gemeinschaftsrecht (Art. 234 EGV) die Verwerfungskompetenz gegenüber dem für gemeinschaftsrechtswidrig gehaltenen Parlamentsgesetz ausschließlich nicht *einem* Staatsorgan, d. h. entweder der Verwaltungsspitze oder dem Gericht sowie dem BVerfG. Vielmehr räumt das Gemeinschaftsrecht die Verwerfungskompetenz des Parlamentsgesetzes der Verwaltungsspitze *und* dem Gericht (ggf. dem BVerfG) ein.[889] Daher konzipiert das Gemeinschaftsrecht einen *Zweistufigen Verwerfungsmechanismus*; d. h. die Verwerfungskompetenz des Gerichts unter der Voraussetzung, dass die Verwerfungskompetenz der Verwaltungsspitze zukommt.

Pietzcker[890] beschreibt den Zweistufigen Verwerfungsmechanismus in treffender Weise: „Im übrigen ist zu beachten, dass eine materiell europarechtswidrige Verwaltungsentscheidung ganz unabhängig von der Bejahung oder Verneinung der Verwerfungsbefugnis in einem anschließenden Gerichtsverfahren wegen objektiver Rechtswidrigkeit aufgehoben wird".

---

[886] S oben (ccc).

[887] Vgl. *EuGHE* 1990, I-2433/2473 Rn. 20 (Factortame); 1991, I-297/320 f. Rn. 17 ff. (Nimz); *BVerfGE* 31, 145/174 ff.; 75, 223/244; 85, 191/204. Auch *Ehlers*, DVBl. 2004, S. 1442; *Haltern*, EuR, S. 370; *Kahl*, in: Calliess/Ruffert (Hrsg.), EUV u. EGV, Art. 10 EGV Rn. 31; *Scheuing*, NVwZ 1999, S. 484; *Streinz*, in: ders., EUV/EGV, Art. 10 Rn. 33; *Schroeder*, in: Streinz, EUV/EGV, Art. 249 Rn. 120; gegenüber den Satzungen der Gemeinden *BVerwG*, NVwZ-RR 1997, S. 112.

[888] Vgl. *EuGHE* 1987, 4199/4231 Rn. 15 (Foto-Frost/Hauptzollamt Lübeck-Ost); *Ehlers*, Europäisierung, S. 24, 41, 117 ff.; *ders.*, DVBl. 2004, S. 1443 f.; *Ehricke*, in: Streinz, EUV/EGV, Art. 234 EGV Rn. 42; *Gundel*, in: Ehlers (Hrsg.), Grundfreiheiten, § 19 Rn. 23.

[889] Vgl. *Koenig*, DVBl. 1997, S. 582 („Da Behörden nicht dem Kreis der vorlageberechtigten *Gerichte* nach Art. 177 EGV angehören, ist für sie eine klärende Vorabentscheidung des EuGH über die Auslegung von Gemeinschaftsakten ohne die Einschaltung eines Verwaltungsgerichts nicht erreichbar").

[890] In: FS Everling, S. 1109.

(γ) Verhältnis von Effektivität, Gleichwertigkeit und Anwendungsvorrang

Es handelt sich darum, mit welchem *Kriterium* die Verwaltungsspitze das Parlamentsgesetz verwirft, wenn sie es zu verwerfen hat. Anders als bei offenkundiger Kollision kann es auch bei Zweifelsfällen, nämlich trotz des komplex teleologischen Widerspruchs[891] zwischen Gemeinschaftsrechtsordnung und nationaler Rechtsordnung, nur mit dem Prinzip des Anwendungsvorrangs des Gemeinschaftsrechts entschieden werden, dass die Verwaltungsspitze das Parlamentsgesetz verwirft.

Die Kollision zwischen Gemeinschaftsrecht und nationalem Recht ist kein Konflikt zwischen *einer* Gemeinschaftsrechtsvorschrift und *einer* national rechtlichen Vorschrift. Vielmehr bezieht sie sich meistens auf die Kollision von beiden *Rechtsordnungen* der Europäischen Gemeinschaft und der Mitgliedstaaten. Daher lassen sich die Zweifelsfälle als Fälle der indirekten Kollisionen einordnen.[892] Nach einer Literaturmeinung[893] kann man bei indirekter Kollision alleine mit dem Anwendungsvorrangsprinzip nicht einen solchen Konflikt lösen. Nach der entgegenstehender Auffassung spielt es jedoch eine Rolle als Verwerfungskriterium nach den Grundsätzen der Effektivität und Äquivalenz; nach *Schroeder*[894] spielen die Grundsätze der Effektivität und Äquivalenz nur eine Rolle dafür, ob eine Kollisionslage zwischen Gemeinschaftsrecht und nationalem Recht vorliegt. Wenn das der Fall ist, dann greift der Anwendungsvorrang uneingeschränkt und bewirkt die Verwerfung des nationalen Rechts.

Dass ein Parlamentsgesetz gegen das Gemeinschaftsrecht verstößt, kann als Folge zur Gemeinschaftsrechtswidrigkeit nicht nur der einschlägigen Verfassungsvorschriften, sondern auch der untergesetzlichen Normen führen.[895] Daher ist es in der Tat unmöglich, dass die Verwaltungsspitze das Parlamentsgesetz einfach verwirft; die Verwaltungsspitze kann nur mit dem Anwendungsvorrangsprinzip nicht diese Normenkollision lösen. Daher sind die Grundsätze des Effektivität und Äquivalenz dafür erforderlich. Im Hinblick auf die *Alcan*-Rechtsprechung[896] sind die Grundsätze der Effektivität und Äquivalenz Prüfungsmaßstab

---

[891] *Schroeder*, in: Streinz, EUV/EGV, Art. 249 Rn. 43.
[892] S § 8 I. 2. a).
[893] Z. B. *Burgi*, Verwaltungsprozeß, S. 47; *Koenig/Pechstein/Sander*, EU-/EG-Prozessrecht, Rn. 34; *Huthmacher*, Der Vorrang, S. 134 ff.; *v. Danwitz*, Verwaltungsrechtliches System, S. 96.
[894] In: Streinz, EUV/EGV, Art. 249 Rn. 43.
[895] Dazu bereits oben I. 2. b) aa) (3).
[896] *EuGHE* 1997, I-1591 ff. (Alcan Deutschland).

dafür, ob das Parlamentsgesetz materiell mit dem einschlägigen Gemeinschaftsrecht unvereinbar ist. Bei alledem darf das Anwendungsvorrangsprinzip nicht ausgeschlossen werden, da es sich durch die Verwerfung des für gemeinschaftsrechtswidrig gehaltenen Parlamentsgesetzes auf die effektive und einheitliche Wirkung des Gemeinschaftsrechts richtet, und da die Grundsätze der Effektivität und Äquivalenz auch das gleiche Ziel haben. Diese drei Grundsätze stehen miteinander in einem *Ergänzungsverhältnis*. Daher prüft die Verwaltungsspitze durch die Grundsätze der Effektivität und Äquivalenz das Parlamentsgesetz, ob es gegen die effektive und einheitliche Durchführung des Gemeinschaftsrechts verstößt. Und sie verwirft es, wenn sie sich von seiner Gemeinschaftsrechtswidrigkeit überzeugt.

(cc) Ergebnis zu (a)

Die Verwerfungskompetenz gegenüber dem für gemeinschaftsrechtswidrig gehaltenen Parlamentsgesetz wird bei einzelnen Beamten sowie untergeordneten Verwaltungsbehörden abgelehnt. Nach dem hierarchischen Aufbau und der Rechtsbindung der Verwaltung kommt sie der Verwaltungspitze zu. Für sie ergibt sich auch diese Verwerfungskompetenz aus dem Kontinuitätsmangel zwischen dem abstrakten Normenkontrollverfahren (Art. 93 I Nr. 2 GG) und dem Vorabentscheidungsverfahren (Art. 234 EGV). Für das gemeinschaftsrechtswidrige Parlamentsgesetz konzipiert das Gemeinschaftsrecht (Art. 234 EGV) einen zweistufigen Verwerfungsmechanismus (die Verwaltungsspitze und Gerichte). Dies gilt auch für das für gemeinschaftsrechtswidrig gehaltene *Verfassungsrecht*.

(b) Behandlung durch weisungsfreie Behörden

Im Grundgesetz wird die Weisung als „föderales Steuerungselement" und „Abhängigkeitsmerkmal" bezeichnet.[897] Die Weisung entfaltet ihre Wirkung nur unter dem hierarchischen Aufbau der Verwaltung. Es handelt sich darum, wie sich eine Bundesbehörde und eine kommunale weisungsfreie Verwaltungsbehörde anders als die allgemeinen Verwaltungsbehörden, die an die Weisungen gebunden sind, verhalten sollen, wenn sie auf ein für gemeinschaftsrechtswidrig gehaltenes Parlamentsgesetz treffen.

---

[897] *Janz*, Das Weisungsrecht, S. 125 f.; vgl. *Jestaedt*, Demokratieprinzip, S. 324 f.; *Klein*, Problematik ministerialfreien Raumes, S. 44 f.; *Oebbecke*, Weisungs- und unterrichtungsfreie Räume, S. 6.

(aa) Bundesbehörde

Für die weisungsfreien Bundesbehörden (die Deutsche Bundesbank, die Bundesstelle für die jugendgefährdenden Schriften, der Bundespersonalausschuss und die Ausschüsse für Kriegdienstverweigerer und Musterungsausschüsse) [898], wie die Verwaltungsspitze des Bundes, sind die Antragsbefugnis zum abstrakten Normenkontrollverfahren (Art. 93 I Nr. 2 GG) und der Zugang zum Vorabentscheidungsverfahren (Art. 234 EGV) durch die Einschaltung des Gerichts ausgeschlossen. Auch können sie nicht Weisungen einholen. Soweit sie das Parlamentsgesetz für gemeinschaftsrechtswidrig halten, bleibt ihnen nichts anderes, als das Parlamentsgesetz zu verwerfen. Schließlich haben sie immer selbst das Parlamentsgesetz zu verwerfen, unabhängig davon, ob es (einschließlich des Verfassungsrechts) offenkundig gegen das Gemeinschaftsrecht verstößt oder nicht.

(bb) Kommunalbehörde

(aaa) Bedeutung der Weisungsfreiheit

Im Hinblick auf die Verwerfungskompetenz der Verwaltung ist es wichtig, ob die Weisungsfreiheit für die kommunalen weisungsfreien Behörden (z. B. Theaterintendant, Amtstierarzt)[899] nur auf der Landesebene (d. h. Befreiung von der Landesaufsichtsbehörde) gültig ist, oder ob sie auch für die Bundesebene gilt. Die Erteilung der Weisungsfreiheit für die kommunalen weisungsfreien Behörden wird von dem Landesgesetzgeber oder der Landesverfassung entschieden[900]. Im Hinblick auf Art. 31 GG muss die Erteilung der Weisungsfreiheit für die kommunalen weisungsfreien Behörden mit dem Verfassungsrecht und Bundesrecht in Einklang sein; die Weisungsfreiheit der kommunalen weisungsfreien Behörden ist zulässig, soweit sie mit dem Verfassungsrecht und Bundesrecht einschließlich der Rechtsverordnungen[901] des Bundes vereinbar ist. Beispielsweise wird vorausgesetzt, dass

---

[898] S dazu § 4 II. 2. a) aa).

[899] Ausführlich dazu *Oebbecke*, Weisungs- und unterrichtungsfreie Räume, S. 192 ff.; vgl. auch *Jestaedt*, Demokratieprinyip, S. 105, 114; *Klein*, Problematik ministerialfreien Raumes, S. 73 ff., 102 ff.

[900] Vgl. *Klein*, Problematik ministerialfreien Raumes, S. 137; *Sannwald*, in: Schmidt-Bleibtreu/Klein, GG, Art. 31 Rn. 9; *März*, in: v. Mangoldt/Klein/Starck, GG 2, Art. 31 Rn. 89 f.

[901] Vgl. *Klein*, Problematik ministerialfreien Raumes, S. 136. Zum „im Rahmen der Gesetze“ in Art. 28 II 1 GG gehören auch Rechtsverordnungen, soweit sie den Anforderungen des Art. 80 I GG genügen.

die Weisungsfreiheit des Theaterintendanten mit der Kunstfreiheit in Art. 5 III 1 GG vereinbar sein muss, damit ihm Weisungsfreiheit eingeräumt werden kann.[902]

Die Weisungen gehören nicht zur Form von „im Rahmen der Gesetze“ in Art. 28 II 1 GG; Weisungen stellen einen *Imperativ* dar: Der geäußerte Wille des Anordnenden soll ein ganz bestimmtes Verhalten des Weisungsempfängers bewirken“[903]. Daher fehlt der Rechtsnormcharakter den Weisungen, und die Weisungen stehen außer der Herrschaft des Art. 31 GG[904]. Die kommunalen weisungsfreien Behörden sind nicht an die Weisungen des Bundes gebunden, soweit das Verfassungsrecht und Bundesrecht nicht die Beschränkung der Weisungsfreiheit bestimmen, und ihre Angelegenheiten sich nicht auf den Auftrag des Bundes beziehen (vgl. Art. 85 III GG).

(bbb) Keine Verwerfungskompetenz der Verwaltungsspitze

Für die kommunalen weisungsfreien Behörden spielen das abstrakte Normenkontrollverfahren (Art. 93 I Nr. 2 GG) und das Vorabentscheidungsverfahren (Art. 234 EGV) keine Rolle. Und sie können nicht das für gemeinschaftsrechtswidrig gehaltene Parlamentsgesetz dem Innenministerium oder der Verwaltungsspitze des Bundes vorlegen. Soweit für sie zweifelhaft ist, dass das Parlamentsgesetz gegen das Gemeinschaftsrecht verstößt, müssen sie selbst es verwerfen, egal ob das Parlamentsgesetz offenkundig oder möglicherweise gegen das Gemeinschaftsrecht verstößt. Daher besteht hier eine *Ausnahme* davon, dass die Verwerfungskompetenz gegenüber dem Parlamentsgesetz der Verwaltungsspitze des Bundes zukommt. Auch wenn es nicht eine offenkundige Kollision des Parlamentsgesetzes mit dem Gemeinschaftsrecht ist, muss man die Verwerfungskompetenz den kommunalen weisungsfreien Behörden einräumen. In diesem Sinne ist die kritische Auffassung[905] richtig, dass diese Verwerfungskompetenz der kommunalen weisungsfreien Behörden im Hinblick auf die Rechtsbindung der Verwaltung (Art. 20 III iVm 1 III GG) und das Verwerfungsmonopol des BVerfG (Art. 100 I GG) die Rechtssicherheit der Mitgliedstaaten beeinträchtigen kann.

---

[902] *Oebbecke*, Weisungs- und unterrichtungsfreie Räume, S. 199 f.
[903] *Klein*, Problematik ministerialfreien Raumes, S. 44.
[904] Vgl. *März*, in: v. Mangoldt/Klein/Starck, GG 2, Art. 31 Rn. 32; *Sannwald*, in: Schmidt-Bleibtreu/Klein, GG, Art. 31 Rn. 17.
[905] Vgl. Z. B. im Hinblick auf das in Art. 100 I GG geregelte Verwerfungsmonopol des BVerfG *von Danwitz*, Verwaltungsrechtliches System, S. 219; vgl. *Hansmann*, NVwZ 1995, S. 324; *Pagenkopf*, NVwZ 1993, S. 223; *Weber*, EuR 1986, S. 25 f.

cc) Die für gemeinschaftsrechtswidrig gehaltene untergesetzliche Norm

Es handelt sich darum, ob die Verwerfungskompetenz der Verwaltungsspitze für die untergesetzlichen Normen gilt, wenn sich die Verwerfungskompetenz gegenüber den Parlamentsgesetzen auf die Verwaltungsspitze konzentriert. Zunächst wird untersucht, wie der Vorrang des Gemeinschaftsrechts auf die Rechtsverordnungen (unten (1), (a)) und autonome Satzungen (unten (1), (b)) wirkt, danach, ob die Verwerfungskompetenz der Verwaltung, insbesondere der Aufsichtsbehörde, zukommen darf, wenn für sie zweifelhaft ist, ob die untergesetzlichen Normen gegen das Gemeinschaftsrecht verstoßen (unten (1), (c)). Dabei kann die Verwaltung den Zweifel an der Gemeinschaftsrechtswidrigkeit der untergesetzlichen Normen durch das abstrakte Normenkontrollverfahren (§ 47 VwGO) lösen lassen (unten (2), (a)). Die Antragstellung ist mit der effektiven Durchführung des Gemeinschaftsrechts vereinbar, wenn das abstrakte Normenkontrollverfahren eröffnet ist (unten (2), (b)).

(1) Untergesetzliche Norm unter dem Vorrang des Gemeinschaftsrechts

(a) Verwerfungspflicht des Rechtsverordnungsgebers

In der Ordnung des Grundgesetzes stellen die Rechtsverordnungen materielle Gesetze dar, die nach Art. 80 I GG von der Verwaltung erlassen werden. Im Hinblick auf die Durchführung des Gemeinschaftsrechts haben sie auch große Bedeutung. Insbesondere werden sie bezüglich des EG-Umweltrechts, namentlich die Richtlinie über die Umweltverträglichkeit und die Richtlinie über die Umweltinformation[906], für materielle Durchführungsrechte der Mitgliedstaaten gehalten. Als Beispiel dafür können die Bundesimmissionschutzverordnungen[907] genannt werden. Trotz ihrer bedeutsamen Wirkung ist ihre Verwerfung unumgänglich, wenn die Verwaltung daran zweifelt, dass sie mit Gemeinschaftsrecht vereinbar sind. Da wie oben erwähnt[908], die Verwerfungskompetenz gegenüber dem Parlamentsgesetz der Verwaltungsspitze ohne weiteres zukommt, ist es unstreitig, dass die Verwerfungskompetenz gegenüber den Rechtsverordnungen im Hinblick auf die allgemeine Normenpyramide der Verwaltungsspitze

---

[906] Vgl. *von Danwitz*, Verwaltungsrechtliches System, S. 248 ff.; *Hoppe/Beckmann/Kauch*, UmweltR, § 3 Rn. 66 ff.

[907] Dazu allgemein *Jarass*, BImSchG, Einl. Rn. 9 ff.

[908] S § 8 I. 2. b) bb) (2) (a) (cc).

auch zukommt. Die Frage ist, ob diese Verwerfungskompetenz den einzelnen Behörden auf Grund der *Costanzo*-Rechtsprechung eingeräumt werden kann.

Dass die einzelnen Behörden auf Grund des Zweifels über die Gemeinschaftsrechtskonformität die Rechtsverordnungen verwerfen, ist mit der effektiven Durchführung des Gemeinschaftsrechts in den Mitgliedstaaten vereinbar. Die Rechtsverordnungen werden aufgrund eines parlamentarischen Ermächtigungsgesetzes (vgl. Art. 80 I GG) erlassen. Die Verwerfung der Rechtsverordnungen stellt gerade die Verwerfung ihrer Ermächtigungsgesetze dar, und gefährdet die Rechtsbindung der Verwaltung (Art. 20 III iVm 1 III GG). Nicht zuletzt sind die einzelnen Behörden an Weisungen der übergeordneten Behörde gebunden. Die Verwaltungsvorschriften werden als eine Form von Weisungen verstanden.[909] Die Ausübung der Rechtsverordnungen bindet im Hinblick auf die Rechtsbindung der Verwaltung (Art. 20 III iVm 1 III GG) die untergeordneten Behörden stärker als bei Ausübung der Verwaltungsvorschriften. Und auch die Verantwortung der untergeordneten Behörden ist größer als bei Verwaltungsvorschriften, wenn sie gegen die Rechtsverordnungen verstoßen. Daher ist es vernünftig, dass sie solche Rechtsverordnungen der Aufsichtsbehörde vorlegen, wenn sie meinen, dass sie gegen das Gemeinschaftsrecht verstößt. Bei einer Kollision zwischen Gemeinschaftsrecht und nationaler Rechtsverordnung müssen die Rechtsbindung und der hierarchische Aufbau der Verwaltung ohne weiteres wie bei dem Parlamentsgesetz[910] berücksichtigt werden. Teilt der Vorgesetzte oder die Aufsichtsbehörde den Zweifel, leiten sie dies weiter zum Rechtsverordnungsgeber. Er kann nicht auf Grund des Zweifels an der Gemeinschaftsrechtskonformität den Antrag zum abstrakten Normenkontrollverfahren (Art. 93 I Nr. 2 GG) stellen; da keine Antragsbefugnis zum abstrakten Normenkontrollverfahren auf Grund des Zweifels an der Gemeinschaftsrechtskonformität des *Parlamentsgesetzes* der Verwaltungsspitze besteht, ist diese Antragsbefugnis erst recht für die *Rechtsverordnungen* nicht gegeben. Darüber hinaus ist der Maßstab zur Verwerfung nicht das Verfassungsrecht, sondern das Gemeinschaftsrecht.[911] Auch die Verwaltungsspitze kann nicht die Rechtsverordnungen im Hinblick auf das Vorabentscheidungsverfahren (Art. 234 EGV) dem *EuGH* vorlegen. Soweit die *Verwaltungsspitze* meint, dass die Rechtsverordnungen gegen das Gemeinschaftsrecht verstoßen, ist es für sie unumgänglich, die Rechtsverordnungen zu

[909] *Blümel*, in: Isensee/Kirchhof (Hrsg.), HdStR IV, § 101 Rn. 60; vgl. *Ossenbühl*, Verwaltungsvorschriften, S. 372; *P. Stelkens/U. Stelkens*, in: Stelkens/Bonk/Sachs, VwVfG, § 35 Rn. 100.
[910] S § 8 I. 2. b) bb) (2) (a).
[911] Vgl. § 8 I. 2. b) bb) (2) (a) (bb) (bbb).

verwerfen, obwohl sie mit ihrem Ermächtigungsgesetz (auch mit dem Verfassungsrecht)[912] vereinbar sind, sie als das kollidierende Gemeinschaftsrecht später erlassen worden sind (die *lex posterior* Regel)[913] und ihr Erlaß für die Ausübung des Parlamentsgesetzes zwingend[914] verlangt wird. Schließlich darf die Verwerfungskometenz gegenüber den Rechtsverordnungen nicht einzelnen Behörden zukommen, sondern ist auf den *Rechtsverordnungsgeber* konzentriert.

(b) Satzungshoheit und Beschränkung des Aufsichtsrechts

Kern der Selbstverwaltung der Gemeinde ist die Satzungshoheit für die eigenen Angelegenheiten. Unter der Ordnung des Grundgesetzes ist sie nach Art. 28 II 1 GG auf institutioneller Ebene gewährleistet.[915] Das Satzungsermessen kann nur durch übergeordnete Gesetze eingeschränkt werden.[916] Es ist zweifellos, dass im Hinblick auf die Rechtsbindung der Verwaltung (Art. 20 III iVm 1 III GG) zu Gesetz und Recht das Gemeinschaftsrecht gehört.[917] Vor diesem Hintergrund stellt sich die Frage, ob die Verwerfungskompetenz gegenüber den Satzungen der Gemeinden den einzelnen Behörden, insbesondere der kommunalen Aufsichtsbehörde[918] zukommen kann, wenn sie meint, dass die Satzungen gegen das Gemeinschaftsrecht verstoßen.

Bei Durchführung des Gemeinschaftsrechts durch die Kommunen ist die Aufsichtsbehörde der Gemeinde verpflichtet, das autonome Ortsrecht zu verwerfen, wenn sie meint, dass es gegen das Gemeinschaftsrecht verstößt; sie ist an den Anwendungsvorrang des Gemeinschaftsrechts gebunden, soweit das einschlägige Gemeinschaftsrecht unmittelbare Wirkung auf der kommunalen Ebene entfaltet.[919] Aber diese Verwerfungskompetenz kann dabei die

---

[912] S § 8 I. 2. b) bb) (1) (a).
[913] Die Regeln, d. h. *lex posterior* und *lex specialis* spielen keine Rolle für die Kollisionen zwischen Gemeinschaftsrecht und nationalem Recht. Dazu *EuGHE* 1964, 1251/1269 f. (Costa/E.N.E.L.); *Jarass/Beljin*, Casebook, S. 32; *Oppermann*, EuR, § 7 Rn. 3; *Schroeder*, in: Streinz, EUV/EGV, Art. 249 EGV Rn. 45.
[914] S § 4 III. 2. b) bb) (1).
[915] S § 4 IV. 2. a) aa).
[916] *Ossenbühl*, in: Isensee/Kirchhof (Hrsg.), HdStR III, § 66 Rn. 47; vgl. *Oebbecke*, Weisungs- und unterrichtungsfreie Räume, S. 158.
[917] S § 7 I. 1. a).
[918] Ausführlich *Ehlers*, DÖV 2001, S. 412 ff.; *ders.*, in: Erichsen/ders. (Hrsg.), AllgVerwR, § 2 Rn. 122; vgl. *Koenig*, DVBl. 1997, S. 585 ff.
[919] *Ehlers*, DÖV 2001, S. 412 f.; *ders.*, in: Erichsen/ders. (Hrsg.), AllgVerwR, § 2 Rn. 122; *Koenig*, DVBl. 1997, S. 585 f.; *Schmidt-Aßmann/Röhl*, in: Schmidt-Aßmann (Hrsg.), BesVerwR, 1. Kap Rn. 7a; vgl. *Martini/Müller*, BayVBl. 1993, S. 163; *Blanke*, DVBl. 1993, S. 820.

institutionelle Selbstverwaltung des Grundgesetzes[920] und das Prinzip der Demokratie[921] gefährden. Damit verdrängt die effektive Wirkung des Gemeinschaftsrechts die auf Selbstverwaltungsgarantie „gegliederte Demokratie“[922] aus dem Grundgesetz. Im Hinblick auf Art. 23 I 1 GG, Art. 6 I EUV[923] und Art. 12 und 14 der Europäischen Charta der kommunalen Selbstverwaltung vom 15. 5. 1985, Straßburg[924] hat das Europarecht jedoch die Demokratie der Mitgliedstaaten zu wahren; *Häberle*[925] beschreibt die kommunale Selbstverwaltung als eines der *gemeineuropäischen Verfassungsprinzipien*, das aus dem Demokratieprinzip konkretisiert werden kann. Daher kann die Satzungshoheit ohne weiteres nicht dem Gemeinschaftsrecht vorgehen, das Aufsichtsrecht und das effektive Durchführungsgebot des Gemeinschaftsrechts dürfen nicht die Satzungshoheit ignorieren. In diesem Sinne wird das Aufsichtsrecht bei Zweifelsfällen gegenüber dem Gemeinschaftsrecht so eingeschränkt, dass die effektive Durchführung des Gemeinschaftsrechts und die Garantie der Satzungshoheit der Gemeinde harmonisch gestaltet werden können.[926] Im Hinblick auf die für gemeinschaftsrechtswidrig gehaltenen Satzungen kann die Aufsichtsbehörde die Gemeinde nur dazu anweisen, dass sie durch das Aufhebungsverfahren die gemeinschaftswidrigen Satzungen aufhebt.[927] Im Gegenteil muss es den Gemeinden ermöglicht werden, dass sie gegenüber den Kommunalaufsichtsbehörden eine Förderung und Vermittlung[928] fordern, um die effektive Durchführung des Gemeinschaftsrechts und die Satzungshoheit der Gemeinde harmonisch zu verwirklichen. Schließlich wird es abgelehnt, dass die Aufsichtsbehörden auf Grund des Zweifels an der Gemeinschaftsrechtskonformität die Satzungen der Gemeinde verwerfen. Vielmehr ist es für die Aufsichtsbehörden wichtig, dass sie die abgelehnte Verwerfungs-

---

920 S § 4 IV. 2. a) aa).

921 Vgl. *Oebbecke*, in: VVDStRL 62 (2003), S. 375; *Burgi*, in: VVDStRL 62 (2003), S. 424 f.; *Schmidt-Aßmann/Röhl*, in: Schmidt-Aßmann (Hrsg.), BesVerwR, 1. Kap Rn. 8; *Schmidt-Aßmann*, in: FS 50 Jahre BVerfG II, S. 806.

922 Ursprünglich *von Unruh*, DVBl. 1975, S. 2. Vgl. auch *BVerfGE* 52, 95/112; *Schmidt-Aßmann/Röhl*, in: Schmidt-Aßmann (Hrsg.), BesVerwR, 1. Kap Rn. 8.

923 Vgl. *Oppermann*, EuR, § 5 Rn. 7 ff.; *Ipsen*, Europäisches Gemeinschaftsrecht, § 6 Rn. 47 f. (S. 163 f.).

924 Dazu *Martini/Müller*, BayVBl. 1993, S. 167 f.; *Blanke*, DVBl. 1993, S. 819; *Heberlein*, BayVBl. 1993, S. 678; *ders.*, DVBl. 1994, S. 1218 f.; *Häberle*, EuGRZ 1991, S. 264; *Knemeyer* (Hrsg.), Kommunale Selbstverwaltung, S. 133 ff. *Knemeyer* beschreibt die „Rolle und Stellenwert der kommunalen Demokratie“ so, dass „Kommunale Selbstverwaltung, „local self-government“, „libre administration communale“ gehören heutzutage in Europa zu unserem gemeinsamen Erbe, sind untrennbarer Bestandteil der pluralistischen Demokratie allgemein.“ (in: dieselbe Schrift, S. 19). Vgl. auch *Engel*, in: Knemeyer (Hrsg.), Kommunale Selbstverwaltung, S. 39 f.

925 EuGRZ 1991, S. 263. Vgl. auch *Martini/Müller*, BayVBl. 1993, S. 165; *Heberlein*, BayVBl. 1993, S. 677 ff.

926 Der Ermessensspielraum der Kommunalaufsichtsbehörden wird reduziert, um das Gemeinschaftsrecht effektiv durchzuführen, wenn und soweit sich die Kommunen gemeinschafsrechtswidrig verhalten, vgl. *Ehlers*, DÖV 2001, S. 415.

927 Vgl. § 4 IV. 2. b) aa) (1).

928 *Ehlers*, DÖV 2001, S. 415 ff.; vgl. auch *Koenig*, DVBl. 1997, S. 587 f.

kompetenz durch das abstrakte Normenkontrollverfahren (§ 47 VwGO) *mittelbar*, d. h. die Verwerfung der Satzungen durch das Oberverwaltungsgericht, verwirklichen lassen.[929]

(c) Aufhebungsverfahren statt Verwerfungskompetenz

Ist es bei Zweifelsfällen der Gemeinschaftsrechtswidrigkeit der untergesetzlichen Normen möglich, dass man die Verwerfungskompetenz durch den Rechtsverordnungsgeber (Bundesregierung, Bundesminister und die Landesregierungen) sowie Satzungsgeber (Gemeinderat) einräumt, stellt dies keine Kompetenzfrage der Verwaltung über die Normverwerfung, sondern ein *Aufhebungsverfahren*[930] dar.

(2) Normkontrollverfahren (§ 47 VwGO) unter dem Effektivitätsgebot

Ist die Verwerfungskompetenz gegenüber den untergesetzlichen Normen auf den Rechtsverordnungsgeber und Gemeinderat beschränkt, fragt sich, wie sich einzelne Behörden und die Kommunalaufsichtsbehörde bei solchen Normen verhalten sollen. Nach § 47 I, II 1 VwGO kann „jede Behörde" den Antrag über die Gültigkeit von Satzungen, die nach den Vorschriften des BauGB erlassen worden sind, sowie von Rechtsverordnungen auf Grund des § 246 II des BauGB, von anderen im Rang unter dem Landesgesetz stehenden Rechtsvorschriften zum Oberverwaltungsgericht stellen, sofern das Landesrecht dies bestimmt. Es handelt sich darum, ob einzelne Behörden und die Kommunalaufsichtsbehörde nach dieser Vorschrift die für gemeinschaftsrechtswidrig gehaltenen untergesetzlichen Normen zur Prüfung im abstrakten Normenkontrollverfahren stellen können (unten (a)). Das sich daraus ergebende Ergebnis ist damit einheitlich, dass die Verwaltungsspitze des Bundes nach Art. 93 I Nr. 2 GG keinen Antrag zum abstrakten Normenkontrollverfahren beim BVerfG erheben kann, d. h. ist das grundgesetzliche abstrakte Normenkontrollsystem unter dem Einfluss des Gemeinschaftsrechts einheitlich, wenn man die Gemeinschaftsrechtswidrigkeit der untergesetzlichen Normen von dem Gesichtspunkt der *Verwaltung* sieht (unten (b)). Das abstrakte Normenkontrollverfahren zum OVG steht mit dem Effektivitätsgrundsatz und Äquivalenzgrundsatz in Einklang, wenn es zulässig ist (unten (c)).

---

[929] S unten (2).

[930] S dazu Einleitung, IV. 2.

(a) Zulässigkeit

Umstritten ist die Frage, ob das abstrakte Normenkontrollverfahren des § 47 VwGO für die Überprüfung der Vereinbarkeit von untergesetzlichen Normen mit dem Gemeinschaftsrecht zur Verfügung steht. Die Rechtsprechung[931] und die herrschende Literaturmeinung[932] bejahen, dass dabei das Gemeinschaftsrecht als Maßstab eine Rolle spielt. Die Begründung geht dahin, dass das Oberverwaltungsgericht nicht über die Gültigkeit, aber über die Anwendbarkeit der untergesetzlichen Normen auf Sachverhalte mit Gemeinschaftsrechtsbezug entscheiden darf, und dass es ein Verstoß gegen das Äquivalenzgebot darstellen dürfte, wenn das Gemeinschaftsrecht allein bei der Überprüfung von untergesetzlichen Normen am Maßstab höherrangigen Rechts ausgeblendet wird. Demgegenüber geht die entgegengesetzte Auffassung[933] davon aus, dass ein Verstoß gegen das Gemeinschaftsrecht in Bezug auf § 47 V 2 VwGO lediglich zur Unanwendbarkeit[934], nicht aber zur Unwirksamkeit der gemeinschaftsrechtswidrigen untergesetzlichen Normen führt. Aber das abstrakte Normenkontrollverfahren (vgl. vor allem § 47 V 2 VwGO) richtet sich auf die allgemein verbindliche Unwirksamkeit der entsprechenden Vorschriften.

Soweit Gerichte nicht das entsprechend sekundäre Gemeinschaftsrecht verwerfen wollen[935], müssen sie die untergesetzlichen Normen verwerfen, wenn sie meinen, dass diese gegen das Gemeinschaftsrecht verstoßen.[936] Diese Verwerfung kann nicht ohne weiteres für die untergesetzlichen Normen zur Unwirksamkeit wie in § 47 V 2 VwGO führen.[937] In diesem Sinne hat die Mindermeinung in der Literatur auch Recht.

---

931 *BVerwG*, NVwZ 1997, S. 178 f.; *dass.*, NVwZ-RR 1995, S. 358 ff.; *BayVGH*, BayVBl. 1994, S. 593 ff. (implizit); *VGH BW*, VBlBW 1994, S. 361 ff. (implizit); *VGH BW*, VBlBW 1992, S. 335.

932 *Ehlers*, DVBl. 2004, S. 1445; *ders.*, Europäisierung, S. 39; *Gerhardt/Bier*, in: Schoch/Schmidt-Aßmann/Pietzner (Hrsg.), VwGO, § 47 Rn. 89, 113 f.; *Redeker/von Oertzen*, VwGO, § 47 Rn. 9, 20; *Kopp/Schenke*, VwGO, § 47 Rn. 99; *Burgi*, Verwaltungsprozeß, S. 34 f.; *Pache/Burmeister*, NVwZ 1996, S. 980 f.; *Sommer*, NVwZ 1996, S. 135 ff.; *Pielow*, DV 32 (1999), S. 475; *Schoch*, Die Europäisierung, S. 32; *Dörr*, Der europäisierte Rechtsschutzauftrag, S. 229; *Gellermann*, in: Rengeling/Middeke/Gellermann (Hrsg.), Handbuch des Rechtsschutzes, § 36 Rn. 47; *Huber*, BayVBl. 1998, S. 589. Für eine analoge Anwendung des § 47 VwGO auf Gemeinschaftsrecht *Dünchheim*, DÖV 2004, S. 141 f.; *Koenig/Pechstein/Sander*, EU-/EG-Prozessrecht, Rn. 36; *Hufen*, VerwProzR, § 30 Rn. 16.

933 *Rinze*, NVwZ 1996, S. 459 f.; *Kadelbach*, AllgVerwR unter europäischem Einfluß, S. 394; *ders.*, KritV 82 (1999), S. 387 f.; *Schmidt*, in: Eyermann, VwGO, § 47 Rn. 38.

934 Vgl. *EuGHE* 1972, 529/534 f. Rn. 5/10 (Kommission/Italien); 1974, 359/371 Rn. 34 f. (Kommission/Französische Republik).

935 Gerichte haben die Sache nach Art. 234 EGV beim *EuGH* vorzulegen, wenn sie nicht das nationale Recht, sondern das sekundäre Gemeinschaftsrecht nicht anwenden wollen; Vorlagepflicht. Dazu oben (β) Zweistufiger Verwerfungsmechanismus.

936 S oben (β) Zweistufiger Verwerfungsmechanismus.

937 *Hufen*, VerwProzR, § 30 Rn. 16; *Kadelbach*, AllgVerwR unter europäischem Einfluß, S. 394; *ders.*, KritV 82 (1999), S. 388; *Pache/Burmeister*, NVwZ 1996, S. 980.

In dem heutigen Europäischen Verwaltungsrecht ist die Instrumentalisierung und ggf. Modifizierung des nationalen Prozessrechts für die effektive Durchführung des Gemeinschaftsrechts unumgänglich.[938] Anders als Art. 93 I Nr. 2 GG ist in § 47 VwGO nicht ausdrücklich geregelt, ob das Gemeinschaftsrecht der Prüfungsmaßstab für die untergesetzlichen Normen sein kann; nach Art. 93 I Nr. 2 GG prüft das BVerfG die Vereinbarkeit von Bundesrecht und Landesrecht mit dem *Grundgesetz* oder die Vereinbarkeit von Landesrecht mit sonstigem *Bundesrechte*. Wird das Gemeinschaftsrecht bei der Prüfung von untergesetzlichen Normen aus § 47 VwGO ausgeblendet, kann die Kommunalaufsichtsbehörde nicht an der Verwerfung der für gemeinschaftsrechtswidrig gehaltenen Satzungen durch die Antragstellung zum OVG teilnehmen. Wie erwähnt[939] kommt die Verwerfungskompetenz wegen des rechtsstaatlich demokratischen Merkmals der Satzungen nicht den Kommunalaufsichtsbehörden zu; deshalb kann es erst recht den einzelnen kommunalen Behörden nicht eingeräumt werden. Als Berechtigte zum Antrag nennt § 47 II 1 VwGO jede natürliche oder juristische Personen sowie jede Behörde. Nach dieser Vorschrift können prinzipiell alle einzelnen kommunalen Behörden den Antrag stellen.[940] Da alle kommunalen Behörden jedoch an die Weisungen der Aufsichtsbehörden gebunden sind, wird diese Antragsbefugnis in der Tat auf die *Kommunalaufsichtsbehörde* konzentriert. Bei Durchführung des Gemeinschaftsrechts durch die Kommunen spielt die Aufsicht der Kommunalaufsichtsbehörde eine größere Rolle.[941] Die Bedeutung des Aufsichtsrechts der Kommunalaufsichtsbehörde für die Satzungen geht verloren, wenn die Antragsbefugnis zum OVG nicht den Kommunalaufsichtsbehörden eingeräumt werden kann. Die Verwerfungskompetenz für die für gemeinschaftsrechtswidrig gehaltenen Satzungen kann nicht unmittelbar den Kommunalaufsichtsbehörden zukommen, der Weg zur Verwirklichung des Aufsichtsrechts, d. h. der Antragsbefugnis zum abstrakten Normenkontrollverfahren beim OVG[942] muss mittelbar gewährleistet werden. Dafür muss das Gemeinschaftsrecht für einen *Prüfungsmaßstab* des abstrakten Normenkontrollverfahrens (§ 47 VwGO) gehalten werden.

---

[938] *Ehlers*, DVBl. 2004, S. 1442: „*Instrumentalisierung* bedeutet, dass das Prozessrecht in den Dienst der Durchführung des Gemeinschaftsrechts gestellt wird. ... Eine *Modifizierung* des nationalen Prozessrechts kommt in Betracht, wenn dieses in ein Spannungsverhältnis zum Gemeinschaftsrecht gerät". „Instrumentalisierung", „Umorientierung" und „Umstrukturierung" als die „strukturellen Wirkungen der Europäisierung des Verwaltungsprozessrechts", *Schoch*, in: FG 50 BVerwG, S. 513; im Hinblick auf die Europäisierung des allgemeinen Verwaltungsrechts, *Schmidt-Aßmann*, ZÖR 55 (2000), S. 166 f.

[939] S oben (b) Satzungshoheit und Beschränkung des Aufsichtsrechts.

[940] *Gerhardt/Bier*, in: Schoch/Schmidt-Aßmann/Pietzner (Hrsg.), VwGO, § 47 Rn. 78, 82; vgl. *Ehlers*, in: FS Hoppe, S. 1043; *Hufen*, VerwProzR, § 19 Rn. 11.

[941] So *Ehlers*, DÖV 2001, S. 415.

[942] Dabei besteht jedoch keine Vorlagepflicht für das OVG, da gegen die Entscheidungen gem. § 132 I VwGO eine Revision an das BVerwG in Betracht kommt und das BVerwG als letztinstanzliches Gericht i.S.d. Art. 234 III EGV entscheidet. Dazu *Ehlers*, Europäisierung, S. 41; *Sommer*, NVwZ 1996, S. 137.

(b) Einheitlichkeitsmangel der abstrakten Normenkontrollverfahren (Art. 93 I Nr. 2 GG; § 47 VwGO)

Im Hinblick auf das Vorabentscheidungsverfahren (Art. 234 EGV) können die Verwaltungsspitze (des Bundes) und die Kommunalaufsichtsbehörden auf Grund des Zweifels an der Gemeinschaftsrechtskonformität des nationalen Rechts nicht eine Klärung durch den *EuGH* unmittelbar erreichen.[943] Dies ist auch gleich im Hinblick auf Art. 93 I Nr. 2 GG; die Verwaltungsspitze des Bundes kann, wie bereits erwähnt[944], nicht auf Grund des Zweifels an der Gemeinschaftsrechtskonformität des Parlamentsgesetzes (Verfassungsrechts) das BVerfG durch das abstrakte Normenkontrollverfahren (Art. 93 I Nr. 2 GG) einschalten. Dies bedeutet erstens, dass die Verwaltungsspitze nicht durch die Einschaltung des BVerfG (Art. 93 I Nr. 2 GG) mittelbar eine Entscheidung des *EuGH* erreichen kann, zweitens, dass das Gemeinschaftsrecht kein *Prüfungsmaßstab*[945] des Art. 93 I Nr. 2 GG sein kann; der Zweifel der Verwaltungsspitze könnte von der Verwaltungsspitze via BVerfG den *EuGH* erreichen, wenn das Gemeinschaftsrecht für einen Prüfungsmaßstab des Art. 93 I Nr. 2 GG gehalten würde, und wenn für das BVerfG *zweifelhaft* wäre, ob das Parlamentsgesetz (Verfassungsrecht) mit Gemeinschaftsrecht vereinbar ist. Da aber das Gemeinschaftsrecht kein Prüfungsmaßstab des Art. 93 I Nr. 2 GG ist, hat die Verwaltungsspitze das Parlamentsgesetz (Verfassungsrecht) unumgänglich zu verwerfen, weil die Antragsbefugnis zum abstrakten Normenkontrollverfahren für sie ausgeschlossen ist.[946]

Dagegen meinen wie erwähnt das BVerwG und die überwiegende Auffassung, dass das Gemeinschaftsrecht der Prüfungsmaßstab des § 47 VwGO ist.[947] Daher, z. B. bei Satzungen der Gemeinde, ist es für die Kommunalaufsichtsbehörde (vgl. § 47 II 1 VwGO) möglich, dass sie auf Grund des Zweifels an der Gemeinschaftsrechtskonformität beim OVG die abstrakte Normenkontrollklage erhebt. Nach Entscheidungen des Oberverwaltungsgerichts kann dieser Zweifel via BVerwG (vgl. § 132 VwGO) durch den *EuGH* geklärt werden[948]: Erstens ist dies der Fall, wenn das OVG sich von der Gemeinschaftsrechtswidrigkeit der Satzungen *überzeugt*. Dann hat es sie zu verwerfen. Gegen Beschlüsse nach § 47 V 1 VwGO stehen jedoch den

---

943 *Ehlers*, in: Erichsen/ders. (Hrsg.), AllgVerwR, § 2 Rn. 122; *Schmidt-Aßmann*, ZÖR 55 (2000), S. 168.
944 S § 8 I. 2 b) bb) (2) (a) (bb) (bbb).
945 Art. 93 I Nr. 2 GG bestimmt ausdrücklich, dass das Grundgesetz und die Bundesgesetze nur Prüfungsmaßstab sein können. Dazu gerade oben (a) Zulässigkeit.
946 Bereits dazu § 8 I. 2 b) bb) (2) (a) (bb) (ddd) (α).
947 S gerade oben (a) Zulässigkeit.
948 Vgl. *Sommer*, NVwZ 1996, S. 136 f.

Beteiligten, demjenigen, der eine Rechtsverletzung aufgrund der Satzungen geltend machen können[949], oder derjenigen, die die Rechtsvorschrift erlassen hat (z. B. die Körperschaft, Anstalt oder Stiftung)[950], nach § 132 I iVm 47 II 1, 2 VwGO die Revision an das Bundesverwaltungsgericht zu. Die Normenkontrolle kommt zum Ende, wenn das BVerwG die Rechtsvorschrift als gemeinschaftsrechtswidrig beurteilt hat. Wenn das BVerwG die Auffassung vertritt, dass die Satzung gemeinschaftsrechtsmäßig ist, und vielmehr das sekundäre Gemeinschaftsrecht, das mit dieser Satzung unvereinbar ist, gegen das primäre Gemeinschaftsrecht verstößt, muss das BVerwG die Sache nach Art. 234 EGV dem *EuGH* vorlegen. Daher kann es geschehen, dass die abstrakte Normenkontrolle, die die Kommunalaufsichtsbehörde erhoben hat, für die Satzung vom OVG via BVerwG den *EuGH* erreicht. Zweitens kann es den Fall geben, dass das OVG *zweifelt*, ob die Satzung gegen das Gemeinschaftsrecht verstößt. Dabei kann das OVG die Sache dem *EuGH* nach Art. 234 EGV vorlegen, wenn es der Auffassung ist, dass der Zweifel nur durch die Auslegung des einschlägigen Gemeinschaftsrechts vom *EuGH* gelöst werden könne. Dass bei beiden Fällen das Gemeinschaftsrecht der Prüfungsmaßstab der abstrakten Normenkontrolle (§ 47 VwGO) sein kann, bedeutet, dass die Zweifelsfrage der Gemeinschaftsrechtswidrigkeit über das OVG (§ 47 VwGO) mittelbar zum *EuGH* (Art. 234 EGV) gelangen kann.

Schließlich kann das Gemeinschaftsrecht *kein* Prüfungsmaßstab des Art. 93 I Nr. 2 GG, aber dagegen der Prüfungsmaßstab des § 47 VwGO sein. Dies bedeutet, dass die Verwaltungsspitze des Bundes auf Grund des Zweifels über die Gemeinschaftsrechtswidrigkeit des Parlamentsgesetzes (Verfassungsrechts) durch die Einschaltung des BVerfG mittelbar nicht den *EuGH* erreichen kann, es dagegen für die Kommunalaufsichtsbehörde. Die Kommunalaufsichtsbehörde ist nicht nur auf Ebene des hierarchischen Aufbaues der Verwaltung eine *untergeordnete* Behörde als Verwaltungsspitze des Bundes, sondern besitzt auch ein *niedrigeres* Niveau bei der Durchführungsfähigkeit (Prüfungsfähigkeit) des Gemeinschaftsrechts als die Verwaltungsspitze. Soweit man das Gemeinschaftsrecht als Prüfungsmaßstab des § 47 VwGO ansieht, ist das System der abstrakten Normenkontrollverfahren des Grundgesetzes (Art. 93 I Nr. 2 GG und § 47 VwGO) bei Kollisionen zwischen Gemeinschaftsrecht und nationalem Recht *uneinheitlich*. Dieser Einheitlichkeitsmangel kann nur gefunden werden, wenn man das System der abstrakten Normenkontrollverfahren des

[949] Vgl. *Ehlers*, Europäisierung, S. 45.
[950] *Hufen*, VerwProzR, § 19, Rn. 11.

Grundgesetzes von dem Gesichtspunkt der *Verwaltung*[951] ansieht. Wenn man die Frage der Verwerfungskompetenz der Verwaltung im Zusammenhang mit der Durchführung des Gemeinschaftsrechts in den Mitgliedstaaten ansieht, kann man wieder[952] bestätigen, dass eine Kollision zwischen Gemeinschaftsrecht und deutschem Recht einen *inneren Systemwiderspruch* des Grundgesetzes deutlich macht. Daher ist eine rechtspolitische Lösung erforderlich.[953]

(c) Grenze

Im Hinblick auf die für gemeinschaftsrechtswidrig gehaltenen Satzungen trägt das abstrakte Normenkontrollverfahren des § 47 VwGO mittelbar (da die unmittelbare Verwerfungskompetenz wegen der Institutionsgarantie der Satzungshoheit nicht der Kommunalaufsichtsbehörde eingeräumt wird)[954] zur Verwirklichung des Aufsichtsrechts bei. Es handelt sich jedoch darum, ob diese Normenkontrollverfahren im Hinblick auf die effektive Durchführung des Gemeinschaftsrechts einschränkungslos eingeräumt werden können.

Nach § 47 II 1 VwGO kann für „jede natürliche oder juristische Person" und „jede Behörde" die Antragsbefugnis zur Verfügung stehen. Die Kommunalaufsichtsbehörde kann ohne weiteres die Antragsbefugnis zur Normenkontrolle durch die Weisung auf sich konzentrieren. Gegen die Entscheidung des OVG kann ein Beteiligter nach § 132 I VwGO beim BVerwG die Revision erheben. Daher beinhaltet die Erhebung des Antrags zum abstrakten Normenkontrollverfahren die Gefahr, die effektive Durchführung des Gemeinschaftsrechts zu verzögern.

Soweit das abstrakte Normenkontrollverfahren des § 47 VwGO das Gebot des „effet utile" des Gemeinschaftsrechts behindern kann, muss das Aufsichtsrecht der Kommunalaufsichtsbehörde beschränkt werden. Schließlich wird das abstrakte Normenkontrollverfahren

---

[951] An der Seite der *Gerichte* kann man nicht diesen Einheitlichkeitsmangel finden. Alle Gerichte können ihre Sache dem *EuGH* nach Art. 234 EGV vorlegen, wenn sie entweder untergesetzliche Normen oder Parlamentsgesetze (Verfassungsrecht) als gemeinschaftsrechtskonform auslegen können, und vielmehr wenn sie daran zweifeln, dass das mit dem nationalen Recht kollidierende sekundäre Gemeinschaftsrecht gegen das primäre Gemeinschaftsrecht verstößt.

[952] S oben § 8 I. 2. b) aa) (3).

[953] S § 14 II. 1, die möglichen rechtspolitschen Lösungen.

[954] S oben cc) (1) (b).

(§ 47 VwGO) nur im Rahmen der Vereinbarkeit mit dem Grundsatz der Effektivität, Kooperation und des Diskriminierungsverbots eingeräumt.[955]

3. Ergebnis zu I.

Soweit das nationale Recht *offenkundig* gegen das Gemeinschaftsrecht verstößt, kommt die Verwerfungskompetenz für das Verfassungsrecht, Parlamentsgesetze und untergesetzliche Normen *allen Verwaltungsbehörden* zu.

Für die einzelnen Verwaltungsbehörden, die unter dem hierarchischen Aufbau der Verwaltung wirken, wird die Verwerfungskompetenz abgelehnt, wenn sie für *zweifelhaft* hält, dass Parlamentsgesetze mit dem Gemeinschaftsrecht konform sind. Nach der Rechtsbindung (Art. 20 III iVm 1 III GG) und dem hierarchischen Aufbau (Art. 83 ff. GG) der Verwaltung hat die Verwaltungsspitze selbst zu entscheiden. Im Hinblick auf die für gemeinschaftsrechtswidrig gehaltenen Parlamentsgesetze werden die Antragsbefugnis zum abstrakten Normenkontrollverfahren (Art. 93 I Nr. 2 GG) beim BVerfG und das Vorlagerecht zum *EuGH* (vgl. Art. 234 EGV) nicht eingeräumt. Die *Verwaltungsspitze* muss Parlamentsgesetze verwerfen, soweit sie daran zweifelt, dass sie mit Gemeinschaftsrecht konform sind.

Halten die *weisungsfreien* Bundes- sowie Kommunalbehörden es für zweifelhaft, dass die Parlamentsgesetze mit Gemeinschaftsrecht konform sind, müssen sie sie ohne Berücksichtigung darauf verwerfen, ob sie offenkundig gegen das Gemeinschaftsrecht verstoßen oder noch Zweifel bestehen.

Das Ergebnis gilt auch für das für gemeinschaftsrechtswidrig gehaltene Verfassungsrecht.

Die Verwerfungskompetenz für die für gemeinschaftsrechtswidrig gehaltenen Rechtsverordnungen und Satzungen der Gemeinde kommt jeweils dem *Rechtsverordnungsgeber* und *Gemeinderat* zu.

---

[955] Vgl. *Streinz*, in: ders., EUV/EGV, Art. 10 Rn. 31 ff.; *Ehlers*; DVBl. 2004, S. 1442; *Dünchheim*, DÖV 2004, S. 138 f.; *Cremer*, BayVBl. 1999, S. 269 f.

II. Normverwerfungskompetenz bei möglicherweise primärrechtswidrigem Sekundärrecht

Bei Anwendung des Sekundärrechts kann die nationale Verwaltung sich davon überzeugen, dass das Sekundärrecht entweder gegen die Prinzipien des Primärrechts oder gegen die das Primärrecht bezweckenden Rechtswirkungen verstößt. Da es das Ziel des Sekundärrechts ist, die Prinzipien und den Inhalt des Primärrechts in den Mitgliedstaaten zu konkretisieren, hat es selbstverständlich mit dem Primärrecht übereinzustimmen. Das primärrechtswidrige Sekundärrecht ist grundsätzlich nichtig. Es handelt sich darum, dass die Verwaltung das Sekundärrecht aufgrund seiner Primärrechtswidrigkeit verwerfen kann. Die Verwaltung kann zunächst durch die primärrechtskonforme Auslegung des Sekundärrechts eine Verwerfung vermeiden (unten 1.). Dass das Sekundärrecht gegen das Primärrecht verstößt, kann bedeuten, dass das Zustimmungsgesetz der Mitgliedstaaten zur Gründung des primären Gemeinschaftsrechts gegen das Sekundärrecht verstoßen kann. Dabei handelt es sich darum, dass die Verwaltung in drei Verhältnissen zwischen dem Primärrecht, Sekundärrecht und Zustimmungsgesetz aufgrund der Zustimmungsgesetzwidrigkeit des Sekundärrechts das Sekundärrecht hemmen und dass das Hemmen bis zur Verwerfung des Sekundärrechts reichen kann (2.).

1. Keine primärrechtskonforme Auslegung

Die Verwerfungsfrage der Verwaltung gegenüber dem für primärrechtswidrig gehaltenen Sekundärrecht setzt auch voraus, dass es in den Mitgliedstaaten unmittelbare Wirkung entfaltet und dass die primärrechtskonforme Auslegung bei ihm unmöglich ist. Dass das Sekundärrecht nicht primärrechtskonform ausgelegt werden kann, bedeutet erstens, dass es nicht auf dem Primärrecht beruht wie etwa bei unklarer Ermächtigung (Primärrecht) für das Sekundärrecht oder einem Überschuß der Ermächtigung; zweitens, dass es entweder gegen das Ziel des Primärrechts verstößt oder mit dem Primärrecht nicht übereinstimmende Rechtswirkung in den Mitgliedstaaten entfaltet.

2. Keine zustimmungsgesetzkonforme Auslegung

Dass bezüglich des Zustimmungsgesetzes das Sekundärrecht gegen das Primärrecht verstößt, bedeutet, dass es entweder die Kompetenz überschreitet, die das Zustimmungsgesetz der Mitgliedstaaten dem Gemeinschaftsrechtsgeber zur Setzung des Primärrechts eingeräumt hat oder dass es mit dem Ermächtigungsinhalt unvereinbar ist, da es vom Primärrecht abgeleitet ist und sich das Primärrecht wieder aus dem Zustimmungsgesetz der Mitgliedstaaten ergibt. In diesem Sinne stellt das Zustimmungsgesetz der Mitgliedstaaten die *Brücke*[956] dar, durch die die beiden Systeme des Gemeinschaftsrechts und des nationalen Rechts miteinander verbunden werden. Daher bedeutet „keine primärrechtskonforme Auslegung" des Sekundärrechts zugleich „keine zustimmungsrechtskonforme Auslegung" des Sekundärrechts. Überzeugt sich die Verwaltung davon, dass das Sekundärrecht gegen das Primärrecht verstößt, dann hat sie zu prüfen, ob es primärrechtswidrig ist, indem es die vom Zustimmungsgesetz erteilte Ermächtigung überschreitet. Soweit das Sekundärrecht nicht zustimmungsgesetzkonform ausgelegt werden kann, heißt dies, dass es gegen das Primärrecht verstößt. Daher wird die Verwaltung erst prüfen, ob sie solches Sekundärrecht verwerfen muss oder kann.

a) Bedeutung des Zustimmungsgesetzes für die Verwaltung im hierarchischen Aufbau

Überzeugt sich ein Beamter davon, dass das von ihm anzuwendende Sekundärrecht gegen das Primärrecht verstößt, dann muss er sich an seinen Vorgesetzten mit der Frage wenden, ob er es anwenden oder verwerfen soll. Haben sein Vorgesetzter und die Aufsichtsbehörde auch die gleiche Auffassung, bleibt die letzte Entscheidung der Verwaltungsspitze vorbehalten. Die Wege, die die Verwaltungsspitze nehmen kann, sind beschränkter als bei Kollision zwischen dem Gemeinschaftsrecht und nationalem Recht.

Demgegenüber ist die Auffassung *Scheuings*[957] zu beachten: Die Verwaltung könne das primärrechtswidrige Sekundärrecht verwerfen, da der *EuGH* gem. Art. 226 und 234 EGV die fehlerhafte Verwerfung der Verwaltung korrigieren könne, obwohl die Verwaltung dieses Sekundärrecht verworfen habe. Diese Auffassung führt jedoch zu folgendem Problem: Der

---

[956] *P. Kirchhof* beschreibt das Zustimmungsgesetz so, „Das Europarecht erreicht nur über die Brücke des Art. 24 Abs. 1 GG die deutsche Rechtsordnung". Dazu *Kirchhof*, in: Isensee/Kirchhof (Hrsg.), HdStR VII, § 183 Rn. 65.

EuGH kann die fehlerhafte Verwerfung des Sekundärrechts durch die Verwaltung korrigieren, die Verwaltung aber kann nicht von der Amtshaftung befreit werden; hat der *EuGH* nach Verwerfung des Sekundärrechts durch die Verwaltung das Sekundärrecht als primärrechtskonform beurteilt, hat die Verwaltung die Verantwortung für die fehlerhafte Verwerfung zu tragen.

Im Hinblick auf die *Maastricht*[958]-Entscheidung des BVerfG handelt es sich um die Verwerfungskompetenz der Verwaltung für das primärrechtswidrige Sekundärrecht. Wie oben erwähnt, ist das Sekundärrecht von dem Primärrecht abgeleitet, und das Primärrecht hat wieder seinen Ursprung im Zustimmungsgesetz der Mitgliedstaaten. Das BVerfG beschreibt eine Möglichkeit, wie die Tätigkeiten der Europäischen Gemeinschaft vom (deutschen) Rechtsanwender ignoriert werden dürfen, wenn sie die Reichweite des Zustimmungsgesetzes überschreiten. So schreibt es:

„Würden etwa Europäische Einrichtungen oder Organe den EU-Vertrag in einer Weise handhaben oder fortbilden, die von dem Vertrag, wie er dem deutschen Zustimmungsgesetz zugrunde liegt, nicht mehr gedeckt wäre, so wären die daraus hervorgehenden Rechtsakte im deutschen Hoheitsbereich nicht verbindlich. *Die deutschen Staatsorgane* wären aus verfassungsrechtlichen Gründen gehindert, diese Rechtsakte in Deutschland anzuwenden. Dementsprechend prüft das BVerfG, ob Rechtsakte der Europäischen Einrichtungen und Organe sich in den Grenzen der ihnen eingeräumten Hoheitsrechte halten oder aus ihnen ausbrechen (vgl. BVerfGE 58, 1 [30 f.]; 75, 223 [235, 242])“[959].

Es stellt sich die Frage, ob der Ausdruck „Die deutschen Staatsorgane“ auch die Verwaltung erfasst. Meistens benutzt das BVerfG in seinen Entscheidungen die beiden Ausdrücke, „Gericht(e)“ und „Behörde(n)“ deutlich getrennt. Aber in dieser Entscheidung verwendet das BVerfG den Ausdruck „Staatsorgane“, was zweifellos „Gericht(e)“ und „Behörde(n)“ bedeutet. Dadurch veranlasst es den Eindruck, als ob die Verwaltung auch das gegen das Zustimmungsgesetz verstoßende Sekundärrecht verwerfen könnte. Es darf jedoch nicht der Verwaltung zuerkannt werden, dass sie aufgrund seiner Unvereinbarkeit mit dem Zustimmungsgesetz das von ihr anzuwendende Sekundärrecht verwirft, obwohl dieser Ausdruck die Verwaltungsbehörde einschließt, da sie gem. Art. 20 III, 1 III GG an Gesetz und Recht gebunden ist. Daraus ist sie auch an Art. 23 GG gebunden, und darüber hinaus stimmt

[957] EuR 1985, S. 254; vgl. auch *ders.*, in: Hoffmann-Riem/Schmidt-Aßmann (Hrsg.), Innovation, S. 319.
[958] *BVerfGE* 89, 155 ff.

dies (die Verwerfung des Sekundärrechts) nicht mit dem Willen des *Zustimmungsgesetzgebers* überein, der auf Grund von Art. 23 GG alle Normenkonflikte *innerhalb* der Gemeinschaftsrechtsordnung durch den *EuGH* (vgl. Art. 234 EGV) lösen will[960]. Die Unmöglichkeit der Verwerfung durch die Verwaltung für das gegen Primärrecht verstoßende Sekundärrecht wird mit der unten erwähnten Frage[961], d. h. ob die Verwerfungskompetenz für das gegen das Primärrecht verstoßende Sekundärrecht den Gerichten bzw. dem BVerfG zukommt, deutlicher.

b) Anwendungsgebot und Vorlagerecht gegenüber primärrechtswidrigem Sekundärrecht

Die Frage ist, ob die Verwaltung unbedingt Sekundärrecht anwenden muss, wenn die Verwerfungskompetenz für das primärrechtswidrige Sekundärrecht der Verwaltung abgelehnt wird, obwohl sie sich davon überzeugt, dass das Sekundärrecht gegen das Primärrecht verstößt, und obwohl auch das BVerfG[962] bereits bei einem nationalen Streitfall im Hinblick auf die Normanwendung der Verwaltung eine Entscheidung getroffen hat, dass die Verwaltung ein nationales Gesetz, das für nichtig erklärt werden muss, nicht unbedingt anzuwenden braucht? Im Hinblick auf das Aussetzungsrecht soll jedoch eine Ausnahme dazu anerkannt werden, soweit die Verwaltung, beispielsweise eine Ausgangsbehörde seine Anwendung aussetzen kann, um ihre Aufsichtsbehörde oder die Verwaltungsspitze dafür um eine Weisung zu bitten.

Aus Art. 10 und 249 EGV kann das Vollzugsgebot gegenüber dem für primärrechtswidrig gehaltenen Sekundärrecht nicht hergeleitet werden. Und es kann auch bezüglich Art. 23 I und 59 II 1 GG aus dem Zustimmungsgesetz zur Gründung des Gemeinschaftsrechts nicht abgeleitet werden.[963] Bei alledem wird es der Verwaltung nicht erlaubt, dass sie die Position einnimmt, bei der sie das geringere Amtshaftungsrisiko trägt, indem sie das Risiko, das sie bei Nichtanwendung des für primärrechtswidrig gehaltenen Sekundärrechts tragen muss[964] gegen

959 *BVerfGE* 89, 155/188. Hervorhebung des Verfassers.
960 Vgl. *Hirsch*, NJW 1996, S. 2461; auch im Ergebnis *Streinz*, in: FS Söllner, S. 1153.
961 Dazu unten c).
962 *BVerfGE* 12, 180/186: „Der Grundsatz der Gewaltenteilung wird durch die wechselseitige Kontrolle der Gewalten ergänzt; er zwingt nicht zum Vollzug eines Gesetzes, das wahrscheinlich für nichtig erklärt werden muß".
963 In diesem Sinne unterscheidet sich gering die Auffassung des *EuGH* (vgl. *EuGHE* 1989, 2609/2639 f. Rn. 19 ff. (Wachauf/Bundesamt für Ernährung und Forstwirtschaft)).
964 Hat das zuständige Organ endgültig, jedoch nach der Verwerfung des für *primärrechtswidrig* gehaltenen

das Risiko abwägt, das sie bei Anwendung des Sekundärrechts tragen muss[965]. Verwirft die Verwaltung das Sekundärrecht, da sie sich davon überzeugt, dass sie daraus einen Vorteil zieht, das für primärrechtswidrig gehaltene Sekundärrecht nicht anzuwenden, stellt dies direkt die Verwerfung desselben Sekundärrechts dar. Und diese Verwerfung könnte auch dazu führen, dass die Verwaltung beispielsweise das Verfassungsrecht[966], das sie anzuwenden hat, um das Sekundärrecht in den Mitgliedstaaten durchzuführen (wenn das Umsetzungsrecht hinsichtlich der Anwendung einer Richtlinie das Verfassungsrecht ist), wegen seiner Unvereinbarkeit mit dem Sekundärrecht verwirft, obwohl sie selbst dieses Sekundärrecht für primärechtswidrig hält.[967] Daher hat die Verwaltung das für primärrechtswidrig gehaltene Sekundärrecht anzuwenden[968], obwohl die Nichtanwendung des Sekundärrechts hinsichtlich der Amtshaftung für sie günstiger als die Anwendung ist.

c) BVerfG als letztinstanzliches Gericht und Verwerfungsmonopol des EuGH

Es geht darum, dass das Vorlagerecht gegenüber dem primärrechtswidrigen Sekundärrecht durch *Gerichte* beim BVerfG zulässig und dass damit die Verwerfungskompetenz gegenüber demselben Sekundärrecht durch das BVerfG hinsichtlich des Zustimmungsgesetzes möglich ist. Trotz der ganz seltenen Fällen ist dies seit dem *Euro*-Beschluß des BVerfG[969] ein Diskussionsthema geworden.[970] Es handelt sich darum, dass das BVerfG die Verwerfungskompetenz gegenüber dem primärrechtswidrigen Sekundärrecht ausüben darf, da das Primärrecht sich aus dem Zustimmungsgesetz der Mitgliedstaaten ergibt, und da das für primärrechtswidrig gehaltene Sekundärrecht als *verfassungswidrig*[971] verstanden wird; diese Verfassungswidrigkeit bedeutet, dass das Sekundärrecht die Reichweite der durch das

---

Sekundärrechts durch die Verwaltung das Sekundärrrecht als primärrechtskonform beurteilt, muss die Verwaltung Verantwortung für die fehlerhafte Verwerfung tragen.

965 Bei umgekehrtem Fall kann auch die Verwaltung Verantwortung tragen, wenn das zuständige Organ endgültig, aber nach der Anwendung des für *primärrechtsmäßig* gehaltenen Sekundärrechts durch die Verwaltung das Sekundärrecht für primärrechtswidrig gehalten hat.

966 Wie oben erwähnt, die Verwerfungskompetenz der Verwaltung für die gegen Gemeinschaftsrecht verstoßenden Vorschriften des Verfassungsrechts wird bereits gesperrt. Dazu oben § 8 I. 2. b) aa); § 8 I. 2. b) (2) (a) (bb) (aaa).

967 Vgl. dazu *Streinz*, in: FS Söllner, S. 1153.

968 *EuGHE* 1979, 623/636 f. Rn. 4 ff. (Granaria/Hoofdproduktschap voor Akkerbouwprodukten); vgl. auch *Jarass*, AöR 121 (1996), S. 198; *Jarass/Beljin*, Casebook EG-Recht, S. 43; *Streinz*, in: FS Söllner, S. 1153.

969 *BVerfGE* 97, 350 ff. Vgl. auch den *Alcan*-Beschluß vom 17. 2. 2000, 2 BvR 1210/98, NJW 2000, S. 2015 f.

970 *Lecheler*, Einführung, S. 58; *Schwarze*, in: Badura/Dreier (Hrsg.), FS 50 Jahre BVerfG I, S. 233 ff.; vgl. *Hirsch*, NJW 1996, S. 2460 ff.

971 *Tomuschat*, in: Badura/Dreier (Hrsg.), FS 50 Jahre BVerfG I, S. 261; vgl. auch *Stern*, Staatsrecht III/2, § 79 III 3 (S. 301).

Zustimmungsgesetz zur Gemeinschaft erteilten Ermächtigung überschreitet. Art. 100 I GG erteilt bereits dem BVerfG die Prüfungs- und Verwerfungskompetenz gegenüber dem Zustimmungsgesetz durch die Vorlage der Gerichte.[972] Wenn man die Kooperation zwischen Gemeinschafts- und nationaler Gerichtsbarkeit (vgl. Art. 234 EGV)[973] berücksichtigt, kann das Vorlagerecht der Gerichte gegenüber dem primärrechtswidrigen Sekundärrecht beim BVerfG *nicht* abgelehnt werden. Das VG Frankfurt[974] hat hinsichtlich Art. 19 IV GG iVm §§ 123, 80 I VwGO die Verordnung 404/93 EWG über die gemeinsame Marktordnung für Bananen[975] beim *EuGH* zum Vorabentscheidungsverfahren vorgelegt mit der Frage, ob diese Verordnung mit dem Art. 243 EGV vereinbar ist. Im Hinblick auf diesen Sachverhalt hat das BVerfG [976] die Entscheidung getroffen, dass das VG Frankfurt selbst aufgrund der Unvereinbarkeit des Zustimmungsgesetzes, das die Quelle der Verordnung 404/93 EWG ist, mit dem Art. 19 IV i.V.m. §§ 123, 80 I VwGO gem. Art. 100 I GG beim BVerfG darüber vorlegen könne, ob diese Verordnung mit dem Zustimmungsgesetz vereinbar ist. Damit könne das Sekundärrecht durch das BVerfG kontrolliert werden.[977]

Die Gerichte können aufgrund der Unvereinbarkeit des Zustimmungsgesetzes mit dem Verfassungsrecht beim BVerfG ein konkretes Normenkontrollverfahren einleiten, wenn sie sich davon überzeugen, dass Sekundärrecht gegen Primärrecht verstößt. Dabei wird jedoch der Prüfungsumfang des BVerfG darauf beschränkt, ob das Zustimmungsgesetz mit dem Verfassungsrecht (hier Art. 19 IV iVm §§ 123, 80 I VwGO) bzw. das EG-Primärrecht, dem das Zustimmungsgesetz zustimmt, mit dem Verfassungsrecht vereinbar ist[978]. Damit kann es nicht das für primärrechtswidrig gehaltene Sekundärrecht verwerfen.[979] Dass die Gerichte aufgrund der Unvereinbarkeit des Zustimmungsgesetzes mit dem Verfassungsrecht dem

---

[972] Vgl. *BVerfGE* 37, 191/196 f.; 63, 131/140; *Ehlers*, in: Schoch/Schmidt-Aßmann/Pietzner (Hrsg.), VwGO, Anh § 40 Art. 100 Abs. 1 GG Rn. 18; *Pieroth*, in: Jarass/ders., GG, Art. 100 Rn. 5, 7; *Wieland*, in: Dreier (Hrsg.), GG III, Art. 100 Rn. 8, 11; *Maunz*, in: Maunz-Dürig, GG, Art. 100 Rn. 9, 27.

[973] *EuGHE* 1981, 3045/3062 Rn. 14 (Foglia/Novello); 1982, 3415/3428 Rn. 7 (C.I.L.F.I.T./Ministero della sanità); *BVerfGE* 89, 155/175; *Schwarze*, in: Badura/Dreier (Hrsg.), FS 50 Jahre BVerfG I, S. 229 ff.; *Hirsch*, NJW 1996, S. 2457 ff.

[974] *VG Frankfurt a. M.*, EuZW 1994, S. 160.

[975] Ausführlich dazu *Manservisi*, EuZW 1994, S. 209.

[976] *BVerfGE* 89, 155/188.

[977] Darüber hinaus könne das Gericht selbst prüfen, ob das Sekundärrecht die Reichweite des Zustimmungsgesetzes überschreitet; teilweise könne es dazu Verwerfungskompetenz ausüben. Der Grund dafür liegt in der Entscheidung des BVerfG (vor allem vgl. *BVerfGE* 89, 155/188), in der es dies als eine unzulässige Vertragsänderung, die vom Zustimmungsgesetz nicht gedeckt ist, beschrieben hat. Vgl. *Pernice*, in: Gedächtnisschrift Grabitz, 545; auch *Cremer*, DV 37 (2004), S. 186 f. **A. A.** *Schwarze*, in: Badura/Dreier (Hrsg.), FS 50 Jahre BVerfG I, S. 237.

[978] Dabei darf auch das BVerfG die Regelungen des Primärrechts lediglich *mittelbar* prüfen. Dazu *BVerfGE* 52, 187/199; *Sieckmann*, in: v. Mangoldt/Klein/Starck (Hrsg.), GG 3, Art. 100 Rn. 22; *Isensee*, in: FS Stern, S. 1256; *Heun*, AöR 122 (1997), S. 616; *Pieroth*, in: Jarass/ders., GG, Art. 100 Rn. 7; *Wieland*, in: Dreier (Hrsg.), GG III, Art. 100 Rn. 11. Ausführlich zur diesen Konstellation, *Streinz*, Bundesverfassungsgerichtlicher Grundrechtsschutz, S. 154 ff.

BVerfG das für primärrechtswidrig gehaltene Sekundärrecht gem. Art. 100 I GG vorlegen können, hat keinen Zusammenhang damit, ob das BVerfG selbst dasselbe Sekundärrecht verwerfen kann.

Obwohl das BVerfG sich davon überzeugt, dass das Sekundärrecht gegen Primärrecht verstößt, da dasselbe Sekundärrecht mit dem Zustimmungsgesetz unvereinbar ist, wird die Verwerfungskompetenz für das Sekundärrecht gem. Art. 234, 220, 230 und 10 EGV abgelehnt[980], weil diese Verwerfungskompetenz gegen die *einheitliche Anwendung und Auslegung* des Gemeinschaftsrechts zur Europäischen Integration verstößt, die der Gemeinschaftsrechtsgeber durch diesselben Vorschriften erreichen will.[981] Dieses Ergebnis gilt auch für den Fall, dass die Verwaltung sich davon überzeugt, dass das Sekundärrecht *offenkundig* gegen Primärrecht verstößt[982]; bei Gemeinschaftsorganen einschließlich dem *EuGH* ist praktisch undenkbar, dass sie gegen Primärrecht offenkundig verstoßendes Sekundärrecht produzieren. Und wie bereits erwähnt[983], stellt die offenkundige (Primärrechts)Widrigkeit meistens den Fall dar, dass der *EuGH* bereits in seinen Entscheidungen das Sekundärrecht für primärrechtswidrig erklärt hat. Da dasselbe Sekundärrecht nach der Entscheidung des *EuGH* nicht mehr weiterhin bestehen kann, kann es keinen Konflikt mit dem Primärrecht geben.

Es handelt sich darum, ob dieses Vorlagerecht der Verwaltungsspitze abgelehnt wird. In der Literatur wird verneint, dass der *Verwaltungsspitze* das Vorlagerecht gegenüber dem gemeinschaftsrechtswidrigen nationalen Recht beim BVerfG zukommt.[984] Und das BVerfG[985] und der *EuGH*[986] haben hinsichtlich des Art. 234 EGV bestätigt, dass das Vorlagerecht gegen-

---

[979] Vgl. *BVerfGE* 75, 223/242.

[980] Aber es gibt abweichende Auffassungen dazu; d. h., dass die Verwerfungskompetenz gegenüber dem primärrechtswidrigen Sekundärrecht, das die Reichweite des Zustimmungsgesetzes überschreitet, auch dem BVerfG zukommen dürfe. So *Pernice*, Einheit und Kooperation, in: Gedächtnisschrift Grabitz, 534 f.; vgl. auch *BVerfG*, EuZW 1995, S. 413.

[981] Vgl. *EuGHE* 1982, 3415/3428 Rn. 7 (C.I.L.F.I.T./Ministero della sanità); 1987, 4199/4231 Rn. 15 (Foto-Frost/Hauptzollamt Lübeck-Ost). *Ipsen*, in: Isensee/Kirchhof (Hrsg.), HdStR VII, § 181 Rn. 85 (Vorabentscheidungsverfahren als „integrationsförderliche Entscheidungen"); auch *Hirsch*, NJW 1996, S. 2463; *Heintzen*, AöR 119 (1994), S. 577.

[982] In solcher Situation könne jedoch die Verwerfungskompetenz der Verwaltung gegenüber demselben Sekundärrecht eingeräumt werden. So *Scheuing*, EuR 1985, S. 254; *ders.*, in: Hoffmann-Riem/Schmidt-Aßmann (Hrsg.), Innovation, S. 319.

[983] S § 8 I. 1. c).

[984] *Pernice*, Einheit und Kooperation, in: Gedächtnisschrift Grabitz, 536. Aber das Vorlagerecht der *Gerichte* gegenüber dem gemeinschaftsrechtswidrigen nationalen Recht beim BVerfG zum konkreten Normenkontrollverfahren hinsichtlich des Art. 100 I GG ist umstritten. Dazu *Jarass*, AöR 121 (1996), S. 198.

[985] Vgl. *BVerfGE* 31, 145/174 f.; 82, 159/191.

[986] Vgl. *EuGHE* 1974, 33/38 f. Rn. 4 (Rheinmühlen/Einfuhr- und Vorratsstelle Getreide).

über dem primärrechtswidrigen Sekundärrecht beim BVerfG nicht der Verwaltung(sspitze) eingeräumt werden kann. Aber im Hinblick auf eine *Berichtigung* der Uneinheitlichkeit der Rechtsordnung *innerhalb* des Gemeinschaftsrechts darf das Vorlagerecht des für primärrechtswidrig gehaltenen Sekundärrechts beim *BVerfG* (vgl. Art. 93 I Nr. 2 GG) nicht nur für die Gerichte beschränkt werden, soweit die Verwaltungsspitze geltend machen kann, dass das für primärrechtswidrig gehaltene Sekundärrecht gegen das Zustimmungsgesetz verstößt, und soweit das Vorlagerecht der Verwaltung nicht das Vorlagerecht der Gerichte beim BVerfG verletzt.

Will das BVerfG das für primärrechtswidrig gehaltene Sekundärrecht nicht anwenden (verwerfen), da es sich davon überzeugt, dass dasselbe Sekundärrecht gegen das Zustimmungsgesetz verstößt, muss es dies beim *EuGH* vorlegen[987], da es auch selbst als letztinstanzliches Gericht[988] i. S. d. Art. 234 EGV an die Vorlagepflicht gebunden ist[989]. Art. 234 EGV beugt der Zerstreuung des Gemeinschaftsrechts nicht nur durch die Verwaltungsspitzen, sondern auch durch die Verfassungsgerichte der Mitgliedstaaten vor.[990] Dass das BVerfG durch das Zustimmungsgesetz das für primärrechtswidrig gehaltene Sekundärrecht kontrollieren will, ist nicht damit vereinbar, dass der Zustimmungsgesetzgeber bereits durch Art. 23 und 24 GG dem *EuGH* die Letztentscheidungsbefugnis über alle Normenkollisionen innerhalb der Gemeinschaftsrechtsordnung übertragen hat. Schließlich wird die Verwerfungskompetenz gegenüber dem für primärrechtswidrig gehaltenen Sekundärrecht grundsätzlich nicht nur bei der Verwaltungsspitze, sondern auch dem BVerfG abgelehnt und allein beim *EuGH* monopolisiert.[991]

---

[987] Aber der *EuGH* (Grundlegend dazu *EuGHE* 1982, 3415/3429 Rn. 14 (C.I.L.F.I.T./Ministero della sanità). Vgl. in der Literatur *Ehlers*, in: Schoch/Schmidt-Aßmann/Pietzner (Hrsg.), VwGO, Anh § 40 Art. 177 EGV, Rn. 40; *ders.*, Europäisierung, S. 22; *Streinz*, in: FS Söllner, S. 1154; *Schwarze*, JZ 1998, S. 1083) erkennt dazu eine Ausnahme an, wenn der *EuGH* selbst bereits die betreffende gemeinschaftsrechtliche Frage als Gegenstand einer Auslegung getroffen hat oder wenn die richtige Anwendung des Gemeinschaftrsrechts derart offenkundig ist, dass für einen vernünftigen Zweifel keinerlei Raum bleibt (*EuGHE* 1982, 3410/3430 Rn. 16 (C.I.L.F.I.T./Ministero della sanità).

[988] Vgl. *BVerfGE* 37, 271/281 f.

[989] Vgl. *Ehlers*, Europäisierung, S. 22, 122, 124; *ders.*, in: Schoch/Schmidt-Aßmann/Pietzner (Hrsg.), VwGO, Anh § 40 Art. 100 Abs. 1 GG Rn. 16.

[990] Vgl. dazu allgemein, *Skouris*, „Der Europäische Gerichtshof als Verfassungsgericht“, in: Seminar Bettermann, S. 69 ff.

[991] Vgl. *EuGHE* 1987, 4199/4230 f. Rn. 14 f. (Foto-Frost/Hauptzollamt Lübeck-Ost); 1979, 623/638 Rn. 14 (Granaria/Hoofdproduktschap voor Akkerbouwprodukte); *Haltern*, EuR, S. 370; *Heintzen*, AöR 119 (1994), S. 576 f.; *Hirsch*, NJW 1996, S. 2463; *Rengeling*, Rechtsgrundsätze, S. 22; *Ehricke*, in: Streinz, EUV/EGV, Art. 234 Rn. 42; *Schwarze*, JZ 1998, S. 1082 f.

3. Ergebnis zu II.

Grundsätzlich wird die administrative Verwerfungskompetenz für das für primärrechtswidrig gehaltene Sekundärrecht abgelehnt. Die Verwaltung hat solches Sekundärrecht anzuwenden. Aber das Vorlagerecht der Gerichte für das für primärrechtswidrig gehaltene Sekundärrecht beim BVerfG kommt auch der Verwaltungsspitze zu, wenn sie geltend machen kann, dass das für primärrechtswidrig gehaltene Sekundärrecht gegen das Zustimmungsgesetz verstößt, und wenn das Vorlagerecht der Verwaltung (vgl. Art. 93 I Nr. 2 GG) nicht gegen das Vorlagerecht der Gerichte verstößt. Will das BVerfG das Sekundärrecht verwerfen, das die Reichweite der durch das Zustimmungsgesetz erteilten Ermächtigung überschreitet, hat es dies gem. Art. 234 EGV beim *EuGH* vorzulegen. Gem. Art. 234, 220, 230 und 10 EGV wird die Verwerfungskompetenz gegenüber dem für primärrechtswidrig gehaltenen Sekundärrecht allein beim *EuGH* monopolisiert. Dieses Verwerfungsmonopol bestätigt der Zustimmungsgesetzgeber durch Art. 23 iVm 59 II GG.

III. Fazit

Die Frage, ob die Verwaltung das gemeinschaftsrechtswidrige nationale Recht verwerfen soll, setzt folgendes voraus: Erstens, die Verwaltung kann nicht das nationale Recht gemeinschaftsrechtskonform auslegen. Zweitens, in den Mitgliedstaaten soll das Gemeinschaftsrecht unmittelbare Wirkung entfalten.

Die Verwerfungskompetenz der Verwaltung für das nationale Recht ist in zwei Konstellationen zu berücksichtigen: Die erste Konstellation ist eine *offenkundige* Kollision zwischen dem nationalen Recht und Gemeinschaftsrecht. Die zweite betrifft die *Zweifelsfälle* (Sonstige Fälle).

Die Verwaltung hat das nationale Recht zu verwerfen, wenn es *offenkundig* gegen das Gemeinschaftsrecht verstößt. Eine offenkundige Kollision liegt vor, zunächst wenn das Gemeinschaftsrecht klar und unbedingt geregelt ist, und dann wenn das Gemeinschaftsrecht und das nationale Recht einen Sachverhalt eindeutig entgegengesetzt regeln. In diesen Fällen kommt die Verwerfungskompetenz aufgrund des Anwendungsvorrangs des Gemeinschaftsrechts *allen Behörden* zu, ohne Rücksicht darauf, ob es Verfassungsrecht, Parlamentsgesetz oder untergesetzliche Norm ist.

Die Verwaltung kann das nationale Recht verwerfen, wenn sie daran *zweifelt*, dass das nationale Recht gegen das Gemeinschaftsrecht verstößt. Die Zweifelsfälle liegen vor, wenn die Verwaltung das nationale Recht nicht gemeinschaftsrechtskonform auslegen kann, und zugleich wenn es eine Möglichkeit gibt, dass die Zweifel durch den *EuGH* für gemeinschaftsrechtsmäßig gehalten werden.

Die Zweifelsfälle werden in drei Konstellationen geteilt: Das gemeinschaftsrechtswidrig gehaltene Verfassungsrecht, Parlamentsgesetz und die gemeinschaftsrechtswidrig gehaltenen untergesetzlichen Normen:

1. Das gemeinschaftsrechtswidrig gehaltene *Verfassungsrecht*: Ein Beispiel hierfür ist die *Kreil*-Rechtsprechung des *EuGH*. Dies ist der Fall, dass die Verwaltung (das Zentrum für Nachwuchsgewinnung und danach das Personalstammamt der Bundeswehr) Art. 12a IV 2 GG a. F. als gemeinschaftsrechtskonform (Art. 2 II der Richtlinie 76/207 EWG) ausgelegt hat. Kann die Verwaltung dagegen das Verfassungsrecht nicht als gemeinschaftsrechtskonform auslegen, hat sie die über Verwerfung des einschlägigen Verfassungsrechts nach der Logik der für gemeinschaftsrechtswidrig gehaltenen *Parlamentsgesetze* zu entscheiden. Die Unvereinbarkeit des Verfassungsrechts mit dem Gemeinschaftsrecht führt zur Unvereinbarkeit der auf dem Verfassungsrecht basierenden Parlamentsgesetze und Rechtsverordnungen mit dem Gemeinschaftsrecht.

2. Das für gemeinschaftsrechtswidrig gehaltene *Parlamentsgesetz*: Die Vereinbarkeit der für gemeinschaftsrechtswidrig gehaltenen Parlamentsgesetze mit dem Verfassungsrecht und das Verwerfungsmonopol des BVerfG (Art. 100 I GG) für die Parlamentsgesetze spielen keine Rolle. Es wird unterschieden, ob die Verwaltungsbehörde zur Durchführung des Gemeinschaftsrechts unter dem hierarchischen Aufbau der Verwaltung besteht oder weisungsfrei ist. Die untergeordneten Behörden und deren Beamten dürfen wegen der dienstlichen Verantwortung (§§ 38 I BRRG, 56 I BBG), Gehorsamspflicht (§§ 37 BRRG, 55 BBG), des Remonstrationsrechts (§§ 38 II BRRG, 56 II BBG), der Rechtsbindung (Art. 20 III iVm 1 III GG) und Kompliziertheit der nationalen und gemeinschaftlichen Normenkollisionen nicht die

Parlamentsgesetze selbst verwerfen, sondern müssen sich an ihre übergeordneten Behörden und Vorgesetzten, darüber hinaus an die Verwaltungsspitze wenden.

Zunächst hat die Verwaltungsspitze zu versuchen, ob sie die Parlamentsgesetze als gemeinschaftsrechtskonform auslegen kann. Die Pflicht der gemeinschaftsrechtskonformen Auslegung kann jedoch nicht als Maßstab zur Entscheidung der Verwerfungskompetenz wirken, da diese Pflicht nicht unmittelbare Anwendbarkeit des Gemeinschaftsrechts voraussetzt. Da das Gemeinschaftsrecht kein Prüfungsmaßstab des Art. 93 I Nr. 2 GG ist, kann die Verwaltungsspitze nicht auf Grund des Zweifels an der Gemeinschaftsrechtswidrigkeit von Parlamentsgesetzen beim BVerfG die abstrakte Normenkontrollklage erheben. Soweit in der alternativen Situation (entweder Anwendung oder Verwerfung der Parlamentsgesetze) die Verwaltungsspitze die Parlamentsgesetze absichtlich oder fahrlässig nicht verwirft, trifft sie im Hinblick auf Art. 288 II EGV, § 839 BGB iVm Art. 34 GG für die Verwerfung der Parlamentsgesetze keine Amtshaftung. Das Konzept zur Verwerfung der Parlamentsgesetze (des Verfassungsrechts), das das Gemeinschaftsrecht (Art. 234 EGV) verwirklichen will, ist ein *zweistufiger Mechanismus*: Da für die Verwaltungsspitze die Antragsbefugnis zum abstrakten Normenkontrollverfahren (vgl. Art. 93 I Nr. 2 GG) und die unmittelbare Zugangsmöglichkeit zum *EuGH* (vgl. Art. 234 EGV) versperrt sind, und da der Kontinuitätsmangel zwischen dem abstrakten Normenkontrollverfahren (Art. 93 I Nr. 2 GG) und dem Vorabentscheidungsverfahren (Art. 234 EGV) besteht, kann sie durch die Einschaltung des BVerfG (vgl. Art. 93 I Nr. 2 GG) nicht den *EuGH* erreichen. Für die *Verwaltungsspitze* bleibt nichts anderes übrig, als die Parlamentsgesetze zu verwerfen. Auf der Ebene der Verwaltungskontrolle und des Rechtsschutzes müssen *Gerichte* die Parlamentsgesetze verwerfen, wenn sie davon überzeugt sind, dass sie gegen das Gemeinschaftsrecht verstoßen; die Verwerfungskompetenz kommt zunächst der Verwaltungsspitze und dann den Gerichten zu.

Für die weisungsfreien Bundes- sowie Kommunalbehörden spielen Art. 93 I Nr. 2 GG und Art. 234 EGV keine Rolle. Die kommunalen weisungsfreien Behörden sind nicht an Weisungen gebunden, soweit Bundesrecht eine Beschränkung ihrer Weisungsfreiheit nicht regelt. Sie sind nicht verpflichtet, die für gemeinschaftsrechtswidrig gehaltenen Parlamentsgesetze dem Innenministerium oder der Verwaltungsspitze des Bundes vorzulegen. Die kommunalen weisungsfreien Behörden müssen die Parlamentsgesetze selbst verwerfen, wenn sie für zweifelhaft halten, dass die Parlamentsgesetze mit Gemeinschaftsrecht vereinbar sind, egal, ob sie für offenkundig oder möglicherweise gemeinschaftsrechtswidrig gehalten werden. Dabei kann die Verwerfung der Parlamentsgesetze die Rechtssicherheit der nationalen Rechtsordnung bedrohen.

3. Die für gemeinschaftsrechtswidrig gehaltenen untergesetzlichen Normen: Dass die Verwerfungskompetenz für die Rechtsverordnungen den einzelnen Behörden zukommt, bedeutet im Hinblick auf Art. 80 I GG die Verwerfung der Ermächtigungsgesetze. Dass die Verwerfungskompetenz für die Satzungen der Gemeinde den einzelnen sowie Kommunalaufsichtsbehörden zukommt, bedeutet, die in Art. 28 II 1 GG institutionell gewährleistete Satzungshoheit der Gemeinde zu beeinträchtigen. Die Verwerfungskompetenz für die für gemeinschaftsrechtswidrig gehaltenen untergesetzlichen Normen kommt dem *Rechtsverordnungsgeber* und *Gemeinderat* zu; die Aufhebungsverfahren ersetzen die Verwerfungskompetenz. Der Kommunalaufsichtsbehörde wird keine Verwerfungskompetenz für die für gemeinschaftsrechtswidrig gehaltenen Satzungen eingeräumt. Sie kann ihr Aufsichtsrecht verwirklichen, indem sie nach § 47 VwGO beim OVG die *abstrakte Normenkontrollklage* erhebt. Im Hinblick auf die Verwerfungskompetenz der Verwaltung für das für gemeinschaftsrechtswidrig gehaltene nationale Recht fehlt die Einheitlichkeit des Systems der abstrakten Normenkontrollverfahren (Art. 93 I Nr. 2 GG und § 47 VwGO); das Gemeinschaftsrecht wird als Prüfungsmaßstab des § 47 VwGO anerkannt, aber es ist kein Prüfungsmaßstab für den Art. 93 I Nr. 2 GG. Der Zweifel der Kommunalaufsichtsbehörde an der Gemeinschaftsrechtskonformität der Satzungen kann via OVG mittelbar durch eine Entscheidung des *EuGH* geklärt werden. Aber die Verwaltungsspitze des Bundes, die im hierarchischen Aufbau der Verwaltung eine höhere Behörde als die Kommunalaufsichtsbehörde ist, kann nach Art. 93 I Nr. 2 GG durch die Einschaltung des BVerfG nicht den *EuGH* (vgl. Art. 234 EGV) erreichen. Die Antragsbefugnis der Kommunalaufsichtsbehörde ist eingeschränkt, soweit die abstrakten Normenkontrollverfahren für die untergesetzlichen Normen (§ 47 VwGO) die effektive Durchführung des Gemeinschaftsrechts verzögern können.

Kollision *innerhalb der Gemeinschaftsrechtsordnung*: Im Hinblick auf die *Maastricht*-Entscheidung des BVerfG stellt sich die Frage, ob nicht nur die Gerichte, sondern auch die Verwaltung das die Reichweite der vom Zustimmungsgesetz erteilten Ermächtigung überschreitende Sekundärrecht verwerfen kann. Da die Verwaltung gem. Art. 20 III, 1 III GG an Recht und Gesetz und damit auch an Art. 23 und 24 GG gebunden ist und da der

Zustimmungsgesetzgeber die Verwerfungskompetenz gegenüber allen Normenkollisionen innerhalb des Gemeinschaftsrechts durch Art. 234 EGV beim *EuGH* monopolisiert hat, ist diese Verwerfungskompetenz der Gerichte und der Verwaltung abzulehnen. Dies gilt auch für das offenkundig gemeinschaftsrechtswidrige Gemeinschaftsrecht.

Dritter Teil

Normprüfungs- und Verwerfungskompetenz der Verwaltung unter dem südkoreanischen Verfassungsrecht

Nach der Befreiung (1945) von japanischer Koloniezeit stand die koreanische Rechtswissenschaft bis zum Ende der 60er Jahre weiter unter dem Einfluß des japanischen Rechtssystems; während dieser Zeit übernahm sie mittelbar das deutsche Rechtssystem durch Japan. Die unmittelbare *Rezeption*[992] des deutschen Rechtssystems auf die koreanische Rechtswissenschaft begann ab dem Anfang 70er Jahre. Sie wurde in allen rechtswissenschaftlichen Bereichen fortgeführt. Als (Zwischen)ergebnis der Rezeption im öffentlich-rechtlichen Bereich ist Folgendes bemerkenswert: Erstens, dass nach dem Vorbild des Bundesverfassungsgerichts das Koreanische Verfassungsgericht[993] (folgend *KVerfG.* vgl. Art. 111 ff. KV) im Jahr 1988 eingerichtet worden ist. Es führt dazu, dass die Grundrechte besser gewährleistet werden und die politischen Streitigkeiten[994] durch Verfassungsrecht kontrolliert werden.[995] Zweitens, im Hinblick auf das Verwaltungsrecht ist das durch *O. Mayer* systematisierte Allgemeine Verwaltungsrecht, vor allem seine Theorie über den Verwaltungsakt in das koreanische Verwaltungsrechtssystem direkt übernommen worden.[996] Ab den

---

[992] Ausführlich dazu *J.-H. Seok*, Die Rezeption; *ders.*, in: Pitschas (Hrsg.), Entwicklungen, S. 57 ff.; *H.-J. Kim*, in: Battis/Mahrenholz/Tsatsos (Hrsg.), Das Grundgesetz, S. 175 ff.; *ders.*, JöR 35 (1986), S. 575 ff.

[993] Dazu allgemein *S.-B. Hong*, VerfR, Rn. 1988 ff.; *Y. Huh*, JöR 45 (1997), S. 535 ff.; *ders.*, JöR 48 (2000), S. 471 ff.; *Y.-S. Kwon*, VerfR, S. 1096 ff.

[994] Ein jüngst repräsentatives Beispiel dafür ist die Anklage zur Amtsenthebung des Staatspräsidenten (Moo-Hyun Rho) vom 12. März 2004: Die Mehrheitspartei im Parlament erhob wegen des Verstoßes gegen die politische Neutralitätspflicht der Beamten Klage gegen den Staatspräsident, der zur Oppositionspartei gehört; bei einigen Pressekonferenzen äußerte er seine Meinung, die seine politische Partei hinsichtlich des Wahlkampfes zum Parlament (15. April 2004) unterstützt. Das Parlament hielt diese Äußerungen für einen Verstoß gegen Art. 9 Wahlgesetz (Neutralitätspflicht der Beamten für Wahlkampf). Demgegenüber wies das *KVerfG* die Klage damit ab, dass er gegen die Neutralitätspflicht der Beamten verstoße, aber die Intensität des Verstoßes nicht erheblich sei. Dazu *KVerfGE* 16-1, 609 ff.; **a. A.** *K.-H. Kang*, in: SfÖR 5/1 (2004.2), S. 213 ff.

[995] Vgl. *J.-H. Seok*, in: Pitschas (Hrsg.), Entwicklungen, S. 65 f. Unter der Erkenntnis, dass das Verfassungsprozessrecht von der Theorie der Grundrechte getrennt nicht diskutiert werden kann (vgl. *J.-S. Chung*, VerfPR, S. iv im Vorwort), sind die deutschen Kommentare über die Grundrechte (z. B. *Dreier*, GG I-III; *Isensee/Kirchhof* (Hrsg.), HdStR I-X; *Jarass/Pieroth*, GG; *Maunz-Dürig*, GG I-V; *Sachs*, GG; *Stern*, StaR I-V; *v. Mangoldt/Klein/Starck*, GG 1-3; *v. Münch/Kunig*, GG 1-3 usw.) und Verfassungsgerichtsbarkeit (z. B. *Benda/Klein*, VerfPR; *Maunz/Schmidt-Bleibtreu/Klein/Bethge*, BVerfGG 1-2; *Umbach/Clemens/Dollinger* (Hrag.), BVerfGG usw.) für unerlässliche Materialien zur wissenschaftlichen Forschungen in Korea gehalten worden.

[996] Das deutsche Verwaltungsrecht übt unparteilich Einfluss auf das Allgemeine Verwaltungsrecht bis zum Besonderen Verwaltungsrecht bzw. Verwaltungsprozessrecht aus. Folgend sind die allgemein gelesenen Bücher und Kommentare: Allgemeines Verwaltungsrecht: *Erichsen/Ehlers* (Hrsg.), AllgVerwR; *Forstfoff*, VerwR I; *Maurer*, AllgVerwR; Wolff/Bachof/Stober, VerwR 1-3. Besonderes Verwaltungsrecht: *Schmidt-Aßmann* (Hrsg.),

1980er Jahren erweitert sich der Gegenstand der Rechtsrezeption auf Staaten wie Frankreich, Großbritannien und die USA. Nun findet für das koreanische Recht weitere Rezeptionsarbeit in detaillierten Bereichen des deutschen Rechts statt.

Unter dem südkoreanischen Verfassungsrecht ist das Thema der Normprüfungs- und Verwerfungskompetenz der Verwaltung demjenigen unter dem Grundgesetz ähnlich; die logischen Begründungen sind mit dem ersten Teil der Arbeit gleichartig. Die Fragestellung dieses Themas fängt zuerst mit dem Allgemeinen Verwaltungsrecht an. Da man seine richtige Lösung jedoch aus dem Verfassungs- sowie Verwaltungsprozessrecht finden muss[997], beinhaltet das Thema die Bereiche, die das Verfassungs- und Verwaltungsrecht miteinander verknüpft. Wegen dieses zusammengesetzten Charakters des Themas und wegen der mit den kontinentalen und englisch-amerikanischen Rechtssystemen gemischten Merkmale des koreanischen Rechtssystems gibt es in Südkorea bisher noch keine richtige Diskussion über das Thema. Nur wenige Wissenschaftler[998] stellen die deutsche Theorie in Südkorea vor. Aber das Thema ist bedeutsam, um die bisherige Rezeption der ausländischen Rechtssysteme beurteilen; das *Einheitlichkeitsprinzip der Rechtsordnung* im koreanischen Rechtssystem wird wegen der rapiden Einfuhr der verschiedenen Rechtssysteme gefährdet. Es muss geklärt werden, wie die Verwaltung auf die Normenkollisionen unter dem Verfassungsrecht reagieren soll, um die Einheitlichkeit der koreanischen Rechtsordnung zu schützen.

Zunächst werden die Prinzipien der Gesetzmäßigkeit der Verwaltung und Rechtssicherheit dargestellt, die als Grundlage der Untersuchung unter dem koreanischen Verfassungsrecht verstanden werden (unten § 9). Rechtsprechung und Lehre, die mit dem Thema unmittelbar sowie mittelbar Zusammenhänge haben, werden zusammengefasst (§ 10). Darauf werden die Möglichkeiten und Grenzen der Normprüfungskompetenz (§ 11) und Verwerfungskompetenz (§ 12) der Verwaltung unter dem koreanischen Verfassungsrecht untersucht.

BesVerwR; *Achterberg/Püttner/Würtenberger* (Hrsg.), BesVerwR I-II; *Brügelmann*, BauGB 1-6; *Erichsen*, KommunalR; *Ernst/Zinkahn/Bielenberg*, BauGB 1-5; *Hoppe/Bönker/Grotefels*, ÖffBauR; *Hoppe/Beckmann/Kauch*, UmweltR; *Jarass*, BImSchG; *ders.*, WirtVerwR; *Pieroth/Schlink/Kniesel*, PoluOrdR; *Schmidt-Aßmann* (Hrsg.), BesVerwR; *Stober*, AllgWirtVerwR; *ders.*, BesWirtVerwR; *Steiner* (Hrsg.), BesVerwR. Verwaltungsprozessrecht: *Kopp/Ramsauer*, VwGO; *Redeker/von Oertzen*, VwGO; *Schoch/Schmidt-Aßmann/Pietzner*, VwGO I-II. Verwaltungsverfahrensrecht: *Knack* (Hrsg.), VwVfG; *Kopp/Ramsauer*, VwVfG; *Obermayer*, VwVfG; *Stelken /Bonk/Sachs*, VwVfG usw.

[997] Im Hinblick auf die Normverwerfungskompetenz der Verwaltung gegenüber Gesetzen, Rechtsverordnungen und Satzungen der Gemeinde sowie Gemeindeverbände wird das Thema Verfassungsprozessrecht (bei den Vorschriften des Verfassungsrechts und Parlamentsgesetze mit dem konkreten Normenkontrollverfahren (Art. 107 I, 111 I Nr. 1 KV iVm §§ 41 I, 68 II KVerfGG)), mit dem Verwaltungsprozessrecht und Verwaltungswiderspruchsrecht (§§ 42a KVwWG, 41 I KVwVfG) verknüpft.

[998] Z. B. *J.-S. Hong*, VerwR I, Rn. 193, 293 f.; *N.-J. Kim*, Worlgangoshi 1991/1, S. 44 ff.

§ 9 Gesetzmäßigkeit der Verwaltung und Rechtssicherheit

I. Gesetzmäßigkeit der Verwaltung

Das südkoreanische Verfassungsrecht kennt das Rechtsstaatsprinzip als ein zentrales Verfassungsprinzip. Es gibt verschiedene Meinungen darüber, was die Elemente des Rechtsstaatsprinzips sind[999], aber es ist unstreitig, dass das Gewaltenteilungsprinzip zu seinen wesentlichen Inhalten zählt. Art. 40, 66 IV, 101 I KV regeln das Prinzip der Gewaltenteilung. Danach wird gegenüber der Verwaltung angeordnet, dass ihre Tätigkeiten gesetzmäßig sind. In Südkorea nennt man das Prinzip der Gesetzmäßigkeit „Bopchi Haengjong". Nach der Theorie *O. Mayers* („Die Herrschaft des Gesetzes")[1000] werden die rechtssatzschaffende Kraft des Gesetzes, der Vorrang des Gesetzes und der Vorbehalt des Gesetzes als seine Elemente verstanden.[1001]

---

[999] Einige Lehrbücher zum Verfassungsrecht stellen die Elemente des Rechtsstaatsprinzips folgendermaßen dar:
- *Y. Huh*, VerfT und VerfR I, S. 278 ff., ordnet sie in materiale (Freiheit, Gleichheit und Gerechtigkeit), strukturelle (S. 279: „Der Rechtsstaat stellt ein strukturelles Prinzip dar, es den Inhalt, das Maß und die Form des Staastslebens bestimmt"), institutionelle (Garantie der Grundrechte und das Prinzip der Gewaltenteilung), verfahrensweise sowie formelle (Primat des Rechts: Bindung an Verfassungsrecht und Recht der Rechtsetzungen, Gesetzmäßigkeit der Verwaltung, Effektives Rechtsschutzsystem, Vertrauensschutz sowie Rückwirkungsverbot und Übermaßverbot) Elemente ein.
- *H.-Y. Kay*, VerfR I, S. 348 ff., ordnet sie in materiale (Würde des Menschen, Freiheit und Gleichheit) und formelle (institutionelle) (Die Garantie der Grundrechte, Gewaltenteilung, das Prinzip des Rechtsvorbehalts, Verbot der umfassenden Auftragsrechtsetzungen, Judikativer Rechtsschutz, das Prinzip der Rechtssicherheit, das Prinzip des Übermaßverbot (Verhältnismäßigkeit) und Konstitutionalismus und Staatsnotstand) Elemente ein.
- *T.-S. Kim*, VerfR, S. 198 f., ordnet sie in die Garantie der Grundrechte, Gewaltenteilung, Judikativer Rechtsschtuz usw (Rechtssicherheit, Voraussehbarkeit der Verwaltungstätigkeiten und Verbot der umfassenden Auftragsrechtsetzungen) ein.
- *Y.-S. Kwon*, VerfR, S. 151 ff., ordnet sie in Konstitutionalismus, Garantie der Grundrechte und Garantie der Rechtmäßigkeit des Verfahrens, Vollständigkeit des judikativen Rechtsschutzes, Gewaltenteilung, Annahme des Normenkontrollverfahrens für die verfassungswidrigen Gesetze, Verbot der umfassenden Auftragsrechtsetzungen für die Exekutive, Gesetzmäßigkeit der Verwaltung und Judikative Kontrolle und Voraussehbarkeit für die Gewaltenausführungen und das Prinzip des Vertrauensschutzes ein.

[1000] Deutsches Verwaltungsrecht, Erster Band, Dritte Auflage (1924), S. 64 ff.

[1001] *J.-S. Hong*, VerwR I, Rn. 154; *D.-H. Kim*, VerwR I, S. 33 f.; *N.-J. Kim*, VerwR I, S. 38; *Y.-H. Park*, VerwR I, S. 35 f.; *J.-H. Seok*, Die Rezeption, S. 77; *B.-T. Tschon*, VerwR I, S. 185.

Die rechtssatzschaffende Kraft des Gesetzes[1002] bedeutet, dass die Gesetze allein vom Parlament erlassen werden können, dass sie für die Verhältnisse der Rechte und Pflichten der Bürger Bindungswirkung entfalten, und dass sie allein Bindungskraft als Rechtsnormen entfalten. Danach gehört die rechtsetzende Gewalt prinzipiell zum Parlament (Art. 40 KV), und die Verwaltung kann ohne Ermächtigung des Gesetzes keine Rechtsverordnungen erlassen (vgl. Art. 75, 95 KV). Art. 76 KV regelt eine Ausnahme dafür, dass der Staatspräsident die *gesetzvertretenden Rechtsverordnungen* beim Staatsnotstand unter engen Voraussetzungen erlassen kann.

Das Prinzip des *Vorrangs des Gesetzes* bedeutet, dass die nach dem verfassungsmäßigen Verfahren erlassenen Gesetze außer dem Verfassungsrecht allem staatlichen Handeln vorgehen, die Verwaltung nicht gegen Gesetze verstoßen darf und dabei die Gesetze verfassungsmäßig sein müssen. Es ergibt sich aus Art. 107 II KV.[1003] Zu den „Gesetzen" gehören das Verfassungsrecht, die formalen Gesetze, die übrigen geschriebenen Rechte (z. B. Geschäftsordnungen der Verfassungsorgane) und die ungeschriebenen Rechtsprinzipien.[1004] Es gilt für alle Bereiche der Verwaltung; günstige, eingreifende, organisatorische (vgl. Art. 96 KV) und Staatshandeln in Form des Privatrechts usw.[1005] Gegen das Prinzip des Vorrangs des Gesetzes verstoßendes Verwaltungshandeln ist grundsätzlich nichtig, und führt zu Staatshaftung.[1006]

Das Prinzip des *Vorbehalts des Gesetzes* bedeutet, dass alles Verwaltungshandeln auf gesetzlicher Grundlage beruht. Das Verfassungsrecht bestimmt es nicht deutlich, aber Art. 37 II KV ist dafür ein unmittelbarer Grund.[1007] Wie in Deutschland[1008] ist der *Umfang* des

---

1002 *J.-S. Hong*, VerwR I, Rn. 154, vgl. auch *N.-J. Kim*, Grundfragen, S. 37, stellt vor, dass die rechtssatzschaffende Kraft des Gesetzes im allgemeinen in Deutschland (So *Ossenbühl*, in: Erichsen/Ehlers (Hrsg.), AllgVerwR, § 9 Rn. 7) aus den Elementen der Gesetzmäßigkeit der Verwaltung ausgeschlossen worden sei, da es die Fälle gibt, dass nicht nur die Gesetze, sondern auch die allgemeinen Prinzipien der Verwaltung (z. B. die auf dem Gleichbehandlungsprinzip basierende Selbstbindung der Verwaltung), Gewohnheitsrecht (z. B. der Grundsatz der freien Rücknahme rechtswidriger Verwaltungsakte, dazu *Ossenbühl*, in: Erichsen/Ehlers (Hrsg.), AllgVerwR, § 6 Rn. 71) und darüber hinaus bei Verwaltungsvorschriften auch oft ihr rechtsnormativer Charakter, d. h. Außenwirkung anerkannt werden könne. *Y.-T. Kim*, in: Uni. Korea Rechtsbeiträge Bd. 33 (1997.8), S. 123 ff., scheidet die rechtssatzschaffende Kraft des Gesetzes in der Tat aus der Gesetzmäßigkeit der Verwaltung aus.

1003 *J.-S. Hong*, VerwR I, Rn. 155; *Y.-H. Park*, VerwR I, S. 39.

1004 *J.-S. Hong*, VerwR I, Rn. 156; *N.-J. Kim*, VerwR I, S. 39.

1005 *J.-S. Hong*, VerwR I, Rn. 157; *D.-H. Kim*, VerwR I, S. 33 f.; *B.-T. Tschon*, VerwR I, S. 186.

1006 *J.-S. Hong*, VerwR I, Rn. 158; *N.-J. Kim*, VerwR I, S. 39.

1007 Art. 37 II KV ist mit Art. 12 I, 23 III KV ein Beispiel für den die Grundrechte beschränkenden Gesetzvorbehalt (*T.-S. Kim*, VerfR, S. 318; *Y. -S. Kwon*, VerfR, S. 346), und er ist mit Art. 23 I 2 KV ein Beispiel für den die Grundrechte gestaltenden Gesetzevorbehalt (*Y. Huh*, KVerfR, S. 278). Darüber hinaus nehmen *J.-S. Hong*, VerwR I, Rn. 163; *ders.*, Sondervorlesung zum VerwR, S. 29; *Y.-H. Park*, VerwR I, S. 39, Art. 23 I, III, 25,

Vorbehalts des Gesetzes in Südkorea umstritten; es gibt dafür die Eingriffsvorbehaltstheorie, die Totalvorbehaltstheorie, die Sozialvorbehaltstheorie (Leistungsverwaltungsvorbehaltstheorie)[1009], die Wesentlichkeitstheorie, die Neueingriffsvorbehaltstheorie[1010] und die Gewaltverwaltungsvorbehaltstheorie. Die Gewaltverwaltungsvorbehaltstheorie ist eine Theorie, nach der für alles Verwaltungshandeln eine rechtliche Grundlage erforderlich ist, egal, ob es Eingriffsverwaltung oder Leistungsverwaltung ist.[1011] Sie ist auf der Basis der deutschen Theorie in Japan und Korea weiter entwickelt worden, und die restlichen Theorien basieren auf der deutschen Rechtsprechung und Lehre. Wie das *BVerfG*[1012] nimmt auch das *KVerfG*[1013] die Wesentlichkeitstheorie an. In der Literatur[1014] gibt es dazu die Kritik, dass im einzelnen Fall die Entscheidung darüber, was das Wesentliche ist, schwer sei, trotzdem unterstützt sie die Wesentlichkeitstheorie. Aber es gibt eine einflußreichende Meinung[1015], dass der Umfang des Gesetzesvorbehaltes außer bei der Eingriffsverwaltung bei der Leistungsverwaltung oder in sonstigen Verwaltungsbereichen, z. B. in mit der Wiedervereinigung zusammenhängenden Diensten, dem Straßenbau usw. nach der Verwaltungstätigkeit individuell und konkret bestimmt werden solle, da es bei diesen Fällen schwer ist, das Prinzip des Gesetzesvorbehaltes einheitlich anzuwenden.

Im Hinblick auf den Grundsatz des Gesetzesvorbehaltes bestehen folgende Fragen: Erstens bezüglich der *Schulverwaltung*[1016], die Angelegenheiten, z. B. über den Ziel und

---

31, 33, 38, 39, 96, 100, 107 III, 118 als Beispiele des Gesetzvorbehaltes.

1008 So *Jestaedt*, in: Erichsen/Ehlers (Hrsg.), AllgVerwR, § 10 Rn. 34; *Maurer*, AllgVerwR, § 6 Rn. 9 ff.

1009 Es ist Mindermeinung, dass der Vorbehalt des Gesetzes auch außer für die Eingriffsverwaltung für die Leistungsverwaltung gelte (z. B. *S.-K. Lee*, VerwR I, S. 119). Kritisch dazu *J.-S. Hong*, VerwR I, Rn. 173.

1010 Sie ist eine Theorie, die der Totalvorbehaltstheorie und Sozialvorbehaltstheorie kritisch gegenübersteht und von der Eingriffsvorbehaltstheorie abweichend ist; bei der Leistungsverwaltungen sei der Vorbehalt des Gesetzes nicht unerlässlich, aber die rechtliche Grundlage sei erforderlich, um bei den Sonderrechtsverhältnisse (besondere Gewaltenverhältnisse: z. B. in der Schulverwaltung und Strafgefangenenverwaltung) die Freiheit und Rechte der Mitglieder einzuschränken. In Korea ist sie Mindermeinung, und als Theorie *Ossenbühls*, in: Erichsen/Ehlers (Hrsg.), AllgVerwR (12. A.), § 9 Rn. 10 ff., vorgestellt worden. Dazu *N.-J. Kim*, VerwR I, S. 42; *ders.*, Grundfragen, S. 42 f.; *J.-S. Hong*, VerwR I, Rn. 172.

1011 Dazu *Y.-H. Park*, VerwR I, S. 41; *J.-S. Hong*, VerwR I, Rn. 174 f.

1012 *BVerfGE* 33, 1; 58, 257/268 f.; 95, 267/307. Vgl. dazu *Detterbeck*, Jura 2002, S. 236 ff.; *Ehlers*, in: Erichsen/ders. (Hrsg.), AllgVerwR, § 2 Rn. 42; *Maurer*, AllgVerwR, § 6 Rn. 10; *Suckow/Weidemann*, AllgVerwR, Rn. 31.

1013 Das *KVerfGE* (11-1, 633/644 ff., 27. 5. 1999, 98Hyunba70) hat entschieden, dass § 36 I iVm 35 KöRfuG (das Koreanisch öffentliche Rundfunkunternehmengesetz) gegen den Gesetzesvorbehat verstoße, da es nicht direkt selbst die Rundfunkgebühr regelt, sondern den koreanisch öffentlichen Rundfunkunternehmen erlauben, über sie zu entscheiden und dann durch den Minister zur Kulturreise genehmigen zu lassen.

1014 Z. B. *J.-S. Hong*, VerwR I, R. 170; *ders.*, Sondervorlesung zum VerwR, S. 32; *D.-H. Kim*, VerwR I, S. 38; *N.-J. Kim*, VerwR I, S. 42; *ders.*, Grundfragen, S. 44; *Y.-H. Park*, VerwR I, S. 42; *B.-T. Tschon*, VerwR I, S. 192 f.

1015 *J.-S. Hong*, VerwR I, R. 176; *ders.*, Sondervorlesung zum VerwR, S. 32; *D.-H. Kim*, VerwR I, S. 40; *N.-J. Kim*, VerwR I, S. 42 f.; *ders.*, Grundfragen, S. 44 f.; *B.-T. Tschon*, VerwR I, S. 193.

1016 Auch in anderen Bereichen, z. B. die Reichweite zur Anwendung des Prinzips des Gesetzesvorbehaltes bezüglich der Erhebung und Ermäßigung einer Steuer, ist die Forschung zur Konkretisierung des Prinzips des

Inhalt der Sexualkunde, die Zulässigkeit, den Umfang und das Verfahren von Strafen und Verweisen im Klassenraum bzw. in der Schule und den Eintritt und die Entlassung der Schule usw., die bereits unter dem Art. 7 I GG in Landesgesetzen geregelt worden sind, und in Korea noch in Form der Verwaltungsvorschriften des Bildungsministeriums bestimmt werden sind.[1017] Zweitens geht es darum, wie die Verwaltungshandlungen kontrolliert werden können, die nicht gegen Grundrechte verstoßen, auf alle Bürger als ihren Gegenstand abzielen, enge Zusammenhang mit dem täglichen Leben der Bürger haben, aber gegen das Prinzip des Gesetzesvorbehaltes verstoßen. Ein Beispiel dafür war jüngst in Südkorea die Durchführung von Vereinigungs-online-Glücksspiel (sog. *Lotto*)[1018]; die neun Ministerien und eine große Gemeinde haben es gemeinsam ohne rechtliche Grundlage sowie ohne Verwendungsregelungen über den Ertrag eingeführt. Dagegen haben die bürgerlichen Verbände den Antrag zum Verbot der Ausgabe sowie des Verkaufes von Lottolosen beim Amtgericht gestellt, aber er hatte keinen Erfolg.[1019] §§ 3 Nr. 3, 45 iVm 46 KVwGO (Die Koreanische Verwaltungsgerichtsordnung) regeln die Popularklage; sie kann „nur derjenige, der dazu gesetzlich befugt ist, insoweit erheben, als dies nach gesetzlicher Vorschrift zulässig ist" (§ 45 KVwGO). Daher ist es in der Tat unmöglich, dass die Bürger ohne Verletzung ihrer subjektiven Rechte durch die verwaltungsgerichtlichen Klagen eine Berichtigung oder Verbesserung der Verwaltungstätigkeiten erstreben.[1020] In folgenden Fällen kann man den Antrag zur Popularklage erheben: Erstens, wenn Wahlkampfklagen über die Wirksamkeit und den Gewinn der Wahl bei den Wahlen von Staatspräsidenten, Mitgliedern des Parlaments sowie des Gemeinderates und Bürgermeistern erhoben werden (vgl. §§ 219 ff. KGWP: Das Koreanische Gesetz über den Wahlkampf zu öffentlichen Ämter sowie die Prävention von Wahlkorruption). Zweitens, wenn

---

Gesetzesvorbehaltes erforderlich. Dazu grundlegend *Y.-T. Kim*, in: Korea Uni. Rechtsbeiträge Bd. 33 (1997.8), S. 119 ff.

[1017] In diesem Sinne stellt die koreanische Schulverwaltung eine *Lücke des Rechtsstaates* dar, wie *Ossenbühl*, in: Erichsen/Ehlers (Hrsg.), AllgVerwR (12. A.), § 9 Rn. 18 (S. 204), bestimmt beschreibt.

[1018] Nach den bestehenden positiven Gesetzen können die einzelnen Ministerien und die vereinigten Ministerien nur die Glückslose ausgeben, die maximal bis zu 150 Millionen Won (ca. 1. 3 Millionen Euro) als der höchste Gewinn sind. Aber das im Dezember 2002 durchgeführte Lotto ist Glücksspiel, da sein höchster Gewinnbeitrag im Vergleich zu der alten Glücklose von 30 bis 100 Mal (da er von dem gesamten Umsatz und der Zahl der Gewinner abhängt) höher ist, obwohl es nach den *gleich* bestehenden Gesetzen ausgegeben wird. Es handelt sich darum, dass die rechtliche Ermächtigung zur Ausgebung von Lottolosen und die Verwendungsregelungen des Ertrags unklar sind. Damit wurde darauf aufmerksam gemacht, dass das Lotto gegen das Prinzip des Gesetzesvorbehaltes verstoße. Demgegenüber werden die Glücksspiele in Deutschland auf der Basis von Bundesgesetzen (z. B. das Rennwert- und Lotteriegesetz (RWG) vom 8. 4. 1922, Gewerbeordnung des Bundes, §§ 284 ff. StGB, §§ 762 f. BGB, Art. 70, 73 f. GG und LottVO 1937) und den Ländergesetzen (Gesetze über Lotterie und Lotto) durchgeführt. Insbesonders regeln §§ 7 I, II NLottG, 9 II Lotto-Toto-G ausdrücklich den Verwendungszweck und –regelungen. Dazu ausführlich *K.-H. Kang*, in: FS J.-H. Seok, S. 281 ff.

[1019] *K.-H. Kang*, in: FS J.-H. Seok, S. 311.

[1020] Das *KOG* (*E* 1996. 1. 23, 95Nu1236) hat auch entschieden, dass es keine Regelung dabei gibt, damit man durch die gerichtlichen Klagen für die Meinungsumfrage eine Behörde um die Berichtigung ersuchen könne. § 46 KVwGO regele nur ihr Verfahren, soweit eine Messenklage in einem Gesetz geregelt worden ist.

ein Wahlberechtigter, der einen Einwand über die Wirksamkeit der Volksabstimmung[1021] hat, mit der Zustimmung von über 100.000 Wahlberechtigten eine Klage wegen Ungültigkeit der Volksabstimmung erhebt (vgl. § 92 KGVa: Das Koreanische Gesetz über die Volksabstimmung). Drittens, wenn eine Klage zur Einwohnerabstimmung erhoben wird (vgl. § 25 II KGEa: Das Koreanische Gesetz über die Einwohnerabstimmung). Die einzige Möglichkeit kann das in Art. 26 KV bestimmte Petitionsrecht wie Art. 17 GG sein; nach § 4 KPetG (Das Koreanische Petitionsrechtsgesetz) wird es jedermann für die folgenden Angelegenheiten erlaubt: (1) Abhilfe zum Schaden; (2) Berichtigung einer Korruption der Beamten sowie Forderung einer Disziplinarstrafe oder Bestrafung der Beamten; (3) Aufstellung, Änderung und Verwerfung von Gesetzen, Verordnungen und Vorschriften; (4) Betrieb der öffentlichen Institutionen oder Einrichtungen; (5) daneben die Angelegenheiten, die Behörden oder öffentlichen Organen zukommen. Man kann durch das Petitionsrecht seine Berichtigung fordern, da die gegen das Prinzip des Gesetzesvorbehaltes verstoßende Durchführung von Lotto zu Nr. (3) gehört.[1022] Am 29. 1. 2004 hat das Parlament das *Gesetz über die Lotterie sowie Lotteriefonds* aufgestellt, damit hat es die rechtliche Grundlage und die Verwendungsregelungen des Ertrags von Lotto klar gemacht.

II. Rechtssicherheit als Bestandteil des Rechtsstaatsprinzips

Unter dem südkoreanischen Verfassungsrecht[1023] gibt es auch keine Zweifel wie im Grundgesetz [1024] daran, dass die Rechtssicherheit ein wesentliches Element des

[1021] Im Hinblick auf die staatlich „wichtigen politischen Angelegenheiten" erteilt Art. 72 KV dem Staatspräsidenten das Vorlagerecht zur Volksabstimmung, und für die durch die Nationalversammlung entschiedene Änderungsentwürfe zur Verfassung erteilt Art. 130 II KV dem Parlament das Vorlagerecht zur Volksabstimmung. In Bezug auf Art. 72 KV kann das Vorlagerecht zur Volksabstimmung dem Staatspräsidenten nicht erteilt werden, soweit er hinsichtlich der von den Staatspräsidenten nahen Anhängern Spendensammlungen zum Wahlkampf für das Staatspräsidentsamt das Unvertrauen des Volks durch die Volksabstimmung bestätigen lassen will. Dazu *Y.-S. Kwon*, VerfR, S. 97; vgl. auch *H.-Y. Kay*, VerfR I, S. 233; **a. A.** *T.-S. Kim*, VerfR, S. 1132.

[1022] *K.-H. Kang*, in: FS J.-H. Seok, S. 311.

[1023] *KVerfGE* 8-1, 51/84; vgl. 7-1, 460 ff.; *KOGE* 8. 9. 1987, 87Nu373; *H.-Y. Kay*, VerfR I, S. 347, 361 ff..; *Y.-S. Kwon*, VerefR, S. 154; *N.-J. Kim*, Grundfragen, S. 70; *D.-H. Kim*, VerwR I, S. 58; *Y.-H. Park*, VerwR I, S. 48, 74 f.; *B.-T. Tschon*, VerwR I, S. 138; vgl. *J.-S. Hong*, VerwR I, Rn. 228; *Y. Huh*, KVerfR, S. 145 f.; *ders.*, VerfT und VerfR, S. 282.

[1024] *BVerfGE* 2, 380/403; 60, 253/268 f.; 88, 384/403; 97, 67/78; *Hofmann*, in: Schmidt-Bleibtreu/Klein, GG, Art. 20 Rn. 89; *Jarass*, in: ders./Pieroth, GG, Art. 20 Rn. 30; *Schmidt-Aßmann*, in: Isensee/Kirchhof (Hrsg.), HdstR II, § 26 Rn. 81. *Maurer*, Staatsrecht I, § 8 Rn. 9 ff., nennt als Inhalt des Rechtsstaatsprinzips Schutz der Grundrechte, das Prinzip der Gewaltenteilung, Bindung der Staatsorgane an Rechte, das Prinzip des Gesetzesvorbehaltes, Gewährleistung der Rechtsabhilfe, Staatliche Ersatzleistungen, Bestimmtheitsgrundsatz zum Strafen, Rechtssicherheit und Verhältnismäßigkeitsprinzip. *Jarass*, in: ders./Pieroth, GG, Art. 20 Rn. 28 ff., zählt bezüglich des Art. 20 III GG als sein Inhalt Vorrang der Verfassung und Gesetzes, Vorbehalt des Gesetzes,

Rechtsstaatsprinzips ist. Meinungen in der Literatur[1025] verstehen sie als Quelle des Vertrauensschutzprinzips und setzen sie mit dem Vertrauensschutzprinzip gleich. Aber *H. Maurer* unterscheidet sie in Einzelpunkten[1026] vom Vertrauensschutzprinzip. Da jedenfalls das Vertrauensschutzprinzip sich aus der Rechtssicherheit ergibt[1027], stellt sie das umfassendere Prinzip dar. Während sie daher in Korea als ein Grundprinzip der Verfassung sowie des Verwaltungsrechts verstanden wird, wird das Vertrauensschutzprinzip hauptsächlich für ein Prinzip des verwaltungsrechtlichen Rechtsschutzes (z. B. beim Fall von Beschränkung der Rücknahme eines rechtswidrig begünstigenden Verwaltungsakts) gehalten. Folgende Voraussetzungen sind erforderlich, um den Vertrauensschutz geltend zu machen: (1) Bestehen einer vorhergehenden Maßnahme der Behörde; (2) Bestehen des schutzwürdigen Vertrauens der Privatperson; (3) Bestehen einer Verrichtung der Privatperson, die auf die vorhergehende Maßnahme der Behörde vertraut (z. B. ein Umzug, etwa ein bestimmtes Geschäft in Angriff zu nehmen); (4) Bestehen der Kausalität (eine Verrichtung der Privatperson muss auf Vertrauen der vorgehenden Maßnahme der Behörde beruhen) und (5) Bestehen einer Verfügung der Behörde, die gegen die vorhergehende Maßnahme verstößt.[1028]

Es bestehen Schwierigkeiten dabei, wie man das wechselseitiges Verhältnis sowie die Reichweite der Rechtssicherheit und des Vertrauensschutzprinzips deutlich bestimmt. Diese Schwierigkeiten gelten auch dafür, dass man das Element der Rechtssicherheit festhält[1029]; *Schmidt-Aßmann*[1030] beschreibt die zwei Merkmale der Rechtssicherheit, die „Beständig-

Rechtssicherheit ((Allgemeine) Bestimmtheit, Klarheit, Verweisung und Verkündung der Rechtsvorschriften, Vertrauensschutz zu Gesetzen (Rückwirkungsverbot, Übergangsregelungen), Rechtssicherheit des Verwaltungshandelns und der Rechtsprechung), Verhältnismäßigkeitsprinzip, Rechtsschutz im Bereich des Privatrechts und Bestimmtheitsgrundsatz zum Strafen.

1025 So *S.-B. Hong*, VerfR, Rn. 301; *J.-S. Hong*, VerwR I, Rn. 228, 251 ff.; *S.-T. Lee*, in: Anam Bd. 3 (1995. 11), S. 287 ff.; *D.-H. Kim*, VerwR I, S. 57 f.; *N.-J. Kim*, VerwR I, S. 51 f.; *ders.*, Grundfragen, S. 69 f.; *Y.-S. Kwon*, VerfR, S. 154; vgl. auch *Y. Huh*, VerfT und VerfR I, S. 282; *ders.*, KVerfR, S. 143; *B.-T. Tschon*, VerwR I, S. 138; *M.-H. Kim*, in: Uni. Busan Rechtsbeiträge Bd. 47 (1998. 12), S. 93 ff. vgl. auch dazu *Schmidt-Aßmann*, in: Isensee/Kirchhof (Hrsg.), HdStR II, § 26 Rn. 81 (Fn. 263). Daher verstehen nur einige Literaturen sie als unmittelbares Element des Rechtsstaatsprinzips. Z. B. *Y.-S. Chang*, in: Anam Bd. 2 (1994. 8), S. 157 ff.; *H.-Y. Kay*, VerfR I, S. 361 ff.; *Y.-T. Kim*, in: Uni. Korea Rechtsbeiträge Bd. 33 (1997. 8), S. 130 ff.

1026 In: Staatsrecht I, § 17 Rn. 113 (vgl. auch § 8 Rn. 50): „Der *Grundsatz des Vertrauensschutzes* ist bürgerbezogen, er stellt auf den Schutz des Vertrauens des Bürgers ab. Daraus folgt, dass er nur bei belastenden Gesetzen, nicht aber bei begünstigenden oder neutralen Gesetzen eingreift (vgl. *BVerfGE* 50, 177, 193). … Der im Rechtsstaatsprinzip verankerte *Grundsatz der Rechtssicherheit* beschränkt sich jedoch nicht auf den Schutz des Vertrauens des Bürgers, sondern fordert allgemein die Beständigkeit des Rechts".

1027 So *BVerfGE* 13, 261/271; *Maurer*, Staatsrecht I, § 17 Rn. 115; vgl. auch *Jarass*, in: ders./Pieroth, GG, Art. 20 Rn. 67.

1028 *J.-S. Hong*, VerwR I, Rn. 258 ff.; *ders.*, Sondervorlesung zum VerwR, S. 48 ff.; *N.-J. Kim*, Grundfragen, S. 72 f.; *ders.*, VerwR I, S. 53 f.; *Y.-H. Park*, VerwR I, S. 75 f.; *B.-T. Tschon*, VerwR I, S. 140 f.; *D.-H. Kim*, VerwR I, S. 58 f., zählt zusätzlich dazu ‚nicht Eingriff der allgemeinen Interesse oder der gerechten Interessen von Dritten'.

1029 *Schmidt-Aßmann*, in: Isensee/Kirchhof (Hrsg.), HdStR II, § 26 Rn. 81.

1030 In: Isensee/Kirchhof (Hrsg.), HdStR II, § 26 Rn. 81 ff.

keit" und „Vorhersehbarkeit" der „staatlichen Entscheidungen". Im Hinblick auf die Funktionen von Legislative, Judikative und Exekutive konkretisiert er sie in die Rechtskraft gerichtlicher Entscheidungen und die Bestandskraft der Verwaltungsakte, die administrative Selbstbindung, legislative Bestimmtheit und Vertrauensschutz einschließlich Rückwirkungsverbot des Gesetzes. Das *KVerfG* [1031] bestätigt, dass sie aus objektiven Elementen (Verlässlichkeit und Beständigkeit der Rechtsordnung, Klarheit und Rechtsfrieden) und einem subjektiven Element (Vertrauensschutz) bestehe, und die Literatur[1032] bestätigt, dass sie aus der Beständigkeit und Klarheit des Rechts bestehe.

Im ersten Teil (unter dem Grundgesetz)[1033] dieser Arbeit ist der Inhalt der Rechtssicherheit bereits in Beständigkeit, Bestimmtheit und Klarheit unterteilt worden. In Korea erkennen Rechtsprechung[1034] und Lehre[1035] die *Bestimmtheit* der Rechtsnorm nicht als Inhalt der Rechtssicherheit[1036]; sie differenzieren nicht zwischen Bestimmtheit und Klarheit von Rechtsvorschriften, und sie fassen beide unter dem Begriff „Klarheit". Obwohl die Bestimmtheit sich mit der Klarkeit überschneidet[1037], und es Schwierigkeiten gibt, beide deutlich zu unterscheiden, kann man nur mit dem Begriff Klarheit das eigene Merkmal der *Bestimmtheit* (von Rechtsvorschriften) zeigen, die umfassender ist als die Klarheit. Daher ist es vernunftgemäß, dass man die Rechtssicherheit so versteht, wie im ersten Teil, dass sie also aus Beständigkeit, Bestimmtheit und Klarheit besteht.[1038] Aber hier lässt sich die Rechtssicherheit in die Beständigkeit und Klarheit von Rechtsvorschriften nach der koreanischen Literatur differenzieren, wobei ich auf die oben genannten Probleme hinweise.

[1031] *KVerfGE* 8-1, 51/84.

[1032] *H.-Y. Kay*, VerfR I, S. 361 ff.; *Y.-H. Park*, VerwR I, S. 74; vgl. *Y.-T. Kim*, in: Uni. Korea Rechtsbeiträge Bd. 33 (1997. 8), S. 130 ff.; *Y.-S. Chang*, in: Anam Bd. 2 (1994. 8), S. 159.

[1033] S § 1 III.

[1034] Z. B. *KVerfGE* 4, 64/78 f.; 4, 64/79; 7-2, 297/307; 10-1, 213/219; 11-2, 285/300; 12-1, 169.

[1035] Vor allem übersetzt *H.-Y. Kay*, VerfR I, S. 362 f. die *„Inhaltliche Bestimmtheit der Rechtsnormen"* von *Maurer*, Staatsrecht I, § 8 Rn. 47 f. in „Das Prinzip der Rechtsklarheit". *S.-B. Hong*, VerfR, Rn. 855; *T.-S. Kim*, VerfR, S. 655 f., bemerkt nur den Begriff über die Klarheit (der Rechtsnorm) bezüglich der Theorie der Klarheit über die Einschränkung der Äußerungsfreiheit. Auch bemerkt *Y. Huh*, KVerfR, S. 145 f.; *Y.-S. Kwon*, VerfR, S. 798, nur die Klarheit (der Rechtsnorm) als ein Inhalt der Rechtsstaatlichkeit und als Grundsatz zur Ausübung der legislativen Gewalt.

[1036] Ein Grund dafür liegt darin, dass die deutschen Literaturmeinungen bei den Begriffen von Bestimmtheit und Klarheit der Rechtsnorm unterschiedlich sind; *Hofmann*, in: Schmidt-Bleibtreu/Klein, GG, Art. 20 Rn. 85 ff., schließt die Normklarheit in Bestimmtheit des Gesetzes. *Jarass*, in: ders./Pieroth, GG, Art. 20 Rn. 63, betont, dass die *„Klarheit des Gesetz"* sich mit der Bestimmtheit überschneide, und die beiden Gebote sich auf die „Widerspruchsfreiheit" von Rechtsvorschriften und gesamter Rechtsordnung beziehe.

[1037] *Jarass*, in: ders./Pieroth, GG, Art. 20 Rn. 63.

[1038] Zutreffend *Sachs*, in: ders. (Hrsg.), GG, Art. 20 Rn. 122 ff.

Die Beständigkeit von Rechtsvorschriften bedeutet, dass alle staatlichen Entscheidungen nicht durch die zuständigen Organe verworfen werden dürfen und weiter bestehen müssen. Für die Bürger ist die Beständigkeit von Rechtsvorschriften nötig, um ihre rechtlichen Verhältnisse zu erkennen und damit ihr Vertrauenschutz gewährleistet ist.[1039] Daher enthält die Rechtssicherheit den Vertrauensschutz als ein *wesentliches* Element[1040]. Sie bezieht sich auch auf die Rückwirkung von Rechtsvorschriften. Art. 13 I, II KV verbietet deutlich Bestrafungen und Entziehungen von Eigentumsrecht oder Stimmrecht durch die rückwirkende Rechtsetzung. Danach verneint das *KVerfG*[1041] prinzipiell die echte Rückwirkung von Rechtsvorschriften. Die Rückwirkung ist *ausnahmsweise* anerkannt, „wenn Vertrauen der Bürger für ihre rechtlichen Stellungen, das nach alten Rechtsvorschriften gewährleistet ist, nicht schutzwürdig ist oder zu klein ist, und wenn die durch die rückwirkende Rechtsetzung zu erreichenden öffentlichen Interessen äußerst wichtig sind und damit deutlich vorrangiger sind als die Vertrauensschutzinteressen von Bürgern, die nach alten Rechte gewährleistet werden sollen“[1042].

Die unechte Rückwirkung von Rechtsvorschriften wird prinzipiell bejaht.[1043] Dabei muss der Gesetzgeber die Vertrauensinteressen von Bürgern durch die *Übergangsregelungen* schützen. Das *KVerfG* betont bezüglich der Verfassungsbeschwerde für die §§ 69 I Nr. 2, 16 V Nr. 3 KApG (das Koreanische Apothekengesetz) die Wichtigkeit von Übergangsregelungen zum Vertrauensschutz von Bürgern: „Die Berufsfreiheit kann wegen des Verstoßes gegen das Vertrauensschutzprinzip verfassungsrechtlich verletzt werden, wenn das Änderungsgesetz für die ausgestatteten Berufsführenden keine Übergangsregelung bestimmt, obwohl es die Berufsfreiheit für die Zukunft verfassungsmäßig einschränkt. Daher muss das Änderungsgesetz für die Grundrechtsträger entsprechende Übergangsregelungen vorbereiten, wenn ihre Berufsausübungen durch das Änderungsgesetz zukünftig nicht mehr gestattet werden können, aber sie in der Vergangenheit gestatteten“[1044].

[1039] Vgl. *H.-Y. Kay*, VerfR I, S. 363 f.; *Y.-T. Kim*, in: Uni. Korea Rechtsbeiträge Bd. 33 (1997. 8), S. 138 f.; *S.-T. Lee*, in: Anam Bd. 3 (1995. 11), S. 289.
[1040] *KVerfG* (*E* 8-1, 51/84) beschreibt, dass der Vertrauensschutz der *subjektive Aspekt* der Rechtssicherheit sei.
[1041] So *KVerfGE* 8-1, 51/84 ff.; 11-1, 175/193; 10-2, 673/680. Auch *S.-B. Hong*, VerfR, Rn. 940; *Y. Huh*, KVerfR, S. 145; *H.-Y. Kay*, VerfR I, S. 364; *Y.-S. Kwon*, VerfR, S. 552; *Y.-H. Park*, VerwR I, S. 84.
[1042] *KVerfGE* 8-1, 51/88; 10-2, 530/539.
[1043] *KVerfGE* 1, 9/17; *S.-B. Hong*, VerfR, Rn. 940; *H.-Y. Kay*, VerfR I, S. 364; *Y.-S. Kwon*, VerfR, S. 552; *Y.-H. Park*, VerwR I, S. 84 f.; vgl. *Y. Huh*, KVerfR, S. 343.
[1044] *KVerfGE* 15-2 (Ha), 137/160.

Die Klarkeit von Rechtsvorschriften bedeutet, dass Ermächtigung, Inhalt, Ziel und Ausmaß von Rechtsvorschriften hinreichend bestimmt sind, und ihre Grenze festgesetzt ist, um dazu zu führen, dass Bürger ihre rechtlichen Verhältnisse regulieren können, indem sie die staatlichen Tätigkeiten erwarten und einschätzen.[1045] Das *Maß* der Klarheit kann nicht einheitlich bestimmt werden. Es hängt davon ab, ob Rechtsvorschriften ihre für die Personen wirkende Bedeutung, Wirkung und Gegenstände mit dem Rechtsetzungsziel exakt zum Ausdruck bringen können.[1046] Das *KVerfG*[1047] hat entschieden, dass „das Gebot der Klarheit erleichtert werden muss, wenn die Rechtsvorschriften ihre Regelungsgegenstände nicht einheitlich bestimmen können, da sie äußerst verschieden sind, und sie ihrem Charakter nach beliebig wechseln, obwohl diese Rechtsvorschriften Rechtsetzung für die Grundrechtseinschränkungen sind". Generalklauseln, unbestimmte und auslegungsbedürftige Rechtsbegriffe sind zulässig, soweit das Ziel und der Umfang der Regelungen erkennbar sind.[1048] Wird eine willkürliche Handhabung durch die staatlichen Organe ermöglicht, ist das Klarheitsgebot *verletzt*.[1049]

[1045] Vgl. *KVerfGE* 10-1, 327/341 f.
[1046] Vgl. *KVerfGE* 11-2, 285/300; *H.-Y. Kay*, VerfR I, S. 362.
[1047] *KVerfGE* 12-1, 169.
[1048] *KVerfGE* 4, 64/79; 7-2, 297/307; 8-2, 792; 10-1, 640/655; 12-1, 741/748; 14-2, 600 f.
[1049] *KVerfGE* 10-1, 327/341 f.; *H.-Y. Kay*, VerfR I, S. 362.

§ 10 Meinungsstand zu der Normprüfungs- und Verwerfungskompetenz der Verwaltung

In Südkorea ist die *JgA*[1050]*-Entscheidung* des *KVerfG*[1051] vom 15. 10. 1990 ein Anlass für die Diskussion über die Normprüfungs- und Verwerfungskompetenz der Verwaltung gewesen: § 4 II KJgAG beauftragt den Vorsitzenden des KOG (Das Koreanische Oberste Gericht) damit, dass er die erforderlichen Angelegenheiten über die Durchführung von JgA-Examen in Form der Geschäftsordnung des KOG bestimmt. Er regelt gem. Art. 108 KV, § 4 II KJgAG hinsichtlich des Prozeßverfahrens des KOG die Geschäftsordnung.[1052] Nach der Geschäftsordnung hat er in Form einer Ausführungs*vorschrift* (der gerichtlichen Verwaltung, die verwaltungsvorschriftlichen Charakter besitzt) die Regelung getroffen: „der Verwaltungsdirektor des KOG (vgl. § 67 KGGO) kann mit der Anerkennung des Vorsitzenden des KOG das JgA-Examen durchführen, wenn er sich davon überzeugt, dass die Anzahl von JgA ergänzt werden soll (§ 3 I KJgAGVV: Die (Durchführungs-)Verwaltungsvorschrift zum koreanischen Gesetz über die Juristinnen/Juristen zur gerichtlichen Angelegenheiten). Da der Verwaltungsdirektor des KOG sich davon überzeugte, dass mit denjenigen die Anzahl von JgA ergänzt werden könnte, die in Gerichten oder Staatsanwaltschaften als Beamte für die Qualifikation von JgA bestimmte Jahre lang arbeiteten, hat er gem. § 3 I KJgAGVV mehrere Jahre lang nicht das JgA-Examen durchgeführt. Der Beanspruchende, der das JgA-Examen zugleich vorbereitete, indem er bei einem JgA-Büro 15 Jahre und in einer Rechtsanwalts-Kanzlei 12 Jahre lang als Angestellter tätig war, hat gegen die § 3 I KJgAGVV mit dem Argument beim *KVerfG* Verfassungsbeschwerde erhoben, dass sein Gleichhandlungsrecht (Art. 11 I 1 KV) verletzt würde, da er am JgA-Examen nicht teilnehmen konnte, weil es nicht durchgeführt wurde.

Demgegenüber hat das *KVerfG* entschieden, dass „die erforderlichen Angelegenheiten über die Durchführung von JgA-Examen“, Prüfungsfächer, Durchführungshinweise, Durchführungszeit und Durchführungshäufigkeit von JgA-Examen usw. seien, die konkrete

---

[1050] Juristinnen/Juristen zu gerichtlichen Angelegenheiten (JgA) sind, selbständige Berufsträger und arbeiten für die Anfertigungen von Dokumente, die bei Gerichten oder Staatsanwaltschaften vorgelegt werden, und für die Eintragung bei Gerichten und daneben für die Anmeldungen zur Registrierung erforderlich sind (vgl. § 2 I JgAG: Gesetz über die Juristinen/Juristen zur gerichtlichen Angelegenheiten). Sie können durch die Staatsexamen die Qualifikation erhalten (§ 4 JgAG). Nach *§ 5a JgAG* können diejenigen von einigen Prüfungsfächern befreit werden, die bereits bei Gerichten, dem KVerfG und Staatsanwaltschaften als Beamte für bestimmte Jahren gearbeitet haben.

[1051] *KVerfGE* 2, 365 ff.; vgl. auch *J.-S. Chung*, in: VerfGeAbh. 3 (1992), S. 333 ff.; *Y.-S. Kwon*, VerfR, S. 999.

[1052] Es gibt eine Auffassung, dass die Geschäftsordnung des KOG den Charakter von *Rechtsverordnungen*

Hinweise und Verfahren der Durchführung von JgA-Examen bedeuten, aber dass § 4 II KJgAG nicht einschließe, ob das JgA-Examen durchgeführt werden soll oder nicht. Dagegen bestimme § 3 I KJgAGVV, dass der Verwaltungsdirektor des KOG nicht das JgA-Examen durchführen kann, wenn er sich davon überzeugt, dass die JgA noch nicht ergänzt werden solle. Da § 3 I KJgAGVV dem Beschwerdeführenden die für die Erwerbung der JgA-Qualifikation erforderlichen Gelegenheiten, die durch § 4 I KJgAG ihm und allen Bürgern gewährleistet sind, entziehe, und da sie die JgA-Geschäfte nur bei den Beamten monopolisiere, die in Gerichten und Staatsanwalten tätig waren, verstoße sie gegen das Gleichbehandlungsrecht des Art. 11 I KV und die Berufsfreiheit des Art. 15 KV.

Im Hinblick auf die *JgA-Entscheidung* handelt es sich darum, dass das KOG mit dem *KVerfG* darüber gestritten hat, wem die Verwerfungskompetenz für die untergesetzlichen Normen (Rechtsverordnungen und Verwaltungsvorschriften) zukommt; ein Kompetenzstreit zwischen dem KVerfG und KOG. Das KOG hat gem. Art. 107 II KV geltend gemacht, dass die Verwerfungskompetenz für die § 3 I KJgAGVV bei ihm *monopolisiert* sei.[1053] Dagegen hat das *KVerfG* argumentiert, dass die endgültige Verwerfungskompetenz für die untergesetzlichen Normen hinsichtlich des Art. 107 II KV dem KOG zukomme, wenn es in einem Prozeß auf die Verfassungs- und Gesetzmäßigkeit von Rechtsverordnungen und Verwaltungsvorschriften ankommt. Da man *auch* gem. § 68 I KVerfGG *Verfassungsbeschwerde* erheben könne, wenn durch eine rechtswidrige Rechtsverordnung oder Verwaltungsvorschrift in Grundrechte eingegriffen wird, komme die Verwerfungskompetenz auch dem *KVerfG* zu.[1054] Auch unterstützen viele Autoren[1055] diese Ansicht. Nach diesem Kompetenzstreit zwischen dem *KVerfG* und KOG wird die Meinung[1056] vom *KVerfG* und von den Autoren geltend gemacht, dass es vernunftgemäß sei, Art. 107 II KV zu verwerfen, da er selber einen inneren Widerspruch habe, und er ein Missverständnis in dem Verhältniss mit § 68 I iVm 2 Nr. 5 KVerfGG, Art. 111 I Nr. 5 KV bringen könne.

In der Literatur liegt die erste Behandlung der Normprüfungs- und Verwerfungskompetenz der Verwaltung in dem Buch „Grundsätze zum Verwaltungsrecht"[1057] von *J.-S. Hong* vor,

besitzt. Z. B. *Y.-S. Kwon*, VerfR, S. 1094 f. Ausführlich dazu § 12 II. 1.

[1053] Vgl. dazu *N.-J. Kim*, Grundfragen, S. 889 ff.

[1054] *KVerfGE* 2, 365 ff.

[1055] Meinungsstand dazu *J.-S. Chung*, in: VerfGeAbh. 3 (1992), S. 340; *N.-J. Kim*, Grundfragen, S. 890 f.

[1056] So *J.-S. Chung*, in: VerfGeAbh. 3 (1992), S. 371; vgl. *ders.*, VerfPR, S. 197, 478; *N.-J. Kim*, Grundfragen, S. 892; auch *J.-I. Byen*, in: VerfGeAbh. 1 (1990), S. 9 ff.; *D.-S. Hwang*, Goshigye 1997/5, S. 94 ff; *J.-B. Park*, Verfassungsbeschwerde, S. ii; *K.-S. Park*, Goshigye 1996/12, S. 85 f.

[1057] Das Buch hat einen Untertitel „Theorie und Praxis von Deutschland", und es ist November 1990 beim das ein Fachbuch zum Verwaltungsrecht ist. Und die einzige Abhandlung darüber ist „Normprüfungskompetenz der Verwaltungsbehörde"[1058] von *N.-J. Kim*. Die beiden bleiben jedoch dabei, als Mittelpunkt Beiträge von *D. Ehlers*[1059] und *H. Maurer*[1060] über Rechtsprechung und Lehre in Deutschland über das Thema kurz vorzustellen. Da anders als in Deutschland (vgl. Art. 93 I Nr. 2 GG, 47 I, II VwGO) die südkoreanische Verfassungsordnung nicht das abstrakte Normenkontrollverfahren kennt, ist es unter dem Art. 107 I, II KV ein sehr fremdes Thema, ob die Verwaltung die von ihr anzuwendenden Normen überhaupt prüfen soll, und sie verwerfen kann/darf, wenn sie sich von ihrer Verfassungs- oder Gesetzwidrigkeit überzeugt. Die Tendenz der Lehren in Südkorea, die das Thema mittelbar oder unmittelbar behandeln, ist ähnlich wie Deutschland, obwohl sie wenig präzis ist; die erste Auffassung ist, dass eine Normprüfungs- und Verwerfungskompetenz der Verwaltung nicht zukommt, obwohl sie sich von ihrer Verfassungs- und Gesetzwidrigkeit überzeugt (unten I.). Die zweite Auffassung ist, dass die Normprüfungskompetenz, nicht aber die Normverwerfungskompetenz der Verwaltung zukommt (II.). Eine Auffassung, die die beiden Kompetenzen bejaht, kann nicht gefunden werden.

I. Ablehnung der Normprüfungs- und Verwerfungskompetenz

Im Hinblick auf die staatlichen Ersatzleistungen des Beamten, die sich aus auf dem verfassungswidrigen Gesetz basierenden Verwaltungsverfügungen ergeben, ist *K.-S. Park*[1061] der Auffassung, dass die Verwaltung (der Beamte) auch das für verfassungswidrig gehaltene Gesetz anwenden müsse, da die Gesetzesprüfungskompetenz der Verwaltung nicht zukomme. Dabei kann man diese Verneinung der Gesetzesprüfungskompetenz so verstehen, dass nicht nur die Normverwerfungskompetenz, sondern auch die *Prüfungskompetenz* der Verwaltung nicht zukomme, da die Verwaltung einfach das von ihr anzuwendende Gesetz anwenden müsse, obwohl sie sich davon überzeugt habe, dass es gegen die Verfassungsvorschriften verstößt. Da der Schaden, der durch die Anwendung des verfassungswidrigen Gesetzes entsteht, ursprünglich auf dem verfassungswidrigen Gesetz basiert, brauche die Verwaltung, die das verfassungswidrige Gesetz angewandt hat, nicht Schadenersatz zu leisten.

Verlag Pakyoungsa erschienen. Der Inhalt, der sich auf dieses Thema bezieht, steht von Seiten 109 ff.

1058 In: Worlgangoshi 1991/1, S. 44 ff.

1059 In: Erichsen/ders. (Hrsg.), AllgVerwR, § 2 Rn. 115 ff.

1060 In: ders., AllgVerwR, § 4 Rn. 52 ff.

1061 VerwPR, S. 34. Vgl. auch *D.-H. Kim*, VerwR I, S. 490; *Y.-H. Park*, VerwR I, S. 703.

Im Hinblick auf die Normprüfungskompetenz der Verwaltung würde dies die Logik zeigen, dass die Verwaltung (der Beamte) schuldig ist, wenn sie (er) die Rechtsnorm falsch *auslegt* sowie angewandt hat; er wird dazu neigen, dass die Normprüfungskompetenz der Verwaltung grundsätzlich erforderlich ist; die Verwaltung kann nur dann von den Schadensersatzpflichten befreit werden, obwohl sie die Rechtsnorm falsch *auslegt* sowie angewandt hat, wenn es keine festgesetzte gerichtliche Entscheidung über die von ihr anzuwendende Rechtsnorm gibt, wenn die Meinungen in der Lehre darüber äußerst umstritten sind und wenn die Verwaltung bereits bei *Auslegung* sowie Anwendung der von ihr anzuwendenden Rechtsnorm eine Beratung von Spezialisten gesucht hat.[1062]

II. Normprüfungskompetenz ohne Verwerfungskompetenz

Diese Auffassung[1063] bejaht die Normprüfungskompetenz der Verwaltung, verneint aber die Verwerfungskompetenz. Sie ist in Südkorea überwiegende Meinung. *J.-S. Hong*[1064] stellt dar, dass der Verwaltung (dem Beamten) die Prüfungs- und Nichtanwendungskompetenz für die Gesetze und (Rechts)verordnungen zukommen dürfe/könne, indem er dafür *H. Maurer*[1065] und *G. Püttner*[1066] zitiert. Dabei gebe es für die Verwaltung drei Möglichkeiten: Überzeugt sie sich davon, dass die von ihr anzuwendende Rechtsnorm verfassungswidrig bzw. gesetzwidrig ist, (1) dürfe sie nicht die Rechtsnorm anwenden; (2) müsse sie das Verfahren zur Rechtsanwendung unterbrechen, und dann bei der ihr übergeordneten Behörde bzw. beim Vorgesetzten anfragen; (3) müsse sie sie anwenden, obwohl die Rechtswidrigkeit der von ihr anzuwendenden Rechtsnorm besteht. Er meint, dass „der zweite Weg relativ vernunftgemäß sei".

[1062] *K.-S. Park*, VerwPR, S. 58. Vgl. auch *J.-S. Hong*, VerwR I, Rn. 1907.
[1063] So *J.-S. Hong*, VerwR I, Rn. 309; *N.-J. Kim*, Worlgangoshi 1991/1, S. 47 ff.; *ders.*, VerwR I, S. 45.
[1064] VerwR I, Rn. 294.
[1065] *J.-S. Hong* zitiert *Maurer*, Allgemeines Verwaltungsrecht, 13. Aufl. (2000), § 4 Rn. 46.
[1066] *J.-S. Hong* zitiert *Püttner*, Allgemeines Verwaltungsrecht, 7. Aufl. (1995), S. 47.

Im Hinblick auf die Interpretation des Verwaltungsrechts[1067] erwähnt er, dass die Verwaltung (der Beamte) auf der Ebene der Selbstkontrolle die von ihr anzuwendende Rechtsnorm summarisch prüfen solle, ob sie mit den Verfassungsvorschriften vereinbar ist.[1068] Überzeugt sie sich davon, dass das von ihr anzuwendende Gesetz verfassungswidrig ist, solle sie dies ihrem Vorgesetzte bzw. der ihr übergeordneten Behörde mitteilen, zugleich müsse sie den auf dem für verfassungswidrig gehaltenen Gesetz basierenden Vollzug des Verwaltungsaktes suspendieren; dies kann also als *Verwerfung* verstanden werden. Aber dies gelte nur für den Fall, dass die Verwaltung sich davon überzeuge, dass das von ihr anzuwendende Gesetz *offenkundig* verfassungswidrig sei. Sonst müsse sie ein solches Gesetz anwenden, da die Gesetzesverwerfungskompetenz beim *KVerfG* monopolisiert sei.[1069]

Der Meinung von *J.-S. Hong* ist zuzustimmen, soweit er den Begriff der Normprüfungs- und Verwerfungskompetenz und den Umfang der Prüfungskompetenz deutlich gemacht hat. Aber es fehlen bei ihm folgende Punkte: Muss die Verwaltung den Vollzug der Rechtsnorm suspendieren, und darüber ihrem Vorgesetzte bzw. ihrer nächst höheren Behörde berichten, dass sie sich bereits davon überzeugt hat, dass sie mit höheren Rechtsnormen unvereinbar ist, woraus sich dieses *Aussetzungsrecht* des Rechtsvollzuges ergibt? Wie geht diese Aussetzung unter dem hierarchischen Aufbau der Verwaltung konkret weiter? Wie soll sich die Verwaltung bei den Eilfällen verhalten? Er macht deutlich, dass die Verwerfungskompetenz für die Gesetze dem *KVerfG* zukomme. Aber unklar ist, wem die Verwerfungskompetenz für die *untergesetzlichen* Rechtsnormen zukommt.

N.-J. Kim[1070] geht davon aus, dass die Verwaltung (der Beamte) die formellen Voraussetzungen der Rechtsnormen, d. h. ob sie verfahrensmäßig erlassen, verkündet und in Kraft getreten sind, prüfen dürfe/könne. Überzeugt sie sich davon, dass für die von ihr anzuwendende Rechtsnorm formelle Voraussetzungen fehlen, (nach seinem Ausdruck) komme die *Nichtanwendungs*kompetenz ihr zu.[1071] Dagegen könne die Verwaltung nur mit der Überzeugung von oder Zweifel an der Verfassungs- oder Gesetzwidrigkeit nicht die von ihr anzuwendenden Rechtsnormen verwerfen.[1072] Die mittlere Meinung, die von *J.-S. Hong*

1067 *J.-S. Hong*, VerwR I, Rn. 307 ff.
1068 *J.-S. Hong*, VerwR I, Rn. 309.
1069 Ebenda.
1070 Worlgangoshi 1991/1, S. 44 ff.
1071 Worlgangoshi 1991/1, S. 48 f., 53.
1072 Worlgangoshi 1991/1, S. 49. Nach seinem Ausdruck heißt dies „die materielle Normprüfungskompetenz der Beamten“.

betont wird, sei mit dem Art. 107 II KV vernunftgemäß; überzeugt die Verwaltung sich davon, dass die Rechtsnorm gegen höhere Normen verstößt, könne sie darüber ihrem Vorgesetzten berichten, und daneben könne sie noch andere notwendige Maßnahme treffen.[1073] Ist sie jedoch der Auffassung, dass die Rechtsnorm *offenkundig* gegen höhere Normen verstößt, habe sie die Kompetenz und *Pflicht* zur Verwerfung[1074] der von ihr anzuwendenden Rechtsnorm. Es sei egal, ob die Rechtsnorm ein Gesetz oder eine untergesetzliche Norm sei.[1075]

Der Meinung von *N.-J. Kim* ist zuzustimmen, soweit er beim Vollzug von Rechtsnormen durch die Verwaltung die Normprüfungskompetenz nicht nur als eine Kompetenz, sondern auch als eine Pflicht[1076] der Verwaltung verstanden hat. Aber es ergeben sich auch immer noch die gleichen Probleme wie bei *J.-S. Hong*.

Probleme oder zukünftige Aufgaben für Südkorea werden die folgenden Punkte sein: Erstens, es gibt keine Behandlung der Möglichkeiten und Grenzen der Prüfungskompetenz der Verwaltung bezüglich der *Verfassungsvorschriften*, obwohl die Auffassungen grundsätzlich die Normprüfungskompetenz der Verwaltung bejahen. Zweitens, wie kann man in der südkoreanischen Verfassungsordnung, die noch kein abstraktes Normenkontrollverfahren kennt, den Nachweis für das Aussetzungsrecht der Rechtsanwendung aufstellen, wenn der Vorgesetzte bzw. die nächst höhere Behörde auch die gleiche Meinung (Zweifel über die Verfassungs- oder Gesetzwidrigkeit) hat. Vor allem sind Gedanken dazu erforderlich, worauf *D. Ehlers*[1077] hinweist, wie sich bei den Eilfällen zur Rechtsanwendung und bei den weisungsfreien Räumen[1078] die Verwaltung verhalten soll. Drittens, wie kann die *gerichtliche* Verwerfungskompetenz für die Satzungen der Gemeinde mit der Satzungshoheit, die in der Verfassung institutionell gewährleistet ist, im Gleichgewicht gehalten werden, wenn man daran denkt, dass die Verwerfungskompetenz für die Satzungen der Gemeinde gem. Art. 107 II KV Gerichten, letztlich dem KOG zukommt. Viertens, in den oben erwähnten Literaturmeinungen wird das Thema der Normprüfungs- und Verwerfungskompetenz der Verwaltung ohne Nachdenken über das Prinzip des demokratischen Rechtsstaats nur mit der

---

1073 Worlgangoshi 1991/1, S. 53.

1074 Worlgangoshi 1991/1, S. 45, 48, 51, 52 f. Nach seinem Ausdruck heißt dies die „Nichtanwendungskompetenz". Aber er übersetzt diese auf Deutsch „Verwerfungsrecht".

1075 Worlgangoshi 1991/1, S. 53.

1076 Worlgangoshi 1991/1, S. 48.

1077 In: Erichsen/ders. (Hrsg.), AllgVerwR, § 2 Rn. 115 ff.; auch *ders.*, DÖV 2001, S. 413.

1078 Dazu allgemein *Oebbecke*, Weisungs- und unterrichtungsfreie Räume in der Verwaltung, 1986.

Rechtsbefolgungspflicht und den staatlichen Ersatzleistungen der Beamten geführt, damit sind umfassende, und zugleich einheitliche Einsichten für das Thema erforderlich.

III. Fazit

In Südkorea ist die überwiegende Auffassung, dass der Verwaltung die Normprüfungskompetenz zukommt, aber gem. Art. 107 I, II KV ist die Verwerfungskompetenz nicht anerkannt. Ausnahmsweise kann/darf die Verwaltung die von ihr anzuwendenden Rechtsnormen verwerfen, soweit sie offenkundig verfassungs- bzw. gesetzwidrig sind.

§ 11 Normprüfungskompetenz der Verwaltung

In Südkorea gibt es noch eine gewiss ungewöhnliche Diskussion über die Möglichkeit der Normprüfungskompetenz *durch* die Verwaltung, obwohl die Literaturmeinungen bejahen, dass der Verwaltung die Normprüfungskompetenz zukommt. Zu untersuchen, sind die folgenden Themen: Versuch um einer Feststellung der Begriffe der Normprüfungs- und Verwerfungskompetenz (unten I.); woraus ergibt sich die Zulässigkeit für die Normprüfungskompetenz der Verwaltung (II.); kann die Verwaltung alle formal geschriebenen Rechtsnormen prüfen (III.); und wie tief hat die Verwaltung die von ihr anzuwendende Rechtsnorm zu prüfen, wenn die Normprüfungskompetenz nicht nur für eine Kompetenz, sondern auch für eine Pflicht gehalten wird (IV.).

I. Begriff der Prüfungskompetenz

Die Literaturmeinungen[1079] ziehen in Betracht, ob Gerichte als staatliche Organe allein die Rechtsvorschriften (egal, ob sie Gesetze oder untergesetzliche Normen sind) prüfen können; alle meinen mit dem Ausdruck „Prüfung", ob ein Gericht für die sich auf den Fall beziehende Rechtsnorm inzident ihre Verfassungsmäßigkeit begründet, oder das *KVerfG* bei dem Verfassungswidrigkeitsprozess in Bezug auf das Gesetz (Art. 107 I, 111 I Nr. 1 iVm § 41 I KVerfGG) oder der Verfassungsbeschwerde (Art. 111 I Nr. 5 iVm § 68 I KVerfGG) die Verfassungsmäßigkeit einer Rechtsnorm ausführt.[1080] Demgegenüber unterscheiden einige Literaturmeinungen zutreffend, es heiße die *„Nichtanwendungskompetenz"*[1081], wenn Gerichte die Rechtsnormen inzident durchprüfen, und dann sie für verfassungswidrig oder gesetzwidrig halten. Es heiße die *„Ablehnungskompetenz der allgemeinen Wirkung"*[1082], wenn das KOG die untergesetzlichen Normen gem. Art. 107 II KV für verfassungs-

[1079] Z. B. *Y. Huh*, KVerfR, S. 797, unterscheidet die „Verfassungswidrigkeitsprüfungskompetenz" von „Verfassungswidrigkeitsentscheidungskompetenz" gegenüber Gesetzen. Die erstere ist bei Gerichten und die letztere beim höchsten Gericht (KVerfG) monopolisiert. Nach *D.-S. Hwang*, Goshigye 1997/5, S. 81 ff., komme die „Kompetenz zum Urteil" dem *KVerfG* und die „Kompetenz zur Interpretation (Auslegung)" den Gerichten gegenüber Gesetzen zu. Vgl. auch ähnliche Situationen *J.-S. Chung*, VerfPR, S. 196; *ders.*, in: VerfGeAbh. 1 (1990), S. 342; *S.-B. Hong*, VerfR, Rn. 1989 ff.; H.-Y. Kay, VerfR I, S. 356, 50; *T.-S. Kim*, VerfR, S. 1346; *Y.-S. Kwon*, VerfR, S. 1080 (untergesetzliche Normen), 1106 (Parlamentsgesetze).

[1080] S Einleitung IV., zum verwechselnden Gebrauch des Worts Prüfungskompetenz in Südkorea.

[1081] Z. B. *J.-S. Chung*, VerfPR, S. 26; *J.-S. Hong*, VerwR I, Rn. 309; *S.-B. Hong*, VerfR, Rn. 1989; *D.-H. Kim*, VerwR, S. 143; *N.-J. Kim*, Worlgangoshi, 1991/1, S. 45, 48, 50 ff.; *T.-S. Kim*, VerfR, S. 1347.

[1082] Z. B. *J.-S. Chung*, VerfPR, S. 298; *Y.-S. Kwon*, VerfR, S. 1144.

odergesetzwidrig hält, oder wenn das *KVerfG* ein Gesetz gem. Art. 107 I KV für verfassungswidrig hält. Es gibt aber einen Unterschied zwischen der Prüfung des Gerichts und der Prüfung der Verwaltung: Die Normprüfungen des Gerichts begleiten die Nichtanwendungswirkung, wenn das Gericht die Norm für verfassungs- oder gesetzwidrig hält, während die Normprüfungen der Verwaltung nicht dieselbe Wirkung bringen können. Daher muss es Norm*prüfungskompetenz*[1083] genannt werden, dass die Verwaltung die betroffenen Rechtsnormen auslegt, und dass sie ihre Verhältnisse zu den höheren Rechtsnormen prüft, um gewisse Verfügungen zu geben. Es muss *Nichtanwendungskompetenz* gewannt werden, dass ein zuständiges Organ die von ihm für verfassungs- oder gesetzwidrig gehaltene Rechtsnorm in bestimmten Fällen nicht anwendet. Und es muss Norm*verwerfungskompetenz* genannt werden, dass das KOG gem. Art. 107 II KV die untergesetzlichen Normen als verfassungs- oder gesetzwidrig deklariert, oder das *KVerfG* gem. Art. 107 I, 111 I Nr. 1 KV iVm §§ 41 I, 68 KVerfGG Gesetze für verfassungswidrig erklärt, da dies die Wirkungen der Rechtsnormen allgemein verbindlich erlöschen lässt.[1084] Unter Umständen kann jedoch die Nichtanwendungskompetenz als Verwerfungskompetenz verstanden werden: Würde der Betreffende nicht mehr im höchsten Instanzenwege gegen die von einem (unteren) Gericht getroffenen Entscheidung zur Nichtanwendung (Nichtanwendungskompetenz) für die betroffene Rechtsnorm Revision einlegen, obwohl er fähig zur Revision ist, entfaltet diese Nichtanwendungskompetenz die gleiche Wirkung wie Verwerfungskompetenz. Obwohl ein feiner Unterschied zwischen der Nichtanwendungskompetenz und der Verwerfungskompetenz besteht, werden die Nichtanwendungskompetenz und die Ablehnungskompetenz der allgemeinen Wirkung als *Verwerfungskompetenz* bezeichnet, soweit keine Unterscheidung erforderlich ist.

[1083] Zweifellos ist es auch *Normprüfung*, wenn Gerichte bei Fällen Bedeutung, Ziel und Verhältnisse zu anderen Rechtsnormen der von ihnen anzuwendenden Rechtsnormen in der gesamten Rechtsordnung zu finden versuchen, ohne dass sie sie nicht anwenden oder verwerfen.

[1084] S auch Einleitung IV.

II. Grund der Prüfungskompetenz

1. Grundaufgabe der Verwaltung: Gesetzesanwendung

Nach Art. 66 IV iVm 40, 101 I KV ist die wesentliche Aufgabe der Verwaltung Gesetzesanwendung. Da die Rechtsvorschriften allgemein-abstrakt geschrieben worden sind,wird das Erkenntnisverfahren gefordert, um sie konkret anzuwenden.[1085] Es besteht aus der Auslegung des Normtextes und der Subsumtion auf den betroffenen Fall. Durch die richtige Durchführung dieses Verfahrens kann die Verwaltung die Rechtsvorschriften, die sie anwenden muss, verfassungsmäßig vollziehen.

2. Selbstkontrolle der Verwaltung

Die überwiegende Auffassung[1086] sieht, dass das Prinzip der Selbstkontrolle der Verwaltung gem. Art. 11 I KV ein Inhalt des Gleichhandlungsprinzips ist. Alle Tätigkeiten der Verwaltung binden nicht nur den Adressaten (Bürger), sondern gleichzeitig auch *sie selbst*. Daher ist die Verwaltung an ihre (bestehenden) Planungen und Verfügungen gebunden. Um dies konsequent durchzuhalten, sind auch die (Verwaltungs)vorschriften oder Weisungen von höheren Behörden erforderlich. Bei Anwendung der betroffenen Rechtsnormen muss die Verwaltung (der Beamte) prüfen, ob die von ihr anzuwendende Rechtsnorm mit diesen (bestehenden) Planungen und Verfügungen vereinbar sind. Und da alle Tätigkeiten der Verwaltung für jeden Adressaten *gleiche Wirkungen* entfalten müssen, müssen die Wirkungen zwischen der jetzt anzuwendenden Rechtsnorm und bereits (bestehenden) Planungen und Verfügungen entweder gleich oder miteinander im Gleichgewicht sein. Dafür ist die Prüfung der von ihr anzuwendenden Rechtsnorm erforderlich.[1087]

[1085] *D.-S. Hwang*, Goshigye 1997/5, S. 86; vgl. *J.-S. Hong*, VerwR I, Rn. 307; *N.-J. Kim*, VerwR I, S. 74; *B.-T. Tschon*, VerwR I, S. 109; auch *Ossenbühl*, in: Erichsen/Ehlers (Hrsg.), AllgVerwR (12. A.), § 10 Rn. 25. S dazu oben § 3 II. 2. a) im ersten Teil.

[1086] So *J.-S. Hong*, VerwR I, Rn. 232; *N.-J. Kim*, VerwR I, S. 56; *Y.-H. Park*, VerwR I, S. 256 f.; *B.-T. Tschon*, VerwR I, S. 136 f.; vgl. auch *H.-Y. Kay*, VerfR II, S. 235; **a. A.** *D.-H. Kim*, VerwR I, S. 54 f.

[1087] Vgl. *J.-S. Hong*, VerwR I, Rn. 309, auch 229 ff.; *ders.*, VerwR II, Rn. 1802.

III. Gegenstand der Prüfungskompetenz

1. Parlamentsgesetze

Die Verwaltung ist gem. Art. 66 IV KV, §§ 56 KBG, 48 KKBG (Rechtsbefolgungspflicht des Beamten) hinsichtlich des Vollzugs der Rechtsnormen für das Parlament verantwortlich.[1088] Diese Verantwortung, ihre Aufgabe zur Gesetzesanwendung und die Selbstkontrolle der Verwaltung fordern, dass die Verwaltung bei Anwendung der Parlamentsgesetze ihre Verfassungsmäßigkeit prüfen soll.

Die schwierige Frage ist, ob sie das Verfassungsrecht, d. h. die Verfassungsvorschriften auch prüfen darf/kann. Nach Art. 107 I, 111 I Nr. 1, 5 KV iVm §§ 41 I, 68 II KVerfGG kommt dem *KVerfG* die *Entscheidungskompetenz über die Verfassungswidrigkeit des Gesetzes (EkVwG)* zu. Da anders als EkVwG die Verfassungsvorschriften nur durch die Volksabstimmung gem. Art. 130 II KV geändert werden können, beim Prozeß über die Verfassungsvorschriften (Verfassungsprüfung) auch das Verfassungsrecht selber Maßstab sein wird und mit dem Verfassungsrecht keine Verfasssungsvorschrift geprüft werden kann, könnte das *KVerfG* auch die einzelnen Verfassungsvorschriften prüfen.[1089] Obwohl das Verfassungsrecht jedoch nicht vom Parlament, sondern vom Verfassungsgeber erlassen werden kann, sind die einzelnen Vorschriften des Verfassungsrechts selber *Gesetz* im Sinne des Art. 107 I, 111 I Nr. 1, 5 KV iVm §§ 41 I, 68 II KVerfGG.[1090] Prinzipiell ergeben sich die untergesetzlichen Normen aus den Gesetzen. Und die Gesetze basieren wieder auf dem Verfassungsrecht. Um die untergesetzlichen Normen und Gesetze anzuwenden, ist die Kenntnis und Prüfung des Verfassungsrechts erforderlich, da es das wesentliche Kriterium für ihre Anwendung ist. Und es verletzt nicht den Willen des Verfassungsgebers oder seine Änderungskompetenz, dass die Verwaltung das Verfassungsrecht prüfen kann. Aber die Prüfungskompetenz für das Verfassungsrecht wird nach dem hierarchischen Aufbau der Verwaltung auf die *Verwaltungsspitze* konzentriert, wenn die Auslegungen gegenüber der Verfassungsvorschrift unterschiedlich sind.

1088 Vgl. § 3 III. 2.

1089 Vgl. dazu *J.-S. Chung*, VerfPR, S. 206 ff.; *Y.-S. Kwon*, VerfR, S. 1160.

1090 S dazu § 3 III. 2. Vgl. auch *J.-S. Chung*, VerfPR, S. 209.

Es ist fraglich[1091], ob es möglich ist, dass bestimmte Vorschriften des Verfassungsrechts einen höheren Rang besitzen als die sonstigen Verfassungsbestimmungen. Im Hinblick auf die Gewährung der Prüfungskompetenz der Verwaltung für die Verfassungsvorschriften kann diese Überlegenheit und Unterlegenheit innerhalb des Verfassungsrechts bestehen. Wenn die Vorschriften des Verfassungsrechts, die die Verwaltung anwenden muss, ohne die Konkretisierung durch Gesetze oder untergesetzliche Normen selbst unmittelbare Wirkung entfalten, ist die Verwaltung verpflichtet, sie nach den höheren Verfassungsvorschriften zu prüfen, die auf dem Naturrecht basieren.[1092]

2. Untergesetzliche Normen

Die Verwaltung kann die Rechtsverordnungen, die der Staatspräsident, der Ministerpräsident und die Ministerien gem. Art. 75, 95 KV erlassen haben, und die autonomen Satzungen, die der Gemeinderat gem. Art. 117 I KV erlassen hat, nach ihrer sich aus dem Gewaltenteilungsgrundsatz ergebenden wesentlichen Funktion (Gesetzesanwendung) und dem Prinzip der Selbstkontrolle der Verwaltung prüfen. Daneben können §§ 42a I iVm 6a KVwWG auch als konkreter Beweis für die Gewährung der Prüfungskompetenz angeführt werden: Nach § 6a KVwWG wird *der dem Ministerpräsidenten angehörige Ausschuss für das Verwaltungswiderspruchsverfahren (MpaAVwWV)*[1093] eingerichtet. Nach § 42a I KVwWG kommt dem Ausschuss *die Anforderungskompetenz zur Berichtigungsbehandlung von untergesetzlichen Normen* zu; § 42a I KVwWG lautet:

[1091] *J.-W. Kim*, in: RSUS 3 (1990), S. 241. Wie das *BVerfG* (*E*3, 225/231) verneint das *KVerfG* (*E*, 7-2, 1) die Überlegenheit und Unterlegenheit innerhalb der Vorschriften des Verfassungsrechts. S auch § 3 III. 2.

[1092] *Y.-W. Chung*, in: ÖRUS 19 (1991), S. 140 f. Dazu ausführlich *J.-H. Chung*, Rechtsprechungen, S. 555 ff. **A. A.** *J.-S. Chung*, VerfPR, S. 208 f. Das Verfassungsrecht eines Staates kann mit einem Körper des Menschen verglichen werden. Bestehen keine Bestimmungen mehr im koreanischen Verfassungsrecht, wie z. B. Art. 1 II, 10, 11 I, 40, 66 IV, 101 I, 111, 117 f. KV kann man nicht sagen, dass es noch lebendig sei, und richtig funktionieren könne. Im Gegensatz dazu kann das Verfassungsrecht noch weiter funktionieren, obwohl beispielsweise organisatorische Bestimmungen, wie Art. 71, 80, 86 III, 87 IV, 93 KV usw. nicht bestehen. Alle Bestimmungen des Verfassungsrechts gestalten koalitiv eine vereinigte Organisation. Aber wie gesagt es gibt einige Bestimmungen, ohne die das Verfassungsrecht sein Leben nicht mehr weiter führen kann. Dagegen können einige Bestimmungen bestehen, ohne die es seine wesentliche Funktion und Ziel erreichen kann, obwohl ihre Abwesenheit in der Funktion des Verfassungsrechts etwas Unbequemlichkeit bringt). S dazu § 3 III. 2.

[1093] Werden die Verwaltungswidersprüche erhoben, für die der Ministerpräsident bzw. die zentralen Ministerien zuständig sind, übernimmt sie der dem Ministerpräsidenten angegliederte Verwaltungsausschuss, der einschließlich des Vorsitzenden aus 50 Mitglieder besteht, um sie zu prüfen und beschließen. Die Mitglieder bestehen aus den Rechtsanwälten, juristischen Professorinnen bzw. Professoren und hohen zentralen Beamten. Einen Widerspruchsfall übernimmt ein Ausschuss völlig, der einschließlich des Vorsitzenden und eines ständigen Mitgliedes aus insgesamt 9 Personen besteht (vgl. § 6a KVwWG).

„Der dem Ministerpräsidenten angehörige Ausschuss für das Verwaltungswiderspruchsverfahren kann bei Prüfung und Beschließung des Anspruchs auf den Widerspruch von den betreffenden Behörden geeignete Berichtigungen zur Änderung bzw. Verwerfung usw. der betreffenden Rechtsverordnungen usw. anfordern, wenn er sich davon überzeugt, dass die Rechtsverordnungen usw. (Rechtsverordnungen des Staatspräsidenten, Ministerpräsidenten und Ministerien, Beispielsvorschriften[1094], Bekanntmachungen[1095], Satzungen und Vorschriften usw. folgend sind sie gleich), die der Grund von Verfügungen oder Unterlassungen sind, bedeutend unvernünftig sind, weil sie nicht auf Rechtsvorschriften beruhen oder gegen die höheren Rechte verstoßen und sie die Bevölkerung übermäßigen Belastungen aussetzen.

Der Ausschuss hat zuerst die untergesetzlichen Normen zu prüfen, ob sie nicht auf Rechtsvorschriften beruhen, oder ob sie gegen vorrangige Rechtsnormen verstoßen und der Bevölkerung übermäßige Belastungen aussetzen, bevor er ihre Änderung bzw. Verwerfung anordnet, und wenn er sie ändern bzw. verwerfen lassen will. Daher setzt diese Anordnungskompetenz, die dem Ausschuss zukommt, zur Änderung bzw. Verwerfung von untergesetzlichen Normen selbstverständlich die Prüfungskompetenz für die untergesetzlichen Normen voraus. Die Prüfungskompetenz gilt auch für die Ausschüsse für das Verwaltungswiderspruchsverfahren (AVwWV)[1096], die gem. § 6 KVwWG eingerichtet werden.

[1094] Die Beispielsvorschriften (auf Koreanisch „Yegyu") stellen Anordnungen dar, die ein Verrichtungskriterium von wiederholender Verwaltungsarbeit vorzeigen, um die Einheit der Verwaltungsarbeit zu verwirklichen. Dazu *N.-J. Kim*, VerwR I, S. 195; *J.-S. Hong*, VerwR I, Rn. 710; *D.-H. Kim*, VerwR I, S. 146 f.

[1095] Die Bekanntmachungen (auf Koreanisch „Goshi") stellen eine Tätigkeitsform der Verwaltung dar, durch die die Verwaltung nach Rechtsvorschriften zahlreichen Menschen bestimmte Angelegenheiten bekannt macht. Dazu *J.-S. Hong*, VerwR I, Rn. 707; *N.-J. Kim*, VerwR I, S. 191 f.

[1096] Werden die Verwaltungswidersprüche erhoben, die die Bürgermeister von großen Städten (im Vergleich zu Deutschland z. B. Berlin, Hamburg und Köln usw.) dafür zuständig sind, übernehmen die Verwaltungsausschüsse, die einschließlich des Vorsitzenden - Bürgermeister - aus 15 Mitglieder bestehen, um sie zu prüfen und beschließen. Wie beim *MpaAVwWV* bestehen die Mitglieder aus den Rechtsanwälten, juristischen Professorinnen bzw. Professoren und hohen *kommunalen* Beamten. Einen Widerspruchsfall übernimmt ein Ausschuss völlig, der einschließlich des Vorsitzenden - Bürgermeister - aus insgesamt 7 Personen besteht (vgl. § 6 KVwWG).

IV. Dichte der Prüfungskompetenz

Es gibt eine Auffassung[1097], dass die Verwaltung die von ihr anzuwendenden Rechtsnormen „summarisch“ prüfen dürfe. Aber es wird von der Verwaltung gefordert, dass sie die Rechtsnormen *fachlich* prüfen muss, wenn man die Komplexität der heutigen Verwaltung und die Menge der produzierten Gesetze berücksichtigt. Die Einrichtung der Ausschüsse für das Verwaltungswiderspruchsverfahren (AVwWV; § 6 KVwWG) und des dem Ministerpräsidenten angehörigen Ausschusses für das Verwaltungswidspruchsverfahren (MpaAVwWV; § 6a KVwWG) stellen dar, dass man sich davon überzeugt, dass das Spezialistentum der Verwaltung für die Normprüfung gefordert wird.

V. Fazit

Die Normprüfung der Verwaltung ist ein Vorgang, bei dem sie die von ihr anzuwendenden Rechtsnormen untersucht, um diese Normen in der Rechtsordnung anzuwenden. Diese Prüfungskompetenz unterscheidet sich von Nichtanwendungs- und Verwerfungskompetenz. Nach der wesentlichen Aufgabe (Gesetzanwendung), dem Prinzip der Selbstkontrolle der Verwaltung und §§ 42a iVm 6, 6a KVwWG kommt die Prüfungskompetenz der Verwaltung zu. Sie darf nicht nur die untergesetzlichen Normen, sondern auch die Vorschriften des Verfassungsrechts prüfen. Bei der Normanwendung muss die Verwaltung die fachliche Prüfung durchführen.

[1097] Vgl. J.-S. Hong, VerwR I, Rn. 309.

§ 12 Normverwerfungskompetenz der Verwaltung

I. Parlamentsgesetze

1. Behandlung des als verfassungswidrig angesehenen Gesetzes durch die Beamten

a) Abwesenheit des abstrakten Normkontrollverfahrens

Art. 83c KV vom Juni 1960 schrieb anders als das heutige Verfassungsrecht (Oktober 1987) das abstrakte Normkontrollverfahren vor.[1098] Die Abwesenheit des abstrakten Normkontrollverfahrens schränkt die Teilnahmemöglichkeit der Verwaltung an der Berichtigung von Rechtsvorschriften ein, obwohl die Verwaltung sich nach dem Prüfungsergebnis von ihrer Verfassungswidrigkeit überzeugt; wenn diese Zweifel an der Verfassungsmäßigkeit des anzuwendenden Gesetzes bereits von der Ausgangsbehörde bis zur Verwaltungsspitze weiter gegeben worden sind, hat die Verwaltungsspitze überhaupt keine Möglichkeit, das *KVerfG* anzurufen. Hält man das abstrakte Normkontrollverfahren für ein Institut zum Verfassungsschutz und ein Mittel zum Grundrechtsschutz[1099], bedeutet die Abwesenheit des abstrakten Normkontrollverfahrens, dass die koreanische Verfassungsrechtsordnung erstens das Problem der Schwachheit des Verfassungsschutzes trägt, und zweitens sie nicht zum Schutz der Grundrechte vor für verfassungswidrig gehaltenen Gesetzen schon vorher *präventiv* reagieren kann.

[1098] Dazu allgemein *J.-S. Chung*, VerfPR, S. 26 f., 55, 193, 203; *S.-B. Hong*, VerfR, Rn. 575, 1990; *Y. Huh*, VerfT und VerfR III, S. 376; *H.-Y. Kay*, VerfR II, S. 166; *T.-S. Kim*, VerfR, S. 356; *Y.-S. Kwon*, VerfR, S. 362, 1081; *K.-S. Park*, VerwPR, S. 285 f.

[1099] So *S.-B. Hong*, VerfR, Rn. 575. *Y. Huh*, VerfT und VerfR II, S. 166 ; vgl. auch *T.-S. Kim*, VerfR, S. 356 f.; *Y.-S. Kwon*, VerfR, S. 362, 1108 stellen vor, dass das abstrakte Normkontrollverfahren, konkrete Normkontrollverfahren, die Verfassungsbeschwerde und Popularklage usw. die unmittelbaren Schutzmittel für die Grundrechte seien.

b) Rechtsbefolgungspflicht des Beamten

§§ 56 KBG, 48 KKBG bestimmen, dass „jeder Beamte dem Recht zu folgen und treu seinen Dienst zu verrichten hat". Die Rechtsbefolgungspflicht ist ausgeschlossen, wenn die von ihm anzuwendenden Gesetze gewisse formelle Fehler haben oder wenn sie bereits von den zuständigen Organen für verfassungswidrig[1100] gehalten worden sind. Im Hinblick auf diese Pflicht ist die Frage, ob sie auch für den Fall[1101] gilt, dass der Beamte sich davon überzeugt, dass die Gesetze verfassungswidrig seien.

aa) Remonstrationsverfahren

Wie §§ 56 II BBG, 38 II BRRG erteilt die Nebenbestimmung des § 49 KKBG (vgl. auch § 57 KBG) dem Beamten das Remonstrationsrecht (-Pflicht); der Beamte kann dagegen seine „Meinung" (Nebenbestimmung des § 49 KKBG) (einen Einwand) erheben, wenn er keine gesetzmäßige oder vernunftgemäß Anweisung bekommen hätte, nachdem er sich bei seinem Vorgesetzten wegen der von ihm für verfassungswidrig gehaltenen Gesetze erkundigt hatte. Ist die Anweisung des Vorgesetzten gesetzmäßig und vernunftgemäß, braucht man dazu keinen Einwand zu erheben. Der Beamte wird nicht von der Verantwortung befreit, die sich aus einer falschen Auslegung der Gesetze durch ihn selbst ergibt.[1102] Diese Amtshaftung gilt zugleich auch für den Fall, dass er den *falschen* Dienstbefehl eines Vorgesetzten ausübt.[1103] Daher hat der Beamte nach der Nebenbestimmung des § 49 KKBG (vgl. auch § 57 KBG) um die Anweisung des Vorgesetzten oder der höheren Behörde zu bitten, wenn er sich davon überzeugt, dass die von ihm anzuwendenden Gesetze verfassungswidrig seien. Überzeugt sich die höhere Behörde und gegebenenfalls die nächste Behörde auch von der Verfassungswidrigkeit, werden die Zweifel an der Verfassungsmäßigkeit der Gesetze von einem Beamten der Ausgangsbehörde bis zur Verwaltungsspitze weiter geleitet. Aber Art. 107 I, 111 I Nr. 1 KV, §§ 2 Nr. 1, 41 I, 68 II KVerfGG gibt der Verwaltungsspitze keine

---

[1100] Bei diesem Fall taucht keine Frage über die Normverwerfungskompetenz der Verwaltung auf, da die Verfassungswidrigkeit der vom Beamten anzuwendenden Gesetzen deutlich ist und der Beamte nicht an die Rechtsbefolgungspflicht gebunden ist. S dazu bereits § 4 II. 2. b) cc) (1).

[1101] Nach einigen Literaturmeinungen müsse der Beamte die Gesetze anwenden, obwohl er von ihner Verfassungswidrigkeit überzeugt ist. Z. B. bei *K.-S. Park*, VerwPR, S. 34; vgl. auch *D.-H. Kim*, VerwR I, S. 490.

[1102] So *KOGE* 25. 8. 1981, 80Da1598; 9. 2. 2001, 98Da52988; *K.-S. Park*, VerwPR, S. 57 f.

[1103] *J.-S. Hong*, VerwR II, Rn. 587d.; *D.-H. Kim*, VerwR II, S. 153 f.; *N.-J. Kim*, VerwR II, S. 227.

Möglichkeit, ein abstraktes Normkontrollverfahren zu erreichen. Daher wird sie vor der *Alternative* stehen, entweder die Gesetze anzuwenden oder zu verwerfen.

bb) Frage des Aussetzungsrechts (-pflicht)

Erreichen die Zweifel an Verfassungsmäßigkeit der Gesetze die Verwaltungsspitze, bleibt nichts anderes übrig, als die Anwendung der von einem Beamten anzuwendenden Gesetze weiterhin auszusetzen. Es handelt sich dabei um folgende Fragen: Erstens, ob dieses Aussetzungsrecht allgemein, d. h. für alle Fälle, anerkannt werden kann. Zweitens, ob es für Eilfälle, z. B. die Festnahme der Personen und Spontan- und Eildemonstrationen, gilt. Drittens, welche Rolle das Aussetzungsrecht bei den weisungsfreien Behörden[1104] hat, z. B. dem zentralen Ausschuss für die Wahlführung (ZAfW)[1105], dem Ausschuss zur Herbeiführung fairer (ehrlicher) Geschäftsabschlüsse (AHfGa), dem Ausschuss zur Prüfung der Bitten (APB) und dem zentralen Ausschuss zum Arbeiten (AzA) (vgl. §§ 5 II KVwWG, 5 KRoG) usw.[1106] Das Aussetzungsrecht spielt auch eine gewisse Rolle bei den weisungsfreien Behörden.

Zur ersten Frage: Für das Aussetzungsrecht wird in allgemeinen anerkannt, dass es bei jeder Behörden *unabhängig* (von der unteren oder oberen Behörde) *wieder neu* angewandt wird[1107]; die Nebenbestimmung des § 49 KKBG (vgl. auch § 57 KBG) wird nicht einmalig für die erste Behörde, die die Zweifel an der Verfassungsmäßigkeit der von ihr anzuwendenden Gesetze vorgelegt hat, angewandt, sondern für allen höheren Behörden, die die von der unteren Behörde vorgelegte Frage der Verfassungsmäßigkeit beantworten müssen, *wieder neu* angewandt, soweit der Vorgesetzte, eine höhere Behörde und eine nächst höhere Behörde die Zweifel an der Verfassungsmäßigkeit der anzuwendenden Gesetze, die von einem Beamten vorgelegt werden, weiterhin teilen[1108]. Ein anderer Grund bezieht sich auf die allgemeine Anerkennung der Normprüfungskompetenz der Verwaltung; gibt es für die

---

[1104] S § 4 II. 2. a) aa), die weisungsfreien Behörden unter dem Grundgesetz. S auch § 8 I. 2. b) bb) (2) (b), die Möglichkeiten und Grenzen der Verwerfungskompetenz der deutschen weisungsfreien Behörden für gemeinschaftsrechtswidrig gehaltene nationale Rechte.

[1105] Im südkoreanischen Verfassungsrecht stellt sie ein unerläßliches kollegiales unabhängiges verfasssungsrechtliches Organ dar. Dazu *S.-B. Hong*, VerfR, Rn. 1863; *Y. Huh*, KVerfR, S. 948; *T.-S. Kim*, VerfR, S. 1215; *Y.-S. Kwon*, VerfR, S. 1042, 1045 (Anmerkung 1)).

[1106] Sie beziehen sich auch auf die Widerspruchsbehörde im Verwaltungswiderspruchsverfahren. Dazu *J.-S. Hong*, VerwR I, Rn. 2275; *D.-H. Kim*, VerwR I, S. 578; *N.-J. Kim*, VerwR I, S. 674; Y.-H. Park, VerwR I, S. 826.

[1107] S § 4 II. 2. b) cc) (4). In diesem Sinne ist die herrschende Meinung in Korea zutreffend. Dazu *J.-S. Hong*, VerwR I, Rn. 294; vgl. auch *ders.*, VerwR II, Rn. 587c; *N.-J. Kim*, VerwR I, S. 45; *ders.*, VerwR II, S. 226; *ders.*, Worlgangoshi 1991/1, S. 49.

Verwaltung nur die Möglichkeit der Alternative bei Rechtsanwendungen, entweder die Norm anzuwenden oder zu verwerfen, ohne dass sie zu diesen Normen bei ihrer höherer Behörde oder den nächst höheren Behörde um Anweisung bitten kann, ist dies mit der grundsätzlichen Anerkennung[1109] der Normprüfungskompetenz der Verwaltung unvereinbar.[1110]

Zur zweiten Frage: Es handelt sich um die Frage, ob das Aussetzungsrecht bei einem Eilfall wegen der Eiligkeit der Rechtsanwendung verneint wird. Bei diesem Fall wird es nur ausnahmsweise abgelehnt, soweit die eilige Rechtsanwendung eine *besonders schutzwürdige Bedeutung* hat. Bei Verneinung des Aussetzungsrechts handelt es sich darum, was der bessere Weg für die Verwaltung zwischen der Normanwendung und –Verwerfung ist. Dazu gibt es drei (deutsche) Theorien: Verwerfungstheorie, Anwendungsgebotstheorie und Interessenabwägungstheorie. Es ist unvereinbar mit Art. 66 IV, 107 I 1, 111 I, Nr. 1, 5 KV, §§ 41, 68 KVerfGG, dass die Verwaltung die für verfassungswidrig gehaltenen Gesetze verwerfen lässt. Die Verwaltung kann nicht die Amtshaftung vermeiden, wenn nach der Verwerfung solcher Gesetze durch die Verwaltung die zuständige Stelle diese Verwerfung endgültig für verfassungswidrig halten würde. Das Risiko der Amtshaftung gilt auch für den Fall der Interessenabwägung: Nachdem sie nach Interessenabwägung die Gesetze nicht angewandt hat, könnte die zuständige Stelle sie verbindlich für verfassungsmäßig erklären. Bei der Alternative Normanwendung oder –Verwerfung, ist es der bessere Weg, die Rechtsnorm anzuwenden.[1111]

Zur dritten Frage: Das zweite Ergebnis gilt auch für die weisungsfreien Behörden; sie haben nur zwei Möglichkeiten, entweder die Norm anzuwenden oder zu verwerfen, da sie selbständig sind und keine Aufsichtsbehörde haben.

[1108] S § 4 II. 2. b) cc) (4).
[1109] S § 3 II., III.
[1110] S § 4 II. 2. b) cc) (5).
[1111] S § 4 II. 2. b) cc) (3).

2. Verwerfungsmonopol des KVerfG

Auch unter dem koreanischen Verfassungsrecht wird nicht anerkannt, dass die Verwaltung die für verfassungswidrig gehaltenen Gesetze verwirft. Nur durch das konkrete Normkontrollverfahren (Art. 107 I KV) und die gegen Rechtsnormen gerichtete Verfassungsbeschwerde (Art. 111 I Nr. 5 KV iVm § 68 KVerfGG) können Gesetze ihre verbindliche Kraft verlieren. Als Ausnahme kann die Verwaltung gem. Art. 5 Zusatzvorschrift des KV (im Vergleich zum Art. 123 I iVm 100 I GG) die Gesetze verwerfen, wenn der Verfassungsgeber von 1987 sie auf Grund der Unvereinbarkeit mit den geltenden Verfassungsrechtsvorschriften nicht übernommen hat.[1112]

a) Konkretes Normenkontrollverfahren

Nach Art. 107 I, 111 I Nr. 1 KV iVm §§ 2 Nr.1, 41 KVerfGG darf die Verwaltung nicht die von ihr anzuwendenden Gesetze verwerfen, obwohl sie von ihrer Verfassungswidrigkeit überzeugt ist. Im Rahmen des demokratischen Rechtsstaatsprinzips hat das Koreanische Verfassungsrecht wie Art. 100 I GG die Verwerfungskompetenz für die Parlamentsgesetze beim Koreanischen Verfassungsgericht monopolisiert.[1113] Dieses Ergebnis gilt auch für die Gerichte, die sich bei einem konkreten Normkontrollverfahren von der Verfassungswidrigkeit der anzuwendenden Gesetze überzeugt haben.[1114] In den Literaturmeinungen ist der Grund unklar, es kann der Schutz der *Autorität* sowie des *Willens* des Gesetzgebers[1115] sein.

[1112] Vgl. *M.-S. Lee*, in: HRJ 152 (1989/4), S. 128 ff.

[1113] Dazu allgemein *J.-H. Chung*, Rechtsprechungen, S. 551 ff.; *J.-S. Chung*, in: VerfGeAbh. 1 (1990), S. 323 ff.; *ders.*, VerfPR, S. 191 ff.; *S.-B. Hong*, VerfR, Rn. 2040 ff.; *Y. Huh*, KVerfR, S. 797; *ders.*, VerfT und VerfR III, S. 376 f.; *T.-S. Kim*, VerfR, S. 1346 ff.; *Y.-S. Kwon*, VerfR, S. 1106 ff.

[1114] *J.-S. Chung*, VerfPR, S. 194.

[1115] Vgl. *Y. Huh*, KVerfR, S. 797; *ders.*, VerfT und VerfR III, S. 377; auch *J.-S. Chung*, VerfPR, S. 193 f.; *T.-S. Kim*, VerfR, S. 1348; *Y.-S. Kwon*, VerfR, S. 1106; auch *D.-S. Hwang*, Goshigye 1997/5, S. 88; *B.-K. Lee/C.-S. Lim*, in: Uni. Chunnam 17 (1997), S. 22.

b) Verfassungsbeschwerde

Auch nach Art. 111 I Nr. 5 KV iVm §§ 2 Nr. 5, 68 I KVerfGG dürfen die Gesetze nicht durch die Verwaltung verworfen werden. In § 68 I 1 KVerfGG (im Vergleich zum Art. 93 I Nr. 4a, 4b GG iVm 90 I BVerfGG) ist bestimmt: „Jedermann kann Beschwerde beim Verfassungsgericht erheben, wenn seine verfassungsmäßig garantierten Rechte durch eine Handlung oder ein Unterlassen der öffentlichen Gewalt verletzt worden sind". Der Unterschied zum Grundgesetz ist, dass die Verfassungsbeschwerden gegen ein „Gerichtsurteil"[1116] (vgl. § 68 I 2 KVerfGG) und gegen einzelne Verfassungsrechtsvorschriften[1117] abgelehnt werden. Zur „Handlung oder zum Unterlassen der öffentlichen Gewalt" gehören im allgemein die verfassungswidrigen Gesetze und untergesetzlichen Normen, Gerichtsurteile und die echten Unterlassungen des Gesetzgebers usw.[1118] Auch das *KVerfG*[1119] akzeptiert, dass der Antrag zur Verfassungsbeschwerde gestellt werden kann, wenn man ohne konkrete Handlungen zur Anwendung der Gesetze direkt, unmittelbar und gegenwärtig durch die Gesetze oder die Vorschriften der Gesetze in seinen Grundrechten verletzt wird, und wenn durch die Gesetze die Freiheit eingeschränkt, Pflichten auferlegt und Rechte oder rechtliche Stellungen entzogen werden.

1116 Prinzipiell sind die Gerichtsurteile aus dem Gegenstand der Verfassungsbeschwerden ausgeschlossen. Aber die Gerichtsurteile sind ihr Gegenstand, soweit sie gegen Grundrechte verstoßen, indem die Gerichte die Gesetze anwenden, die vom *KVerfG* bereits für verfassungswidrig gehalten wurden. Dazu *KVerfGE* 10-1, 660 ff.; 11-1, 65 ff.; 11-2, 356 ff. *J.-S. Chung*, VerfPR, S. 493, *S.-B. Hong*, VerfR, Rn. 2107; *Y. Huh*, KVerfR, S. 824; *H.-Y. Kay*, VerfR II, S. 177; *Y.-S. Kwon*, VerfR, S. 1110. *J.-S. Chung*, S. 494; *Y. Huh*, S. 824 (Anm. 4); *N.-J. Kim*, Grundfragen, S. 892; vgl. auch *J.-I. Byen*, in: VerfGeAbh. 1 (1990), S. 107, machen geltend, dass die Verfassungsbeschwerde gegen Gerichtsurteile anerkannt werden müsse, um die Grundrechte besser zu gewährleisten.

1117 Dazu *S.-B. Hong*, VerfR, Rn. 2102; *T.-S. Kim*, VerfR, S. 1457; *Y.-S. Kwon*, VerfR, S. 1160. Beim konkreten Normkontrollverfahren wird sie auch abgelehnt, *KVerfGE* 8-1, 475/482.

1118 *J.-S. Chung*, VerfPR, S. 474 ff., 500 ff.; *T.-S. Kim*, VerfR, S. 1455 f.; *Y.-S. Kwon*, VerfR, S. 1109 f., 1156 ff.

1119 *KVerfGE* 1, 294/296.

3. Ergebnis zu I.

Nach Art. 107 I, 111 I Nr. 1, 5 KV iVm §§ 2 Nrn. 1, 5, 41 ff., 68 KVerfGG wird die Verwerfungskompetenz der Verwaltung für die Parlamentsgesetze abgelehnt. Diese Kompetenz wird allein beim *KVerfG* monopolisiert.

II. Rechtsverordnungen

1. Merkmale von Rechtsverordnungen im koreanischen Verfassungsrecht

Unter dem südkoreanischen Verfassungsrecht sind die allgemeinen Regelungen über Rechtsverordnungen dem Art. 80 I GG ähnlich. Der Unterschied zum GG ist folgender: Erstens, grundsätzlich können der Staatspräsident (Art. 75, 76 KV), Ministerpräsident sowie jeder Minister (Art. 95 KV)[1120] die Rechtsverordnungen erlassen. Ferner gibt es eine Auffassung (obwohl es umstritten ist[1121], welche Rechtsnatur die Geschäftsordnungen der Verfassungsorgane haben), nach der die Geschäftsordnungen der Verfassungsorgane als Rechtsverordnungen[1122] erlassen werden. Folgt man dieser Auffassung, dann erlassen der Parlamentspräsident (Art. 64 I KV iVm § 166 KPG), der Präsident des Südkoreanischen

[1120] Es gibt die Meinung, dass bei inhaltlichen Kollisionen zwischen Rechtsverordnungen des Ministerpräsidenten und Rechtsverordnungen der Minister der erstere vor dem letztere gehe, da der Ministerpräsident alle Administation zusammenfasst. Dazu *J.-S. Hong*, VerwR I, Rn. 605; *N.-J. Kim*, VerwR I, S. 163; **a. A.** *Y.-H. Park*, VerwR I, S. 220.

[1121] Unter dem Grundgesetz ist es auch umstritten. Dazu *Kretschmer*, in: Schmidt-Bleibtreu/Klein, GG, Art. 40 Rn. 27; *Thomé*, in: Großfeld/Roth (Hrsg.), Verfassungsrichter, S. 57; vgl. auch *Maurer*, AllgVerwR, § 24 Rn. 12. Das *BVerfG* (*E* 1, 144/148; 44, 308; 70, 324/366; 80, 188/218; vgl. auch 84, 304/321 f.; 91, 148/167) und die überwiegende Auffassung, z. B. *Magiera*, in: Sachs (Hrsg.), GG, Art. 40 Rn. 25; *Rozek*, in: Maunz/Schmidt-Bleibtreu/Klein/Bethge, BVerfGG 2, § 76 Rn. 26; *Umbach*, in: ders./Clemens/Dollinger (Hrsg.), BVerfGG, § 1 Rn. 44 halten sie für autonome Satzungen, die aber von Satzungen der Gemeinde unterschieden werden müssen (*Möstl*, in: Erichsen/Ehlers (Hrsg.), AllgVerwR, § 18 Rn. 13). Demgegenüber versteht *Schmidt*, AöR 128 (2003), S. 608 ff., sie als „individuell-abstrakte Regelungen des Innenrechts".

[1122] *Y.-S. Kwon*, VerfR, S. 992, 1045 auch 919; *K.-S. Park*, Goshigye 1996/12, S. 79 (Anm. 6); **a. A.** *T.-S. Kim*, VerfR, S. 1113 – „Autonomes Recht". *Y.-H. Park*, VerwR I, S. 220 hält die Geschäftsordnungen der Beaufsichtigungskammer (§ 52 KBekG), des Ausschusses zur Herbeiführung fairer (ehrlicher) Geschäftsabschlüsse (AHfGa) (§ 48 II KGMbfG), des Ausschusses der Geldwesensaufsicht (§ 16 KGEG), des Ausschusses des Rundfunkes (§ 33 IV KRfG), des zentralen Ausschusses zum Arbeiten (AzA) (§ 25 KGAzA) usw. für Rechtsverordnungen. Sogar versteht *S.-B. Hong*, VerfR, Rn. 1860; *Y.-S. Kwon*, VerfR, S. 1040 die Geschäftsordnungen der Beaufsichtigungskammer (im Vergleich zum GG Bundesrechnungshof: Art. 114 II 3 GG iVm § 20 BRHG) als Verwaltungsvorschrift. Während *Y.-S. Kwon* die Geschäftsordnungen des Parlaments, KOG, KVerfG und des zentralen Ausschusses für die Wahlführung (ZAfW) für Rechtsverordnung (*ders.*, VerfR, S. 992, 1045, 919) hält, versteht er jedoch die Geschäftsordnung der Beaufsichtigungskammer als „Verwaltungsverordnung sowie Verwaltungsvorschrift" (S. 1040) hält. Dies bedeutet, dass im Hinblick auf die Geschäftsordnungen von Verfassungsorganen er einen inneren Widerspruch hat.

Obersten Gerichts (Art. 108 KV iVm § 17 Nr. 2 KGGO), der Präsident des Südkoreanischen Verfassungsgerichts (Art. 113 II KV iVm § 10 KVerfGG) und der Präsident des zentralen Ausschusses für die Wahlführung (Art. 114 VI KV iVm § 20 KGWFA) Geschäftsordnungen, die die Rechtsnatur von *Rechtsverordnungen* besitzen. Im Hinblick auf § 42a KVwWG iVm § 41 I KVwVfG bezieht dies sich eng auf die Verwerfungskompetenz der Verwaltung für die untergesetzlichen Normen[1123], und hier liegt ein zentraler Punkt der Untersuchung. Zweitens, während der Ministerpräsident und die Minister gesetzesuntergeordnete Rechtsverordnungen erlassen können, erlässt der Staatspräsident auch außer den gesetzesuntergeordneten Rechtsverordnungen gesetzesvertretende Rechtsverordnungen (Art. 76 I, II KV). Drittens, die Auffassungen darüber sind geteilt, ob die Verwaltungsvorschriften in Form einer Rechtsverordnung und die Rechtsverordnungen in Form einer Verwaltungsvorschrift Rechtsverordnungen sind: (1) Es handelt sich darum, was die Rechtsnatur von Verwaltungsvorschriften in Form einer Rechtsverordnung ist, d. h. die keine gesetzliche Grundlage besitzenden formellen Rechtsverordnungen, z. B. die Erledigungsvorschrift der Bürgergeschäftssache, die Rechtsverordnung des Staatspräsidenten (Nr. 10869) ist. Die Auffassungen in der Lehre[1124] sind dazu äußerst unterschiedlich, aber die herrschende Meinung versteht sie als Rechtsverordnung. Die Meinungen in der Rechtsprechung[1125] halten sie einerseits für *Verwaltungsvorschriften*, wenn sie in Form einer Rechtsverordnung durch einen Minister erlassene Verwaltungsverfügungen sind, halten sie jedoch andererseits für *Rechtsverordnungen*, wenn sie in Form einer Rechtsverordnung des Staatspräsidenten erlassene Verwaltungsverfügungen sind. (2) Rechtsverordnungen in Form einer Verwaltungsvorschrift (die sog. normkonkretisierenden Verwaltungsvorschriften), z. B. die die unlauteren Handelsarten beschreibende Bekanntmachung, die auf dem § 23 II, III KGMbfG (das Koreanische Gesetz über die Monopolsbeschränkung sowie faire Geschäftsabschlüsse) basiert, und die Bekanntmachung über die strategischen Waren, die auf dem § 21 KAhG (das Koreanische Außenhandelsgesetz) basiert, verstehen die herrschende Auffassung[1126] als Rechtsverordnung. Die Rechtsprechung[1127] hält sie für Rechtsverordnungen, soweit sie aufgrund eines Gesetzes in Form einer Bekanntmachung bzw. einer Anordnung (auf

[1123] Ausführlich dazu direkt unten 2.

[1124] Zum Meinungsstand *J.-S. Hong*, VerwR I, Rn. 675; *D.-H. Kim*, VerwR I, S. 151; *Y.-H. Park*, VerwR I, S. 244 f.

[1125] *KOGE* 17. 10. 1995, 94Nu14148; 30. 5. 1997, 96Nu5773 -Verwaltungsvorschriften; 26. 12. 1997, 97Nu15418 -Rechtsverordnungen.

[1126] Zum Meinungsstand *J.-S. Hong*, VerwR I, Rn. 672; *N.-J. Kim*, VerwR I, S. 188.

[1127] *KOGE* 26. 11. 1999, 97Da13474; 29. 9. 2000, 98Du12772; 27. 9. 2002, 2000Du7933.

koreanisch „Hunryung“)[1128] erlassen werden. Viertens, im KVwGO ist das abstrakte Normkontrollverfahren für die untergesetzlichen Normen wie § 47 VwGO nicht geregelt. Daher kann man nur dann um die Gesetzwidrigkeit von Rechtsverordnungen vor der Verwaltungsgerichtsbarkeit streiten, wenn sich entweder der Gesetzesverstoß der Rechtsverordnung auf die gerichtlicher Kontrolle unterliegende „Verfügung“ (§ 2 I Nr. 2 KVwGO) auswirkt oder die Rechtsverordnungen selbst unmittelbar die Rechte sowie Pflichten der Bürger erzeugen können.[1129]

2. § 42a KVwWG iVm § 41 I KVwVfG

a) Verwerfungskompetenz des dem Ministerpräsidenten angegliederten Ausschusses für das Verwaltungswiderspruchsverfahren (MpaAVwWV)

Wie §§ 68 ff. VwGO gewährleistet § 1 KVwWG jedem die Antragsbefugnis, der wegen einer rechtswidrigen oder unzweckmäßigen Verfügung der Behörde sowie wegen der sonstigen Ausübung oder Nichtausübung der öffentlichen Gewalt in seinen Rechten oder Interessen beeinträchtigt wird, Widerspruch gegen die Ausgangsverfügung bei der Widerspruchsbehörde zu erheben. Im Prinzip ist die Widerspruchsbehörde die unmittelbar nächst höhere Behörde (§ 5 I KVwWG). Als Ausnahme sind der Ministerpräsident, die Minister sowie Direktoren der dem Staatspräsident unmittelbar zugehörigen Staatsorgane für sich selber Widerspruchsbehörde (§ 5 II KVwWG; vgl. § 73 I Nr. 2 VwGO). Im allgemeinen werden die Widerspruchsbescheide von den Ausschüssen für das Verwaltungswiderspruchsverfahren (AVwWV)[1130], die zu der jeweiligen Widerspruchsbehörde gehören, getroffen (§ 6 V KVwWG). Aber die Widerspruchsbescheide, für die der Ministerpräsident bzw. die zentralen Minister zuständig sind, werden von dem dem Ministerpräsidenten angegliederten Ausschuss für das Verwaltungswiderspruchsverfahren (MpaAVwWV)[1131] getroffen (§ 6a KVwWG). Diesen Ausschüssen kommen grundsätzlich die Kompetenzen der Untersuchung (§ 26

[1128] „Hunryung“ stellt eine Form der Verwaltungsvorschriften und eine Anordnung der höheren Behörde dar, durch die die höhere Behörde für lange Zeit die Ausführung der Gewalt durch eine untere Behörde leitet. Dazu *J.-S. Hong*, VerwR I, Rn. 708; *N.-J. Kim*, VerwR I, S. 195.

[1129] Dazu *J.-S. Hong*, VerwR I, Rn. 2495, 2509 ff.

[1130] S § 11 III. 2.

[1131] S § 11 III. 2.

KVwWG), des Beschlusses (§§ 21 II, 31 I KVwWG) und der Beweisuntersuchung (§ 28 KVwWG) für den Fall des Widerspruchs zu.[1132]

Im Hinblick auf die Verwerfungskompetenz der Verwaltung für die Rechtsverordnungen handelt es sich darum, dass dem *MpaAVwWV* gem. § 42a I KVwWG *die Anforderungskompetenz*[1133] *zur Berichtigungsbehandlung von untergesetzlichen Normen* (Rechtsverordnungen des Staatspräsidenten, Ministerpräsidenten und Ministerien, Beispielsvorschriften, Bekanntmachungen, Satzungen und Vorschriften usw.) zukommt.

b) Kollision mit dem Art. 107 II KV

Da der MpaAVwWV ein (nicht dauerhaftes)[1134] verwaltungsinternes Organ[1135] ist, wird seine *Anforderungskompetenz zur Berichtigungsbehandlung von untergesetzlichen Normen* für eine *Änderungs-* bzw. *Verwerfungskompetenz* der Verwaltung für die Rechtsverordnungen gehalten. Beschließt er gem. §§ 42a I KVwWG iVm 41 I KVwVfG, dass eine Rechtsverordnung gesetz- oder verfassungswidrig ist, dann muss die Behörde (einschließlich des Staatspräsidenten), die die betreffende Rechtsverordnung erlassen hat, sie entweder ändern oder verwerfen, soweit sie gem. § 42a II KVwWG keinen „gerechten Grund" für die Gesetz- oder Verfassungsmäßigkeit der Rechtsverordnung geltend machen kann.[1136] Aber Art. 107 II KV bestimmt, „Kommt es in einem Prozeß auf die Gültigkeit von Verordnungen, Vorschriften[1137] oder Verfügungen[1138] an, so entscheidet über deren Verfassungs- und

---

[1132] Dazu *J.-S. Hong*, VerwR I, Rn. 2297; *ders.*, Sondervorlesung zum VerwR, S. 602; *D.-H. Kim*, VerwR I, S. 580; *N.-J. Kim*, VerwR I, S. 681 f.; *Y.-H. Park*, VerwR I, S. 828 f.

[1133] Dazu *J.-S. Hong*, VerwR I, Rn. 640 ff.; vgl. auch im Hinblick auf das § 24 I KRoG *D.-H. Kim*, VerwR I, S. 142; *N.-J. Kim*, VerwR I, S. 182. *Y.-H. Park*, VerwR I, S. 239 f. Eine ähnliche Kompetenz kommt gem. Art. 97 KV iVm § 34 KBekG der *Beaufsichtigungskammer* zu. Dazu *S.-B. Hong*, VerfR, Rn. 1859; *Y. Huh*, VerfR, S. 947; *T.-S. Kim*, VerfR, S. 1193; *Y.-S. Kwon*, VerfR, S. 1039. Anders als bei dem MpaAVwWV kommt den Verwaltungswiderspruchsausschüssen keine solche Kompetenz zu. Im Gegenteil zur Verwerfungskompetenz der Verwaltung handelt es sich darum, wieweit die Normsetzungskompetenz des Gemeinsamen Bundesausschusses bezüglich des demokratischen Prinzips (Art. 20 I, II GG) eingeräumt werden kann, und welche Rechtsnatur die Richtlinien des Gemeinsamen Bundesausschusses haben, der ab dem 1. 1. 2004 die Aufgaben der Ausschüsse, zwar BA-Ärzte/KK, BA-Zahnärzte/KK, Ausschuss Krankenhaus, Koordinierungsausschuss und Arbeitsgeneinschaft zur Qualtitätssicherung (AQS) übernommen hat. Ausführlich dazu *Hase*, MedR 2005, S. 391 ff.; *Hess*, MedR 2005, S. 385 ff.

[1134] Alle AVwWV und der MpaAVwWV sind z. Z. nicht ständige Organe. Dazu *J.-S. Hong*, VerwR I, Rn. 2286.

[1135] *M.-B. Cho*, Goshigye 1996/12, S. 70.

[1136] Vgl. dazu *J.-S. Hong*, VerwR I, Rn. 641.

[1137] Hierbei stellen die „Vorschriften (auf Koreanisch „Gyutschik") Rechtsvorschriften dar, die für Staat und Bürger allgemeine Verbindungswirkung entfalten. Daher werden die Verwaltungsvorschriften ausgeschlossen, die nur innerhalb der Verwaltung ihre Wirkung entfalten. Dazu *KOGE* 27. 2. 1990, 88Jaenu55; *J.-S. Chung*, in: VerfGeAbh. 3 (1992), S. 347; *Y.-S. Kwon*, VerfR, S. 1069 (Anm. 3). Dagegen gibt es eine andere Auffassung, die

Gesetzmäßigkeit in letzter Instanz der Oberste Gerichtshof". Hierbei wird der Ausdruck „in letzter Instanz" seit der *JgA-Entscheidung*[1139] des *KVerfG* so verstanden, dass Gerichte selber ohne Vorlage beim *KVerfG* darüber entscheiden können (d. h. Nichtanwendungskompetenz, jedoch keine allgemein verbindliche Verwerfungskompetenz)[1140], ob die untergesetzlichen Normen verfassungswidrig sind, und dass das Koreanische Oberste Gericht (KOG) dazu letztlich entscheidet.[1141] In allgemeinen kommt die Verwerfungskompetenz für die Rechtsverordnungen gem. Art. 107 II, 111 I Nr. 5 KV, §§ 2 Nr. 5, 68 I KVerfGG, §§ 1, 2, 12, 36 KVwGO den Gerichten zu. Daher ist die Frage, ob § 42a KVwWG iVm § 41 I 1KVwVfG mit Art. 107 II KV (vgl. auch Art. 111 I Nr. 5, 114 VI KV, §§ 2 Nr. 5, 68 I KVerfGG, §§ 1, 2, 12, 36 KVwGO) vereinbar ist; konkret handelt es sich um folgende Fragen: Erstens, es gibt eine Auffassung, dass gem. § 42a KVwWG iVm § 41 I KVwVfG *die Anforderungskompetenz zur Berichtigungsbehandlung* von untergesetzlichen Normen auch die „Rechtsverordnungen des Staatspräsidenten"[1142] einschließt, es geht darum, ob der Ausschuss (MpaAVwWV), der dem Ministerpräsidenten zugehört, wirklich die *Änderung* oder *Verwerfung* der Rechtsverordnungen, die vom über dem Ministerpräsident stehenden Staatspräsidenten erlassen werden, fordern kann. Zweitens, insbesondere wenn man die Geschäftsordnungen von Verfassungsorganen als Rechtsverordnung versteht, ist zu prüfen, ob die *Anforderungskompetenz zur Berichtigungsbehandlung* von untergesetzlichen Normen auch bis zur Verwerfung der Geschäftsordnungen reicht.

Zur ersten Frage: In allgemeinen werden die Rechtsverordnungen als *materielle Gesetze*[1143] verstanden, die die Verfassungsvorschriften oder Gesetze konkretisieren, und aufgrund parlamentarisch-gesetzlicher Ermächtigungen erlassen. Da sie vom Erlass bis zur Verwerfung unter dem Gewaltenteilungsprinzip stehen, können sie nur durch die Verwaltungsgerichte (vgl. §§ 1, 2 I Nr. 1, 2, 12, 36 KVwGO), (Zivil- und Straf-)Gerichte sowie das KOG (Art. 107 II KV) und das *KVerfG* (gem. Art. 111 I Nr. 5 iVm § 68 I KVerfGG

diese Vorschriften für die Geschäftsordnungen von Verfassungsorganen hält, z. B. *K.-S. Park*, Goshigye 1996/12, S. 79 (Anm. 6). Aber die Vorschriften sind keine Geschäftsordnungen, sondern als Außenwirkung entfaltende Verwaltungsvorschriften zu verstehen.

1138 Es ist umstritten, was die „Verfügungen" sind. Eine Auffassung hält sie bezüglich des § 2 I Nr. 1 KVwGO für die Verwaltungsverfügungen, die Gegenstand der Verwaltungsgerichtsbarkeit sein kann (z. B. *K.-S. Hong*, in: Gerichtsbibliothek (Hrsg.), MzgE 76 (1997), S. 310). Dagegen steht die Auffassung (*J.-S. Chung*, in: VerfGeAbh. 3 (1992), S. 343), dass „sie ihrem Charakter nach gewisse staatliche Tätigkeiten sind, die kein Gegenstand der Verwaltungsgerichtsbarkeit, zugleich dafür konkrete Ausführungsbehandlungen notwendig (= keine Unmittelbarkeit besitzt) sind". Meines Erachtens ist die erstere zutreffend.

1139 S die Vormerkung des § 10.

1140 *J.-S. Chung*, in: VerfGeAbh. 3 (1992), S. 351 f.; vgl. auch *D.-S. Hwang*, Goshigye 1997/5, S. 87.

1141 So *J.-I. Byen*, in: VerfGeAbh. 1 (1990), S. 87; *D.-S. Hwang*, Goshigye 1997/5, S. 96.

1142 *J.-S. Hong*, VerwR I, Rn. 640.

1143 S § 4 III. 1. b).

durch die Verfassungsbeschwerde) verworfen werden, soweit ihre Ermächtigungsgesetze keine Gültigkeitsfrist festlegen. Werden sie von den Ermächtigungsgesetzen zwingend erlassen, und kann ihre Verwerfung möglicherweise in Grundrechte eingreifen, wird ihre Verwerfung auch durch *neue* Rechtsverordnungen oder Gesetze eingeschränkt. Dass ein niedrigeres Verwaltungsorgan als der Staatspräsident (hier MpaAVwWV) eine Rechtsverordnung des Staatspräsidenten verwirft, ist grundsätzlich nach dem Prinzip des hierarchischen Aufbaus der Verwaltung undenkbar. Der Staatspräsident ist auch bei der Kabinettssitzung gem. Art. 89 Nr. 3 KV anzurufen, wenn seine Rechtsverordnung verworfen werden soll. Daher ist für den MPVwWA gem. § 19 II KRoG analog die Genehmigung des Staatspräsidenten erforderlich, wenn er die Rechtsverordnungen des Staatspräsidenten verwerfen will.

Zur zweiten Frage: Die Geschäftsordnungen von Verfassungsorganen können nicht Gegenstand der Anforderungskompetenz zur Berichtigungsbehandlung von untergesetzlichen Normen des MpaAVwWA sein, obwohl einige Autoren in der Literatur sie für Rechtsverordnung halten, da die Geschäftsordnungen des Parlaments, KOG, KVerfG und des zentralen Ausschusses für die Wahlführung (ZAfW) *legislative* (vgl. Art. 64 I KV), *justizielle* (vgl. 108, 113 II KV) und *exekutive* (vgl. Art. 114 VI KV) Geschäftsordnungen sind, und sich von den exekutiven Rechtsnormen (hier Rechtsverordnungen), die die Verwaltung gem. Art. 75 f., 95 KV erlässt, wesentlich unterscheiden.[1144] Daher kann die Anforderungskompetenz zur Berichtigungsbehandlung von untergesetzlichen Normen des MpaAVwWA nicht bis zu der Verwerfung der Geschäftsordnungen von Verfassungsorganen reichen, sondern unter bestimmten Voraussetzungen nur auf die exekutiven Rechtsnormen Einfluss ausüben. Sie (die Anforderungskompetenz zur Berichtigungsbehandlung) ist mit Art. 107 II iVm 111 I Nr. 5 KV, §§ 2 Nr. 5, 68 I KVerfGG, §§ 1, 2, 12, 36 KVwGO unvereinbar, nach denen die Verwerfungskompetenz für die untergesetzlichen Normen (Verwaltungs)Gerichten, letztlich dem KOG zukommt. Schließlich gilt sie für folgende Fälle: Erstens, wenn die Rechtsverordnungen auf keinen Ermächtigungsgesetzen basieren, z. B. die Rechtsverordnung zum juristischen Staatsexamen[1145], und zugleich keine Grundrechte durch ihre Verwerfung verletzt werden. Zweitens, wenn der Verordnungsgeber oder ein Gericht sie noch nicht verwirft, obwohl eine Gültigkeitsfrist im Ermächtigungsgesetz vorliegt, und diese Frist bereits abgelaufen ist. Drittens, wenn ihr Ziel in dem Eintreffen von bestimmten Umständen zur

---

[1144] *J.-S. Chung*, in: VerfGeAbh. 3 (1992), S. 339.
[1145] Dazu *N.-J. Kim*, VerwR I, S. 167 f., 187.

Vollendung gebracht wird, aber der Verordnungsgeber trotz der Anforderung des Ermächtigungsgesetzes ihre Verwerfung noch nicht bekannt macht.[1146]

c) Erforderlichkeit des abstrakten Normenkontrollverfahrens

§ 42a KVwWG iVm § 41 I KVwVfG befördert die Normprüfung der Verwaltung, und trägt damit dazu bei, dass die niedrigen Rechtsnormen in mit den höheren Normen vereinbarer Weise angewandt werden. Aber wie erwähnt, sie kollidiert mit Art. 107 II iVm 111 I Nr. 5 KV, §§ 2 Nr. 5, 68 I KVerfGG, §§ 1, 2, 12, 36 KVwGO. Daher ist die Änderung der Anforderungskompetenz zur Berichtigungsbehandlung von untergesetzlichen Normen des MpaAVwWV unvermeidlich: Erstens, sie muss zu einer *Antragskompetenz zur Normenkontrolle* geändert werden, damit die Verwaltung beim *KVerfG* die Normenkontrolle erheben kann. Anders als bei dem MpaAVwWV ist der Weg zur Berichtigung für die *AVwWV* (die Ausschüsse für das Verwaltungswiderspruchsverfahren) gesperrt, wenn sie davon überzeugt sind, dass die untergesetzlichen Normen, die die Grundlage für Verwaltungsverfügungen sind, gesetzwidrig oder verfassungswidrig sind; denkbare Möglichkeiten sind m. E., dass sie die Frage dem Verordnungsgeber berichten oder gem. Art. 111 I Nr. 4 KV, § 62 I Nr. 2 Ga KVerfGG gegen den Verordnungsgeber (die Regierung) ein *Organstreitverfahren* beim *KVerfG* erheben. Daher ist es für die *AVwWV* erforderlich, Rücksicht darauf zu nehmen, dass sie auch an der Berichtigung der fehlerhaften untergesetzlichen Rechtsnormen teilnehmen können. Dabei ist es jedoch vernunftgemäß, dass anders als bei dem MpaAVwWV ihnen die Antragskompetenz zur Normenkontrolle bei den *Verwaltungsgerichten* erteilt wird. Dafür ist die Einführung des abstrakten Normkontrollverfahrens (vgl. § 47 VwGO) in der KVwGO erforderlich. Zweitens, als Möglichkeit zur Kontrolle durch die *Verwaltung* (Regierung) für die Geschäftsordnungen von Verfassungsorganen, die für verfassungswidrig oder gesetzwidrig gehalten werden, ist gem. Art. 111 I Nr. 4 KV iVm §§ 2 Nr. 4, 61, 62 I Nr. 1 KVerfGG die Einleitung von Organstreitverfahren beim *KVerfG* denkbar. Unter dem *Grundgesetz* kann die *Verwaltungsspitze* (Regierung) gem. Art. 93 I Nr. 2 GG (beispielsweise bei der Geschäftsordnung des Parlamentes (Bundestages)) das abstrakte Normkontrollverfahren beim *BVerfG* erheben. Die Antragsbefugnis zum abstrakten Normkontrollverfahren für die Geschäftsordnungen kommt nicht nur der Verwaltungsspitze, sondern auch einem Drittel der

[1146] S auch § 4 III. 2. d) cc).

Mitglieder des Bundestages zu.[1147] Sie können gem. Art. 93 I Nr. 1 GG das Organstreitverfahren beim *BVerfG* einleiten, wenn ihre Fraktion im Parlament wegen der Geschäftsordnung ihren Fraktionsstatus verliert, und sie können gem. Art. 93 I Nr. 2 GG das abstrakte Normkontrollverfahren beim *BVerfG* einleiten, wenn die Geschäftsordnung des Parlaments in abstrakt-genereller Weise Rechte der Mitglieder regelt.[1148] Danach ist die Einführung des abstrakten Normkontrollverfahrens erforderlich, wenn diese Kontrollmöglichkeiten unter dem südkoreanischen Verfassungsrecht verwirklicht werden sollen.

3. Ergebnis zu II.

Die Verwerfungskompetenz der Verwaltung für die Rechtsverordnungen wird wegen ihrer Eigenschaft als materielle Gesetze und des Verhältnisses zu den Ermächtigungsgesetzen grundsätzlich abgelehnt. Vor allem kann die Verwaltung auch nicht durch neue Rechtsverordnungen oder Gesetze die Verwerfungskompetenz ausüben, wenn die Rechtsverordnungen durch Gesetze zwingend erlassen werden, oder soweit sie Geschäftsordnungen von Verfassungsorganen sind (unter der Voraussetzung, dass Geschäftsordnungen für Rechtsverordnung gehalten werden). Die auf § 42a KVwWG iVm § 41 I KVwVfG basierende Anforderungskompetenz zur Berichtigungsbehandlung von untergesetzlichen Rechtsnormen des MpaAVwWV verstößt gegen Art. 107 II, 111 I Nr. 5, 114 VI iVm 64 I, 89 Nr. 3, 108, 113 II KV, §§ 2 Nr. 5, 68 I KVerfGG, §§ 1, 2, 12, 36 KVwGO. Die Wege zum abstrakten Normkontrollverfahren beim *KVerfG* und den Verwaltungsgerichten müssen dem MpaAVwWV (§ 6a KvwWG) und AVwWV (§ 6 KVwWG) eröffnet und gewährleistet werden, um diese Widersprüche auszuschließen. Dies setzt die Einführung des abstrakten Normkontrollverfahrens in der südkoreanischen Rechtsordnung voraus.

[1147] Vgl. *BVerfGE* 68, 346/350.

[1148] Vgl. *Maurer*, AllgVerwR, § 24 Rn. 13; *Möstl*, in: Erichsen/Ehlers (Hrsg.), AllgVerwR, § 18 Rn. 13.

III. Satzungen

Das KGPNL (das Koreanische Gesetz über die Planung sowie Nutzung des Landes) kann mit dem BauGB verglichen werden. Es ist ein Grundgesetz über die Planung sowie Nutzung des Grundstücks. Es regelt die Städteplanungen der Hauptstadt Seoul sowie der Großstädte und Provinzen (im Vergleich zum BauGB Regionalplanungen). Unter diesen Städteplanungen gibt es die *städtischen Leitungsplanungen*. Sie sind *Bebauungsplänen* in Deutschland vergleichbar. Aber in Südkorea gibt es keine Vorschrift wie § 10 I BauGB; sie sind keine Satzungen, sondern *Verfügungen*. Die Verfügungen stellen gem. § 2 I Nr. 1 KVwGO sowie § 2 I Nr. 1 KVwWG Verwaltungshandlungen dar, die „jede Ausübung der öffentlichen Gewalt, die eine Behörde zur Regelung des konkreten Sachverhalts vornimmt, oder deren Verweigerung sowie sonstige dementsprechende Handlungen sind". Daher können die städtischen Leitungsplanungen im allgemeinen nur über das *Aufsichtsrecht* von einer höheren Behörde kontrolliert werden. Da die KVwGO nicht das abstrakte Normkontrollverfahren (vgl. § 47 I Nr. 1 VwGO) für die sich auf Baupläne beziehende Rechtsvorschriften kennt, kann jemand, der durch die städtischen Leitungsplanungen in Grundrechten verletzt wird, zuerst gem. § 4 Nr. 1 KVwWG Widerspruch zur Aufhebung erheben; er kann weiter gem. § 4 Nr. 1 KVwGO Aufhebungs*klage* gegen städtische Leitungsplanungen erheben, wenn er keinen Widerspruch erheben will[1149], oder gegen den Widerspruchsbescheid einen Einspruch erheben[1150]. Da die städtischen Leitungsplanungen nicht die Form von Satzungen haben, ist es schwierig, sie mit dem KGPNL unmittelbar zu vergleichen und wie in dem Ersten Teil dieser Arbeit anzunehmen, dass die Verwaltung die in Form von Satzungen erlassenen Bebauungspläne verwerfen kann. Daher ist hier der Schwerpunkt der Untersuchung, ob die Verwaltung, insbesondere die Aufsichtsbehörde die Satzungen der Gemeinde verwerfen darf.

[1149] Anders als in Deutschland ist der Widerspruch ein freiwilliges Verfahren. Das KVwGO von 1984 sah das Widerspruchsverfahren als zwingendes Verfahren vor. Aber das KVwGO von 1994 sieht es als freiwilliges Verfahren, da das zwingende Widerspruchsverfahren Rechtshilfe verzögert, die durch die gerichtlichen Klagen gewährleistet werden, indem es dem Betroffenen den Widerspruch obligatorisch erheben lässt, und da das zwingende Widerspruchsverfahren Rechte der Bürger einschränkt, die man im Rechtsweg erreichen kann (Art. 27 I, III KV; vgl. Art. 19 IV GG).

[1150] Die Widerspruchsbescheide sind Verwaltungsakte. Daher haben sie die Bindungskraft, die öffentliche Wirkung und die formelle bzw. materielle Bestandkraft. Und man kann gem. § 39 KVwWG keinen Widerspruch gegen den Widerspruchsbescheid erheben. Dazu gibt es jedoch eine Ausnahme beim Grundgesetz über die Staatssteuer, in dem mehrstufige Widersprüche anerkannt sind. Dazu *J.-S. Hong*, VerwR I, Rn. 2414, 2426; *K.-S. Park*, VerPR, S. 244, 248.

1. Verfassungsrechtliche Garantie der Satzungshoheit

Die kommunale Selbstverwaltung ist seit dem Gründungsverfassungsrecht (17. 7. 1948) im Verfassungsrecht geregelt worden. Aber sie konnte von der militärischen Revolution (16. 5. 1961) bis zum 6. 4. 1988 (etwa 27 Jahre lang) nicht ihre Wirkung entfalten.[1151] Demgegenüber gewährleistet Art. 117 f. des heutigen südkoreanischen Verfassungsrechts (vgl. Art. 28 II iVm 28 I 2 ff., 28 III, 93 I Nr. 4b, 106 V ff. GG), das durch die Totalrevision vom 29. 10. 1987 verkündet worden ist, sie auf der Ebene der *Verfassungsinstitution.*[1152] Dies wird als Garantie von verschiedenen kommunalen Hoheitsrechten konkretisiert. Zu dem Inhalt der Hoheitsrechte gehören die Gebiets-, Organisations-, Personal-, Finanz-, Satzungs-, Planungs- und Verwaltungshoheit.[1153] Das *KKSG* (das Koreanische Kommunalselbstverwaltungsgesetz) spielt die wichtigste Rolle, um diese Hoheitsrechte zu verwirklichen.[1154] Sonst sind im Hinblick auf die kommunale Selbstverwaltung das KKBG (das Koreanische Kommunenbeamtengesetz), KGköU (das Koreanische Gesetz über die kommunal öffentlichen Unternehmen), KKStG (das Koreanische Kommunensteuergesetz) und KKSAG (das Koreanische Kommunalselbstausbildungsgesetz) erlassen worden. Art. 117 I KV bestimmt, dass „Die Kommunen … können im Rahmen der Gesetze und Verordnungen die Rechtsvorschriften über die kommunalen Angelegenheiten erlassen“. Danach regelt § 15 Satz 1 KKSG, „Die Kommunen können im Rahmen der Gesetze und Verordnungen die Satzungen über die kommunalen Angelegenheiten erlassen“. Den Kommunen ist die *Satzungshoheit* auf der Ebene des Verfassungsrechts garantiert.[1155]

[1151] Zur verfassungsrechtlichen Entwicklung über die koreanische kommunale Selbstverwaltung *S.-J. Kim*, SatzungsR, S. 14 ff.; *K.-W. Lee*, KomAufsicht, S. 34 ff.; *J.-S. Hong*, KomR, Rn. 71 ff.; *T.-Y. Kim*, in: *ders.* (Hrsg.), KKomR, S. 23 f.

[1152] Vgl. *KVerfGE* 3, 91/100; 10-1, 380/384; *K.-W. Lee*, KomAufsicht, S. 43.

[1153] Dazu *J.-S. Hong*, KomR, Rn. 131 ff.; vgl. *B.-T. Tschon*, in: T.-Y. Kim (Hrsg.), KKomR, S. 105; *N.-J. Kim*, VerwR II, S. 70 ff.; *N.-J. Kim*, VerwR II, S. 106 ff.; auch *Y. Huh*, KVerfR, S. 779 f.; *T.-S. Kim*, VerfR, S. 1212; *Y.-S. Kwon*, VerfR, S. 246 ff. Daneben sind die kulturelle Hoheit und Informationshoheit vorgestellt worden. Dazu *J.-S. Hong*, KomR, Rn. 161 f.

[1154] Es wurde am 4. 7. 1949 Gesetz-Nr. 32 erlassen, konnte es jedoch nicht seine Wirkung bis zum 6. 4. 1988 etwa 27 Jahre lang entfalten, indem wegen der militärischen Revolution das vorläufige Maßnahmegesetz über die kommunale Selbstverwaltung (1. 9. 1961 Gesetz-Nr. 707) es ersetzte. Am 6. 4. 1988 Gesetz-Nr. 4004 wurde es total geändert. Dazu *T.-Y. Kim*, in: *ders.* (Hrsg.), KKomR, S. 23 f.

[1155] *B.-T. Tschon*, in: T.-Y. Kim (Hrsg.), KKomR, S. 108 f.; *S.-J. Kim*, SatzungsR, S. 153.

2. Kontrolle bei Satzungen

a) Begriffe der Kontrolle

Im hierarchischen Normaufbau nehmen die Satzungen nach Verfassungsrecht, Gesetzen und Rechtsverordnungen die letzte Stelle ein.[1156] Und sie stellen verbindliche autonome Rechtsnormen dar, die die Gemeinden mit höheren Normen vereinbar erlassen.[1157] Es bezieht sich auf das Aufsichtsrecht des Staats oder der Aufsichtsbehörde, ob im KKSG die Verwaltung, vor allem der Staat oder die Aufsichtsbehörde die Änderung oder Verwerfung der Satzungen anordnen kann.[1158] Im KKSG wird es meistens als *Kontrolle, Aufsicht* oder *Beteiligung*[1159] des Staates oder Aufsichtsbehörde gegenüber den Gemeinden bezeichnet.[1160] Beachtet wird dabei, dass die Begriffe „Kontrolle, Aufsicht oder Beteiligung" nicht nur die exekutive Überwachung durch den Staat oder die Aufsichtsbehörde, sondern auch die *gerichtliche* Kontrolle einschließen.

b) Kontrolle durch die Verwaltung

Unter dem südkoreanischen Verfassungsrecht werden die Satzungen der Gemeinden auf folgende Weise gerichtlich kontrolliert[1161]: Wie bei Rechtsverordnungen kennt das KVwGO nicht das abstrakte Normkontrollverfahren[1162]. Wenn man durch den *Verwaltungsprozess* die Gesetz- oder Verfassungswidrigkeit geltend machen will, muss ein Verwaltungsakt bereits bestehen, der auf den fehlerhaften Satzungen beruht und zugleich in Grundrechte eingreift.[1163] Dagegen kann man gem. Art. 111 I Nr. 5 KV iVm § 68 I KVerfGG die Verfassungsbeschwerde beim *KVerfG* erheben, wenn man in seinen Grundrechten ohne die sich aus

[1156] Vgl. *Maurer*, AllgVerwR, § 4 Rn. 7; *Möstl*, in: Erichsen/Ehlers (Hrsg.), AllkgVerwR, § 19 Rn. 11 ff.
[1157] Vgl. *KOGE* 7. 9. 1962, 62Tschu31; *J.-S. Hong*, KomR, Rn. 684 f.; *D.-H. Kim*, VerwR II, S. 74; *N.-J. Kim*, VerwR II, S. 106; *B.-T. Tschon*, in: T.-Y. Kim (Hrsg.), KKomR, S. 106 f.
[1158] Allgemein dazu *K.-W. Lee*, KomAufsicht, S. 72 ff.; *J.-S. Hong*, KomR, Rn. 1881 ff.; *J.-T. Ryu*, in: T.-Y. Kim (Hrsg.), KKomR, S. 529; *D.-H. Kim*, VerwR II, S. 107 ff.; *N.-J. Kim*, VerwR II, S. 172 ff.
[1159] Im KKSG werden diese verschiedenen Begriffe jedoch als gleicher Inhalt verstanden. Im 9. Kapitel des KKSG ist die Staatsaufsicht gegenüber den Gemeinden als „Führung·Aufsicht" (auf Koreanisch „Chido·Gamdok") ausgedrückt worden. Dazu *K.-W. Lee*, KomAufsicht, S. 72.
[1160] Ausführlich dazu *S.-J. Kim*, SatzungsR, S. 206 ff.; allgemein *J.-H. Chung*, Rechtsprechungen, S. 537 ff.; *J.-S. Hong*, KomR, Rn. 791 ff.; *D.-H. Kim*, VerwR II, S. 80 ff.; *N.-J. Kim*, VerwR II, S. 113 f.
[1161] Ausführlich dazu *S.-J. Kim*, SatzungsR, S. 252 ff.
[1162] *J.-S. Hong*, KomR, Rn. 800, hält § 6 II KVwGO für ein Element der abstrakten Normkontrolle, nach der die Verwaltung die durch eine Entscheidung des KOG für nichtig gehaltenen untergesetzlichen Normen im Amtsblatt eintragen muss.
[1163] Vgl. *J.-S. Hong*, KomR, Rn. 799 f.

Satzungen ergebenden Durchführungsakte verletzt wird. Bürgermeister (§ 19 KKSG) und höhere Behörde (§ 159 KKSG) nehmen an den Verfahren der gerichtlichen Kontrolle teil.

aa) Bürgermeister

Überzeugt der Bürgermeister sich davon oder zweifelt daran, dass die Vorschriften der Satzung mit höheren Rechtsnormen unvereinbar sind, kann er zunächst gem. § 19 III 1 KKSG autonom beim Gemeinderat eine nochmalige Prüfung der Satzung fordern. Dabei darf er jedoch nicht fordern, dass der Gemeinderat einen Teil des Satzungsbeschlusses korrigieren oder den vom Bürgermeister korrigierten Satzungsentwurf beschließen soll (§ 19 III 2 KKSG). Bleibt der Gemeinderat bei seinem Satzungsbeschluss, wird er als Satzung festgesetzt (§ 19 IV KKSG). Der Bürgermeister kann gem. § 98 III KKSG direkt beim KOG eine Klage gegen die Gesetz- oder Verfassungswidrigkeit der Satzung erheben.

bb) Aufsichtsbehörde

Nach § 159 I KKSG kann die Aufsichtsbehörde zu einem Neubeschluss des Gemeinderats anweisen, wenn sie sich davon überzeugt, dass die Satzung gegen höhere Rechtsnormen verstößt oder das öffentliche Wohl verletzt. Der zum Neubeschluss aufgeforderte Bürgermeister hat mit der Begründung den Gemeinderat zum Neubeschluss aufzufordern. Im Gegensatz zu § 19 III 1 KKSG kann dieser Neubeschluss nicht als autonom bezeichnet werden.[1164] Stimmt eine Mehrheit von zwei Dritteln der Ratsmitglieder bei der Anwesenheit der Mehrheit der Gesamtzahl der Ratsmitglieder der vorliegenden Beschlussfassung zu, kommt der Beschluss zustande (§ 159 II KKSG). Demgegenüber kann der Bürgermeister innerhalb von 20 Tagen nach Neubeschluss beim KOG eine Klage erheben, wenn er sich davon überzeugt, dass die neubeschlossene Beschlussfassung gegen höhere Rechtsnormen verstößt (§ 159 III KKSG). Dabei führt der Bürgermeister diese Klage beim KOG als Angelegenheit der Gemeinde aus. Daher besitzt sie eine Rechtsnatur des *Organstreitsverfahrens* wie die Klage, die der Bürgermeister gem. § 98 III KKSG beim KOG erhebt.[1165] Erhebt der Bürgermeister keine Klage, kann die Aufsichtsbehörde selbst eine Klage erheben

---

[1164] *J.-S. Hong*, KomR, Rn. 793; *D.-H. Kim*, VerwR II, S. 110; *J.-T. Ryu*, in: T.-Y. Kim (Hrsg.), KKomR, S. 550.
[1165] *J.-S. Hong*, KomR, Rn. 795, 797; *J.-T. Ryu*, in: T.-Y. Kim (Hrsg.), KKomR, S. 551.

(§ 159 IV KKSG). Im Gegensatz dazu, dass der Bürgermeister eine Klage erhebt, hat diese Klage die Rechtsnatur eines *Sonderstreit*verfahrens.[1166]

3. Vorrang der Rechtssicherheit vor der Satzungshoheit und dem Aufsichtsrecht

a) Verwerfung durch den Gemeinderat

aa) Beschlussgegenstände des Gemeinderates (§ 35 I KKSG)

Nach § 35 I KKSG beschließt der Gemeinderat über Folgendes: „1. den Erlaß, die Änderung und Aufhebung der Satzungen, 2. die Beschlussfassung über den Kommunalhaushalt, 3. die Genehmigung des Kommunalhaushaltes, 4. die Festsetzung und den Vollzug von Gebühren, Abgaben, Entgelten, Steuern oder Beiträgen, die nicht in anderen Gesetzen bestimmt sind, 5. die Sammlung und Verwaltung des Fonds, 6. den Erwerb und die Verfügung über das wichtige Eigentum, das durch Rechtsverordnung bestimmt ist, 7. die Errichtung, Verwaltung und Verfügung der öffentlichen Einrichtungen, die durch Rechtsverordnung des Staatspräsidenten bestimmt ist, 8. den Verzicht auf Rechte oder Verpflichtungen, die in den Gesetzen oder den Satzungen nicht geschrieben sind, 9. die Entgegennahme und Erledigung von Petitionen, 10. die internationale Austausch- und Zusammenarbeit mit ausländischen Kommunen, 11. die nach den Gesetzen ihm obliegenden Angelegenheiten“.

bb) Grenze der Verwerfung

§ 35 I Nr. 1 KKSG bestimmt ausdrücklich, dass der Gemeinderat die Satzungen nicht nur erlassen, sondern sie auch ändern sowie verwerfen kann. Dies wird so verstanden, dass der Gemeinderat sie ändern sowie verwerfen kann, soweit die Inhalte (die Vorschriften) der Satzungen zur *eigenen* Angelegenheit der Gemeinde gehören.[1167]

Im Hinblick auf § 35 I Nr. 1 KKSG geht es um folgende Fragen: Erstens, dass für eine bestimmte Angelegenheit undeutlich ist, ob sie eine eigene oder übertragene Angelegenheit ist.

[1166] *J.-S. Hong*, KomR, Rn. 798.

[1167] *K.-W. Lee*, in: T.-Y. Kim (Hrsg.), KKomR, S. 184; vgl. auch *J.-S. Hong*, VerwR I, Rn. 2277.

Da bei diesem Fall die Entscheidung dazu meistens (in Korea!) nur durch die Auslegung der betreffenden Rechtsvorschriften möglich ist[1168], ist die Ausübung der Änderungs- sowie Verwerfungskompetenz des Gemeinderates für die Satzungen schwierig, wenn es dazu keine gerichtliche Entscheidung gibt, oder die Auslegung umstritten ist. Zweitens, ob die Änderungs- sowie Verwerfungskompetenz des Gemeinderates für die Satzungen, die bezüglich der Auftragsangelegenheiten von der Ermächtigungsnorm erlassen werden, gilt. Die Auftragsangelegenheiten (vgl. § 156 KKSG) werden in zwei, d. h. die (ganzen) *gemeindlichen* Auftragsangelegenheiten und die Angelegenheiten der *Organleihe* geteilt, die meisten sind Angelegenheiten der *Organleihe*. Beispiele zu ersteren werden in der Literatur nicht gefunden, zu letzteren sind die Vorbereitungsarbeit zur Wahl der Parlamentsabgeordneten nach dem KGWParl (das Koreanische Gesetz über die Wahl der Parlamentsabgeordneten) und die polizeilichen Angelegenheiten [1169] usw. zu nennen. Im Allgemeinen sind die Angelegenheiten der Organleihe kein Bestimmungsgegenstand der Satzungen.[1170] Da bei den gemeindlichen Auftragsangelegenheiten auch meistens bis zu einem gewissen Grade die Autonomie der Gemeinde anerkannt wird, sind Ermächtigungsnormen beim Erlass der Satzungen nicht unbedingt notwendig.[1171] Aber wie nach § 6 I 2 NGO (Niedersächsische Gemeindeordnung) könnte der Gemeinderat hinsichtlich der gemeindlichen Auftragsangelegenheiten Satzungen erlassen, soweit eine einzelne gesetzliche Ermächtigung dazu vorliegt.[1172] In diesem Fall kann der Gemeinderat auch auf Grund § 35 I Nr. 1 KKSG mit den Gründen, dass die Satzungen gegen höhere Rechtsnormen verstoßen oder dass sie tiefe Eingriffe in das öffentliche Wohl bringen, nicht seine Änderungs- sowie Verwerfungskompetenz ausüben, da die Verwerfung der betreffenden Satzung(svorschriften) keine Beachtung der Ermächtigungsnormen gewährleistet. Dies gilt bezüglich der Nebenbestimmung § 15 KKSG für die Satzungen, für die gesetzliche Ermächtigungen unbedingt erforderlich sind, z. B. Erhebung der öffentlichen Abgaben, Sicherstellung der Verwaltungszwangsmittel und Erhebung der Verwaltungsstrafe usw.[1173]. Drittens, § 35 I Nr. 1 KKSG regelt die Änderung und Aufhebung der Satzungen nur, aber es fehlen konkrete Bestimmungen, z. B. ihre Voraussetzungen zur

---

1168 Die Unterscheidung zwischen den eigenen Angelegenheiten und Auftragsangelegenheiten hängt meistens davon ab, ob der Gemeinderat an diesen Angelegenheiten beteiligt ist, und von Maßstab und Dichte der Staatsaufsicht und dem Träger der Kosten. Dazu *J.-S. Hong*, KomR, Rn. 1133; *S.-H. Park*, in: T.-Y. Kim (Hrsg.), KKomR, S. 332.

1169 *J.-S. Hong*, KomR, Rn. 1342; vgl. auch *D.-H. Kim*, VerwR II, S. 63 ff.

1170 *KOGE* 17. 9. 1999, 99Tschu30; 13. 4. 1999, 98Tschu40; *J.-S. Hong*, KomR, Rn. 702.

1171 *J.-S. Hong*, KomR, Rn. 701; vgl. *D.-H. Kim*, VerwR II, S. 64.

1172 *J.-S. Hong*, KomR, Rn. 702.

1173 *J.-S. Hong*, KomR, Rn. 706. Bei den Auftragssatzungen, die aufgrund der Ermächtigungsgesetze die Obergrenze über z. B. die Höhe der Gebaüde, die Bebauungsrate und die Raumkapazitätsrate usw. bestimmen, und in diesem Rahmen durch die Gemeinde konkretisieren, sind die Ermächtigungsgesetze auch unbedingt

Änderung sowie Aufhebung, die Verfahren und ihre Grenze usw. dazu. Damit wird die Entscheidung über diese Fragen den Gemeinden überlassen. Daher gibt es dazu große Unterschiede von Gemeinde zu Gemeinde. Im Hinblick auf die konkreten Bestimmungen zur Änderung sowie Aufhebung der Satzungen sind aber einheitliche Kriterien erforderlich.

b) Verwerfung durch die Aufsichtsbehörde

Die *Aufsichtsbehörde* darf nicht direkt die Satzungen verwerfen, wenn diese Verwerfung gegen die Rechtssicherheit und die verfassungsinstitutionelle Garantie der Satzungshoheit verstößt, weil die Satzungen, z. B. die Abgasbestimmungen der höheren Rechtsnormen erleichtern oder einen Abzug für die gemeindlichen Steuern erlauben, den die Gesetze nicht vorsehen[1174]. In diesen Fällen kann sie nur die Gemeinde (dem Gemeinderat) dazu anweisen, sie durch das gleiche Verfahren wie bei ihrer Aufstellung zu verwerfen (dabei muss auch die Rechtssicherheit beachtet werden). Dies ist mit dem demokratischen und verfassungsinstitutionellen Charkter der kommunalen Selbstverwaltung vereinbar.[1175]

4. Ergebnis zu III.

Die Verwerfungskompetenz der Verwaltung (der Bürgermeister, die Aufsichtsbehörde) für die Satzungen wird wegen der demokratischen und verfassungsinstitutionellen Garantie der Satzungshoheit unabhängig davon abgelehnt, ob ihre Vorschriften eigene Angelegenheiten der Gemeinde oder Auftragsangelegenheiten regeln. Die Verwerfungskompetenz für die Satzungen kann entweder vom KOG durch die Klage des Bürgermeisters oder vom Gemeinderat selbst auf Grund § 35 I Nr. 1 KKSG *innerhalb* der eigenen Angelegenheiten ausgeübt werden. Aber diese Verwerfungskompetenz des Gemeinderates wird eingeschränkt, wenn die Satzungen bezüglich der Auftragsangelegenheiten auf Grund der Gesetze erlassen

---

erforderlich. Dazu *D.-H. Kim*, VerwR II, S. 64.

[1174] *B.-T. Tschon*, in: T.-Y. Kim (Hrsg.), KKomR, S. 113.

[1175] Vgl. *B.-T. Tschon*, in: T.-Y. Kim (Hrsg.), KKomR, S. 114 f. *J.-S. Hong*, VerwR I, Rn. 2277, argumentiert auch bezüglich der Auswahl der Widerspruchsbehörde für die Angelegenheiten der Gemeinde beim Verwaltungswiderspruchsverfahren, dass die Gemeinde auf der Ebene zum Schutz der *Verwaltungshoheit* der Gemeinde selbst Widerspruchsbehörde werden muss, soweit sie eigene Angelegenheiten der Gemeinde sind. Seine Argumentation beruht grundsätzlich auf § 73 I Nr. 3 VwGO.

werden (insbesondere Auftragssatzungen), oder die Möglichkeit bestehen könnte, dass die *Rechtssicherheit* durch die Verwerfung der betreffenden Satzungsvorschriften gefährdet ist.

IV. Fazit

Die Normprüfungskompetenz der Verwaltung wird umfangreich anerkannt. Sie beruht auf der wesentlichen Aufgabe der Verwaltung (Gesetzesanwendung) und der Selbstkontrolle. Sie kann von untergesetzlichen Normen bis zu Vorschriften des Verfassungsrechts reichen, da sie nicht gegen die Normverwerfungskompetenz des *KVerfG* verstößt.

Der die für verfassungswidrig gehaltenen Gesetze anwendende Beamte muss sich gem. der Nebenbestimmung § 49 KKBG und § 57 KBG deswegen an seinen Vorgesetzten und an die nächst höhere Behörde wenden, wenn sein Vorgesetzter auch die gleiche Auffassung hat. In dieser Weise kann der Zweifel des Beamten an der Verfassungswidrigkeit der Gesetze im hierarchischen Aufbau der Verwaltung bis zur Verwaltungsspitze (der Ministerpräsident, die Ministerien) weiter gegeben werden. Da das südkoreanische Verfassungsrecht nicht das abstrakte Normkontrollverfahren kennt, kann die Verwaltungsspitze die zweifelhaften Gesetze nicht beim *KVerfG* vorlegen (vgl. Art. 107 I, 111 I 1 KV iVm §§ 41 I, 68 KVerfGG). Bei dem Ersuchen auf Weisungen zur Anwendung der Gesetze von der Ausgangsbehörde bis zur Verwaltungsspitze wird das Aussetzungsrecht der Gesetzesanwendung der Verwaltung grundsätzlich anerkannt. Für die Eilfälle und bei weisungsfreien Behörden ist es besser vereinbar mit Art. 66, 107 I, 111 I Nr. 1, 5 KV, §§ 2 Nr. 1, 5, 41, 68 KVerfGG, dass die Verwaltung die Gesetze anwendet, obwohl sie sich davon überzeugt, dass die Gesetze verfassungswidrig sind, und der Alternative gegenübersteht, entweder Gesetze anzuwenden oder zu verwerfen. Die Verwerfungskompetenz der Verwaltung für die Parlamentsgesetze wird gem. Art. 107 I, 111 I Nr. 1 KV iVm §§ 2 Nr. 1, 41 I, 68 KVerfGG verneint. Diese Kompetenz wird bei dem *KVerfG* wegen des Autonomieschutzes des Gesetzgebers und der Vermeidung von Rechtsunsicherheit und Rechtszersplitterung monopolisiert.

Die Verwerfungskompetenz der Verwaltung für die Rechtsverordnungen wird verneint, da die Rechtsverordnungen die Eigenschaft eines materiellen Gesetzes haben und wegen ihres Verhältnisses zu dem Ermächtigungsgesetz. Im Allgemeinen kommt sie gem. Art. 107 II KV Gerichten sowie letztlich dem KOG zu. Die Anforderungskompetenz zur Berichtigungsbehandlung von untergesetzlichen Normen des dem Ministerpräsidenten angegliederten Ausschusses für das Verwaltungswiderspruchsverfahren (MpaAVwWV: § 42a KVwWG iVm § 41 I KVwVfG) kollidiert mit Art. 107 II, 111 I Nr. 5, 114 VI KV, §§ 2 Nr. 5, 68 I KVerfGG, §§ 1, 2, 12, 36 KVwGO. Der MpaAVwWV darf nicht die für Rechtsverordnung gehaltenen Geschäftsordnungen von Verfassungsorganen verwerfen, da sie sich von exekutiven Rechtsnormen unterscheiden, und ihre Verwerfung die verfassungsrechtlichen Funktionen von Verfassungsorganen suspendiert. Die Verwaltung einschließlich des MpaAVwWV kann die Rechtsverordnungen verwerfen, wenn die Rechtsverordnungen nicht auf Ermächtigungsgesetzen beruhen, und ihre Verwerfung keine Grundrechte verletzt, ihre Gültigkeitsfrist bereits abgelaufen ist und ihr Ziel zur Vollendung gelangt ist.

Die Verwerfung von Satzungen durch die Verwaltung (der Bürgermeister, die Aufsichtsbehörde) wird wegen des demokratisch verfassungsinstitutionellen Schutzes der Satzungshoheit ohne Zusammenhang damit abgelehnt, ob die Satzungen eigene Angelegenheiten oder Auftragsangelegenheiten regeln. Die Verwerfungskompetenz wird bei Erhebung einer Klage (Organstreitsverfahren) durch den Bürgermeister vom KOG ausgeübt. Soweit die Satzungen nur eigene Angelegenheiten der Gemeinde regeln, kommt dem Gemeinderat die Verwerfungskompetenz gem. § 35 I Nr. 1 KKSG zu. Aber sie muss die Rechtssicherheit beachten.

Vierter Teil

Rechtsvergleich sowie rechtspolitischer Ausblick

Die Normprüfung der Verwaltung stellt ein exekutives Erkenntnisverfahren für die Rechtsnormen, die die Verwaltung anwenden soll, dar. Die Normverwerfung der Verwaltung bedeutet, dass die Verwaltung mit dem Ergebnis der Normprüfung die Rechtsnormen, von deren Verfassungswidrigkeit sie sich überzeugt hat, für den bestimmten Fall verwirft. Da das Urteil darüber, ob man die Norm verwirft, das Ergebnis der Prüfung voraussetzt, stehen die Normprüfungs- und Verwerfungskompetenz in einem untrennbaren Verhältnis. Ob der Verwaltung die Normprüfungs- und Verwerfungskompetenz eingeräumt werden können, steht in einem tiefen Zusammenhang damit, wie viel Normkontrollkompetenz der Gesetzgeber unter dem Gewaltenteilungsprinzip der Judikative für die für rechtswidrig gehaltenen Rechtsnormen erteilt. Die Diskussion über diese Frage hat unter dem Grundgesetz und dem südkoreanischen Verfassungsrecht (folgend KV) grundsätzlich mit dem Prinzip der Gesetzmäßigkeit der Verwaltung zu beginnen. Im Hinblick auf das Gemeinschaftsrecht sind das Prinzip des Anwendungsvorrangs und das Gebot des *effet utile* des Gemeinschaftsrechts grundlegende Kriterien. Nicht zuletzt sind das Prinzip der Rechsbindung der Verwaltung (Art. 20 iVm 1 III GG; Art. 37 II, 66 IV, 107 II KV), das abstrakte sowie das konkrete Normenkontrollverfahren (Art. 93 I Nr. 2, 100 I GG, § 47 VwGO; Art. 107 I, 111 I Nr. 1, 5 KV) und das Vorabentscheidungsverfahren (Art. 234 EGV) wichtige Urteilskriterien bezüglich der Normverwerfungskompetenz der Verwaltung unter dem Grundgesetz, dem südkoreanischen Verfassungsrecht und in der wechselseitigen Verzahnung des Gemeinschaftsrechts und des Grundgesetzes.

§ 13 Normprüfungskompetenz der Verwaltung

I. Normprüfungskompetenz der deutschen und koreanischen Verwaltung

1. Uneingeschränkte Normprüfungskompetenz

Unter dem *Grundgesetz und dem südkoreanischen Verfassungsrecht* ist die wesentliche Aufgabe der Verwaltung nach dem Gewaltenteilungsprinzip die Gesetzesanwendung (vgl. Art. 20 III, 1 III GG; Art. 40, 66 IV, 101 I KV). Dafür muss das Verwaltungshandeln gesetzmäßig sein. Nach dem Gesetzmäßigkeitsprinzip hat die Verwaltung die Verfassungsmäßigkeit von Rechtsnormen zu prüfen. Um die Verfassungsmäßigkeit der von ihr anzuwendenden Normen zu prüfen, muss die Verwaltung sie genau kennen. Der Mittelpunkt des Erkenntnisverfahrens liegt in der Auslegung der anzuwendenden Rechtsnormen. Diese Auslegungskompetenz der Rechtsnormen stellt nämlich die Prüfungskompetenz der Rechtsnormen dar. Die Rechtsanwendung der Verwaltung bindet den Bürger und zugleich die Verwaltung selbst. Dies bedeutet Selbstkontrolle der Verwaltung (Art. 3 I GG; Art. 11 I KV), dafür ist die Normprüfungskompetenz erforderlich. Art. 93 I Nr. 2 GG und § 47 I, II VwGO sind ein positivrechtlicher Beweis für die Normprüfungskompetenz der Verwaltung. Die Zweifel, die die unteren Behörden an der Verfassungsmäßigkeit von Parlamentsgesetzen haben, können aufgrund der hierarchischen Struktur der Verwaltung über das Remonstrationsverfahren und das Aussetzungsrecht bis zur Verwaltungsspitze weiter geleitet werden. Überzeugt die Verwaltungsspitze sich auch von der Verfassungswidrigkeit, dann kann sie unter dem Grundgesetz gem. Art. 93 I Nr. 2 GG iVm § 76 BVerfGG das abstrakte Normkontrollverfahren beim *BVerfG* beantragen. Diese Antragsbefugnis der Verwaltung(sspitze) kann ausgeübt werden, soweit sie sich davon überzeugt, dass die von ihr anzuwendenden Rechtsnormen gegen das Verfassungsrecht verstoßen. Dies ist nur möglich durch die Gewährleistung der Normprüfungskompetenz. In diesem Sinne stellen § 47 II Nr. 1 VwGO iVm § 61 VwGO einen geltenden Beweis zur Garantie der Normprüfungskompetenz der Verwaltung für die untergesetzlichen Normen dar.[1176]

[1176] S § 3 II.; § 11 II.

Unter dem *Gemeinschaftsrecht* wird die Normprüfungskompetenz der deutschen Verwaltung eingeteilt, d. h. die Prüfungskompetenz für das nationale Recht[1177] und das Gemeinschaftsrecht[1178] selbst, durch die die Verwaltung prüft, ob das sekundäre Gemeinschaftsrecht mit dem primären Gemeinschaftsrecht vereinbar ist. Im Verhältnis zwischen dem Grundgesetz und dem Gemeinschaftsrecht wird die Prüfungskompetenz der Verwaltung für das nationale Recht gewährleistet. Dies beruht darauf, dass die deutsche Verwaltung gem. Art. 20 III, 1 III GG an Art. 23 I iVm 59 II, 79 III GG gebunden ist, und danach bei Anwendung der Rechtsnormen prüfen muss, ob das nationale Recht mit dem Gemeinschaftsrecht vereinbar ist. Unter der Grundgesetzordnung hat die Verwaltung dem Gemeinschaftsrecht eine optimale reale Wirksamkeit zu gewährleisten. Dafür hat die Verwaltung zu prüfen, ob das nationale Recht mit dem unmittelbare Wirkung entfaltenden Gemeinschaftsrecht vereinbar ist. Soweit das Gemeinschaftsrecht *unmittelbare Wirkung* in den Mitgliedstaaten entfaltet, muss die Verwaltung das mit ihm in einem konkurrierenden Verhältnis stehende nationale Recht prüfen. Art. 249 Satz 3 EGV verpflichtet den nationalen Gesetzgeber, die EG-Richtlinie umzusetzen. Um das Umsetzungsrecht anzuwenden, muss die Verwaltung es prüfen, ob es zuerst mit der Rechtsordnung des Gemeinschaftsrechts (d. h. seiner originalen EG-Richtlinie sowie dem primären Gemeinschaftsrecht), und zugleich mit der Rechtsordnung des Grundgesetzes vereinbar ist. Eine EG-Richtlinie kann auch in untergesetzlichen Normen umgesetzt werden. Die Verwaltung hat zu prüfen, ob sie zuerst mit dem Grundgesetz und zugleich mit dem Gemeinschaftsrecht vereinbar sind, um sie anzuwenden.[1179] Die deutsche Verwaltung darf prüfen, ob das sekundäre Gemeinschaftsrecht mit dem primären Gemeinschaftsrecht vereinbar ist. Diese Prüfungskompetenz kollidiert nicht mit der Kompetenz, die gem. Art. 234 EGV dem *EuGH* gewährleistet ist. Dass das sekundäre Gemeinschaftsrecht primärrechtswidrig ist, bedeutet nämlich, dass das sekundäre Gemeinschaftsrecht mit dem Inhalt des Zustimmungsgesetzes der Mitgliedstaaten unvereinbar ist.

[1177] S § 7 I. 2.
[1178] S § 7 II. 2.
[1179] S § 7 I. 1.

2. Einzelheiten der Normprüfungskompetenz

Gegenstand der Prüfungskompetenz sind unter dem Grundgesetz[1180], dem Gemeinschaftsrecht[1181]und dem südkoreanischen Verfassungsrecht[1182] in gleicher Weise Normen verschiedener Stufen, von untergesetzlichen Normen bis zu Parlamentsgesetzen. Eine gemeinsame Frage ist, ob die Verwaltung auch die höchste Norm, d. h. das Grundgesetz[1183], das primäre Gemeinschaftsrecht[1184] und das südkoreanische Verfassungsrecht[1185], die das Kriterium der Normprüfung sind, prüfen kann. Die Prüfungskompetenz für diese höchsten Kriteriumsnormen ist auch in der drei Rechtsordnungen der Verwaltung eröffnet; da die untergesetzlichen Normen auf den Gesetzen basieren, sie wieder auf dem Verfassungsrecht beruhen und das sekundäre Gemeinschaftsrecht auf dem primären Gemeinschaftsrecht beruht, begleitet die Prüfung für die unteren Normen die Prüfung für die Kriteriumsnorm.

Das *Kriterium* der Prüfungskompetenz ist unter dem Grundgesetz und dem südkoreanischen Verfassungsrecht das Grundgesetz und das südkoreanische Verfassungsrecht selbst. Im Verhältnis zwischen dem Gemeinschaftsrecht und dem deutschen Recht[1186] sind nach dem Vorrang des Gemeinschaftsrechts alle Vorschriften des Gemeinschaftsrechts das Kriterium. Für das Umsetzungsrecht, das aus einer EG-Richtlinie umgesetzt wird, ist das Kriterium nicht nur das Grundgesetz, sondern auch seine *(ursprüngliche) EG-Richtlinie.*

Für die *Intensität* der Prüfung wird eine fachliche Prüfung unter dem Grundgesetz[1187] und dem südkoreanischen Verfassungsrecht[1188] gefordert; die Verwaltungsspitze muss die für verfassungswidrig gehaltenen Rechtsnormen in der gesamten Rechtsordnung vielseitig und einheitlich prüfen, wenn sie gem. Art. 93 I Nr. 2 GG das abstrakte Normkontrollverfahren beim *BVerfG* beantragen will/soll. Da §§ 6, 6a KVwWG dem *AVwWV* (die Ausschüsse für das Verwaltungswiderspruchsverfahren) und *MpaAVwWV* (der dem Ministerpräsidenten angegliederte Ausschuss für das Verwaltungswiderspruchsverfahren) die Prüfungskompetenz für die untergesetzlichen Normen, die die Grundlage für Verwaltungsverfügungen sind, erteilen,

[1180] S § 3 III.
[1181] S § 7 I. 2., II. 2.
[1182] S § 11 III.
[1183] S § 3 III. 2.
[1184] S § 7 I. 2., II. 2.
[1185] S § 11 III. 1.
[1186] S § 7 I. 3.
[1187] S § 3 IV. 1.
[1188] S § 11 IV.

und die Mitglieder der AVwWV und des MpaAVwWV aus Experten bestehen, muss die Normprüfung der Verwaltung auf höchsten Niveau erfolgen. Dies gilt auch für den Fall, dass die deutsche Verwaltung durch die nationalen Rechte das unmittelbare Wirkung in den Mitgliedstaaten entfaltende Gemeinschaftsrecht anwendet.

II. Rechtspolitischer Vorschlag

1. Für die Grundgesetzordnung im Verhältnis zum EG-Recht

Im Hinblick auf den Vollzug des Gemeinschaftsrechts kann die deutsche Verwaltungsspitze gem. Art. 234 EGV die Prüfungskompetenz für das Gemeinschaftsrecht und das nationale Recht geltend machen. Demgegenüber hat sie (der zuständige Ressortminister)[1189] auf Grund Art. 93 I Nr. 2 GG eine Möglichkeit zur Prüfung nicht nur des gemeinschaftsrechtswidrigen nationalen Rechts, sondern auch des gemeinschaftsrechtswidrigen Gemeinschaftsrechts: Das *BVerfG*[1190] hält das primäre *Gemeinschaftsrecht als Inhalt des Zustimmungsgesetzes* für einen Gegenstand des abstrakten Normkontrollverfahrens. Dies kann nämlich im Zusammenhang damit so verstanden werden, dass die Antragsbefugnis zum abstrakten Normkontrollverfahren gem. Art. 93 I Nr. 2 GG der Verwaltungsspitze erteilt worden ist: Sie kann damit beim *BVerfG* einen Antrag stellen, dass das primäre Gemeinschaftsrecht die Ermächtigungsgrenze des Zustimmungsgesetzes überschreite und damit gegen Art. 23 GG verstoße. Bevor sie den Antrag stellt, muss sie das primäre Gemeinschaftsrecht als Inhalt des Zustimmungsgesetzes prüfen. Daraus kann die Prüfungskompetenz der Verwaltungsspitze für das primäre Gemeinschaftsrecht abgeleitet werden. Dagegen ist das sekundäre Gemeinschaftsrecht kein Gegenstand des Art. 93 I Nr. 2 GG. Soweit die deutschen Normsetzer jedoch einen Gestaltungsspielraum für die Umsetzungsrechte (Umsetzungsakte) von Bund oder Ländern zur Umsetzung der EG-Richtlinie haben, ist das sekundäre Gemeinschaftsrecht auch der Gegenstand des abstrakten Normkontrollverfahrens.[1191] Um das Umsetzungsrecht anzuwenden, kann die Verwaltung nichts anderes

[1189] Im abstrakten Normkontrollverfahren wird die Bundesregierung gem. § 35 GGO der Bundesministerien durch den zuständigen Ressortminister vertreten. Dazu *Graßhof*, in: Umbach/Clemens/Dollinger (Hrsg.), BVerfGG, § 76 Rn. 8.

[1190] Vgl. *BVerfGE* 37, 271/280 ff.; 52, 187/199; 73, 339/375 ff.

[1191] *Pieroth*, in: Jarass/ders., GG, Art. 93 Rn. 23, 27.

tun, als seine Vereinbarkeit mit dem Verfassungsrecht (da das Umsetzungsrecht nationale Rechtsnatur besitzt)[1192] und seine ursprüngliche EG-Richtlinie zu prüfen, und darüber hinaus diese Richtlinie noch darauf zu prüfen, ob sie mit dem primären Gemeinschaftsrecht vereinbar ist. Überzeugt die Verwaltungsspitze sich davon, dass das Umsetzungsrecht entweder gegen das Verfassungsrecht oder gegen die ursprüngliche EG-Richtlinie bzw. gegen das primäre Gemeinschaftsrecht verstößt, kann sie gegen dieses Umsetzungsrecht ein Verfahren gem. Art. 93 I Nr. 2 GG beim *BVerfG* einleiten, indem sie geltend macht, dass das Umsetzungsrecht nicht mit dem Zustimmungsgesetz vereinbar ist, und es doch nationale Rechtsnatur hat. Und das *BVerfG* hat auch auf Grund des Verfassungsrechts das Zustimmungsgesetz, die ursprüngliche EG-Richtlinie und das primäre Gemeinschaftsrecht zu prüfen, wenn es darüber urteilen will, ob das Umsetzungsrecht mit dem Verfassungsrecht und dem höheren Gemeinschaftsrecht vereinbar ist. Dass die Verwaltungsspitze bezüglich des Gemeinschaftsrechts dem abstrakten Normkontrollverfahren nahe kommen kann, bedeutet, dass die Prüfungskompetenz für das Gemeinschaftsrecht den unteren Behörden auf Grund des hierarchischen Aufbaus der Verwaltung zukommt; überzeugt eine untere Behörde sich bei Anwendung des Umsetzungsrechts davon, dass es entweder gegen das Verfassungsrecht oder seine ursprüngliche EG-Richtlinie bzw. gegen das primäre Gemeinschaftsrecht verstößt, wird sie sich deswegen an ihre vorgesetzte Behörde wenden, letztlich können diese Zweifel bis zu der Verwaltungsspitze weiter gereicht werden.[1193] In diesem Sinne stellen § 93 I Nr. 2 GG iVm § 13 Nr. 2, 76 ff. BVerfGG einen Nachweis dafür dar, dass die Prüfungskompetenz nicht nur für das nationale Recht (einschließlich des Umsetzungsrechts), sondern auch für das Gemeinschaftsrecht den Verwaltungsbehörden aller Stufen eingeräumt wird.[1194]

Obwohl wie gerade theoretisch erwähnt, die Verwaltung(sspitze) bezüglich des Gemeinschaftsrechts beim *BVerfG* das abstrakte Normkontrollverfahren einleiten könnte, ist noch nicht garantiert, dass ihre Normprüfungskompetenz Frucht tragen könnte, da es dabei folgende Probleme gibt: Erstens, die Antragsbefugnis zum abstrakten Normkontrollverfahen der Verwaltungsspitze könnte keine Bedeutung mehr haben, wenn das *BVerfG* gem. Art. 234 EGV kein Vorabentscheidungsverfahren beim *EuGH* einleiten möchte[1195], und es den *EuGH* nicht als das höchste europäische Gericht, sondern als ein Unterstützer zur Auslegung des Gemeinschaftsrechts anerkennen will, obwohl es sich davon überzeugt, dass die Meinung der

[1192] S § 7 I. 2. a) bb).
[1193] Vgl. § 8 I. 2. b) bb) (2) (a) (bb).
[1194] Vgl. dazu § 3 II. 3.
[1195] Vgl. *Ehlers*, Europäisierung, S. 24 f.; auch *Ehricke*, in: Streinz, EUV/EGV, Art. 234 EGV Rn. 41.

Verwaltungsspitze richtig ist. Zweitens, das BVerfG muss das für gemeinschaftsrechtswidrig gehaltene nationale Recht (einschließlich des Umsetzungsrechts) am Maßstab des *Gemeinschaftsrechts* prüfen; der Prüfungsmaßstab des Art. 93 I Nr. 2 GG ist kein Gemeinschaftsrecht, sondern das Grundgesetz. Im Hinblick auf den Kompetenzstreit zwischen dem *EuGH* und BVerfG ist es erforderlich, an den Hinweis *Hirschs*[1196] zu erinnern: Die rechtliche Integration der Europäischen Gemeinschaft könne durch den Vorrang des Gemeinschaftsrechts verwirklicht werden, und *eine Rechtsgemeinschaft* könne bei der europäischen Integration nicht ohne Vorrang des *EuGH* geschaffen werden. Daher wird vorgeschlagen, dass die Antragsbefugnis der Verwaltungsspitze zum abstrakten Normkontrollverfahren über das *BVerfG* hinaus bis zum *EuGH* ausgedehnt wird, um die Prüfungskompetenz für die für gemeinschaftsrechtswidrig gehaltenen nationalen Rechte und für die für gemeinschaftsrechtswidrig gehaltenen Gemeinschaftsrechte der deutschen Verwaltungsspitze sicherzustellen; das bedeutet die *Einführung des abstrakten Normkontrollverfahrens in die Gemeinschaftsrechtsordnung*. Auch wird die Ausdehnung des Art. 93 I Nr. 2 GG bis zum *EuGH* zur Bewahrung des Gemeinschaftsrechts und des Grundrechtsschutzes der europäischen Bürger viel beitragen, wenn man berücksichtigt, dass das abstrakte Normkontrollverfahren unter dem Grundgesetz als Schutz[1197] der Verfassung und der Grundrechte funktioniert.

Wenn das abstrakte Normkontrollverfahren in der Gemeinschaftsrechtsordnung eingeführt wird, bedürfte der Normkontrollantrag der Verwaltungsspitze der Mitgliedstaaten zum *EuGH* strenger *Voraussetzungen*; die Vereinbarkeit eines nationalen Rechts mit dem Gemeinschaftsrecht oder eines unteren Gemeinschaftsrechts mit dem höheren Gemeinschaftsrechts muss über bloße Bedenken hinaus ernsthaft für fraglich gehalten werden.[1198] Dabei handelt es sich darum, ob die Behörden (bei der unteren Behörde ist die Schwierigkeit größer als bei mittleren oder höchsten Behörde) diese Vereinbarkeit im wechselseitigen Verhältnis zwischen dem Grundgesetz und Gemeinschaftsrecht und in der gesamten Rechtsordnung der Europäischen Gemeinschaft richtig erkennen können. Um diese Schwierigkeit auszuräumen, wird eine Erhöhung der Fähigkeit zur *Gemeinschaftsrechtsfindung*[1199] für alle Behörden gefordert; eine Einrichtung sowie Aktivierung der Verwaltungsfachorgane z. B. wie Aus-

---

[1196] NJW 1996, S. 2463.

[1197] Vgl. *Stern*, in: Dolzer/Vogel/Graßhof (Hrsg.), BK, Art. 93 Rn. 197.

[1198] Vgl. *Stern*, in: Dolzer/Vogel/Graßhof (Hrsg.), BK, Art. 93 Rn. 217; vgl. *Bethge*, in: Maunz/Schmidt-Bleibtreu/Klein/Bethge, BVerfGG 1, § 13 Rn. 62.

[1199] Allgemein dazu, auf der verwaltungsrechtlichen Ebene *J.-H. Park*, Rechtsfindung im Verwaltungsrecht, 1999; auf der staatsrechtlichen Ebene *Neuner*, Die Rechtsfindung contra legem, 1992.

schüsse oder Beiräte (vgl. § 73 I, II VwGO), die sich hauptsächlich mit der Vereinbarkeit des Grundgesetzes mit dem primären Gemeinschaftsrecht beschäftigen, ist erforderlich, um in Bezug auf das Gemeinschaftsrecht die Normprüfungskompetenz der deutschen Verwaltung effektiv ausüben zu lassen, und um die Antragsarbeiten des abstrakten Normkontrollverfahrens zum *EuGH* durch die deutsche Verwaltungsspitze unterstützen zu lassen.[1200]

2. Für die koreanische Verfassungsrechtsordnung

Unter dem koreanischen Verfassungsrecht muss dem Thema der Normprüfungs- und Verwerfungskompetenz der Verwaltung die Arbeit vorangehen, dass die Begriffe der *Prüfungs- und Verwerfungskompetenz* der Verwaltung für die von ihr anzuwendenden Rechtsnormen in der Literatur genau verstanden werden. Im Hinblick auf die Normprüfungskompetenz der Verwaltung kann Grund für das schlechte Verständnis nicht zuletzt die Abwesenheit des abstrakten Normkontrollverfahrens sein, durch das die Verwaltung auf der Verwaltungsebene die Rechtswidrigkeit der von ihr anzuwendenden Rechtsvorschriften hinwegräumen kann.[1201] Nach dem Vorbild von Art. 93 I Nr. 2 GG iVm §§ 76 BVerfGG, 47 I, II VwGO wird die Einführung des abstrakten Normkontrollverfahrens zu Art. 107 I, II, 111 I KV iVm. §§ 41 I, 68 II KVerfGG gefordert.[1202] Dadurch wird zunächst die Normprüfungskompetenz der Verwaltung verstärkt. Darüber hinaus sind die Probleme der (gerichtlichen) Normkontrolle, an der Art. 107 I, II KV leidet, konsequent zu lösen.

Legt die weisungsfreie Behörde wie der ZAfW (der zentrale Ausschuss für die Wahlführung: Art. 114 ff. KV) Rechtsnormen falsch aus, kann dies in der Tat eine *Verwerfungswirkung*[1203] von Rechtsnormen, oder darüber hinaus zu einer *Kettenwirkung* führen. Ein gutes Beispiel dafür ist die Anklage zur Amtsenthebung des Staatspräsidenten (Moo-Hyun Rho).[1204] Die Verstärkung der Fähigkeit zur Rechtsfindung für diejenige Behörde,

---

1200 Vgl. *Ehlers*, DÖV 2001, S. 415 ff.; *Koenig*, DVBl. 1997, S. 581 ff. (Die Bundesländer brauchen nicht eine institutionalisierte Hilfstellung, sondern „Beauftragte" für den Verwaltungsvolzug von Europäischem Gemeinschaftsrecht).

1201 S dazu § 12 I. 1. a).

1202 *J.-H. Chun*, in: SV 1 (1995), S. 302 ff.; vgl. auch *J.-S. Chung*, VerfPR, S. 26 f.

1203 Dies unterscheidet sich von Normverwerfung im Sinne *Bachofs*, die durch die *Aussetzung* der anzuwendenden Rechtsnormen vorkommt. Dazu § 4 II. 2. b) cc) (2).

1204 Die Kompetenz des Staatspräsidenten wurde etwa für zwei Monate (vom 12. 3. bis 14. 5. 2004) suspendiert, indem die mehrheitliche Oppositionspartei im Parlament auf Grund der falschen Auslegung des ZAfW für den Art. 7 II KV iVm § 9 KGWP (Verstoß gegen Neutralitätspflicht des (politischen) Beamten) eine Anklage gegen den Staatspräsident beim *KVerfG* erhob. S die einleitende Erklärung zum 3. Teil.

die bei der Rechtsanwendung die Verwerfungs- oder Kettenwirkung begleiten, wird gefordert. Wenn das abstrakte Normkontrollverfahren eingeführt wird, ist es positiv abzuwägen, dass die Antragsbefugnis zum abstrakten Normkontrollverfahren den weisungsfreien Behörden nur unter strengen *Voraussetzungen* zukommt. Um die Fähigkeit zur Rechtsfindung des MpaAVwWV und der AVwWV zu verstärken, kann auch überlegt werden, dass sie sich um wissenschaftlichen und praktischen Austausch mit den deutschen Verwaltungsausschüssen und Beiräten bemühen müssen. Bei der Rechtsanwendung des Beamten muss die *Ansicht* über das Attribut des hierarchischen Aufbaus der Verwaltung von der einseitiger Aufsicht sowie Kontrolle zur *offenen Kooperation* auf der Ebene der Verfassungsinstitution umgeändert werden, um einen effektiven, unverzüglichen und korrekten Weg zur Lösung zu geben, wenn er sich von der Rechtswidrigkeit der anzuwendenden Rechtsnormen überzeugt. Durch die Einführung des abstrakten Normkontrollverfahrens muss die Anforderungskompetenz zur Berichtigungsbehandlung von untergesetzlichen Normen des MpaAVwWV (§ 42a KVwWG) wegen der Unvereinbarkeit mit Art. 107 II KV sowie Uneinheitlichkeit der Normkontrolle geändert oder aufgehoben werden.

§ 14 Normverwerfungskompetenz der Verwaltung

I. Normverwerfungskompetenz der deutschen und koreanischen Verwaltung

1. Nachkonstitutionelle Parlamentsgesetze

Unter dem *Grundgesetz* und dem *südkoreanischen Verfassungsrecht* wird es abgelehnt, dass die Verwaltung die für verfassungswidrig gehaltenen *Gesetze* verwirft; nach Art. 100 I iVm 20 III, 1 III GG und Art. 107 I, 66 IV KV wird die Verwerfungskompetenz von Gerichten verneint, da sie durch die Nichtanwendung der Gesetze den Willen des Gesetzgebers ignorieren könnten. Da die Verwerfungskompetenz der Gerichte für die Parlamentsgesetze verneint wird, darf sie erst recht nicht der Verwaltung erlaubt werden (sog. Erst-recht-Schluss-Theorie). Schließlich wird sie beim *BVerfG* und *KVerfG* monopolisiert. Unter dem koreanischen Verfassungsrecht gibt es keine ausdrückliche Erwähnung eines Nachweises für dieses Monopol, dieser muss jedoch aus dem Autoritätsschutz des Gesetzgebers wie unter dem Grundgesetz gesucht werden.[1205] Als Ausnahme besteht die Verwerfungskompetenz für die vorkonstitutionellen Gesetze, die der Bonner Gesetzgeber und der koreanische Verfassungsgeber als Verfassungsvorschriften nicht übernommen haben, gem. Art. 123 I iVm 100 I GG und Art. 5 Zusatzvorschrift iVm 107 KV.[1206]

Es ist unter den jeweiligen Rechtsordnungen umstritten, ob die beiden höchsten Gerichte, das *BVerfG* und *KVerfG* die für verfassungswidrig gehaltenen *Vorschriften des Verfassungsrechts* verwerfen können. Unter dem Grundgesetz bejaht das *BVerfG*[1207] dies, indem es die Antragsbefugnis der Gerichte zum konkreten Normkontrollverfahren für die Vorschriften des Verfassungsrechts bejaht. In der Literatur[1208] ist dies umstritten. Selbstverständlich gibt es einige Richter, die abweichende eine Auffassung haben, das *KVerfG* verneint im Gegenteil zum *BVerfG* die (Änderungs- sowie) Verwerfungskompetenz für die Vorschriften des

1205 S § 4 II. 3. a); § 12 I. 2. a).

1206 S § 4 I.; § 12 I. 2.

1207 E 3, 225/230 ff.

1208 Dafür *Stern*, in: Dolzer/Vogel/Graßhof (Hrsg.), BK, Art. 100 Rn. 65; *Rozek*, in: Maunz/Schmidt-Bleibtreu/Klein/Bethge, BVerfGG 2, § 76 Rn. 21; *Sieckmann*, in: v. Mangoldt/Klein/Starck (Hrsg.), GG 3, Art. 100 Rn. 20; *Ulsamer*, in: Maunz/Schmidt-Bleibtreu/Klein/Bethge, BVerfGG 2, § 80 Rn. 45; *Wieland*, in: Dreier (Hrsg.), GG III, Art. 100 Rn. 11. Dagegen *Pieroth*, in: Jarass/ders., GG, Art. 100 Rn. 7a; *Nawiasky*, JZ 1954, S.

Verfassungsrechts[1209], da die (Änderung sowie) Verwerfung für die Vorschriften des Verfassungsrechts nach Art. 130 II KV nur durch die Volksabstimmung möglich sei. Da die Verwerfungskompetenz für die parlamentarischen Gesetze bereits nicht der Verwaltung zukommt, darf die Verwerfungskompetenz für die einzelnen Vorschriften des Verfassungsrechts selbstverständlich nicht der Verwaltung erlaubt werden, die gegen die „Rechtsgrundsätze" und „Verfassungsgestaltende Grundentscheidungen" verstoßen, die nach *H. J. Wolff*[1210] die Vorschriften des Verfassungsrechts, z. B. „*Würde* der Mitmenschen" (Art. 1 I GG; Art. 10 KV), „Gleichbehandlung" (Art. 3 I GG; Art. 11 I KV), „die Rechtssicherheit" (Art. 14 GG, §§ 48, 49 VwVfG; Art. 23 KV, § 4 II KVwVfG) und „Verfassungsrechtliche Grundprinzipien" (z. B. Art. 20 GG; Art. 1 KV) sind.

Eine ganz andere Situation kommt bei dem Verhältnis zum *Europäischen Gemeinschaftsrecht* zur Erscheinung. Eine Verpflichtung entsteht für die Verwaltung, die gemeinschaftsrechtswidrigen nationalen Rechtsnormen zu verwerfen, wenn bei diesen nationalen Normen *EG-rechtskonforme* Auslegung oder *Richtlinienkonforme* Auslegung unmöglich sind, und das mit dem nationalen Recht kollidierende Gemeinschaftsrecht in den Mitgliedstaaten *unmittelbare Wirkung* entfaltet.[1211]

Die *Costanzo-Entscheidung* des *EuGH* ordnet an, dass die Verwaltungen der Mitgliedstaaten, alle gemeinschaftswidrigen nationalen Rechtsnormen einschließlich des Verfassungsrechts zu verwerfen haben. Das *BVerfG* folgt dieser Auffassung.[1212] Für diese Anforderung des *EuGH* zeigt jedoch die *Theorie der offenkundigen Rechtswidrigkeit* eine gewisse Ablehnung; die Verwerfungskompetenz für die Gesetze und Vorschriften des Verfassungsrechts werde der Verwaltung nur eingeräumt, wenn das nationale Recht gegen das Gemeinschaftsrecht *deutlich* verstoße. Sonst komme sie den Gerichten zu. Der Fall, dass das nationale Recht offenkundig gegen das Gemeinschaftsrecht verstößt, meint allein, dass der *EuGH*[1213] bereits durch die Auslegung des Gemeinschaftsrechts über die Gemeinschaftswidrigkeit des betroffenen nationalen Rechts entschieden hat.[1214] Da dieses betroffene nationale

718 f. S auch § 3 III. 2.; § 11 III. 1.

1209 Vgl. § 11 III. 1.

1210 In: Gedächtnisschrift Jellinek, S. 39 ff., 47 ff. Vgl. auch *Nawiasky*, JZ 1954, S. 717 f. (Nrn. 3., 5.). S dazu § 3 III. 2.

1211 S § 8 I. 1. b).

1212 Vgl. dazu § 8 I. 1. b) bb).

1213 Vgl. *EuGHE* 1982, 3415/3429 Rn. 14 (C.I.L.F.I.T./Ministero della sanità).

1214 Im Hinblick auf die Vorlagepflicht der nationalen Gerichte an den *EuGH* (Art. 234 EGV), *Ehlers*, in: Schoch/Schmidt-Aßmann/Pietzner (Hrsg.), VwGO, Anh § 40 Art. 177 EGV, Rn. 40. *Everling*, DVBl. 1985, S.

Recht nach der Entscheidung des *EuGH* in der Tat nicht mehr im nationalen Gesetztext besteht, ist zweifelhaft, ob solches für offenkundig gemeinschaftsrechtswidrig gehaltenes nationales Recht bestehen kann.[1215] Aber wenn solches nationale Recht besteht, kommt die Verwerfungskompetenz *allen* Verwaltungsbehörden zu.

Die sonstigen *Zweifelsfälle* stellen den hauptsächlichen Untersuchungsbereich dar. Sie sind von gemeinschaftsrechtswidrigem Verfassungsrecht, Parlamentsgesetzen und untergesetzlichen Normen zu unterscheiden.

Es gab einen Fall gemeinschaftsrechtswidrigen *Verfassungsrechts*[1216], die *Kreil*-Rechtsprechung des *EuGH*.[1217] In diesem Fall hat die Verwaltung (das Zentrum für Nachwuchsgewinnung und das Personalamt der Bundeswehr) die für gemeinschaftsrechtswidrig gehaltene Vorschrift des Verfassungsrechts (Art. 12a IV 2 GG a. F.) nicht für gemeinschaftsrechtswidrig gehalten, damit hat sie Art. 12a IV 2 GG a. F. vorrangig angewendet. Der Betroffene erhob Klage beim Verwaltungsgericht. Nach der Entscheidung des *EuGH* verwarf das Verwaltungsgericht Art. 12a IV 2 GG a. F. Will die Verwaltung jedoch die Verfassungsvorschrift aufgrund des Zweifels an der Gemeinschaftsrechtskonformität verwerfen, hat sie ebenso zu handeln, wie in dem Fall, in dem noch Zweifel darüber bestehen, ob das Parlamentsgesetz gegen das Gemeinschaftsrecht verstößt.

Bei den gemeinschaftsrechtswidrigen *Parlamentsgesetzen* ist folgendes zu beachten.[1218] Da beim Vollzug des Gemeinschaftsrechts die nationale Verfahrensautonomie unter dem Vorrang des Gemeinschaftsrechts gewährleistet ist, lässt sich die Behandlung unter dem hierarchischen Aufbau der Verwaltung und durch die weisungsfreien Behörden unterscheiden. Die Verwaltungsbehörde, die unter dem hierarchischen Aufbau der Verwaltung (Art. 83 ff. GG) handelt, hat im Hinblick auf die Rechtsbindung der Verwaltung (Art. 20 III iVm 1 III GG) und beamtenrechtliche Pflichten (vgl. §§ 37 f. BRRG, 56 f. BBG) dienstliche Verantwortung, Gehorsamspflicht, Remonstrationspflicht(-recht) und Weisungsgebundenheit zu handeln. Und die Kollisionsfälle sind bezüglich der Umsetzung der EG-Richtlinie komplizierter. Daher ist es für die einzelnen Verwaltungsbehörden äußerst schwierig, dass sie

1202 („aufgrund vorliegender Gerichtsurteile"). *Streinz*, in: FS Söllner, S. 1154; *Schwarze*, JZ 1998, S. 1083. S dazu bereits § 8 I. 1. a).
[1215] S § 8 I. 1. c).
[1216] S § 8 I. 2. b) aa).
[1217] S § 8 I. 2. b) aa) (1).
[1218] S § 8 I. 2. b) bb).

die für gemeinschaftsrechtswidrig gehaltenen Parlamentsgesetzene selbst verwerfen. Die einzelnen Beamten würden sich zunächst an ihre Vorgesetzten wenden, wenn für sie zweifelhaft ist, ob das von ihnen anzuwende Parlamentsgesetz gegen das Gemeinschaftsrecht verstößt. Haben ihre Vorgesetzten gleiche Zweifel, würden sie ihre Aufsichtsbehörden anrufen. Hat die Aufsichtsbehörde ebenso Zweifel, wird die Sache bis zur Regierung gelangen.[1219] Während dieser Vorlagen wird der Vollzug des für gemeinschaftsrechtswidrig gehaltenen Parlamentsgesetzes ausgesetzt, da das Aussetzungsrecht sich aus § 10 VwVfG ergibt, wobei das VwVfG des Bundeslandes für Verfahren zum Vollzug des Gemeinschaftsrechts gilt.[1220] Schließlich wird die Entscheidung zur Verwerfung des für gemeinschaftsrechtswidrig gehaltenen Parlamentsgesetzes im Hinblick auf den hierarchischen Verwaltungsaufbau des Grundgesetzes (vgl. Art. 83 ff. GG) und die Rechtsbindung des Beamten (Art. 20 III, 1 III GG iVm § 10 VwVfG, §§ 37 f. BRRG, 55 f. BBG) auf die Verwaltungsspitze konzentriert.[1221]

Die Verwaltungsspitze hat jedoch entweder das für gemeinschaftsrechtswidrig gehaltene Parlamentsgesetz zu verwerfen oder trotz Zweifels an der Gemeinschaftsrechtskonformität es vorrangig anzuwenden; sie hat nur eine alternative Möglichkeit, d. h. die Verwerfung oder Anwendung des nationalen Rechts. Für die Verwaltungsspitze, die in der alternativen Lage steht, sind das gemeinschaftsrechts- bzw. richtlinienkonforme Auslegungsgebot (Art. 10 iVm 249 Abs. 3 EGV) und die Antragsbefugnis zum abstrakten Normenkontrollverfahren (Art. 93 I Nr. 2 GG) nicht hilfreich, da das gemeinschaftsrechts- bzw. richtlinienkonforme Auslegungsgebot nicht die unmittelbare Wirkung des Gemeinschaftsrechts voraussetzt[1222], und da der Prüfungsmaßstab gegenüber dem für gemeinschaftsrechtswidrig gehaltenen Parlamentsgesetz allein das Gemeinschaftsrecht ist[1223]; das BVerfG könnte diesen Antrag der Verwaltungsspitze aber aufgrund der Unvereinbarkeit des für gemeinschaftsrechtswidrig gehaltenen Parlamentsgesetzes mit dem Zustimmungsgesetz annehmen[1224].

[1219] Dazu *Ehlers*, in: Erichsen/ders. (Hrsg.), AllgVerwR, § 2 Rn. 115 ff.; *Maurer*, AllgVerwR, § 4 Rn. 56.
[1220] S § 8 I. 2. b) bb) (2) (a) (aa).
[1221] S § 8 I. 2. b) bb) (2) (a) (bb).
[1222] S § 8 I. 2. b) bb) (2) (a) (bb) (aaa).
[1223] S § 8 I. 2. b) bb) (2) (a) (bb) (bbb).
[1224] Dazu S § 13 II. 1.

Es gibt eine Auffassung[1225], dass der Verwaltung ein „zweifaches Haftungsrisiko" aufgebürdet werde, wenn sie entweder zu Unrecht das gemeinschaftsrechtswidrig gehaltene Parlamentsgesetz verwirft, oder wenn sie es fälschlicherweise anwendet.[1226] Aber die Verwerfungskompetenz der Verwaltungspitze gehört nicht im Hinblick auf Art. 288 II EGV und § 839 BGB iVm Art. 34 GG zu einer hinreichend *qualifizierten Verletzung*, soweit sie unter den Umständen, in denen die gemeinschaftsrechtskonforme Auslegung unmöglich ist und der Antrag zum abstrakten Normenkontrollverfahren (Art. 93 I Nr. 2 GG) ausgeschlossen ist, das gemeinschaftsrechtswidrig gehaltene Parlamentsgesetz verwirft.

Wenn die Verwaltungsspitze das für gemeinschaftsrechtswidrig gehaltene Parlamentsgesetz unbedingt verwerfen muss, wird im Hinblick auf das Vorabentscheidungsverfahren (Art. 234 EGV) deutlicher[1227]: Die Verwaltungsspitze kann nicht bezüglich des Art. 93 I Nr. 2 GG und Art. 234 EGV den *EuGH* erreichen, da sowohl Art. 234 EGV allein als auch Art. 93 I Nr. 2 GG und Art. 234 EGV gemeinsam der Verwaltungsspitze keine Antragsbefugnis für ein Vorabentscheidungsverfahren einräumen; bisher gab es keinen Fall[1228], dass die Verwaltungsspitze gem. Art. 93 I Nr. 2 GG wegen des für gemeinschaftsrechtswidrig gehaltenen Parlamentsgesetzes das BVerfG angerufen hat, Art. 234 EGV gibt der Verwaltungsspitze unmittelbar keine Möglichkeit zur Anrufung des *EuGH*, und es gibt noch einen *Kontinuitätsmangel* zwischen dem nationalen abstrakten Normenkontrollverfahren (Art. 93 I Nr. 2 GG) und dem Vorabentscheidungsverfahren (Art. 234 EGV)[1229]. Im Hinblick auf Art. 234 EGV konzipiert der Normgeber der Europäischen Gemeinschaft, dass er die Verwerfungskompetenzfrage der Verwaltung gegenüber dem für gemeinschaftsrechtswidrig gehaltenen Parlamentsgesetz *zweistufig* lösen will[1230]: Er räumt der Verwaltungsspitze die Verwerfungskompetenz ein, da der Verwaltungsspitze im Hinblick auf Art. 93 I Nr. 2 GG und Art. 234 EGV alle Möglichkeiten ausgeschlossen sind; für sie ist es *unumgänglich*, das für gemeinschaftsrechtswidrig gehaltene Parlamentsgesetz zu verwerfen. Und er erlaubt auch den Gerichten die Verwerfungskompetenz auf der Ebene der Verwaltungskontrolle sowie des Rechtsschutzes (vgl. Art. 19 IV GG, 93 I Nr. 4a, § 40 VwGO). Daher setzt die gerichtliche

---

1225 *Kadelbach*, AllgVerwR unter europäischem Einfluß, S. 159. *Ehlers*, in: Erichsen/ders. (Hrsg.), AllgVerwR, § 2 Rn. 122; *ders.*, DÖV 2001, S. 414; *Schmidt-Aßmann*, ZÖR 55 (2000), S. 168 f.; *ders.*, in: Ehlers/Krebs (Hrsg.), Grundfragen des VerwR, S. 18; *Schröder*, DVBl. 2002, S. 158.

1226 S § 8 I. 2. b) bb) (2) (a) (bb) (ccc).

1227 S § 8 I. 2. b) bb) (2) (a) (bb) (ddd).

1228 Dazu *Streinz*, Bundesverfassungsgerichtlicher Grundrechtsschutz, S. 157 f., 193 f.

1229 S § 8 I. 2. b) bb) (2) (a) (bb) (ddd) (α).

1230 S § 8 I. 2. b) bb) (2) (a) (bb) (ddd) (β).

Verwerfungskompetenz die Einräumung der Verwerfungskompetenz der Verwaltungsspitze für das für gemeinschaftsrechtswidrig gehaltene Parlamentsgesetz voraus.

Es handelt sich darum, wie die *weisungsfreien Behörden* sich verhalten, wenn für sie zweifelhaft ist, dass das Parlamentsgesetz mit Gemeinschaftsrecht vereinbar ist.[1231] Bei *Bundesbehörden* haben das gemeinschaftsrechtswidrig gehaltene Parlamentsgesetz zu verwerfen. Es ist schwieriger bei kommunalen weisungsfreien Behörden, z. B. Theaterintendant, Amtstierarzt, wie sie das für gemeinschaftsrechtswidrig gehaltene Parlamentsgesetz ausführen sollen. Das abstrakte Normenkontrollverfahren (Art. 93 I Nr. 2 GG) und das Vorabentscheidungsverfahren (Art. 234 EGV) spielen dabei keine Rolle. Und der hierarchische Aufbau (Art. 83 ff. GG), insbesondere die Weisungsgebundenheit (vgl. §§ 37 BRRG, 55 BBG) spielt ebenso keine Rolle. Die kommunalen weisungsfreien Behörden sind nicht an Weisungen sowohl des Bundes als auch Landes gebunden, soweit das Bundesrecht einschließlich des Verfassungsrechts keine Beschränkungen ihrer Weisungsfreiheit bestimmen (vgl. Art. 85 III GG), und ihre Angelegenheiten sich nicht auf den Auftrag des Bundes beziehen (vgl. Art. 85 III GG). Daher haben sie das für gemeinschaftsrechtswidrig gehaltene Parlamentsgesetz trotz der Rechtsbindung der Verwaltung (Art. 20 III iVm 1 III GG) und des Verwerfungsmonopols des BVerfG gegenüber dem Parlamentsgesetz (Art. 100 I GG) selbst zu verwerfen.[1232]

In der nationalen Verwaltung kommt die Frage vor, ob ihr die Verwerfungskompetenz für das für primärrechtswidrig gehaltene *sekundäre* Gemeinschaftsrecht zukommen darf, wenn das sekundäre Gemeinschaftsrecht in den Mitgliedstaaten unmittelbare Wirkung entfaltet, es mit dem primären Gemeinschaftsrecht kollidiert und wenn die primärrechtskonforme Auslegung des sekundären Gemeinschaftsrechts unmöglich ist.[1233] Dies bedeutet auch, dass das sekundäre Gemeinschaftsrecht mit dem Zustimmungsgesetz von Deutschland nicht konform auslegt werden kann.[1234] Da die Verwaltung gem. Art. 20 III, 1 III GG an Gesetz und Recht, und darüber hinaus an Art. 23, 24 GG gebunden, darf sie nicht das sekundäre Gemeinschaftsrecht verwerfen, das die Ermächtigungsgrenze überschreitet, die das deutsche Zustimmungsgesetz dem primären Gemeinschaftsrecht überträgt. [1235] Der deutschen

---

[1231] S § 8 I. 2. b) bb) (2) (b).
[1232] S § 8 I. 2. b) bb) (2) (b) (bbb).
[1233] S § 8 II. 1.
[1234] S § 8 II. 2.
[1235] S § 8 II. 2. a).

Verwaltungsspitze und den Gerichten kann die Antragsbefugnis jeweils zum abstrakten (Art. 93 I Nr. 2 GG) und konkreten Normkontrollverfahren (Art. 100 I GG) auf Grund der Zustimmungsgesetzwidrigkeit des sekundären Gemeinschaftsrechts zuerkannt werden, da die Zustimmungsgesetzwidrigkeit des sekundären Gemeinschaftsrechts für einen Verstoß gegen das Grundgesetz gehalten wird. Aber das *BVerfG* darf dabei gem. Art. 93 I Nr. 2, 100 I GG nur dazu zuständig sein, wenn das Zustimmungsgesetz nicht gegen die Verfassungsprinzipien und Verfassungsrecht verstößt, und wenn das vom Zustimmungsgesetz erfasste primäre Gemeinschaftsrecht nicht die Ermächtigungsgrenze des Zustimmungsgesetzes überschreitet. Will das *BVerfG* das sekundäre Gemeinschaftsrecht auf Grund der Zustimmungsgesetzwidrigkeit verwerfen, dann hat es auch das zustimmungsgesetzwidrige sekundäre Gemeinschaftsrecht beim *EuGH* vorzulegen, da es auch selbst gem. Art. 234 EGV letztinstanzliches Gericht ist. Die Verwerfungskompetenz für das sekundäre Gemeinschaftsrecht, das gegen primäres Gemeinschaftsrecht verstößt, wird gem. Art. 234 iVm 220, 230, 10 EGV für die nationale Verwaltung, die Gerichte und auch das *BVerfG* abgelehnt, und bei dem *EuGH* monopolisiert, um die rechtliche Einheit der Europäischen Gemeinschaft zu verwirklichen.[1236]

2. Untergesetzliche Normen

Unter dem Grundgesetz und dem südkoreanischen Verfassungsrecht bedürfen die Rechtsverordnungen beim Erlass absolut der Ermächtigungsgesetze, und im Verhältnis zu dem Parlamentsgesetz funktionieren sie als materielle Gesetze. Aus diesem Grunde können die Rechtsverordnungsgeber sie mit den neuen Rechtsverordnungen nicht verwerfen, sondern die Verwerfungskompetenz kommt dafür gem. § 47 VwGO, Art. 93 I Nr. 2 GG, Art. 107 II, 111 I Nr. 5 KV iVm § 68 I KVerfGG den Gerichten, dem *BVerfG* und *KVerfG* zu. Unter dem Grundgesetz ist die Auffassung über die Rechtsnatur der Geschäftsordnungen von Verfassungsorganen umstritten.[1237] Das *BVerfG*[1238] hält sie für eine autonome Satzung. Demgegenüber ist der Meinungsstand unter dem südkoreanischen Verfassungsrecht äußerst umstritten, da einige Autoren sie für Rechtsverordnung halten.[1239] Hält man sie für Rechtsverordnungen, dann bedeutet dies, dass der dem Ministerpräsidenten angegliederte Ausschuss für das Verwaltungswiderspruchsverfahren (MpaAVwWV) diese legislativen, gerichtlichen

[1236] S § 8 II. 2. c).
[1237] Zum Meinungsstand *Magiera*, in: Sachs (Hrag.), GG, Art. 40 Rn. 26.
[1238] E 1, 144/148.
[1239] S § 12 II. 1.

und exekutiven Geschäftsordnungen von Verfassungsorganen verwerfen kann, da die Anforderungskompetenz zur Berichtigungsbehandlung von untergesetzlichen Normen gem. § 42a KVwWG dem MpaAVwWV zukommt. Dies verstößt gegen das Gesetzmäßigkeitsprinzip der Verwaltung. Daher kann die Verwerfung für diese Geschäftsordnungen auch die Funktionen von Verfassungsorganen lähmen. Da sie einen autonom innenrechtlichen Charakter besitzen, der im Verfassungsrecht institutionell gewährleistet wird, darf die Verwerfung nicht den Gerichten erlaubt werden, sondern kommt denselben Verfassungsorganen zu; die Verwerfung der Geschäftsordnungen bedeutet eine Verfassungswidrigkeit, da die Gründung von Verfassungsorganen im Verfassungsrecht geregelt ist. Da die Geschäftsordnungen sich hinsichtlich Art. 80 I GG, Art. 75 f., 95 KV auch von exekutiver Normsetzung unterscheiden, darf das KOG auch gem. Art. 107 II KV dafür die Verwerfungskompetenz ausüben. Da durch die Geschäftsordnung – insbesondere bei denen des Parlaments - in Rechte des Mitglieds eingegriffen wird, kann er gem. Art. 111 I Nr. 1 KV iVm § 68 I KVerfGG die Verfassungsbeschwerde beim *KVerfG* erheben, soweit er die Verletzung der eigenen Rechte oder der Rechte seiner Fraktion geltend machen kann. Schließlich kommt die Verwerfungskompetenz für die Geschäftsordnungen wegen ihrer institutionellen Garantie meistens denselben Verfassungsorganen zu, und sie kann auch vom *KVerfG* ausgeübt werden.

Für die Frage der Verwerfung von Satzungen der Gemeinde haben das Grundgesetz und das südkoreanische Verfassungsrecht eine ähnliche Tendenz. Die beiden Rechtsordnungen verstehen die Satzungshoheit der Gemeinde als institutionelle Garantie (vgl. Art. 28 II GG; Art. 117 I KV). Daher wird die Verwerfungskompetenz der Aufsichtsbehörde eingeschränkt, auch wenn sie sich davon überzeugt, dass die Satzung mit höheren Rechtsnormen unvereinbar ist. Auch bei Bebauungsplänen der Gemeinde ist ihre Verwerfung nur durch das Verfahren, in dem der Gemeinderat den Bebauungsplan aufgestellt hat, möglich. Aber diese Verwerfungskompetenz des Gemeinderats darf nicht über die Rechtssicherheit hinausgehen. Grundsätzlich gilt der Gedanke der Rechtssicherheit auch für §§ 41 I f) GO NW, 35 I Nr. 1 KKSG.[1240]

Im Hinblick auf das Gemeinschaftsrecht geht es darum, wie sich die Verwaltung, insbesondere die Kommunalaufsichtsbehörde gegenüber den für gemeinschaftsrechtswidrig gehaltenen untergesetzlichen Normen verhalten soll. Die *Rechtsverordnungen* stellen im Hinblick auf das EG-Umweltrecht bedeutsame Durchführungsrechte der Mitgliedstaaten

[1240] S § 4 IV. 2. c); § 12 III. 3.

dar.[1241] Trotz ihrer bedeutsamen Wirkung ist ihre Verwerfung unumgänglich, wenn die Verwaltung daran zweifelt, dass sie mit dem Gemeinschaftsrecht vereinbar sind. Diese Verwerfungskompetenz wird jedoch nicht einzelnen Behörden eingeräumt, da sie an Weisungen der Aufsichtsbehörden gebunden sind, und da die Verwerfung der Rechtsverordnungen gerade die Verwerfung ihrer Ermächtigungs*gesetze* bedeutet. Und der Rechtsverordnungsgeber kann nicht aufgrund des Zweifels über die Gemeinschaftsrechtskonformität den *EuGH* (vgl. Art. 234 EGV) und das BVerfG (Art. 93 I Nr. 2 GG) anrufen; für ihn werden die Antragsbefugnisse zum Vorabentscheidungsverfahren und abstrakten Normenkontrollverfahren nicht eingeräumt. Daher ist er verpflichtet, die für gemeinschaftsrechtswidrig gehaltenen Rechtsverordnungen zu verwerfen.

Im Hinblick auf die für gemeinschaftsrechtswidrig gehaltenen *Satzungen* der Gemeinde kommt die Verwerfungskompetenz nicht den Aufsichtsbehörden zu, da die Satzungshoheit auf der Ebene des Institutionsschutzes des Grundgesezes gewährleistet ist, und die kommunale Selbstverwaltung bezüglich des Art. 23 I 1 GG, Art. 6 I EUV, Art. 12 und 14 der Europäischen Charta der kommunalen Selbstverwaltung als eines der gemeineuropäischen Verfassungsprinzipien verstanden wird. Die Verwerfungskompetenz gegenüber den für gemeinschaftsrechtswidrig gehaltenen Satzungen muss zwischen der effektiven Durchführung des Gemeinschaftsrechts und der Garantie der Satzungshoheit der Gemeinde harmonisch gelöst werden. Daher kann die Aufsichtsbehörde nur die Gemeinde anweisen, dass sie durch das *Aufhebungsverefahren* die Satzungen aufhebt.[1242] Aber die abgelehnte Verwerfungskompetenz der Aufsichtsbehörde kann durch das abstrakte Normenkontrollverfahren (§ 47 VwGO) verwirklicht werden.[1243]

§ 47 II 1 VwGO räumt allen Behörden die Antragsbefugnis zur Normenkontrolle ein. Im Hinblick auf die für gemeinschaftsrechtswidrig gehaltenen untergesetzlichen Normen muss dies jedoch so verstanden werden, dass diese Befugnis wegen der Weisungsgebundenheit (vgl. §§ 37 BRRG, 55 BBG) nur auf die Kommunalaufsichtsbehörden konzentriert werden muss. Es handelt sich darum, wie die Aufsichtsbehörde im Hinblick auf das abstrakte Normenkontrollverfahren (§ 47 VwGO) an der gerichtlichen Verwerfung der für gemeinschaftsrechtswidrig gehaltenen untergesetzlichen Normen teilnehmen kann.[1244] Dies bezieht sich

1241 S § 8 I. 2. b) cc) (1) (a).
1242 S § 8 I. 2. b) cc) (1) (c).
1243 S § 8 I. 2. b) cc) (1) (b).
1244 Dazu § 8 I. 2. b) cc) (2).

darauf, ob das Gemeinschaftsrecht als der *Prüfungsmaßstab* des § 47 VwGO angenommen werden kann. Die Entscheidungen des BVerwG[1245] und die herrschende Literaturmeinung machen geltend, dass das Gemeinschaftsrecht der Prüfungsmaßstab des § 47 VwGO sei; da das Oberverwaltungsgericht bezüglich des § 47 V II VwGO die Anwendbarkeit der untergesetzlichen Normen auf Sachverhalte mit Gemeinschaftsrechtsbez-ug entscheiden könne, und § 47 VwGO gegen das Äquivalenzgebot (vgl. Art. 10 EGV)[1246] verstoße, wenn das Gemeinschaftsrecht bei der Überprüfung von untergesetzlichen Normen am Maßstab höherrangigen Rechts ausgeblendet wird. Diese Entscheidungen und diese Meinung werden für *richtig* gehalten, da § 47 VwGO als ein Prozessrecht für die effektive Durchführung des Gemeinschaftsrechts instrumentalisiert und ggf. modifiziert werden muss.[1247]

Die Frage ist, ob das Gemeinschaftsrecht der Prüfungsmaßstab des § 47 VwGO ist, aber kein Maßstab des Art. 93 I Nr. 2 GG sein kann, da Art. 93 I Nr. 2 GG nur die „Grundgesetze" und sonstige „Bundesrechte" als Prüfungsmaßstab versteht. Daher geht es beim BVerfG nicht, dass es die für *gemeinschaftsrechts*widrig gehaltenen Verfassungsvorschriften oder Parlamentsgesetze durch das abstrakte Normenkontrollverfahren (Art. 93 I Nr. 2 GG) prüft.[1248] Da das Gemeinschaftsrecht kein Prüfungsmaßstab des Art. 93 I Nr. 2 GG sein kann, können die Zweifel der *Verwaltungsspitze* über die Gemeinschaftsrechtskonformität des nationalen Verfassungsrechts und der Parlamentsgesetze durch die Einschaltung des BVerfG mittelbar nicht den *EuGH* erreichen. Dagegen geht dies für die *Kommunalaufsichtsbehörde*, wenn das OVG überzeugt ist, dass die Zweifel der Kommunalaufsichtsbehörde über die Gemeinschaftsrechtskonformität von Satzungen der Gemeinde nur durch die Auslegung des einschlägigen Gemeinschaftsrechts durch den *EuGH* entschieden werden könne. Auf der Ebene des hierarchischen Aufbaus der Verwaltung ist die Kommunalaufsichtsbehörde gegenüber der Verwaltungsspitze des Bundes eine Behörde auf einer niedrigeren Stufe und sie besitzt eine niedrigere Durchführungsfähigkeit des Gemeinschaftsrechts als die Verwaltungsspitze. Dies stellt einen *Einheitlichkeitsmangel* zwischen Art. 93 I Nr. 2 GG und § 47 VwGO im Hinblick auf die Verwerfungskompetenz der *Verwaltung* gegenüber dem für gemein

---

1245 *BVerwG*, NVwZ 1997, S. 178 f.; *dass.*, NVwZ-RR 1995, S. 358 ff.
1246 *Streinz*, in: ders., EUV/EGV, Art. 10 EGV Rn. 17, 27; in diesem Sinne können die Gerichte der Mitgliedstaaten unter Beachtung des Effektivitäts- und des Äquivalenzgrundsatzes als funktionelle „Gemeinschaftsgerichte" bzw. „Gemeinschaftsrechtsgerichte" bezeichnet werden (Rn. 32).
1247 S § 8 I. 2. b) cc) (2) (a).
1248 Dazu § 8 I. 2. b) bb) (2) (a) (bb) (bbb).

schaftsrechtswidrig gehaltenen nationalen Recht dar.[1249] Dafür ist eine rechtspolitische Lösung erforderlich.[1250]

II. Rechtspolitischer Vorschlag

1. Für die Grundgesetzordnung im Verhältnis zum EG-Recht

Die einzelnen Behörden dürfen nicht die für gemeinschaftsrechtswidrig gehaltenen Parlamentsgesetze (und Verfassungsrecht) verwerfen. Die Verwerfungskompetenz für sie wird auf Grund des hierarchischen Aufbaus (Art. 83 ff. GG iVm §§ 37 f. BRRG, 55 f. BBG) und der Rechtsbindung der Verwaltung (Art. 20 III iVm 1 III GG) auf die Verwaltungsspitze konzentriert. Ist für die Verwaltungsspitze zweifelhaft, ob die Parlamentsgesetze (Verfassungsrecht) gegen das Gemeinschaftsrecht verstoßen, muss sie solche nachkonstitutionellen Gesetze verwerfen, da 1) sie nicht nach Art. 93 I Nr. 2 GG das abstrakte Normenkontrollverfahren beim BVerfG erheben (da das Gemeinschaftsrecht kein Prüfungsmaßstab des Art. 93 I Nr. 2 GG ist) und, da 2) sie auch nicht nach Art. 234 EGV direkt dem *EuGH* die Frage der Gemeinschaftsrechtswidrigkeit der Parlamentsgesetze (des Verfassungsrechts) vorlegen kann. Für die Verwaltungsspitze ist die Verwerfung gegenüber den für gemeinschaftsrechtswidrig gehaltenen Parlamentsgesetzen (dem Verfassungsrecht) unumgänglich.[1251] Auch die Bundes- sowie kommunalen weisungsfreien Behörden müssen die Parlamentsgesetze (Verfassungsrecht) verwerfen, soweit sie daran zweifeln, dass sie mit Gemeinschaftsrecht vereinbar sind, da 1) sie keine Weisungen dafür einholen können, und da 2) Art. 234 EGV, Art. 93 I Nr. 2 GG und § 47 VwGO dafür nicht hilfreich sind.[1252] Schließlich können diese Verwerfungskompetenzen zu Rechtsunsicherheit in den Mitgliedstaaten, d. h. *Kraftlosigkeit* des Prinzips der Rechtsbindung der Verwaltung (Art. 20 III IVm 1 III GG), des hierarchischen Aufbaus der Verwaltung (Art. 83 ff. GG) und des Verwerfungsmonopols des BVerfG gegenüber den Parlamentsgesetzen führen.

[1249] S § 8 I. 2. b) cc) (2) (b).
[1250] Dazu direkt unten II. 1.
[1251] S § 8 I. 2. b) bb) (2) (a) (bb) (ddd).
[1252] S § 8 I. 2. b) bb) (2) (b).

Wenn das Gemeinschaftsrecht auch Prüfungsmaßstab der § 47 VwGO im Hinblick auf die für gemeinschaftsrechtswidrig gehaltenen untergesetzlichen Normen ist, kann angenommen werden, dass es für das System der abstrakten Normenkontrollverfahren des Grundgesetzes (Art. 93 I Nr. 2 GG und § 47 VwGO) an der Einheitlichkeit im Hinblick auf die Kollisionen des nationalen Rechts mit dem Gemeinschaftsrecht fehlt.[1253]

Um die dargestellten Probleme zu lösen, könnte das Nachfolgende vorgeschlagen werden: Die *erste* Möglichkeit ist die *Einführung* des abstrakten Normenkontrollverfahrens des Art. 93 I Nr. 2 GG im Art. 234 EGV. Wird das abstrakte Normkontrollverfahren in der Rechtsordnung der Europäischen Gemeinschaft eingeführt, kann man Rechtssicherheit für die Mitgliedstaaten und einen effektiv einheitlichen Vollzug des Gemeinschaftsrechts in den Mitgliedstaaten erwarten. (1) Im Hinblick auf die Rechtssicherheit: Durch die Einführung des abstrakten Normkontrollverfahrens kann die nationale Verwaltungsspitze das mit dem Gemeinschaftsrecht unvereinbare Verfassungsrecht und die Parlamentsgesetze durch den *EuGH* verwerfen lassen. Daher kann die Verwaltungsspitze die äußerst unangenehme Lage vermeiden, in der sie wegen des auf der *Constanzo*-Entscheidung beruhenden Verwerfungsbefehls das für gemeinschaftsrechtswidrig gehaltene Verfassungsrecht und die Parlamentsgesetze verwerfen muss. (2) Im Hinblick auf den effektiven einheitlichen Vollzug des Gemeinschaftsrechts in den Mitgliedstaaten: Die Rechtmäßigkeit des für zustimmungsgesetzwidrig gehaltenen primären und sekundären Gemeinschaftsrechts, das deutsche Gerichte gem. Art. 100 I GG beim *BVerfG* vorgelegt haben (da die Auslegungskompetenz über das Zustimmungsgesetz beim *BVerfG* liegt), kann durch die Auslegung des *EuGH* bestätigt werden. Dabei handelt es sich darum, dass das *BVerfG* auf Grund des Zusammenhangs mit dem *Zustimmungsgesetz* des Gemeinschaftsrechts diese Kollisionsfrage zwischen dem Zustimmungs- und Gemeinschaftsrecht nicht gern beim *EuGH* vorlegt. Dies verstößt gegen Art. 234 EGV, und bedeutet, dass das höchste Gericht der Mitgliedstaaten selbst den effektiven einheitlichen Vollzug des Gemeinschaftsrechts in Gefahr bringt. Diese Problematik kann dadurch gelöst werden, dass der Primärrechtsgeber der Europäischen Gemeinschaft der Verwaltungsspitze der Mitgliedstaaten die Antragsbefugnis zum abstrakten Normkontrollverfahren beim *EuGH* erteilt. (3) Im Hinblick auf die Einheitlichkeit der Rechtsordnung *innerhalb* des Gemeinschaftsrechts: Dass das sekundäre Gemeinschaftsrecht gegen das primäre Gemeinschaftsrecht verstößt, wird so gesehen, dass das sekundäre Gemeinschaftsrecht das Zustimmungsgesetz überschreitet. Unter dem heutigen System des Vorabentscheidungsverfahrens (Art. 234 EGV) und der Grundge-

---

[1253] S § 8 I. 2. b) cc) (2) (a) und (b).

setzordnung ist die Möglichkeit zum Hemmen des für primärrechtswidrig gehaltenen sekundären Gemeinschaftsrechts bezüglich der Auslegungskompetenz für das Zustimmungsgesetz nur beim *BVerfG* monopolisiert. Danach ist es für die Verwaltungsspitze nicht möglich an der Lösung der Kollisionsfrage der Rechtsordnung innerhalb des Gemeinschaftsrechts teilzunehmen. Das *BVerfG* kann wegen dieser Blockade dort nicht der Verwaltungsspitze helfen, wo sie dadurch Rechtsunsicherheit schaffen würde, wenn sie das Verfassungsrecht und Parlamentsgesetze, die für gemeinschaftsrechtswidrig gehalten werden, verwerfen müsste. Um diese Probleme zu lösen, ist die Antragsbefugnis zum abstrakten Normkontrollverfahren beim *EuGH* gegenüber dem für gemeinschaftsrechtswidrig gehaltenen nationalen Recht oder für primärrechtswidrig gehaltenen sekundären Gemeinschaftsrecht unter bestimmten Voraussetzungen der Verwaltungsspitze der Mitgliedstaaten zu erteilen. Dies unterstützt die Autorität, die gem. Art. 23 GG und Art 234 EGV dem *EuGH* als dem *obersten Hüter* des Europäischen Gemeinschaftsrechts zusteht; die Möglichkeit eines Eingriffs durch das höchste Gericht der Mitgliedstaaten kann das gesamte Gemeinschaftsrecht effektiv schützen. Dies kann auch ein Programm sein, um den Kompetenzstreit zwischen dem *EuGH* und *BVerfG* institutionell aufzulösen.

Die *zweite* Möglichkeit ist die *Änderung* des Art. 93 I Nr. 2 GG[1254] durch die Ergänzung von „die Vereinbarkeit von Bundesrecht oder Landesrecht mit dem *Gemeinschaftsrecht*". Würde dies erfolgen, (1) dann könnten die Verwaltungsspitze und die weisungsfreien Kommunalbehörden nicht die für gemeinschaftsrechtswidrig gehaltenen Parlamentsgesetze (das Verfassungsrecht) verwerfen, indem sie die Rechtsbindung (Art. 20 III iVm 1 III GG) und den hierarchischen Aufbau (Art. 83 ff. GG iVm §§ 37 f. BRRG, 55 f. BBG) der Verwaltung ignorieren. Zunächst trägt dies zu der Rechtssicherheit der Mitgliedstaaten bei, und beeinträchtigt nicht die effektive Durchführung des Gemeinschaftsrechts. (2) Danach kann die Verwaltungsspitze nach diesem abstrakten Normenkontrollverfahren (Art. 93 I Nr. 2 GG) die für gemeinschaftsrechtswidrig gehaltenen Parlamentsgesetze (das Verfassungsrecht) durch das BVerfG prüfen lassen. Und sie kann auch wie die Kommunalaufsichtsbehörde (vgl. § 47 VwGO) mittelbar den *EuGH* erreichen, wenn das BVerfG denselben Zweifel dem *EuGH* nach Art. 234 EGV vorlegen will. Durch diese Änderung des Art. 93 I Nr. 2 GG kann der Einheitlichkeitsmangel des Systems der abstrakten Normenkontrollverfahren (Art. 93 I Nr. 2 GG und § 47 VwGO) korrigiert werden.

Die oben vorgeschlagenen Möglichkeiten könnten im Hinblick auf die *Costanzo*-Entscheidung des *EuGH* eine angemessene Lösung zwischen Rechtssicherheit der Mitgliedstaaten und effektiver Durchführung des Gemeinschaftsrechts sein.

Im Hinblick auf die *Grundgesetzordnung* ist die Diskussion über die Normprüfungs- und Verwerfungskompetenz der Verwaltung bereits abgeschlossen worden. Im Zusammenhang mit der Normverwerfungskompetenz der Verwaltung könnte die Angelegenheit, die sich auf die *Geschäftsordnungen* von Verfassungsorganen bezieht, ein neues Untersuchungsthema werden; da unter dem Grundgesetz die Geschäftsordnungen von Verfassungsorganen auch als eine der Rechtsquellen verstanden werden, kann die Frage gestellt werden, ob der Verwaltung die Verwerfung der Geschäftsordnungen zukommen kann. Und im Hinblick auf die Rechtsnatur[1255] der Geschäftsordnungen sowie den Art. 93 I. Nr. 2, 4a, 100 I GG, § 47 VwGO handelt es sich noch um ihre einheitliche Kontrolle[1256]. Es gibt keine Zweifel daran, dass die Verfassungsorgane selbst ihre Geschäftsordnungen ändern oder verwerfen können. Es handelt sich darum, wer sie neben diesen Geschäftsordnungssetzern noch verwerfen kann. Das *BVerfG* kann an der Verwerfung teilnehmen, da die Geschäftsordnungen gem. Art. 93 I Nr. 2 GG Gegenstand[1257] des abstrakten Normkontrollverfahrens sind. Soweit geltend gemacht werden kann, dass durch Geschäftsordnungen in Rechte eingegriffen wird[1258], können sie gem. Art. 93 I Nr. 4a GG durch das Verfahren der Verfassungsbeschwerde verworfen werden. Demgegenüber ist immer noch streitig, ob die Geschäftsordnungen bezüglich des Art. 93 I Nr. 1 GG durch das *Organstreitverfahren* verworfen werden können[1259]; im Hinblick auf die Geschäftsordnung des *Gemeinderats*, die sich jedoch von Geschäftsordnungen von Verfassungsorganen unterscheidet, gibt es folgende Auffassung: Das Mitglied des Gemeinderats könne gegen die Ladungsfrist, die mit der Gemeindeordnung vereinbar, jedoch den Geschäftsordnungen des Gemeinderats unvereinbar ist, gem. § 47 VwGO das Organstreitsverfahren beim OVG einleiten.[1260] Andererseits kann die Geschäftsordnung des Bundestages auch vom *BVerfG* verworfen werden, indem 1/3 der Mitglieder des Bundestages

---

[1254] Vgl. Dazu § 8 I. 2. b) cc) (2) (b).
[1255] S dazu § 12 II. 1.
[1256] Allgemein dazu *Achterberg/Schulte*, in: v. Mangoldt/Klein/Starck, GG 2, Art. 40 Rn. 43 ff.; *Schmidt*, AöR 128 (2003), S. 644 ff.
[1257] *Pieroth*, in: Jarass/ders., GG, Art. 93 Rn. 22; *Graßhof*, in: Umbach/Clemens/Dollinger (Hrsg.), BVerfGG, § 76 Rn. 15; *Rozek*, in: Maunz/Schmidt-Bleibtreu/Klein/Bethge, BVerfGG 2, § 76 Rn. 26, 32.
[1258] Nach *BVerfGE* 1, 144/148 binden die Geschäftsordnungen von Verfassungsorganen nur ihre Mitglieder. **A. A.** *Klein*, in: Maunz-Dürig, GG, Art. 40 Rn. 68; *Morlok*, in: Dreier (Hrsg.), GG II, Art. 40 Rn. 13 f.
[1259] Dazu sind die Auffassungen umstritten. Allgemein *Schmidt*, AöR 128 (2003), S. 644; *Morlok*, JZ 1989, S. 1039 f.
[1260] *Maurer*, AllgVerwR, § 24 Rn. 13.

(vgl. Art. 93 I Nr. 2 GG), wie bei dem Antrag des abstrakten Normkontrollverfahrens durch die Regierungen, auf Grund der Rechtsverletzung ihrer Fraktion sie beim *BVerfG* vorlegen. Dabei handelt es sich darum, dass die Verwaltungsspitze, d. h. Bundesregierung tatsächlich an der Verwerfung dieser Geschäftsordnung *unmittelbar* teilnehmen kann, wenn die 1/3 Mitglieder des Bundestages (Antragsteller) Abgeordnete der Partei, die die Bundesregierung unterstützen, sind (d. h. die Abgeordneten der Partei des Bundeskanzlers). Werden einige wichtige Vorschriften der Geschäftsordnungen von der Regierungspartei oder den Mitgliedern des Parlaments verworfen, kann dies die Gefahr bringen, der legislativen Funktion des Parlaments zu schaden. Und bei der Geschäftsordnung des Bundesverfassungsgerichts kann auch angenommen werden, dass die Funktion der Verfassungsgerichtsbarkeit durch diese Verwerfung beeinträchtigt werden kann. In diesem Sinne kann die Änderung oder Verwerfung durch die Geschäftsordnungssetzer auch eingeschränkt werden; die Verwerfungskompetenz der Geschäftsordnungssetzer wird abgelehnt, wenn ihre verfassungsrechtlichen Funktionen durch die Verwerfung ihrer Geschäftsordnungen unterbrochen werden können, indem sie ihre Geschäftsordnungen missbräuchlich handhaben[1261]. Auch der Änderungskompetenz der Geschäftsordnungen, insbesondere bei der Geschäftsordnung des Parlaments, durch die Regierungspartei muss bis zu einem gewissen Maße eine Grenze gesetzt werden. Eine *verwerfende Änderung* für eine Geschäftsordnung, die wie eine Änderung in der Tat eine neue Geschäftsordnung schafft, wird eingeschränkt, wenn der Geschäftsordnungssetzer wichtige Vorschriften ändert.

2. Für die koreanische Verfassungsrechtsordnung

Auch unter dem südkoreanischen Verfassungsrecht kann die Verwerfungskompetenz für die Gesetze und die Vorschriften des Verfassungsrechts, die mit den Rechtsgrundsätzen und verfassungsgestaltenden Grundentscheidungen nicht vereinbar sind, durchaus nicht der Verwaltung zukommen. Im Hinblick auf die Normverwerfung wird folgendes gefordert: Erstens, der Nachweis darüber fehlt, warum die Gesetze nicht von der Verwaltung verworfen werden dürfen. In der Literatur wird dafür nur auf Art. 107 I, 111 I Nr. 1, 5, 128 ff. KV iVm § 41 I, 68 I, II KVerfGG hingewiesen, jedoch ist dies als ausdrückliche logische Erklärung dafür schwach. Mindestens wird die Erklärung durch die *Erst-recht-Schluss-Theorie* gefordert.[1262] Zweitens,

[1261] Vgl. *BVerfGE* 1, 144/149.
[1262] S § 4 II. 3. a).

bei Änderung sowie Verwerfung der Vorschriften des Verfassungsrechts wegen Verstoßes gegen Rechtsgrundsätze und die verfassungsgestaltenden Grundentscheidungen durch die Normprüfung der Verwaltung (auch der Gerichte) hat das koreanische Verfassungsrecht Schwierigkeiten; Art. 128 ff. KV ermöglicht eine Änderung oder Verwerfung der Vorschriften des Verfassungsrechts nur durch die Volksabstimmung. Dies wird einerseits positiv beurteilt, um den Verfassungsgeber zu schützen, indem die Änderung und Verwerfung des Verfassungsrechts schwieriger als bei Gesetzen gemacht wird. Aber eine effektive Änderung sowie Verwerfung der Verfassungsvorschriften ist wegen des zu strengen Änderungs- sowie Verwerfungsverfahrens nicht möglich, obwohl auf die Uneinheitlichkeit innerhalb des Verfassungsrechts oder zwischen den Verfassungsvorschriften und den Gesetzen bereits durch die Literatur[1263] hingewiesen worden ist. Die Änderung oder Verwerfung der Verfassungsvorschriften ist effektiv dadurch durchzuführen, dass der Verfassungsgeber entweder eine Vorschrift über das verfassungsändernde Gesetz wie Art. 79 I 1 GG im Verfassungstext neu schafft oder dadurch, dass er die Verwerfungskompetenz für die Vorschriften des Verfassungsrechts dem *KVerfG* (vgl. Art. 107 I KV) zukommen lässt. Wie bereits bezüglich der Normprüfungskompetenz erwähnt[1264], ist die Antragsbefugnis zum abstrakten Normkontrollverfahren der Verwaltungsspitze zu erteilen, um die verfassungswidrige Verfassungsvorschrift oder Gesetze ändern oder verwerfen zu lassen, wenn die Verwaltung(sspitze) durch ihre Normprüfungskompetenz eine Normkollision zwischen den Verfassungsvorschriften oder Gesetzen und Rechtsgrundsätzen sowie Verfassunggestaltende Grundentscheidungen feststellt. Durch das wechselseitig ergänzende Verhältnis des abstrakten (vgl. Art. 93 I Nr. 2 GG) und konkreten Normkontrollverfahrens wird erwartet, dass das koreanische Verfassungsrecht und seine Grundrechte besser geschützt und gewährleistet werden.

Als Kontrollsystem für die *untergesetzlichen* Normen besteht bei Art. 107 II KV ein Normwiderspruch in der Verfassungsordnung, und § 42a KVwWG kollidiert wieder mit diesem Art. 107 II KV. Ein *Normkontrollsystem* für die untergesetzlichen Normen zu bilden, das einheitlich und widerspruchslos ist, wird dringend gefordert. Dafür kann das Normkontrollverfahren in § 47 VwGO ein gutes Beispiel sein. Im Hinblick auf die Geschäftsordnungen von Verfassungsorganen[1265] ist zu fordern, von den Möglichkeiten und Grenzen

[1263] Beispielesweise weist *Y.-S. Kwon*, VerfR, S. 1045 (Anm. 1) dazu hin, dass Art. 114 VI KV eine Verwirrung zum Normsystem bringe, und rechtstheoretisch unlogisch sei. Und *J.-S. Chung*, in: VerfGeAbh. 3 (1992), S. 337 ff., 365 weist dazu hin, dass Art. 107 II KV zuerst mit dem Art. 107 I KV und der KVwGO auf der Ebene des Normsystems eine Kollision habe.
[1264] S § 13 II. 2.
[1265] S dazu § 12 II. 1.

ihrer Verwerfung in der Grundgesetzordnung zu lernen[1266], und es ist erforderlich, dies in der *koreanischen Rechtsordnung verfassungsmäßig* anzuwenden.

[1266] Z. B. *Pieroth*, in: Jarass/ders., GG, Art. 40 Rn. 7 ff.; *Schmidt*, AöR 128 (2003), S. 608 ff.; *Theodossis*, JöR 44 (1996), S. 155 ff.; *Morlok*, JZ 1989, S. 1035 ff.; *Mellwitz*, NJW 1962, S. 778 ff. Demgegenüber schweigt die Literatur unter dem koreanischen Verfassungsrecht von Möglichkeiten und Grenzen der gerichtlichen Kontrolle für die Geschäftsordnungen von Verfassungsorganen. Wenn die Verwerfungskompetenz für die Geschäftsordnungen außer dem Geschäftsordnungssetzer auch dem *KVerfG* erlaubt werden kann, ist die dogmatische Untersuchung dafür erforderlich.

Fünfter Teil

Zusammenfassung

Die *Fragestellung* dieser Arbeit ist, ob die Verwaltung die von ihr anzuwendenden Rechtsnormen prüfen kann, um ihre eigene Aufgabe, die Anwendung der Rechtsnorm, auszuüben. Darüber hinaus ist die Frage, ob die Verwaltung im Verhältnis zwischen Legislative und Justiz die Rechtsnormen verwerfen kann/darf, wenn sie sich durch ihre Normprüfungskompetenz davon überzeugt, dass die anzuwendenden Rechtsnormen mit dem (südkoreanischen) Verfassungsrecht sowie Gemeinschaftsrecht unvereinbar sind. Nachdem diese Frage jeweils unter dem Grundgesetz, Europäischen Gemeinschaftsrecht und südkoreanischen Verfassungsrecht untersucht wird, folgen ein Hinweis zum Verhalten für die Verwaltung und rechtspolitische Verbesserungsvorschläge.

Die *Grundlage* für die Beurteilung, ob die Normprüfungs- und Verwerfungskompetenz der Verwaltung zukommen kann/darf, ist das Gesetzmäßigkeitsprinzip der Verwaltung (Art. 20 III, 1 III GG; Art. 37 II, 66 IV, 107 II KV), das hierarchische Aufbausystem der Verwaltung (vgl. Art. 83 ff. GG; Art. 66 IV iVm 7, 25 KV), das abstrakte sowie konkrete Normenkontrollverfahren (Art. 93 I Nr. 2, 100 I GG, § 47 VwGO; Art. 107 I, II, 111 I Nr. 1 KV, § 42a KVwWG), der Wille des Grundgesetzgebers zur europäischen Integration (vgl. 23 GG), der Anwendungsvorrang des Gemeinschaftsrechts (Art. 10 I EGV; Art. 23 I GG), das Gebot des *effet utile* (Art. 10 EGV), das Vorabentscheidungsverfahren (Art. 234 EGV) und das Prinzip der Rechtssicherheit (Art. 14 GG, §§ 48, 49 VwVfG; Art. 23 KV, § 4 II KVwVfG; vgl. Art. 5 iVm 249 EGV).

Unter den beiden Rechtsordnungen des Grundgesetzes und des südkoreanischen Verfassungsrechts wird die *Normprüfungskompetenz* auf Grund der Pflicht zur Rechtsanwendung der Verwaltung (Art. 20 III, 1 III GG; Art. 66 IV iVm 37 II, 107 II KV) und der Selbstkontrolle der Verwaltung (Art. 3 I GG; Art. 11 I KV) ohne weiteres der Verwaltung erteilt. Das abstrakte Normkontrollverfahren (Art. 93 I Nr. 2 GG) des Grundgesetzes stellt einen wichtigen Beweis der Normprüfungskompetenz der Verwaltung dar. Im Verhältnis zu dem Europäischen Gemeinschaftsrecht wird die Normprüfungskompetenz auf Grund der Rechtsbindung der Verwaltung (vgl. Art. 23 iVm 20 III, 1 III GG), des Anwendungsvorrangs des Gemeinschaftsrechts (Art. 10 I EGV; Art. 23 I GG), des Gebot des *effet utile* (Art. 10 EGV) und der Umsetzungspflicht von EG-Richtlinien (Art. 249 EGV) der deutschen Verwaltung eingeräumt. Unter dem Grundgesetz sowie dem südkoreanischen Verfassungsrecht und im Verhältnis zu dem Gemeinschaftsrecht reicht die Normprüfungskompetenz der Verwaltung von untergesetzlichen Normen bis zu Gesetzen und Vorschriften des Verfassungsrechts (Gegenstand der Normprüfungskompetenz), da das Verfassungsrecht Kriterium aller Normen ist, die Erkenntnis gegenüber diesem Kriterium eine Grundlage der Normanwendung ist und diese Prüfungskompetenz nicht die Verwerfungskompetenz der zuständigen Organen bezüglich Art. 100 I GG, Art. 107 I, 111 I Nr. 5 KV, Art. 234 EGV verletzt. In gleichem Sinne kann die deutsche Verwaltung alle Normen des Gemeinschaftsrechts prüfen. Auf Grund der Kompliziertheit der Verwaltungspraxis und des Verwaltungsrechtsverhältnisses (insbesondere mit dem Gemeinschaftsrecht) muss die Prüfung fachlich qualifiziert sein. Unter dem Grundgesetz und dem südkoreanischen Verfassungsrecht ist das *Kriterium* der Prüfung das Verfassungsrecht selbst, und im Verhältnis zu dem Gemeinschaftsrecht das ganze Gemeinschaftsrecht.

Die Verwaltungsspitze kann gem. Art. 93 I Nr. 2, 123 I iVm 100 I GG, Art. 5 Zusatzvorschrift iVm 107 I KV die *vorkonstitutionellen* Gesetze verwerfen, da diese Gesetze nicht als Teil des Grundgesetzes aufgenommen wurden, da Art. 100 I GG und die Autorität des Gesetzgebers nicht diese Verwerfungskompetenz der Verwaltungsspitze verbieten können.

Unter dem Grundgesetz und dem südkoreanischen Verfassungsrecht kommt die *Verwerfungskompetenz* für die *nachkonstitutionellen Gesetze* auf Grund der demokratisch rechtsstaatlichen Legitimation der nachkonstitutionellen Gesetze, die auf Art. 20 II 2, III, 1 III iVm 79 III, 100 I GG iVm §§ 13 Nr. 11, 80 ff. BVerfGG und Art. 107 I, 111 I Nr. 1, 5 iVm §§ 2 Nr.1, 5, 41 I, 68 KVerfGG beruht, weder Gerichten noch der Verwaltung zu. Dem Beamten, der die Gesetze anwenden soll, von deren Verfassungswidrigkeit er überzeugt ist, wird gem. §§ 38 II BRRG, 56 II BBG und Art. 93 I GG das Aussetzungsrecht gegenüber der Anwendung von Rechtsnormen gewährleistet. Die Verwaltungsspitze darf auch nicht die für verfassungswidrig gehaltenen Parlamentsgesetze verwerfen, da diese Verwerfungskompetenz einerseits gegen die Rechtsbindung der Verwaltung (Art. 20 III iVm 1 III GG; Art. 37 II, 107 II KV), die Autorität sowie den Willen des Gesetzgebers (vgl. Art. 100 I GG; Art. 107 I, 111 I Nr. 1 KV) verstößt, und da die Verwaltungsspitze andererseits den Antrag zur abstrakten Normenkontrolle (Art. 93 I Nr. 2 GG) beim BVerfG stellen kann (dagegen muss die südkoreanische

Verwaltungsspitze wegen der Abwesenheit des abstrakten Normenkontrollverfahren die für verfassungsrechtswidrig gehaltenen Gesetze anwenden). Für die für verfassungswidrig gehaltenen Parlamentsgesetze wird die Verwerfungskompetenz auf Grund Art. 100 I iVm 20 III, 1 III GG, Art. 107 I, 111 I Nr. 1, 5 KV beim BVerfG sowie KVerfG *monopolisiert*. Bei Eilfällen oder bei weisungsfreien bzw. ministerialfreien Räumen müssen die Gesetze ohne Überlegung über die Interessenabwägung angewandt werden.

Im Grundgesetz und südkoreanischen Verfassungsrecht kommt die Verwerfungskompetenz gegenüber den für verfassungswidrig gehaltenen *Rechtsverordnungen* nicht ihren Verordnungsgebern, sondern dem OVG (§ 47 I, II VwGO) sowie KOG (Art. 107 II, 111 I Nr. 5 KV) oder dem BVerfG (vgl. Art. 93 I Nr. 2 GG) sowie KVerfG (Art. 107 I, 111 I Nr. 1 KV) zu, da die Verwerfung der Rechtsverordnungen durch die Verordnungsgeber direkt die Verwerfung der *Ermächtigungsgesetze* für die Rechtsverordnungen (Art. 80 I GG; vgl. 64 I, 75 f., 95 KV) bedeutet.

Die Verwerfungskompetenz der Kommunalaufsichtsbehörde gegenüber den *Satzungen* einschließlich des *Bebauungsplanes* wird wegen der Planungshoheit der Gemeinde (Art. 28 II GG) abgelehnt. Der ideale Weg ist, dass der *Gemeinderat* durch das förmliche Verfahren gem. §§ 13 I, 214 IV BauGB die Satzungen ändert oder ergänzt. Im südkoreanischen Verfassungsrecht kommt die Verwerfungskompetenz nicht dem Bürgermeister sowie der Aufsichtsbehörde, sondern gem. Art. 117 I KV, § 35 I Nr. 1 KKSG entweder dem *Gemeinderat* oder dem *KOG* zu.

Im Hinblick auf den Vollzug des Gemeinschaftsrechts setzt die Verwerfungskompetenzfrage der Verwaltung voraus, dass das Gemeinschaftsrecht unmittelbare Wirkung in den Mitgliedstaaten entfaltet, und dass das nationale Recht nicht gemeinschaftsrechts- sowie richtlinienkonform ausgelegt werden kann. Der *EuGH* gebietet durch seine *Costanzo*–Entscheidung allen nationalen Organen die Verwerfung, wenn die Organe das nationale Recht für gemeinschaftsrechtswidrig halten, egal, ob es offenkundig gegen das Gemeinschaftsrecht verstößt oder Zweifel bestehen. Die Verwerfungskompetenzfrage wird bei gemeinschaftsrechtswidrigem nationalem Recht und bei primärrechtswidrigem Sekundärrecht unterschieden. Der erstere Fall wird wieder nach *offenkundiger* Kollision und sonstigen Zweifelsfällen gemeinschaftsrechtswidrigen nationalen Rechts unterschieden. Bei offenkundiger Kollision hat die Verwaltung nach dem Anwendungsvorrang des Gemeinschaftsrechts (Art. 10 I EGV,

Art. 23 I GG) das nationale Recht aller Rangstufen zu verwerfen, obwohl die Entstehungswahrscheinlichkeit offenkundiger Kollision sehr selten besteht. Diese Verwerfungskompetenz kommt *allen Verwaltungsbehörden* zu.

Die sonstigen *Zweifelsfälle* werden nach verschiedenen Konstellationen unterteilt: Das für gemeinschaftsrechtswidrig gehaltene Verfassungsrecht, Parlamentsgesetz und die für gemeinschaftsrechtswidrig gehaltenen untergesetzlichen Normen.

Wenn die Verwaltung anders als bei *Kreil*-Rechtsprechung des *EuGH* das *Verfassungsrecht* nicht gemeinschaftsrechtskonform auslegen kann, hat sie es nach der gleichen Logik zu entscheiden wie in dem Fall des für gemeinschaftsrechtswidrig gehaltenen Parlamentsgesetzes.

Beim für gemeinschaftsrechtswidrig gehaltenen *Parlamentsgesetz* spielt das Verfassungsrecht als Hebel zur Verwerfung und das Verwerfungsmonopol des BVerfG (Art. 100 I GG) keine Rolle. Beim Vollzug des Gemeinschaftsrechts müssen die Rechtsbindung der Verwaltung (Art. 20 III iVm 1 III GG) und das hierarchische Aufbausystem der Verwaltung (vgl. Art. 83 ff. GG) berücksichtigt werden. Nach der nationalen Verfahrensautonomie wird die Verwerfungskompetenzfrage der Verwaltung von der Behandlung unter dem hierarchischen Aufbau und Behandlung durch weisungsfreien Behörden unterschieden. Unter dem hierarchischen Aufbau hat die Verwaltung die beamtenrechtlichen Pflichten (vgl. §§ 37 f. BRRG, 56 f. BBG), z. B. dienstliche Verantwortung, Gehorsamspflicht, Remonstrationspflicht(-recht) und Weisungsgebundenheit zu beachten. Im hierarchischen Aufbau wird das Aussetzungsrecht (§ 10 VwVfG) bezüglich ihrer Rechtsanwendungsaufgabe den einzelnen Behörden eingeräumt. Im Hinblick auf die komplizierten Kollisionskonstellationen, insbesondere bei EG-Richtlinien, ist es für die einzelnen Behörden nicht einfach, die Gemeinschaftsrechtskonformität des Parlamentsgesetzes genau zu beurteilen. Nach der Verfahrensautonomie der Mitgliedstaaten und den verschiedenen Kollisionskonstellationen wird die Entscheidung der Verwerfung des für gemeinschaftsrechtswidrig gehaltenen Parlamentsgesetzes auf die Verwaltungsspitze konzentriert. Dem Gedanken des *zweifachen Haftungsrisikos* wird nicht zugestimmt, da bei alternativer Lage die Verwerfung der Verwaltungspitze bezüglich Art. 288 II EGV und § 839 BGB iVm Art. 34 GG nicht für eine hinreichend *qualifizierte Verletzung* gehalten werden darf. Die Verwaltungsspitze hat jedoch nur eine alternative Möglichkeit, d. h. Verwerfung oder Anwendung des für gemeinschaftsrechtswidrig gehaltenen Parlamentsgesetzes, da sie nicht bezüglich des Art. 93 I Nr. 2 GG und Art. 234

EGV den *EuGH* erreichen kann, und noch ein *Kontinuitätsmangel* zwischen Art. 93 I Nr. 2 GG und Art. 234 EGV besteht. Nach Art. 234 EGV konzipiert der Normgeber der Europäischen Gemeinschaft, dass er die Verwerfungskompetenz gegenüber dem für gemeinschaftsrechtswidrig gehaltenen Parlamentsgesetz *zweistufig* einräumt. Die *Verwaltungsspitze* kann im Hinblick auf Art. 93 I Nr. 2 GG und Art. 234 EGV nicht vermeiden, das gemeinschaftsrechtswidrig gehaltene Parlamentsgesetz zu verwerfen; sie darf nicht das für gemeinschaftsrechtswidrig gehaltene Parlamentsgesetz vorrangig anwenden, und kann auch nicht das BVerfG und den EuGH bezüglich Art. 93 I Nr. 2 GG und Art. 234 EGV anrufen. Im Hinblick auf das Vorabentscheidungsverfahren (Art. 234 EGV) erlaubt der Normgeber der Europäischen Gemeinschaft auch den *Gerichten* die Verwerfungskompetenz, aber auf der Ebene der *Verwaltungskontrolle* sowie des *Rechtsschutzes* (vgl. Art. 19 IV GG, 93 I Nr. 4a, § 40 VwGO). Die gerichtliche Verwerfungskompetenz setzt die Einräumung der Verwerfungskompetenz der Verwaltungsspitze gegenüber dem für gemeinschaftsrechtswidrig gehaltenen Parlamentsgesetz voraus. Für die Verwaltungsspitze ist unumgänglich, das für gemeinschaftsrechtswidrig gehaltene Parlamentsgesetz zu verwerfen.

Es handelt sich darum, wie die *weisungsfreien Behörden* sich verhalten, wenn für sie zweifelhaft ist, dass das Parlamentsgesetz gegen das Gemeinschaftsrecht verstößt. Die *Bundesbehörden* müssen das für gemeinschaftsrechtswidrig gehaltene Parlamentsgesetz verwerfen, da es für sie keine Möglichkeiten gibt, Weisungen einzuholen, und gem. Art. 93 I Nr. 2 GG, Art. 234 EGV das BVerfG und den *EuGH* anzurufen. Bei kommunalen weisungsfreien Behörden ist die Situation zur Verwerfung schwieriger als bei Bundesbehörden, da sie auf Grund des Zweifels an dem für gemeinschaftsrechtswidrig gehaltenen Parlamentsgesetz nicht das OVG (vgl. § 47 VwGO), das BVerfG (vgl. Art. 93 I Nr. 2 GG) und den *EuGH* (vgl. Art. 234 EGV) anrufen können. Darüber hinaus können sie nicht Weisungen erwarten (vgl. §§ 37 BRRG, 55 BBG). Es bleibt für sie nichts anderes übrig, trotz der *Rechtsunsicherheit*, d. h. der Rechtsbindung der Verwaltung (Art. 20 III iVm 1 III GG) und des Verwerfungsmonopols des BVerfG (Art. 100 I GG), als das für gemeinschaftsrechtswidrig gehaltene Parlamentsgesetz zu verwerfen.

Im Hinblick auf die für gemeinschaftsrechtswidrig gehaltenen *untergesetzlichen Normen* kommt die Verwerfungskompetenz nicht einzelnen (kommunalen) Behörden, sondern dem Verordnungsgeber oder Gemeinderat zu, da die einzelnen Behörden an die Weisungen der Aufsichtsbehörde gebunden sind, und da die Satzungshoheit der Gemeinde institutionell gewährleistet ist. Im Hinblick auf die Durchführung des Gemeinschaftsrechts, z. B. insbesondere des EG-Umweltrechts in den Mitgliedstaaten, spielen die Rechtsverordnungen eine Rolle wie materielle Gesetze. Trotz ihrer bedeutsamen Wirkung ist ihre Verwerfung unumgänglich; der Rechtsverordnungsgeber kann nicht gem. Art. 93 I Nr. 2 GG, Art. 234 EGV das BVerfG und den *EuGH* anrufen. Aber die Verwerfung der Rechtsverordnungen bezieht sich direkt auf die Verwerfung ihrer Ermächtigungsgesetze. Daher ist die beste Lösung, dass er sie nach einem förmlichen Verfahren (vgl. Art. 80 I GG) ändert oder ergänzt (sog. *Aufhebungsverfahren*). Die Lösung gilt auch für die für gemeinschaftsrechtswidrig gehaltenen *Satzungen* der Gemeinde; die Verwerfungskompetenz darf wegen des institutionellen Schutzes der Satzungshoheit (Art. 23 I 1, 28 II GG, Art. 6 I EUV, Art. 12 und 14 der Europäischen Charta der kommunalen Selbstverwaltung) weder den einzelnen Behörden noch der Aufsichtsbehörde zukommen. Daher kann die Verwerfungskompetenz gegenüber den Satzungen für die Aufsichtsbehörde durch das abstrakte Normenkontrollverfahren (§ 47 VwGO) verwirklicht werden.

Im Hinblick auf § 47 VwGO ist umstritten, ob das Gemeinschaftsrecht sein *Prüfungsmaßstab* ist. Unter den Umständen der Instrumentalisierung und Modifizierung des nationalen Prozessrechts muss das Gemeinschaftsrecht ohne weiteres für den Prüfungsmaßstab des § 47 VwGO gehalten werden. Sonst liegt ein Verstoß gegen das Äquivalenzgebot (vgl. Art. 10 EGV) vor.

Ist das Gemeinschaftsrecht der Prüfungsmaßstab des § 47 VwGO, taucht ein Zweifel auf, ob § 47 VwGO im Hinblick auf die Verwerfungskompetenzfrage der Verwaltung mit dem Art. 93 I Nr. 2 GG *einheitlich* ist, da das Gemeinschaftsrecht kein Maßstab des Art. 93 I Nr. 2 GG ist; der Zweifel der *Verwaltungsspitze* über die Gemeinschaftsrechtskonformität des nationalen Verfassungsrechts sowie Parlamentsgesetzes kann durch die Einschaltung des BVerfG (vgl. Art. 93 I Nr. 2 GG) mittelbar nicht den *EuGH* erreichen. Dagegen kann der Zweifel der Kommunalaufsichtsbehörde über die Gemeinschaftsrechtskonformität von Satzungen der Gemeinde durch die Einschaltung des OVG (vgl. § 47 VwGO und Art. 234 EGV) zum *EuGH* gelangen, wenn das OVG beurteilt, dass die Gemeinschaftsrechtskonformität von Satzungen nur durch die Auslegung entsprechendes Gemeinschaftsrechts des *EuGH* bezüglich des Vorabentscheidungsverfahrens deutlich wird. Daher besteht ein *Einheitlichkeitsmangel* zwischen Art. 93 I Nr. 2 GG und § 47 VwGO bezüglich der Verwerfungskompetenz der *Verwaltung*, soweit das Gemeinschaftsrecht für einen Prüfungsmaßstab des § 47 VwGO gehalten wird.

Im Hinblick auf das für primärrechtswidrig gehaltene *sekundäre* Gemeinschaftsrecht darf die Verwerfungskompetenz nicht der nationalen Verwaltung zukommen, da die Verwaltung gem. Art. 20 III iVm 1 III GG an Gesetz und Recht gebunden ist, und dazu auch das Gemeinschaftsrecht bezüglich Art. 23 GG gehört. Obwohl die Verwaltungsspitze gem. Art. 93 I Nr. 2 GG auf Grund der Zustimmungsgesetzwidrigkeit des sekundären Gemeinschaftsrechts den Antrag beim BVerfG erheben könnte, da die Zustimmungsgesetzwidrigkeit des sekundären Gemeinschaftsrechts einen Verstoß gegen das primäre Gemeinschaftsrecht darstellt, muss das BVerfG jedoch als letztinstanzliches Gericht dies weiter beim *EuGH* vorlegen, da dabei nur das primäre Gemeinschaftsrecht der Prüfungsmaßstab ist. Die Verwerfungskompetenz gegenüber dem für primärrechtswidrig gehaltenen sekundären Gemeinschaftsrecht kommt gem. Art. 234 iVm 220, 230, 10 EGV nicht der nationalen Verwaltung, den Gerichten und auch dem *BVerfG* zu. Sie wird allein beim *EuGH* monopolisiert.

Die unumgängliche Verwerfung der Verwaltungsspitze gegenüber dem für gemeinschaftsrechtswidrig gehaltenen nationalen Parlamentsgesetz und Verfassungsrecht bringt das Prinzip der Rechtsbindung der Verwaltung (Art. 20 III IVm 1 III GG) und die allgemein verbindliche Verwerfungskompetenz des BVerfG (Art. 100 I GG) in Gefahr. Es wird deshalb für die Grundgesetzordnung sowie die Gemeinschaftsrechtsordnung vorgeschlagen, dass entweder das *abstrakte Normenkontrollverfahren* in Art. 234 EGV eingeführt wird oder dass *das Gemeinschaftsrecht* als Prüfungsmaßstab in den Art. 93 I Nr. 2 GG ergänzt wird, um den Einheitlichkeitsmangel der abstrakten Normenkontrollverfahren des Grundgesetzes bezüglich der Normverwerfungskompetenz der Verwaltung zu beheben.

Für die südkoreanische Verfassungsordnung wird die Einführung der abstrakten Normenkontrollverfahren in den Art. 107 KV und KVwGO vorgeschlagen, um die Grundrechte vor den für verfassungsrechtswidrig gehaltenen Rechtsnormen präventiv zu schützen. Art. 107 KV muss wegen eines immanenten Widerspruchs geändert werden. Es wird unter der Voraussetzung der Einführung des abstrakten Normenkontrollverfahren überlegt, dass der Verwaltung (MpaAVwWV) die Antragsbefugnis zum abstrakten Normenkontrollverfahren der für verfassungswidrig gehaltenen untergesetzlichen Normen wie in § 47 II VwGO eingeräumt wird, da § 42a KVwWG, der dem MpaAVwWV die Verwerfungskompetenz der untergesetzlichen Normen erteilt, mit Art. 107 II unvereinbar ist.

Literaturverzeichnis

1. Deutsch

Abelein, Manfed: Die Prüfung von Gesetzen durch die Verwaltung, BayVBl. 1967, S. 150, zit.: *Abelein*, BayVBl. 1967, S. 150

Achterberg, Norbert: Allgemeindes Verwaltungsrecht, 2. Aufl., 1986, zit.: Achterberg, AllgVerwR, § 23 Rn. 32

- Parlamentsrecht, 1984, zit.: Achterberg, Parlamentsrecht, S. 413.

Achterberg, Norbert/Schulte, Martin: Kommentierung zu Art. 40 GG, in: v. Mangoldt, Hermann/Klein, Friedrich/Starck, Christian (Hrsg.), Das Bonner Grundgesetz Band 2: Artikel 20 bis 78, 4. Aufl., 2000, zit.: Achterberg/Schulte, in: v. Mangoldt/Klein/Starck, GG 2, Art. 40 Rn. 43 ff.

App, Michael: Beurteilung und Wirkung der Änderung von Rechtsverordnungen durch den Gesetzgeber, DVP (Deutsche Verwaltungspraxis) 1998, S. 152 f., zit.: App, DVP 1998, S. 152 f.

Arndt, Adolf: Die Nichtigkeit verfassungswidriger Gesetze, DÖV 1959, S. 84, zit.: Arndt, DÖV 1959, S. 84

Asbeck-Schröder, Cornelia: Der "Stand der Technik" als Rechtsbegriff im Umweltschutzrecht, DÖV 1992, S. 253 ff., zit.: Asbeck-Schröder, DÖV 1992, S. 253 ff.

Bachof, Otto: Verfassungswidrige Verfassungsnormen, 1951, zit.: Bachof, Verfassungswidrige Verfassungsnormen, S. 36 ff.

- Bemerkungen zur „verfassungswidrigen Verfassungsnorm". Zu Scheuners Beitrag in DÖV 1961, 201 ff., zit.: Bachof, DÖV 1961, S. 927
- Die Prüfungs- und Verwerfungskompetenz der Verwaltung gegenüber dem verfassungswidrigen und dem bundeswidrigen Gesetz, AöR 87 (1962), S. 11, zit.: Bachof, AöR 87 (1962), S. 11
- in: Götz, Volkmar/Klein, Hans Hugo/Starck, Christian (Hrsg.), Die öffentliche Verwaltung zwischen Gesetzgebung und richterlicher Kontrolle. Göttinger Symposion, 1985, zit.: Bachof, in: Götz/Klein/Starck (Hrsg.), Die öffentliche Verwaltung, S. 179 f.
- Neue Tendenzen in der Rechtsprechung zum Ermessen und zum Beurteilungsspielraum, JZ 1972, S. 641 ff., zit.: Bachof, JZ 1972, 641 ff.

Badura, Peter: Staatsrecht. Systematische Erläuterung des Grundgesetzes für die Bundesrepublik Deutschland, 3. Aufl., 2003, zit.: Badura, Staatsrecht, D 53 (S. 319 ff.)

- Das normative Ermessen beim Erlaß von Rechtsverordnungen und Satzungen, in: Selmer, Peter/von Münch, Ingo (Hrsg.), Gedächtnisschrift für Wolfgang Martens, 1987, zit.: Badura, in: Gedächtnisschrift Martens, S. 33
- Die parlamentarische Verantwortlichkeit der Minister, Zeitschrift für Parlamentsfragen, 11. Jahrgang, 1980, S. 573 ff., zit.: Badura, ZParl. 11 (1980), 573 ff.

Battis, Ulrich: Kommentierung zu § 2, in: ders./Krautzberger, Michael/Löhr, Rolf-Peter, Baugesetzbuch – BauGB -, 9. Aufl., 2005, zit.: Battis, in: ders./Krautzberger/Löhr, BauGB, § 2 Rn. 6

- Kommentierung zu Art. 20 GG, in: Sachs, Michael (Hrsg.), Grundgesetz Kommentar, 3. Aufl. (2003), Art. 33 Rn. 71, zit.: Battis, in: Sachs (Hrsg.), GG, Art. 33 Rn. 71
- Der Verfassungsverstoß und seine Rechtsfolgen, in: Isensee, Josef/Kirchhof, Paul (Hrsg.), Handbuch des Staatsrechts. Bd. VII Normativität und Schutz der Verfassung – Internationale Beziehungen, 1992, zit.: Battis, in: Isensee/Kirchhof (Hrsg.), HdStR VII, § 165 Rn. 34
- Beamtenrecht, in: Achterberg, Norbert/Püttner, Günter/Würtenberger, Thomas (Hrsg.), Besonderes Verwaltungsrecht. Bd. II Kommunal-, Haushalts-, Abgaben-, Ordnungs-, Sozial-,

Dienstrecht, 2. Aufl., 2000, zit.: Battis, in: Achterberg/Püttner/Würtenberger (Hrsg.), BesVerwR II, § 31 Rn. 112

- Arbeiter und Angestellte im öffentlichen Dienst, vgl. oben Ulrich Battis, zit.: Battis, in: Achterberg/Püttner/Würtenberger (Hrsg.), BesVerwR II, § 32 Rn. 41

Bauer, Hartmut: Kommentierung zu Art. 80 GG, in: Dreier (Hrsg.), Grundgesetz- Kommentar Band II Artikel 20 – 82, 1998, zit.: Bauer, in: Dreier (Hrsg.), GG II, Art. 80 Rn. 12

- Neue Tendenzen in der bundesverfassungsgerichtlichen Rechtsprechung zum Rückwirkungsverbot, NVwZ 1984, S. 221 f., zit.: Bauer, NVwZ 1984, S. 221 f.

Baumeister, Peter: Das Rechtswidrigwerden von Normen. Schriften zum Öffentlichen Recht. Bd. 693, 1996, S. 183, zit.: Baumeister, Rechtswidrigwerden, S. 183

- Rechtswidrigwerden statt Funktionslosigkeit von Bebauungsplänen, GewArch 1996, S. 318 ff., zit.: Baumeister, GewArch 1996, S. 318 ff.

Becker, Bernd: Öffentliche Verwaltung. Lehrbuch für Wissenschaft und Praxis, 1989, zit.: Becker, Öffentliche Verwaltung, S. 189 ff.

Becker, Peter: Zur Normverwerfungskompetenz der Widerspruchsbehörde bei kommunalen Satzungen, SächsVBl. 1998, S. 276 ff., zit.: Becker, SächsVBl. 1998, S. 276 ff.

Behrens, Hans-Jörg: Beamtenrecht, 1996, zit.: Behrens, Beamtenrecht, § 5 Rn. 9 ff.

Beljin, Saša: Die Zusammenhänge zwischen dem Vorrang, den Instituten der innerstaatlichen Beachtlichkeit und der Durchführung des Gemeinschaftsrechts, EuR 2002, S. 353, zit.: Beljin, EuR 2002, S. 353

- Staatshaftung im Europarecht, 2000,zit.: Beljin, Staatshaftung, S. 54 ff.

Benda, Ernst / Klein, Eckart: Verfassungsprozessrecht, 2. Aufl., 2001, zit.: Benda/Klein, Verfassungsprozeßrecht, § 23 Rn. 778

Bethge, Herbert: Kommentierung zu § 13 BVerfGG, in: Maunz, Theodor/Schmidt-Bleibtreu, Bruno/Klein, Franz/Ulsamer, Gerhard/Bethge, Herrbert/Grasshof, Karin/Mellinghoft, Rudolf/Rozek, Jochen/von Coelln, Christian, Bundesverfassungsgerichtsgesetz, Bd. 1, Stand: März 2006, zit.: Berhge, in: Maunz/Schmidt-Bleibtreu/Klein/Bethge, BVerfGG 1, § 13 Rn. 62

- Grundfragen innerorganisationsrechtlichen Rechtsschutzes, DVBl. 1980, S. 313 f., zit.: Bethge, DVBl. 1980, S. 313 f.

Bettermann, Karl August: Die konkrete Normenkontrolle und sonstige Gerichtsvorlagen, in: Starck, Christian (Hrsg.), Bundesverfassungsgericht und Grundgesetz. Festgabe aus Anlaß des 25 jährigen Bestehens des Bundesverfassungsgerichts, Erster Band Verfassungsgerichtsbarkeit, 1976, zit.: Bettermann, in: Starck (Hrsg.), FG BVerfG I, S. 327

- Das Verwaltungsverfahren, in: VVDStRL 17 (1959), zit.: Bettermann, in: VVDStRL 17 (1959), S. 138 f.

Beutler, Bengt: Kommentierung zu Art. 6 EUV, in: von der Groeben, Hans/Schwarze, Jürgen (Hrsg.), Kommentar zum Vertrag über die Europäische Union und zur Gründung der Europäischen Gemeinschaft Band 1 Art. 1-53 EUV/ Art. 1-80 EGV, 6. Aufl., 2003, zit.: Beutler, von der Groeben/Schwarze (Hrsg.), EU-/EG-Vertrag, Art. 6 EUV Rn. 39 ff.

Biervert, Bernd: Kommentierung zu Art. 249 EGV, in: Schwarze, Jürgen (Hrsg.), EU-Kommentar, 2000, zit.: Biervert, in: Schwarze (Hrsg.), EU-Kommentar, Art. 249 EGV Rn. 19

Blanke, Hermann-Jossef: Vertrauensschutz im deutschen und europäischen Verwaltungsrecht, 2000, zit.: Blanke, Vertrauensschutz, S. 81 ff.

- Die kommunale Selbstverwaltung im Zuge fortschreitender Integration – Aspekte nationaler und supranationaler Verfassungsentwicklung -, DVBl. 1993, S. 820, zit.: Blanke, DVBl. 1993, S. 820

Bleckmann, Albert: Ordnungsrahmen für das Recht der Subventionen. Gutachten D für den 55. Deutschen Juristentag, 1984, zit.: Bleckmann, Ordnungsrahmen für das Recht, S. 66

- Verfassungsrechtliche Probleme des Verwaltungsvertrages, NVwZ 1990, S. 603, zit.:

Bleckmann, NVwZ 1990, S. 603
- Die Rechtsquellen des Europäischen Gemeinschaftsrechts, NVwZ 1993, S. 825, zit.: Bleckmann, NVwZ 1993, S. 825
- Staatsrecht I – Staatsorganisationsrecht. Grundlagen, Staatszielbestimmungen und Staatsorganisationsrecht des Bundes, 1993, zit.: Bleckmann, Staatsrecht I, Rn. 566
- Staatsrecht II – Die Grundrechte, 4. Aufl., 1997, zit.: Bleckmann, Staatsrecht II, § 12 Rn. 60
- Europarecht. Das Recht der Europäischen Union und der Europäischen Gemeinschaften, 6. Aufl., 1997, zit.: Bleckmann, EuR, Rn. 579 ff.

Blümel, Willi: Verwaltungszuständigkeit , in: Isensee, Josef/Kirchhof, Paul (Hrsg.), Handbuch des Staatsrechts. Bd. IV Finanzverfassung – Bundesstaatliche Ordnung, 1995, zit.: Blümel, in: Isensee/Kirchhof (Hrsg.), HdStR IV, § 101 Rn. 60

Böckenförde, Christoph: Die sogenannte Nichtigkeit verfassungswidriger Gesetze. Eine Untersuchung über Inhalt und Folgen der Rechtssatzkontrollentscheidungen des Bundesverfassungsgerichts, Schriften zum Öffentlichen Recht Bd. 33, 1966, zit.: Böckenförde, Die sogenannte Nichtigkeit, S. 61

Böckenförde, Ernst-Wolfgang: Demokratie als Verfassungsprinzip, in: Isensee, Josef/Kirchhof, Paul (Hrsg.), Handbuch des Staatsrechts. Bd. II Verfassungsstaat, 3. Aufl., 2005, zit.: Böckenförde, in: Isensee/Kirchhof (Hrsg.), HdStR II, § 24 Rn. 24

Böhm, Monika: Voraussetzungen einer Staatshaftung bei Verstößen gegen primäres Gemeinschaftsrecht, JZ 1997, S. 56 f., zit.: Böhm, JZ 1997, S. 56 f.

Boehme-Neßler, Volker: Electronic Government: Internet und Verwaltung, NVwZ 2001, S. 379, zit.: Boehme-Neßler, NVwZ 2001, S. 379

Bonk, Heinz Joachim: Kommentierung zu § 55 VwVfG, in: Stelkens, Paul/Bonk, Heinz Joachim/Sachs, Michael (Hrsg.), Verwaltungsverfahrensgesetz Kommentar, 6. Aufl., 2001, zit.: Bonk, in: Stelkens/Bonk/Sachs, VwVfG, § 55 Rn. 3

Borchardt, Klaus-Dieter: Die rechtlichen Grundlagen der Europäischen Union, 2. Aufl. (2002), zit.: Borchardt, Europäische Union, § 3 Rn 65

Bracher, Christian-Dietrich: L. Die Rechtskontrolle der Bauleitpläne, in: Gelzer, Konrad/Bracher, Christian-Dietrich/Reidt, Olaf, Bauplanungsrecht, 7. Aufl., 2004, zit.: Bracher, in: Gelzer/Bracher/Reidt, Bauplanungsrecht, Rn. 1092

Brechmann, Winfried: Die richtlinienkonforme Auslegung. Zugleich ein Beitrag zur Dogmatik der EG-Richtlinie, Münchener Universitätsschriften Bd. 99, 1994, zit.: Brechmann, Die richtlinienkonforme Auslegung, S. 31 ff.

Brenner, Michael: Der Gestaltungsauftrag der Verwaltung in der Europäischen Union, 1996, zit.: Brenner, Gestaltungsauftrag, S. 244 ff.
- Kommentierung zu Art. 80 GG, in: v. Mangoldt, Hermann/Klein, Friedrich/Starck, Christian, Das Bonner Grundgesetz Kommentar. Bd. 3 Art. 79-146, 4. Aufl., 2001, zit.: Brenner, in: v. Mangoldt/Klein/Starck, GG 3, Art. 80 Rn. 8

Brenner, Michael/Huber, Peter M.: Europarecht und Europäisierung in den Jahren 2000/2001, DVBl. 2001, S. 1020 f., zit.: Brenner/Huber, DVBl. 2001, S. 1020 f.

Breuer, Rüdiger: Grundrechte als Anspruchsnormen, in: Bachof, Otto/Heigl, Ludwig/Redeker, Konrad (Hrsg.), Verwaltungsrecht zwischen Freiheit, Teilhabe und Bindung. Festgabe aus Anlaß des 25jährigen Bestehens des Bundesverwaltungsgerichts, 1978, zit.: Breuer, in: FG BVerwG, S. 92
- Direkte und indirekte Rezeption technischer Regeln durch die Rechtsordnung, AöR 101 (1976), S. 46 ff., zit.: Breuer, AöR 101 (1976), S. 46 ff.

Brohm, Winfried: Öffentliches Baurecht, 2. Aufl. (1999), zit.: Brohm, Öffentliches Baurecht, § 15 Rn. 8

Brüning, Christoph: Die Rückwirkung von Legislativakten, NJW 1998, S. 1526 f., zit.: Brüning, NJW 1998, S. 1526 f.

Bryde, Brun-Otto: Kommentierung zu Art. 82 GG, in: von Münch, Ingo/Kunig, Philip (Hrsg.), Grundgesetz-Kommentar Band 3. Art. 70 bis 146, 2. Aufl., 1983, zit.: Bryde, in: von Münch/Kunig (Hrsg.), GG 3, Art. 82 Rn. 5 f.

- Kommentierung zu Art. 80 GG, in: von Münch, Ingo/Kunig, Philip (Hrsg.), Grundgesetz-Kommentar Band 3. Art. 70 bis 146, 3. Aufl., 1996, zit.: Bryde, in: von Münch/Kunig (Hrsg.), GG 3, Art. 80 Rn. 2

Büdenbender, Martin: Das Verhältnis des Europäischen Gerichtshofs zum Bundesverfassungsgericht, 2004, zit.: Büdenbender, Das Verhältnis, S. 4

Bull, Hans Peter/Mehde, Veith: Allgemeines Verwaltungsrecht mit Verwaltungslehre, 7. Aufl., 2005, zit.: Bull/Mehde, AllgVerwR, § 4 Rn. 140

Bullinger, Martin: Flexibilität moderner Verwaltung und Gerichtsschutz des Bürgers, in: Geis, Max-Emanuel/Lorenz, Dieter (Hrsg.), Staat·Kirche·Verwaltung. Festschrift für Hartmut Maurer zum 70. Geburtstag, 2001, zit.: Bullinger, in: FS Maurer, S. 565 ff.

Burgi, Martin: Selbstverwaltung angesichts von Europäisierung und Ökonomisierung, in: VVDStRL 62 (2003), S. 424 f., zit.: Burgi, in: VVDStRL 62 (2003), S. 424 f.

- Verwaltungsprozeß und Europarecht. Eine systematische Darstellung, 1996, zit.: Burgi, Verwaltungsprozeß, S. 34 f.

Burmeister, Joachim: Vorlagen an das Bundesverfassungsgericht nach Art. 100 Abs. 3 GG, in: Starck, Christian/Stern, Klaus (Hrsg.), Landesverfassungsgerichtsbarkeit. Teilband II Zuständigkeiten und Verfahren der Landesverfassungsgerichte, 1. Aufl., 1983, zit.: Burmeister, in: Starck/Stern (Hrsg.), Landesverfassungsgerichtsbarkeit II, S. 462 f.

- Selbstbindung der Verwaltung – Zur Wirkkraft des rechtsstaatlichen Übermaßverbots, des Gleichheitssatzes und des Vertrauensschutzprinzips -, DÖV 1981, S. 509 ff., Burmeister, DÖV 1981, S. 509 ff.

Busch, Bernhard: Das Verhältnis des Art. 80 Abs. 1 S. 2 GG zum Gesetzes- und Parlamentsvorbehalt, Schriften zum Öffentlichen Recht Band 610, 1992, zit.: Busch, Das Verhältnis Art. 80 Abs. 1 S. 2 GG, S. 133

Calliess, Christian: Die verfassungsrechtliche Zulässigkeit von fachgesetzlichen RechtsverordnungsErmächtigu-
ngen zur Umsetzung von Rechtsakten der EG, NVwZ 1998, S. 8 ff., zit.: Calliess, NVwZ 1998, S. 8 ff.

Campenhausen, Axel Frhr. v.: Kommentierung zu Art. 145 GG, in: v. Mangoldt, Hermann/Klein, Friedrich/Starck, Christian, Das Bonner Grundgesetz Kommentar. Bd. 3 Art. 79-146, 4. Aufl., 2001, zit.: zit.: Campenhausen, in: v. Mangoldt/Klein/Starck (Hrsg.), GG 3, Art. 145 Rn. 6

Caspar, Johannes: Nationale Grundrechtsgarantien und sekundäres Gemeinschaftsrecht, DÖV 2000, S. 352, zit.: Caspar, DÖV 2000, S. 352

Catrein, Andreas: Moderne elektronische Kommunikation und Verwaltungsverfahresrecht, NWVBl. 2001, S. 50 ff., zit.: Catrein, NWVBl. 2001, S. 50 ff.

Classen, Claus Dieter: Kommentierung zu Art. 23 GG, in: v. Mangoldt, Hermann/Klein, Friedrich/Starck, Christian, Das Bonner Grundgesetz Kommentar. Bd. 2 Art. 20-78, 4. Aufl., 2000, zit.: Classen, in: v. Mangoldt/Klein/Starck, GG 2, Art. 23 Rn. 54 ff.

Claussen, Hans Rudolf/Janzen, Werner: Bundesdisziplinarordnung. Handkommentar unter Berücksichtigung des materiellen Disziplinarrechts, 8. Aufl., 1996, zit.: Claussen/Janzen, Bundesdisziplinarordnung, Einl. C Rn. 31a ff (S. 49 ff.).

Clausen, Wolfgang: Kommentierung zu § 9 VwVfG, in: Knack, Hans Joachim, Verwaltungsverfahrensgesetz Kommentar, 7. Aufl., 2000, zit.: Clausen, in: Knack, VwVfG, § 9 Rn. 23

Cremer, Wolfram: Gemeinschaftsrecht und deutsches Verwaltungsprozessrecht –Zum dezentralen Rechtsschutz gegenüber EG-Sekundärrecht, Die Verwaltung Bd. 37 (2004), S. 187, zit.: Cremer, DV 37 (2004), S. 186 f.

- Vorabentscheidungsverfahren gemäß Art. 177 EGV und mitgliedstaatliche Verfassungsgerichtsbarkeit – Zum Verhältnis von gemeinschaftsrechtlicher Vorlagepflicht und abstrakter Normenkontrolle, BayVBl. 1999, S. 267, zit.: Cremer, BayVBl. 1999, S. 267

Depenheuer, Otto: Die „volle persönliche Verantwortung" des Beamten für die Rechtmäßigkeit seiner dienstlichen Handlungen, DVBl. 1992, S. 404 ff., zit.: Depenheuer, DVBl. 1992, S. 404 ff.

Degenhart, Christoph: Staatsrecht I. Staatsorganisationsrecht, 20. Aufl., 2004, zit.: Degenhart, Staatsrecht I, Rn. 347 ff.

- Geltungsverlust „funktionsloser" Bebauungspläne?, BayVBl. 1990, S. 71 ff., zit.: Degenhart, BayVBl. 1990, S. 71 ff.
- Der öffentlichrechtliche Abfindungsvergleich, NVwZ 1982, S. 73, zit.: Degenhart, NVwZ 1982, S. 73
- Kommentierung zu Art. 103 GG, in: Sachs, Michael (Hrsg.), Grundgesetz Kommentar, 2. Aufl., 1999, zit.: Degenhart, in: Sachs (Hrsg.), GG, Art. 103 Rn. 72
- Rechtsfragen einer rückwirkenden Heilung fehlerhafter Zweckverbände, in: Geis, Max-Emanuel/Lorenz, Dieter (Hrsg.), Staat·Kirche·Verwaltung. Festschrift für Hartmut Maurer zum 70. Geburtstag, 2001, Degenhart, in: FS Maurer, S. 600 ff.

Denninger, Erhard: Verfassungsrechtliche Anforderungen an die Normsetzung im Umwelt- und Technikrecht, 1990, zit.: Denninger, Verfassungsrechtliche Anforderungen, S. 156

Detterbeck, Steffen: Allgemeines Verwaltungsrecht mit Verwaltungsprozessrecht, 2. Aufl., 2004, zit.: Detterbeck, AllgVerwR, Rn. 841

- Vorrang und Vorbehalt des Gesetzes, Jura 2002, S. 235 ff., zit.: Detterbeck, Jura 2002, S. 236 ff.

Diedrich, Jürgen: Die Verwerfungskompetenz für Bebauungspläne oder Ein Hallenbad in schwerer juristischer See, BauR 2000, S. 819 ff., zit.: Diedrich, BauR 2000, S. 819 ff.

Di Fabio, Udo: Das Kooperationsprinzip – ein allgemeiner Rechtsgrundsatz des Umweltrechts, NVwZ 1999, S. 1157, zit.: Di Fabio, NVwZ 1999, S. 1157

- Die Ermessensreduzierung – Fallgruppen, Systemüberlegungen und Prüfprogramm -, VerwArch 86 (1995), S. 227 f., zit.: Di Fabio, VerwArch 86 (1995), S. 227 f.
- Risikoentscheidungen im Rechtsstaat. Zum Wandel der Dogmatik im öffentlichen Recht, insbesondere am Beispiel der Arzneimittelüberwachung, 1994, zit.: Di Fabio, Risikoentscheidungen, S. 85 ff.
- Richtlinienkonformität als ranghöchstes Normauslegungsprinzip?, NJW 1990, S. 952 f., zit.: Di Fabio, NJW 1990, S. 952 f.

Dörr, Oliver: Der europäisierte Rechtsschutzauftrag deutscher Gerichte, 2003, zit.: Dörr, Der europäisierte Rechtsschutzauftrag, S. 229

Dolde, Klaus-Peter: Verwerfung nichtiger Babauungspläne durch die Verwaltung?, baurecht (BauR) 1978, S. 154 ff., zit.: Dolde, BauR 1978, S. 154 ff.

Dolde, Klaus-Peter/Menke, Rainard: Das Recht der Bauleitplanung 1996 bis 1998, NJW 1999, S. 1078, zit.: Dolde/Menke, NJW 1999, S. 1078

Dollinger, Franz-Wilhelm: Kommentierung zu § 80. BVerfGG, in: Umbach, Dieter C./Clemens, Thomas/Dollinger, Franz-Wilhelm (Hrsg.), Bundesverfassungsgerichtsgesetz, 2. Aufl., 2005, zit.: Dollinger, in: Umbach/Clemens/Dollinger (Hrsg.), BVerfGG, § 80 Rn. 17

Dreier, Horst: Kommentierung zu Art. 31 GG, in: ders (Hrsg.), Grundgesetz- Kommentar Band II Artikel 20 – 82, 2. Aufl., 2006, zit.: Dreier, in: ders (Hrsg.), GG II, Art. 31 Rn. 43 f.

- Kontexte des Grundgesetzes, DVBl. 1999, S. 678, zit.: Dreier, DVBl. 1999, S. 678
- Hierarchische Verwaltung im demokratischen Staat, 1991, zit.: Dreier, Hierarchische Verwaltung, S. 142

Dünchheim, Thomas: Die Einwirkungen des Europarechts auf die verwaltungsprozessuale Normabwehr-, Normerlaß- und Normergänzungsklage, DÖV 2004, S. 141 f., zit.:

Dünchheim, DÖV 2004, S. 141 f.
Ehlers, Dirk: Verwaltung und Verwaltungsrecht im demokratischen und sozialen Rechtsstaat, in: Erischen, Hans-Uwe/Ehlers, Dirk (Hrsg.), Allgemeines Verwaltungsrecht, 13. Aufl., 2006, zit.: Ehlers, in: Erichsen/ders. (Hrsg.), AllgVerwR, § 2 Rn. 115 ff.
- Kommentierung zu § 40 VwGO, in: Schoch, Friedrich/Schmidt-Aßmann, Eberhard/Pietzner, Rainer (Hrsg.), Verwaltungsgerichtsordnung Kommentar Bd. I, Stand: April 2006, zit.: Ehlers, in: Schoch/Schmidt-Aßmann/Pietzner (Hrsg.), VwGO, § 40 Rn. 268 ff.
- Die verwaltungsgerichtliche Normenkontrolle, Jura 2005, S. 172, zit.: Ehlers, Jura 2005, S. 172
- § 7 Allgemeine Lehren, in: ders. (Hrsg.), Europäische Grundrechte und Grundfreiheiten, 2. Aufl. (2005), zit.: Ehlers, in: ders. (Hrsg.), Grundfreiheiten, § 7 Rn. 9
- Die Europäisierung des Verwaltungsprozessrechts, DVBl. 2004, S. 1442, zit.: Ehlers, DVBl. 2004, S. 1442
- Kommunalaufsicht und europäisches Gemeinschaftsrecht, DÖV 2001, S. 413, zit.: Ehlers, DÖV 2001, S. 413
- Die Befugnis natürlicher und juristischer Personen zur Beantragung einer verwaltungsgerichtlichen Normenkontrolle, in: Erbguth, Wilfried/Oebbecke, Janbernd/Rengeling, Hans-Werner/Schulte, Martin (Hrsg.), Planung. Festschrift für Werner Hoppe zum 70. Geburtstag, 2000, zit.: Ehlers, in: FS Hoppe, S. 1048 ff.
- Die verfassungsrechtliche Garantie der kommunalen Selbstverwaltung, in: ders./Krebs, Walter (Hrsg.), Grundfragen des Verwaltungsrechts und des Kommunalrechts. Symposion aus Anlaß der Emeritierung von Professor Dr. Hans-Uwe Erichsen am 5. Mai 2000 in Münster, 2000, zit.: Ehlers, in: ders./Krebs (Hrsg.), Grundfragen, S. 64
- Die Europäisierung des Verwaltungsprozessrechts, 1999, zit.: Ehlers, Europäisierung, S. 125 ff.
- Rechtsprobleme der Rückforderung von Subventionen, Gewerbe Archiv 1999 (Heft 8), zit.: Ehlers, GewArch 1999, S. 305
- Mitbestimmung in der öffentlichen Verwaltung, Jura 1997, S. 184, zit.: Ehlers, Jura 1997, S. 184
- Die Weiterentwicklung des Staatshaftungsrechts durch das europäische Gemeinschaftsrecht, JZ 1996, S. 778 f., zit.: Ehlers, JZ 1996, S. 778 f.
- Verwaltung in Privatrechtsform, Schriften zum Öffentlichen Recht Band 464, 1984, zit.: Ehlers, Verwaltung, S. 222
- Die Handlungsformen bei der Vergabe von Wirtschaftssubventionen, VerwArch 74 (1983), S. 126, zit.: Ehlers, VerwArch 74 (1983), S. 126
- Gesetzesvorbehalt und Hausrecht der Verwaltungsbehörden, DÖV 1977, S. 737, zit.: Ehlers, DÖV 1977, S. 737
Ehlers, Dirk/Pünder, Hermann: Vorläufiger Rechtsschutz im Geltungsbereich des Zollkodex, EuR 1997, S. 74 ff., zit.: Ehlers/Pünder, EuR 1997, S. 74 ff.
Ehricke, Ulrich: Kommentierung zu Art. 234 EGV, in: Streinz, Rudolf (Hrsg.), EUV/EGV, 2003, zit.: Ehricke, in: Streinz, EUV/EGV, Art. 234 EGV Rn. 41
- Vorwirkungen von EU-Richtlinien auf nationale Gesetzgebungsvorhaben, ZIP 2001, S. 1314, zit.: Ehricke, ZIP 2001, S. 1314
Endter, Stefan: Zum Verhältnis von Bundesrecht und Landesverfassungsrecht und zur Reichweite der Prüfungskompetenz der Landesverfassungsgerichte, EuGRZ 1995, S. 228 f., zit.: Endter, EuGRZ 1995, S. 228 f.
Engel, Gerhard: Struktur und Umsetzung der EKC in den Mitgliedstaaten des Europarats und die Kontrolle durch den Kongreß der Gemeinden und Regionen Europas, in: Knemeyer, Franz-Ludwig (Hrsg.), Kommunale Selbstverwaltung in Ost und West, 2003, zit.: Engel, in: Knemeyer (Hrsg.), Kommunale Selbstverwaltung, S. 39 f.

Engel, Rüdiger: Ein Zwischenruf zur Gültigkeit von Ortsbausatzungen in Baden-Württemberg, VBlBW 2002, S. 195, zit.: Engel, VBlBW 2002, S. 195
- Zur Normverwerfungskompetenz einer Behörde, NVwZ 2000, S. 1259, zit.: Engel, NVwZ 2000, S. 1259 f.
Erbguth, Wilfried: § 8 Bauplanungsrecht, in: Achterberg, Norbert/Püttner, Günter/Würtenberger, Thomas (Hrsg.), Besonderes Verwaltungsrecht, Bd. I Wirtschafts-, und Umwelt-, Bau-, Kultusrecht, 2. Aufl. (2000), zit.: Erbguth, in: Achterberg/Püttner/Würtenberger (Hrsg.), BesVerwR I, § 8 Rn. 7 ff.
Erfmeyer, Klaus: Die Beseitigung einer Ungewißheit über den Sachverhalt durch Abschluß eines Vergleichsvertrags, DVBl. 1998, S. 754 f., zit.: Erfmeyer, DVBl. 1998, S. 754 f.
Erichsen, Hans-Uwe: Kommunalrecht des Landes Nordrhein-Westfalen, 2. Aufl., 1997, zit.: Erichsen, Kommunalrecht, § 8 D
- Vorrang und Vorbehalt des Gesetzes, Jura 1995, S. 552, zit.: Erichsen, Jura 1995, S. 552.
- Verwaltungsrecht und Verwaltungsgerichtsbarkeit I, 2. Aufl., 1984, zit.: Erichsen, Verwaltungsrecht und Verwaltungsgerichtsbarkeit I, S. 73
- Staatsrecht und Verfassungsgerichtsbarkeit I, 3. Aufl., 1982, zit.: Erichsen, Staatsrecht und Verfassungs- gerichtsbarkeit I, S. 34
- Staatsrecht und Verfassungsgerichtsbarkeit II, 2. Aufl., 1979, zit.: Erichsen, Staatsrecht und Verfassungsger- ichtsbarkeit II, S. 46
- Die konkrete Normenkontrolle – Art. 100 Abs. 1 GG -, Jura 1982, S. 88, zit.: Erichsen, Jura 1982, S. 88
Everling, Ulrich: Zum Vorrang des EG-Rechts vor nationalem Recht, DVBl. 1985, S. 1201, zit.: Everling, DVBl. 1985, S. 1201
Faber, Heiko: Verwaltungsrecht, 4. Aufl., 1995, zit.: Faber, VerwR, § 13 III (S. 91)
Felix, Dagmar: Einheit der Rechtsordnung, 1998, zit.: Felix, Einheit, S. 241 f.
- Das Remonstrationsrecht und seine Bedeutung für den Rechtsschutz des Beamten, 1993, zit.: Felix, Das Remonstrationsrecht, S. 15
- Die Bedeutung des Remonstrationsverfahrens für den Rechtsschutz des Beamten, ZBR 1994, S. 18 ff., zit.: Felix, ZBR 1994, S. 18 ff.
Fickert, Hans Carl: Die Bauleitplanung, Dezember 1997, zit.: Fickert, Die Bauleitplanung, Rn. 40
Fiedler, Jürgen: Neuorientierung der Verfassungsrechtsprechung zum Rückwirkungsverbot und zum Vertrauensschutz?, NJW 1988, S. 1625, zit.: Fiedler, NJW 1988, S. 1625
Forsthoff, Ernst: Lehrbuch des Verwaltungsrechts. Band I Allgemeiner Teil, 10. Aufl., 1973, zit.: Forsthof, Lehrbuch VerwR I, S. 480 u. 126 ff.
- Die Bindung an Gesetz und Recht (Art. 20 Abs. 3 GG), DÖV 1959, S. 41 ff., zit.: Forsthoff, DÖV 1959, S. 41 ff.
Gaentzsch, Günter: Kommentierung zu § 10 Baugesetzbuch, in: Schlichter, Otto/Stich, Rudolf (Hrsg.), Berliner Kommentar zum Baugesetzbuch, 2. Aufl., 1995, zit.: Gaentzsch, in: Schlichter/Stich (Hrsg.), BerlKomm. BauGB, § 10 Rn. 19
Gaitanides, Charlotte: Kommentierung zu Art. 234 EGV, in: von der Groeben, Hans/Schwarze, Jürgen (Hrsg.), Kommentar zum Vertrag über die Europäische Union und zur Gründung der Europäischen Gemeinschaft Band 4 Art. 189-314 EGV, 6. Aufl., 2004, zit.: Gaitanides, in: von der Groeben/Schwarze (Hrsg.), EU-/EG-Vertrag, Art. 234 EGV Rn. 27
Geiger, Harald: Kommentierung zu § 1 VwGO, in: Eyermann, Erich, Verwaltungsgerichtsordnung Kommentar 12. Aufl., 2006, zit.: Geiger, in: Eyermann, VwGO, § 1 Rn. 10
Geiger, Rudolf: Kommentierung zu Art. 249 EGV, in: ders., EUV/EGV Kommentar 2004, zit.: Geiger, Art. 249 EGV Rn. 11
Geimer, Richard: Fehlerhafte Bebauungspläne, ihre Heilungsmöglichkeit und die Verwerfungskompetenz der Verwaltung, BlGBW (Blätter für Grundstücks-, Bau- und

Wohnungsrecht) 1979, S. 221 ff., zit.: Geimer, BlGBW 1979, S. 221 ff.
Geis, Max-Emanuel: Die „Eilversammlung“ als Bewährungsprobe verfassungskonformer Auslegung, NVwZ 1992, S. 1025 ff., zit.: Geis, NVwZ 1992, S. 1025 ff.
Gellermann, Martin: Kommentierung zu Art. 288 EGV, in: Streinz, Rudolf (Hrsg.), EUV/EGV, 2003, zit.: Gellermann, in: Streinz, EUV/EGV, Art. 288 EGV Rn. 45
- § 33 Europäisches Gemeinschaftsrecht als Gegenstand des nationalen Rechtsschutzes, in: Rengeling, Hans-Werner/Middeke, Andreas/Gellermann, Martin (Hrsg.), Handbuch des Rechtsschutzes in der Europäischen Union, 2. Aufl., 2003, zit.: Gellermann, in: Rengeling/Middeke/Gellermann (Hrsg.), Handbuch des Rechtsschutzes, § 33 Rn. 11
Gerhardt, Michael/Bier, Wolfgang: Kommentierung zu § 47 VwGO, in: Schoch, Friedrich/Schmidt-Aßmann, Eberhard/Pietzner, Rainer (Hrsg.), Verwaltungsgerichtsordnung Kommentar Bd. I, Stand: April 2006, zit.: Gerhardt/Bier, in: Schoch/Schmidt-Aßmann/Pietzner (Hrsg.), VwGO, § 47 Rn. 82
Gerhardt/Bier, in: Schoch/Schmidt-Aßmann/Pietzner (Hrsg.), VwGO, § 47 Rn. 89, 113 f.
Gern, Alfons: Deutsches Kommunalrecht, 3. Aufl. (2003), zit.: Gern, Kommunalrecht, Rn. 305
Giegerich, Thomas: Europarecht und deutsches Recht – Wechselwirkungen in der Fallbearbeitung, JuS 1997, S. 41 f., zit.: Giegerich, JuS 1997, S. 41 f.
- Kollision und Transformation von Normen – Versuch zu § 1 VwVfG -, DÖV 1989, S. 379 ff., zit.: Giegerich, DÖV 1989, S. 379 ff.
Gierke, Hans-Georg: Kommentierung zu § 10 Baugesetzbuch, in: Brügelmann, Hermann, Baugesetzbuch, Band 1, Stand: 60. Lieferung, Mai 2006, zit.: Gierke, in: Brügelmann, BauGB 1, § 10 Rn. 345 ff.
- Die Behandlung rechtswidriger Bebauungspläne. Teil 1, ZfBR 1985, S. 15 f. (Teil 2, S. 62 ff.), zit.: Gierke, ZfBR 1985, S. 15 f.
Göhler, Erich: Ordnungswidrigkeitengesetz (Kommentar), 12. Aufl., 1998, zit.: Göhler, OwiG, § 3 Rn. 1
Görisch, Christoph: Die Inhalte des Rechtsstaatsprinzips, JuS 1997, S. 989, zit.: Görisch, JuS 1997, S. 989
Götz, Heinrich: Der Wirkungsgrad verfassungswidriger Gesetze, NJW 1960, S. 1178, zit.: Götz, NJW 1960, S. 1178
Götz, Volkmar: Allgemeines Verwaltungsrecht, 4. Aufl., 1997, zit.: Götz, AllgVerwR, S. 4
- Bundesverfassungsgericht und Vertrauensschutz, in: Starck, Christian (Hrsg.), Bundesverfassungsgericht und Grundgesetz. Festgabe aus Anlaß des 25jährigen Bestehens des Bundesverfassungsgerichts, Zweiter Band Verfassungsauslegung, 1976, zit.: Götz, FG BVerfG II, S. 446 ff.
Gorny, Günter: Verbindlichkeit der Bundesgrundrechte bei der Anwendung von Gemeinschaftsrecht durch deutsche Staatsorgane. Schriften zum Öffentlichen Recht Bd. 103, 1969, zit.: Gorny, Verbindlichkeit, S. 81 ff.
Grabitz, Eberhard: Vertrauensschutz als Freiheitsschutz, DVBl. 1973, S. 677, zit.: Grabitz, DVBl. 1973, S. 677
Graßhof, Malte: Kommentierung zu § 76 BVerfGG, in: Umbach, Dieter C. / Clemens, Thomas / Dollinger, Franz-Wilhelm (Hrsg.), Bundesverfassungsgerichtsgesetz, 2. Aufl. (2005), zit.: Graßhof, in: Umbach/Clemens/Dollinger (Hrsg.), BVerfGG, § 76 Rn. 8
Gril, Peter: Normprüfungs- und Normverwerfungskompetenz der Verwaltung, JuS 2000, S. 1080, zit.: Gril, JuS 2000, S. 1080
Gröschner, Rolf: Kommentierung zu Art. 7 GG, in: Dreier, Horst (Hrsg.), Grundgesetz-Kommentar Band I Artikel 1 – 19, 1996, zit.: Gröschner, in: Dreier (Hrsg.), GG I, Art. 7 Rn. 51
Groß, Gerhard: Inzidente Normenkontrolle durch die Exekutive?, 1967, zit.: Groß, Inzidente Normenkontrolle, S. 194 ff.

Groß, Thomas: Öffentliche Verwaltung im Internet, DÖV 2001, S: 163 f., zit.: Groß, DÖV 2001, S. 163 f.
Große-Hündfeld, Norbert: Plankontrolle aus der Sicht des Rechtsschutzes – Vertrauensschutz als Kontrollgrenze -, zit.: Große-Hündfeld, BauR 1979, S. 15 ff.
Gundel, Jörg: Justiz- und Verfahrensgrundrechte, in: Ehlers, Dirk (Hrsg.), Europäische Grundrechte und Grundfreiheiten, 2. Aufl. (2005), zit.: Gundel, in: Ehlers (Hrsg.), Grundfreiheiten, § 19 Rn. 23
Gunkel, Alfons/Pilz Bernd E.: Beamtenrecht in Nordrhein-Westfalen, 1995, zit.: Gunkel/Pilz, Beamtenrecht in NW, S. 338
Gusy, Christoph: Polizeirecht, 6. Aufl., 2006, zit.: Gusy, Polizeirecht, Rn. 56 ff.
Häberle, Peter: Europäische Verfassungslehre, 2001/2002, zit.: Häberle, Europäische Verfassungslehre, S. 132 ff.
- Gemeineuropäisches Verfassungsrecht, EuGRZ 1991, S. 263, zit.: EuGRZ 1991, S. 263
- Grundrechte im Leistungsstaat, in: VVDStRL 30 (1972), zit.: Häberle, in: VVDStRL 30 (1972), S. 112
Hain, Karl-E.: Zur Frage der Europäisierung des Grundgesetzes – Eine kritische Analyse -, DVBl. 2002, S. 150, zit.: Hain, DVBl. 2002, S. 150
- Kommentierung zu Art. 79 GG, in: v. Mangoldt, Hermann/Klein, Friedrich/Starck, Christian, Das Bonner Grundgesetz Kommentar. Bd. 3 Art. 79-146, 4. Aufl., 2000, zit.: Hain, in: v. Mangoldt/Klein/Starck, GG 2, Art. 79 Rn. 31
Hain, Karl-Eberhard/Schlette, Volker/Schmitz, Thomas: Ermessen und Ermessensreduktion – ein Problem im Schnittpunkt von Verfassungs- und Verwaltungsrecht, AöR 122 (1997), S. 37 ff., zit.: Hein/Schlette/Schmitz, AöR 122 (1997), S. 37 ff.
Hall, Karl-Heinrich: Die Prüfung von Gesetzen auf ihre Verfassungsmäßigkeit durch die Verwaltung, DÖV 1965, S. 258 ff. zit.: Hall, DÖV 1965, S. 258 ff.
- Historische Anmerkungen zum Prüfungsrecht der Verwaltungsbeamten gegenüber dem Gesetz, DVBl. 1965, S. 556 ff., zit.: Hall, DVBl. 1965, S. 556 ff.
- Die Prüfung von Gesetzen auf ihre Verfassungsmäßigkeit durch die Verwaltung – Historische Grundlagen und geltendes Recht, 1963, zit.: Hall, Die Prüfung von Gesetzen auf ihre Verfassungsmäßigkeit durch die Verwaltung – Historische Grundlagen und geltendes Recht, 1963
Hallwaß, Carsten: Rechtmäßigkeit behördlich geduldeter Umweltbeeinträchtigungen?, Natur und Recht 1987, S. 299 ff., zit.: Hallwaß, NuR 1987, S. 299 ff.
Haltern, Ulrich: Europarecht, 2005, zit.: Haltern, EuR, S. 303, 306
Hansmann, Klaus: Schwierigkeiten bei der Umsetzung und Durchführung des europäischen Umweltrechts, NVwZ 1995, S. 323, zit.: Hansmann, NVwZ 1995, S. 323
Hartmann, Christian: Verfassungswidrige und doch wirksame Rechtsnormen?, DVBl. 1997, S. 1264 ff., zit.: Hartmann, DVBl. 1997, S. 1264 u. 1269
Hase, Friedhelm: Verfassungsrechtliche Bewertung der Normsetzung durch den Gemeinsamen Bundesausschuss, MedR 2005, S. 391 ff., zit.: Hase, MedR 2005, 391 ff.
Hatje, Armin: Das Verwaltungskollisionsrecht der Europäischen Gemeinschaften, DVBl. 1985, S. 1298, zit.: Hatje, DVBl. 1985, S. 1298
Haverkate, Görg: Rechtseinheit als Aufgabe, in: Isensee, Josef / Kirchhof, Paul (Hrsg.), Handbuch des Staatsrechts. Bd. IX Die Einheit Deutschlands – Festigung und Übergang -, zit.: Haverkate, in: Isensee/Kirchhof (Hrsg.), HdStR IX, § 209 Rn. 31
Heberlein, Horst: Maastricht – ein Erfolg für die kommunale Selbstverwaltung?, DVBl. 1994, S. 1218 f., zit.: Heberlein, DVBl. 1994, S. 1218 f.
- Der Schutz der kommunalen Selbstverwaltung in der europäischen Integration – eine Replik, BayVBl. 1993, S. 677 ff., zit.: Heberlein, BayVBl. 1993, S. 677 ff.
Heckmann, Dirk: Geltungskraft und Geltungsverlust von Rechtsnormen, 1997, zit.: Heckmann, Geltungskraft und Geltungsverlust, S. 357

Hederich, Matthias: Müssen Gemeinden verfassungswidrige Gesetze befolgen?, Niedersächsische Verwaltungsblätter, 1997, S. 269 f., zit.: Hederich, NdsVBl. 1997, S. 269 f.
Hein, Peter E.: Die Unvereinbarerklärung verfassungswidriger Gesetze durch das Bundesverfassungsgericht. Grundlagen, Anwendungsbereich, Rechtsfolgen, 1988, zit.: Hein, Unvereinbarerklärung, S. 29 ff.
Heintzen, Markus: Kommentierung zu Art. 110 GG, in: von Münch / Kunig (Hrsg.), Grundgesetz-Kommentar Band 3 Art. 70 - Art. 146, 5. Aufl., 2003, zit.: Heintzen, in: von Münch/Kunig (Hrsg.), GG III, Art. 110 Rn. 29 f.
- Das Rangverhältnis von Rechtsverordnung und Satzung, Die Verwaltung 29 (1996), S. 17, zit.: Heintzen, DV 29 (1996), S. 17
- Die „Herrschaft“ über die Europäischen Gemeinschaftsverträge – Bundesverfassungsgericht und Europäischer Gerichtshof auf Konfliktkurs?, AöR 119 (1994), S. 577, zit.: Heintzen, AöR 119 (1994), S. 577
- Hierarchisierungsprozesse innerhalb des Primärrechts der Europäischen Gemeinschaft, EuR 1994, S. 40, zit.: Heintzen, EuR 1994, S. 40
Hellmann, Hans/Pfeiffer, Karl: Verfassungsrechtliche Probleme der rückwirkungen Fusionskontrolle, in: Bartholomeyczik, Horst/Biedenkopf, Kurt H./von Hahn, Helmuth (Hrsg.), Beiträge zum Wirtschaftsrecht. Festschrift für Heinz Kaufmann zum 65. Geburtstag, 1972, zit.: Hellmann/Pfeiffer, in: FS f. Kaufmann, S. 199 ff.
Hemmrich, Ulfried: Kommentierung zu Art. 7 GG, in: von Münch, Ingo/Kunig, Philip (Hrsg.), Grundgesetz-Kommentar Band I Präambel. Art. 1-19, 5. Aufl., 2000, zit.: Hemmrich, in: v. Münch/Kunig (Hrsg.), GG I, Art. 7 Rn. 9.
Hendler, Reinhard: Allgemeines Verwaltungsrecht, 3. Aufl., 2001, zit.: Hendler, AllgVerwR, Rn. 376
- Staatsorganisationsrecht, 2. Aufl., 2003, zit.: Hendler, Staatsorganisationsrecht, Bild 33 (S. 74) (sonst Rn.)
Henke, Wilhelm: Das Recht der Wirtschaftssubventionen als öffentliches Vertragsrecht, 1979, zit.: Henke, Das Recht der Wirtschaftssubventionen, S. 61 f. u. 69 ff.
Henneke, Hans-Günter: Kommentierung zu § 55 VwVfG, in: Knack, Hans Joachim, Verwaltungsverfahrensgesetz Kommentar, 7. Aufl., 2000, zit.: Henneke, in: Knack, VwVfG, § 55 Rn. 2 f.
Herdegen, Matthias: Europarecht, 8. Aufl., 2006, zit.: Herdegen, EuR, § 9 Rn. 1 ff., 33 ff.
Hermanns, Caspar David: BVerwG, Urteil vom 31. 1. 2001 – 6 CN 2.00, JA 2002, S. 26 ff., zit.: Hermanns, JA 2002, S. 26 ff.
- Hermanns, Caspar David/Hönig, Dietmar: Das Verhältnis von naturschutzrechtlichen Schutzgebietsausweisungen zur kommunalen Bauleitplanung, NuR 2001, S. 27 ff., zit.: Hermanns/Hönig, NuR 2001, S. 27 ff.
Hermes, Georg: Kommentierung zu Art. 85 GG, in: Dreier, Horst (Hrsg.), Grundgesetz-Kommentar Band III Artikel 83 – 146, 2000, zit.: Hermes, in: Dreier (Hrsg.), GG III, Art. 85 Rn. 54.
Herrnfeld, Hans-Holger: Kommentierung zu Art. 94 EGV, in: Schwarze, Jürgen (Hrsg.), EU-Kommentar, 2000, zit.: Herrnfeld, in: Schwarze (Hrsg.), EU-Kommentar, Art. 94 EGV Rn. 66 ff.
Herzog, Romann: Kommentierung zu Art. 20 GG, in: Maunz, Theodor / Dürig, Günter (u. a.), Grundgesetz Kommentar Band II (Art. 12 - 21), Stand: 47. Lieferung, Juni 2006, zit.: Herzog, in: Maunz-Dürig, GG, Art. 20 VI. Rn. 1
Hess, Reiner: Darstellung der Aufgaben des Gemeinsamen Bundesausschusses, MedR 2005, S. 385 ff., zit.: Hess, MedR 2005, S. 385 ff.
Hesse, Konrad: Grundzüge des Verfassungsrechts der Bundesrepublik Deutschland, 20. Aufl., 1995, zit.: Hesse, Grundzüge, Rn. 509
Heun, Werner: Normenkontrolle, in: Badura, Peter/Dreier, Horst (Hrsg.), Festschrift 50 Jahre

Bundesverfassungsgericht, Erster Band Verfassungsgerichtsbarkeit Verfassungsprozeß, 2001, zit.: Heun, in: Badura/Dreier (Hrsg.), FS 50 Jahre BVerfG I, S. 619
- Richtervorlagen in der Rechtsprechung des Bundesverfassungsgerichts, AöR 122 (1997), S. 614, zit.: Heun, AöR 122 (1997), S. 614
- Kommentierung zu Art. 110 GG, in: Dreier (Hrsg.), Grundgesetz- Kommentar Band III Artikel 83 – 146, 2000, zit.: Heun, in: Dreier (Hrsg.), GG III, Art. 110 Rn. 29

Hilf, Meinhard: Solange II: Wie lange noch Solange?, EuGRZ 1987, S. 1 ff., zit.:Hilf, EuGRZ 1987, S. 1 ff.

Hillgruber, Christian: Richterliche Rechtsfortbildung als Verfassungsproblem, JZ 1996, S. 119, zit.: Hillgruber, JZ 1996, S. 119

Hilse, Hans-Günter: B. Polizeiorganisation in Deutschland, in: Lisken, Hans/Denninger, Erhard (Hrsg.), Handbuch des Polizeirechts, 3. Aufl., 2001, zit.: Hilse, in: Lisken/Denninger (Hrsg.), Handbuch des Polizeirechts, B Rn. 17

Hirsch, Günter: Europäischer Gerichtshof und Bundesverfassungsgericht – Kooperation oder Konfrontation?, NJW 1996, S. 2457 ff., zit.: Hrisch, NJW 1996, S. 2457 ff.

Höfling, Wolfram: Kommentierung zu Art. 8 GG, in: Sachs, Michael (Hrsg.), Grundgesetz Kommentar, 2. Aufl., 1999, zit.: Höfling, in: Sachs (Hrsg.), GG, Art. 8 Rn. 19

Hoffmann-Riem, Wolfgang: Ermöglichung von Flexibilität und Innovationsoffenheit im Verwaltungsrecht – Einleitende Problemskizze -, in: Hoffmann-Riem, Wolfgang/Schmidt-Aßmann, Eberhard (Hrsg.), Innovation und Flexibilität des Verwaltungshandelns, Schriften zur Reform des Verwaltungsrechts Band 2, 1994, zit.: Hoffmann-Riem, in: ders./ Schmidt-Aßmann_(Hrsg.), Innovation und Flexibilität, S. 13 ff.
- Selbstbindung der Verwaltung, in:VVDStRL 40 (1982), zit.: Hoffmann-Riem, in: VVDStRL 40 (1982), S. 187 ff.
- Die Beseitigung verfassungswidriger Rechtslagen im Zweitaktverfahren, DVBl. 1971, S. 846 ff., zit.: Hoffmann-Riem, DVBl. 1971, S. 846 ff.

Hofmann, Hans: Kommentierung zu Art. 20 GG, in: Schmidt-Bleibtreu, Bruno/Klein, Franz, Kommentar zum Grundgesetz, 10. Aufl., 2004, zit.: Hofmann, in: Schmidt-Bleibtreu/Klein, GG, Art. 20 Rn. 89

Hoppe, Werner: Planung, in: Isensee, Josef / Kirchhof, Paul (Hrsg.), Handbuch des Staatsrechts. Bd. III Das Handeln des Staates, 1988, zit.: Hoppe, in: Isensee/Kirchhof (Hrsg.), HdStR III, § 71 Rn. 25

Hoppe, Werner/Beckmann, Martin/Kauch, Petra: Umweltrecht, 2. Aufl., 2000, zit.: Hoppe/Beckmann/Kauch, UmweltR, § 5 Rn. 1 ff.

Hoppe, Werner/Bönker, Christian/Grotefels, Susan: Öffentliches Baurecht, 3. Aufl., 2004, zit.: Hoppe/Bönker/Grotefels, Öffentliches Baurecht, § 1 Rn. 41

Hoppe, Werner/Stüer, Bernhard: Die Rechtsprechung zum Bauplanungsrecht – RzB -, 1995, zit.: Hoppe/Stüer, RzB, Rn. 1296, 1299

Horn, Hans-Detlef: Die grundrechtsunmittelbare Verwaltung, 1999, zit.: Horn, Die grundrechtsunmittelbare Verwaltung, S. 195

Huber, Peter M.: Kommentierung zu Art. 31 GG, in: Sachs, Michael (Hrsg.), Grundgesetz Kommentar, 3. Aufl., 2003, zit.: Huber, in: Sachs (Hrsg.), GG, Art. 31 Rn. 13
- Konkurrenzschutz im Verwaltungsrecht. Schutzanspruch und Rechtsschutz bei Lenkungs- und Verteilungsentscheidungen der öffentlichen Verwaltung, 1991, zit.: Huber, Konkurrenzschutz, S. 20 f. u. 37

Huber, Stephan: Kommunale Satzungen und ihre verwaltungsgerichtliche Überprüfung unter dem Einfluß von EG-Richtlinien, BayVBl. 1998, S. 589, zit.: Huber, BayVBl. 1998, S. 589

Hubmann, Heinrich: Grundsätze der Interessenabwägung, AcP (Archiv für die civilistische Praxis) 155 (1956), S. 85 ff., zit.: Hubmann, AcP 155 (1956), S. 85 ff.

Hufen, Friedhelm: Verwaltungsprozeßrecht, 5. Aufl., 2003, zit.: Hufen, VerwProzR, § 7 Rn. 17

Huh, Young: JöR 45 (1997), S. 535 ff., zit.; Y. Huh., JöR 48 (2000), S. 471 ff.

Huthmacher, Karl Eugen: Der Vorrang des Gemeinschaftsrechts bei indirekten Kollisionen, 1984, zit.: Huthmacher, Der Vorrang, S. 132 f.

Hutka, Rainer: Gemeinschaftsrechtsbezogene Prüfungs- und Verwerfungskompetenz der deutschen Verwaltung gegenüber Rechtsnormen nach europäischem Gemeinschaftsrecht und nach deutschem Recht, 1997, zit.: Hutka, Gemeinschaftsrechtsbezogene Prüfungs- und Verwerfungskompetenz, S. 131 f.

Ibler, Martin: Grundrechtseingriff und Gesetzesvorbehalt bei Warnungen durch Bundesorgane, in: Geis, Max-Emanuel/Lorenz, Dieter (Hrsg.), Staat·Kirche·Verwaltung. Festschrift für Hartmut Maurer zum 70. Geburtstag, 2001, zit.: Ibler, in: FS Maurer, S. 154 ff.

- Rechtspflegender Rechtsschutz im Verwaltungsrecht, 1999, zit.: Ibler, Rechtspflegender, S. 359 ff. u. 371 f.

Ipsen, Hans Peter: Die Bundesrepublik Deutschland in den Europäischen Gemeinschaften, in: Isensee, Josef / Kirchhof, Paul (Hrsg.), Handbuch des Staatsrechts. Bd. VII Normativität und Schutz der Verfassung –Internationale Beziehungen -, 1992, zit.: Ipsen, in: Isensee/Kirchhof (Hrsg.), HdStR VII, § 181 Rn. 85

- Europäisches Gemeinschaftsrecht, 1972, zit.: Ipsen, Europäisches Gemeinschaftsrecht, § 10 Rn. 41 (S. 280)
- Öffentliche Subventionierung Privater, 1956, zit.: Ipsen, Subventionierung, S. 15 f.

Ipsen, Jörn: Allgemeines Verwaltungsrecht, 4. Aufl., 2005, zit.: Ipsen, AllgVerwR, § 2 Rn. 101.

- Rechtsfolgen der Verfassungswidrigkeit von Norm und Einzelakt, 1980, zit.: Ipsen, Rechtsfolgen, S. 37, 72 u. 147 ff.
- Vorwirkungen verfassungsgerichtlicher Normenkontrollentscheidungen?, NJW 1978, S. 2571, zit.: Ipsen, NJW 1978, S. 2571

Isensee, Josef: Rechtsstaat – Vorgabe und Aufgabe der Einung Deutschlands, in: Isensee, Josef / Kirchhof, Paul (Hrsg.), Handbuch des Staatsrechts. Bd. IX Die Einheit Deutschlands –Festigung und Übergang -, 1997, zit.: Isensee, in: ders./Kirchhof (Hrsg.), HdStR IX, § 202 Rn. 17

- Vertrauensschutz für Steuervorteile. Ein Folgeproblem der Wirtschaftslenkung durch Steuer am Beispiel des § 3a EstG, in: Kirchhof, Paul/Offerhaus, Klaus/Schöberle, Hoorst (Hrsg.), Steuerrecht Verfassungsrecht Finanzpolitik. Festschrift für Franz Klein, 1994, zit.: Isensee, in: FS Klein, S. 611 ff. (619 u. 624 f.)

Jachmann, Monika: Kommentierung zu Art. 33 GG, in: v. Mangoldt, Hermann/Klein, Friedrich/Starck, Christian, Das Bonner Grundgesetz Kommentar. Bd. 2 Art. 20-78, 4. Aufl., 2000, zit.: Jachmann, in: v. Mangoldt/Klein/Starck (Hrsg.), GG 2, Art. 33 Rn. 46

- Das Berufsbeamtentum –Säule der Rechtsstaatlichkeit?, ZBR 2000, S. 181, zit.: Jachmann, ZBR 2000, S. 181

Jäde, Henning: Die „Aufhebung" nichtiger Bebauungspläne, BayVBl. 1988, S. 5 ff., zit.: Jäde, BayVBl. 1988, S. 5 ff.

Janßen, Dietmar: Kommentierung zu § 37 VwVfG, in: Obermayer, Klaus, Verwaltungsverfahrensgesetz Kommentar, 3. Aufl., 1999, zit.: Janßen, in: Obermayer, VwVfG, § 37 Rn. 2 ff.

Janz, Norbert: Das Weisungsrecht nach Art. 85 Abs. 3 GG, Schriften zum Öffentlichen Recht Bd. 911, 2003, zit.: Janz, Das Weisungsrecht, S. 125 f.

Jarass, Hans D.: EU-Grundrechte, 2005, zit.: Jarass, EU-Grundrechte, § 26 Rn. 1

- Kommentierung zu Einleitung BImSchG, in: ders., Bundes-Immissionsschutzgesetz Kommentar, 6. Aufl., 2005, zit.: Jarass, BImSchG, Einl. Rn. 9 ff.
- Kommentierung zu Art. 20 GG, in: ders. / Pieroth (Hrsg.), Grundgesetz für die Bundesrepublik Deutschland Kommentar, 7. Aufl., 2004, zit.: Jarass, in: ders./Pieroth, GG, Art. 20 Rn. 31
- Die Widerspruchsfreiheit der Rechtsordnung als verfassungsrechtliche Vorgabe. Zugleich

ein Beitrag zum Verhältnis von Sachgesetzgeber und Abgabengesetzgeber, Archiv des öffentlichen Rechts Bd. 126 (2001), S. 588 ff., zit.: Jarass, AöR 126 (2001), S. 588 ff.
- Bindungswirkung von Verwaltungsvorschriften, JuS 1999, S. 106, zit.: Jarass, JuS 1999, S. 106
- Sicherung der Rentenfinanzierung und Verfassungsrecht, NZS 1997, S. 548 f., zit.: Jarass, NZS 1997, S. 548 f.
- Die Kompetenzverteilung zwischen der Europäischen Gemeinschaft und den Mitgliedstaaten, AöR 121 (1996), S. 185, zit.: Jarass, AöR 121 (1996), S. 185
- Konflikte zwischen EG-Recht und nationalem Recht vor den Gerichten der Mitgliedstaaten, DVBl. 1995, S. 960, zit.: Jarass, DVBl. 1995, S. 960
- Grundfragen der innerstaatlichen Bedeutung des EG-Rechts, 1994, zit.: Jarass, Grundfragen, S. 104 f.
- Verwaltungsrecht als Vorgabe für Zivil- und Strafrecht, in:VVDStRL 50 (1991), zit.: Jarass, in: VVDStRL 50 (1991), S. 243 f.

Jarass, Hans D./Beljin, Saša: Die Bedeutung von Vorrang und Durchführung des EG-Rechts für die nationale Rechtsetzung und Rechtsanwendung, NVwZ 2004, S. 3 f., zit.: Jarass/Beljin, NVwZ 2004, S. 3 f.
- Casebook Grundlagen des EG-Rechts, 2003, zit.: Jarass/Beljin, Casebook EG-Recht, S. 43
- Unmittelbare Anwendung des EG-Rechts und EG-rechtskomforme Auslegung, JZ 2003, S. 775, zit.: Jarass/Beljin, JZ 2003, S. 775

Jesch, Dietrich: Gesetz und Verwaltung. Eine Problemstudie zum Wandel des Gesetzmäßigkeitsprinzipes, 2. Aufl., 1968, zit.: Jesch, Gesetz, S. 31 f.

Jestaedt, Matthias: Maßstäbe des Verwaltungshandelns, in: Erischen, Hans-Uwe/Ehlers, Dirk (Hrsg.), Allgemeines Verwaltungsrecht, 13. Aufl., 2006, zit.: Jestaedt, in: Erichsen/Ehlers (Hrsg.), AllgVerwR, § 10 Rn. 65
- Demokratieprinzip und Kondominialverwaltung. Entscheidungsteilhabe Privater an der öffentlichen Verwaltung auf dem Prüfstand des Verfassungsprinzips Demokratie, Schriften zum Öffentlichen Recht Bd. 635, 1993, zit.: Jestaedt, Demokratieprinzip, S. 110 f.

Jung, Doris: Gemeindliche Verwerfungsbefugnis bei rechtsverbindlichen Bebauungsplänen außerhalb des Verfahrens nach § 2 VI BbauG, NVwZ 1985, S. 794 f., zit.: Jung, NVwZ 1985, S. 794 f.

Kabisch, Dieter: Prüfung formeller Gesetze im Bereich der Exekutive, Schriften zum Öffentlichen Recht Bd. 65, 1967, zit.: Kabisch, Prüfung formeller Gesetze, S. 162

Kadelbach, Stefan: Vorrang und Verfassung: Das Recht der Europäischen Union im innerstaatlichen Bereich, in: Gaitanides, Charlotte / Kadelbach, Stefan / Iglesias, Gil Carlos Rodriguez (Hrsg.), Europa und seine Verfassung. Festschrift für Manfred Zuleeg zum 70. Geburtstag, 2005, zit.: Kadelbach, in: FS Zuleeg, S. 228
- Allgemeines Verwaltungsrecht unter europäischem Einfluß, 1999, zit.: Kadelbach, AllgVerwR unter europäischem Einfluß, S. 183 ff. und 296 ff.
- Gemeinschaftsrecht und (vorläufiger) verwaltungsgerichtlicher Rechtsschutz, KritV 82 (1999), S. 387 f., zit.: Kadelbach, KritV 82 (1999), S. 387 f.

Kahl, Wolfgang: Kommentierung zu Art. 10 EGV, in: Calliess, Christian/Ruffert, Matthias (Hrsg.), Kommentar zu EU-Vertrag und EG-Vertrag, 2. Aufl., 2002, zit.: Kahl, in: Calliess/Ruffert (Hrsg.), EUV u. EGV, Art. 10 EGV Rn. 43

Karpen, Hans-Ulrich: Die Verweisung als Mittel der Gesetzgebungstechnik, 1970, zit.: Karpen, Die Verweisung, S. 162 f.

Kibele, Karlheinz: Grüntischig – oder: Der 3. Senat des BVerwG zur Qualifizierung von gewerblichen Abfallgemischen, NVwZ 2001, S. 43, zit.: Kibele, NVwZ 2001, S. 43

Kim, Soo-Jin (Soojin): Das kommunale Satzungsrecht und dessen Kontrolle – Eine Rechtsvergleichung zwischen Deutschland und Korea -, 2000 (Uni. Köln Diss.), zit.: S.-J. Kim, SatzungsR, S. 14 ff.

Kingreen, Thorsten: § 18 Gleichheitsrechte, in: Ehlers, Dirk (Hrsg.), Europäische Grundrechte und Grundfreiheiten, 2. Aufl. (2005), zit.: Kingreen, in: Ehlers (Hrsg.), EuGR, § 18 Rn. 32

Kirchhof, Paul: Der Staat als Organisationsform politischer Herrschaft und rechtlicher Bidung – Kontinuität und Erneuerung des deutschen Verfassungsstaates in Freiheitlichkeit, Weltoffenheit und demokratischer Solidarität -, DVBl. 1999, S. 648 ff., zit.: Kirchhof, DVBl. 1999, S. 648 ff.

- Die Gewaltenbalance zwischen staatlichen und europäischen Organen, JZ 1998, S. 967, zit.: Kirchhof, JZ 1998, S. 967
- Der allgemeine Gleichheitssatz, in: Isensee, Josef / Kirchhof, Paul (Hrsg.), Handbuch des Staatsrechts. Bd. V Allgemeine Grundrechtslehren, 2. Aufl., 2000, zit.: Kirchhof, in: Kirchhof, in: Isensee/Kirchhof (Hrsg.), HdStR V, § 124 Rn. 17
- Der deutsche Staat im Prozeß der europäischen Integration, in: Isensee, Josef / Kirchhof, Paul (Hrsg.), Handbuch des Staatsrechts. Bd. VII Normativität und Schutz der Verfassung – Internationale Beziehungen -, 1992, zit.: Kirchhof, in: Isensee/Kirchhof (Hrsg.), HdStR VII, § 183 Rn. 65
- Unterschiedliche Rechtswidrigkeiten in einer einheitlichen Rechtsordnung, Juristische Studiengesellschaft Karlsruhe Schriftenreihe Heft 137, 1978, zit.: Kirchhof, Unterschiedliche Rechtswidrigkeiten, S. 8

Kirn, Michael: Kommentierung zu Art. 122 GG, in: von Münch/ders. (Hrsg.), Grundgesetz-Kommentar Band 3 Art. 70 bis Art. 146, 3. Aufl., 1996, zit.: Kirn, in: v. Münch/Kunig (Hrsg.), GG 3, Art. 122 Rn. 5

Kisker, Gunter: Vertrauensschutz im Verwaltungsrecht, in: VVDStRL 32 (1974), zit.: Kisker, in: VVDStRL 32 (1974), S. 149 ff.

Kisker, Gunter/Höfling, Wolfram: Fälle zum Staatsorganisationsrecht, 3. Aufl., 2001, zit.: Kisker/Höfling, Fälle, S. 124 ff.

Klein, Bodo: Der öffentlich-rechtliche Vertrag, ThürVBl. 1992, S. 234, zit.: Klein, ThürVBl. 1992, S. 234

Klein, Eckart: § 23 Konkretes Normenkontrollverfahren, in: Benda, Ernst/Klein, Eckart, Verfassungsprozeßrecht, 2. Aufl., 2001, zit.: Klein, in: Benda/Klein, Verfassungsprozeßrecht, Rn. 767

- Objektive Wirkungen von Richtlinien, in: Due, Ole/Lutter, Marcus/Schwarze, Jürgen (Hrsg.), Festschrift für Ulrich Everling, Bd. I, 1995, zit.: Klein, in: FS Everling, S. 646 ff.
- Der Einfluss des Europäischen Gemeinschaftsrechts auf das Verwaltungsrecht der Mitgliedstaaten, Der Staat 33 (1994), zit.: Klein, Der Staat 33 (1994), S. 46
- Verfassungsprozeßrecht – Versuch einer Systematik an Hand der Rechtsprechung des Bundesverfassungsgerichts -, AöR 108 (1983), S. 576 f., zit.: Klein, AöR 108 (1983), S. 576 f.
- Die verfassungsrechtliche Problematik des ministerialfreien Raumes, Schriften zum Öffentlichen Recht Bd. 236, 1974, zit.: Klein, Problematik ministerialfreien Raumes, S. 137

Klein, Hans H.: Kommentierung zu Art. 40 GG, in: Maunz, Theodor / Dürig, Günter (u. a.), Grundgesetz Kommentar Band III (Art. 20a - 53), Stand der 47. Lieferung, Juni 2006, zit.: Klein, in: Maunz-Dürig, GG, Art. 40 Rn. 68

Kloepfer, Michael: Umweltrecht, 2. Aufl., 1998, zit.: Kloepfer, UmweltR, § 3 Rn. 68 ff.

- EG-Recht und Verfassungsrecht in der Rechtsprechung des Bundesverfassungsgerichts, in: Seminar zum 75. Geburtstag von Karl Augunst Bettermann. Die Bedeutung der Europäischen Gemeinschaften für das deutsche Recht und die deutsche Gerichtsbarkeit, Schriften zum Öffentlichen Recht Bd. 569, 1989, zit.: Kloepfer, in: Seminar Bettermann, S. 25 ff.
- Der Vorbehalt des Gesetzes im Wandel, JZ 1984, S. 689 f., zit.: Kloepfer, JZ 1984, S. 689 f.
- Übergangsgerechtigkeit bei Gesetzesänderungen und Stichtagsregelungen, DÖV 1978, S. 227, zit.: Kloepfer, DÖV 1978, S. 227 ff.

- Vorwirkung von Gesetzen, 1974, zit.: Kloepfer, Vorwirkung, S. 96 ff.
Klotz, Theodor: Das Aufhebungsverlangen des Bundestages gegenüber Rechtsverordnungen, 1977, zit.: Klotz, Das Aufhebungsverlangen des Bundestages gegenüber Rechtsverordnungen, Diss. München 1977, S. 97 ff.
Köhler, Heinz/Ratz, Günter: BDO. Bundesdisziplinarordnung und materielles Disziplinarrecht, 2. Aufl., 1994, zit.: Köhler/Ratz, BDO, B. II. 7 Rn. 1 ff (S. 226 ff.).
Koenig, Christian: Bedürfen die Bundesländer einer institutionalisierten Hilfestellung beim Verwaltungsvollzug von Europäischem Gemeinschaftsrecht?, DVBl. 1997, S. 587, zit.: Koenig, DVBl. 1997, S. 587
Koenig, Christian/Haratsch, Andreas: Europarecht, 4. Aufl. (2003), zit.: Koenig/Haratsch, EuR, Rn. 486, 489
Koenig, Christian/Pechstein, Matthias/Sander, Claude: EU-/EG- Prozessrecht, 2. Aufl. (2002), zit.: Koenig/Pechstein/Sander, EU-/EG- Prozessrecht, Rn. 36
König, Hans-Günther: Verfassung und Verwaltung im Eingriffsrecht, BayVBl. 1983, S. 167, zit.: König, BayVBl. 1983, S. 167 f.
Kokott, Juliane: Kommentierung zu Art. 12a GG, in: Sachs, Michael (Hrsg.), Grundgesetz Kommentar, 3. Aufl., 2003, zit.: Kokott, in: Sachs (Hrsg.), GG, Art. 12a Rn. 5
Komendera, Wolfram: Normenkonflikte zwischen EWG- und BRD-Recht – insbesondere indirekte Kollisionen, 1974, zit.: Komendera, Normenkonflikte, S. 3
Konzak, Olaf: Die Änderungsvorbehaltsverordnung als neue Mitwirkungsform des Bundestages beim Erlaß von Rechtsverordnungen, DVBl. 1994, S. 1107 ff., zit.: Konzak, DVBl. 1994, S. 1107
Kopp, Ferdinand: Kommentierung zu Art. 34 EGV, in: Streinz, Rudolf (Hrsg.), EUV/EGV, 2003, zit.: Kopp, in: Streinz, EUV/EGV, Art. 34 EGV Rn. 107 f.
Kopp, Ferdinand O./Ramsauer, Ulrich: Verwaltungsverfahrensgesetz, 9. Aufl., 2005, zit.: Kopp/Ramsauer, VwVfG, Vor § 9 Rn. 22 und 24
- Das Gesetzes- und Verordnungsprüfungsrecht der Behörden, DVBl. 1983, S. 823, zit.: Kopp, DVBl. 1983, S. 823
- Um eine neue Begründung des Grundsatzes des Vertrauensschutzes im öffentlichen Recht, BayVBl. 1980, S. 38 ff., zit.: Kopp, BayVBl. 1980, S. 38 ff.
Kopp, Ferdinand O./Ramsauer, Ulrich: Verwaltungsverfahrensgesetz, 7. Aufl., 2000, zit.: Kopp/Ramsauer, VwVfG, § 55 Rn. 1
Kopp, Ferdinand O./Schenke, Wolf-Rüdiger: Verwaltungsgerichtsordnung, 14. Aufl., 2005, zit.: Kopp/Schenke, VwGO, § 47 Rn. 99
Kössinger, Winfried: Die Durchführung des Europäischen Gemeinschaftsrechts im Bundesstaat. Bund/Länder-Verhältnis und Europäisches Gemeinschaftsrecht, Schriften zum Öffentlichen Recht Bd. 570, 1989, zit.: Kössinger, Die Durchführung, S. 36 f.
Kotulla, Michael: Fortgeltung von Rechtsverordnungen nach Wegfall ihrer gesetzlichen Grundlage?, NVwZ 2000, S. 1263 f., Kotulla, NVwZ 2000, S. 1263 f.
Knemeyer, Franz-Ludwig: Einführung, in: ders. (Hrsg.), Kommunale Selbstverwaltung in Ost und West, 2003, zit.: Knemeyer, in: ders. (Hrsg.), Kommunale Selbstverwaltung, S. 19
- Kommunale Selbstverwaltung in Europa – Die Schutzfunktion des Europarats -, BayVBl. 2000, S. 452, zit.: Knemeyer, BayVBl. 2000, S. 452
Krämer, Ludwig: Zur innerstaatlichen Wirkung von Umwelt-Richtlinien der EWG, WiVerw 1990, S. 155, zit.: Krämer, WiVerw 1990, S. 155
Krautzberger, Michael/Schliepkorte, Jörg: Kommentierung zu § 10, in: Ernst, Werner/Zinkahn, Willy/Bielenberg, Walter/Krautzberger, Michael, Baugesetzbuch Kommentar Bd. I, Stand: 1. März 2006, zit.: Krautzberger/Schliepkorte, in: Ernst/Zinkahn/Bielenberg/Krautzberger, BauGB I, § 10 Rn. 304
Krebs, Walter: Verwaltungsorganisation, in: Isensee, Josef / Kirchhof, Paul (Hrsg.), Handbuch des Staatsrechts. Bd. III Das Handeln des Staates, 1988, zit.: Krebs, in: Isensee/Kirchhof

(Hrsg.), HdStR III, § 69 Rn. 82
- Vorbehalt des Gesetzes und Grundrechte. Schriften zum Öffentlichen Recht Bd. 276, 1975, zit.: Krebs, Vorbehalt, S. 124.

Kremser, Holger/Leisner, Anna: Verfassungsrecht III. Staatsorganisationsrecht, 1999, zit.: Kremser/Leisner, VerfR III, § 6 Rn. 189
- Verfassungsrechtliche Zulässigkeit technischer Regelwerke bei der Genehmigung von Atomanlagen, DÖV 1995, S. 275 ff., zit.: Kremser, DÖV 1995, S. 275 ff.

Kretschmer, Geland: Kommentierung zu Art. 40 GG, in: Schmidt-Bleibtreu, Bruno/Klein, Franz, Kommentar zum Grundgesetz, 10. Aufl., 2004, zit. Kretschmer, in: Schmidt-Bleibtreu/Klein, GG, Art. 40 Rn. 27

Kunig, Philip: Der Rechtsstaat, in: Badura, Peter/Dreier, Horst (Hrsg.), Festschrift 50 Jahre Bundesverfassungsgericht. Zweiter Band Klärung und Fortbildung des Verfassungsrechts, 2001, zit.: Kunig, in: Badura/Dreier (Hrsg.), FS 50 Jahre BVerfG II, S. 434 f.
- Kommentierung zu Art. 1 GG, in: von Münch/ders. (Hrsg.), Grundgesetz-Kommentar Band 1 Präambel. Art. 1-19, 5. Aufl., 2000, 5. Aufl., zit.: Kunig, in: von Münch/ders. (Hrsg.), GG 1, Art. 1 Rn. 61
- Das Rechtsstaatsprinzip. Überlegungen zu seiner Bedeutung für das Verfassungsrecht der Bundesrepublik Deutschland, 1986, zit.: Kunig, Rechtsstaatsprinzip, S. 176 f.
- Das Recht des öffentlichen Dienstes, in: Schmidt-Aßmann, Eberhard (Hrsg.), Besonderes Verwaltungsrecht, 13. Aufl., 2005, zit.: Kunig, in: Schmidt-Aßmann (Hrsg.), BesVerwR, 6. Abschn Rn. 130

Kutscheidt, Ernst: Die Verordnung über elektromagnetische Felder, NJW 1997, S. 2486, zit.: Kutscheidt, NJW 1997, S. 2486

Langenfeld, Christine: Die dezentrale Kontrolle der Anwendung des Europäischen Gemeinschaftsrechts im innerstaatlichen Rechtsraum, in: Siedentopf, Heinrich (Hrsg.), Europäische Integration und nationalstaatliche Verwaltung. Deutsche Vereinigung und institutionelle Weiterentwicklung der Europäischen Gemeinschaft, Nassauer Gespräche der Freiherr-Vom-Stein-Gesellschaft. Bd. 4, 1991, zit.: Langenfeld, in: Siedentopf (Hrsg.), Europäische Integration, S. 180 ff.

Laubinger, Hans-Werner/Repkewitz, Ulrich: Freiwilliger Waffendienst von Frauen in der Bundeswehr, VerwArch 91 (2000), S. 297 ff., zit.: Laubinger/Repkewitz, VerwArch 91 (2000), S. 297 ff.

Lecheler, Helmut: Einführung in das Europarecht, 2. Aufl., 2003, zit.: Lecheler, Einführung, S. 53
- Der Grundsatz der Effektivität im Gemeinschaftsrecht – Herkunft und Ausprägung -, 2002, zit.: Lecheler, Der Grundsatz der Effektivität, S. 11 ff.

Lee, Ki-Wu: Kommunalaufsicht in der Bundesrepublik Deutschland und in Korea, 1989 (Uni. Münster Diss.), zit.: K.-W. Lee, KomAufsicht, S. 34 ff.

Leisner, Walter: Das Gesetzesvertrauen des Bürgers. Zur Theorie der Rechtsstaatlichkeit und der Rückwirkung der Gesetze, in: Blumenwitz, Dieter/Randelzhofer, Albrecht (Hrsg.), Festschrift für Friedrich Berber zum 75. Geburtstag, 1973, zit.: Leisner, in: FS Berber, S. 289 f.
- Rechtsstaat – ein Widerspruch in sich? JZ 1977, S. 540, zit.: Leisner, JZ 1977, S. 540

Leitzke, Claus: Fortgeltung der auf Grundlage des AbfG erlassenen Rechtsverordnungen trotz Inkrafttreten des KrW-/AbfG?, UPR 1996, S. 179 f., zit.: Leitzke, UPR 1996, S. 179 f.

Lenz, Christofer: Das BVerfG zwischen Selbstentlastung und Selbstbelastung, NJW 1999, S. 35, zit.: Lenz, NJW 1999, S. 35

Lenz, Wolfgang: Aufhebung unwirksamer Bebauungspläne, baurecht (BauR) 1982, S. 546 f., zit.: Lenz, BauR 1982, S. 546 f.

Lepa, Manfred: Verfassungsrechtliche Probleme der Rechtsetzung durch Rechtsverordnung, AöR 105 (1980), S. 368, zit.: Lepa, AöR 105 (1980), S. 368

Lesch, Heiko H.: Zur Verwendbarkeit von Stasi-Abhörprotokollen durch parlamentarische Untersuchungsausschüsse, NJW 2000, S. 3036 f., zit.: Lesch, NJW 2000, S. 3036 f.

Löhr, Rolf-Peter: Kommentierung zu § 10, in: Battis, Ulrich/Krautzberger, Michael/Löhr, Rolf-Peter, Baugesetzbuch, 9. Aufl., 2005, zit.: Löhr, in: Battis/Krautzberger/Löhr, BauGB, § 10 Rn. 10 ff.

Löwer, Wolfgang: Zuständigkeiten und Verfahren des Bundesverfassungsgerichts, in: Isensee, Josef / Kirchhof, Paul (Hrsg.), Handbuch des Staatsrechts. Bd. III Demokratische - Bundesorgane, 3. Aufl., 2005, zit.: Löwer, in: Isensee/Kirchhof (Hrsg.), HdStR III, § 70 Rn. 79

Lohmann, Hans Henning: Die Zweckmäßigkeit der Ermessensausübung als verwaltungsrechtliches Rechtsprinzip. Schriften zum Öffentlchen Recht. Bd. 199, 1972, zit.: Lohmann, Die Zweckmäßigkeit, S. 80 ff.

Loschelder, Wolfgang: Weisungshierarchie und persönliche Verantwortung in der Exekutive, in: Isensee, Josef / Kirchhof, Paul (Hrsg.), Handbuch des Staatsrechts. Bd. III Das Handeln des Staates, 1988, zit.: Loschelder, in: Isensee/Kirchhof (Hrsg.), HdStR III, § 68 Rn. 27

Lübbe, Anna: Untergesetzliche Rechtsetzung und Regelrezeption, in: Schmidt, Alexander (Hrsg.), Das Umweltrecht der Zukunft. Kritik und Anregungen für ein Umweltgesetzbuch, 1996, zit.: Lübbe, in: Schmidt (Hrsg.), S. 255

Lücke, Jörg: Kommentierung zu Art. 82 GG, in: Sachs, Michael (Hrsg.), Grundgesetz Kommentar, 2. Aufl., 1999, zit.: Lücke, in: Sachs (Hrsg.), GG, Art. 82 Rn. 12

März, Wolfgang: Kommentierung zu Art. 31 GG, in: v. Mangoldt, Hermann / Klein, Friedrich / Starck, Christian (Hrsg.), Das Bonner Grundgesetz Band 2: Artikel 20 bis 78, 4. Aufl., 2000, zit.: März, in: v. Mangoldt/Klein/Starck, GG, Art. 31 Rn. 43 ff.

Magiera, Siegfried: Kommentierung zu Art. 40 GG, in: Sachs, Michael (Hrsg.), Grundgesetz Kommentar, 3. Aufl., 2003, zit.: Magiera, in: Sachs (Hrag.), GG, Art. 40 Rn. 26

Manservisi, Silvia: Die gemeinsame Marktorganisation für Bananen, EuZW 1994, S. 209 ff., zit.: Manservisi, EuZW 1994, S. 209 ff.

Marburger, Peter/Enders, Rainald: Technische Normen im Europäischen Gemeinschaftsrecht, in: Jahrbuch des Umwelt- und Technikrechts 1994, zit.: Marburger/Enders, in: UTR 27 (1994), S. 333 ff.

Marburger, Peter: Die Regeln der Technik im Recht, 1979, zit.: Marburger, Die Regeln, S. 166 ff.

Martini, Alexander/Müller, Wolfgang: Der Schutz der kommunalen Selbstverwaltung in der europäischen Integration durch nationales Verfassungsrechts und gemeinschaftsrechtliche allgemeine Rechtsgrundsätze, BayVBl. 1993, S. 167 f., zit.: Martini/Müller, BayVBl. 1993, S. 167 f.

Kaske, Rainer: Nochmals: Die Videoüberwachung von öffentlichen Plätzen, NVwZ 2001, S. 1248, zit.: Maske, NVwZ 2001, S. 1248

Maunz, Theodor: Kommentierung zu Art. 100 I GG, in: Maunz, Theodor / Dürig, Günter (u. a.), Grundgesetz Kommentar Band V (Art. 92 - 146), Stand: 47. Lieferung, Juni 2006, zit.: Maunz, in: Maunz-Dürig, GG, Art. 100 Rn. 2

Maurer, Hartmut: Allgemeines Verwaltungsrecht, 16. Aufl., 2006, zit.: Maurer, AllgVerwR, § 4 Rn. 52

- Staatsrecht I, 4. Aufl., 2005, zit.: Maurer, Staatsrecht I, § 20 Rn. 104
- Rechtsstaatliches Prozessrecht, in: Badura, Peter/Dreier, Horst (Hrsg.), Festschrift 50 Jahre Bundesverfassungsgericht. Zweiter Band Klärung und Fortbildung des Verfassungsrechts, 2001, zit.: Maurer, in: Badura/Dreier (Hrsg.), FS 50 Jahre BVerfG II, S. 480
- Das verordnungsvertredende Gesetz, in: Isensee, Josef/Lecheler, Helmut (Hrsg.), Festschrift für Walter Leisner zum 70. Geburtstag, 1999, zit.: Maurer, in: FS Leisner, S. 586
- Rechtsfragen kommunaler Satzungsgebung, DÖV 1993, S. 188 f., zit.: Maurer, DÖV 1993, S. 188 f.

- Kontinuitätsgewähr und Vertrauensschutz, in: Isensee, Josef / Kirchhof, Paul (Hrsg.), Handbuch des Staatsrechts. Bd. III Das Handeln des Staates, 1988, zit.: Maurer, in: Isensee/Kirchhof (Hrsg.), HdStR III, § 60, Rn. 10 ff.

Mayen, Thomas: Der Umweltgutachterausschuß – ein strukturelles Novum ohne hinreichende demokratische Legitimation?, NVwZ 1997, S. 217, zit.: Mayen, NVwZ 1997, S. 217

Mayer, Franz/Kopp, Ferdinand: Allgemeines Verwaltungsrecht, 5. Aufl., 1985, zit.: Mayer/Kopp, AllgVerwR, § 7 I. 1. (S. 119)

Mayer, Otto: Deutsches Verwaltungsrecht. Erster Band. 1895, zit: Mayer, Deutsches Verwaltungsrecht, Erster Band, 1895, S. 72

- Deutsches Verwaltungsrecht. Erster Band. Dritte Auflage., 1924, zit.: Mayer, Deutsches Verwaltungsrecht, Erster Band, Dritte Auflage, 1924, S. 65 ff.

Mellwitz, Artur: Die Geschäftsordnungen des Bundesverfassungsgerichts und der oberen Bundesgerichte, JZW 1962, S. 778 ff., zit.: Mellwitz, NJW 1962, S. 778 ff.

Menger, Christian-Friedrich: Probleme der Handlungsformen bei der Vergabe von Wirtschaftssubventionen – mitwirkungsbedürftiger Verwaltungsakt oder öffentlich-rechtlicher Vertrag?, in: Westermann, Harry / Menger, Christian-Friedrich / Bielenberg, Walter / Hoppe, Werner / Schmidt-Aßmann, Eberhard / David, Carl-Heinz (Hrsg.), Raumplanung und Eigentumsordnung. Festschrift für Werner Ernst zum 70. Geburtstag, 1980, zit.: Menger, in: FS Ernst, S. 314

- Höchstrichterliche Rechtsprechung zum Verwaltungsrecht, Verwaltungs Archiv Bd. 52 (1961), zit.: Menger, VerwArch 52 (1961), S. 305

Menzel, Andreas: Kompetenzkonflikt zwischen Bund und Land in der Gesetzgebung, DVBl. 1997, S. 640 ff., zit.: Menzel, DVBl. 1997, S. 642 ff.

- Der fehlerhafte Bebauungaplan, JuS 1985, S. 979, zit.: Menzel, JuS 1985, S. 979

Merten, Detlef: Die Beteiligung der Bundesländer an der Setzung europäischen Gemeinschaftsrechts, in: Seminar zum 75. Geburtstag von Karl Augunst Bettermann. Die Bedeutung der Europäischen Gemeinschaften für das deutsche Recht und die deutsche Gerichtsbarkeit, Schriften zum Öffentlichen Recht Bd. 569, 1989, zit.: Merten, in: Seminar Bettermann, S. 38

Meyer, Susanne: Die Gebühr als finanzverfassungsrechtliches Instrument zur Erhebung von Umweltabgaben, NVwZ 2000, S. 1002, zit.: Meyer, NVwZ 2000, S. 1002

Meyer, Wolfgang: Kommentierung zu Art. 93 GG, in: von Münch/ders. (Hrsg.), Grundgesetz-Kommentar Band 3 Art. 70 bis Art. 146, 3. Aufl., 1996l, zit.: Meyer, in: v. Münch/Kunig (Hrsg.), GG 3, Art. 93 Rn. 37

Meyer-Ladewig, Jens: Revisionszulassung, Rechtssicherheit und Vertrauensschutz, in: Bachof, Otto / Heigl, Ludwig / Redeker, Konrad (Hrsg.), Verwaltungsrecht zwischen Freiheit, Teilhabe und Bindung. Festgabe aus Anlaß des 25jährigen Bestehens des Bundesverwaltungsgerichts, 1978, zit.: Meyer-Ladewig, in: FG BVerwG, S. 417 ff.

Michel, Helmut: Die verfassungskonforme Auslegung. B. Korreferat, JuS 1961, S. 274, 276, zit.: Michel, JuS 1961, S. 274, 276.

- Normenkontrolle durch die vollziehende Gewalt, NJW 1960, S. 841 ff., zit.: Michel, NJW 1960, S. 841 ff.

Middendorf, Max Hhomas Maria: Amtshaftung und Gemeinschaftsrecht, 2001, zit.: Middendorf, Amtshaftung, S. 99

Mögele, Rudolf: Deutsches und europäisches Verwaltungsrecht – wechselseitige Einwirkungen, in: BayVBl. 1993, S. 552 ff., zit.: Mögele, BayVBl. 1993, S. 552 ff.

Möllers, Christoph: Zur demokratischen Legitimation der Enteignungsbehörde nach dem Baugesetzbuch, NVwZ 1997, S. 859, zit.: Möllers, NVwZ 1997, S. 859

Moench, Christoph: Verfassungswidriges Gesetz und Normenkontrolle. Die Problematik der verfassungsgerichtlichen Sanktion, dargestellt anhand der Rechtsprechung des Bundesverfassungsgerichtes. Studien und Materialiien zur Verfassungsgerichtsbarkeit. Bd. 8,

1. Aufl., 1977, zit.: Moench, Verfassungswidriges Gesetz, S. 123 u. 125
Möstl, Markus: Normative Handlungsformen, in: Erischen, Hans-Uwe/Ehlers, Dirk (Hrsg.), Allgemeines Verwaltungsrecht, 13. Aufl., 2006, zit.: Möstl, in: Erichsen/Ehlers (Hrsg.), AllgVerwR, § 18 Rn. 8
Monhemius, Jürgen: Beamtenrecht, 1995, zit.: Monhemius, Beamtenrecht, Rn. 229.

Morlok, Martin: Kommentierung zu Art. 40 GG, in: Dreier, Horst (Hrsg.), Grundgesetz-Kommentar Band II Artikel 20 – 82, 1998, zit.: Morlok, in: Dreier (Hrsg.), GG II, Art. 40 Rn. 13 f.
- Parlamentarisches Geschäftsordnungsrecht zwischen Abgeordnetenrechten und politischer Praxis, JZ 1989, S. 1035 ff., zit.: Morlok, JZ 1989, S. 1035 ff.
Muckel, Stefan: Kriterien des verfassungsrechtlichen Vertrauensschutzes bei Gesetzesänderzngen, Schriften zum Öffentlichen Recht Bd. 576, 1989, zit.: Muckel, Kriterien, S. 67 ff.
Mückl, Stefan: Zulässigkeit des freiwilligen Dienstes von Frauen in der Bundeswehr – Kollision von nationalem Verfassungsrecht und europäischem Gemeinschaftsrecht, Jura 2000, S. 406 ff., zit.: Mückl, Jura 2000, S. 406 ff.
Müller, Wolfgang: Ministerialfreie Räume, JuS 1985, S. 498, zit.: Müller, JuS 1985, S. 498
Müller-Terpitz, Ralf: Rechtsverordnungen auf dem Prüfstand des Bundesverfassungsgerichts, DVBl. 2000, S. 239 f., zit.: Müller-Terpitz, DVBl. 2000, S. 239 f.
Münch, Christof: Rechtssicherheit als Standortfaktor. Gedanken aus der Sicht vorsorgender Rechtspflege, in: Weber, Albrecht (Hrsg.), Währung und Wirtschaft. Das Geld im Recht, Festschrift für Prof. Dr. Hugo J. Hahn zum 70. Geburtstag, 1997, zit.: Münch, in: FS Hahn, S. 674 f.
Nawiasky, Hans: Positives und überpositives Recht, JZ 1954, S. 717, zit.: Nawiasky, JZ 1954, S. 717
Nettesheim, Martin: Kommentierung zu Art. 249 EGV, in: Grabitz, Eberhard / Hilf, Meinhard (Hrsg.), Das Recht der Europäischen Union Band I EUV/EGV, Stand der 30. Lieferung, Juni 2006, zit.: Nettesheim, in: Grabitz/Hilf (Hrsg.), Das Recht der Europäischen Union Bd. III, Art. 249 EGV Rn. 152
- Auslegung und Fortbildung nationalen Rechts im Lichte des Gemeinschaftsrechts, AöR 119 (1994), S. 261 ff., zit.: Nettesheim, AöR 119 (1994), S. 261 ff.
Neuner, Jörg: Die Rechtsfindung contra legem, 1992, zit.: Neuner, Die Rechtsfindung contra legem, 1992
Niedobitek, Matthias: Kollisionen zwischen EG-Recht und nationalem Recht, VerwArch 92 (2001), S. 61 f., zit.: Niedobitek, VerwArch 92 (2001), S. 61 f.
- Rechtsbindung der Verwaltung und Effizienz des Verwaltungsverfahrens, DÖV 2000, S. 762 f., zit.: Niedobitek, DÖV 2000, S. 762 f.
Niehues, Norbert: Stärkere gerichtliche Kontrolle von Prüfungsentscheidungen, NJW 1991, S. 3003 ff., zit.: Niehues, NJW 1991, S. 3003 ff.
Nierhaus, Michael: Nochmals: Das Prüfungsrecht des Bundespräsidenten bei der Ausfertigung von Bundesgesetzen, in: Wendt, Rudolf/Höfling, Wolfram/Karpen, Ulrich/Oldiges, Martin (Hrsg.), Staat Wirtschaft Steuern, Festschrift für Karl Heinrich Friauf zum 65. Geburtstag, 1996, zit.: Nierhaus, in: FS Friauf, S. 235 ff.
- Kommentierung zu Art. 54 GG, in: Sachs, Michael (Hrsg.), Grundgesetz Kommentar, 2. Aufl., 1999, zit.: Nierhaus, in: Sachs (Hrsg.), GG, Art. 54 Rn. 9
- Kommentierung zu Art. 80 GG, in: Dolzer, Rudolf/Vogel, Klaus/Graßhof, Karin (Hrsg.), Bonner Kommentar zum Grundgesetz, 123. Aktualisierung August 2006, zit.: Nierhaus, in: Dolzer/Vogel/Graßhof (Hrsg.), BK, Art. 80 Rn. 444
Oebbecke, Janbernd: Kommunale Satzungsgebung und verwaltungsgerichtliche Kontrolle, NVwZ 2003, S. 1315, zit.: Oebbeckte, NVwZ 2003, S. 1315

- Selbstverwaltung angesichts von Europäisierung und Ökonomisierung, in: VVDStRL 62 (2003), S. 375, zit.: Oebbecke, in: VVDStRL 62 (2003), S. 375
- Kommunalaufsicht – nur Rechtsaufsicht oder mehr?, DÖV 2001, S. 407, zit.: Oebbecke, DÖV 2001, S. 407
- Die verfassungsrechtlich gewährleistete Planungshoheit der Gemeinden, in: Erbguth, Wilfried / Oebbecke, Janbernd / Rengeling, Hans-Werner / Schulte, Martin (Hrsg.), Planung. Festschrift für Werner Hoppe zum 70. Geburtstag, 2000, zit.: Oebbecke, in: FS Hoppe, S. 239 ff.
- Weisungs- und unterrichtungsfreie Räume in der Verwaltung, 1986, zit.: Oebbecke, Weisungs- und unterrichtungsfreie Räume, S. 96

Oldiges, Martin: Kommentierung zu Art. 62 GG, in: Sachs, Michael (Hrsg.), Grundgesetz Kommentar, 2. Aufl., 1999, zit.: Oldiges, in: Sachs (Hrsg.), GG, Art. 62 Rn. 18
- Einheit der Verwaltung als Rechtsproblem, NVwZ 1987, S. 740, zit.: Oldiges, NVwZ 1987, S. 740.

Olshausen, Henning von: Landesverfassungsbeschwerde und Bundesrecht. Zur Geltung und prozessualen Aktualisierung von Landesgrundrechten im Bundesstaat des Grundgesetzes. Studien und Materialien zur Verfassungsgerichtsbarkeit. Bd. 17, 1. Aufl., 1980, zit.: Olshausen, Landesverfassungsbeschwerde, S. 136

Oppermann, Thomas: Europarecht, 3. Aufl., 2005, zit.: Oppermann, EuR, § 6 Rn. 560

Ossenbühl, Fritz: Rechtsquellen und Rechtsbindungen der Verwaltung, in: Erichsen, Hans-Uwe/Ehlers, Dirk (Hrsg.), Allgemeines Verwaltungsrecht, 12. Aufl., 2002, zit.: Ossenbühl, in: Erichsen/Ehlers (Hrsg.), AllgVerwR (12. A.), § 9 Rn. 10 ff.
- Gesetz und Recht – Die Rechtsquellen im demokratischen Rechtsstaat, in: Isensee, Josef / Kirchhof, Paul (Hrsg.), Handbuch des Staatsrechts. Bd. III Das Handeln des Staates, 1988, zit.: Ossenbühl, in: Isensee/Kirchhof (Hrsg.), HdStR III, § 61, Rn. 28
- Vorrang und Vorbehalt des Gesetzes, in: Isensee, Josef / Kirchhof, Paul (Hrsg.), Handbuch des Staatsrechts. Bd. III Das Handeln des Staates, 1988, zit.: Ossenbühl, in: Isensee/Kirchhof (Hrsg.), HdStR III, § 62 Rn. 18
- Rechtsverordnung, in: Isensee, Josef / Kirchhof, Paul (Hrsg.), Handbuch des Staatsrechts. Bd. III Das Handeln des Staates, 1988, zit.: Ossenbühl, in: Isensee/Kirchhof (Hrsg.), HdStR III, § 64 Rn. 74
- Normenkontrolle durch die Verwaltung, Die Verwaltung, 2. Band 1969, zit.: Ossenbühl, DV 2 (1969), S. 397, Fn. 6 Nr. 4.
- Verwaltungsvorschriften und Grundgesetz, 1968, zit.: Ossenbühl, Verwaltungsvorschriften, S. 294 (Fn. 46)
- Der verfassungsrechtliche Rahmen offener Gesetzgebung und konnkretisierender Rechtsetzung, DVBl. 1999, S. 1 ff., zit.: Ossenbühl, DVBl. 1999, S. 1 ff.
- Verwaltungsrecht als Vorgabe für Zivil- und Strafrecht, DVBl. 1990, S. 976 und 972, zit.: Ossenbühl, DVBl. 1990, S. 967 u. 972
- Versammlungsfreiheit und Spontandemonstration, Der Staat 10 (1971), S. 70 ff., zit.: Ossenbühl, Der Staat 10 (1971), S. 70 ff.
- Ermessen, Verwaltungspolitik und unbestimmter Rechtsbegriffer, DÖV 1970, S. 84 ff., zit.: Ossenbühl, DÖV 1970, S. 84 ff.
- Die verfassungsrechtliche Zulässigkeit der Verweisung als Mittel der Gesetzesgebungstechnik, DVBl. 1967, S. 402, zit.: Ossenbühl, DVBl. 1967, S. 402
- Gesetz und Verordnung im gegenwärtigen Staatsrecht, Zeitschrift für Gesetzgebung 1997, S. 305 ff., zit.: Ossenbühl, ZG 1997, S. 305 ff.

Pache, Eckhard/Burmeister, Frank: Gemeinschaftsrecht im verwaltungsgerichtlichen Normenkontrollverfahren, NVwZ 1996, S. 979 ff., zit.: Pache/Burmeister, NVwZ 1996, S. 980 f.

Pagenkopf, Martin: Grenzen behördlicher und gerichtlicher Plankontrolle, BauR 1979, S. 10 ff., zit.: Pagenkopf, BauR 1979, S. 10 ff.
Papier, Hans-Jürgen: Direkte Wirkung von Richtlinien der EG im Umwelt- und Technikrecht – Verwaltungsverfahrensrechtliche Probleme des nationalen Vollzuges -, DVBl. 1993, S. 813 f., zit.: Papier, DVBl. 1993, S. 813 f.
- Der Vorbehalt des Gesetzes und seine Grenzen, in: Götz, Volkmar/Klein, Hans Hugo/Starck, Christian (Hrsg.), Die öffentlche Verwaltung zwischen Gesetzgebung und richterlicher Kontrolle. Göttinger Symposion, 1985, zit.: Papier, in: Götz/Klein/Starck (Hrsg.), Die öffentliche Verwaltung, S. 63 ff.
Papier, Hans-Jürgen/Möller, Johannes: Das Bestimmtheitsgebot und seine Durchsetzung, AöR 122 (1997), S. 181, zit.: Papier/Möller, AöR 122 (1997), S. 181
Park, Jeong-Hoon: Rechtsfindung im Verwaltungsrecht, 1999, zit.: J.-H. Park, Rechtsfindung im Verwaltungsrecht, 1999
Pechstein, Matthias: Kommentierung zu Art. 35 EUV, in: Streinz, Rudolf (Hrsg.), EUV/EGV, 2003, zit.: Pechstein, in: Streinz (Hrsg.), EUV/EGV, Art. 35 EUV Rn. 4
Peine, Franz-Joseph: Allgemeines Verwaltungsrecht, 8. Aufl., 2006, zit.: Peine, AllgVerwR, Rn. 51
- Öffentliches Baurecht, 4. Aufl. 2003, zit.: Peine, Öffentliches Baurecht, Rn. 498
- Systemgerechtigkeit. Die Selbstbindung des Gesetzgebers als Maßstab der Normenkontrolle, 1985, zit.: Peine, Systemgerechtigkeit, S. 259 f.
- Das Recht als System, Schriften zur Rechtstheorie Heft 109, 1983, zit.: Peine, Das Recht als System, S. 98 ff.
- Normenkontrolle und konstitutionelles System, Der Staat 22 (1983), S. 530, zit.: Peine, Der Staat 22 (1983), S. 530
Peine, Franz-Joseph/Heinlein, Dieter: Beamtenrecht, 2. Aufl., 1999, zit.: Peine/Heinlein, Beamtenrecht, S. 81
Pernice, Ingolf: Deutschland in der Europäischen Union, in: Isensee, Josef / Kirchhof, Paul (Hrsg.), Handbuch des Staatsrechts. Bd. VIII Die Einheit Deutschlands – Entwicklung und Grundlagen -, 1995, zit.: Pernice, in: Isensee/Kirchhof (Hrsg.), HdStR VIII, § 191 Rn. 26
- Einheit und Kooperation: Das Gemeinschaftsrecht im Lichte der Rechtsprechung von EuGH und nationalen Gerichten, in: Randelzhofer, Albrecht / Scholz, Rupert / Wilke, Dieter (Hrsg.), Gedächtnisschrift für Eberhard Grabitz, 1995, zit.: Pernice, in: Gedächtnisschrift Grabitz, 533 ff.
Pescatore, Pierre: Das Zusammenwirken der Gemeinschaftsrechtsordnung mit den nationalen Rechtsordnungen, 1970, S. 307 ff., zit.: Pescatore, EuR 1970, S. 307 ff.
Pestalozza, Christian: Verfassungsprozeßrecht, 3. Aufl., 1991, zit.: Pestalozza, Verfassungsprozeßrecht, § 13 II Rn. 5
- „Noch verfassungsmässige" und „bloss verfassungswidrige" Rechtslagen. Zur Feststellung und kooperativen Beseitigung verfassungsimperfekter Zustände, in: Starck, Christian (Hrsg.), Bundesverfassungsgericht und Grundgesetz. Festgabe aus Anlaß des 25jährigen Bestehens des Bundesverfassungsgerichts. 1. Bd. Verfassungsgerichtsbarkeit, 1976, zit.: Pestalozza, in: 1. Bd. Verfassungsgerichtsbarkeit, S. 523 ff.
Pielow, Johann-Christian: Neuere Entwicklungen beim „prinzipalen" Rechtsschutz gegenüber untergesetzlichen Normen, Die Verwaltung 32 (1999), S. 474 f., zit.: Pielow, DV 32 (1999), S. 475
Pieroth, Bodo: Kommentierung zu Art. 31 GG, in: Jarass, Hans. D / ders. (Hrsg.), Grundgesetz für die Bundesrepublik Deutschland Kommentar, 8. Aufl., 2006, zit.: Pieroth, in: Jarass/ders., GG, Art. 31 Rn. 5
- Das Verfassungsrecht der Öffentlichkeit für die staatliche Planung, in: in: Erbguth, Wilfried / Oebbecke, Janbernd / Rengeling, Hans-Werner / Schulte, Martin (Hrsg.), Planung.

Festschrift für Werner Hoppe zum 70. Geburtstag, 2000, zit.: Pieroth, in: FS Hoppe, S. 198 ff.
- Die neuere Rechtsprechung des Bundesverfassungsgerichts zum Grundsatz des Vertrauensschutzes, JZ 1990, S. 279 ff., zit.: Pieroth, JZ 1990, S. 279 ff.
- Die neuere Rechtsprechung des Bundesverfassungsgerichts zum Grundsatz des Vertrauensschutzes, JZ 1984, S. 971 ff., zit.: Pieroth, JZ 1984, S. 971 ff.
- Rückwirkung und Übergangsrecht. Verfassungsmaßstäbe für intertemporale Gesetzgebung, Schriften zum Öffentlichen Recht Bd. 394, 1981, zit.: Pieroth, Rückwirkung, S. 25 ff.

Pieroth, Bodo/Schlink, Bernhard: Grundrechte. Staatsrecht II, 21. Aufl., 2005, zit.: Pieroth/Schlink, Staatsrecht II, Rn. 312

Pietzcker, Jost: Kommentierung zu § 43 VwGO, in: Schoch, Friedrich/Schmidt-Aßmann, Eberhard/Pietzner, Rainer (Hrsg.), Verwaltungsgerichtsordnung Kommentar Bd. I, Stand: April 2006, zit.: Pietzcker, in: Schoch/Schmidt-Aßmann/Pietzner (Hrsg.), VwGO, § 43 Rn. 25, 52
- Zur Nichtanwendung europarechtswidriger Gesetze seitens der Verwaltung, in: Due, Ole / Lutter, Marcus / Schwarze, Jürgen (Hrsg.), Festschrift für Ulrich Everling, Bd. II, 1995, zit.: Pietzcker, in: FS Everling, S. 1106
- Zur Inzidentverwerfung untergesetzlicher Rechtsnormen durch die vollziehende Gewalt, Archiv des öffentlichen Rechts Bd. 101 (1976), S. 381, zit.: Pietzcker, AöR 101 (1976), S. 381
- Vorrang und Vorbehalt des Gesetzes, JuS 1979, S. 710, zit.: Pietzcker, JuS 1979, S. 710
- Inzidentverwerfung rechtswidriger untergesetzlicher Rechtsnormen durch die Verwaltung, DVBl. 1986, S. 809, zit.: Pietzcker, DVBl. 1986, S. 809

Pietzner, Rainer/Ronellenfitsch, Michael: Das Assessorexamen im Öffentlichen Recht, 11. Aufl., 2005, zit.: Pietzner/Ronellenfitsch, Assessorexamen, § 39 Rn. 14

Pitschas, Rainer: Verwaltungsverantwortung und Verwaltungsverfahren – Strukturprobleme, Funktionsbedingungen und Entwicklungsperspektiven eines konsensualen Verwaltungsrechts -, 1990, S. 622, zit.: Pitschas, Verwaltungsverantwortung, S. 622
- Pitschas, Rainer/Lessner, Jan: Anmerkung, EuGH, U. v. 9. 9. 1999 – C-217/97 -, DVBl. 2000, S. 332 ff., zit.: Pitschas/Lessner, DVBl. 2000, S. 332 ff.

Poscher, Ralf: Landesgrundrechte und Bundesrecht, Neue Justiz 1996, S. 352 f., zit.: Poscher, NJ 1996, S. 352 f.

Potacs, Michael: Gemeinschaftsrecht und Bestandskraft staatlicher Verwaltungsakte, in: Bröhmer, Jürgen / Bieber, Roland / Callies, Christian / Langenfeld, Christine / Weber, Stefan / Wolf, Joachim (Hrsg.), Internationale Gemeinschaft und Menschenrechte. Festschrift für Georg Ress zum 70. Geburtstag, 2005, zit.: Potacs, in: FS Ress, S. 730

Pünder, Hermann: Verwaltungsverfahren, in: Erischen, Hans-Uwe/Ehlers, Dirk (Hrsg.), Allgemeines Verwaltungsrecht, 13. Aufl., 2006, zit.: Pünder, in: Erichsen/Ehlers (Hrsg.), AllgVerwR, § 13 Rn. 48
- Exekutive Normsetzung in den Vereinigten Staaten von Amerika und der Bundesrepublik Deutschland, Münsterische Beiträge zur Rechtswissenschaft Bd. 95, zit.: Pünder, Exekutive Normsetzung, S. 59 ff. u. vgl. auch 140 ff.

Püttner, Günter: Vertrauensschutz im Verwaltungsrecht, in: VVDStRL 32 (1974), zit.: Püttner, in: VVDStRL 32 (1974), S. 200 ff.
- Allgemeines Verwaltungsrecht, 7. Aufl., 1995, zit.: Püttner, Allgemeines Verwaltungsrecht, 7. Aufl. (1995), S. 47

Ramsauer, Ulrich: Kommentierung zu Art. 80 GG, in: Wassermann, Rudolf (Gesamthrsg.), Reihe Alternativkommentare Kommentar zum Grundgesetz für die Bundesrepublik Deutschland Bd. 2 Art. 38-146, 2. Aufl., 1989, zit.: Ramsauer, in: AK 2, Art. 80 Rn. 77

Redeker, Konrad: Verfassungsrechtliche Vorgaben zur Kontrolldichte verwaltungsgerichtlicher Rechtsprechung, NVwZ 1992, S. 305 ff., zit.: Redeker, NVwZ 1992, S. 305 ff.

Redeker, Konrad/von Oertzen: Verwaltungsgerichtsordnung, 14. Aufl., 2004, zit.: Redeker/v. Oertzen, VwGO, § 47 Rn. 33.

Renck, Ludwig: Anmerkung: BayVGH, Normenkontroll-Urteil vom 1. 4. 1982 Nr. 15 N 81 A.1679, BayVBl. 1983, S. 86, zit.: Renck, BayVBl. 1983, S. 86

Rengeling, Hans-Werner: Deutsches und europäisches Verwaltungsrecht – wechselseitige Einwirkungen, in: VVDStRL 53 (1994), zit.: Rengeling, in: VVDStRL 53 (1994), S. 205 f.

- Rechtsgrundsätze beim Verwaltungsvollzug des Europäischen Gemeinschaftsrechts. Kölner Schriften zum Europarecht. Bd. 27 (1977), zit.: Rengeling, Rechtsgrundsätze, S. 21 ff.

Rensmann, Thilo: Reformdruck und Vertrauensschutz, JZ 1999, S. 168 ff., zit.: Rensmann, JZ 1999, S. 168 ff.

Riedl, Magnus: Kommentierung zu § 9 VwVfG, in: Obermayer, Klaus, Kommentar zum Verwaltungsverfahrensgesetz, 3. Aufl., 1999, zit.: Riedl, in: Obermayer, VwVfG, § 9 Rn. 57

Rinken, Alfred: Demokratie und Hierarchie. Zum Demokratieverständnis des Zweiten Senats des Bundesverfassungsgerichts, KritV 79 Jahrgang (1996), S. 293, zit.: Rinken, KritV 79 (1996), S. 293

Rinze, Jens: Europarecht als Prüfungsmaßstab im Rahmen der Normenkontrolle nach § 47 VwGO, NVwZ 1996, S. 459 f., zit.: Rinze, NVwZ 1996, S. 459 f.

Rixen, Stephan: Die Regelung des Transplantationsgesetzes zur postmortalen Organspende vor dem Bundesverfassungsgericht, NJW 1999, S. 3390, zit.: Rixen, NJW 1999, S. 3390

Rodi, Michael: Die Subventionsrechtsordnung. Die Subvention als Instrument öffentlicher Zweckverwirklichung nach Völkerrecht, Europarecht und deutschem innerstaatlichen Recht, 2000, zit.: Rodi, Die Subventionsrechtsordnung, S. 527 ff.

Roellecke, Gerd: Aufgabe und Stellung des Bundesverfassungsgerichts in der Gerichtsbarkeit, in: Isensee, Josef/Kirchhof, Paul (Hrsg.), Handbuch des Staatsrechts. Bd. III Demokratie – Bundesorgane, 3. Aufl., 2005, zit.: Roellecke, in: Isensee/Kirchhof (Hrsg.), HdStR III, § 68 Rn. 20

Rönitz, Dieter: Nochmals: Die Aussetzung der Vollziehung von Steuerbescheiden bei verfassungsrechtlich zweifelhaften Steuergesetzen, NJW 1960, S. 228, zit.: Rönitz, NJW 1960, S. 228

Ronellenfitsch, Michael: Einführung in das Planungsrecht, 1986, zit.: Ronellenfitsch, Planungsrecht, S. 55

Roßnagel, Alexander: Die elektronische Signatur im Verwaltungsrecht, DÖV 2001, S. 228, zit.: Roßnagel, DÖV 2001, S. 228

- Ansätze zu einer rechtlichen Steuerung des technischen Wandels, in: Jahrbuch des Umwelt- und Technikrechts 1994, zit.: Roßnagel, in: UTR 27 (1994), S. 450 ff.

Roth, Wolfgang: Zur Verfassungswidrigkeit der Rechtschreibreform, BayVBl. 1999, S. 263, zit.: Roth, BayVBl. 1999, S. 263

Rozek, Jochen: Kommentierung zu § 76 BVerfGG, in: Maunz, Theodor/Schmidt-Bleibtreu, Bruno/Klein, Franz/Ulsamer, Gerhard/Bethge, Herrbert/Grasshof, Karin/Mellinghoft, Rudolf/Rozek, Jochen, Bundesverfassungsgerichtsgesetz, Bd. 2, Stand: März 2006, zit.: Rozek, in: Maunz/Schmidt-Bleibtreu/Klein/Bethge, BVerfGG 2, § 76 Rn. 26, 32.

Rubel, Rüdiger: Kommentierung zu Art. 80 GG, in: Umbach, Dieter C./Clemens, Thomas (Hrsg.), Grundgesetz Mitarbeiterkommentar und Handbuch Band II, 2002, zit.: Rubel, in: Umbach/Clemens (Hrsg.), GG II, Art. 80 Rn. 13, 15

Rupp, Hans Heinrich: Grundfragen der heutigen Verwaltungsrechtslehre. Verwaltungsnorm und Verwaltungsrechtsverhältnis, 2. Aufl., 1991, zit.: Rupp, Grundfragen, S. 113 ff.

- „Ermesssen", „unbestimmter Rechtsbegriff" und kein Ende, in: Fürst, Walter/Herzog, Roman/Umbach, Dieter C. (Hrsg.), Festschrift für Wolfgang Zeidler. Bd. 1, 1987, zit.: Rupp, in: FS Zeidler, S. 463 ff.

- Anmerkung über Solange II-Entscheidung des BVerfG, JZ 1987, S. 242, zit.: Rupp, JZ 1987, S. 242.

Ruffert, Matthias: Kommentierung zu Art. 249 EGV, in: Calliess, Christian/Ruffert, Matthias (Hrsg.), Kommentar zu EU-Vertrag und EG-Vertrag, 2. Aufl., 2002, zit.: Ruffert, in: Calliess/ders. (Hrsg.), EUV u. EGV, Art. 249 EGV Rn. 69 ff.

Rux, Johannes: Zu den Voraussetzungen für die Verbindlichkeit dienstlicher Anordnungen, DÖV 2002, S. 990 f., zit.: Rux, DÖV 2002, S. 990 f.

Sachs, Michael: Frauen an die Front? Die deutsche Wehrverfassung nach dem Spruch des EuGH in Sachen Tanja Kreil, NWVBl. 2000, S. 405, zit.: Sachs, NWVBl. 2000, S. 405

- Kommentierung zu Art. 20 GG, in: Sachs, Michael (Hrsg.), Grundgesetz Kommentar, 2. Aufl., 1999, zit.: Sachs, in: ders. (Hrsg.), GG, Art. 20 Rn. 77
- Kommentierung zur Rechtsprechung des BVerfG (Anwendbarkeit der DDR-Rechtsanwaltsgebührenordnung), JuS 1999, S. 1018, zit.: Sachs, JuS 1999, S. 1018
- Kommentierung zu § 44 VwVfG, in: Stelkens, Paul/Bonk, Heinz Joachim/Sachs, Michael (Hrsg.), Verwaltungsverfahrensgesetz Kommentar, 6. Aufl., 2001, zit.: Sachs, in: Stelkens/Bonk/Sachs, VwVfG, § 44 Rn. 83

Sacksofsky, Ute: Landesverfassungen und Grundgesetz – am Beispiel der Verfassungen der neuen Bundesländer, NVwZ 1993, S. 239, zit.: Sacksofsky, NVwZ 1993, S. 239

Salzwedel, Jürgen: Verfassungsrechtlich geschützte Besitzstände und ihre "Überleitung" in neues Recht. Zur Theorie der gesetzesfesten Rechtspositionen, Die Verwaltung 5 (1972), S: 15, zit.: Salzwedel, DV 5 (1972), S. 15

Sannwald, Rüdiger: Kommentierung zu Art. 31 GG, in: Schmidt-Bleibtreu, Bruno/Klein, Franz, Kommentar zum Grundgesetz, 10. Aufl., 2004, zit.: Sannwald, in: Schmidt-Bleibtreu/Klein, GG, Art. 31 Rn. 9

Schenke, Wolf-Rüdiger: Anmerkung (BVerfG, B. v. 14. 5. 1985 – 1 BvR 233/81 und 341/81), JZ 1986, S. 35 f., zit.: Schenke, JZ 1986, S. 35 f.

- Verfassungsrechtliche Grenzen gesetzlicher Verweisungen, in: Oberndorfer, Peter/Schambeck, Herbert (Hrsg.), Verwaltung im Dienste von Wirtschaft und Gesellschaft. Festschrift für Ludwig Fröhler zum 60. Geburtstag, 1980, zit.: Schenke, in: FS Fröhler, S. 96

Scherzberg, Arno: Subjektive-öffentliche Rechte, in: Erischen, Hans-Uwe/Ehlers, Dirk (Hrsg.), Allgemeines Verwaltungsrecht, 13. Aufl., 2006, zit.: Scherzberg, in: Erichsen/Ehlers (Hrsg.), AllgVerwR, § 11 Rn. 12 f.

- Grundfragen des verwaltungsrechtlichen Vertrages, JuS 1992, S. 208, zit.: Scherzberg, JuS 1992, S. 208
- Die innerstaatlichen Wirkungen von EG-Richtlinien, Jura 1993, S. 229, zit.: Scherzberg, Jura 1993, S. 229

Scheuing, Dieter H.: Instrumente zur Durchführung des Europäischen Umweltrechts, NVwZ 1999, S. 480, zit.: Scheuing, NVwZ 1999, S. 480

- Europarechtliche Impulse für innovative Ansätze im deutschen Verwaltungsrecht, in: Hoffmann-Riem, Wolfgang/Schmidt-Aßmann, Eberhard (Hrsg.), Innovation und Flexibilität des Verwaltungshandelns, 1994, zit.: Scheuing, in: Hoffmann-Riem/Schmidt-Aßmann (Hrsg.), Innovation, S. 318 f.
- Rechtsprobleme bei der Durchsetzung des Gemeinschaftsrechts in der Bundesrepublik Deutschland, EuR 1985, S. 248, zit.: Scheuing, EuR 1985, S. 248
- Selbstbindung der Verwaltung, in: VVDStRL 40 (1982), zit.: Scheuing, in: VVDStRL 40 (1982), S. 158 ff.

Scheuner, Ulrich: Die Einwirkung der verfassungsgerichtlichen Feststellung der Nichtigkeit von Rechtsnormen auf vorgängige Hoheitsakte. Zur „Rückwirkung“ und „Vorwirkung“der Nichtigerklärung von Rechtsnormen, Der Betriebs-Berater 1960, S. 1254, zit.: Scheuner, BB 1960, S. 1254

Schilling, Theodor: Der „unfreiwillige“ Vertrag mit der öffentlichen Hand, VerwArch 87 (1996), S. 203, zit.: Schilling, VerwArch 87 (1996), S. 203
Schlaich, Klaus/Korioth, Stefan: Das Bundesverfassungsgericht. Stellung, Verfahren, Entscheidungen, 6. Aufl., 2004, zit.: Schlaich/Korioth, Bundesverfassungsgericht, Rn. 140
Schlotterbeck, Karlheinz: Allgemeines Umweltschutzrecht, Immissionsschutzrecht, Bodenschutz- und Altlastenrecht, Chemikalischenrecht und Umwelt-Gentechnikrecht sowie Gerätesicherheitsrecht, in: Bergmann, Jan/Kenntner, Markus (Hrsg), Deutsches Verwaltungsrecht unter europäischem Einfluss, 2002, zit.: Schlotterbeck, in: Bergmann/Kenntner (Hrsg.), Deutsches Verwaltungsrecht, Kap. 14 Rn. 174
Schmalz, Dieter: Allgemeines Verwaltungsrecht und Grundlagen des Verwaltungsrechtsschutzes, 3. Aufl., 1998, zit.: Schmalz, AllgVerwR, Rn. 90
Schmid, Christoph: Ein enttäuschender Rückzug. Anmerkungen zum „Bananenbeschluss“ des BVerfG, NVwZ 2001, S. 251 ff., zit.: Schmid, NVwZ 2001, S. 251 ff.
Schmidt, Gudrun: Kommentierung zu Art. 249 EGV, in: von der Groeben, Hans/Schwarze, Jürgen (Hrsg.), Kommentar zum Vertrag über die Europäische Union und zur Gründung der Europäischen Gemeinschaft Band 4 Art. 189-314 EGV, 6. Aufl., 2004, zit.: Schmidt, in: von der Groeben/Schwarze (Hrsg.), EU-/EG-Vertrag, Art. 249 EGV Rn. 41
Schmidt, Jörg: Kommentierung zu § 47 VwGO, in: Eyermann, Erich, Kommentar zur Verwaltungsgerichtsordnung, 12. Aufl., 2006, zit.: Schmidt, in: Eyermann, VwGO, § 47 Rn. 38
Schmidt, Johann: Inzidente Prüfung und Verwerfung von Normen im Range unter dem Gesetz durch die Verwaltung?, BayVBl. 1976, S. 1 u. 6, zit.: Schmidt, BayVBl. 1976, S. 1 u. 6.
Schmidt, Rolf: Allgemeines Verwaltungsrecht, 10. Aufl., 2006, zit.: Schmidt, AllgVerwR, Rn. 131
- Besonderes Verwaltungsrecht II, 10. Aufl., 2006, zit.: Schmidt, BesVerwR II, Rn. 873
Schmidt, Thorsten Ingo: Die Geschäftsordnungen der Verfassungsorgane als individuell-abstrakte Regelungen des Innenrechts, AöR 128 (2003), S. 608 ff., zit.: Schmidt, AöR 128 (2003), S. 608 ff.
Schmidt, Walter: Staats- und Verwaltungsrecht, 3. Aufl., 1999, zit.: Schmidt, Staats- u. VerwR, Rn. 20
Schmidt-Aßmann, Eberhard: Der Rechtsstaat, in: Isensee, Josef/Kirchhof, Paul (Hrsg.), Handbuch des Staatsrechts. Bd. II Verfassungsstaat, 3. Aufl. (2004), zit.: Schmidt-Aßmann, in: Isensee/Kirchhof (Hrsg.), HdStR II, § 26 Rn. 81 ff.
- Die Europäisierung des Verwaltungsverfahrensrechts, in: Schmidt-Aßmann, Eberhard/Sellner, Dieter/Hirsch, Günter/Kemper, Gerd-Heinrich/Lehmann-Grube, Hinrich (Hrsg.), Festgabe 50 Jahre Bundesverwaltungsgericht, 2003, zit.: Schmidt-Assmann, in: FG BVerwG, S. 489
- Die Garantie der kommunalen Selbstverwaltung, in: Badura, Peter / Dreier, Horst (Hrsg.), Festschrift 50 Jahre Bundesverfassungsgericht, 2. Band, 2001, zit.: Schmidt-Aßmann, in: FS 50 Jahre BVerfG II, S. 806
- Grundlagen und Aufgaben der Verwaltungsrechtlichen Systembildung, in: Ehlers, Dirk/Krebs, Walter (Hrsg.), Grundfragen des Verwaltungsrechts und des Komunalrechts. Symposion aus Anlaß der Emeritierung von Professor Dr. Hans-Uwe Erichsen am 5. Mai 2000 in Münster, 2000, zit.: Schmidt-Aßmann, in: Ehlers/Krebs (Hrsg.), Grundfragen des VerwR, S. 2.
- Die Rechtsverordnung in ihrem Verhältnis zu Gesetz und Verwaltungsvorschrift, in: Kirchhof, Paul/Lehner, Moris/Raupach, Arndt/Rodi, Michael (Hrsg.), Staaten und Steuern. Festschrift für Klaus Vogel zum 70 Geburtstag, 2000, zit.: Schmidt-Aßmann, in: FS Vogel, S. 484
- Allgemeines Verwaltungsrecht in europäischer Perspektive, ZÖR 55 (2000), S. 169, zit.: Schmidt-Aßmann, ZÖR 55 (2000), S. 169

- Das allgemeine Verwaltungsrecht als Ordnungsidee. Grundlagen und Aufgaben der verwaltungsrechtlichen Systembildung, 1998, zit.: Schmidt-Aßmann, AllgVerwR als Ordnungsidee, 4. Kapitel Nr. 65 f.
- Gefährdungen der Rechts- und Gesetzesbindung der Exekutive, in: Burmeister, Joachim (Hrsg.), Verfassungsstaatlichkeit. Festschrift für Klaus Stern zum 65. Geburtstag, 1997, zit.: Schmidt-Aßmann, in: FS Stern, S. 759 f.
- Planung als administrative Handlungsform und Rechtsinstitut, in: Mitglieder des 4. Senats des BVerwG (Hrsg.), Planung und Plankontrolle. Festschrift für Otto Schlichter zum 65. Geburtstag, 1995, zit.: Schmidt-Aßmann, in: FS Schlichter, S. 16
- Flexibilität und Innovationsoffenheit als Entwicklungsperspektiven des Verwaltungsrechts, in: Hoffmann-Riem, Wolfgang/Schmidt-Aßmann, Eberhard (Hrsg.), Innovation und Flexibilität des Verwaltungshandelns, Schriften zur Reform des Verwaltungsrechts. Bd. 2, 1994, zit.: Schmidt-Aßmann, in: Hoffmann-Riem/ders. (Hrsg.), Innovation und Flexibilität, S. 415
- Deutsches und Europäisches Verwaltungsrecht – Wechselseitige Einwirkungen -, DVBl. 1993, S. 930, zit.: Schmidt-Aßmann, DVBl. 1993, S. 930
- Zur Europäisierung des allgemeinen Verwaltungsrechts, in: Badura, Peter / Scholz, Rupert (Hrsg.), Wege und Verfahren des Verfassungslebens. Festschrift für Peter Lerche zum 65. Geburtstag, 1993, zit.: Schmidt-Assmann, in: FS Lerche, S. 526 f.
- Der Rechtsstaat, in: Isensee, Josef / Kirchhof, Paul (Hrsg.), Handbuch des Staatsrechts. Bd. I Grundlagen von Staat und Verfassung, 1987, zit.: Schmidt-Aßmann, in: Isensee/Kirchhof (Hrsg.), HdStR I, § 24 Rn. 81 ff.

Schmidt-Aßmann, Eberhard/Röhl, Hans Christian: Kommunalrecht, in: Schmidt-Aßmann, Eberhard (Hrsg.), Besonderes Verwaltungsrecht, 13. Aufl. (2005), zit.: Schmidt-Aßmann/Röhl, in: Schmidt-Aßmann (Hrsg.), BesVerwR, 1. Kap Rn. 7a

Schmiemann, Klaus: Behandlung rechtsfehlerhafter Bauleitpläne im Baugenehmigungsverfahren – Plankontrolle und Verwerfungskompetenz, in: Driehaus, Hans-Joachim/Birk, Hans-Jörg (Hrsg.), Baurecht - Aktuell. Festschrift für Felix Weyreuther zum 65. Geburtstag, 1993, zit.: Schmiemann, in: FS Weyreuther, S. 243 f.

Schmitt, Carl: Verfassungslehre, 1928, zit.: Schmitt, Verfassungslehre, S. 127

Schnapp, Friedrich E.: Die Grundrechtsbindung der Staatsgewalt, JuS 1989, S. 4, zit.: Schnapp, JuS 1989, S. 4

Schnellenbach, Helmut: Beamtenrecht in der Praxis, 5. Aufl., 2001, zit.: Schnellenbach, Beamtenrecht, Rn. 209 ff.

Schnorr, Gerhard: Die Rechtsidee im Grundgesetz. Zur rechtstheoretischen Präzisierung des Art. 20 Abs. 3 GG, AöR 85 (1960), S. 141, zit.: Schnorr, AöR 85 (1960), S. 141

Schoch, Friedrich: Die Europäisierung des Verwaltungsprozessrechts, in: Schmidt-Aßmann, Eberhard / Sellner, Dieter / Hirsch, Günter / Kemper, Gerd-Heinrich /Lehmann-Grube, Hinrich (Hrsg.), Festgabe 50 Jahre Bundesverwaltungsgericht, 2003, zit.: Schoch, in: FG BVerwG, S. 511
- Effektuierung des Sekundärrechtsschutzes. Zur Überwindung des Entwicklungsrückstands des deutschen Staatshaftungsrechts, Die Verwaltung 34 (2001), S. 283, zit.: Schoch, DV 34 (2001), S. 283
- Die Europäisierung des verwaltungsgerichtlichen Rechtsschutzes, Schriftenreihe der Juristischen Gesellschaft zu Berlin Heft 167, 2000, zit.: Schoch, Die Europäisierung, S. 32
- Öffentlich-rechtliche Rahmenbedingungen einer Informationsordnung, in: VVDStRL 57 (1998), zit.: Schoch, in: VVDStRL 57 (1998), S. 158 ff.
- Die Europäisierung des Allgemeinen Verwaltungsrechts, JZ 1995, S. 111, zit.: Schoch, JZ 1995, S. 111 (Fn. 29)
- Grundfälle zum Polizei- und Ordnungsrecht, JuS 1994, S. 395 f. (2. Teil), zit.: vgl. Schoch, JuS 1994, S. 395 f.

- Grundfälle zum Polizei- und Ordnungsrecht, JuS 1994, S. 485 f. (3. Teil), zit.: Schoch, JuS 1994, S. 485 f.
- Grundfälle zum Polizei- und Ordnungsrecht, JuS 1994, S. 570 ff. (4. Teil, I-II), zit.: Schoch, JuS 1994, S. 570 ff.
- Grundfälle zum Polizei- und Ordnungsrecht, JuS 1994, S. 667 ff. (4. Teil, III), zit.: Schoch, JuS 1994, S. 667 ff.

Scholz, Franz: Die Rechtssicherheit, 1955, zit.: Scholz, Die Rechtssicherheit, S. 5

Scholz, Rupert: Konkretisierung unbestimmter Rechtsbegriffe im technischen Sicherheitsrecht und Stoffrecht, in: BMWI. Der Bundesminister für Wirtschaft, Sicherheitstechnische Rechtsvorschriften im deutschen und europäischen Recht. Reihe 53 (Vorträge und Diskussionsbeträge anläßlich eines im Auftrag des Bundeswirtschaftsministeriums am 22. Und 23. November 1984 in München), zit.: Scholz, in: BMWI, Reihe 53, S. 125 ff.

Schoo, Johann: Kommentierung zu Art. 250 EGV, in: von der Groeben, Hans/Schwarze, Jürgen (Hrsg.), Kommentar zum Vertrag über die Europäische Union und zur Gründung der Europäischen Gemeinschaft Band 4 Art. 189-314 EGV, 6. Aufl., 2004, zit.: Schoo, in: von der Groeben/Schwarze (Hrsg.), EU-/EG-Vertrag, Art. 250 EGV Rn. 4.

Schröder, Christian: Das Problem einer durch unmittelbar wirkende Richtlinienvorschriften begründeten Dienstpflicht aus strafrechtlicher Sicht, DVBl. 2002, S. 158, zit.: Schröder, DVBl. 2002, S. 158

Schröder, Jan: Zur enteignenden Wirkung von Festsetzungen im Bebauungsplan, JuS 2000, S. 727 f., zit.: Schröder, JuS 2000, S. 727 f.
- /Köster, Constantin: Nachhilfe vom EuGH: Frauen an die Waffe! –EuGH, NJW 2000, 497, JuS 2000, S. 542 ff., zit.: Schröder/Köster, JuS 2000, S. 542 ff.

Schröder, Meinhard: § 16 Kommunalverfasssungsrecht, in: Achterberg, Norbert/Püttner, Günter/Würtenberger, Thomas (Hrsg.), Besonderes Verwaltungsrecht Bd. II Kommunal-, Haushalts-, Abgaben-, Ordnungs-, Sozial-, Dienstrecht, 2. Aufl., 2000, zit.: Schröder, in: Achterberg/Püttner/Würtenberger (Hrsg.), BesVerwR Bd. II, § 16 Rn. 12
- Bildung, Bestand und parlamentarische Verantwortung der Bundesregierung, in: Isensee, Josef/Kirchhof, Paul (Hrsg.), Handbuch des Staatsrechts. Bd. III Demokratie – Bundesorgane, 3. Aufl., 2005, zit.: Schröder, in: Isensee/Kirchhof (Hrsg.), HdStR III, § 65 Rn. 51 ff.
- Verwaltungsrecht als Vorgabe für Zivil- und Strafrecht, in:VVDStRL 50 (1991), zit.: Schröder, in: VVDStRL 50 (1991), S. 206 f.
- Das parlamentarische Regierungssystem, Jura 1982, S. 450, zit.: Schröder, Jura 1982, S. 450

Schroeder, Werner: Kommentierung zu Art. 249 EGV, in: Streinz, Rudolf (Hrsg.), EUV/EGV, 2003, zit.: Schroeder, in: Streinz, EUV/EGV, Art. 249 EGV Rn. 54
- Das Gemeinschaftsrechtssystem, 2002, zit.: Schroeder, Gemeinschaftsrechtssystem, S. 364

Schrödter, Hans: Kommentierung zu § 2, in: ders., Baugesetzbuch Kommentar, 7. Aufl., 2006, zit.: Schrödter, in: ders., BauGB, § 2 Rn. 61

Schulze-Fielitz, Helmuth: Kommentierung zu Art. 8 GG, in: Dreier, Horst (Hrsg.), Grundgesetz- Kommentar Bd. I Artikel 1 – 19, 2. Aufl., 2004, zit.: Schulze-Fielitz, in: Dreier (Hrsg.) GG I, Art. 8 Rn. 29, 81
- Kommentierung zu Art. 20 GG, in: Dreier, Horst (Hrsg.), Grundgesetz- Kommentar Bd. II Artikel 20 – 82, 2. Aufl., 2006, zit.: Schulze-Fielitz, in: Dreier (Hrsg.) GG II, Art. 20 (Rechtsstaat) Rn. 83
- Bestandsschutz im Verwaltungsrecht. Besondes im Bau-, Immissionsschutz- und Atomrecht, Die Verwaltung 20 (1987), zit.: Schulze-Fielitz, DV 20 (1987), S. 323.

Schuppert, Gunnar Folke: Rigidität und Flexibilität von Verfassungsrecht. Uberlegungen zur Steuerungsfunktion von Verfassungsrecht in normalen wie in „schwierigen Zeiten", AöR

120 (1995), S. 94 ff., zit.: Schuppert, AöR 120 (1995), S. 94 ff.

Schwarze, Jürgen: Europäisches Verwaltungsrecht. Entstehung und Entwicklung im Rahmen der Europäischen Gemeinschaft, 2. Aufl., 2005, zit.: Schwarze, EuVerwR, S. 25 ff.

- Das „Kooperationsverhältnis" des Bundesverfassungsgerichts mit dem Europäischen Gerichtshof, in: Badura, Peter/Dreier, Horst (Hrsg.), Festschrift 50 Jahre Bundesverfassungsgericht. Erster Band Verfassungsgerichtsbarkeit Verfassungsprozeß, 2001, zit.: Schwarze, in: Badura/Dreier (Hrsg.), FS 50 Jahre BVerfG I, S. 229 ff.
- Deutscher Landesbericht, in: Schwarze, Jürgen (Hrsg.), Die Entstehung einer europäischen Verfassungsordnung, 2000, zit.: Schwarze, in: ders. (Hrsg.), Die Entstehung, S. 109 ff.
- Ist das Grundgesetz ein Hindernis auf dem Weg nach Europa?, JZ 1999, S. 639 ff., zit.: Schwarze, JZ 1999, S. 639 ff.
- Das schwierige Geschäft mit Europa und seinem Recht, JZ 1998, S. 1082 f., zit.: Schwarze, JZ 1998, S. 1082 f.
- Europäisches Verwaltungsrecht. Entstehung und Entwicklung im Rahmen der Europäischen Gemeinschaft, Band I, 1988, zit.: Schwarze, EuVerwR I, S. 33 f.

Schweitzer, Michael: Die Rechtshandlungen der Europäischen Gemeinschaften und ihre Wirkung in den Mitgliedstaaten, in: Kirchhof, Paul/Offerhaus, Klaus/Schöberle, Horst (Hrsg.), Steuerrecht Verfassungsrecht Finanzpolitik. Festschrift für Franz Klein Schweitzer zum 65. Geburtstag, 1994, zit.: Schweitzer, in: FS Klein, S. 91

Seebass, Friedrich: Eine Wende im Prüfungsrecht?, NVwZ 1992, S. 613 ff., zit.: Seebass, NVwZ 1992, S. 613 ff.

Seer, Roman: Die Unvereinbarkeitserklärung des BVerfG am Beispiel seiner Rechtsprechung zum Abgabenrecht, NJW 1996, S. 285 ff., zit.: Seer, NJW 1996, S. 285 ff.

Seiler, Christian: Der einheitliche Parlamentsvorbehalt, Schriften zum Öffentlichen Recht Bd. 825, 2000, zit.: Seiler, Der einheitliche Parlamentsvorbehalt, S. 199

Selmer, Peter: Funktionslosigkeit eines Bebauungsplans, JuS 2000, S. 1128 f., JuS 1999, S. 1028 f., JuS 1998, S. 467 f., JuS 1994, S. 1080, zit.: Selmer, JuS 2000, S. 1128 f., JuS 1999, S. 1028 f., JuS 1998, S. 467 f., JuS 1994, S. 1080

Sendler, Horst: Grundrecht auf Widerspruchsfreiheit der Rechtsordnung? – Eine Reise nach Absurdistan?, NJW 1998, S. 2875 f., zit.: Sendler, NJW 1998, S. 2875 f.

Sieckmann, Jan-R.: Kommentierung zu Art. 100 GG, in: v. Mangoldt, Hermann/Klein, Friedrich/Starck, Christian, Das Bonner Grundgesetz Kommentar. Bd. 3 Art. 79-146, 4. Aufl., 2001, zit.: Sieckmann, in: v. Mangoldt/Klein/Starck (Hrsg.), GG 3, Art. 100 Rn. 28

Siekmann, Helmut: Kommentierung zu Art. 110 GG, in: Sachs, Michael (Hrsg.), Grundgesetz Kommentar, 2. Aufl., 1999, zit.: zit.: Siekmann, in: Sachs (Hrsg.), GG, Art. 110 Rn. 26.

Skouris, Wassilios: Der Europäische Gerichtshof als Verfassungsgericht, in: Seminar zum 75. Geburtstag von Karl Augunst Bettermann. Die Bedeutung der Europäischen Gemeinschaften für das deutsche Recht und die deutsche Gerichtsbarkeit, Schriften zum Öffentlichen Recht Bd. 569, 1989, zit.: Skouris, in: Seminar Bettermann, S. 69 ff.

Sobota, Katharina: Das Prinzip Rechtsstaat. Verfassungs- und verwaltungsrechtliche Aspekte, 1997, zit.: Sobota, Rechtsstaat, S. 111

Söhn, Hartmut: Anwendungspflicht oder Aussetzungspflicht bei festgestellter Verfassungswidrigkeit von Gesetzen?, 1974, zit.: Söhn, Anwendungspflicht oder Aussetzungspflicht, S. 29.

Sommer, Wolf-Eckart: Zur Vorlagepflicht des OVG an den EuGH im verwaltungsgerichtlichen Normenkontrollverfahren, NVwZ 1996, S. 135 ff., zit.: Sommer, NVwZ 1996, S. 135 ff.

Sommermann, Karl-Peter: Kommentierung zu Art. 20 GG, in: v. Mangoldt, Hermann/Klein, Friedrich/Starck, Christian, Das Bonner Grundgesetz Kommentar. Bd. 2 Art. 20-78, 4. Aufl., 2000, zit.: Sommermann, in: v. Mangoldt/Klein/Starck, GG 2, Art. 20 Rn. 278 ff.

- Verordnungsermächtigung und Demokratieprinzip, JZ 1997, S. 435 f. und 440, zit.: Sommermann, JZ 1997, S. 435 f. u. 440

Sproll, Hans-Dieter: Allgemeines Verwaltungsrecht I, 1997, zit.: Sproll, AllgVerwR I, § 5 Rn. 7

Starck, Christian: Kommentierung zu Art. 1 GG, in: v. Mangoldt, Hermann/Klein, Friedrich/Starck, Christian, Das Bonner Grundgesetz Kommentar. Bd. 1 Präambel/Art. 1-19, 4. Aufl., 1999, zit.: Starck, in: v. Mangoldt/Klein/ders., GG 1, Art. 1 Rn. 201

Steiner, Udo: Der funktionslose Bebauungsplan, in: Mitgliedern des 4. Senats des Bundesverwaltungsgerichts (Hrsg.), Planung und Plankontrolle. Festschrift für Otto Schlichter zum 65. Geburtstag, 1995, zit.: Steiner, in: FS Schlichter, 1995, S. 313 ff.

- Anmerkung: BVerwG, Urteil vom 21. 11. 1986 – 4 C 22.83, DVBl. 1987, S. 486, zit.: Steiner, DVBl. 1987, S. 486

Stelkens, Paul/Schmitz, Herbert: Kommentierung zu § 9 VwVfG, in: Stelkens, Paul/Bonk, Heinz Joachim/Sachs, Michael (Hrsg.), Verwaltungsverfahrensgesetz Kommentar, 6. Aufl., 2001, zit.: P. Stelkens/Schmitz, in: Stelkens/Bonk/Sachs, VwVfG, § 9 Rn. 65

Stelkens, Paul/Stelkens, Ulrich: Kommentierung zu § 35 VwVfG, in: Stelkens, Paul/Bonk, Heinz Joachim/Sachs, Michael (Hrsg.), Verwaltungsverfahrensgesetz Kommentar, 6. Aufl., 2001, zit.: P. Stelkens/U. Stelkens, in: Stelkens/Bonk/Sachs, VwVfG, § 35 Rn. 100

Stern, Klaus: Das Staatsrecht der Bundesrepublik Deutschland. Bd. I, 2. Aufl., 1984, zit.: Stern, Staatsrecht I, § 20 IV 4 (S. 805)

- Das Staatsrecht der Bundesrepublik Deutschland. Bd. II, 1980, zit.: Stern, Staatsrecht II, § 38 II 3 (S. 664)
- Das Staatsrecht der Bundesrepublik Deutschland. Bd. III/1, 1988, zit.: Stern, Staatsrecht III/1, § 74 II 2 (S. 1347)
- Das Staatsrecht der Bundesrepublik Deutschland. Bd. III/2, 1994, zit.: Stern, Staatsrecht III/2, § 79 III 3 (S. 301)
- Zur Problematik rückwirkender Gesetze. Eine Skizze für eine Neuorientierung, in: Lerche, Peter/Zacher, Hans/Badura, Peter (Hrsg.), Festschrift für Theodor Maunz zum 80. Geburtstag, 1981, zit.: Stern, in: FS Maunz, S. 390 ff.
- Das Bundesverfassungsgericht und die sog. konkrete Normenkontrolle nach Art. 100 Absatz 1 GG, AöR 91 (1966), 223 ff., zit.: Stern, AöR 91 (1966), S. 223 ff.
- Kommentierung zu Art. 93 GG, in: Dolzer, Rudolf/Vogel, Klaus/Graßhof, Karin, Bonner Kommentar zum Grundgesetz, 123. Aktualisierung August 2006, zit.: Stern, in: Dolzer/Vogel/Graßhof (Hrsg.), BK, Art. 93 Rn. 216 f.

Stettner, Rupert: Kommentierung zu Art. 123 GG, in: Dreier, Horst (Hrsg.), Grundgesetz Kommentar. Bd. III (Art. 83 - 146), 2000, zit.: Stettner, in: Dreier (Hrsg.), GG III, Art. 123 Rn. 20.

Stober, Rolf: Der Vorbehalt des Gesetzes und Verwaltungsvorschriften im Subventionsrecht, Gewerbe Archiv 1993 (Heft 4), zit.: Stober, GewArch 1993, S. 141 ff.

- Der Vorbehalt des Gesetzes und Verwaltungsvorschriften im Subventionsrecht, Gewerbe Archiv 1993 (Heft 5), zit.: Stober, Der Vorbehalt, S. 188

Storr, Stefan: Das Grundgesetz als „mittelbare Landesverfassung“? – Zum Prüfungsmaßstab der Landesverfassungsgerichte -, ThürVBl. 1997, S. 123, zit.: Storr, ThürVBl. 1997, S. 123

Streinz, Rudolf: Europarecht, 7. Aufl., 2005, zit.: Streinz, EuR, Rn. 369

- Kommentierung zu Art. 23 GG, in: Sachs, Michael (Hrsg.), Grundgesetz Kommentar, 3. Aufl., 2003, zit.: Streinz, in: Sachs (Hrsg.), GG, Art. 23 Rn. 41
- Kommentierung zu Art. 10 EGV, in: Streinz, Rudolf (Hrsg.), EUV/EGV, 2003, zit.: Streinz, in: ders., EUV/EGV, Art. 10 EGV Rn. 16, 35
- „Gemeinschaftsrecht bricht nationales Recht“, in: Köbler, Gerhard/Heinze, Meinhard/Hromadka, Wolfgang (Hrsg.), Festschrift für Alfred Söllner zum 70. Geburtstag, 2000, zit.: Streinz, in: FS Söllner, S. 1153

- Frauen an die Front – Bewertung und Folgen der Urteile des EuGH vom 26. Oktober 1999 – Rs. C-273/97 (Angela Maria Sirdar) – und vom 11. Januar 2000 – Rs. C-285/98 (Tanja Kreil) -, DVBl. 2000, S. 585 ff., zit.: Streinz, DVBl. 2000, S. 585 ff.
- Der Vollzug des Europäischen Gemeinschaftsrechts durch deutsche Staatsorgane, in: Isensee, Josef / Kirchhof, Paul (Hrsg.), Handbuch des Staatsrechts. Bd. VII Normativität und Schutz der Verfassung – Internationale Beziehunhen, 1992, zit.: Streinz, in: Isensee/Kirchhof (Hrsg.), HdStR VII, § 182 Rn. 54
- Der Einfluß des Europäischen Verwaltungsrechts auf das Verwaltungsrecht der Mitgliedstaaten, in: Schweitzer, Michael (Hrsg.), Europäisches Verwaltungsrecht, 1991, zit.: Streinz, in: Schweitzer (Hrsg.), EuroVerwR, S. 282 f.
- Vertrauensschutz und Gemeinschaftsinteresse beim Vollzug von europäischem Gemeinschaftsrecht durch deutsche Behörden. Ein Beitrag zu den Problemen der Verzahnung von Gemeinschaftsrecht und nationalem Recht, Die Verwaltung 23 (1990), S. 153 ff., zit.: Streinz, DV 23 (1990), S. 153 ff.
- Bundesverfassungsgerichtlicher Grundrechtsschutz und Europäisches Gemeinschaftsrecht. Die Überprüfung grundrechtsbeschränkender deutscher Begründungs- und Vollzugsakte von Europäischem Gemeinschaftsrecht durch das Bundesverfassungsrecht, 1989, zit.: Streinz, Bundesverfassungsgerichtlicher Grundrechtsschutz, S. 193 f.

Studenroth, Stefan: Einflußnahme des Bundestages auf Erlaß, Inhalt uns Bestand von Rechtsverordnungen, DÖV 1995, S. 526 f., zit.: Studenroth, DÖV 1995, S. 526 f.

Stüer, Bernhard: Der Bebauungsplan. Städtebaurecht in der Praxis, 3. Aufl., 2006, zit.: Stüer, Der Bebauungsplan, Rn. 1021 f.
- Handbuch des Bau- und Fachplanungsrechts. Planung – Genehmigung – Rechtsschutz, 3. Aufl., 2005, zit.: Stüer, Bau- und Fachplanungsrecht, Rn. 1101 f.
- Der UVP-pflichtige Bebauungsplan, Jura 2002, S. 54 ff., zit.: Stüer, Jura 2002, S. 54 ff.
- Kommunalrecht Nordrhein-Westfalen in Fällen, 1997, zit.: Stüer, Kommunalrecht NW, S. 120

Sturm, Gerd: Kommentierung zu Art. 93 GG, in: Sachs, Michael (Hrsg.), Grundgesetz Kommentar, 2. Aufl., 1999, zit.: Sturm, in: Sachs (Hrsg.), GG, Art. 93 Rn. 45

Suckow, Horst/Weidemann, Holger: Allgemeines Verwaltungsrecht und Verwaltungsrechtsschutz, 14. Aufl., 2004, zit.: Suckow/Weidemann, AllgVerwR, Rn. 31

Summer, Rudolf: Das Prinzip Verantwortung als Grundlage des Beamtenrechts, ZBR 1999, S. 181 ff., zit.: Summer, ZBR 1999, S. 181 ff.

Sydow, Gernot: Europäisierte Verwaltungsverfahren, JuS 2005, S. 100, zit.: Sydow, JuS 2005, S. 100

Theodossis, Gerassimos: Die Verfassungsgarantien über die parlamentarische Geschäftsordnungsautonomie und ihre rechtliche Bedeutung – in vergleichender Sicht, Jahrbuch des öffentlichen Rechts der Gegenwart Bd. 44 (1996), S. 155 ff., zit.: Theodossis, JöR 44 (1996), S. 155 ff.

Tettinger, Peter J.: Kommentierung zu Art. 28 GG, in: v. Mangoldt, Hermann/Klein, Friedrich/Starck, Christian, Das Bonner Grundgesetz Kommentar. Bd. 2 Art. 20-78, 4. Aufl., 2000, zit.: Tettinger, in: v. Mangoldt/Klein/Starck, GG 2, Art. 28 Rn. 181

Thomé, Alexandra: Die Geschäftsordnung des Bundesverfassungsgerichts, in: Großfeld, Bernhard/Roth, Herbert (Hrsg.), Verfassungsrichter. Rechtsfindung am U.S. Supreme Court und am Bundesverfassungsgericht, 1995, zit.: Thomé, in: Großfeld/Roth (Hrsg.), Verfassungsrichter, S. 57

Thomsen, Silke: Rechtsverordnungen unter Änderungsvorbehalt des Bundestages?, DÖV 1995, S. 989 ff., zit.: Thomsen, DÖV 1995, S. 989 ff.

Tiedemann, Paul: Der Vergleichsvertrag im kommunalen Abgabenrecht, DÖV 1996, S. 597, zit.: Tiedemann, DÖV 1996, S. 597

Tietje, Christian: Kommentierung zu Vor Art. 94-97 EGV, in: Grabitz, Eberhard / Hilf,

Meinhard (Hrsg.), Das Recht der Europäischen Union Band II EUV/EGV, Stand der 24. Lieferung, September 2004, zit.: in: Grabitz/Hilf (Hrsg.), Das Recht der Europäischen Union Bd. II, Vor Art. 94-97 EGV Rn. 66 f.

Tillmanns, Reiner: Die Prüfung von Rechtsverordnungen des Bundes am Maßstab des einfachgesetzlichen Bundesrechts im Verfahren der abstrakten Normenkontrolle, DÖV 2001, S. 728 ff., zit.: Tillmanns, DÖV 2001, S. 728 ff.

Tomuschat, Christian: Das Bundesverfassungsgericht im Kreise anderer nationaler Verfassungsgerichte, in: Badura, Peter/Dreier, Horst (Hrsg.), Festschrift 50 Jahre Bundesverfassungsgericht. Erster Band Verfassungsgerichtsbarkeit Verfassungsprozeß, 2001, zit.: Tomuschat, in: Badura/Dreier (Hrsg.), FS 50 Jahre BVerfG I, S. 261

Triantafyllou, Dimitris: Zur "Europäisierung" des Vertrauensschutzes (insbesondere § 48 VwVfG) – am Beispiel der Rückforderung staatlicher Beihilfen, NVwZ 1992, S. 436 ff., zit.: Triantafyllou, NVwZ 1992, S. 436 ff.

Trute, Hans-Heinrich: Öffentlich-rechtliche Rahmenbedingungen einer Informationsordnung, in: VVDStRL 57 (1998), zit.: Trute, in: VVDStRL 57 (1998), 216 ff.

Tysper, Stefan: Zur Rechtsfigur der Funktionslosigkeit von Bebauungsplänen als bauplanungsrechtliches Paradigma für die Derogation von Normen, BauR 2001, S. 350, zit.: Tysper, BauR 2001, S. 350

Uhle, Arnd: Verordnungsänderung durch Gesetz und Gesetzesänderung durch Verordnung?, DÖV 2001, S. 241 ff., zit.: Uhle, DÖV 2001, S. 241 ff.

Ule, Carl Hermann: Rechtsstaat und Verwaltung, VerwArch 76 (1985), S. 15 ff., zit.: Ule, VerwArch 76 (1985), S. 15 ff.

- Zur Anwendung unbestimmter Rechtsbegriffe im Verwaltungsrecht, in: Bachof, Otto/Drath, Martin/Gönnenwein, Otto/Walz, Ernst (Hrsg.), Forschungen und Berichte aus dem Öffentlichen Recht. Gedächtnisschrift für Walter Jellinek, 1955, zit.: Ule, in: Gedächtnisschrift f. Jellinek, S. 309 ff.

Ulsamer, Gerhard: Kommentierung zu § 80 BVerfGG, in: Maunz, Theodor/Schmidt-Bleibtreu, Bruno/Klein, Franz/Ulsamer, Gerhard/Bethge, Herbert/ Grasshof, Karin/Mellinghoft, Rudolf/von Coelln, Christian/ Rozek, Jochen, Bundesverfassungsgerichtsgesetz, Bd. 2, Stand: März 2006, zit.: Ulsamer, in: Maunz/Schmidt-Bleibtreu/Klein/ders., BVerfGG 2, § 80 Rn. 74, 79

Umbach, Dieter C.: Kommentierung zu § 1 BVerfGG, in: Umbach, Dieter C./Clemens, Thomas/Dollinger, Franz-Wilhelm (Hrsg.), Bundesverfassungsgerichtsgesetz, 2. Aufl. (2005), zit.: Umbach, in: ders./Clemens/Dollinger (Hrsg.), BVerfGG, § 1 Rn. 44

Unruh, Peter/Strohmeyer, Jochen: Die Pflicht zum Erlaß einer Rechtsverordnung – am Beispiel des Umweltrechts, Natur und Recht 1998, S. 229 ff., zit.: Unruh/Strohmeyer, NuR 1998, S. 229 ff.

Vogel, Klaus: Diskussionsbeitrag zu Deutsches und europäisches Verwaltungsrecht – wechselseitige Einwirkungen, VVDStRL 53 (1994), zit.: Vogel, Diskussionsbeitrag, in: VVDStRL 53 (1994), S. 242

- Gesetzgeber und Verwaltung, in: VVDStRL 24 (1966), zit.: Vogel, VVDStRL 24 (1966), S. 147

- Rechtssicherheit und Rückwirkung zwischen Vernunftrecht und Verfassungsrecht, JZ 1988, S. 838, zit.: Vogel, JZ 1988, S. 838

Volhard, Rüdiger: Amtspflichten bei nichtigen Bebauungsplänen – Zur „Verwerfungskompetenz" der Verwaltung, NVwZ 1986, S. 107, zit.: Volhard, NVwZ 1986, S. 107

von Bogdandy, Armin: Kommentierung zu Art. 10 EGV, in: Grabitz, Eberhard / Hilf, Meinhard (Hrsg.), Das Recht der Europäischen Union Band I EUV/EGV, Stand der 30. Lieferung, Juni 2006, zit.: von Bogdandy, in: Grabitz/Hilf (Hrsg.), Das Recht der Europäischen Union Bd. I, Art. 10 EGV Rn. 27

- Europäische Prinzipienlehre, in: von Bogdandy, Armin (Hrsg.), Europäisches Verfassungsrecht, 2003, zit.: von Bogdandy, in: ders. (Hrsg.), Europäisches Verfassungsrecht, S. 149 (163) ff.
- Gubernative Rechtsetzung, 2000, zit.: von Bogdandy, Gubernative Rechtsetzung, S. 339
von Danwitz, Thomas: Rechtaverordnungen, Jura 2002, S. 97, zit.: von Danwitz, Jura 2002, S. 97
- Verwaltungsrechtliches System und Europäische Integration, 1996, zit.: von Danwitz, Verwaltungsrechtliches System, S. 96
- Die Gestaltungsfreiheit des Verordnungsgebers. Zur Kontrolldichte verordnungsgeberischer Entscheidungen, Schriften zum Öffentlichen Recht Bd. 554, 1989, zit.: von Danwitz, Die Gestaltungsfreiheit, S. 51
von Münch, Ingo: Staatsrecht I, 6. Aufl., 2000, zit.: von Münch, Staatsrecht I, Rn. 344
von Mutius, Albert/Sperlich, Klaus: Prüfungen auf dem Prüfstand, DÖV 1993, S. 50 ff., zit.: v. Muttius/Sperlich, DÖV 1993, S. 50 ff.
von Unruh, Georg Christoph: Gebiet und Gebietskörperschaften als Organisationsgrundlagen nach dem Grundgesetz der Bundesrepublik Deutschland, DVBl. 1975, S. 2, zit.: von Unruh, DVBl. 1975, S. 2
Voßkuhle, Andreas: Kommentierung zu Art. 93 GG, in: v. Mangoldt, Hermann/Klein, Friedrich/Starck, Christian, Das Bonner Grundgesetz Kommentar. Bd. 3 Art. 79-146, 4. Aufl., 2001, zit.: *Voßkuhle*, in: v. Mangoldt/Klein/Starck (Hrsg.), GG 3, Art. 93 Rn. 121.
Waechter, Kay: Die Schutzgüter des Polizeirechts, NVwZ 1997, S. 730, zit.: Waechter, Kay, NVwZ 1997, S. 730
Wahl, Rainer: Risikobewertung der Exekutive und richterliche Kontrolle – Auswirkungen auf das Verwaltungs- und das gerichtliche Verfahren, NVwZ 1991, S. 412, zit.: Wahl, NVwZ 1991, S. 412
Walter, Christian: § 1 Geschichte und Entwicklung der Europäischen Grundrechte und Grundfreiheiten, in: Ehlers, Dirk (Hrsg.), Europäische Grundrechte und Grundfreiheiten, 2. Aufl., 2005, zit.: Walter, in: Ehlers (Hrsg.), Grundfreiheiten, § 1 Rn. 27
Weber, Albrecht: Kommentierung zu Art. 314 EGV, in: von der Groeben, Hans/Schwarze, Jürgen (Hrsg.), Kommentar zum Vertrag über die Europäische Union und zur Gründung der Europäischen Gemeinschaft Band 4 Art. 189-314 EGV, 6. Aufl., 2004, zit.: Weber, in: von der Groeben/Schwarze (Hrsg.), EU-/EG-Vertrag, Art. 314 EGV Rn. 18
- Rechtsfragen der Durchführung des Gemeinschaftsrechts in der Bundesrepublik. Osnabrücker Rechtswissenschaftliche Abhandlungen. Bd. 12, 1987, zit.: Weber, Rechtsfragen, S. 103 ff.
- Verwaltungskollisionsrecht der Europäischen Gemeinschaften im Lichte neuerer Rechtsentwicklungen, EuR 1986, S. 26, zit.: Weber, EuR 1986, S. 26
Wegener, Bernhard: Kommentierung zu Art. 234 EGV, in: Calliess, Christian/Ruffert, Matthias (Hrsg.), Kommentar zu EU-Vertrag und EG-Vertrag, 2. Aufl., 2002, zit.: Wegener, in: Calliess/Ruffert (Hrsg.), EUV u. EGV, Art. 234 EGV Rn. 12
Wegge, Georg: Zur verfassungsrechtlichen Abgrenzung unbestimmter Rechtsbegriffe von unzulässigen dynamischen Verweisungen am Beispiel der "betriebswirtschaftlichen Grundsätze" nach § 6 Abs. 2 Satz 1 KAG NW, DVBl. 1997, S. 650, zit.: Wegge, DVBl. 1997, S. 650.
Wehr, Matthias: Inzidente Normverwerfung durch die Exekutive. Zum kompetentiellen Verhältnis von Normsetzung und Normanwendung, Schriften zum Öffentlichen Recht Bd. 761, 1998, zit.: Wehr, Inzidente Normverwerfung, S. 21
- Grundfälle zu Vorrang und Vorbehalt des Gesetzes, JuS 1997 (Heft 3), S. 232, zit.: Wehr, JuS 1997, S. 232
- Grundfälle zu Vorrang und Vorbehalt des Gesetzes, JuS 1997 (Heft 5), S. 421, zit.: Wehr, JuS 1997, S. 421.

Weiß, Hans-Dietrich: Gehorsamspflicht und Remonstration. Zur Geltungsbereite des Remonstrationsrechts und zur Befolgungspflicht nicht remonstrationsfähiger Anordnungen, ZBR 1994, S. 325 ff., zit.: Weiß, ZBR 1994, S. 325 ff.

Weiß, Wolfgang: Kommentierung zu Art. 68 EGV, in: Streinz, Rudolf (Hrsg.), EUV/EGV, 2003, zit.: Weiß, in: Streinz, EUV/EGV, Art. 68 EGV Rn. 4

- Zur Wirkung von Richtlinien vor Ablauf der Umsetzungsfrist, DVBl. 1998, S. 572 ff., zit.: Weiß, DVBl. 1998, S. 572 f.

Wendt, Rudolf: Finanzhoheit und Finanzausgleich, in: Isensee, Josef / Kirchhof, Paul (Hrsg.), Handbuch des Staatsrechts. Bd. IV Finanzverfassung – Bundesstaatliche Ordnung, 1990, zit.: Wendt, in: Isensee/Kirchhof (Hrsg.), HdStR IV, § 104 Rn. 57 f.

- Die Einheit der Verwaltung als Rechtsproblem, NWVBl. 1987, S. 37, zit.: Wendt, NWVBl. 1987, S. 37.

Werle, Gerhard: Rückwirkungsverbot und Staatskriminalität, NJW 2001, S. 3002 f., zit.: Werle, NJW 2001, S. 3002 f.

Werner, Sascha: Das neue Bannmeilengesetz der „Berliner Republik", NVwZ 2000, S. 369 ff., zit.: Werner, NVwZ 2000, S. 369 ff.

Wernsmann, Rainer: Grundfälle zur verfassungsrechtlichen Zulässigkeit rückwirkender Gesetze, JuS 2000, S. 39 ff., zit.: Wernsmann, JuS 2000, S. 39 ff.

- Grundfälle zur verfassungsrechtlichen Zulässigkeit rückwirkender Gesetze, JuS 1999, S. 1177 ff., zit.: Wernsmann, JuS 1999, S. 1177 ff.

Weyreuther, Felix: Das Bundesbaurecht in den Jahren 1980, 1981 und 1982, DÖV 1983, S. 580, zit.: Weyreuther, DÖV 1983, S. 580

Wieland, Joachim: Kommentierung zu Art. 100 I GG, in: Dreier, Horst (Hrsg.), Grundgesetz Kommentar. Bd. III (Art. 83 - 146), 2000, zit.: Wieland, in: Dreier (Hrsg.), GG III, Art. 100 Rn. 5.

Wilke, Dieter: Bundesverfassungsgericht und Rechtsverordnungen, AöR 98 (1973), S. 234 f., zit.: Wilke, AöR 98 (1973), S. 234 f.

Winter, Gerd: Rechtsschutz gegen Behörden, die Umweltrichtlinien der EG nicht beachten, NuR 1991, S. 453, zit.: Winter, NuR 1991, S. 453

- Direktwirkung von EG-Richtlinien, DVBl. 1991, S. 666, zit.: Winter, DVBl. 1991, S. 666

Wirth, Steffen: Fehler des Bebauungsplans, BWGZ (Die Gemeinde. Gemeindetag Baden-Württemberg) 2000, S. 60 ff., zit.: Wirth, BWGZ 2000, S. 60 ff.

Wölk, Jonas: Die Umsetzung von Richtlinien der Europäischen Gemeinschaft. Eine rechtsvergleichende Untersuchung zum Recht der Bundesrepublik Deutschland, der französischen Republik und des Vereinigten Königrechts, 2002, zit.: Wölk, Die Umsetzung von Richtlinien, S. 19 ff.

Wohlfahrt, Jürgen: Kommentierung zu Art. 177 EWGV, in: Grabitz, Eberhard / Hilf, Meinhard (Hrsg.), Das Recht der Europäischen Union AltBand II Art. 137-248 (Maastrichter Fassung), EWGV (Römische Fassung), Stand der 30. Lieferung, Juni 2006, zit.: Wohlfahrt, in: Grabitz/Hilf (Hrsg.), Das Recht der Europäischen Union AltBd. II, Art. 177 EWGV Rn. 24

Wolff, Hans J.: Rechtsgrundsätze und verfassunggestaltende Grundentscheidungen als Rechtsquellen, in: Bachof, Otto / Drath, Martin / Gönnenwein, Otto / Walz, Ernst (Hrsg.), Forschungen und Berichte aus dem Öffentlichen Recht, Textlich unveränderte 2. Auflage (1964), zit.: H. J. Wolff, in: Gedächtnisschrift Jellinek, S. 39 ff., 47 ff.

Wolff, Hans J. / Bachof, Otto / Stober, Rolf: Verwaltungsrecht. Bd 1, 11. Aufl., 1999, zit.: Wolff/Bachof/Stober, VerwR 1, § 28 Rn. 23

Wolff, Heinrich Amadeus: Kommentierung zu Art. 123 GG, in: v. Mangoldt, Hermann/Klein, Friedrich/Starck, Christian, Das Bonner Grundgesetz Kommentar. Bd. 3 Art. 179-146, 4. Aufl., 2001, zit.: Wolff, in: v. Mangoldt/Klein/Starck (Hrsg.), GG 3, Art. 123 Rn. 29

Wollweber, Harand: Aktuelle Aspekte der konkreten Normenkontrolle durch das

Bundesverfassungsgericht, DÖV 1999, S. 413, zit.: Wollweber, DÖV 1999, S. 413
Zacker, Christian / Wernicke, Stephan: Examinatorium Europarecht, 3. Aufl. (2004), zit.: Zacker/Wernicke, Examinatorium EuR, S. 121 f.
Zierlein, Karl-Georg: Zur Prozeßverantwortung der Fachgerichte im Lichte der Verwerfungskompetenz des Bundesverfassungsgerichts nach Art. 100 Abs. 1 GG, zit.: Zierlein, in: FS Benda, S. 462
Zimmerling, Jürgen: : Kommentierung zu Anh. zu Art. 6 EUV, in: Lenz, Carl Otto/Borchardt, Klaus-Dieter (Hrsg.), EU- und EG- Vertrag, 3. Aufl. (2003), zit.: Zimmerling, in: Lenz/Borchardt (Hrsg.), Eu- und EG-Vertrag, Anh. zu Art. 6EUV Rn. 11, 13
Zittel, Thomas: Elektronische Demokratie – ein Demokratietypus der Zukunft?, Zeitschrift für Parlamentsfragen, 31. Jahrgang, 2000, S. 903 ff., zit.: Zittel, Zparl. 31 (2000), 903 ff.
Zuleeg, Manfred: Die föderativen Grundsätze der Europäischen Union, NJW 2000, S. 2849, zit.: Zuleeg, NJW 2000, S. 2849
- Frauen in die Bundeswehr, DÖV 1997, S. 1017 ff., zit.: Zuleeg, DÖV 1997, S. 1017 ff.
- Deutsches und europäisches Verwaltungsrecht – wechselseitige Einwirkungen, in: VVDStRL 53 (1994), S. 162 ff., zit.: Zuleeg, in: VVDStRL 53 (1994), S. 162 ff.
- Der Schutz der Menschenrechte im Gemeinschaftsrecht, DÖV 1992, S. 941, zit.: Zuleeg, DÖV 1992, S. 941
- Die Ermessensfreiheit des Verordnungsgebers, DVBl. 1970, S. 162 f., zit.: Zuleeg, DVBl. 1970, S. 162 f.
- Das Recht der Europäischen Gemeinschaften im innerstaatlichen Bereich, 1969, zit.: Zuleeg, Das Recht, S. 216

2. Koreanisch

Byen, Jeong-Il: Verfassungsbeschwerde für die Rechtsverordnungen, in: Koreanisches Verfassungsgericht (Hrsg.), Verfassungsrechtliche Gesammelte Abhandlungen Bd. 1 (1990), zit.: J.-I. Byen, in: VerfGeAbh. 1 (1990), S. 107
Chang, Young-Soo: Das Rechtsstaatsprinzip als elementares Prinzip des Verfassungsrechts, in: Rechtswissenschaft Anam Bd. 2 (1994. 8), zit.: Y.-S. Chang, in: Anam Bd. 2 (1994. 8), S. 157 ff.
Cho, Mun-Bu: Administrative Kontrolle für die Verwaltungsgesetzgebung, Goshigye 1996/12, S. 70, zit.: M.-B. Cho, Goshigye 1996/12, S. 70
Chung, Jae-Hwang: Verfassungsrechtliche Rechtsprechungen und Verwaltungspraxis, 2001, zit.: J.-H. Chung, Rechtsprechungen, S. 555 ff.
Chun, Jeong-Hwan: Rechtspolitische Betrachtung über die Einführung des abstakten Normenkontrollverfahrens, in: Studie über das Verfassungsrecht Bd. 1 (1995), zit.: J.-H. Chung, in: SV 1 (1995), S. 302 ff.
Chung, Jong-Seob: Verfassungsprozeßrecht, 2002, zit.: J.-S. Chung, VerfPR, S. 196
- Verfassungsauslegungskompetenz zwischen dem Koreanischen Verfassungsgericht und den Gerichten im Konkreten Normenkontrollverfahren, in: Koreanisches Verfassungsgericht (Hrsg.), Verfassungsrechtliche Gesammelte Abhandlungen Bd. 1 (1990), zit.: J.-S. Chung, in: VerfGeAbh. 1 (1990), S. 342
Chung, Yon-Woo: Prüfung über die Verfassungswidrigkeit für die Vorschriften des Verfassungsrechts, in: Untersuchung zum Öffentlichen Recht Bd. 19 (1991), zit.: Y.-W. Chung, in: ÖRUS 19 (1991), S. 140 f.
Hong, Jeong-Seon: Sondervorlesung zum Verwaltungsrecht, 4. Aufl. (2005), zit.: J.-S. Hong, Sondervorlesung zum VerwR, S. 32
- Koreanisches Verwaltungsrecht I, 12. Aufl. (2004), zit.: J.-S. Hong, VerwR I, Rn. 376
- Koreanisches Verwaltungsrecht II, 10. Aufl. (2002), zit.: J.-S. Hong, VerwR II, Rn. 587d

- Koreanisches Kommunalrecht, 2000, zit.: J.-S. Hong, KomR, Rn. 71 ff.
Hong, Kwang-Sik: Die Entscheidungskompetenz über die Verfassungswidrigkeit von Verordnungen und Vorschriften, in: Gerichtsbibliothek (Hrsg.), Material zur gerichtlichen Entscheidung Bd. 76 (1997), Verfassungsrechtliche Frage und Gerichtliche Entscheidung (II), zit.: K.-S. Hong, in: Gerichtsbibliothek (Hrsg.), MzgE 76 (1997), S. 310
Hong, Sung-Bang: Verfassungsrecht, 4. Aufl. (2003), zit.: S.-B. Hong, VerfR, Rn. 301
Huh, Young: Verfassungstheorie und Verfassungsrecht I, 12. Aufl. (1994), zit.: Y. Huh, VerfT und VerfR I, S. 278 ff.
- Verfassungstheorie und Verfassungsrecht II, 7. Aufl. (1991), zit.: VerfT und VerfR II, S. 166
- Verfassungstheorie und Verfassungsrecht III, 5. Aufl. (1992), zit.: Y. Huh, VerfT und VerfR III, S. 376
- Koreanisches Verfassungsrecht, 26. Aufl. (2003), zit.: Y. Huh, KVerfR, S. 145 f.
Hwang, Do-Soo: Das Verhältnis zwischen dem Koreanischen Verfassungsgericht und Koreanischen Obersten Gericht, Goshigye 1997/5, zit.: D.-S. Hwang, Goshigye 1997/5, S. 81 ff.
Lee, Sang-Tschol: Das Prinzip des Vertrauensschutzes im japanischen Verwaltungsrecht, in: Rechtswissenschaft Anam Bd. 3 (1995. 11), zit.: S.-T. Lee, in: Anam Bd. 3 (1995. 11), S. 287 ff.
Kang, Kee-Hong: Verfassungsrechtliche Betrachtung über die Anklage zur Amtsenthebung des koreanischen Staatspräsidenten vom 12. März, in: Studie für Öffentliche Rechtswissenschaft Bd. 5/1 (2004. 2), zit.: K.-H. Kang, in: SfÖR Bd. 5/1 (2004. 2), S. 213 ff.
- Grundstruktur des deutschen Lotterierechts, in: Hyang-Gi Kim (Hrsg.), Festschrift für Jong-Hyun Seok zum 60. Geburtstag, Rechtsfragen der modernen öffentlich-rechtlichen Theorie, 2003, zit.: K.-H. Kang, Grundstruktur, S. 281 ff.
Kay, Hee-Yol: Verfassungsrecht I, 4. Aufl. (2004), zit.: H.-Y. Kay, VerfR I, S. 348 ff.
- Verfassungsrecht II, 3. Aufl. (2004), zit.: H.-Y. Kay, VerfR II, S. 606
Kim, Dong-Hee: Verwaltungsrecht I, 10. Aufl. (2004), zit.: D.-H. Kim, VerwR I, S. 57 f.
- Verwaltungsrecht II, 10. Aufl. (2004), zit.: D.-H. Kim, VerwR II, S. 153 f.
Kim, Ju-Won: Das für den Gegenstand der konkreten Normenkontrolle gehaltene Gesetz, in: Untersuchung zur Rechtsprechungen Bd. 3 (1990), zit.: J.-W. Kim, in: RSUS 3 (1990), S. 241
Kim, Min-Hyun: Tendenz der Rechtsprechungen über das Prinzip des Vertrauensschutzes in der steuerlichen Verwaltung, in: Universität Busan Rechtsbeiträge Bd. 47 (1998. 12), zit.: M.-H. Kim, in: Uni. Busan Rechtsbeiträge Bd. 47 (1998. 12), S. 93 ff.
Kim, Nam-Jin: Verwaltungsrecht I, 6. Aufl. (2000), zit.: N.-J. Kim, VerwR I, S. 51 f.
- Verwaltungsrecht II, 6. Aufl. (2000), zit.: N.-J. Kim, VerwR II, S. 227
- Grundfragen des Verwaltungsrechts, 4. Aufl. (1994), zit.: N.-J. Kim, Grundfragen, S. 69 f.
- Normenkontrollkompetenz des Verwalutungsorgans, Worlgangoshi 1991/1, S. 45, 53, u. 50 f., zit.: N.-J. Kim, Worlgangoshi 1991/1, S. 45
Kim, Tschol-Soo: Verfassungsrecht, 15. Aufl. (2003), zit.: T.-S. Kim, VerfR, S. 198 f.
Kim, Tschol-Yong: Kommentierung zu § 1 KomR, in: ders. (Hrsg.), Kommentar Kommunalrecht, 1997, zit.: T.-Y. Kim, in: ders. (Hrsg.), KKomR, S. 23 f.
Kim, Youn-Tae: Das Rechtsstaatsprinzip im Steuerrecht, in: Universität Korea Rechtsbeiträge Bd. 33 (1997. 8), zit.: Y.-T. Kim, in: Uni. Korea Rechtsbeiträge Bd. 33 (1997. 8), S. 130 ff.
Kwon, Young-Sung: Verfassungsrecht, 5. Aufl. (2004), zit.: Y.-S. Kwon, VerfR, S. 151 ff.
Lee, Bang-Ki/Lim, Chong-Soo: Gesetzgebung im Rechtsstaat, in: Universität Chunnam Gesammelte Abhandlungen von Recht und Verwaltung 17 (1997), zit.: B.-K. Lee/C.-S. Lim, in: Uni. Chunnam 17 (1997), S. 22
Lee, Moo-Sung: Zweifels im Zusammenhang mit Art. 5 Zusatzvorschrift des Koreanischen

Verfassungsrechts und der Verwerfungskompetenz des Koreanischen Verfassungsgerichts für das verfassungswidrige Gesetz, in: Koreanisch Rechtsanwaltsverband (Hrsg.), Menschenrecht und Gerechtigkeit 152 (1989/4), zit.: M.-S. Lee, in: MG 152 (1989/4), S. 128 ff.

Lee, Sang-Gyu: Verwaltungsrecht I, 1997, zit.: S.-K. Lee, VerwR I, S. 119

Park, Jong-Bo: Verfassungsbeschwerde für Rechtsnormen, Seoul national Universtität1 Diss. (1994), zit.: J.-B. Park, Verfassungsbeschwerde, S. ii

Park, Kyun-Sung: Verwaltungsprozeßrecht, 2. Aufl. (2002), zit.: K.-S. Park, VerwPR, S. 34

- Gerichtliche Kontrolle für die Verwaltungsgesetzgebung, Goshigye 1996/12, S. 79, zit.: K.-S. Park, Goshigye 1996/12, S. 79 (Anm. 6)

Park, Soo-Hyuk: Kommentierung zu § 94 KomR, in: Tschol-Yong Kim (Hrsg.), Kommentar Kommunalrecht, 1997, zit.: S.-H. Park, in: T.-Y. Kim (Hrsg.), KKomR, S. 332

Ryu, Ji-Tae: Kommentierung zu § 155 KomR, in: Tschol-Yong Kim (Hrsg.), Kommentar Kommunalrecht, 1997, zit.: J.-T. Ryu, in: T.-Y. Kim (Hrsg.), KKomR, S. 529

Tschon, Byoung-Tae: Verwaltungsrecht, 3. Aufl. (2000), zit.: B.-T. Tschon, VerwR I, S. 138

- Kommentierung zu § 15 KomR, in: Tschol-Yong Kim (Hrsg.), Kommentar Kommunalrecht, 1997, zit.: B.-T. Tschon, in: T.-Y. Kim (Hrsg.), KKomR, S. 105

Entscheidungsregister

1. Europäischer Gerichtshof

- E 1955 / 1956, II-199 / 227 (Fédération Charbonnière de Belgique/Hohe Behörde)
  U. v. 16. 7. 1956, Rs. 8/55
- E 1957, 83 ff. (Algera u. a. /Gemeinsame Versammlung der EGKS)
  U. v. 12. 7. 1957, Verb. Rs. 7/56 und 3 bis 7/57
- E 1963, 1 / 15 (Van Gend & Loos) U. V. 5. 2. 1963, Rs. 26/62
- E 1963, 1 / 15 f. (Van Gend & Loos)
- E 1964, 1251 / 1269 (Costa/E.N.E.L.) U. v. 15. 7. 1964, Rs. 6/64
- E 1964, 1251 / 1269 f. (Costa/E.N.E.L.)
- E 1964, 1251 / 1269 ff. (Costa/E.N.E.L.)
- E 1964, 1251 / 1270 (Costa/E.N.E.L.)
- E 1966, 257 / 265 f. (Lütticke) U. v. 16. 6. 1966, Rs. 57/65
- E 1968, 678 / 692 (Salgoil) U. V. 19. 12. 1968, Rs. 13/68
- E 1969, 1 / 13 f. Rn. 4 ff. (Walt Wilhelm) U. v. 13. 2. 1969, Rs. 14/68
- E 1970, 825 / 838 (Grad / Finanzamt Traunstein) U. v. 6. 10. 1970, Rs. 9/70
- E 1970, 1125 / 1171 (Einfuhr- und Vorratstelle Getreide / Köster)
  U. v. 17. 12. 1970, Rs. 25/70
- E 1972, 529 / 534 f. Rn. 5/10 (Kommission/Italien) U. v. 13. 7. 1972, Rs. 48/71
- E 1973, 1329 / 1333 Rn. 2 (Vandeweghe/Berufsgenossenschaft chemische Industrie)
  U. v. 27. 11. 1973, Rs. 130/73
- E 1974, 33 / 38 Rn. 2 (Rheinmühlen/Einfuhr- und Vorratsstelle Getreide)
  U. v. 16. 1. 1974, Rs. 166/73
- E 1974, 33 / 38 f. Rn. 4 (Rheinmühlen/Einfuhr- und Vorratsstelle Getreide)
- E 1974, 359 / 371 Rn. 34 f. (Kommission/Französische Republik)
  U. v. 4. 4. 1974, Rs. 167/73
- E 1974, 1337 / 1349 Rn. 13/14 (van Duyn/Home Office)U. v. 4. 12. 1974, Rs. 41/74
- E 1976, 1989 / 1998 Rn. 5 (Rewe/Landwirtschaftskammer Saarland)
  U. v. 16. 12. 1976, Rs. 33/76
- E 1977, 957 / 972 Rn. 5 (Hoffmann-La Roche/Centrafarm)
  U. v. 24. 5. 1977, Rs. 107/76
- E 1978, 99 / 115 Rn. 22/27 (Zerbone / Amministrazione delle Finanze dello Stato)
  U. v. 31. 1. 1978, Rs. 94/77
- E 1978, 629 / 644 Rn. 17/18 (Staatliche Finanzverwaltung/Simmenthal)
  U. v. 9. 3. 1978, Rs. 106/77
- E 1978, 629 / 644 f. Rn. 21/23 (Staatliche Finanzverwaltung/Simmenthal)
- E 1978, 1307 / 1311 Rn. 1 (Kommission/Italian) U. v. 6. 6. 1978, Rs. 147/77
- E 1978, 1771 / 1778 Rn. 9/14 (INAMI/Viola) U. v. 5. 10. 1978, Rs. 26/78
- E 1979, 623 / 636 f. Rn. 4 ff. (Granaria/Hoofdproduktschap voor Akkerbouwprodukten)
  U. v. 13. 2. 1979, Rs. 101/78
- E 1979, 623 / 638 Rn. 14 (Granaria/Hoofdproduktschap voor Akkerbouwprodukten)
- E 1979, 1129 / 1135 Rn. 11 (Sauders) U. v. 28. 3. 1979, Rs. 175/78
- E 1979, 1629 / 1630 Lts. Rn.1 (Ratti) U. v. 5. 4. 1979, Rs. 148/78
- E 1979, 1629 / 1642 Rn. Rn. 24 (Ratti)
- E 1979, 1629 / 1645 Rn. 44 (Ratti)
- E 1980, 1205 / 1223 Rn. 16 (Amministrazione delle Finanze dello Stato/Denkavit italiana)
  U. v. 27. 3. 1980, Rs. 61/79
- E 1981, 1805 / 1837 f. Rn. 41 (Rewe/Hauptzollamt Kiel)U. v. 7. 7. 1981, Rs. 158/80

- E 1981, 3045 / 3062 Rn. 14 (Foglia/Novello) U. v. 16. 12. 1981, Rs. 244/80
- E 1982, 53 / 70 Rn. 18 (Becker/Finanzamt Münster Innenstadt)
U. v. 19. 1. 1982, Rs. 8/81
- E 1982, 53 / 71 Rn. 25 (Becker/ Finanzamt Münster Innenstadt)
- E 1982, 3415 / 3428 ff. Rn. 6 ff. (C.I.L.F.I.T./Ministero della sanità)
U. v. 6. 10. 1982, Rs. 283/81
- E 1982, 3415 / 3428 Rn. 7 (C.I.L.F.I.T./Ministero della sanità)
- E 1982, 3415 / 3429 Rn. 14 (C.I.L.F.I.T./Ministero della sanità)
- E 1982, 3415 / 3430 Rn. 16 (C.I.L.F.I.T./Ministero della sanità)
- E 1983, 2727 / 2728 Lts. Rn. 2 (Ministère Public/Auer) U. v. 22. 9. 1983, Rs. 271/82
- E 1983, 2727 / 2741 Rn. 8 (Ministère Public/Auer)
- E 1984, 19 / 62 Rn. 33 f. (VBVB und VBBB/Kommission)
U. v. 17. 1. 1984, Verb. Rs. 43 und 63/82
- E 1984, 1891 / 1909 Rn. 26 (von Colson und Kamann/Land Nordrhein-Westfalen)
U. v. 10. 4. 1984, Rs. 14/83
- E 1984, 1891 / 1909 Rn. 28
- E 1984, 1921 / 1942 f. Rn. 26 ff. (Harz/Deutsche Tradax)
U. v. 10. 4. 1984, Rs. 79/83
- E 1984, 1921 / 1942 f. Rn. 28 (Harz/Deutsche Tradax)
- E 1984, 2539 / 2546 Rn. 7 (Moser/Land Baden-Württemberg)
U. v. 28. 6. 1984, Rs. 180/83
- E 1986, 723 / 748 Rn. 46 (Marshall/ Southampton and South-West Hampshire Area Health Authority) U. v. 26. 2. 1986, Rs. 152/84
- E 1986, 723 / 749 Rn. 48 f. (Marshall/Southampton and South-West Hampshire Area Health Authority)
- E 1986, 1339 / 1365 Rn. 23 (Les Verts/Parlament) U. v. 23. 4. 1986, Rs. 294/83
- E 1986, 2945 / 2961 Rn. 13 (Kommission/Italien) U. v. 15. 10. 1986, Rs. 168/85
- E 1987, 1227 / 1270 Rn. 29 ff. (Kommission / Deutschland)
U. V. 12. 3. 1987, Rs. 178/84
- E 1987, 2141 / 2159 Rn. 24 (Traen)
U. V. 12. 5. 1987, Verb. Rs. 372 bis 374/85
- E 1987, 2289 / 2339 Rn. 19 (Rau/Balm)
U. v. 21. 5. 1987, Verb. Rs. 133 bis 136/85
- E 1987, 3969 / 3985 Rn. 9 (Kolpinghuis Nijmegen) U. v. 8. 10. 1987, Rs. 80/86
- E 1987, 3969 / 3986 f. Rn. 12 ff. (Kolpinghuis Nijmegen)
- E 1987, 4199 / 4230 f. Rn. 14 f. (Foto-Frost/Hauptzollamt Lübeck-Ost)
U. v. 22. 10. 1987, Rs. 314/85
- E 1987, 4199 / 4231 Rn. 15 (Foto-Frost/Hauptzollamt Lübeck-Ost)
- E 1988, 4635 / 4662 Rn. 39 (Beetjes/Niederländischer Staat)
U. v. 20. 9. 1988, Rs. 31/87
- E 1988, 4687 / 4722 Rn. 23 (Moormann BV) U. v. 20. 9. 1988, Rs. 190/87
- E 1989, 143 / 165 Rn. 6 (Kommission/Italien) U. v. 2. 2. 1989, Rs. 22/87
- E 1989, 1263 / 1290 f. Rn. 11 ff. (Kommission/Deutschland)
U. v. 18. 5. 1989, Rs. 249/86
- E 1989, 1839 ff. (Fratelli Costanzo/Stadt Mailand) U. v. 22. 6. 1989, Rs. 103/88
- E 1989, 1839 / 1870 f. Rn. 28 ff. (Fratelli Costanzo/Stadt Mailand)
- E 1989, 1839 / 1870 f. Rn. 30 ff. (Fratelli Costanzo/Stadt Mailand)
- E 1989, 1839 / 1871 Rn. 32 (Fratelli Costanzo/Stadt Mailand)
- E 1989, 2609 / 2639 f. Rn. 19 ff. (Wachauf/Bundesamt für Ernährung und Forstwirtschaft)
U. v. 13. 7. 1989, Rs. 5/88
- E 1990, I-851 / 880 Rn. 6 (Kommission/Niederlande) U. v. 15. 3. 1990, Rs. C-339/87

- E 1990, I-2433 / 2473 Rn. 20 (Factortame) U. v. 19. 6. 1990, Rs. C-213/89
- E 1990, I-3313 / 3346 Rn. 11 (Foster u. a.) U. v. 12. 7. 1990, Rs. C-188/89
- E 1990, I-3351 / 3353 (Kommission / Deutschland) B. v. 12. 7. 1990, Rs. C-195/90 R
- E 1990, I-3437 / 3456 f. (Kommission/Deutschland) U. v. 20. 9. 1990. Rs. C-5/89
- E 1990, I-4185 / 4207, Rn. 8 ff. (di Leo) U. v. 13. 11. 1990, Rs. C-308/89
- E 1991, I-297 / 320 f. Rn. 17 ff. (Nimz) U. v. 7. 2. 1991, Rs. C-184/89
- E 1991, I-791 / 813 Rn. 1 (Kommission/Italien) U. v. 20. 9. 1991, Rs. C-360/87
- E 1991, I-3757 / 3798 f. Rn. 15 f. (Verholen) U. v. 11. 7. 1991, Rs. C-87/90, C-88/90 u. C-89/90
- E 1991, I-4069 / 4097 Rn. 30 f. (Kommission/Niederlande) U. v. 25. 7. 1991, Rs. C-353/89
- E 1991, I-5357 / 5408 Rn. 12 (Francovich u.a.) U. v. 19. 11. 1991, Verb. Rs. C-6/90 und C-9/90
- E 1991, I-5357 / 5415 Rn. 38 ff. (Francovich u. a.)
- E 1991, I-6099 / 6102 Rn. 21 (Gutachten 1/91 vom 14. 12. 1991)
- E 1993, I-1277 / 1304 Rn. 16 (Corbiau) U. v. 30. 3. 1993, Rs. C-24/92
- E 1993, I-6787 / 6820 Rn. 8 (Hünermund U.A.) U. v. 15. 12. 1993, Rs. C-292/92
- E 1993, I-6911 / 6932 Rn. 21 (Wagner Miret) U. v. 16. 12. 1993, Rs. C-334/92
- E 1993, I-6911 / 6932 Rn. 22 (Wagner Miret)
- E 1994, I-2555 / 2647, Rn. 49 (Kommission/BASF U. A.) U. v. 15. 6. 1994, Rs. C-137/92 P
- E 1994, I-3325 / 3357 Rn. 26 (Faccini Dori) U. v. 14. 7. 1994, - Rs. C-91/92
- E 1995, I-3361 / 3387 Rn. 11 (Job Centre) U. v. 19. 10. 1995, Rs. C-111/94
- E 1995, I-3361 / 3387 Rn. 11 f. (Job Centre)
- E 1996, I-1029 / 1148 Rn. 46 (Brasserie du pêcheur und Factortame) U. v. 5. 3. 1996, Verb. Rs. C-46/93 und C-48/93
- E 1996, I-1281 / 1300 Rn. 8 (El Corte Inglés) U. v. 7. 3. 1996, Rs. C-192/94
- E 1996, I-1631 / 1668 Rn. 40 (British Telecommunications) U. v. 26. 3. 1996, Rs. C-392/93
- E 1996, I-2143 / 2165 Rn. 22 (P./S.) U. v. 30. 4. 1996, Rs. C-13/94
- E 1996, I-4705 / 4730 Rn. 41 (Arcaro) U. v. 26. 9. 1996, Rs. C-168/95
- E 1996, I-4705 / 4730 f. Rn. 39 f., 43 (Arcaro)
- E 1996, I-4845 / 4879 f. Rn. 25 (Dillenkofer u. a.) U. v. 8. 10. 1996, Rs. C-178/94, C-179/94, C-188/94, C-189/94 u. C-190/94
- E 1996, I-5063 / 5101 Rn. 50 (Denkavit u. a.) U. v. 17. 10. 1996, Rs. C-291/94 u. C-292/94
- E 1997, I-1591 ff. (Alcan Deutschland) U. v. 20. 3. 1997, Rs. C-24/95
- E 1997, I-1653 / 1679 Rn. 35 (Kommission/Deutschland) U. v. 20. 3. 1997, Rs. C-96/95
- E 1997, I-3689 / 3715 Rn. 18 (Familiapress) U. v. 26. 6. 1997, Rs. C-368/95
- E 1997, I-4161 / 4202 Rn. 34 (Leur-Bloem) U. v. 17. 7. 1997, Rs. C-28/95
- E 1997, I-4291 / 4304 Rn. 28 (Giloy) U. v. 17. 7. 1997, Rs. C-130/95
- E 1997, I-6749 / 6757 Rn. 8 (Kommission/Deutschland) U. v. 27. 11. 1997, Rs. C-137/96
- E 1997, I-6869 / 6884 Rn. 26 (Kommission/Italien) U. v. 4. 12. 1997, Rs. C-207/96
- E 1997, I-6907 / 6939 Rn. 46 (Kampelmann u. a.) U. v. 4. 12. 1997, Verb. Rs. C-253/96 bis C-258/96
- E 1997, I-7337 / 7349 Rn. 13 (Kommission/Königreich Spanien) U. v. 18. 12. 1997, Rs. C-360/95
- E 1997, I-7411 / 7423 Rn. 45 (Inter-Environnement Wallonie) U. v. 18. 12. 1997, Rs. C-129/96
- E 1997, I-7493 / 7510 Rn. 13 (Annibaldi) U. v. 18. 12. 1997, Rs. C-309/96

- E 1998, I-1531 / 1599 f. Rn. 109 (Norbrook Laboratories) U. v. 2. 4. 1998, Rs. C-127/95
- E 1998, I-3603 / 3648 Rn. 32 f. (Hermès) U. v. 16. 6. 1998, Rs. C-53/96
- E 1998, I-4695 / 4724 f. Rn. 31 ff. (ICI) U. v. 16. 7. 1998, Rs. C-264/96
- E 1998, I-4695 / 4725 Rn. 34 (ICI)
- E 1998, I-4799 / 4834 Rn. 36 (Silhouette International Schmied) U. v. 16. 7. 1998, Rs. C-355/96
- E 1998, I-4951 / 4990 Rn. 34 (Edis) U. v. 15. 9. 1998, Rs. C-231/96
- E 1998, I-5199 / 5219 Rn. 18 (Coote) U. v. 22. 9. 1998, Rs. C-185/97
- E 1998, I-5255 / 5281 Rn. 26 (Brinkmann) U. v. 24. 9. 1998, Rs. C-319/96
- E 1998, 6307 / 6312 Rn. 18 ff. (IN.CO.GE'90 U.A.) U. v. 22. 10. 1998, Rs. C-10/97 bis C-22/97
- E 1999, I-579 / 611 f. Rn. 25 f. (Dilexport) U. v. 9. 2. 1999, Rs. C-343/96
- E 1999, I-1103 / 1134 Rn. 48 (Carbonari u. a.) U. v. 25. 2. 1999, Rs. C-131/97
- E 1999, I-2023 / 2049 Rn. 18 (Kommission/Vereinigtes Königreich) U. v. 22. 4. 1999, Rs. C-340/96
- E 1999, I-3143 / 3166 Rn. 13 (Kortas) U. V. 1. 6. 1999, Rs. C-319/97
- E 1999, I-7773 / 7828 Rn. 85 (Kommission/Italien) U. v. 9. 11. 1999, Rs. C-365/97
- E 2000, I-69 / 91 Rn. 33 ff. (Kreil) U. v. 11. 1. 2000, Rs. C-285/98
- E 2000, I-69 / 101 Rn. 9 (Kreil)
- E 2000, I-69 / 102 Rn. 12 (Kreil)
- E 2000, I-69 / 107 Rn. 29 f. (Kreil)
- E 2000, I-69 / 107 Rn. 32 (Kreil)
- E 2000, I-4941 / 4961 Rn. 38 (Océano Grupo Editorial und Salvat Editores) U. v. 27. 6. 2000, Rs. C-240/98 bis C-244/98
- E 2000, I-4941 / 4975 Rn. 30 (Océano Grupo Editorial und Salvat Editores)
- E 2000, I-6659 / 6700 Rn. 23 (Collino und Chiappero) U. v. 14. 9. 2000, Rs. C-343/98
- E 2001, I-7079 / 7168 Rn. 70 (Niederlande/Parlament und Rat) U. v. 9. 10. 2001, Rs. C. 377/98
- E 2004, I-723 / 767 f. Rn. 65, 67 (Wells) U. v. 7. 1. 2004, Rs. C-201/02
- E 2004, I-723 / 768 Rn. 65 (Wells)
- E 2004, I-723 / 768 Rn. 67 (Wells)

- EuGH, U. v. 11. 11. 1999 – C-184/97 -, DVBl. 2000, S. 184 ff.
- EuGH, U. v. 23. 9. 2003 – Rs. C-192/02 (Kommission/Königreich Dänemark), EuZW 2004, S. 30 ff.

2. Bundesverfassungsgericht

- E 1, 14 / 16 B. v. 12. 10. 1951 – 1 BvR 201/51 -
- E 1, 14 / 45
- E 1, 144 / 148 U. v. 6. 3. 1952 – 2 BvE 1/51 -
- E 1, 144 / 149
- E 1, 184 / 189 U. v. 20. 3. 1952 – 1 BvL 12, 15, 16, 24, 28/51 -
- E 1, 184 / 196
- E 1, 184 / 197
- E 1, 184 / 197 f.
- E 1, 184 / 199 f.

- E 20, 56 / 91	U. v. 19. 7. 1966 – 2 BvF 1/65 -
- E 22, 1 / 11	B. v. 3. 5. 1967 – 2 BvR 134/63 -
- E 22, 1 / 12	
- E 22, 293 / 295	B. v. 18. 10. 1967 – 1 BvR 248/63 und 216/67 -
- E 22, 293 / 296	
- E 22, 330 / 346	B. v. 15. 11. 1967 – 2 BvL 7, 20, 22/64 -
- E 22, 373 / 378	B. v. 29. 11. 1967 – 1 BvL 16/63 -
- E 23, 12 / 32	B. v. 19. 12. 1967 – 2 BvL 4/65 -
- E 24, 170 / 173	B. v. 1. 10. 1968 – 2 BvL 8/68 -
- E 24, 174 / 179 f.	B. v. 2. 10. 1968 – 1 BvF 3/65 -
- E 24, 184 / 197	B. v. 9. 10. 1968 – 2 be 2/66 -
- E 24, 220 / 229	B. v. 16. 10. 1968 – 1 BvL 7/62 -
- E 24, 220 / 230 f.	
- E 25, 216 / 227	B. v. 12. 2. 1969 – 1 BvR 687/62 -
- E 25, 216 / 228	
- E 26, 116 / 135	B. v. 4. 6. 1969 – 2 BvR 173, 295, 659, 660, 726, 735/66 -
- E 26, 338 / 365 ff.	B. v. 15. 7. 1969 – 2 BvF 1/64 -
- E 26, 338 / 366 f.	
- E 28, 119 / 143	B. v. 18. 3. 1970 – 2 BvO 1/65 -
- E 29, 11 / 17	B. v. 9. 6. 1970 – 2 BvL 16/68 -
- E 29, 198 / 210	B. v. 13. 10. 1970 – 2 BvR 618/68 -
- E 30, 1 / 27 f.	U. v. 15. 12. 1970 – 2 BvF 1/69, 2 BvR 629/68 und 308/69 -
- E 30, 170 / 171 f.	B. v. 9. 2. 1971 – 1 BvL 27/70 -
- E 30, 292 / 332	B. v. 16. 3. 1971 – 1 BvR 52, 665, 667, 754/66 -
- E 30, 367 / 385	B. v. 23. 3. 1971 – 2 BvL 2/66, 2 BvR 168, 196, 197, 210, 472/66 -
- E 30, 367 / 386	
- E 30, 392 / 401	B. v. 23. 3. 1971 – 2 BvL 17/69 -
- E 30, 392 / 402	
- E 31, 145 / 173 f.	B. v. 9. 6. 1971 – 2 BvR 225/69 -
- E 31, 145 / 174 f.	
- E 31, 145 / 174 ff.	
- E 31, 275 / 293	B. v. 8. 7. 1971 – 1 BvR 766/66 -
- E 31, 357 / 362 f.	B. v. 27. 7. 1971 – 2 BvL 9/70 -
- E 33, 1	B. v. 14. 3. 1972 – 2 BvR 41/71 -
- E 33, 1 / 13	
- E 33, 125 / 156	B. v. 9. 5. 1972 – 1 BvR 518/62 und 308/64 -
- E 33, 125 / 156 ff.	
- E 33, 303 / 329 ff.	U. v. 18. 7. 1972 – BvL 32/70 und 25/71 -
- E 34, 52 / 58 ff.	B. v. 10. 10. 1972 – 2 BvL 51/69 -
- E 34, 52 / 59	
- E 34, 165 / 192 f.	U. v. 6. 12. 1972 – 1 BvR 230/70 und 95/71 -
- E 35, 79 / 115	U. v. 29. 5. 1973 – BvR 424/71 und 325/72 -
- E 36, 342 / 356	B. v. 29. 1. 1974 – 2 BvL 1/69 -
- E 36, 342 / 363	
- E 36, 342 / 365 f.	
- E 37, 191 / 196 f.	B. v. 8. 2. 1983 – 1 BvL 20/81 -
- E 37, 271 / 280	B. v. 29. 5. 1974 – 2 BvL 52/71 -
- E 37, 271 / 280 f.	
- E 37, 271 / 280 ff.	
- E 37, 271 / 281 f.	
- E 37, 271 / 291 ff.	

- E 40, 237 / 247	B. v. 28. 10. 1975 – 2 BvR 883/73 u. 379, 497, 526/74 -
- E 40, 237 / 249	
- E 40, 237 / 253	
- E 40, 276	B. v. 29. 10. 1975 – 2 BvR 812/73 -
- E 41, 251 / 259 f.	B. v. 27. 1. 1976 – 1 BvR 2325/73 -
- E 41, 251 / 265 f.	
- E 41, 251 / 266	
- E 42, 42 / 49 f.	B. v. 24. 3. 1976 – 1 BvL 7/74 -
- E 42, 263 / 283	U. v. 8. 7. 1976 – 1 BvL 19 und 20/75, 1 BvR 148/75 -
- E 42, 374 / 395 f.	B. v. 12. 10. 1976 – 1 BvR 197/73 -
- E 43, 242 / 288 f.	U. v. 9. 11. 1976 – 1 BvR 79, 278, 282/70 -
- E 44, 216 / 226	B. v. 23. 3. 1977 – 2 BvR 812/74 -
- E 44, 308	B. v. 10. 5. 1977 – 2 BvR 705/75 -
- E 44, 308 / 314 f.	
- E 44, 322 / 350 f.	B. v. 24. 5. 1977 – 2 BvL 11/74 -
- E 45, 1 / 34	U. v. 25. 5. 1977 – 2 BvE 1/74 -
- E 45, 142 / 167 f.	B. v. 8. 6. 1977 – 2 BvR 499/74 u. 1042/75 -
- E 45, 142 / 173	
- E 45, 393 / 399	B. v. 22. 6. 1977 – 1 BvL 23/75 -
- E 45, 400 / 417 f.	B. v. 22. 6. 1977 – 1 BvR 799/76 -
- E 47, 46 / 79	B. v. 21. 12. 1977 – BvL 1/75, 1 BvR 147/75 -
- E 47, 109 / 120	B. v. 17. 1. 1978 – 1 BvL 13/76 -
- E 47, 285 / 311 ff.	B. v. 1. 3. 1978 – 1 BvR 786, 793/70, 168/71 und 95/73 -
- E 47, 285 / 312 ff.	
- E 48, 40 / 45	B. v. 1. 3. 1978 – 1 BvL 20/77 -
- E 48, 210 / 221	B. v. 19. 4. 1978 – 2 BvL 2/75 -
- E 49, 70 / 85	B. v. 2. 8. 1978 – 2 BvK 1/77 -
- E 49, 89 / 125	B. v. 8. 8. 1978 – 2 BvL 8/77 -
- E 49, 89 / 126	
- E 49, 89 / 126 f.	
- E 49, 89 / 126 ff.	
- E 49, 89 / 133 ff.	
- E 49, 89 / 134	
- E 49, 168 / 181	B. v. 26. 9. 1978 – 1 BvR 525/77 -
- E 49, 168 / 186	B. v. 26. 9. 1978 – 1 BvR 525/77 -
- E 49, 343 / 362	B. v. 12. 10. 1978 – 2 BvR 154/74 -
- E 50, 177 / 193	B. v. 17. 1. 1979 – 1 BvR 446, 1174/77 -
- E 51, 268 / 287	B. v. 13. 6. 1979 – 1 BvR 699/77 -
- E 51, 268 / 288	
- E 52, 1 / 17	B. v. 12. 6. 1979 – 1 BvL 19/76 -
- E 52, 95 / 112	U. v. 24. 7. 1979 – 2 BvK 1/78 -
- E 52, 187 / 199	B. v. 25. 7. 1979 gemäß § 24 BVerfG – 2 BvL 6/77 -
- E 52, 187 / 200	
- E 52, 187 / 201	
- E 53, 30 / 56 f.	B. v. 20. 12. 1979 – 1 BvR 385/77 -
- E 53, 336 / 351	B. v. 12. 3. 1980 – 1 BvR 643, 644/77 -
- E 54, 11 / 37	B. v. 26. 3. 1980 – 1 BvR 121, 122/76 -
- E 54, 47 / 51	B. v. 15. 4. 1980 – 2 BvL 7/77 –
- E 55, 185 / 203 f.	B. v. 18. 11. 1980 – 1 BvR 228, 311/73 -
- E 55, 207 / 225 f.	B. v. 25. 11. 1980 – BvL 7, 8, 9/76 -
- E 56, 1 / 12	B. v. 8. 1. 1981 – 2 BvL 3, 9/77 -

- E 84, 9 / 21 f.	B. v. 5. 3. 1991 – BvL 83/86 und 24/88 -
- E 84, 133 / 149	U. v. 24. 4. 1991 – 1 BvR 1341/90 -
- E 84, 304 / 321 f.	U. v. 16. 7. 1991 – 2 BvE 1/91 -
- E 85, 69 / 74 f.	B. v. 23. 10. 1991 – 1 BvR 850/88 -
- E 85, 191 / 204	U. v. 28. 1. 1992 – 1 BvR 1028/82, 1 BvL 16/83 und 10/91 -
- E 85, 191 / 205	
- E 86, 52 / 57	B. v. 7. 4. 1992 – 1 BvL 19/91 -
- E 86, 71 / 77	B. v. 12. 5. 1992 – 1 BvL 7/89 -
- E 86, 288 / 311	B. v. 3. 6. 1992 – 2 BvR 1041/88, 78/89 -
- E 88, 103 / 116	B. v. 2. 3. 1993 – 1 BvR 1213/85 -
- E 88, 118 / 124	B. v. 3. 1993 – 1 BvR 249/92 -
- E 88, 384 / 403	B. v. 25. 5. 1993 – 1 BvR 1509, 1648/91 -
- E 88, 384 / 403 f.	
- E 88, 384 / 406 ff.	
- E 89, 48 / 66	B. v. 23. 6. 1993 – 1 BvR 133/89 -
- E 89, 69 / 84 f.	B. v. 24. 6. 1993 – 1 BvR 689/92 -
- E 89, 155 ff.	U. v. 12. 10. 1993 – 2 BvR 2134, 2159/92 -
- E 89, 155 / 175	
- E 89, 155 / 188	
- E 89, 155 / 210	
- E 90, 1 / 16 f. 1	B. v. 11. 1. 1994 – 1 BvR 434/87 -
- E 90, 1 / 16 ff.	
- E 91, 1 / 34 ff.	B. v. 16. 3. 1994 – 2 BvL 3/90, 4/91 u. 2 BvR 1537/88, 400/90, 349/91, 387/92 -
- E 91, 148 / 167	B. v. 11. 10. 1994 – 1 BvR 337/92 -
- E 92, 1 / 12	B. v. 10. 1. 1995 – 1 BvR 718, 719, 723/89 -
- E 92, 26 / 27	U. v. 10. 01. 1995 – 1 BvF 1/90, 1 BvR 342, 348/90 -
- E 92, 191 / 197	B. v. 7. 3. 1995 – 1 BvR 1564/92 -
- E 92, 262 / 272	B. v. 26. 4. 1995 – 1 BvL 19/94 und 1 BvR 1454/94 -
- E 92, 277 / 325	B. v. 15. 5. 1995 – 2 BvL 19/91, 2 BvR 1206, 1584/91 und 2601/93 -
- E 92, 365 / 409 f.	U. v. 4. 7. 1995 – 1 BvF 2/86 und 1, 2, 3, 4/87 und 1 BvR 1421/86 -
- E 93, 1 / 25	B. v. 16. 5. 1995 – 1 BvR 1087/91 -
- E 93, 99 / 107 ff.	B. v. 20. 6. 1995 – 1 BvR 166/93 -
- E 93, 121 / 131	B. v. 22. 6. 1995 – 2 BvL 37/91 -
- E 93, 373 / 376	B. v. 16. 01. 1996 – 2 BvL 4/95 -
- E 94, 241 / 258	B. v. 12. 3. 1996 – 1 BvR 609, 692/90 -
- E 94, 372 / 394	B. v. 22. 5. 1996 – 1 BvR 744/88, 60/89, 1519/9/ -
- E 95, 1 / 16	B. v. 17. 7. 1996 – 2 BvF 2/93 -
- E 95, 64 / 86	B. v. 15. 10. 1996 – 1 BvL 44, 48/92 -
- E 95, 64 / 86 ff.	
- E 95, 96 / 130	B. v. 24. 10. 1996 – 2 BvR 1851, 1875, 1852/94 -
- E 95, 267 / 307	U. v. 8. 4. 1997 – 1 BvR 48/94 -
- E 97, 67 / 78 f.	B. v. 3. 12. 1997 – 2 BvR 882/97 -
- E 97, 67 / 79 f.	
- E 97, 117 / 122	B. v. 21. 12. 1997 – 2 BvL 6/95 -
- E 97, 117 / 122 f.	
- E 97, 271 / 289	B. v. 18. 2. 1998 – BvR 1318, 1484/86 -
- E 97, 350 ff.	B. V. 31. 3. 1998 – 2 BvR 1877/97 und 50/98 -
- E 98, 83 / 97	U. v. 7. 5. 1998 – 2 BvR 1876/91, 1083, 2188, 2200/92, 2624/94 -
- E 98, 106 / 118 f.	U. v. 7. 5. 1998 – 2 BvR 1991, 2004/95 -
- E 98, 218 / 251	U. v. 14. 7. 1998 – 1 BvR 1640/97 -

- E 98, 265 / 301 U. v. 27. 10. 1998 – 1 BvR 2306, 2314/96, 1108, 1109, 1110/97 -
- E 102, 147 B. V. 7. 6. 2000 – 2 BvL 1/97 -
  - BVerfG, U. v. 12. 10 1993 – 2 BvR 2134/92, 2 BvR 2159/92 -. EuGRZ 1993, S. 443
  - BVerfG, B. v. 26. 4. 1995 – 2 BvR 760/95 – EuZW 1995, S. 413
  - BVerfG, B. v. 6. 8. 1996 – 1 BvR 1600/96 -. NVwZ 1997, S. 781 f.
  - BVerfG, U. v. 7. 5. 1998 – 2 BvR 1991/95 u. 2004/95 -.
  - BVerfG, U. v. 7. 5. 1998 – 2 BvR 1876/91, 2 BvR 1083/92 u. a. -.
  - BVerfG, U. v. 7. 5. 1998 – 2 BvR 1991/95 u. 20004/95 -. NJW 1998, S. 2342
  - BVerfG, B. v. 25. 1. 2000 – 1 BvL 30/97 -. NJW 2000, S. 1554
  - BVerfG, B. v. 7. 6. 2000 – 2 BvL 1/97 -. NVwZ 2000, S. 1022 f.
  - BVerfG, B. v. 9. 3. 2000 – 2 BvL 8/99 -. NVwZ 2000, S. 1036 ff.
  - BVerfG, B. v. 20. 12. 1996 – 1 BvL 10/96 -. NJW 1997, S. 791 f.
  - BVerfG, B. v. 17. 2. 2000 – 2 BvR 1210/98 -. NJW 2000, S. 2015 f.

3. Landesverfassungsgerichte

- BayVerfG, E. v. 13. 12. 1995 – Vf. 17-V-92 -. NVwZ 1997, S. 57

4. Verwaltungsgerichtsbarkeit

a) Bundesverwaltungsgericht

- E 2, 114 / 117	U. v. 20. 5. 1955 – BVerwG V C 14.55
- E 5, 220 / 223	U. v. 19. 9. 1957 – BVerwG II C 125.55
- E 6, 247 / 250 f.	U. v. 7. 3. 1958 – BVerwG VII C 84.57
- E 6, 282 / 287	U. v. 21. 3. 1958 – BVerwG VII C 6.57
- E 6, 282 / 288	
- E 11, 95 / 96 f.	U. v. 18. 8. 1960 – BVerwG I C 42.59
- E 19, 48 / 58	U. v. 25. 6. 1964 – BVerwG VIII C 23.63
- E 14, 103 / 105	U. v. 28. 3. 1962 – BVerwG V C 100.61
- E 15, 207 / 208	U. v. 14. 12. 1962 – BVerwG VII C 140.61
- E 17, 192 / 195	U. v. 28. 11. 1963 – BVerwG I C 74.61
- E 20, 101 / 102	U. 11. 12. 1964 – BVerwG VII C 117.63
- E 24, 60 / 63 f.	U. v. 22. 4. 1966 – BVerwG IV C 120.65
- E 26, 129 / 130	U. v. 27. 1. 1967 – BVerwG IV C 228.65
- E 26, 135 / 138	U. v. 31. 1. 1967 – BVerwG I C 98.64
- E 34, 301 / 303	U. v. 12. 12. 1969 – BVerwG IV C 105.66
- E 34, 301 / 304	
- E 35, 159 / 162	U. v. 17. 4. 1970 – BVerwG VII C 60.68 -
- E 41, 277 / 279	U. v. 14. 12. 1972 – BVerwG I C 32. 71
- E 42, 331 / 334 f.	U. v. 6. 7. 1973 – BVerwG IV C 22.72
- E 42, 331 / 335	
- E 45, 162 / 164 ff.	U. v. 21. 5. 1974 – BVerwG I C 37.72
- E 45, 309 / 329	U. v. 5. 7. 1974 – IV C 50.72 -.
- E 47, 194 / 199	Vorlagebeschluß v. 15. 11. 1974 – BVerwG VII C 8. 73
- E 47, 201	U. v. 15. 11. 1974 – BVerwG VII C 12.74
- E 48, 56 / 59	U. v. 14. 2. 1975 – BVerwG IV C 21.74
- E 48, 166 / 168 f.	U. v. 18. 4. 1975 – BVerwG VII C 15.73

- E 49, 359 / 364	U. v. 14. 11. 1975 – BVerwG IV C 84.73
- E 50, 265 / 269	U. v. 18. 3. 1976 – BVerwG III C 8.75
- E 51, 235 / 238	U. v. 3. 11. 1976 – BVerwG VII C 60.74
- E 51, 235 / 242 f.	
- E 54, 5	U. v. 29. 4. 1977 – BVerwG IV C 39.75
- E 56, 71 / 75	U. v. 9. 6. 1978 – BVerwG 4 C 54.75
- E 57, 130 / 137	U. v. 1. 12. 1978 – BVerwG 7 C 68.77
- E 57, 360 / 363	U. v. 22. 3. 1979 – BVerwG 7 C 8.73
- E 58, 45 / 48	U. v. 26. 4. 1979 – BVerwG 3 C 111.79
- E 59, 1 / 2	U. v. 18. 10. 1979 – BverwG 5 C 3.78
- E 59, 195 / 197	U. v. 12. 12. 1979 – BVerwG 8 C 2.79
- E 59, 195 / 197 f.	
- E 59, 213 / 216	U. v. 13. 12. 1979 – BVerwG 5 C 1.79
- E 61, 15 / 19 ff.	U. v. 16. 9. 1980 – BVerwG 1 C 52.75 -
- E 61, 40 / 44	U. v. 16. 9. 1980 – BVerwG 1 C 89.79
- E 61, 92 / 98	U. v. 16. 10. 1980 – BVerwG 5 C 27.79
- E 62, 86 / 101	U. v. 26. 3. 1981 – BVerwG 3 C 134.79
- E 64, 238 / 244 f.	U. v. 27. 11. 1981 – BVerwG 7 C 57.79
- E 64, 238 / 245 f.	
- E 64, 308 / 310 f.	U. v. 13. 1. 1982 – BVerwG 7 C 95.80
- E 65, 19 / 21 f.	U. v. 4. 2. 1982 – BVerwG 3 C 19.81
- E 65, 323 / 325 f.	U. v. 18. 5. 1982 – BVerwG 7 C 24.81 -
- E 68, 267 / 271	U. v. 15. 12. 1983 – BVerwG 3 C 27.82
- E 74, 129 / 152	B. v. 14. 1. 1987 – 1 BvR 1052/79 -
- E 74, 241 / 248 f.	U. v. 5. 6. 1986 – BVerwG 3 C 12.82
- E 74, 357 / 362	U. v. 14. 8 1986 – BVerwG 3 C 9. 85
- E 75, 142 / 143 f.	U. v. 21. 11. 1986 – BVerwG 4 C 22.83
- E 75, 142 / 145	
- E 75, 142 / 146	
- E 75, 262 / 263 ff.	U. v. 5. 12. 1986 – BVerwG 4 C 31.85
- E 81, 12 / 17	U. v. 10. 11. 1988 – BVerwG 3 C 19.87
- E 81, 49 / 55	U. v. 8. 12. 1988 – BVerwG 3 C 6.87
- E 81, 185 / 190	U. v. 19. 1. 1989 – BverwG 7 C 31.87
- E 81, 307 / 310	B. v. 15. 3. 1989 – BVerwG 4 NB 10.88
- E 84, 157 / 165	U. v. 1. 12. 1989 – BVerwG 8 C 17.87
- E 85, 24 / 29 f.	U. v. 8. 3. 1990 – BverwG 3 C 15.84
- E 85, 289 / 292	U. v. 10. 8. 1990 – BVerwG 4 C 3.90
- E 87, 133 / 139	U. v. 20. 11. 1990 – BVerwG 1 C 30.89
- E 88, 35 / 37 ff.	U. v. 14. 2. 1991 – BVerwG 4 C 20.88
- E 90, 112 / 126	U. v. 27. 3. 1992 – BVerwG 7 C 21.90
- E 90, 359 / 362 f.	B. v. 7. 9. 1992 – BVerwG 7 NB 2.92
- E 92, 196 / 206 f.	U. v. 11. 3. 1993 – BverwG 7 C 15.92
- E 94, 307	U. v. 25. 11. 1993 – BVerwG 3 C 38.91
- E 98, 58 / 62 f.	U. v. 3. 3. 1995 – BVerwG 8 C 32.93
- E 99, 133 / 137	U. v. 29. 8. 1995 – BVerwG 9 C 391.94
- E 100, 221	U. v. 21. 12. 1995 – BVerwG 3 C 24.94
- E 100, 230 / 236 f.	U. v. 21. 12. 1995 – BVerwG 3 C 34.94
- E 103, 301 / 303 f.	B. V. 30. 1. 1996 – 1WB 89.95 -
- E 107, 245 / 253 f.	U. v. 6. 10. 1998 – BVerwG 6 C 11.98
- E 108, 289 / 296	U. v. 18. 2. 1999 – BverwG 3 C 10.98

- BVerwG, U. v. 10. 9. 1976 – IV C 5/76 (Münster) -. NJW 1977, S. 405 ff.

- BVerwG, U. v. 17. 3. 1977 – VII C 59/75 -. DVBl. 1978, S. 212
- BVerwG, U. v. 3. 3. 1987 - 1 C 27/85 (Münster) -. NJW 1987, S. 1435.
- BVerwG, U. v. 6. 10. 1989 – 4 C 11/86 (München) -. NJW 1990, S. 849
- BVerwG, B. v. 23. 12. 1994 – 3 NB 1/93 (Lüneburg) -. NVwZ-RR 1995, S. 358 ff.
- BVerwG, B. v. 26. 1. 1995 – 8 B 193.94 -. DÖV 1995, S. 469 f.
- BVerwG, B. v. 30. 1. 1996 – 3 NB 2/94 (Mannheim) -. NVwZ 1997, S. 178 f.
- BVerwG, B. v. 14. 6. 1996 – 8 NB 6/95 (Mannheim) -. NVwZ-RR 1997, S. 112.
- BVerwG, U. v. 7. 6. 1996 – 8 C 23.94 -. DVBl. 1996, S. 1324 f.
- BVerwG, B. v. 7. 2. 1997 – 4 B 6/97 (Hamburg), NVwZ-RR 1997, S. 513 f.
- BVerwG, U. v. 25. 8. 1999 – 8 C 12/98 -. NVwZ 2000, S. 76
- BVerwG, U. v. 22. 12. 1999 – 11 C 9/99 -. NVwZ 2000, S. 932
- BVerwG, B. v. 11. 1. 2001 – 11 B 64.00 -. DÖV 2001, S. 473
- BVerwG, U. v. 31. 1. 2001 – 6 CN 2.00 -. DVBl. 2001, S. 934 f.

b) Oberverwaltungsgerichte

- BayVGH, U. v. 1. 4. 1982 Nr. 15 N 81 A. 1679 -. BayVBl. 1982, S. 654
- BayVGH, U. v. 1. 4. 1982 Nr. 15 N 81 A. 1679 -. BayVBl. 1982, S. 654 ff.
- BayVGH, U. v. 29. 4. 1987 Nr. 7 N 85 A. 3193 -. BayVBl. 1987, S. 559
- BayVGH, U. v. 16. 11. 1992, Az. 14 N 91.2258 -. BayVBl. 1993, S. 626 f.
- BayVGH, U. v. 25. 5. 1994, Az. 4 N 93.749 -. BayVBl. 1994, S. 593 ff.
- OVG Lüneburg, B. v. 15. 10. 1999 – 1 M 3614/99 -. NVwZ 2000, S. 1061 ff.
- OVG Münster NW, U. v. 20. 12. 1979 – XV A 1645/76 -. DVBl. 1980, S. 767.
- OVG Münster NW, B. v. 24. 3. 1982 – 10a NE 18/80 -. BauR 1982, S. 346 f.
- OVG Münster NW, B. v. 15. 5. 1997 – 1 A 5987/94.PVL -. NWVBl. 1998, S. 62
- OVG Saarlouis, U. v. 20. 2. 1989 – 1 R 102/87 -. NVwZ 1990, S. 172
- OVG Saarlouis, U. v. 20. 2. 1989 – 1 R 102/87 -. NVwZ 1990, S. 172 ff.
- OVG Saarlouis, U. v. 9. 12. 1991 – 1 R 25/91 -. NVwZ 1993, S. 396 f.
- VGH BW, B. v. 18. 4. 1994 – 9 S 3114/93 -. VBlBW 1994, S. 361 ff.
- VGH BW, Vorlagebeschluß v. 14. 5. 1992 – 9S 2730/86 -. VBlBW 1992, S. 335
- VGH Kassel, U. v. 20. 12. 1989 – 4 UE 2251/88 -. NVwZ 1990, S. 885 f.

c) Verwaltungsgerichte

- VG Frankfurt a. M., B. v. 1. 12. 1993 – 1 G 3439/93 (V) -. EuZW 1994, S. 160

5. Ordentliche Gerichtsbarkeit

a) Bundesgerichtshof

- BGH, U. v. 5. 2. 1998 –I ZR 211/95 -. EuZW 1998, S. 474 ff.
- BGH, B. v. 20. 12. 1990 – III ZR 179/89 -. ZfBR 1991, S. 77

b) Bundesfinanzhof

- E 66, 497 / 505 U. v. 28. 2. 1958 III 125/57 S

- E 68, 361 / 364	U. v. 12. 12. 1958 III 332/58 S
- E 68, 361 / 365	
- E 68, 451 / 454	U. v. 20. 2. 1959 VI 147/58 U

- BFH, B. v. 15. 12. 2000 – IX B 128/99 -. NJW 2001, S. 1231
- BFH, U. v. 17. 8. 2000 – VII R 108/95 -. NVwZ 2001, S. 357

c) Oberlandesgerichte

- OLG Saarbrücken, B. v. 15. 9. 1997 – Ss (Z) 217/97 (51/97). NJW 1998, S. 251

6. Koreanisches Verfassungsgericht

- E 1, 9 / 17	17. 3. 1989, 88Hyunma1
- E 1, 294 / 296	29. 9. 1989, 89Hyunma13
- E 2, 365 ff.	15. 10. 1990, 89Hyunma178
- E 2, 365 / 370	
- E 3, 91 / 100	11. 3. 1991, 91Hyunma21
- E 4, 64 / 79	25. 2. 1992, 89Hyunga104
- E 7-1, 460 ff.	26. 10. 1995, 94Hyunba12;
- E 7-2, 1	28. 12. 1995, 95Hyunba3
- E 7-2, 297 / 307	28. 9. 1995, 93Hyunba50
- E 8-1, 51 / 84	16. 2. 1996, 96Hyunga2Dyung
- E 8-1, 51 / 84 ff.	
- E 8-1, 51 / 88	
- E 8-1, 475 / 482	13. 6. 1996, 94Hyunba20
- E 8-2, 792	26. 12. 1996, 93Hyunba65
- E 9-1, 175 / 193	22. 7. 1997, 97Hyunba76Dyung
- E 10-1, 327 / 341 f.	30. 4. 1998, 95Hyunga16
- E 10-1, 380 / 384	30. 4. 1998, 96Hyunba62
- E 10-1, 640 / 655	28. 5. 1998, 97Hyunba68
- E 10-1, 660 ff.	28. 5. 1998, 91Hyunma98Dyung
- E 10-2, 530 / 539	30. 9. 1998, 97Hyunba38
- E 10-2, 673 / 680	26. 11. 1998, 97Hyunba58
- E 11-1, 65 ff.	28. 1. 1999, 98Hyunma16
- E 11-1, 633 / 644 ff.	27. 5. 1999, 98Hyunba70
- E 11-2, 356 ff.	16. 9. 1999, 97Hyunma160
- E 11-2, 285 / 300	19. 9. 1999, 97Hyunba73Dyung
- E 12-1, 741 / 748	29. 6. 2000, 98Hyunga10
- E 12-1, 169	24. 2. 2000, 98Hyunga37
- E 12-1, 963 / 964	29. 6. 2000, 2000Hyunma325
- E 14-2, 600 f.	28. 11. 2002, 2002Hyunga5
- E 15-2 (Ha), 137 / 160	30. 10. 2003, 2001Hyunma700Dyung
- E 16-1, 609 ff.	14. 5. 2004, 2004Hyunna1

7. Koreanisch Oberster Gerichtshof

- E 7. 9. 1962, 62Tschu31
- E 25. 8. 1981, 80Da1598
- E 8. 9. 1987, 87Nu373

- E 27. 2. 1990, 88Jaenu55
- E 17. 10. 1995, 94Nu14148
- E 23. 1. 1996, 95Nu1236
- E 26. 12. 1997, 97Nu15418
- E 30. 5. 1997, 96Nu5773
- E 13. 4. 1999, 98Tschu40
- E 17. 9. 1999, 99Tschu30
- E 26. 11. 1999, 97Da13474
- E 29. 9. 2000, 98Du12772
- E 9. 2. 2001, 98Da52988
- E 27. 9. 2002, 2000Du7933

Sachverzeichnis
(teilweise nicht alle Seiten, sondern wichtige Seiten)